Oeuvres Complètes De X. Barbier De Montault, Prélat De La Maison De Sa Sainteté, Volume 1...

Xavier Barbier de Montault

ŒUVRES COMPLÈTES

DE

MGR X. BARBIER DE MONTAULT

ŒUVRES COMPLÈTES

DE

Mᴳᴿ X. BARBIER DE MONTAULT

PRÉLAT DE LA MAISON DE SA SAINTETÉ

« *Dispersos colliget* »
(Isai., xi, 22).

———

TOME PREMIER

ROME

—

I. — INVENTAIRES ECCLÉSIASTIQUES

———

POITIERS

IMPRIMERIE BLAIS, ROY ET Cᶦᵉ

7, RUE VICTOR-HUGO, 7

—

1889

AU LECTEUR

Un prélat de la maison de Pie IX me disait, à Rome, en 1875, à propos de mes publications, dont il suivait avec intérêt le développement toujours croissant : « Vous êtes un semeur d'idées. »

D'idées, je n'en ai point en propre. Je ne donne, en réalité, que ce que j'ai reçu[1]. Mon rôle s'est borné à étudier avec soin aux sources les meilleures et à mettre en circulation, au profit de tous[2], mes recherches, parfois aussi mes découvertes. A ce labeur incessant suffisaient amplement la persévérance et la méthode, renforcées d'une bonne dose d'ardeur, même d'enthousiasme.

La science ecclésiastique m'a passionné. Je l'ai étudiée sous trois de ses aspects : droit canon, liturgie, archéologie, publiant au fur et à mesure, suivant les circonstances ou en raison des documents, souvent nouveaux et inédits, que j'avais entre les mains.

La semence n'est pas tout : il faut encore, pour qu'elle germe et fructifie, une terre bien préparée. Ce secours précieux, depuis plus de trente ans que j'écris, j'ai eu la chance de le rencontrer presque constamment dans la sympathie de

---

1. « Quid autem habes quod non accepisti ? » (S. Paul., *Epist. I ad Corinth.*, iv, 7.)

2. « Nulla res Deo gratior est, quam ut universam vitam ad commune commodum conferas. Idcirco ratione atque oratione nos Deus decoravit, mentem et ingenium concessit, manus, pedes, vires corporis dedit, ut his omnibus et nos ipsos et proximos tutemur. »　　　　　　　　　　　　　　　(*S. Basil.*)

mes lecteurs. Dieu en soit béni! C'était à la fois le plus précieux encouragement et la plus douce récompense.

Arrivé à cette période de la vie où le déclin s'annonce, je veux réunir tous ces épis dispersés et les grouper en gerbes épaisses [1], afin qu'il en reste quelque chose pour les générations futures : « Tantus labor non sit cassus (*Dies iræ*). »

Suivant en cela le conseil d'amis dévoués et clairvoyants, je vais commencer la réimpression de tant d'œuvres éparses dans des revues, et dont les tirages à part sont depuis longtemps épuisés. D'abord, il importe de les classifier par catégories, pour qu'il en résulte tout ensemble plus d'unité dans la composition et de commodité pour les studieux qui les consulteront. Puis, je les ai complétées, corrigées au besoin, en un mot, tenues à la hauteur de la science contemporaine, qui va toujours progressant.

Reconnaissant du don qui m'a été départi et du bien que j'ai pu opérer par la presse, ce qui est une manière d'enseigner, autant que la parole, j'offre à Dieu cette série de volumes où l'on trouvera toujours à l'unisson, parce que Rome les a ancrés dans mon cœur et mes affections, l'amour de la sainte Église, au service de laquelle je me suis voué, et la gloire de Dieu, qui doit être, pour un prêtre, plus qu'à tout autre, le but final de ses actions :

DEO . OPT . MAX .
SCIENTIARVM . FONTI
PRO . DONO . SVSCEPTO
GRATES . EX . INTIMO . CORDE
HVMILLIME . DICO

Naturellement, ce recueil commencera par où j'ai débuté, l'ecclésiologie, et, si je fais choix de Rome immédiatement,

[1]. « Triticum autem congregate in horreum meum. » (S. Matth., xiii, 30.)

c'est que je lui dois ce que je suis. J'y abordai en 1853, à l'âge de vingt-trois ans, et j'y ai séjourné de longues années, les meilleures de ma vie. Non seulement elle m'a appris une foule de choses utiles, mais aussi elle a su reconnaître la portée de mes travaux par de hautes distinctions.

Ce premier volume reproduit exclusivement d'anciens inventaires de personnes et d'églises. Une table détaillée énumérera tous les mots qui s'y rencontrent.

Je le dédie à la mémoire toujours chère de Didron, directeur des *Annales archéologiques*, dont les articles brillants me charmaient et qui, novice encore, m'admit à sa collaboration ; en 1854, il voulut bien m'accepter pour guide dans sa visite aux monuments de la Ville éternelle, et il s'en souvenait, l'année suivante, quand il écrivait : « M. l'abbé Barbier de Montault finira par connaître Rome beaucoup mieux que les plus savants Romains [1]. »

Poitiers, le 1er janvier 1888.

1. *Annal. arch.*, t. XV, p. 266.

INVENTAIRES DE ROME

LE

CARDINAL D'ESTOUTEVILLE[1]

(1483)

I

Né du sang de France et d'une des plus illustres familles de Normandie [2], Guillaume d'Estouteville était appelé à de grandes choses. Il essaya à Angers ses éminentes qualités, mais son canonicat de Saint-Maurice, son archidiaconé d'outre-Loire et son prieuré de Cunault, le mettaient peu en relief. Evêque d'Angers en 1439 [3], concurremment avec Jean Michel que soutenaient le chapitre et le concile de Bâle, il n'avait de glorieux dans cette lutte et sur ce siège, que d'y être intronisé et soutenu par la cour de Rome, seule compétente pour délivrer les bulles aux évêques. Il quitta donc Angers et fit bien, car c'était pour être revêtu de la pourpre romaine par Eugène IV, à sa troisième création de cardinaux, en 1439; puis, quelques années plus tard, pour prendre possession de l'archevêché

---

1. *Le cardinal d'Estouteville, bienfaiteur des églises de Rome*; Angers, Cosnier, 1859, in-8° de 29 pages. Extrait des *Mémoires de la Commission archéologique de Maine-et-Loire*, t. I; tiré à part à 25 exemplaires.

2. D'Estaintot, *Recherches historiques et féodales sur les sires et le duché d'Estouteville*, Caen, 1861, in-4°.

3. C'est à tort qu'il a été effacé des listes officielles des évêques d'Angers, car Rome n'a reconnu Jean Michel qu'après le départ de d'Estouteville et a protesté contre son intrusion réelle en lui refusant le titre de *Bienheureux* que lui décernaient le chapitre et la voix populaire. J'ai donc cru devoir ajouter le nom de Guillaume d'Estouteville à la liste qui figure, par mes soins, dans la salle synodale de l'Evêché.

de Rouen (1455), et mériter, par sa capacité administrative, cette large part d'influence dans la direction des affaires temporelles du Saint-Siège, qui aboutit à la prospérité des Etats pontificaux, tout autant et plus qu'à l'établissement de sa famille.

En 1439, il est installé comme cardinal-prêtre dans l'église de Saint-Sylvestre et de Saint-Martin-des-Monts, du titre d'Equitius. Aux dates de 1445, de 1453 et 1474, nous le rencontrons archiprêtre de la basilique de Sainte-Marie-Majeure, et joignant cet honneur au précédent. Cardinal-évêque, il occupe successivement les évêchés suburbicaires de Porto (1457), d'Ostie (1461)[1], et quand il arrive à ce dernier, doyen d'âge du Sacré-Collège, il tient cette nouvelle dignité de sa longue carrière. Il mourut le 22 janvier 1483, âgé de quatre-vingts ans.

En 1477, il fut nommé *camérier* ou camerlingue[2] de la sainte Eglise romaine; il est encore appelé *vice-chancelier*[3] par les inventaires de la basilique Libérienne[4].

Comme camérier, c'est-à-dire surintendant général des finances et

---

1. « Factus postea episcopus cardinalis Portuensis et S. Rufinæ a Nicolao papa V. et Ostiensis et Veliternus, a Pio papa II. » (Ciacconius, *Vitæ et res gestæ pontificum romanorum et S. R. E. cardinalium*, Romæ, 1630, t. II, col. 1180, 1218.)

2. « Capo dei diaconi, ch'haveva cura dell'entrate... Gli furono dati coadiutori che si chiamavano *chierici della Camera apostolica*. » (Lunadoro, p. 31.)

3. « La giurisdittione del quale è sopra le speditioni delle Lettere apostoliche di tutte le materie, le suppliche delle quali sono segnate dal papa, eccetto quelle che si spediscono per breve *sub annulo piscatoris*. » (Lunadoro, p. 29.)

4. « Nicolao Alberg\ato in Archipresbyteratum successit Gulielmus de Estoutevilla, Gallus, presbyter cardinalis tituli sanctorum Silvestri et Martini de Monte; ab Eugenio papa IV, in tertiá cardinalium promotione, sacra purpura ornatus fuit. anno 1438, qui objit Romæ an. Domini 1483, die 11 kal. januarij. » (*De Angelis.*)

« Gulielmus de Estoutevilla, Regum Francorum consanguineus, episcopus Madianensis, post Andegavensis, deinde archiepiscopus Rothomagensis, presbyter cardinalis tituli sanctorum Silvestri et Martini, tituli Equitii, episcopus cardinalis Portuensis, demùm Ostiensis, et cardinalium collegij decanus, ac sanctæ Ecclesiæ Romanæ camerarius, et archipresbyter Sanctæ Mariæ Majoris, multis legationibus pro Sede Apostolica functus. » (*Onuphrius Panvinius.*)

« Episcopus Marinensis (*sic* pour *Maurianensis*, S. Jean de Maurienne), post Andegavensis, deinde Biterensis (Béziers), postremo archiepiscopus Rothomagensis. (Ciacconius, t. II, col. 1135.)

« Gulielmus, tituli sancti Martini in Montibus presbyter cardinalis, de Estoutevilla nuncupatus, episcopus Rothomagensis, archipresbyter hujus Basilicæ, sedente Eugenio IV Pontifice romano, anno salutis 1445 et de anno 1472. Legitur etiam episcopus Ostiensis, ut in quodam instrumento in pergameno, sub die 23 7ᵇʳⁱ. » (*Archives de Sainte-Marie-Majeure.*)

« Fuit etiam camerarius, anno 1483, ut habetur in ejus instrumento, in Archivio asservato. » (*Ibid.*)

domaines pontificaux, il bâtit sur les ruines du cirque d'Alexandre-Sévère, le grand marché de Rome, la place Navone, une des plus belles et des plus vastes de la Ville éternelle, en vertu d'un édit daté de 1478 [1].

Ses armes, sculptées aux fortifications d'Ostie et de Frascati, montrent assez que les constructions militaires n'étaient pas étrangères à sa sollicitude. Elles remplissent aussi les travées de la grande église de Saint-Augustin (1479), où une double inscription commémorative et une statue de marbre blanc rappellent ses bienfaits.

On lit, à la frise de la façade, sur une seule ligne et en grandes lettres :

GVILLEAMVS · DE · ESTOVTEVILLA · EPISC · OSTIEN · CARD ·
ROTHOMAGEN · S · R · E [2] · CAMERARIVS · FECIT · M · CCCC · LXXXIII [3] ·

Son buste, en marbre, au-dessus de la porte de la sacristie, est accompagné de cette épigraphe :

D ·   O ·   M

D [4] GVILELMO DE ESTOVTEVILLA NOBILI ROTHOMAGENSI
EX MONACHO CLVNIACENSI ORD · S [5] · BENEDICTI
CARD · EP [6] · OSTIENSI AVG [7] · RELIGIONIS
APVD S [8] · SEDEM PROTECTORI QVI TEMPLVM HOC
AN · MCCCCLXXXIII A · FVNDAMENTIS EREXIT
TOTVMQ [9] ORDINEM SINGVLARIBVS BENEFICIIS CVMVLAVIT
OBIIT ROMAE DICT · AN · XI · KAL · FEBR · AET · SVAE · AN [10] · LXXX
EREMITANA FAMILIA TEMPLO AD ELEGANTIOREM [11] FORMAM
REDACTO AETERNVM GRATI ANIMI MONVMENTVM
POSVIT AN · SAL [12] · MDCCCLXV [13]

1. Mgr Lacroix, la Lorraine chrétienne et ses monuments à Rome, p. 16.
2. Episcopus Ostiensis, Cardinalis Rothomagensis, Sanctæ Romanæ Ecclesiæ.
3. Forcella, Iscriz. delle chiese di Roma, t. V, p. 18, n° 41.
4. Deo optimo maximo. Domino.
5. Ordinis sancti.
6. Cardinali episcopo.
7. Augustinianæ.
8. Sanctam.
9. Totumque.
10. Dicto anno, XI Kalendas februarii, ætatis suæ anno.
11. Le temple peut avoir une physionomie plus élégante, mais il n'a pas été restauré conformément aux données archéologiques.
12. Anno salutis.
13. Forcella, p. 111, n° 335. Cette inscription en a remplacé une, datée de 1627,
V.

Une note que j'ai recueillie dans les archives du couvent de Saint-Augustin, à Anagni (Etat pontifical), précise la date des travaux de construction de l'église de Saint-Augustin, à Rome, qui dura quatre ans, la sépulture du cardinal protecteur de l'ordre dans cette même église (1483), et la construction du dortoir et du cloître des Augustins d'Anagni (1479) :

Nel libro della sagrestia del 1474, esistente nella scansia y, pag. 21, si lege che, a di 4 novembre 1479, anno ix di Sisto IV, il cardinale Guglielmo Estoteville, benedittino e nostro protettore, comincio a edificare a proprie spese il dormitorio del convento ed il primo chiostro....... Il medesimo....... mori il 22 genaro 1483, di anni 80 e fu sepolto nella chiesa nostra di S. Agostino di Roma.

An. 1479, mense novembris, reedificari cepit a card. Estoteville ecclesia nostra S. Augustini de Urbe, que completa fuit mense novembris 1482. (*Miscellanee*.)

Une note des archives de S. Augustin, publiée par l'*Archivio storico di Roma*, t. I, p. 309, est plus explicite, car elle nomme les deux architectes :

L'anno 1479, essendo protettore della Religione, il signor Guglielmo d'Estovilla, normanno, Camerlengo di S. Chiesa e Vescovo d'Ostia, volle mostrare la sua liberale beneficenza con fabricare di nuovo la chiesa sù un vaso più amplo, con la direttione e disegno di due periti architetti molto stimati a più tempi e furono Giacomo di Pietra Santa e Sebastiano di Firenze et diede principio alla fabrica della Chiesa li 4 9bre 1479... Li 25 del sud°. mese... essendo cavati i fondamenti al debito segno furono benedetti dal sud.° E.ᵐᵒ Protettore e fondatore : la qual fabrica, con la struttura delle cappelle che hora si vedono, fu terminata li 14 9bre 1482 e solennemente cantato il *Te Deum*.

Guillaume d'Estouteville bâtit encore à ses frais les églises augustiniennes de Cori [1] et de Tolentino. Je retrouve ses armes à l'évêché de Velletri, et à la cathédrale de Saint-Jean de Maurienne.

Le souvenir du cardinal d'Estouteville vit encore à Florence,

que reproduit la *Gallia christiana* (t. XI, col. 92) et que traduit Fisquet dans la *France pontificale, archidiocèse de Rouen*, p. 191-195 ; Forcella l'a omise et j'ai eu tort de ne pas la copier à temps. Elle est un peu plus détaillée que celle qu'on lui a substituée et contient entre autres ces renseignements : « Altare majus Deiparæ Virginis imagine a divo Luca depicta exornandum curavit, sacrarium pretiosissimis vestibus ditavit, conventum in ampliorem et commodiorem formam redegit. »

1. Cori dépendait de son évêché de Velletri. Voir ce que j'en ai dit, à propos des Sibylles, dans la *Revue de l'art chrétien*, t. I, p. 177-478.

dans cette inscription commémorative qui rappelle que, pendant sa légation, en 1452, il consacra, à l'*Annunziata*, l'autel de la Vierge miraculeuse :

```
MAR GLORIOSISS VIRG 1
GVILIELMVS CARDINALIS
ROTOMAGENSIS CVM
SVPERNI IN TERRIS NVNTII
MVNERE · FVNGERETVR
LEGATI RATVS OFFICIVM
ET INNVMERIS MIRACVLIS
LOCIQVE RELIGIONE MOTVS
HANC ANVNTIATAE ARAM
SVMMA CVM CELEBRITATE AC
SOLEMNI POMPA SACRAVIT
M CCCCLII VIII K · LEN IANVAR 2
```

Entre toutes les basiliques de Rome, Sainte-Marie-Majeure, dont il fut archiprêtre, reçut d'innombrables témoignages de sa piété libérale. Que reste-t-il maintenant d'un passé si glorieux? Hélas, bien peu de chose, soit que la mode ait anéanti, soit que les révolutions sociales aient détruit tant d'œuvres d'art! Pour tout souvenir, je noterai, au linteau d'une porte du baptistère et à la partie supérieure du clocher, les armoiries en mosaïque ou sculptées du cardinal, son portrait dans la sacristie[3], et dans la cour de la *canonica*, les débris dispersés de son tombeau historié et de sa statue funéraire, revêtue des ornements pontificaux.

Si l'on veut faire revivre cette mémoire oubliée, il est nécessaire de recourir aux archives de la basilique et à son historien, le chanoine Paul de Angelis : *Basilicæ S. Mariæ Majoris descriptio*, Rome, 1616.

Nous lisons dans cet auteur (page 66), qu'en 1474 Guillaume d'Estouteville ōuvrit deux portes à l'occident, au chevet par conséquent de Sainte-Marie-Majeure, et, suivant l'usage traditionnel de Rome, inscrivit sur le marbre la mention de cette utile mesure, qui donnait accès à la basilique du côté de la partie habitée de la ville,

1. *Mariæ gloriosissimæ Virgini.*
2. *Kalendas januarii* (25 décembre).
3. J'ai fait copier ce portrait qui figure, dans la salle synodale, parmi les portraits des évêques d'Angers.

tandis que la triple porte de l'orient débouche sur une place et deux rues presque désertes.

Basilicæ caput ad occidentem respicit, unâ cum duobus januis à Gulielmo Estoutevilla, cardinali Rothomagensi, patefactis, velut ibi est his verbis impressum :

GVLIELMVS EPISCOPVS OSTIEN
CARDINALIS ESTOVTEVILLA AR-
CHIEPISCOPVS ROTHOMAGENSIS,
ARCHIPRESBYTER HVIVS BASILI-
CAE. M. CCCCLXXIII.

En 1483, dit le même chroniqueur, le cardinal d'Estouteville augmentait la basilique d'une chapelle sous le vocable de saint Michel archange, l'ornait de marbres et de reliefs à personnages, puis lui constituait des revenus fixes à l'usage du chapelain qui devait la desservir.

Au XVII° siècle, la volonté du donateur cédait à je ne sais quelle autre volonté plus puissante que le souvenir, car De Angelis ajoute qu'*autrefois* saint Michel était le patron de la chapelle : *Olim sancti Michaelis nomine dicatum.* Il n'indique pas la raison du changement.

Gulielmus Estoutevilla, cardinalis Rothomagensis, an. 1483, a fundamentis construxit sacellum atque dotavit, variis historijs et marmoribus adornans, quod etiam hodie cernitur; Gulielmus Estoutevilla, cardinalis Rothomagensis, anno 1483, in hac Basilica cappellam fundavit, ornavit dotavitque. (Pag. 56.)

Une autre chapelle fut fondée par Guillaume, sous le vocable de saint Pierre-ès-Liens et dotée d'une chapellenie.

La même année, mille cinquante ducats d'or étaient affectés par le généreux cardinal à l'acquisition de domaines, dont le revenu devait être appliqué à des suffrages pour le repos de son âme qui, soit dit en passant, avait besoin de ce secours spirituel pour réparer les légèretés, sinon les scandales, de sa vie privée [1].

Gulielmus Estoutevilla, cardinalis Rothomagensis, legavit ducatos 1050

---

1. « Duos ex matrona quadam Romana reliquerat Guillelmus filios nothos, Hieronymum et Augustinum d'Estouteville, quorum nepotes etiamnum permanere dicuntur cum honore in regno Neapolitano, ex Historia genealogica Magnatum Franciæ, t. VIII, p. 91. » (*Gall. christ.*, t. XI, col. 92-93.)

auri, ex quibus emerentur prædia, ut eorum fructus ipsius animæ suffragiis impendantur, de anno 1483. (P. 127.)

Onuphre Panvinio et Ciacconio sont unanimes à louer le zèle que déploya le bienfaiteur ordinaire de Sainte-Marie-Majeure pour décorer dignement le ciborium destiné par lui à couvrir le maître-autel, sur lequel le pape seul peut célébrer. Quatre colonnes, disposées sur un plan carré, supportaient un dais que décoraient, au-dessus des chapiteaux, les armes de la maison d'Estouteville, avec les insignes du cardinalat. Diverses histoires, sculptées en bas-relief sur marbre de Paros et dorées, s'ajoutèrent au frontispice, sur lequel le miracle de la neige tombée au mois d'août, et traçant sur l'Esquilin le plan de la basilique, rappelait l'origine de Sainte-Marie, que la tradition populaire nomma depuis *Sainte-Marie-des-Neiges*.

Un autre ciborium moins somptueux abrita le corps de saint Jérôme [1].

Le ciborium du maître-autel a été remplacé au siècle dernier par un baldaquin que commanda le pape Benoît XIV, et l'autel de saint Jérôme subit un remaniement complet, dès la fin du xvie siècle, sous le pontificat de Sixte V. L'un et l'autre ne se trouvent plus qu'en dessin dans le grand ouvrage de De Angelis.

Aræ maximæ ciborium cardinalis Rothomagensis faciendum curavit. Sic insignia declarant, quatuor ciborii lateribus super columnarum capitulis quæ illud substentant, id variæ historiæ pario marmore insculptæ atque aurum exornant. In cujus fronte sub Deipara nivis miraculum renidet, quam historiam pariter auctor innominatus advertit : *Cardinalis Rothomagensis ciborium super altare majus et altare sancti Hieronymi construxit.* (Ciaccon., *in vita Eug. IV*, p. 92.)

Il serait inutile de rechercher, aux voûtes en briques des nefs et des transsepts de la basilique Libérienne, les armoiries sculptées sur marbre et dorées qui attestaient la restauration entreprise aux frais du cardinal-archiprêtre. Sainte-Marie-Majeure a été tellement renouvelée sous le pontificat de Benoît XIV, qu'il n'y a plus trace de ces *insignes* mentionnés par la chronique du chanoine De Angelis, à

---

1. J'ai décrit et figuré les retables des deux autels de la Vierge et de saint Jérôme, dans mes *Chefs-d'œuvre de la sculpture à Rome, à l'époque de la renaissance*, pl. LV, LVI. J'en ai aussi parlé dans l'*Inventaire de la basilique de Sainte-Marie-Majeure*, p. 24-26.

qui nous sommes redevables une fois encore d'un précieux document :

> Hac parte in minores naves pergimus, quarum una a dextris, altera a sinistris majoris se efferunt, opere concamerato; in quibus insignia marmorea, auro decorata, pluribus locis cernuntur card. Rothomagensis..... Et in crucis concameratione..... etiam cardinalis Rothomagensis insignia apparebant : et eodem tempore, denuo duos parietes usque ad Ecclesiæ medium construxit, quo minores concamerationes magis perstarent. Sic præter insignia manuscriptum habet : *Crucem mediam et naves ab utraque parte minores lateritias fecit cardinalis Rothomagensis, hujus Basilicæ Archipresbyter.* (P. 94.)

Une inscription, peinte au bas du portrait du cardinal, dans la sacristie de Sainte-Marie-Majeure, atteste la reconnaissance du chapitre pour tant de bienfaits :

GVILᵃ ESTOVILLE CARD. ROTHOMAG. REGIÆ VIR NOBILᵀⁱˢ.

S. R. E. CAMERARIVS S [1] COLLEGII DECANVS HVIVS ÆDIS ARCHIPR VTRAMQVE

BASILCᴬ CONCAMERATIONEM FECIT CAMPANARIAM TVRRIM NOLA ADDITA RESTITVIT

GEMINAS VALVAS AD OCCIDENTEM APERVIT SACELL ARCH. [2] MICHAELI & D [3] PETRO AD VINCVLA QVATVOR CAPELLANIS ASSIGNATIS DICAVIT IN ARA MAXIMA CIBORIVM EXCITAVIT.

Les Archives de Sainte-Marie-Majeure renferment une bulle adressée au cardinal d'Estouteville. Voici la copie que j'en ai faite ; mais avant de la reproduire en entier, je vais en donner la substance dans une analyse détaillée qui équivaudra à une traduction, car le latin est encore suffisamment populaire pour que je ne m'arrête pas à traduire cet acte peu embarrassant de la chancellerie romaine.

Il existait dans un des faubourgs de Rome, nommé la *Suburra*, dans la région dite des *Monti*, à cause des trois collines qu'elle renferme (Esquilin, Viminal et Cœlius), un monastère qui, des mains de religieuses cloîtrées, était passé à celles des Bénédictins. L'abbatiale avait pour vocable saint Barthélemy. Au monastère étaient adjoints, comme dépendances, des jardins, des maisons et une vigne. Les maisons se louaient, et une inscription, gravée sur

1. *Sacri.*
2. *Sacellum archangelo.*
3. *Divo.*

marbre et placée à la façade, indiquait en latin quel en était le propriétaire ; les armoiries de l'ordre figuraient sur les plus importantes. Les jardins et la vigne tenaient probablement au monastère, car cette partie de Rome, peu habitée depuis longtemps, était à peu près exclusivement réservée à la culture.

Par ordre du pape Nicolas V, les moines ayant peine à vivre, leur monastère fut supprimé. Bernard, évêque de Spolète, fut chargé d'exécuter la volonté du souverain Pontife. La mense capitulaire de Sainte-Marie-Majeure accepta la donation qui lui fut faite de toutes les dépendances de l'abbaye, et consentit en retour à s'unir l'église de Saint-Barthélemy. Cette union, quelque peu lourde qu'elle fût, puisqu'elle n'obligeait qu'à la célébration d'une messe solennelle par l'église-mère dans l'église-fille, les jours de fête patronale et de station, ne profita pas au chapitre qui, quelques années après, adressait une pétition au pape et se plaignait de l'inutilité de cette donation, demandant en conséquence à vendre ces possessions de mince valeur et à en employer le prix à l'acquisition de choses opportunes et appropriées aux besoins de la basilique. Naturellement la désunion s'en suivait, et l'église que le pape, dans sa sagesse, avait voulu soustraire aux usages profanes, demeurait sans culte. Il est assez clair, par ce texte, que le chapitre préférait le temporel, quoique modique, au spirituel, nullement avantageux pour lui.

Nicolas répondit par une bulle datée du 8 août 1453, et donnée auprès de Saint-Pierre, la septième année de son pontificat, qu'il ne connaissait pas suffisamment l'état de la question pour pouvoir juger, et qu'il s'en rapportait sur ce point à la confiance spéciale qu'il avait en son cher fils Guillaume, cardinal-prêtre du titre de Saint-Martin-des-Monts et archiprêtre de la basilique de Sainte-Marie-Majeure. Même il voulut décliner toute responsabilité et prouva par là que la cause laissait à désirer. Aussi tout fut spécifié nettement. La vente, pour être légale, devait justifier de son utilité, la conscience du cardinal assumait l'odieux qui pouvait en rejaillir, la désunion des églises suivait l'acte et la conversion du prix de vente devait être immédiate.

Comment se dénoua cette intrigue canoniale ? Je l'ignore, car je n'ai trouvé dans les archives de Sainte-Marie-Majeure que la bulle adressée au cardinal d'Estouteville. C'est elle qui m'a fourni tous les détails précédents, et elle est surtout si honorable pour celui qui en est l'objet, que je ne puis en passer le texte sous silence.

Nicolaus Episcopus, servus servorum Dei, dilecto filio Gulielmo, tituli sancti Martini in Montibus presbytero cardinali, sanctæ Mariæ Majoris de Urbe archipresbytero, salutem et apostolicam benedictionem. Exhibita siquidem nobis nuper pro parte dilectorum filiorum capituli et canonicorum Ecclesiæ sanctæ Mariæ Majoris de dicta Urbe petitio continebat, quod licet venerabilis frater noster Bernardus, Episcopus Spoletanus, vigore quarumdam litterarum nostrarum, prout ex earum forma patebat et sibi mandabatur, dignitatem abbatialem et ordinem sancti Benedicti, in olim monasterio monialium sancti Bartholomæi in Suburra, Regionis montium de Urbe, dicti ordinis, suppresserit et extinxerit, illudque cum omnibus juribus et pertinentijs suis mensæ capitulari dictæ Ecclesiæ, ita tamen quod ecclesia sive cappella dicti monasterij ad profanos usus, veluti hereditas, minime redigeretur, perpetuo univerit, annexuerit et incorporaverit, ipsique capitulum et canonici litterarum unionis hujusmodi vigore pacificam monasterij, ecclesiæ, sive cappellæ, juriumque et pertinentiarum prædictarum possessionem fuerint pacifice consecuti, et illa teneant et possideant de præsenti. Nihilominus, videntes quod ex monasterio et ecclesia sive cappella prædictis, illorumque domibus, hortis et vinea, eidem mensæ modica provenit utilitas, cupiunt domos, hortum et vineam hujusmodi cum omnibus juribus et pertinentijs suis vendere et illorum habendum pretium in aliis rebus ipsi Ecclesiæ Sanctæ Mariæ Majoris opportunis exponere, dummodo eis super hoc per Sedem Apostolicam licentia concedatur, ipsumque monasterium ac illius ecclesia seu cappella ab hujusmodi Ecclesia Sanctæ Mariæ Majoris pœnitus segregentur. Quare, pro parte capituli et canonicorum prædictorum, nobis fuit humiliter supplicatum, ut eis dictam licentiam concedere aliasque in præmissis opportune providere de benignitate Apostolica dignaremur. Nos igitur, de præmissis certam notitiam non habentes, hujusmodi supplicationibus inclinati, circumspectioni tuæ, de qua in his et alijs specialem in Domino fiduciam obtinemus, per Apostolica scripta committimus et mandamus, quatenus, si ita esse et venditionem ipsam (si fiat) in evidentem dictæ mensæ utilitatem cedere repereris, super quo tuam conscientiam oneramus, ecclesiam sive cappellam monasterij hujusmodi ab eadem Ecclesia Sanctæ Mariæ Majoris, et mensa hujusmodi, etc... Quod pretium hujusmodi (si venditio ipsa fiat) in aliis opportunitatibus dictæ Ecclesiæ Sanctæ Mariæ Majoris, prout tibi videtur, quanto citius convertatur. Datum Romæ. apud Sanctum Petrum, anno Incarnationis Dominicæ millesimo quadringentesimo quinquagesimo tertio, sexto idus Augusti, pontificatus nostri anno septimo.

II

Je dois ici un souvenir aux Français que le cardinal d'Estouteville avait groupés autour de lui et auxquels il donna la sépulture dans l'église de Saint-Augustin.

Raymond de Garranier, archidiacre de Lombez[1], un de ses familiers[2], mourut le 9 août 1472. Sa tombe a disparu. Forcella cite l'épitaphe d'après un manuscrit du Vatican (t. V, p. 14, n° 29), et ajoute qu'elle faisait le tour du marbre, où était sculptée en bas-relief la figure du défunt en costume canonial[3] :

SVB HOC MARMORE IACET NOBILIS VIR RAYMVNDVS DE GARRANERIO ARCHIDIACONVS LOMBARIENSIS FAMILIARIS R · D[4] · CARDINALIS ROTHOMAGENSIS QVI OBIIT DIE IX AVGVSTI MCCCC LXXII REQVIESCAT IN PACE AMEN.

Jean Blachadir, Écossais d'origine, fut gentilhomme du cardinal. Il décéda le 6 août 1473. Son épitaphe, en vers, était gravée à ses pieds, sur sa dalle effigiée, où il portait « l'habit de docteur ». Elle a disparu et Forcella est obligé de l'emprunter à d'anciens épitaphiers (t. V, p. 14, n° 30) :

SCOTIA QVEM GENVIT GENE
ROSA AC STIRPE IOHANNIS[5]
BLACHADIR HEV TENER HIC
EST SITVS ANTE DIEM.
GRATVS ERAT SCVTIFER PAT
RIS ALTI ROTHOMAGENSIS
CARDINIS HIC PLACIDE
FRONTIS ET ORIS ERAT.
INDE ANIMI PIETATE FIDE
ET VIRTVTIBVS IMPAR ·
CARCERE AB HOC TANDEM
SE TVLIT AD SVPEROS
MCCCCLXXIII. DIE VI AVGVSTI.

1. « Lombès, *Lomberia*, *Lumberium*, nom d'une petite ville épiscopale, située dans le comté de Cominges en Gascogne, fut érigé en évêché par Jean XXII, l'an 1317. » (*Dict. de Trévoux.*)
2. On nomme en italien *famiglia* la maison du cardinal, et *familiari* le personnel qui la compose.
3. Les effigies en relief ne manquent pas dans le pavé des églises de Rome, sur les dalles funéraires. A Sainte-Cécile, Saint-Yves-des-Bretons et Sainte-Marie-du-Peuple, on constate que le costume canonial consistait alors dans le surplis et l'aumusse.
4. *Reverendissimi Domini*.
5. Je crois qu'il faut lire et ponctuer ainsi cet alexandrin :
   Scotia quem genuit, generosa ex stirpe, Johannes.

Jean Fortin ou Fertin, comme porte une variante, de Normandie, était secrétaire du cardinal. Ses autres titres ecclésiastiques sont : docteur en droit, trésorier et chanoine de Bayeux, maître du registre des lettres apostoliques[1] ou bulles. Il mourut le 13 février 1476. Forcella a extrait l'épitaphe d'un manuscrit, qui dit que le défunt était représenté sur sa tombe en « costume canonial » (t. V, p. 15, n° 32) :

TEGITVR H[0] TVMVLO DNS [2]

IOHANES FORTIN DECRET

OR [3] · DOCTOR EX INCLITA

NORMANNOH NATIONE

Q [4] THESAVRARIVS AC CA

NO. BACOCEN [5] EXTITIT ET

MAGR · REGISTRI LICRAR

APLICAR AC R[MI] D. G. [6]

DE ESTOVTEVILLA EPI ·

OSTIEN · CAR [7] · ROTHO

MAGEN FIDELISSIME SE

GRETARI [8]. OBIIT DIE XIII

FEBR · VIX AN · D [9] MCCCCLXXVI ·

Robin N..., natif du diocèse de Coutances, était prêtre et un des familiers du cardinal. Il mourut, âgé de 85 ans, le 1er décembre 1492. Son neveu Jean lui dédia une épitaphe, qui n'existe plus, et que Forcella cite d'après le manuscrit de Gualdi (t. V, p. 20, n° 50) :

1. « Vi è il *Registro delle bolle*, quali in esso si registrano da officiali a cio deputati, che sono vendibili, dopoche sono spedite *Ad æternam rei memoriam*. Nel registro delle bolle vi sono ancora li *Maestri del Registro di bolli*. officio pur venale, à quali spetta collationare li registri con li originali e confrontando insieme mettono a tergo della bolla la *registratura*, che pur è un R grande, con il lor nome dentro a detta lettera. » (Lunadoro, *Relatione della corte di Roma*, Venise, 1671, p. 58-59.)

2. *Hoc tumule Dominus.*

3. *Johannes Fortin, decretorum.*

4. *Qui.*

5. *Canonicus Baiocensis. Bacocen* doit être une faute de copiste.

6. *Magister registri licterarum apostolicarum ac Reverendissimi Domini Guilielmi.*

7. *Episcopi Ostiensis, cardinalis.*

8. Il faut rétablir *fidelissimus secretarius.*

9. Il y a ici interposition. Le sens exige: *Obiit die XIII februarii, anno Domini 1476, vixit annos.....*

D O M [1]

ROBINO · · · · · · · AS PRESBIT
CONSTANTIEN · DIOC · OLIM BO · ME ·
D · GVILIEL CARD · ROTHOMAGEN [2] · FA
MILIARI VIXIT AN · LXXXV OBIIT ·
KAL · DECEMB · ANN [3] · CHRISTI
MCCCCLXXXXI
IOAN PATRVO BENEMERENTI POS [4] ·

III

Les inventaires abondent dans les riches archives de Sainte-Marie-Majeure, et De Angelis les a tous publiés. Uñ surtout a fixé mon attention, car j'y trouve énumérés, détaillés, décrits minutieusement en une longue liste les ornements, tentures, vases sacrés, objets d'art donnés à la basilique par son libéral archiprêtre. A peu près contemporain du cardinal de Rouen, ce texte mériterait d'être entièrement cité ; mais, obligé de me borner, j'ai extrait uniquement ce qui est relatif à notre compatriote [5].

Faire précéder l'inventaire latin d'un commentaire qui interprète les renseignements qu'il fournit à la liturgie, à l'archéologie et à l'iconographie ; l'accompagner de notes qui expliquent les passages trop spéciaux pour être généralement compris, telle est la marche que j'ai suivie dans cette étude.

Ornements. — Les ornements servent à la décoration de l'église et des autels, ou à vêtir les ministres sacrés. Ce sont : les tentures, qui couvrent les murs de l'église, les sièges du chœur, *panniculi ;* les dorsaux, placés comme *dossiers,* aux trônes, aux saintes reliques ; les *pailles,* ou poêles, *pallia ;* les parements, qui garnissent la partie antérieure des autels ; et enfin les chapelles, qui se composent cha-

---

1. *Deo optimo maximo.*
2. *Presbitero Constantiensis diocesis, olim bonæ memoriæ Domini Guilielmi cardinalis Rothomagensis.*
3. *Kalendas decembris, anno.*
4. *Joannes..... posuit.*
5. M. Muntz (*Les Arts à la cour des papes,* t. III, p. 285-297) a publié plusieurs inventaires du cardinal d'Estouteville, datés de 1482 et 1483 ; je lui ferai quelques emprunts comme termes de comparaison.

cune de la chape et de la chasuble du célébrant, de la dalmatique
du diacre et de la tunique du sous-diacre, *planeta, pluviale, dalmatica, tunicella.*

Outre l'étoffe dans laquelle ils sont taillés, ces ornements se
recommandent par leurs broderies, leurs orfrois, *frisia*, leurs galons,
fimbriæ, et leurs franges, *franciæ*.

Paille. — Le mot *paille* ou *palle* est susceptible de diverses acceptions au moyen âge. Primitivement, il signifiait *tapis, tenture*, et
tel est le sens que lui attribuent les inventaires de Sainte-Marie-
Majeure et de Saint-Louis-des-Français. J'en citerai quelques
exemples plus anciens afin de déterminer parfaitement ce sens.

« L'abbesse, dit Grégoire de Tours (livre X, ch. XVI), fut accusée
d'avoir fait à sa petite-fille des robes d'un *palle* d'église en étoffe de
soie, d'avoir enlevé la feuille d'or qui l'entourait et de l'avoir crimi
nellement mise au cou de sa petite-fille [1]. »

Mathieu Paris ne laisse aucun doute sur l'usage des pailles, quand
il dit, à l'année 1236 : « Donc toute la ville était ornée d'étoffes de
soie, d'étendards, de couronnes, de *palles*, de cierges et de lampes...
Il offrit à l'église quatre *palles*, l'un pour être suspendu à l'autel et
orner la muraille. » Et à l'année 1251 : « Il offrit au grand autel
trois palles à Saint-Alban et à Saint-Amphibole. »

Le roman de la guerre de Troyes nous apprend que les palles se
trouvaient aussi dans les habitations privées :

> En une chambre à or ovrée,
> Portendue de palles chiers.

Le mot *paille* ou *palle*, traduit du latin *pallium* ou *palla*, s'entend
encore des nappes et du parement de l'autel, aussi bien que des
draps d'honneur dont on couvrait les tombeaux des saints [2]. Le palle
de Saint-Martin de Tours était en soie ornée de lames d'or [3].

Les pailles dont parlent les inventaires sont rehaussés d'un orfroi
brodé ou fleuri qui en occupe le centre et d'armoiries placées aux
quatre coins.

Dossier. — L'on trouve, au moyen âge, indistinctement, *dorsale,*

1. Edit. Guizot, t. II, p. 113.
2. Une tapisserie du XVI⁰ siècle, qui appartient à la cathédrale d'Angers, représente les tombeaux de S. Martin et de ses compagnons couverts de *poëles* armoriés.
3. *Bulletin de la Société des Antiquaires de la Morinie*, 1858, p. 475-477.

dorale, dossale. Le dossier ne diffère guère du paille que par le nom, car on l'emploie au même usage, c'est-à-dire comme tenture des bancs du clergé, voile des tableaux ou parement des reliques. Dans ce dernier cas, l'inventaire de Sainte-Marie-Majeure dit indifféremment dossier ou paille, *dorale seu pallium.*

Le dossier a un, deux ou trois écussons placés sans doute en haut, suivant l'usage moderne; il est frangé et partagé par des bandes ou orfrois [1].

Le dossier-tenture tire certainement son nom de sa ressemblance avec le dossier du trône pontifical, pièce pendant du dais aux marches et formée invariablement d'un vaste champ, encadré d'une bordure étroite, mais riche.

J'ai décrit les neuf dossiers de S.-Jean de Latran dans mes *Fêtes de Pâques à Rome*, Rome, 1866, p. 18-19; il me reste à faire connaître ceux des autres basiliques.

A St-Pierre, j'en compte quatre. Le plus ancien remonte à l'an 1675. Le fond est en soie rouge, brochée d'or aux armes d'Alexandre VII. La bordure, de velours rouge, porte en haut les armes de Clément X, entre celles du Sénat et du cardinal Altieri camerlingue; en bas, le nom du pape qui le fit restaurer :

CLEMENS X • PONT • MAX
ANN • IVB • MDCLXXV

Le second dossier est rouge et a également dans le champ, tissées d'or, les armes d'Alexandre VII. La bordure de velours rouge, refaite en 1676, est chargée, en chef, des écussons alignés d'Innocent XI, du Sénat et du cardinal Altieri et, en pointe, du nom du pape et de la date de restauration :

INNOCENTIVS • XI • PONT • MAX •
ANN • PRIMO •

Le troisième dossier est blanc, tissé d'or aux armes de Clément XI, dont le nom figure à la partie inférieure, avec le millésime de 1719, sous forme de la dix-neuvième année du pontificat :

CLEMENS • XI • P • M •
ANNO • DECIMO
NONO

1. J'ai vu, dans la sacristie de l'église de Saint-Barthélemy-lès-Angers, un

La bordure de velours rouge est rehaussée, en broderie d'or : en haut, de la tiare surmontant les deux clefs en sautoir, et d'une croix sur chaque côté[1].

A Ste-Marie-Majeure, les quatre dossiers sont un don d'Alexandre VII, comme la plus grande partie de ceux du Latran. Le premier, de 1659, est en soie rouge brochée d'or aux armes du pape. La bordure, en velours vert, est marquée, en haut, de la tiare et des clefs; sur les côtés, d'une croix et, en bas, du nom du donateur :

ALEXANDER · VII · P · M ·

ANNO · QVARTO

Le second dossier, exécuté en 1660, est semblable au précédent, avec cette seule variante dans l'année du pontificat : ANNO QVINTO.

Le troisième est en soie blanche, toujours armoriée, avec même décor à la bordure de velours rouge. La date se formule ainsi :

ALEXANDER · VII · P · M ·

ANNO · SEXTO

Le dernier ressemble au précédent, ce qui prouve que ces dossiers ont été faits par paire, de manière à se mettre en vis-à-vis. La date seule diffère : ANNO SEPTIMO.

Couleurs. — Les couleurs liturgiques, plus multipliées que de nos jours, sont au nombre de huit : l'or, *aureus;* le jaune, *giallus* (en italien *giallo*); le vert, *viridis;* le violet, *violatus;* le blanc, *albus;* le rouge, *rubeus;* l'azur, *azurrus;* le bleu céleste, *celestinus;* et le rouge [2] combiné avec le bleu, deux couleurs qui, pendant toute la durée du moyen âge, furent les seules usitées pour le deuil ecclésiastique.

Etoffes. — Les étoffes employées pour la confection des vêtements sacrés que mentionne l'inventaire sont : la soie, *sericum;* le velours,

---

dossier de ce genre. Il se compose de bandes étroites de soie de différentes couleurs cousues ensemble. Je ne le crois pas antérieur au XVII° siècle.

1. Quand le pape donne la bénédiction papale à Saint-Pierre, le Jeudi saint et le jour de Pâques, le balcon de la *loggia* est garni d'un dossier blanc, broché aux armes de Clément XI et bordé de velours rouge.

2. Le deuil du pape est encore exclusivement rouge. Aussi il ne porte que la chape rouge aux Offices des Morts, de même qu'en Avent et en Carême.

velutum ; le sennat, *sennatum* [1] ; le damasquin [2] ou petit damas broché, *damaschinum imbrocatum ;* le satin, *sericum rasum* [3] ; la pourpre, *purpura,* le taffetas et le brocard, *imbrocatum.*

Ces étoffes sont ou unies, sans aucun ornement, *de damaschino albo, de serico viridi* ; ou rayées, *listatum, cum listis* ; ou rehaussées de fleurs, de fleurons, de lions, *cum rosis et floribus, ad florones, cum leonibus.*

Elles se mesurent à la pièce, au morceau, *frustum,* ou à la brasse, *duorum brachiorum.*

Tissu. — La *saria* [4] (n° 27) est indiquée comme tissue de soie rouge *intexta serico rubro.*

Les doublures se font en boucassin [5] de diverses couleurs ou en toile blanche, *foderatum de boccacino, de tela alba.*

Broderies. — Les vêtements les plus précieux ne sont pas simplement tissés, mais enrichis de figures (animaux ou personnages), *figurati ;* l'aiguille les a historiés des douze apôtres, ou même d'une scène complète, comme sur le chaperon d'une chape, datée de 1472, l'Assomption ou le Couronnement de la Vierge [6].

Orfévrerie, Émaillerie. — Ces deux arts, si bien faits l'un pour l'autre, ont été mis à contribution par le cardinal d'Estouteville pour embellir une croix processionnelle, la pomme d'un pavillon, une navette et sa cuiller ; les reliquaires de S. Mathias, de S. Mathieu,

---

1. « Una planeta de sennato rubeo inforciato. » (*Inv. de la cath. d'Anagni,* 1294.) — « Una cortina de sannato viridi. Idem certe reliquie sigillate in quodam zannato nigro. » (*Inv. de Saint-Pierre de Rome,* 1454.)

2. « *Damasquin,* sorte de brocatelle ou de damas multicolore, quelquefois ramagé de fleurs d'or ou d'argent. » (*Gloss. arch.*)

3. En italien *raso.*

4. Ce mot n'est pas dans le Glossaire de Du Cange. Peut-être faut-il lire *saia,* qui se trouve, en 1599, dans le procès-verbal de l'invention du corps de sainte Cécile, par Bosio : « Capsa circumornata undique apparuit intus textili quodam, sericæ, quam vulgo appellant *saiæ,* similitudinem referente, coloris ex viridi et rufo permisti. » Dans le livre des comptes des frères Bonis, au xive siècle, est inscrite l'acquisition par un moine d'une coule de « *saiia* noire ». (*Bull. de la Soc. arch. de Tarn-et-Gar.,* t. XV, p. 187.) L'inventaire de Pie II enregistre « unum cœlum lecti de saya rubra ».

5. « Jusqu'à la fin du xvie siècle, le boucassin a été pris pour une toile de coton à poil feutré, du genre des futaines. On en faisait des ornements d'église, des garnitures intérieures de meubles, des doublures ... Durant cette période, on appelait néanmoins *boucassinée* une toile apprêtée et passée à la calandre. » (*Gloss. arch.*)

6. Le Couronnement de la Vierge figure en mosaïque à la voûte de l'abside de la basilique. Cette remarquable composition date de la fin du xiiie siècle.

de S. Luc, de S. Julien; pour représenter, en haut-relief, la Visitation, et sur les volets qui dérobent aux regards la Madone peinte par S. Luc, le portrait de l'archiprêtre bienfaiteur de la basilique; S. Luc, qui, dans les souterrains de Sainte-Marie *in via lata*, peint la sainte Vierge qui lui apparaît[1] et les anges qui, du haut du mausolée d'Adrien, chantent le *Regina cœli*, pendant que S. Grégoire fait porter à S. Pierre l'image miraculeuse de sainte Marie-Majeure[2].

L'orfèvre travaille sur l'argent doré, *ex argento deaurato*, et sur l'argent, *argenteum*.

Armoiries. — Tout objet offert à une église portait, au moyen âge, et porte encore en Italie, en souvenir du bienfait, les armes du donateur. C'était, pour ainsi dire, le sceau qui authentiquait la donation et en perpétuait la mémoire dans les générations à venir, car les inventaires, les actes, les chroniques disparaissent, tandis que l'écusson ne s'efface qu'avec l'objet lui-même.

A l'époque de Guillaume d'Estouteville, les armoiries se plaçaient ainsi sur les vêtements sacrés : au milieu de la poitrine, sur la tunique, la dalmatique et la chasuble; au bas de chaque orfroi, sur la chape; au milieu ou en haut, mais alors en double, sur les dossiers; de chaque côté de la croix, sur les parements.

L'inventaire précise toujours l'endroit où sont appliquées les armoiries, quand il s'agit de monuments ou d'objets d'art et d'orfévrerie.

Les armes du cardinal se blasonnent ainsi : *Écartelé : aux 1 et 4, burelé d'argent et de gueules de dix pièces, au lion de sable, armé, couronné et lampassé d'or, brochant sur le tout, qui est d'Estouteville; aux 2 et 3, de gueules, à deux fasces d'or, qui est d'Harcourt, à cause de sa mère; sur le tout, de France, brisé d'une bande diminuée d'or, qui est de Bourbon, à cause de son aïeule maternelle*[3].

1. Raphaël a choisi cette tradition pour sujet de l'un de ses tableaux les plus estimés que possède l'Académie de Saint-Luc.
2. Un vitrail de la cathédrale d'Angers (XVIᵉ siècle) représente ce même fait : il provient du château du Verger. Sur l'ancien autel de S. Grégoire au Cœlius, il a été sculpté au retable en 1469. (*Les Chefs-d'œuvre de la sculpture religieuse à Rome*, pl. XLIV.)
3. Ciacconio, t. II, col. 1135; Fisquet, *Rouen*, p. 195; X. Barbier de Montault, *Armorial des évêques d'Angers*, p. 28; *Anciens inventaires inédits*, p. 13, et une note dans *Giornale araldico*, 1879, p. 232; *Gall. christ.*, Rouen, édit. de Sainte-Marthe.

IV

1. Una crux ex argento deaurato, cum crucifixo elevato in medio, et in extremitatibus cum quatuor Evangelistis de smalto ab uno latere, ab alio latere in medio est B. Virgo cum filio in dextro brachio, et cum figura angeli in summitate, ad pedes est figura S. Augustini, à lateribus sunt mediæ imagines duorum sanctorum, in calce est arma Reverendiss. D. Rothomag., omnia ex smalto pulcherrimè facto, ponderis librarum trium, unciarum sex cum dimidia [1].

2. Unus canulus duorum palmorum, habens in summitate unum grossum pomum, cum sex rosis deauratis et smaltatis, et desuper aliud parvum pomum rotundum, sed ad longitudinem tendens, in quo immittitur dicta crux cum vite, omnia ex argento, cum arma Reverendiss. Rothomagens., ponderis librarum duarum, unc. 2 cum dimidia [2].

3. Unum pomum argenteum, quod ponitur in asta, ubi est junculum seu umbraculum, pond. unc. 15, minus quarta 1; nunc ponderat libras duas et unc. 11, quia Reverendiss. D. Rothomagen. fecit illud refici de suo deauratum [3].

4. Una navicula cum B. Virgine smaltata [4], cum armis Reverendiss. D. card. Rothomagen., ponderis unc. 19, cum cochleari argenteo [5].

1. Cette croix d'argent doré était ornée, sur sa face, d'un crucifix en relief, et, à ses extrémités, des symboles émaillés des quatre Évangélistes; au revers, de la Vierge-Mère, d'un ange, de S. Augustin et de deux autres saints, également en émail. Les armes en émail, placées au pied de cette croix, indiquaient quel en était le donateur.

2. La croix précédente s'adaptait, au moyen d'une vis, à une hampe ou *canne*, terminée par deux *pommes*, dont une rehaussée de roses d'or et d'émail, et semée probablement des écussons du cardinal, à la manière de la hampe de la crosse publiée par le P. Martin (*Mélanges d'archéologie*, t. IV, p. 249), ou n'ayant qu'un seul écusson au-dessus du nœud (*Ibid.*, p. 237). Remarquons, puisque l'occasion s'en présente, comme nous avons singulièrement exagéré en France le bâton des croix, devenues si lourdes que les enfants de chœur suffisent à peine à les porter. La croix dont on se sert devant le pape est longue de plus de deux palmes assurément, mais elle est loin d'atteindre les proportions démesurées que nous donnons aux nôtres.

J'ai cité et commenté ces deux articles dans ma *Bibliothèque Vaticane*, p. 98-100.

3. La pomme dorée dont il est ici question se place au-dessus du pavillon, large parasol à bandes verticales, alternativement rouges et jaunes, qui est l'insigne des basiliques majeures et mineures (V. l'*Année liturgique à Rome*, 2ᵉ édit., p. 279.) Le poids de cette boule ne permet pas de supposer qu'elle ait servi à l'*ombrellino* du S. Sacrement.

4. Email, en italien *smalto*.

5. La navette présente l'image de la sainte Vierge et les armes du cardinal. La cuiller avec laquelle se prend l'encens, broyé évidemment, et non en grain comme primitivement, n'a pas été oubliée.

« Unum cocleare cristallinum, ornatum argento. » (Muntz, p. 287.) — « Duo

5. Unum turribulum argenteum, pond. libr. 5, id est quinque cum dimidio, cum armis Reverendiss. D. Rothomagensis, qui illud fieri fecit et donavit Ecclesiæ [1].

6. Una planeta, et unum pluviale coloris violati.

7. Una dalmatica et tunicella ejusdem (coloris), cum armis Reverendiss. D. card. Rothomagen.

8. Unum pluviale de damaschino violato, imbroccato ad flores aureos, cum frisio aureo, in quo sunt imagines integræ Beatorum Apost. et in caputio retro habet coronationem seu assumptionem gloriosissimæ Virg. Mariæ; quod pluviale factum fuit de centum scutis auri, quæ misit Illustriss. dux Burgundiæ dono huic Basilicæ, anno Dom. 1472, et ideo est in eo ejus arma : reliquum vero, ultra prædicta centum scuta, quod expositum fuit, prædicto pluviali imposuit R. D. Rothomag. et sua solita devotione et liberalitate [2].

9. Una planeta de serico viridi figurato [3], cum frisio [4] et fimbrijs deauratis, cum armis dicti Reverendiss. D. Rothomagen., Archipresb. hujus basilicæ, anno 1473, mensis septembris, et ex sua solita benignitate illam donavit Ecclesiæ cum dalmatica et tunicella, et pluviali infrascriptis, et præcepit illis diebus dominicis uteremur [5].

10. Una dalmatica de serico viridi.

11. Una tunicella de serico viridi, cum armis prædicti R. D. card [6].

coclearia aurea, inclusa in vagina smaltata. Unum coclear, cum manico cristallino rotundo » (p. 288). — « Unum pulchrum coclear cristallinum, argento aurato ornatum. XII coclearia argentea. XVII coclearia argentea, in vagina rubea. Unum coclear argenti aurati, cum quodam lapide in corpore » (p. 291). — De ces cuillers, les unes étaient à usage liturgique, comme pour le baptême, et les autres purement domestiques.

1. L'encensoir, commandé et donné par le cardinal d'Estouteville, était du poids de cinq livres et demie, en argent et armorié, comme presque tous les objets dus à sa munificence.

2. Ce pluvial historié rappelle une double générosité du duc de Bourgogne, qui donna à la basilique cent écus d'or, et de Guillaume d'Estouteville qui, avec sa libéralité accoutumée, compléta ce qui manqua à la somme pour le prix du travail, singulièrement estimé en raison de ses broderies, du couronnement de la Vierge et des douze Apôtres.

3. « Unum piviale velluti pagonatii figurati. » (Muntz, p. 293.)

4. « Unum piviale rasi nigri, cum friso mediocri aureo, sine capitio » (p. 293).

5. La chapelle de soie verte armoriée est affectée aux dimanches qui demandent cette couleur. Ces dimanches étaient autrefois bien plus nombreux qu'ils ne le sont maintenant, depuis que le calendrier s'est grossi de fêtes nouvelles et de saints qui n'avaient précédemment ni office, ni culte spécial dans l'Église. S. Bernard protestait, dès le XIIe siècle, contre cette tendance, par une lettre écrite aux chanoines de Lyon, terminant ainsi les reproches qu'il leur adressait à l'occasion de l'introduction d'une nouvelle fête dans leur liturgie: « Sed de avis et proavis idipsum posset pro simili causâ quilibet efflagitare, et sic tenderet in infinitum et festorum non esset numerus : patriæ est, non exilii, frequentia hæc gaudiorum et numerositas festorum. » (D. Bernard. Opera, Epist. CLXXIV.)

6. Reverendissimi Domini. Urbain VIII le premier a concédé aux cardinaux le tire d'Eminence, d'Eminentissime.

12. Una planeta de damaschino [1] albo, habet arma R. D. card. Rothomag., quam donavit huic Eccl.

13. Una dalmatica ejusdem serici.

14. Una tunicella ejusdem (serici), et habent arma R. D. card. Rothomagens.

15. Una planeta de damaschino figurato, R. D. card. Rothomagen.

16. Una dalmatica R. card. Rothomagen.

17. Una tunicella ejusdem, item cum armis Rothomagensis.

18. Una planeta de velluto rubeo [2], cum una dalmatica, tunicella et armis D. Rothomagen.

19. Unum pluviale, cum una planeta, cum dalmatica, tunicella et armis D. Rothomagen., cum pluviali.

20. Item unum pluviale ejusdem.

21. Item unum pallium de serico rubeo cum floribus aureis [3], quod habet in medio rosulas virides et azurras, cum fimbrijs de serico azurro [4], cum armis Reverendiss. D. Rothomagen., foderatum de boccaccino azurro [5].

22. Item unum frustum [6] zennati albi, duorum brachiorum, quæ omnia frusta infrascripta R. D. Rothomagensis emit pro festo assumptionis Virginis Mariæ [7].

23. Item tria frusta zennati rubei, similiter duorum brachiorum pro quolibet.

24. Item duo frusta gialli coloris, quorum unum est listatum.

25. Item unum frustum zennati viridis, duorum brachiorum, listati listis diversorum colorum.

1. « Unum piviale, cum planeta, dalmatica et tunicella, stola et manipulis damaschini albi broccati in auro. » (Muntz, p. 292.)

2. « Unum piviale,...... velluti cremosini figurati » (p. 293).

3. « Unum piviale,...... velluti albi figurati cum floribus magnis diversorum colorum » p. 292). — « Unum piviale.... ad flores magnos » (p. 293).

4. « Foderatum tela azura, foderatum tela cœlestri, foderatum boccacino cœlestri, copertum tela azura » (p. 293).

5. Ce paille de soie rouge était semé de fleurs d'or et, au milieu, de petites roses vertes et bleues. Il portait les armes de Son Eminence et était orné d'une bordure de soie bleue.

M. Muntz en a signalé de semblables dans l'inventaire de Pie II (1464) : « Unum pallium magnum de sirico, cum campo rubeo, cum clavibus et mitriis, cum circumferentiis de serico blavio. — Pallium unum magnum, cum campo albo cum certis rosis de auro, cum circumferentiis de setanino rubeo. — Unum pallium magnum, cum campo albo, cum circumferentiis de setanino rubeo cum clavibus et mitriis. — Unum pallium magnum, de campo pagonatio cum certis rosis de auro in broccato de auro, cum circumferentiis de setanino viridi. — Unum pallium magnum de pagonatio cum clavibus et mitriis, sine auro, cum circumferentiis de setanino celestri. — Unum pallium de in broccato cum armis papæ Eugenii, cum circumferentiis de setanino blavio. » (Les Arts à la cour des papes, t. I, p. 323-324.)

6. « Una petia cannarum decem, palmorum III, broccati albi et cremosini tragettati in auro. Item peciæ tres..... broccati cremosini in auro. Item una petia damaschini albi ad postas auri » (p. 296-297).

7. Sainte-Marie-Majeure est encore parée, chaque année, à l'Assomption, de tentures de damas rouge et de pailles armoriés.

26. Item unum frustum zennati azurri, duorum brachiorum, combustum in medio ab igne.

27. Item unum frustum, quatuor brachiorum, de saria intexta serico rubeo, quod solet poni retro reliquias in altari [1].

28. Item unum pallium [2] de imbrocchato aureo [3], cum floribus ex serico rubeo, pulchrum et novum, cum fimbrijs de velluto cœlestino, seu damaschino, foderatum totum de boccacino viridi, cum armis R. D. Rothomagensis, qui illud huic Basilicæ donavit.

29. Item unum pallium de imbrocchato aureo, cum serico rubeo, ad candos, cum fimbrijs azurris, raso, foderatum de boccaccino, sine armis, quod donavit R. D. Rothomagensis.

30. Item unum pallium de imbrocchato deaurato mixto, et serico albo ad florones, foderatum de boccacino albo, cum fimbrijs de taffetta [4] rubeo, cum francijs viridibus, cum quibus sunt quatuor arma R. D. Rothomagensis, qui illud donavit huic Basilicæ.

31. Item unum doxale de imbrocchato azurro, cum floribus aureis, et arma R. D. Rothomagensis in medio, cum frisio de auro, et cum francia azurra, cui à duobus lateribus sunt duo frusta imbroccati rubei, cum fodera de boccacino azurro.

32. Item unum doxale rubeum de serico, cum rosis aureis et floribus, cui in medio est arma R. D. Rothomag., foderatum de tela alba de serico.

33. Item unum doxale violatum de serico, cum rosis et floribus deauratis, cui in medio est arma R. D. Rothomag., foderatum de tela alba.

34. Item unum doxale de purpura album [5], cum rosis aureis et cum arma R. D. Rothomagensis, foderatum de tela alba.

1. Toutes les reliques sont exposées sur l'autel papal, le jour de Pâques, pendant les vêpres (V. *Année liturgique à Rome*, p. 201-202), et, en partie seulement, aux stations et aux fêtes patronales des saints (*Ibid.*, passim). — On remarquera cette tenture qui fait fond au reliquaire exposé, et plus loin, le paille qui couvre l'escabeau des reliques.

2. « Item unum pallium velluti broccati albi, alti et bassi, cum armis D. Rothomagensis. Item unum pallium imperiale texti aurei, vetus, cum taffeta Alexandrino circum, foderatum tela azura. Item alium pallium imperiale damaschini albi broccatelli, cum taffetta cremosino circum, foderatum tela cœlestri. Item aliud pallium imperiale, textum auro, cremosinum, armatum taffetta Alexandrino, foderatum boccacino cœlestri. Item quartum pallium imperiale texti aurei cremosini, ornatum velluto Alexandrino, copertum tela azura; omnia dicta pallia sunt cum armis Domini. » (Muntz, p. 293.)

3. « Una planeta damaschini cremosini inbrocchati in auro, ditissimi » (p. 202).

4. « Pallium..... armatum taffetta Alexandrino » (p. 293).

5. La pourpre ne se prend pas toujours, au moyen âge, pour le violet-rouge ou le rouge, mais aussi pour un certain brillant donné aux étoffes. Ainsi, l'inventaire de la basilique de Saint-Pierre, en 1436, parle de pourpre *rouge*, *violette*, *noire*, *verte*, *bleue* et *blanche*. « Planeta, dialmatica et tunicella de purpura rubea figurata. Planeta alia de purpura rubea ad aves et camelos cum pedibus et capidibus deauratis. Tunicelle due de purpura rubea antique ad aves, inbrochate de auro. — Planeta de purpura violata. Facistorium de purpura violatum inbrochatum de auro. Pluviale de purpura violata. — Quatuor planete de purpura nigra. Due dialmatice

35. Item unum doxale de purpura album, cum rosis aureis et aliquibus listis de auro, cui in medio est arma R. D. Rothomagensis, foderatum de tela alba.

36. Item unum doxale de purpura album, cum armis R. D. Rothomagensis, et est positum ante Imaginem Virginis Mariæ [1].

37. Item unum doxale de purpura, cum rosis de auro et armis in medio dicti R. D. Rothomag. et cum frisio et francia viridi.

38. Item unum doxale de purpura, cum rosis de auro et armis in medio R. D. Rothomag., cum frisio et francia viridi.

39. Item unum doxale de imbrocchato aurei coloris, cum cordonibus aureis, cum francia alba aurea, cum tribus armis R. D. Rothomag. dicti Vicecancellarij, foderatum de boccaccino albo.

40. Item unum doxale de imbrocchato aurei coloris, cum floribus seu cordonibus aureis, cui in medio est arma Domini Vicecancellarij, foderatum de tela alba.

41. Item unum doxale seu pallium de imbrocchato aurei coloris, seu cordonibus aureis, cum francia de auro à duobus lateribus, pro usu scabelli altaris majoris, ubi ponuntur reliquiæ, cum tribus armis R. D. Vicecancellarij, foderatum de tela alba.

42. Item unum frisium cum Annunciatione et omnibus Apostolis, cum francia viridi et cum armis R. D. Rothom., foderatum de boccaccino azurro.

43. Item unus panniculus, quem donavit quidam miles Sancti Joannis, in domo Rever. Dom. Vicecancellarij, qui est de serico cum aliquibus texturis aureis.

44. Item unum pallium de serico rubeo, cum leonibus aureis et cum fimbrijs de serico azurro raso, totum foderatum de boccaccino azurro, quod donavit R. D. Rothomagensis, ut eo in mortuarijs uteremur, nunc non invenitur.

45. Item duæ asseres in valvis coopertæ argento, in dextra est imago sancti Lucæ integra depingentis Beatam Virginem, et ad caput sunt angeli cantantes *Regina cœli lætare;* in sinistra, imago sancti Gregorij,

de purpura nigra. Pluviale de purpura nigra. Petia palliorum tria parva de purpura nigra, inbrochata de auro, antiquissima. Stola et manipulus de purpura nigra, inbrochati de auro. — Facistorium de purpura viridi, inbrochatum de auro. Alia planeta de purpura viridi, inbrochata de auro. Facistorium de purpura viridi, ad papagallos pro parte deauratos. Facistorium sine ornatu de purpura rubea et viridi, inbrochatum de auro antiquo. Planeta, dialmatica et tunicella de purpura viridi cum avibus in parte deauratis. Dialmatica de purpura viridi et rubea cum animalibus habentibus capita et pedes deaurata. — Planeta de purpura azurina. — Una tunicella de purpura alba inbrochata de auro. Una planeta de purpura alba inbrochata de auro. Tunicella de purpura alba. Dialmatica de purpura alba antiqua. Pluviale de purpura alba. Stola et manipulus de purpura alba. » L'inventaire de 1465 ajoute : « Quatuor planete albe de purpura. »

1. Cet usage s'est conservé à Rome de voiler les images les plus vénérées d'une étoffe brodée, ce qui n'empêche pas les volets extérieurs fermés à clef.

portantis in manu imaginem, cum castro et Sancto Angelo; ad pedes ejus, imago Reverendissimi Domini Rothomagensis, Archipresbyteri hujus Ecclesiæ, genuflexi, qui istas valvas fieri fecit, et arma ipsius in ambabus valvis.

46. Caput sancti Matthæi Apostoli, positum in vasculo nihilij calcedonij, in quodam magno tabernaculo argenteo deaurato et smaltato, cum sex columnis quadris et cum lampadibus azurris in summitate uniuscujusque columnæ, et cum armis Reverendissimi Domini Rothomagensis, et cum ciborio argenteo deaurato, quod à tabernaculo evelli seu separari potest.

47. Brachium sancti Matthæi, Apostoli et Evangelistæ, ornatum brachio argenteo, et manu ac libro argenteis, cum armis Reverendissimi Domini Rothomagensis.

48. Brachium sancti Lucæ Evangelistæ, ornatum et brachio et manu argenteis, tenente calamum argenteum, cum magna fimbria ornata smaltis, pernis, et cum monili in summitate brachij, in quo est media figura cujusdam Apostoli, et in calce est arma Reverendissimi Domini Rothomagensis.

49. Brachium sancti Juliani martyris [1], aliqualiter deauratum cum anulo in digito medio, et in fimbria cum media figura sancti Joannis Baptistæ, cum armis ejusdem Reverendissimi Domini Rothomagensis.

50. Duæ imagines [2] sanctarum Mariæ et Elisabeth se mutuo amplexantium, in quarum uteris stant parvæ imagines Christi et Joannis Baptistæ [3], et crystallo inclusæ et stant sub tabernaculo elevato à quatuor columnis,

1. La basilique de Sainte-Marie-Majeure ne possède plus que le chef de S. Mathias et les bras de S. Luc et de S. Mathieu. (V. *Année liturgique*, p. 201-202.)

2. « Una pulchra ymago Virginis sculpta, cum corona margaritarum et cum tribus balasciis, inclusa sub coperculo corii. Item alia pulchra ymago rotunda argentea aurata, cui ab una facie est ymago Virginis in pictura, ab alia Passio Domini Nostri, in una vagina rubea inclusa » (p. 289).

3. A Rome, où la Renaissance s'est montrée dès 1430, une représentation si inconvenante ne doit pas étonner sur la fin du XVe siècle. La France n'a connu que plus tard cette iconographie inqualifiable, qui constate l'absence la plus complète de pudeur et de sens chrétien. Didron, dans le premier volume des *Annales archéologiques*, publia une gravure sur bois analogue. Depuis, j'ai rencontré au musée de Cluny (N° 1042), et à Poitiers (collection Moitre), deux émaux, datés de 1545 et 1547, qui ont la prétention de montrer Marie immaculée dans sa conception par la présence d'une petite enfant nue, joignant les mains et entourée de lumière, dans les entrailles de sainte Anne. Il y avait, dans la collection de l'abbé Texier, un émail de Limoges, qu'il a fait lithographier dans les *Mémoires de la Société des Antiquaires de l'Ouest*, 1842, pl. IX, et qui représente aussi la conception de la Vierge.

Le *Bulletin archéologique du Comité des travaux historiques*, 1886, p. 427, et 1887, p. 18, signale. à Amiens, deux statuettes, l'une du XVIe siècle, l'autre du XVIIIe, où Marie « porte dans son sein l'enfant Jésus ». M. Muntz écrit, à ce propos : « Depuis le XVe siècle, les exemples de cette représentation bizarre et inconvenante ne sont pas difficiles à trouver, du moins en peinture. »

Il existe au musée ecclésiologique du diocèse d'Angers une miniature sur vélin. du XVIIe siècle, qui achève ce que j'avais à dire de cette déplorable iconographie,

et desuper in medio est Christus nudus cum cicatricibus [1], habens suprà se ciborium; et imago Beatæ Virginis habet breve in manu cum litteris : *Magnificat anima mea Dominum*. Et alia imago habet litteras : *Benedicta tu inter mulieres*. Ad pedes sunt arma Reverendissimi Domini Rothomagensis, et sustentatur totum opus à quatuor leonibus, quod est de argento deaurato valde fabrefacto.

51. Quædam tabula quadra, cum imagine beati Hieronymi studentis, quam donavit Reverendissimus Rothomagensis.

52. Item unus liber, in quo est officium Nivis [2] notum [3], quod donavit Reverendissimus Dominus Rothomagensis.

53. Item unum capitularium [4] novum, quod incipit *In nomine Domini*, et ante se habet kalendarium, retro habet *Te Deum laudamus*, quod donavit Reverendissimus Dominus Rothomagen [5].

---

abaissée jusqu'au réalisme le plus grossier. On y voit la sainte Vierge enceinte, et, pour ne pas laisser de doute sur celui qu'elle porte dans son sein, le chiffre ordinaire de Jésus, IHS, est peint sur sa robe, au milieu d'une auréole. Je citerai encore un vitrail de la collection de feu M. Grille, où l'enfant sort du sein de sa mère au milieu de rayons lumineux. Pour ne pas quitter Angers, Grandet a dit dans *Notre-Dame-Angevine*, p. 207 : « La sainte Vierge a toujours été fort honorée dans l'église des Carmes d'Angers, sous le titre de Notre-Dame-de-Recouvrance, *de Recuperantia*, comme qui dirait *a recuperata salute*, parce que son image, qui a quatre pieds de hauteur, la représente enceinte de Notre Sauveur. » Pareilles scènes se retrouvent ailleurs peintes, ciselées, émaillées ou sculptées, mais de quelqu'auteur qu'elles soient, elles ne méritent qu'un blâme énergique et un profond mépris.

1. C'est surtout au xvᵉ siècle que l'on aime à reproduire la messe de S. Grégoire, où le Christ apparaît nu et ensanglanté. (Voir ma brochure intitulée *La messe de S. Grégoire ou l'apparition du Christ de pitié*, Lyon, 1884, in-4º.)

2. Office propre, basé sur la légende et imprimé par De Angelis. — L'office actuel de la basilique est tout à fait étranger à cette précieuse composition, pleine de la plus suave poésie du moyen âge.

3. Serait-ce pour *notatum*, voulant indiquer par là que l'office était *noté*, ou s'il faut lire *notum*, signifierait-il ici l'office *connu*, ordinaire de Sainte-Marie-des-Neiges?

4. Le *Capitulaire* prend son nom des *Capitules* qu'il contient: « *Capitularium*, liber ecclesiasticus continens capitula. » (Du Cange.) « Item unum trophonarium (tonarium) et duo breviaria et unum antiphonarium et unum collectorium et unum psalterium. » (*Inv. du pr. de Libaud, 1260*.) Mais à son début par le Calendrier et à sa conclusion par le *Te Deum*, je serais tenté d'y voir le livre qui sert à l'officiant aux heures de l'office et qui est placé devant lui sur un pupitre ou analogie.

5. On retrouvera plus loin, dans l'inventaire de S.-Louis-des-Français de 1525, sous les nᵒˢ 19, 34, 35, 48, 100, 101, les dons faits à cette église par le cardinal d'Estouteville.

La *Gallia christiana*, t. XI, col. 90, énumère ainsi ses legs à la cathédrale de Rouen: « Ecclesiam Rotomagensem.... multis pretiosissimisque donariis locupletavit ac præcip:e anno 1470 mitra et baculo pastorali, campanis etiam duabus, quarum major, quæ dicitur *Maria Estotevillæa*, conflata est anno 1467. Eo quoque sedente, chorus elegantissimis sedilibus ornatus est cathedraque archiepiscopalis suis sumtibus ac bibliotheca cum contiguo vestibulo extructa. »

LE

PAPE PAUL IV [1]

(1559)

Paul IV, de l'illustre famille Caraffa, originaire du royaume de Naples, mourut en 1559, après un court pontificat de quatre ans, deux mois et vingt-sept jours. De suite après son décès, les clercs de la Chambre apostolique, dont la fonction est de tenir les comptes de l'Etat pontifical, procédèrent à l'inventaire de tous les objets meubles qui étaient alors dans les appartements occupés par le pape défunt [2].

M. Bertolotti, alors archiviste à Rome, a retrouvé cet inventaire dans les papiers du fisc, et l'a publié dans l'*Archivio storico di Roma*, Rome, 1877, t. II, p. 47-63. Ce document présente un intérêt particulier, car il fait pénétrer dans la vie intime du pontife, et il montre son goût particulier pour les pierres précieuses et les choses de luxe.

Le texte est en italien. Je crois devoir le traduire littéralement, malgré les difficultés que présentent certaines expressions. J'y ajouterai de courtes notes pour expliquer et faire valoir certains passages, dont l'intérêt spécial demande à être relevé au point de vue archéologique. Je compléterai les articles par une série de numéros progressifs, fort utiles aux auteurs pour les citations.

Die sabbati decima nona mensis Augusti, anni a Nativitate Domini

---

1. *Inventaire du pape Paul IV, en 1559*; Montauban, Forestié, 1879, in-8° de 56 pag. Extr. du *Bullet. de la Soc. arch. de Tarn-et-Garonne*, t. VII; tir. à part à 50 ex.

2. Il sera utile de rapprocher des inventaires de Boniface VIII, de Paul III et de Paul IV, édités par mes soins, les inventaires de Calixte III (1458) et de Pie II (1464), publiés par M. Muntz, dans son important ouvrage : *Les Arts à la cour des papes pendant le XV° et le XVI° siècle*, ainsi que celui de Boniface VIII édité par M. Molinier.

millesimi quingentesimi quinquagesimi noni, indictionis secundæ, sede vacante per obitum fe. re. [1] Pauli papæ quarti.

Inventarium rerum et bonorum in cubiculis fel. re. Pauli papæ quarti et aliquorum officialium Palatii apostolici manibus repertorum per reverendos in Christo Patres Dominos Cameræ Apostolicæ clericos, Sede Apostolica per obitum prelibati Pauli quarti vacante, factum.

1. In primis, dans une petite cassette (*cassettino intersiato d'osso bianco*) en marqueterie d'os blanc en dehors et en dedans, il y a d'abord douze mille écus d'or dans douze sachets de toile rouge [2], scellés au sceau du dataire; deux mille sont donnés au seigneur Jean-Antoine Orsino, et mille à Mgr Forli, en présence de l'Illustrissime Mgr Carpi de Lenoncourt et de Mgr l'Illustrissime Vitelli, députés du Sacré Collège.

Une note, datée du palais apostolique, le 17 août 1558, et signée de la main même de l'héritier, atteste que Paul IV fait don au « révérendissime cardinal de Naples (Antoine Caraffa) de tous les livres qui se trouvent dans sa chambre et hors de sa chambre, pareillement des horloges et d'une certaine quantité d'argent qui se trouve dans le cabinet de Sa Sainteté, dans un bureau de velours cramoisi ».

Ruggiero rapporte que, le jour même de la mort de Paul IV, le cardinal Caraffa fit emporter par le chevalier Legnano « plusieurs sacs rouges pleins d'argent, et qu'il les mettait dans un coffre-fort de cuir noir, bardé de fer, et qui avait deux clefs, et qu'il portait encore des papiers, des tasses et d'autres argenteries ». Il estime que la somme emportée pouvait être de dix mille, quinze mille, vingt ou vingt-cinq mille écus, au rapport des domestiques.

Un autre domestique du cardinal dit que, par ordre de son maître, il enleva « deux coussins de velours et beaucoup de livres », tandis que deux portefaix transportaient au palais *Santi quattro*, qu'habitait le cardinal, « trois caisses couvertes de cuir rouge. » Enfin, le palefrenier du cardinal affirme qu'il vit, peu avant la mort du pape, « un coffre-fort contenant onze sacs de toile rouge, ayant mille écus chacun, avec plusieurs tasses d'argent blanc. »

2. Item, dans un mouchoir blanc (*mocichino bianco*), quatre anneaux,

1. *Felicis recordationis.*
2. *Sacchettini di tela rossa.* — L'*ombrellino* du pape et des cardinaux est encore gardé dans des sacs de toile rouge, soit qu'on le pende dans l'antichambre, soit qu'on le porte sur le carrosse.

un gros saphir pontifical monté en or, une très belle émeraude pontificale, un rubis dit *le beau pontifical*, un diamant à facettes.

Ces anneaux servaient aux pontificaux du Pape : les pierres précieuses qui en ornaient le chaton étaient et sont encore beaucoup plus grosses qu'aux anneaux ordinaires. Les papes portaient alors plusieurs anneaux aux doigts, ainsi qu'en témoignent leurs portraits.

3. Dans une petite bourse (*borsetta*), de satin (*raso*) [1] rouge, deux écrins (*detali*) d'anneaux. Dans l'un, il y a cinq diamants, le premier en table allongée (*tavola longa*), qui était autrefois émaillé de noir [2], et qui est maintenant en émail vert, rouge et blanc; un autre diamant en table, allongé et mince; un autre diamant, aussi en table [3], mais plus gros et moins long, dont le chaton est émaillé de blanc ; un autre diamant *in breccia* [4], taillé à facettes.

On remarquera que les diamants sont taillés de trois façons : en *table*, c'est-à-dire à surface plate; à *facettes*, de manière à faire jouer la lumière [5], et enfin en *pointe* [6].

1. L'Iuventaire de S.-Pierre de Rome, en 1489, contient ces six articles : « Capitalia duo de raso carmusino. Capitale de raso carmusino, antiquum. Planeta alia, dialmatica et tunicella rasi rubei. Pluvialia quattuor rasi rubei. Tunicella et dalmatica ex raso rubeo, attrite. Dalmatica et tunicella de raso carmusino, que fuerunt pape Nicolai. » Celui de 1454 n'en a qu'un seul : « Dialmatica et tunicella de zannato raso dicti domini (sancti Marcelli), ejusdem coloris (rubei). »

2. « Six anneaulx, en l'un desquelz y a ung ruby cabochon, estimé par ledict orfèvre à deux cens escuz d'or, en ung aultre y a une table de dyamant longue, une table de hémeraulde en ung anneau esmaillé de blanc, en ung autre anneau esmaillé de noyr y a une poincte de dyamant. » (*Inventaire de la duchesse de Valentinois*, 1514, p. 54, n° 148.)

« Une table de dyament enchassée en or, mise sur deux LL, en laquelle y a une cincture de noir escripte: *Espérance* dessus, et une perle au bout. » (*Ibidem*, p. 64, n° 262.)

3. L'inventaire de la cathédrale de Bourges, qui date de 1537, parle de cette manière de tailler les pierres : « Ung fermeillet d'or, où il y a une amatiste en tables. » (De Girardot, page 12.)

Le 10 janvier 1543, Paul III faisait monter en anneau, par le florentin Ridolpho di Vittorio Laudi, « un diamante tavola quadro grosso. » (*Speserie*, page 20.)

En 1546 et 1552, les comptes mentionnent l'orfèvre piémontais Maurice Grana, qui avait monté « un saphir en table, au chaton d'un anneau émaillé noir et blanc, et dessous ledit anneau étaient gravées les armes de Sa Sainteté. » En 1543, 1545, 1546 et 1550, il est question, pour des anneaux, d'un joaillier ainsi qualifié : « Joanis Ciminus, clericus Janensis, gemmarius Sue Santitatis. » (Bertolotti, *Artisti subalpini in Roma*, p. 21.)

4. *Breccia*, appliqué à certaines espèces de marbres, signifie littéralement *brèche*. M. Bertolotti croit qu'il s'agit ici, par analogie, d'un diamant auquel s'ajoutent d'autres pierres. Ne serait-ce pas plutôt un diamant rayé ?

5. « Une grant hémeraulde longue, enchassée en or, taillée à faces. » (*Inv. de la duchesse de Valentinois*, 1514, p. 57, n° 194.)

6. C'est en pointe qu'est taillé le diamant qui figure, au Vatican, parmi les em-

Le chaton est émaillé pour mettre davantage la pierre en relief. Les trois couleurs, vert, rouge et blanc font allusion aux trois vertus théologales : le blanc indique la foi immaculée; le vert, l'espérance, et le rouge, la charité ardente.

4. Dans l'autre doigtier (*ditale*)[1], cinq diamants : un petit diamant en table, monté à la moderne; un autre diamant d'*acqua citrina*[2], à monture unie; un autre diamant en table, allongé et à monture unie; un autre petit diamant dont l'émail est parti.

Notons cette précaution de remonter de temps en temps les anneaux pour les mettre à la mode du jour.

5. Une petite bourse (*borsettina*) de velours rouge, avec trois paquets de petites clefs.

6. Dans une bourse (*borsa*) blanche, les clefs du trésor et de la grande caisse (*cassone*) du château Saint-Ange.

Il existe encore, au château Saint-Ange, dans une salle spéciale, nommée le *Trésor* et *Archives secrètes*, de grands coffres de bois, bardés de fer, où se conservaient à la fois les réserves du trésor pontifical et les titres les plus précieux.

Die vigesima Augusti 1559. Dans la chambre de Notre-Seigneur[3].

7. Un vase (*vaso*) d'argent ciselé, avec son couvercle doré, et trois armes du pape Paul IV.

L'écusson de Paul IV se blasonne : *Fascé d'argent et de gueules de huit pièces*.

blèmes de Léon X. La bibliothèque de la ville du Mans possède un livre d'heures de la Renaissance, où est peint un portique, surmonté de gemmes au lieu de choux; toutes sont montées à petites dents, celles des côtés sont épaisses et plates, celle du sommet est seule en pointe.

Les comptes de Paul III enregistrent, en 1541, l'achat d'un diamant taillé en pointe : « Per pretio di un diamante in ponta. »

1. A Rome, on appelle *ditale anello* le *dé à coudre*. Les orfèvres romains ont encore à leur devanture des espèces de *dés* ou doigtiers, dans lesquels ils enfilent les anneaux.

M. Labarte définit à tort le *doigt* une « sorte d'anneau. » (*Inv. de Charles V*, p. 843.) Il n'y a plus à hésiter sur le sens de l'article 758 (*Ibidem*, p. 106) : « Item sept anneaulx et ung doigt, qui sont des pierrètes que on ne scet nommer, et vindrent de l'empereur de sa mynière », surtout après celui-ci de l'*Inventaire de Marie de Sully* (1409) : « En un doitier trois anneaux, c'est assavoir, l'un à un rubi à la façon d'un cure (cœur), l'autre à une pierre vermeille et l'autre un diamant lozengié. »

2. Ce diamant était de couleur jaunâtre. De là son ancien nom français, révélé, en 1537, par l'inventaire de la cathédrale de Bourges, qui le mentionne au milieu des pierres précieuses du chef de saint Étienne : « Une pierre de agathe et ung citrun. » (De Girardot, page 12.)

3. En italien, le pape est qualifié *Nostro Signore*.

8. Dans une petite bourse d'armesin (*armesino*), un camée (*cameo*)[1] monté en or, représentant une Madone et un Christ dans ses bras [2].

Le sujet est mal indiqué, car on peut y voir aussi bien une *Pietà* qu'une Vierge mère. Cependant le mot *Cristo*, employé au lieu de *Bambino*, me ferait préférer le premier sens.

9. Item, dans un papier, trois camées, un travaillé avec figure, un autre avec des lettres grecques en blanc, et un autre aussi avec des lettres grecques monté en bijou.

Le grec fut très à la mode au xvie siècle, surtout pour les devises, comme on le voit sur les monnaies de plusieurs papes et entre autres à la voûte de la salle royale au Vatican, dont les stucs furent exécutés sous le pontificat de Paul III.

10. Dans une petite bourse rouge, un morceau d'os de licorne (*osso di alicorno*).

On avait une grande confiance, au moyen âge, dans la corne de licorne, entière ou coupée par rondelles, en raison de l'idée qu'on y attachait, que c'était « un contre-poison ou au moins un moyen indicateur de la présence du poison dans les boissons et dans les mets. On acheta, dès l'origine, la licorne en défenses entières, pour les conserver comme curiosité dans les trésors, mais il n'était donné qu'aux rois, aux princes et aux plus riches seigneurs d'en posséder de complètes ; en général, on les débitait par petites pièces, soit pour en faire des épreuves, soit pour les enchâsser dans les coupes, aiguières, plats, etc., avec la prétention que la présence de la licorne agissait comme contre-poison. » (De Laborde, *Glossaire et répertoire*, p. 361.)

---

1 L'armesin ou *armoisin* est un « taffetas mince et non brillant. Le meilleur se fabriquait à Gênes ». (*Gloss. arch.*)

2. Le camée, étant considéré comme plus précieux qu'une simple gemme, est réservé au pape, par l'étiquette romaine ; lui seul peut donc en orner le chaton de son anneau.

En 1765, fut ouvert, à Avignon, le tombeau de Benoît XII (1334-1342). Un témoin oculaire dit : « On trouva son anneau, qui était d'or, contenant une belle agate, sur laquelle étaient gravées les têtes de N.-S. J.-C. et de la très sainte Vierge, l'une sur l'autre et toute entourée de petits rubis. » (*Gaz. des Beaux-Arts*, 2e pér., t. XXXVI, p. 371.) Un autre ajoute : « On y a trouvé une bague fort grande, qui paraissoit n'être pas d'or. Il y avoit dessus deux têtes gravées, l'une sur l'autre, sur une pierre d'agate bien conservée. La bague étoit entourée de dix-neuf rubis, mais il y en avoit eu vingt-un, y ayant la place de deux autres » (p. 372).

Aux nombreux textes cités par M. de Laborde, il ne sera pas inutile d'ajouter ces autres documents :

« Item, une chose reonde, que on dit estre d'unicorne, qui est de Bietris Monge. » (*Inv. du château des Baux*, 1426, apud *Revue des Sociétés savantes*, 6ᵉ série, tome VI, p. 135.) — Dans l'inventaire des bijoux de Côme de Médicis, en 1456, est mentionné : « Uno chorno di unicorno, leghato in oro. » (Muntz, *Camées du pape Paul II*, p. 22.) — Tobia de Camerino fut l'orfèvre choisi pour monter la corne de licorne offerte par le pape Clément VII au roi de France, François Iᵉʳ. (*Archivio storico*, t. I, p. 82.)

11. Un autre morceau de licorne.

12. Item, passés dans un ruban cramoisi (*fettucia cremesina*[1]), six anneaux d'or et dix-sept anneaux d'argent blanc de la reine d'Angleterre.

13. Item, dans un papier blanc, trois morceaux de taffetas (*taffeta*) cramoisi, renfermant cinq médailles, deux de saint Pierre et trois de Notre-Seigneur Jésus-Christ : celles de saint Pierre [2] sont en métal et celles du Christ, l'une en métal et l'autre en plomb [3].

Le mot *métal*, en italien *metallo*, s'entend du cuivre jaune ou laiton. L'on frappait souvent alors des médailles en cuivre que l'on dorait ensuite.

Dans la série des médailles du pontificat de Paul IV, trois médailles se réfèrent au Sauveur. En les décrivant au rebours de ce qui se pratique, j'estime que le Christ doit occuper la *face* et le pape le *revers*. La première est sans date. Au droit, le Christ, tête nue, avec le nimbe crucifère, en buste recouvert de la robe et du manteau ; au

---

1. Le cramoisi est rouge foncé, couleur du sang coagulé. « La cochenille du chêne vert (*coccus ilicus*) jusqu'en 1523 a servi exclusivement à la teinture en cramoisi de la laine et de la soie. » (*Gloss. arch.*)

2. Le 5 avril 1751, François Galli envoie à Naples « une tête figurant saint Pierre, travail de mosaïque, estimé 100 écus ». (*Archivio storico di Roma*, tome II, page 39.)

3. On frappait ou plutôt l'on coulait parfois des médailles en plomb. J'en connais une d'Adrien VI (1522-1523), qui a 45 millimètres de diamètre. Elle représente, d'un côté, le pape en mozette et *camauro*, et de l'autre son couronnement, sous un dais, en présence du peuple.

Dans l'inventaire de Benvenuto Cellini, daté de 1538, sont inscrites « certaines petites boîtes avec des médailles de cire et de plomb dedans ». (*Archivio storico*, t. I, p. 105.)

M. Bertolotti cite ce texte du 19 juin 1667 : « Solvatis D. Gaspari Morono, fabricatori medaliarum plumbi, servitio sedis vacantis, scuta quadraginta unus monetæ pro pretio dictarum medaliarum per ipsum factarum. » (*Giacomo Antonio Moro, Gaspare Mola e Gasparo Morone-Mola, incisori nella zecca di Roma*, p. 40.)

revers, le pape, en *camauro* et mozette : PAVLVS. IIII. PONT. OPT.
M. *(Pontifex optimus maximus).* Diamètre : 30 millimètres. — La
seconde varie seulement la face : Notre-Seigneur donne les clefs à
saint Pierre, CLAVES. REGNI. CELOR. Même diamètre. — La troisième, datée de la cinquième année du pontificat, montre, au droit,
le buste du Sauveur, BEATI. QVI. CVSTODIVNT. VIAS. MEAS, et
au revers, Paul IV, en buste et tête nue, vêtu du *manto* pontifical,
brodé sur les orfrois aux effigies de saint Pierre et de saint Paul,
PAVLVS. IIII. PONT. MAX. AN. V. Signée I. F. P. Diamètre :
25 millimètres.

14. Deux pierres de lapis-lazzuli, travaillées d'un côté.

Dans l'inventaire, on a écrit *lapis lazzari*, qui est à peu près
l'orthographe vraie et rationnelle, puisque cette pierre doit son nom
à sa couleur d'azur.

Le bleu d'outre-mer, qui servait en peinture, se faisait avec du
lapis-lazzuli broyé. On montre encore, dans l'église inférieure de
Saint-François, à Assise, le vase de porphyre dans lequel fut apporté
d'Orient, au XIIIᵉ siècle, l'outre-mer avec lequel furent peintes les
voûtes des deux églises.

S. Gébhard, évêque de Constance, fit construire sa cathédrale en
983 : « Muri basilicæ erant ex omni parte pulcherrime depicti, ex
sinistra veteris Testamenti materias habentes. Venetiarum namque
episcopus modium plenum graïci coloris, qui lazurius dicitur,
quam picturam Conradus abbas ex toto deleverat, quoniam anti-
quitas ei jam abstulerat decorem. » (Bolland., *Acta SS.*, t. VI, August.,
p. 111). Voir sur l'azur, au moyen âge, la *Gazette des Beaux-Arts*,
2ᵉ pér., t. XXXIII, p. 54, et Muntz, *Le palais pontifical de Sorgues*,
p. 14, 18.

Les comptes de Paul III contiennent plusieurs articles relatifs à
l'outre-mer, employé par Michel-Ange à la chapelle Pauline du
Vatican. « 1545, 16 avril. A Maître Jacques Meleghino, pour 6 onces
d'azur d'outre-mer, à raison de sept écus l'once, que j'ai consignés
à Maître Michelangiolo Bonarote, quarante-cinq écus. » *(Speserie,*
p. 28.) — « 1546, 28 mars. A Maître Jacques Meleghino, pour le
prix de deux onces et cinq octaves et demie d'azur d'outre-mer, à
cinq écus l'once, pour servir à Michelangiolo, pour peindre la cha-

pelle Pauline, dix huit écus, quatre-vingts bolonais. » *(Ibid., p. 34.)*
— « 1546, 1ᵉʳ mai. A Maître Jacques Meleghino, pour six onces d'azur
d'outre-mer, que Maître Michelangiolo, peintre, a fait venir de
Ferrare pour peindre la chapelle Pauline, à huit écus l'once, quarante-huit écus. » *(Ibid., p. 32.)*

15. Deux doublons (*doppioni*) d'or de Portugal.
16. Deux plumes (*penne*) d'argent à écrire.
17. Une petite boîte (*bussoletto*) noire à parfums [1].

Ces parfums se brûlaient dans les appartements. Actuellement, au
Vatican, on brûle des écorces d'oranges dans les larges brasiers
placés, l'hiver, au milieu des antichambres.

18. Une médaille moderne d'Aristote.

Le texte porte *Aristele* pour *Aristotele* peut-être. M. Bertolotti
incline encore à lire *Aristide* ou *Aristeo*.

19. Trois petites boîtes, deux d'ivoire et une d'ébène.
20. Un petit papier (*cartolina*) avec des patenôtres (*paternostri*) [2] d'or et
de lapis-lazzuli.

Les grains de lapis-lazzuli devaient être montés en or, ou si le
chapelet était simplement enfilé dans un cordon de soie, les *Pater*
étaient en or et les *Ave* en lapis.

Dans le *Jugement dernier* de Michel-Ange, deux époux sont enlevés
au ciel par un ange à l'aide du chapelet, en grains de corail, qu'ils
avaient fidèlement récité pendant leur vie.

Patenôtre et chapelet ne sont pas deux termes synonymes. Sur le
chapelet, dont les grains étaient en proportion avec les années de la
vie de la Vierge, on récitait surtout des *Ave Maria*, entremêlés de
quelques *Pater*, tandis qu'on ne disait que des *Pater* sur la *patenôtre*, d'où lui était venu son nom. Cette dévotion spéciale de réciter
une série de *Pater* se constate pleinement sur le rouleau des morts
de l'abbaye de Solignac, qui date de 1240 : « Titulus monasterii Sancte
Marie de Casciano. Recepimus animam domni Ugonis abbatis... in triginta missis..., tercenties Pater noster... Titulus monasterii S. Ti-
borii... Frater Rostannus... roguabit pro eo in VII missis et quingentis

1. Les comptes de Paul III mentionnent, en 1545, les services de « Maître Vincent
Succerello, parfumeur. » *(Speserie, page 26.)*
2. « Duæ filzæ paternostrorum de calcidonio. » *(Inv. du card. d'Estouteville, 1483.)*

vicibus dicet pro eo Pater noster. » (*Bullet. de la Soc. arch. du Limousin*, t. XXVI, p. 342.)

Du Cange cite dans son *Glossaire*, au mot *beltis*, ce canon du synode de Celchyt, tenu l'an 816, qui obligeait à réciter, à la mort de l'évêque, pendant trente jours consécutifs, sept fois un chapelet composé de *pater* : « Singuli servorum Dei diem jejunent, et 30 diebus canonicis horis expleto synaxeos, et septem Beltidum Pater noster pro eo cantetur, et hoc expleto tricesimo, item die obitus sui, etc. » Or *Beltis* dériverait, paraît-il, du saxon *Belt*, qui signifie *ceinture*. Ce mot pourrait alors s'entendre de trois façons : la patenôtre aurait eu les proportions d'une *ceinture*, c'est-à-dire qu'elle aurait été longue et droite ; ou bien qu'elle aurait ressemblé à une ceinture, lorsqu'elle est fixée à la taille, autrement dit arrondie à la manière des Italiens ; ou encore que cet objet de dévotion se suspendait à la ceinture et en devenait ainsi l'accessoire obligé, à tel point qu'il n'y avait plus qu'un seul et même nom pour désigner les deux choses.

21. Vingt-deux annelets (*anelette*) d'argent.
22. Neuf clefs (*chiave*) d'horloge.

Orologio s'entend également d'une montre. La description pourrait seule établir la différence ; or on voit que le rédacteur est très sobre à cet endroit.

Cherubino Sforzani, natif de Reggio et clerc de Modène, était un horloger de premier ordre. Il travaillait pour le pape Clément VII, qui lui faisait une pension mensuelle de quatre ducats et qui lui paya, en mai 1524, une montre qu'il se réservait, cinquante ducats. Sa loquacité l'avait fait surnommer *il parolaro*. (*Archivio storico*, t. I, p. 96.)

23. Trois petites clefs (*chiavette*) dorées.
24. Quatre petites clefs d'horloge, en cuivre (*rame*).

Rame se dit du cuivre rouge.

25. Une petite croix (*crocetta*) de jaspe (*diaspro*) rouge.
26. Un anneau de jaspe vert.
27. Toutes ces choses ont été remises et consignées à Mgr di Forli, dans la cassette (*scatola*) d'argent ci-dessus décrite.

Plus haut on avait lu Mgr Forli, ici on a Mgr di Forli ; d'où il faut conclure qu'il s'agit de l'évêque de cette ville.

28. Dans une autre cassette (*cassetta*) de velours cramoisi, il y a les choses suivantes, c'est à-dire :

29. D'abord un papier, contenant vingt-deux morceaux de corail blanc (*coralli bianchi*).

Le corail est naturellement rouge. Il ne devient rose et blanc que par suite d'une maladie du polype. Les deux dernières nuances sont très recherchées.

En 1541, Tobia de Camerino « arrangeait une petite tablette de corail pour attacher à un collier, à l'usage de Sa Sainteté. (*Archivio storico*, t. I, p. 82.)

30. Dans un autre papier, un petit seau (*secchietto*) d'argent doré à tenir l'eau bénite (*aqua benedetta*) [1].

M. Bonnaffé signale, dans l'*Inventaire de Catherine de Médicis* (1589), p. 148, n° 795, parmi la vaisselle blanche », cinq vases façon de benestiers. »

Les bénitiers d'argent sont encore très communs en Italie, et ils affectent ordinairement la forme d'un seau à puiser de l'eau.

Les bénitiers fixes, qui se mettent aux portes des églises, se faisaient en marbre. Le 1er février 1573, on envoyait de Rome à Naples « trois vases (*pili*), à contenir de l'eau bénite, en pierre mêlée [2], c'est-à-dire deux grands et un petit, que Mgr Marius Caraffa, archevêque de Naples, fait conduire dans cette ville pour le service de son église ». (*Arch. stor. di Roma*, tome I, page 22.) — Le 24 novembre 1574, partait de Rome pour Naples : « Un vase à eau bénite en marbre mêlé, à l'usage de la vénérable église de Saint-Dominique, de cette ville ; c'est le révérend Frère Antoine de Pérouse qui le lui envoie. » (*Ibid.*, p. 23.) — Le 10 septembre 1575, partaient encore pour Naples « deux vases (*vasi*) à contenir l'eau bénite, en pierre mêlée, sur la frégate de Cola Zanfiolo di Santo Lucitto, pour les maîtres de l'Annonciation ». (*Ibid.*, p. 24.) — Le 27 janvier 1579, Mgr Jérôme de Rustici, évêque de Tropea, envoyait de Rome, pour le service de l'église de Tropea, « un grand vase (*pilo*) de marbre, avec son pied aussi de marbre, pour eau bénite. » (*Ibid.*, p. 24.)

---

1. On dit, actuellement, *aqua santa.*
2. En italien, *pietra mischia*, c'est-à-dire un marbre dont le fond est d'un rouge violet, veiné de blanc.

31. Dans un autre papier, quelques morceaux de corail rouge.

32. Dans une enveloppe, de petits coraux rouges.

33. Item, dans un autre papier, une boîte noire à parfums (*da profumo*).

Comme cette boîte n'est pas qualifiée *en ébène*, on peut la supposer soit en bois de poirier [1], soit en laque de Chine.

34. — Item, une médaille d'or, avec l'inscription de l'Espérance.

Cette médaille, d'un diamètre de quarante millimètres, porte, d'un côté, le pape en *camauro* et mozette, PAVLVS. IIII. PONT. MAX, et de l'autre, la personnification de l'Espérance, SPES BEATA, femme debout, vêtue d'une tunique, tenant des fleurs dans les deux mains, tandis que d'autres fleurs jonchent le sol.

35. Dans un autre papier, deux paires de lunettes (*occhiali*) [2].

36. Dans un autre papier, deux autres paires de lunettes d'argent [3].

Cette multiplicité de lunettes prouve que le pape avait une mauvaise vue ou les yeux fatigués [4]. Le mot *paire* (*para*) s'applique évidemment à nos lunettes modernes qui sont faites pour les deux yeux à la fois. C'est précisément par ce terme que ces lunettes sont distinctes de la loupe [5] que l'on voit entre les mains de Léon X, dans le beau tableau qui est au musée de Naples.

---

1. « Un altro quadretto, con il crocifisso e S. Brigida, con cornice di pero. » (*Test. de Claude Gelée*, 1682.)

2. Les anciennes représentations nous montrent de ces sortes de *pince-nez*, où les larges yeux ronds sont reliés par une monture courbe qui se pose sur le nez. Sur les stalles de S.-Jean de Maurienne (xv⁰ siècle), la tige est double et articulée, de manière à former un triangle. L'inventaire de Calixte III (1458) cite : « Duo paria occularium de auro » (*Muntz*, page 216), et « Una coperta occularium de auro. » (Page 217.) L'inventaire d'un marchand Lundais (1566) enregistre « v. lunettes. » (*Rev. des Soc. sav.*, 7⁰ sér., t. VI, p. 233.)

3 En 1588, on trouva dans la boutique de Ménard Averech, de Paderborn, orfèvre établi à Rome *in banchis*, « un ornamento di occhiali d'argento. » (Bertolotti. *Artisti belgi à Roma*, p. 259.)

4. Le 3 juin 1543, Paul III faisait payer 10 bolonais « aux sept pères du couvent des Saints-Jean et Paul, et à leur prieur en aumône, parce que Sa Sainteté a reçu d'eux une grande quantité d'eau distillée pour la faiblesse des yeux de Sa Sainteté ». (*Speserie*, page 20.) Le 6 mai 1546, il était payé « à Lucertola huit sommes de charbon qu'il a achetées pour distiller des roses. » (*Ibid.*, page 33.)

5. « Une béricle, garnie de cuivre, o tout un estui de cuir. » (*Inv. de Clémence de Hongrie*, 1328.) — « Item unum pulchrum cristallum rotundum, ligatum in auto, cum armis Rmi D., ad legendum aptum, in vagina nigra. Item unum aliud simile cristallum, ligatum in argento, etiam in vagina nigra. » (*Inv. du card. d'Estouteville*, 1483.) — « Item, une béricle, garnie le manche d'argent et au-dessus dudit manche ung petit lion douré, pour lyre sur ung livre. » (*Inv. de Marguerite d'Autriche*, 1523.)

37. — Une petite croix d'or avec chaîne (*catena*), ornée de quatre tur-quoises (*torchine*) et autres joyaux (*gioie*).

38. — Un seau d'argent doré, pour l'eau bénite.

Observons la différence qui existe entre ce *secchio* et le *secchietto* du n° 30. Celui-là devait servir aux fonctions liturgiques, tandis que l'autre se suspendait auprès du lit du pape. D'ailleurs, le rappro-chement avec le numéro suivant indique nécessairement pour le *secchio* une destination spéciale, c'est-à-dire qu'il faisait partie de la chapelle privée du pontife.

39. Une boîte à hosties d'argent.

De *hostia* dérive directement *hostiario*. Le contenu donne son nom au contenant. « Plus une hostière de satin cramoisy. » (*Inv. de l'év. de Mirepoix*, 1536.)

40. Une petite croix d'or, avec différents joyaux.

Cette croix, ainsi que celle du numéro 37, devait servir au pape, quand il célébrait la messe.

41. Une petite cassette (*cassettina*) d'argent doré avec des reliques dedans.

42. Un pendant de perles (*pendente di perle*) en façon de grappes de raisin blanc.

43. Un autre semblable, en façon de raisin noir.

Dans le nord de l'Italie, où le raisin rouge est très coloré, on dit encore *raisin noir, vin noir*.

44. Un pendant avec deux pierres.

Au XVIᵉ siècle, les papes faisaient cadeau de pendants ou pende-loques. On lit, parmi les dépenses de Paul III, à la date du 24 oc-tobre 1546 : « A Maître Jacques, orfèvre de Rome, demeurant au Pèlerin, pour façon d'un pendant d'or, avec trois figures en relief, où il y a une grande émeraude en table, un rubis *brezza* et trois perles en forme de poires [1], lequel pendant a été fait pour Notre-Seigneur, quarante-sept écus. » Puis, le 24 janvier 1547 : « A Maître Baptiste, de Côme, orfèvre, pour la façon de quatre pendants, qui furent donnés à Madame, avec d'autres objets pour étrennes à Noël, six écus. »

1. Marie de Médicis, en 1600, portait à Florence « une couronne à l'impérial. Sur la fleur d'en haut, il y avait un gros diamant taillé à plusieurs faces... e t cinq perles à poire très belles qui pendaient à la dite fleur. » (*Cérémonial fran-çais*, t. II, p. 52.)

Parmi les dons offerts, en 1550, par Jules III, on trouve des boucles d'oreilles, fabriquées pour Ersilia Monti, par Gismondo, joaillier milanais. (*Archivio storico*, t. I, p. 98.)

Pie IX a souvent donné aux dames qu'il admettait à l'audience des broches ou des médaillons d'or renfermant des camées ou des mosaïques.

45. Une médaille de saint Thomas, en argent doré, montée en ébène (*finita d'ebano*).

On ne mettait pas les médailles dans des écrins, comme de nos jours, mais on les encadrait de manière à pouvoir les suspendre ou poser sur une table.

En 1631, Gaspard Mola touchait à la révérende Chambre apostolique la somme convenue pour des médailles d'or, à l'effigie de la Vierge et du Sauveur, qu'il avait encadrées dans « une petite corniche ciselée tout autour et émaillée de noir, pour servir à l'excellentissime seigneur Don Thadée Barberino ». (Bertolotti, *Giacomo Antonio Moro*, p. 22.)

Toutes les susdites choses sont dans ladite cassette.

46. Dans une cassette de cuir de l'Inde [1], deux morceaux de cristal.

47. Une cassette de velours cramoisi (*veluto cremesi*) dans laquelle il y a trois mille trois cent soixante-sept écus (*scudi*) d'or et soixante-dix baïoques (*baiocchi*).

48. Dans un petit sac (*sacchetto*) noir, deux mille huit cent trente-trois écus d'or et, dans une bourse de satin rouge cramoisi, trois cent quatre-vingt-dix-huit écus d'or en or.

49. Item, dans la même cassette, cent cinquante écus et trente baïoques. Toutes ces sommes furent consignées à Mgr di Forli dans la même cassette.

50. Une boîte (*scatola*) de velours cramoisi avec passementeries (*trine*) d'argent, où il y a dix-neuf pierres basses [2] et perles.

51. Vingt-cinq grosses perles rondes enfilées (*un filo*).

52. Une petite croix en rubis balai.

Le balai (*balascio*) diffère du rubis en ce que sa nuance est moins foncée.

---

1. Le texte porte *coio d'India*. M. Bertolotti incline à traduire *cuir bleu*. Le 10 mai 1546, il est inscrit dans les comptes de Paul III : « A Maître Dominique, gainier, pour deux caisses couvertes de cuir violet, aux armes de Notre-Seigneur, doublées d'étoffe, pour les deux coupes de nacre, faites dans l'Inde et données à Sa Sainteté pour boire de l'eau, 2 écus, 20 bolonais. » (*Speserie*, page 83.)

2. *Pietre basse* s'entend de pierres communes et de peu de valeur.

53. Deux perles taillées en poire (*a pere*).

« Une grosse perle, en façon de poyre, en laquelle a une broche d'or, estimée par ledict juré à trois cens escuz d'or. » (*Invent. de la duchesse de Valentinois*, en 1514, p. 56, n° 187.)

Le 10 décembre 1541, maître Gasparo Gallo, orfèvre de Rome, recevait en paiement trois écus pour avoir monté « la perle en poire » qui fut donnée à Sa Sainteté par le protonotaire Sylverio. (*Archiv. stor.*, t. I, p. 99.)

54. Un petit rubis (*rubinetto*) et un diamant monté sur un chaton (*castone*) d'or.

55. Une petite cassette avec treize médailles du saint Sauveur et de saint Pierre, tant en argent qu'en métal.

56. Un fer d'escarcelle en or avec parfums.

Etait-ce une escarcelle dans laquelle on renfermait des parfums, et dont il ne restait plus que l'anse en fer doré, ou bien était-ce un vase en forme d'escarcelle et en fer doré ou même en or, dans lequel on brûlait des parfums? La mauvaise rédaction de cet article m'oblige à le répéter ici en italien : *Un ferro d'oro da scarsella con profumi. Fer* peut signifier ici fermeture de l'escarcelle, parce que cette partie se faisait d'ordinaire avec ce métal, qui est à la fois commun et résistant [1].

M. Fau possède une monture d'escarcelle, reproduite avec sa clef dans la *Gazette des Beaux-Arts*, t. XIX, p. 445. Elle date de la fin du xv° siècle. Le cintre est rehaussé d'une torsade et dentelé avec trous pour fixer l'étoffe. Au milieu se dresse un château à tourelles et baies ogivales ou cintrées, d'où s'échappe l'anneau de suspension. Cet objet est en fer forgé, d'un travail délicat. La clef reproduit aussi un château au-dessous et au-dedans de l'anneau.

Jean d'Orléans, comte d'Angoulême, décédé en 1467, a sur son portrait une escarcelle pendue à la ceinture au côté droit. Il est raconté dans sa vie qu'il « portoit d'ordinaire à la ceinture une bourse de velours, laquelle il remplissoit, au sortir de son chasteau, de petitz blancz, pour aumosner luy mesme à ceux qu'il trouvoit

1. L'escarcelle se suspendait à une ceinture, comme il résulte de ce texte, daté du 9 mai 1448 : « Per 2 fornimenti di cintola dorati e 2 bandelle per 2 scharselle per Nostro Signior (Nicolas V), florenos 2 » (Muntz, *Les Arts à la cour des papes*, tome I, p. 168.) Voir aussi les textes du xiv° siècle, cités dans le *Bulletin de la Soc. arch. de Tarn-et-Garonne*, t. XV, p. 191.

par la rue et en son chemin ». L'escarcelle pend à un double anneau. Sa forme est bombée, plus étroite en haut qu'en bas et arrondie sur les côtés et aux angles. La tringle qui rejoint l'anneau est droite. Le revers est découpé en deux lobes arrondis, fixés chacun par un bouton. Sur la panse sont rangés trois boutons, qui donnent naissance chacun à deux cordonnets terminées par des houppes. (*Bullet. de la Soc. arch. de la Charente*, 1852.)

Robert Briçonnet, archevêque de Reims à la fin du xv⁰ siècle, dit le chroniqueur Bretonneau, « était singulièrement somptueux et magnifique, en livres, croces, mitres, gibesières, chaisnes, chasubles, camaieux et autres ornements. » (Chevalier, *Histoire de Chenonceau*, p. 158.)

57. Un fermail (*fermaglio*) d'argent doré, avec une grande topaze (*topatio*) au milieu de deux saphirs et de deux balais, et de quatre grosses perles.

Ce fermail devait servir au manteau du pape pour les offices pontificaux. *Voir* mon article intitulé *Le manteau papal*, dans la *Semaine du clergé*, 1877, n⁰ 23.

58. Huit petits diamants (*diamantini*), tous dans une cassette de cuir doré.

Les coffrets de cette époque, en bois recouvert de cuir gaufré, ne sont pas rares.

59. Une corbeille d'argent filé (*cestina d'argento filato*), avec un crucifix d'or dedans et une Madone semblable.

Ce doit être un ouvrage en filigrane d'argent [1], offrant, des deux côtés de la corbeille, des médaillons d'or aux effigies du Christ en croix et de la Vierge.

60. Un *asperges* d'argent doré avec son seau (*secchio*).

Nous disions en France *asperges* ou goupillon. *Sperge* n'est en italien que l'altération du même mot. « Ung benoistier avec l'espargès dicelluy. » (*Invent. de la duchesse de Valentinois*, en 1514, p. 51, n⁰ 128.)

---

1. « Ung gorgerin de filh à jour. » (*Inv. de la duchesse de Valentinois*, en 1514, p 58, n⁰ 208.) — « Ung brasset d'or, faict à huit carrés de filh à jour, deux tors aux deux coustez de noir et gris. » (P. 60. n⁰ 224.) Il s'agit ici des travaux en filigrane, comme le démontre péremptoirement la suite de l'inventaire ; je ne voulais insister que sur l'expression.

61. Une Annonciation (*Annuntiata*) en ivoire antique [1], montée en argent.

Probablement nous avons ici un instrument de paix.

62. Une cassette d'argent doré pour horloge à poussière (*orologgio da polvere*).

Cette cassette devait renfermer un sablier. Les sabliers étaient encore en usage à cette époque, comme le montrent d'anciens tableaux.

63. Une boîte avec cinquante-trois médailles de saint Pierre en argent.

Le diminutif *medagliette* laisse entendre que ces médailles étaient ce que l'on nomme des *médailles de dévotion*, destinées à être portées au cou.

64. Quatre bourses de soie à l'aiguille (*ad aguccio*), deux rouges et deux blanches.

65. Un étui (*stocchetto*), avec deux peignes (*pettini*) d'ivoire.

66. Un autre, avec des fers dorés (*ferri dorati*).

Ces fers venant après les peignes donneraient à penser qu'il s'agit de fers pour la chevelure.

67. Une médaille du Sauveur, dorée et enchâssée d'ébène (*in cassa di ebano*).

68. Une clochette (*campanello*) d'argent doré.

Ces clochettes à main, munies d'un manche, se posaient sur les tables. On les voit fréquemment reproduites dans les tableaux du temps.

69. Une écritoire (*calamaro*) d'argent, en forme de tombeau, avec quatre cassettes (*cassettini*) d'argent dedans.

Les écritoires d'argent sont encore très en vogue en Italie. Notons cette forme de sarcophage, *a sepultura*, où sont encastrées quatre petites boîtes, affectées à l'encre, à la poudre, aux pains à cacheter et à la cire.

On lit dans l'inventaire de Catherine de Médicis, en 1589 : « Une grande escritoire, couverte de cuir de Levant gris doré, et semé de chiffres. — Une escritoire couverte de velours cramoisy rouge, bordé d'argent avec des chiffres d'argent. — Deux escri-

---

1. Est-ce l'ivoire qui est ancien, ou bien simplement le style, qui indiquerait peut être une œuvre du moyen âge ?

toires de mesme façon , c'est-à-dire en « terre blanche ». — Une grande escritoire, couverte de satin violet, en broderie d'or et d'argent, avec des perles eu quelques endroitz, doublée de satin cramoisi rouge. » (Edit. Bonnaffé, p. 87, 91, 92, 147 ; n°⁵ 256, 313, 326, 770.)

On trouve aussi des écritoires en marbre. Le cardinal d'Aragon en envoyait une de cette sorte, de Rome à Naples , le 2 janvier 1574. (*Archivio storico di Roma*, tome I, page 22.) Ambroise Gonzalès de Heredia, le 26 avril 1590, expédiait de Rome à Palerme une « écritoire de marbre. » (*Ibid.*, page 42.)

70. Une médaille de saint Thomas en métal.

71. Une tasse (*tazza*) d'argent doré [1] , travaillée à fcuillages (*fogliame*), avec deux écussons (*arme*) et deux têtes.

72. Quatre petites coupes (*scudellette*), deux en plasme [2], une en agate et une en cristal.

73. Une médaille de Paul IV en or.

74. Une clochette d'argent.

75. Une horloge (*orloggio*) en cristal , montée sur un pied, d'or avec perles et joyaux et un couvercle de cristal.

La description indique suffisamment une pendule, dont le riche pied d'orfévrerie supportait un morceau de cristal spécifiant les heures. Le couvercle serait-il un globe en verre destiné à préserver de la poussière? C'est possible, car *christallino* est mis en opposition à *christallo*.

76. Une petite tasse (*tazzetta*) en cristal de roche (*christallo de montagna*).

1. Le 12 février 1543, les comptes de Paul III portent cette dépense : « Pour payer une caisse, pour mettre dedans la tasse d'or que donna à Sa Sainteté le révérendissime Mgr Sauli, archevêque de Bari, 1 écu, 50 boïonais. »
Un laisser-passer, daté du 23 mai 1541, et signé par le cardinal camerlingue, ordonnait aux « magnifiques douaniers de Rome » de ne pas imposer les objets suivants, qui sont de « Monseigneur de Todes, ambassadeur du roi très chrétien, qui les fait conduire en France : Une chapelle d'albâtre, c'est-à-dire un tabernacle pour le *Corpus Domini*, deux chandeliers, une croix, deux burettes avec leur plateau; une crédence fournie de trois bassins, six chandeliers, deux coupes, dix aiguières, quatre tasses, six plats, quatre salières. » (*Arch. stor.*, t. III, p. 172.) Mᵉʳ La Croix (*Mém. hist. sur les inst. de France à Rome*, Paris, 1868) ne fait pas figurer son nom sur sa liste des *Ambassadeurs de France*, où, p. 112, est mentionné, en 1538, « M. du Thé », qui, en 1539, eut pour successeur « François de Rohan de Gyé » et en 1541, le cardinal Georges d'Armagnac.
2. Cette pierre se retrouve au chef de saint Étienne, dans la cathédrale de Bourges, en 1537, d'après l'inventaire publié par le baron de Girardot : « Deulx aigues marines, un prisme d'esmeraulde. » (Page 12.)

77. Une petite écritoire (*calamarino*) d'argent doré avec ses fournitures.

Fornimenti doit signifier les *quatro cassettini*, enregistrés au numéro 69.

78. Deux morceaux (*pezzi*) d'argent.

L'argenterie de Rome était encore renommée au XVII° siècle. Le 12 novembre 1615, partait de Rome pour Naples, de la part de frère Nicolas della Morra, ambassadeur de Malte, une grande quantité de vaisselle d'argent, parmi laquelle est à noter « un bassin ovale, façonné et doré, avec son aiguière aux armes de la maison della Morra et Sangri, avec la croix de Malte; une salière dorée, formée de trois tourelles avec leur base et aux armes sculptées; trois chandeliers, une écritoire d'argent ». (*Arch. stor. di Roma*, tome II, page 44.) — « Antoine Righi, argentier à Rome, expédie à Malte dix statues diverses en argent, hautes de trois palmes, pesant en tout 276 livres, pour servir à la sacrée religion de Malte. » (*Ibid.*, p. 45.) — Le 13 janvier 1631, Octavien Caraffa envoie à Naples « un bassin et une aiguière d'argent [1] ». — Le 8 avril de la même année, le comte de Mola recevait à Naples « deux aiguières, sept plats, quatre chandeliers, deux soucoupes, quatre-vingt-trois assiettes, une poivrière, une salière, vingt-deux cuillères, deux *hostelle* à manche d'argent, une autre salière, un petit verre d'or et un plateau pour mouchettes ». (*Ibid.*, p. 33.) — Le 12 juin, l'évêque de Girgenti expédiait de Rome à Palerme « trente petits plats, deux moyens, six bassins d'argent avec leurs aiguières, six soucoupes, une salière à cinq compartiments, vingt-quatre couverts et huit chandeliers ». (*Ibid.*, p. 43.) — Le 14 mai 1649, le comte Dognati, vice-roi de Naples, « faisait venir vingt-sept colis d'argenterie façonnée, du poids de deux mille cent quarante-une livres. » (*Ibid.*, p. 35.) — Le 14 mars 1664, Jean-Philippe Vivaldi mandait à Naples de « vieille argenterie façonnée, un bassin à pierre bleue et son aiguière dorée, des plats, des chandeliers, des tasses, une salière, deux grands vases d'argent, une bassinoire d'argent et d'autres objets semblables, en tout quatre-vingt-une pièces ». (*Ibid.*, p. 35.)

---

1. En 1541, Paul III paya un écu et trente bolonais « pour trois bourses de cuir pour mettre dedans le bassin et l'aiguière d'or qui furent donnés à Sa Sainteté par la ville de Bologne ».

79. Une aiguille (*ago*) d'argent pour faire des filets (*da far rete*).

Ces filets pouvaient servir soit à la chasse, soit à la pêche.

M. Bertolotti cite les textes suivants dans ses *Artisti belgi ed olandesi a Roma*, p. 360-361 : « 1520. A Jo. Brand, de Malines, per sei girifalchi, a ragione di 30 ducati l'uno et per dui asturi a 10 ducati l'uno et per un terzolo d'astore ducati 10. — A di 4 febb. 1571. Giov. Cristoforo de Ghilberg, tedesco ostiere, diede querela contro Pietro e Michele, fiamminghi falconieri, perche venuti alla sua taverna con 18 falconi. »

Dans l'opuscule de M. Bertolotti : *Speserie segrete e pubbliche di papa Paolo III*, se trouvent ces articles : « 1542, 8 janvier. A Victoire Farnèse, Sa Sainteté donne 210 écus pour aller avec Madame aux chasses de Montalto et del Pagheto. » (Page 17.) — « 1er novembre. Pour trois autours et deux *tiercelets*[1] de Caprarola, achetés cet été pour la chasse, 5 écus. » — « A. D. Bernardino, envoyé à Pérouse pour acheter un épervier dressé à la chasse des cailles, trois écus, trente bolonais. » — « 1543, 5 février. A don Bernardino, de Bénévent, pour ses dépenses et les deux domestiques, l'un à cheval et l'autre à pied, qui vont porter dans l'île Bisentina une cage de francolins vivants, six écus, soixante bolonais. » (P. 18.) — « 1545, 31 mars. A maître Pierre d'Aversa[2], pour ses dépenses de trois éperviers achetés pour le service de Sa Sainteté. » (P. 27.) — « 8 mai 1548. A maître Pierre d'Anvers, pour ses étrennes accoutumées de chaque année audit temps de la chasse, c'est-à-dire sonnettes, fourniments d'oiseaux, carniers et bottes, treize écus. »

Le pape Pascal II, dans une bulle de 1099, déclarant l'église de Remiremont, au diocèse de Toul, exempte de la juridiction épiscopale, lui impose, tous les trois ans, l'offrande au palais de Latran d'un autour et d'un cheval blanc avec sa housse. « Ad indicium autem perceptæ a Romana Ecclesia libertatis, infra trium annorum spacium auscolinum et cum pallio equum candidum Lateranensi palatio persolvetis. » (*Bibl. de l'École des chartes*, 6e sér., t. V, p. 640.)

Le filet s'entend encore d'un travail à jour, fait à l'aiguille : « Ung pavillon de filet. » (*Inv. de la duchesse de Montpensier*, 1474.)

1. Autours et tiercelets, *oiseaux de poing* dressés pour la chasse.
2. Plus loin on lit d'*Anvers*, ce qui constitue une notable différence pour le pays d'origine de cet employé de la vénerie pontificale.

80. Six petits clous (*chiodetti*) d'argent.

81. Trois petites tasses (*tazzette*) de porcelaine (*porcellana*), avec quatre anses (*ancini*) en argent et des coraux.

M. Muntz cite, dans l'*Inventaire des bijoux de Côme de Médicis*, en 1456 : « Una chopa di porciellana leghata in oro. » (*Camées antiques du pape Paul II*, p. 25.) La manière dont est écrit le mot *chopa*, pour *coppa*, nous y fait voir l'origine du mot français *choppe*.

L'inventaire de la cathédrale de Bourges, daté de 1537, et publié par le baron de Girardot, mentionne, p. 14, au chef de sainte Luce, en avant de la couronne, un ornement de porcelaine où l'Annonciation est « peinte en camaïeu », c'est-à-dire d'une seule couleur. « Sur le d. chief y a ung camayeulx de porcelaine, faict en manière et figure de Annunciation. »

M. de Laborde, en 1853, dans la dixième année de la *Revue archéologique*, a consacré un très curieux et savant article à déterminer la signification du mot *porcelaine* dans les anciens inventaires, à partir de 1295 jusqu'à l'an 1705. Je ne puis mieux faire que d'en extraire quelques passages, qui nous permettront peut-être de mieux comprendre ce que pouvaient être les porcelaines mentionnées dans l'inventaire de Paul IV :

La nacre de perle est une concrétion calcaire qui s'étend en couches épaisses dans l'intérieur de toutes les coquilles de mer, et particulièrement dans les mulettes et les anodontes, qui sont les huîtres perlières. Les anciens, ayant trouvé ou cherché une ressemblance entre ce qu'ils appelaient *poræa* et certaines coquilles, donnèrent à celles-là le nom de *porcella*. Le moyen âge accepta cette analogie, en appelant *porcelaine* une famille entière de ces coquilles et aussi les ouvrages qui étaient faits de leur revêtement intérieur, qui est la nacre de perle. Ce nom de *porcelaine* désigne encore de nos jours la *cypræa*, genre de mollusques gastéropodes, pectinibranches, de la famille des enroulés...

Le mot de *pourcelaine*, employé dès le xiiie siècle, n'avait pas encore été interprété de cette manière; mais cette solution, je ne l'ai trouvée qu'après une étude attentive des textes, avec quelque connaissance des usages du moyen âge et une certaine familiarité contractée avec les monuments... A partir du xiiie siècle, les gardes des joyaux décrivent dans les inventaires et les experts mentionnent ou estiment dans leurs rapports un grand nombre de vases, d'ustensiles de table, de tableaux de dévotion et de joyaux *faits de pourcelaine*. Cette expression, à travers quelques variantes sans importance, reste invariable et s'applique à la même chose jusqu'au xvie siècle. De ce moment, elle se bifurque pour conserver, d'une part, sa vieille si-

4

guification et s'étendre, de l'autre, à des vases d'importation étrangère qui offraient la même blancheur nacrée. C'était la poterie émaillée de la Chine qui s'emparait de ce nom, auquel elle n'avait droit que par une analogie de teinte et de grain, car tous ceux qu'elle avait portés dans le Céleste Empire et dans les pays qui avoisinent son berceau n'avaient aucun rapport avec le nom de porcelaine... On objectera que la coquille porcelaine, pas plus que toute autre coquille, ne peut se débiter dans des dimensions capables de fournir des pots, des aiguières et des plats : je répondrai que la nacre offre des pièces assez grandes, que les anses de ces vases ne sont jamais prises dans la masse, mais ajoutées en or et en argent; enfin, qu'il n'est pas nécessaire qu'ils aient été faits d'une seule pièce. Au reste, puisque je cite des pots, des aiguières et des plats *en coquille de perle*, *en escaille de perle, en escorche de perle*, il est inutile de prouver que ces mêmes objets ont pu être faits en coquille dite *pourcelaine*...

Les Romains pouvaient bien ignorer d'où leur venaient leurs vases murrhins, c'est-à-dire les belles porcelaines colorées de la Chine, transportées par les caravanes et transmises, de mains en mains, depuis le fond de l'Asie, puisqu'un voyageur, d'ailleurs intelligent, ne pouvait comprendre, en 1534, étant au Caire, d'où venaient les porcelaines de la Chine qui se vendaient en immense quantité sur le marché même de cette ville. Les extraits des inventaires de Marguerite d'Autriche, des châteaux de Nevers et de Fontainebleau, ainsi que le passage de l'ouvrage du Père Dan, ont rapport à ces premières importations de l'Inde. On trouve entre deux citations, l'une de 1516, l'autre de 1524, la date approximative de l'introduction des porcelaines chinoises en Europe. En effet, le portrait du roi d'Espagne *sur feuille de pourcelaine*, c'est encore de la nacre sculptée, tandis *qu'un pot de porcelaine bleue*, c'est déjà un produit chinois.

Les objets décrits par l'inventaire de Paul IV étaient-ils en nacre ou en porcelaine? Je n'oserais trancher la question d'une manière absolue, car le texte n'est pas suffisamment développé et précis. Toutefois j'inclinerais à y voir la matière que nous nommons actuellement *porcelaine*, appuyé d'une part sur ce que la nacre est nommément indiquée aux n°ˢ 94, 125 et 184, et sur ce passage de l'historien des papes, Ciacconio, qui écrivait en 1570, par conséquent peu de temps après la mort de Paul IV : « Vasa murrhyna ex China tot generum quæ porcellanæ patrio sermone appellantur [1]. »

1. M. Labarte (*Inv. du mobilier de Charles V*, pages 220-221) combat l'opinion de M. de Laborde et voit dans la porcelaine du moyen âge une *pierre*, ainsi qu'elle est nommée plusieurs fois (*une pierre appelée pourcellaine*), c'est-à-dire « matière précieuse comme l'agate, la calcédoine et autres ». En effet, la calcédoine « de sa nature est nébuleuse, d'un blanc mat ou d'un blanc de lait, ou mieux encore la calcédoine saphirique qui présente un ton bleuâtre ». Mais la calcédoine et l'agate avaient leur nom propre : il ne s'agit donc pas ici de ces pierres. Quant à l'identi-

M. Muntz (*Les Arts à la cour des papes*, t. II, p. 317) fournit un texte de l'an 1445, où le mot est mentionné : « D. Bartholomeo de Prato pro totidem per eum expositis ex commissione S. D. N. P. pro calchina, porchelana, lapidibus, tegulis, lignamine, laborerio et manufactura, constructione et ædificiis conventus et ecclesiæ sancti Peregrini extra portam viridariam. »

Il est évident, d'après le contexte, que le mot *porchelana* équivaut ici à *pozzolana*, et signifie *pouzolane*, sable rouge, qui est un des éléments constitutifs du ciment romain. Mais de l'expression elle-même je suis en droit de conclure qu'il s'agit, lorsqu'il est question de porcelaine, d'une *terre* et non d'une *pierre*.

M. Bertolotti, dans l'*Archivio storico di Roma*, t. IV, p. 187, et l'*Appendice* de sa brochure, si pleine d'érudition, qui est intitulée : *Artisti subalpini in Roma* (Turin, 1879), p. 61, nous montre Urbain VIII, établissant à Rome une fabrique de porcelaine, dirigée par le génois Thomas Savignone. Voici le texte du chirographe ou brevet par lequel le Souverain Pontife lui garantit la *privativa* pour son industrie :

Monseigneur Durazzi, notre trésorier général, Thomas Savignone, de Gênes, nous a fait exposer que, par son industrie et après beaucoup de dépenses et de fatigues, il a inventé la vraie manière de faire la porcelaine de Gênes, et qu'il désire mettre en lumière son invention, mais qu'il craint que d'autres personnes emploient son procédé ou fassent quelque chose de semblable au sien, à son grand détriment et préjudice. C'est pourquoi il nous a fait supplier pour que, étant prêt à exercer et à mettre en lumière le nouveau mode inventé par lui, ce qui entraîne une grande dépense pour amener de Gênes la matière, les outils et les personnes, nous voulions lui concéder un indult ou privilège, afin que, pendant les dix années qui suivront, à partir de la date de la présente, aucune personne, de quelque grade, état et condition qu'elle soit, ne puisse faire ou faire faire de la porcelaine inventée par lui, ni à Rome, ni dans son district, sans son autorisation ou celle de son ayant cause. C'est pourquoi, content de lui faire cette grâce, de notre propre mouvement, science certaine et plénitude du pouvoir apostolique, nous vous ordonnons à vous qu'en notre nom et à celui de notre chambre, vous accordiez audit Thomas la licence et faculté de pouvoir mettre à exécution, etc... Datum au palais apostolique du Vatican, le 28 janvier 1633. Urbanus papa VIII.

fication de la porcelaine avec la nacre, M. Labarte la rejette, fondé sur des textes où cette substance est spécifiée sous la dénomination de *coquille de perle*, ce qui exclut toute confusion.

82. Une cassette d'argent doré, avec deux horloges à poussière.

83. Une cassette damasquinée avec des lunettes.

Damaschina peut avoir deux sens, ou une couverture en damas, ou une incrustation de métal, ce qui est moins probable, puisque l'on ne donne la matière ni de la cassette, ni de l'incrustation.

84. Une petite boîte d'argent.

Bussoletto se traduit littéralement *tirelire*, espèce de boîte munie d'une poignée et qui sert surtout pour quêter.

85. Une petite croix d'argent.

86. Quatre vis (*vite*) d'argent.

87. Une branche (*ramo*) de corail rouge.

Évidemment elle n'était ni travaillée, ni montée. L'inventaire du château des Baux mentionne en 1426 : « Item, i. saquet en quoy a corail non affaictié bien menu. » (*Rev. des Soc. sav.*, 6ᵉ sér., t. VI, page 141.)

88. Une couronne de corail.

Le chapelet se dit en italien *corona*, à cause de sa forme en couronne. A Rome, la rue habitée par les fabricants et marchands de chapelets se nommait très anciennement *via dei coronari*.

89. Un étui de petits fers (*stuccio di ferretti*), couvert de velours cramoisi.

Peut-être cet article fait-il allusion à un nécessaire de toilette, analogue à celui que conserve le musée du Vatican et que j'ai décrit ainsi dans ma *Bibliothèque Vaticane*, page 109 : « Nécessaire de toilette en cuir gaufré, aux armes et au nom de Clément VII Médicis (1523-1533). Il contient une lime, deux grattoirs qui portent la devise *Semper*, des ciseaux où figure un cœur enflammé percé d'une flèche et une foi conjugale : tous ces objets sont en acier damasquiné en or. »

90. Six petits chandeliers d'argent[1].

Nous n'avons pas d'autres termes que *petits*, pour traduire les diminutifs italiens, tels que *candellierini, cassettina, secchietto, tazzette, chiodetti*, etc.

---

[1]. Paul III, le 25 février 1543, commandait pour sa chambre à maître François « trois chandeliers d'argent ». (*Speserie*, page 19.) Dans la boutique de Benvenuto Cellini furent trouvés, en 1538, quatre chandeliers en douze pièces : « Quattro candellieri d'argento in dodici pezzi fra tutti. » (*Arch. stor.*, t. 1, p. 107.)

91. Deux éteignoirs (*smorzatori*) d'argent.
92. Une petite cassette avec couteaux (*cortelli*).
93. Un petit seau d'argent doré avec son *asperges*.
94. Une coquille de nacre (*lumacha di madre perle*) avec pied d'argent doré.
95. Une caisse de cristal (*cassa di cristallo*) avec sa corniche d'argent [1].

Cornice signifie l'encadrement mouluré, autrement dit la monture de la cassette. La plus belle en ce genre est celle des Farnèse, que possède le musée de Naples.

96. Une porcelaine (*porcellana*).
97. Une coquille de l'Inde (*lumagha d'India*).
98. Un morceau de cristal.
99. Quatre boules de cristal.

L'on croit généralement que ces cristaux, taillés en plaques ou arrondis en boules, servaient à rafraîchir les mains pendant l'été : c'était la contre-partie du *scaldino* que l'on employait l'hiver pour les réchauffer. Or le cristal usité en cette circonstance était bien du cristal de roche, qui est beaucoup plus froid que le cristal fondu. D'ailleurs, le prix lui-même indique sa haute valeur, car, le 2 juin 1451, trois morceaux de cristal furent payés 11 florins d'or à l'orfèvre florentin Simon ; on remarquera qu'ils étaient spécialement destinés à l'usage du Pape Pie II : « Honorabili viro magistro Simoni, aurifici florentino, florenos auri de camera 11, pro valore trium peciarum cristalli ab eo empti pro usu personæ S[mi] Domini nostri Papæ. » (Muntz, *Les Arts a la cour des papes*, tome I, p. 316.) M. de Laborde a cité ces deux textes dans son *Glossaire* : « 1467. Une pomme de cristal ronde à refroidir mains. — 1599. Une pomme d'agate garnie d'argent pour rafraischir la main des malades. » — « Un pommeau de cristal. » (*Inv. de la comtesse de Montpensier*, 1474.)

100. Cinq morceaux de lapis-lazzuli et de gangue d'émeraude.

Je traduis *matre de smiraldo* par *gangue d'émeraude*, qui est l'enveloppe, moins pure et par conséquent veinée, de l'émeraude, laquelle se trouve au cœur du bloc.

101. Un couvercle d'horloge en cristal de roche.

Ce couvercle s'entend-il d'une cloche couvrant l'horloge, ce qui

---

1. « Plus un tableau en rond de la Sainte Vierge, avec le petit Jésus et saint Jean avec sa corniche. » (*Inv. de Saint-Louis-des-Français, à Rome*, 1618.)

supposerait un morceau considérable de cristal, ou bien plutôt un simple abri pour le cadran? Nous avons posé plus haut la même question au numéro 75.

102. Une tasse en cuir de Turquie (*corame turchesco*).
103. Deux petites cassettes d'argent.
104. Six trépieds (*trespidi*) d'argent.

Sans doute pour supporter des vases ou coupes.

105. Cinq petits coquemars.

Pozzolonette, plus loin on lit *porzollanette*. Je trouve une grande analogie entre ces deux variantes, ce qui me ferait pencher pour la *porcelaine*, si M. Bertolotti ne m'affirmait que, dans le langage de Rome, *pozzolonetta* signifie « un récipient en cuivre, pour faire chauffer l'eau, une espèce de coquemar ». On remarquera, en effet, que ces coquemars viennent à la suite des trépieds; il y a donc entre eux quelque relation.

106. Un vase d'argent à contenir l'huile sainte (*olio santo*).
107. Une petite serrure (*serraturina*).
108. Une paire de ciseaux de Turquie (*forficine turchesche*), et un couteau doré.
109. Une caisse (*cassa*) d'argent pour lunettes.
110. Une petite caisse d'argent pour lunettes [1].
111. Une petite croix de cristal.
112. Un morceau d'aloès (*aloe*).

Il serait difficile de préciser l'usage de ce morceau d'aloès, conservé peut-être comme objet de curiosité.

« Item, deux petits escrinez de cuyvre, ouvré à ouvraige de Damas, plains de lin alenez et d'ambre. » (*Inv. de Charles V*, 1379, n° 2,114.) — « Item, ung petit baton de lignum aloës, garny d'or, aux armes de la royne Jehanne de Bourbon. » (*Ibid.*, n° 2,901.) — Item, ung autre petit coffret de lignum alloës, ferré d'argent doré, à quatre piez de quatre lyons. » (*Ibid.*, n° 3,105.) — « Item, une paire de

---

1. Le *Magasin pittoresque*, 1879, page 184, a publié un « étui à besicles, en fer gravé, du seizième siècle ». Le texte le dit de « travail allemand » et « de la fin du seizième siècle ». C'est une boîte rectangulaire, arquée au sommet, arrondie à la partie inférieure. Un ressort le ferme et un anneau y est fixé, parce qu'il « devait être suspendu à la ceinture ». Le plat représente, sur un fond semé de branches feuillues et fleuries, un écusson, avec son casque à lambrequins et son cimier. Parmi les marques des anciennes armes, au XVI° siècle, se trouvent les besicles. (Plon, *Benvenuto Cellini*, p. 401.)

cousteaulx, tous mengiez de rouil, dont les manches sont de lignum alloës, à écussons de France. » (*Ibid.*, n° 3,135.)

L'*Inventaire de Charles V* (1380) mentionne, en outre, deux « couteaulx à trencher..... à manche de lignum aloës » (édit. Labarte, p. 110), matière considérée comme précieuse puisqu'on la garnit d'or émaillé et perlé.

On lit dans un compte de 1456 : « Unes patenostres de lin alouez. » (*Archives Nationales*, kk, 272, fol. 31, verso.)

Dans l'*Inventaire de la duchesse de Valentinois* (1514), l'aloès forme un fil solide pour des chapelets : « Deux paires de patenostres de lynon aloys. » (Bonnaffé, page 55.)

113. Les médailles des anciens papes.

La collection des médailles pontificales, dont on voit les coins à la *Zecca* du Vatican, ne remonte pas au delà du pontificat de Martin V. J'en ai publié le Catalogue dans mes *Musées et galeries de Rome*, p. 188-319.

114. Un vase (*vaso*) d'argent avec sa caisse.
115. Une horloge avec une boule (*palla*) de cristal.

L'inventaire de Calixte III, qui date de 1458, mentionne une belle horloge dorée, renfermée dans une petite caisse : « Item unum orelogium deauratum in una capseta. » (Muntz, *Les Arts à la cour des papes*, tome I, p. 216.) — Le 20 mars 1451, l'orfèvre Simone di Giovanni recevait 105 florins pour l'or et l'argent employés par lui à une horloge et à trois boules d'argent destinées à la chambre de Pie II : « Magistro Simoni Johannis aurifici florenos auri de camera 105, pro valore auri et argenti per eum positi in uno horologio et tribus palis argenteis factis pro usu cameræ S^mi Domini nostri Papæ, ac pro manufactura dictarum rerum. » (*Ibid.*, p. 135.)

Du rapprochement des deux textes on peut conclure que ces deux horloges en métal précieux étaient du genre de celles qui se posaient sur les tables et que soutenait une petite caisse rectangulaire, dont la matière n'est pas ici indiquée ; quant aux boules, elles devaient contribuer à l'ornementation de la caisse.

116. Une paire de burettes (*paro d'impolline*), de cristal, montées en argent doré.

La rubrique du Missel prescrit que les burettes soient en verre. Celles de la chapelle Sixtine, qui sont également montées en vermeil, sont postérieures de plus d'un siècle à cet inventaire. (*Mus. et Gal. de Rome*, p. 103 ; *Rev. de l'art chrét.*, t. XVIII, p. 145.)

117. Deux coins (*cogni*) à battre monnaie.
118. Un livre des choses de saint Pierre.

Peut-être les *Actes* du prince des apôtres, tels qu'ils ont été publiés par les *Bollandistes*.

119. Trois petits coquemars (*porzollanette*).
120. Une cassette de couteaux.
121. Une petite cassette avec quatorze fourchettes (*forchette*) ou cuillères (*cucciare*) de différentes pierres garnies de corail.

Le manche devait être en corail et la cuillère en pierre précieuse. J'ai signalé au musée chrétien du Vatican une cuillère du XVIᵉ siècle, où la Cène est finement représentée en damasquinure d'argent doré. (*Bibliothèque Vaticane*, page 106.)

122. Trois paires de morceaux de bronze (*para di pezzi di bronzo*) à réchauffer les pieds.

Ce détail vaut la peine d'être consigné pour l'histoire de la chaufferette [1]. Les deux morceaux de bronze, probablement de la forme des pieds, se chauffaient au feu.

1. Dans l'*Inventaire de Charles V* (1380), la « chauffère » est « d'argent doré, à trois piez, à ung esmail ront des armes de France sur le couvercle » (pag. 186). M. Labarte y voit un objet destiné au « prêtre », ce dont on peut douter, car il n'est pas classé parmi les ustensiles d'église. M. Bonnaffé, dans l'*Inventaire de la duchesse de Valentinois* (1514), page 48, n° 104, note « une chaufferecteà créneaulx ». M. Soil a cité ces textes dans l'*Inventaire* d'un bourgeois de Tournai en 1527 : « Quatre rescauffoirs », « ung rescauffoirs de keuvre » (*Compte de 1505*). L'Inventaire de J. de Maillard, en 1527, contient ces deux articles : « Ugne chaufarête de métal. Ugne chaufarête de fer » et celui de Marguerite de Valois, en 1538 : « Deux petites chaufferettes d'argent. Une petite chaufferette dorée. »
L'archéologue romain Bartolomeo Mariano, qui mourut en 1566, se servait, pour se réchauffer les pieds, d'une brique que lui faisait chauffer la femme du cordonnier son voisin, qui dépose ainsi après sa mort : « Spendeva poco e che gli faceva scaldar un mattone, pensandose che esso Marliano se volesse scaldar li piedi » (Bertolotti. *Bartolomeo Marliano*, p. 17, 26.)
Le *Magasin pittoresque* (1877, p. 4, 5) parle en ces termes des chaufferettes pour les pieds : « On se servait aussi, dès le moyen âge, de petits réchauds, incapables d'élever la température d'une chambre, mais suffisants pour se chauffer les mains et les pieds. Les chauffe-pieds paraissent être de date plus récente que les chauffoirs à mains. Les plus anciens que l'on connaisse sont du quinzième siècle : c'étaient des cylindres creux en terre, munis d'une anse de fer ; on les plaçait dans des boîtes de bois servant de tabourets....... On fabriquait aussi des chauffe-pieds de métal, en forme de carreau, dans lesquels on versait de l'eau bouillante et que l'on enfermait dans un sac d'étoffe épaisse ou de fourrure. Ce genre de chaufferettes est encore adopté aujourd'hui. »
Voir sur les chaufferettes pour les pieds ou les mains le *Dictionnaire du mobilier* de Viollet-le-Duc, t. II, p. 67.

123. Une petite cassette d'ébène [1].
124. Une petite tasse de porphyre (*porfido*).
125. Un morceau de nacre (*madre perle*).
126. Un crucifix antique en ivoire (*avolio*).
127. Deux *cente* rouges en soie [2].
128. Une cassette avec seize mouchoirs (*fazoletti*) [3].

Guillaume Durant signale dans l'Église l'usage de deux mouchoirs, l'un et l'autre en lin. Le premier est à l'usage exclusif de l'évêque : il est tenu par son ministre, et sert à la fois pour essuyer la sueur et recevoir les humeurs du nez ou de la bouche. L'autre est placé par le diacre à la droite de l'autel, et le prêtre l'emploie, comme jadis le manipule, pour nettoyer toute malpropreté. « Expeditis novem specialibus pontificum ornamentis, aliqua de quibusdam aliis. Et primo de sudario videamus quod est lineus pannus, quem ministrans episcopo semper paratum habet, quo ille sudorem et omnem superfluum corporis tergat humorem, significans studium quo humanas contagiones in hac vita extergimus, per exempla sanctorum Patrum, quibus ad patientiam corroboramur. Sicut enim sudor est in corpore, sic etiam tædium est in anima, quandoque ex conscientia peccatorum premens conscientiæ fontem. Habeamus igitur sudarium ex lino, multis tunsionibus castigato et mundato, per quod mundanos extergamus affectus, et etiam cum David et Job tristitiam abjiciendo, nos tergamus. In quibusdam ecclesiis diaconus sudarium habens, illud in dextro cornu altaris deponit, ut si

1. Il est parlé plusieurs fois, dans les comptes de dépense de Paul III, d'une table d'ébène et d'ivoire, et aussi d'une histoire en marqueterie au milieu d'une table d'ébène : « Istoria di tarsia in meggio di detta tavola d'ebano. » Ce travail coûta 1 écu, 20 jules. (*Speserie*, page 24.)

2. *Centa* doit être ici pour *cinta*, qui signifie *ceinture*, car il répond au français *ceint* : « Ung demy ceynt cramoisy, garni d'or, où pend une bourse et deux petits cousteaux. Ung demy ceynt noir, garny d'or. Ung demy ceynt noir, garny d'or à charnyères. Ung mordent de demy ceynt. » (*Inv. de la C[omtesse] de Montpensier*. 1474.) Le 8 janvier 1543, il est inscrit dans les comptes de Paul III : « Pour acheter une *centa* de cornaline et d'autres pierres montées en or, pour la signora Julia Sforza, à compte sur la dot que Sa Sainteté veut lui donner, 315 écus. » *Speserie*, page 20.) Le tableau n° 127 du Musée de Turin, attribué au Bronzino (peinture sur bois du xvi° siècle), représente une dame, avec une riche ceinture qui fait le tour de sa taille et retombe en avant : c'est une succession de boules d'or, grosses, moyennes ou petites, de perles et de camées.

3. Voir d'autres mouchoirs aux n°° 288, 290 et 318. Les derniers sont désignés sous le nom de *mouchoirs d'autel*. — Dans l'inventaire de Calixte III (1458), on trouve un mouchoir à bords d'or : « Unus faxolus cum fimbreis aureis. » (*Muntz*, page 214.)

forte quicquam sordidum accesserit, illo tergatur et sudarium sacerdotis mundissimum maneat. Manipuli quoque pene eadem est significatio, prout ibi dictum est.» (*Rationale divin. offic.*, lib. III, cap. XVI.)

J'ai parlé ailleurs du mouchoir attaché au missel (*Rev. de l'art chrét.*, 1883, p. 411).

« Unum missale sine nota, cum auriculari et manutergio. » (*Obit. de N.-D. de Paris*, 1320.) — « Item, duo aurealia meliora disparia, cum manutergio pendenti altari pro diebus solemnibus, cooperta duobus manutergiis paribus ornatis paramentis rubeis, brodatis ad castella et lilia. » (*Inv. de la cath. de Châlons-sur-Marne*, 1413, n° 139.)

Un inventaire du xv° siècle spécifie qu'il servait à émonder le nez du célébrant, mais comme la vue, à certains moments, pouvait n'en être pas agréable, par mesure de propreté, ce mouchoir avait sa couverture ou enveloppe de cendal vert, qui le dérobait aux regards : « Unum pulchrum mochetum, cum sua copertura (de) cindali viridis coloris, circumdata botonibus aureis, qui ponitur in missale pro mundando nasum sacerdotis missam celebrantis. » (*Inv. de la cath. de Lyon*, 1448, n° 228.)

Citons encore quelques textes pour mieux déterminer l'usage du mouchoir. L'inventaire de Paul II, rédigé en 1457, mentionne parmi les touailles de l'autel, *toballie pro altari*, cinq mouchoirs en soie, brodés d'animaux et de feuilles, aux armes du cardinal Barbo, et garnis de houppes soie et or : « Item unus fazolletus cum Ibus in medio de auro, cum armis Rmi Domini cardinalis, cum capello, cum mitra episcopali ad partem et litteris aureis in circuitu, cum floquis de serico et de auro, et nonnullis aliis novitatibus factis de serico et de auro, 5 ducatorum. — Item unus alius fazolletus de serico et auro, cum aliquibus animalibus, factus Veneciis; est valoris 4 ducatorum. — Item unus fazolletus de serico carmesino, cum foliis et arboribus, cum leonibus et aquilis, cum armis ipsius Rmi Domini cardinalis, in medio auro et argento contextus, valde pulcher, sed antiquus, valoris 6 ducatorum. — Item unus alius fazolletus, de serico cramesino, cum foliis viridibus et floribus suis, auro textus, et est valoris 2 ducatorum. — Item unus alius fazolletus, in capitibus de serico albo ad modum cordule sancti Francisci, auro textus, valoris medii ducati. » (Muntz, *Les Arts à la cour des papes*, t. II, p. 194-196.)

Le mot *fazolletus*, qui se traduit littéralement en italien par *fazzolletto*, s'emploie encore dans le même inventaire avec la signification de *manuterge* ou *lavabo* : « Item duo fazolletti parvi ad tergendum manus in altari dum dicitur *lavabo inter innocentes*, etc., valoris duorum quartenorum. » (*Ibid.*, p. 196.)

« Trois amytz et une aulbe usée pour faire des mouchoirs aux prebtres. » (*Inv. de la duchesse de Valentinois*, 1514, p. 92, n° 491.) L'inventaire de Saint-Louis-des-Français, à Rome, qui date de 1618, enregistre en même temps les « purificatoires et mouchoirs » avant « les aulbes » : « Item tant purificatoires que mouchoirs, la plupart usez et déchirez, trois centz octante huict. Mouchoirs fins avec dantelles faictz douze, l'année 1618. Mouchoirs fins sans dantelles, vint, faictz la mesme année 1618... Mouchoirs de toile commune sans dantelles, cinquante, faictz la mesme année 1618 [1]. »

129. Deux riches escarcelles avec les fers d'or.
130. Une autre d'argent doré.
131. Deux autres rouges usées.
132. Un *cento* blanc.

On remarquera que *cento* est au masculin, comme en français : « Un demy cein d'argent » (*Compte de 1606*) ; plus haut on avait écrit *centa*.

133. Un contre-poids de laiton (*contrapeso d'ottone*).

Il provenait probablement d'une horloge.

134. Une corne de licorne, sans la pointe.

1. Le mouchoir est indiqué dans l'inventaire de la cathédrale du Puy, mais avec une altération de terme, car *tersonum* est évidemment pour *tersorium* : « Tersonum de lino, habens in quolibet capite duas barras de cotone albo. — Item duo tersoni de lino operis Franciæ, cum frangiis de cirico diversorum colorum in capitibus. »
Dom Luc d'Achery, dans son *Spicilegium*, tome VI, cite cette charte d'un duc de Bourgogne, datée de l'an 1077 : « Dorsalia duo, tapetia quatuor, tersoria tria. »
Martène (*Thes. anecdot.*, t. IV, col. 163) rapporte ce decret d'un concile, qui montre les mouchoirs rangés parmi les linges de l'autel, puis servant, comme à Amiens, à essuyer les calices : « Apocrisarius solerti procurat diligentia ut duos de junioribus eligat studiosos et uni quidem coopertoria et linteamina altarium, tersoria quoque et offertoria consignet custodienda,... tersoria calicum. » Ces *tersoria* ne doivent pas être confondus avec les purificatoires qui ont une destination essentiellement liturgique, à savoir essuyer le calice et la bouche du prêtre. Le *tersorium* ou mouchoir servait, à la sacristie, à nettoyer le calice, surtout la coupe, avant de l'employer pour le saint sacrifice. Maintenant cette opération se fait avec le purificatoire même, à l'offertoire : « Accipit (celebrans) calicem, pu. cale, puricatorio extergit et... accipit ampullam vini. » (*Rubr. Missalis.*)

135. Une écritoire de laiton.

136. Un tableau de la *Pietà* en plumes de perroquet (*di penne di papagallo*).

La *Pietà* est Notre-Dame de Pitié ou la Vierge assise au pied de la croix, et tenant étendu sur ses genoux le corps inanimé de son Fils.

J'ai vu à Rome, chez M. Spithover, une mitre du commencement du xviie siècle, faite en plumes de paon ; celle de saint Charles Borromée, dans le trésor du dôme de Milan, est en plumes d'oiseaux. M. Bertolotti a signalé, parmi les dépenses de Paul III, à la date du 4 juin 1546, trois chapeaux de la même façon : « A maître Baccio de la Croix, tapissier florentin, pour prix de trois chapeaux en plumes de paon, garnis de taffetas double cramoisi et galons d'or, avec leurs caisses pour le service de Notre-Seigneur, treize écus, deux bolonais. » Ce n'était que continuer la tradition, car, au xiiie siècle, le *Livre des métiers* d'Étienne Boileau parle des « chapeliers de paon » et des « chapiaus à paon », ajoutant que le « métier n'apartient fort que à églises, aus chevaliers et aus haus homes ».

137. Un voile (*velo*) d'or et de soie.

Les voiles sont de grandes pièces avec lesquelles on couvre, sur l'autel ou le lit des parements, les ornements destinés au pape. Le *Pontifical* en parle en ces termes : « Pontificalia ornamenta secundum seriem sub initium missalis descripta et oblongo velo coloris paramentorum cooperta. »

138. Un semblable en velours.

139. Une bourse avec deux brosses (*scopette*).

140. Un tapis de table (*panno da tavolino*) en armesin (*armesi*).

141. Un autre morceau d'armesin.

142. Un autre tapis semblable en velours.

143. Une couverture (*coperta*) de velours rouge.

144. Un groupe de plusieurs *cente*.

145. Dix petits sacs, trois de satin (*raso*), un de velours, avec trois petites bourses (*borsette*).

Ne semble-t-il pas que c'est la répétition de cet article de l'inventaire de Calixte III : « Unum saccum cum multis corrigiis » (Muntz, p. 216)?

146. Un écusson (*arma recamata*) brodé de Paul IV [1].

_____

1. Dans les comptes de Paul III, le 30 mars 1542, il est payé 24 écus pour « 26

147. Deux grands chandeliers (*candellieroni*) d'argent, aux armes de Paul IV.

Aux chandeliers du cardinal Farnèse et de Grégoire XIII, que l'on admire dans le trésor de la basilique Vaticane, les armoiries des donateurs sont répétées sur les trois faces du pied triangulaire. (*Rev. de l'art chrét.*, t. XXII, p. 340, 342.)

148. Trois bâtons (*bastoni*) d'ivoire et quatre d'ébène.

Ces bâtons étaient peut-être employés pour soutenir dans sa marche le pontife affaibli par l'âge.

149. Un petit sac travaillé en soie, contenant des *pavoroli* [1] et autres linges de toile.

150. Une cassette d'argent pour lunettes.

151. Un petit tapis de toile d'or rouge (*tela d'oro rosso*).

Nous nommions cette toile *d'or vermeil*, parce que le fil d'or était enroulé sur un fil de soie rouge.

La toile d'or, dans les anciens inventaires, correspond à notre *drap d'or*. Dès lors qu'il s'y ajoute un qualificatif comme *blanc, rouge, vert* et *violet*, l'étoffe rentre dans la catégorie de ce qu'on appelait alors *drap d'or*, c'est-à-dire à fond de soie de couleur, rehaussé de dessins d'or; mais, ici, nous avons une variété, qui consiste probablement dans ce qu'on appelle *lamé*.

« Item, ungs paremens pour ledit oratoire, de drap d'or blanc, et quatre autres paremens de drap d'or, de soye et camecaz, et ung pavillon. » (*Inv. de Charles V*, 1379, n° **2,600.**) — « Item, ungs paremens de drap d'or à champ vert, très riche, que donna au roy Jehan de Valdetar de Varraës. » (N° **2632.**) — L'inventaire du château de Baux dit, en 1426: « Item, i couverte d'orillier ou de coussin de drap d'or rouge. Item, ii carriaux de drap d'or rouge. » (*Rev. des Soc. sav.*, 6ᵉ série, t. VI, p. 138.) — «Plus ung corporallier de toile d'or, garnit de corporaulx, dans un sac de toile rouge. Plus, il y a ung aultre estuit de boys blanc, dans lequel y a ung corporalier de drap d'or, garnis de beaulx corporaulx et d'un bouton de perles par dessus, avec ung dessus de drap d'or à mettre sus le calice. » (*Inv. de Ph. de Lévis*, év. de Mirepoix, 1536.)

---

armes de l'illustre maison Farnèse », qui furent ajoutées à treize tapisseries (*panni de razzo*), « achetées pour l'illustrissime dame Victoire Farnèse. »

1. M. Bertolotti m'écrit qu'il ne comprend pas ce mot.

L'inventaire de Marguerite de Valois, en 1558, contient ces deux articles : « Une tapisserie de veloux cramoisy violet par layses de toile d'or frizée toutes jaunes, qui sera pour sa chambre, avec le lit, grand ciel et daiz de mesme, chayses et tabourets. Pour la salle, une tapisserie de veloux cramoisy violet, par layses de toile d'or damassée toute jaulne, avec le dais de mesme et une chayse pour s'asseoir à table. » — L'inventaire de Quermelin, en 1585, mentionne deux espèces de toiles d'or : « Une davantière de toile d'or frisé, à ramage de cramoisy viollet. Aultre davantière de toile d'or, en frisure d'argent, damassée de cramoisy. Aultre robe de taffetas gris frangé, les manches de toile d'or milanoise en fond cramoisy. Une pante de lict de satin de Bruges, et en broderye de toille d'or fausse. »

152. Une autre caisse couverte de velours cramoisi, avec des linges (*pannilini*) usés.

153. Trois mozettes (*mozette*) de velours semblable.

154. Quatre mozettes de satin rouge.

Le pape porte le velours en hiver et le satin en été.

155. Deux boîtes (*scatole*) avec des calottes (*barette*).

La calotte pontificale était toujours en velours rouge. Le pape ne portait la calotte blanche en soie que sous la mitre ou pendant l'octave de Pâques.

156. Une petite corbeille (*canestrello*) avec plusieurs morceaux de corail.

La phrase doit être mal construite et se rétablir ainsi : « une petite corbeille formée de plusieurs morceaux de corail. »

157. Un crucifix d'argent, avec deux figurines (*figurine*) dans une caisse dorée, et deux chandeliers d'argent.

Peut-être était-ce la garniture de l'autel privé du pape. Les deux figurines accompagnant le crucifix étaient, selon des exemples analogues, la Sainte Vierge et saint Jean, ou saint Pierre et saint Paul.

158. Trois vêtements de tabis (*tabi*) [1], fourrés d'hermine (*fodrate d'armellini*).

---

1. « *Tabis*, sorte de gros taffetas ondé. » (*Bull. de la Soc. arch. de Tarn-et-Garonne*, t. IV, p. 230.) — « Trois chasubles de taby vert. Trois (parements) de taby blanc à grands fleurons de soye de diverses couleurs, un autre aussy d'un taby

Je n'ose pas traduire *veste* par *soutane*, car ce mot s'entend aussi de la simarre ou houppelande. Léon X, dans le beau tableau du musée de Naples, porte, sous la mozette de velours rouge, une espèce de houppelande en damas, dont les larges manches sont doublées d'hermine.

On fourrait aussi avec la *marte*, comme il résulte de l'inventaire de Calixte III : « Una capsa in qua sunt tres vestes, una videlicet nigra et duæ rubæ, omnes foderatæ de mardoribus. » (Muntz, p. 216.)

159. Un vêtement d'armesin blanc.
160. Quatre mozettes d'armesin.

Ces mozettes moins riches étaient affectées aux temps de pénitence et de deuil, comme Avent, Carême et offices funèbres.

161. Un *borrichetto* de satin blanc.

M. Bertolotti traduit par *petit manteau*, ce qui ne me paraît pas vraisemblable. Je préfèrerais y voir le *camauro* spécial aux pontificaux, si déjà il n'en avait été fait mention au n° 155. Le nom a quelque analogie avec le français *bericoquet*, dont parle l'*Inventaire de la C^mse de Montpensier*, (1474) : « Ung bériquoquet d'argent, qui poise environ quart deonce », où il est inscrit après un *corporalier*, mais l'identification est impossible, puisqu'ici il s'agit d'une pièce d'argenterie.

162. Un vêtement de tabis blanc à ondes (*con onde*).

Les ondes sur la soie forment l'étoffe nommée *moire*.

163. Huit vêtements blancs de tabis et d'armesin.
164. Un *borrichetto* fourré de *dos*.

Le *dosso*, en latin *dossum* (Voir Du Cange à ce mot), correspond à notre *petit gris*. Un article des statuts de la ville de Savone, en 1526, porte : « Pro aliqua quantitate pellium affaitarum, vairorum, dolsorum. » Le *Glossaire archéologique* donne cette définition : « *Dos* ou *dos de gris*, dos de petit gris qui, assemblé avec la partie blanche du ventre, composait la fourrure appelée *menu vair* ou *gros vair* suivant la qualité. »

blanc à fleurs rouges et autres couleurs. » (*Inv. de S. Père de Chartres*, 1662.) « Un devant d'autel de tabis rouge, avec des dentelles d'or et d'argent. » (*Inv. de Mattaincourt*, 1684, n° 54.)

La couleur du *borricchetto* n'est pas indiquée, tandis qu'aux n°ˢ 161 et 166, on la spécifie blanche. Si c'était réellement un *camauro* que cet objet, il nous le faudrait aussi rouge.

165. Un vêtement de tabis, fourré de *felbe bertina*.

M. Bertolotti interprète *felbe bertina* par feutre gris. *Bertina* serait alors pour *berrettina*.

166. Un *borricchetto* de satin blanc, fourré de zibeline (*zebellino*).
167. Un vêtement court (*vesticciola*) de satin blanc.
168. Une boîte avec morceaux de *mengior*.

M. Bertolotti déclare ne pas connaître la signification du mot *mengior*.

169. Cinq morceaux de velours cramoisi.
170. Une pièce (*pezza*) de *felbe*.
171. Un morceau de velours cramoisi, travaillé en or.

Lavorato d'oro ne peut s'entendre d'une broderie, car alors on eût écrit *ricchamato*.

172. Un paquet (*viluppo*) de velours cramoisi damassé.

Adamascato signifie un velours travaillé en manière de damas, c'est-à-dire avec dessins en relief, comme les velours d'Utrecht.

173. Un morceau de satin cramoisi.
174. Trois petits tapis (*pannetti*) de soie riche. faits à Florence.

Riche se rapporte à l'ornementation aussi bien qu'à la fabrication qui admettait des fils d'or sur le fond de soie.

175. Une petite table (*tavolino*)[1] avec sa couverture (*coperta*) de velours cramoisi.
176. Une bourse de satin et deux sachets (*sacchetti*) dedans.
177. Une pièce de brocart (*broccato*)[2], que Mgr de Forli dit appartenir au seigneur Robert Strozzi, avoir été remise par les mains de M. François Ragattieri, et n'être pas payée.
178. Une petite pièce (*pezzetto*) de velours rouge.

1. Le 11 mai 1546, Paul III dépensait 22 écus « pour prix d'une petite table en marqueterie d'os blanc avec son pied, achetée pour l'usage de Sa Sainteté », et exécutée par Catherine Greca. (*Speserie*, p. 28.)
2. Signalons, parmi les dépenses de Paul III, le 29 janvier 1541 : « A maître Indaco, peintre, pour le dessin d'un carton à faire les étoffes de brocart que Sa Sainteté veut faire pour Saint-Pierre, 25 écus. » — « Le brocart est proprement un drap figuré riche, travaillé à la damasquine, dans lequel les fils métalliques, associés au tissu de la soie, forment indifféremment le fond ou le sujet. » (*Gloss. arch.*).

179. Une bourse de toile avec six rochets (*rochetti*) [1].
180. Trois pourpoints (*giupponi*) de satin blanc.
181. Une bourse pleine de linge (*panni*) blanc.
182. Un tapis de table (*un panno di tavola listato*) rayé.
183. Un tapis (*tapeto*).
184. Une coquille de nacre garnie d'or (*lumacha di madre perle*).
185. Cinquante livres à couverture de cuir (*corame*) rouge, quatre couverts de velours cramoisi et deux de satin rouge, un de velours violet.

Le cuir rouge convient au pape, et ce n'est que dans ces dernières années que l'on s'est avisé de relier en peau blanche les livres que l'on offrait à Pie IX. En règle générale, le blanc est affecté à la soutane et le rouge à tous les autres objets à l'usage du pape.

186. Quatorze livres couverts en parchemin (*carta pergamena*).

Les reliures en parchemin sont toujours très en vogue à Rome, où on les fait avec beaucoup d'élégance.

187. Deux livres couverts de cuir blanc.
188. Trois textes canoniques couverts de cuir vert.

Ces textes canoniques forment les trois livres des *Décrétales* ou le *Corpus juris canonici*. Dans l'inventaire de Calixte III, on les détaille ainsi : « Item Clementinæ... Item Decretales... Item Decretales antiquæ. » (Muntz, p. 215.)

189. Le missel de saint Grégoire le Grand, couvert de cuir rouge, avec sa chaîne.

Ce missel ou sacramentaire de saint Grégoire serait des plus précieux, si réellement il remontait à cette époque. La chaîne indique qu'il était fixé au pupitre sur lequel on le posait. Nous avons des exemples analogues en France. Un acte du chapitre de la cathédrale de Bourges, en date du 7 août 1433, ordonne : « Quod magister operis faciat reparare librum moralium Job, et faciat incathenare cum aliis libris in libraria. » L'inventaire de la même cathédrale, en 1537, enregistre : « Un bréviaire en parchemyn en grande marge, qui est attaché à ung petit pulpitre. » Un des livres exposés à la Bibliothèque nationale a conservé sa chaîne d'attache. (V. le mot *Chaîne* dans le *Glossaire archéologique*.)

---

1. « Item septem rochetos. » (*Inv. de la cath. d'Angers*, 1418.)

5

190. Deux autres livres couverts de cuir, l'un de saint Jérome et l'autre de saint Thomas d'Aquin.

191. Six livres non reliés (*desligati*)[1].

192. Deux bréviaires non reliés.

193. Six autres livres couverts de cuir rouge.

194. Un châlit (*cariola*) de noyer, avec deux matelas (*materazzi*), un chevet (*capezzale*), un coussin (*cuscino*) et deux draps (*lenzuoli*)[2].

195. Un tour de lit (*cortinaggio*) et couverture de *rascia* rouge, avec un chevet, un coussin et sa charpente.

La charpente (*legnami*) servait à fixer les rideaux. La *rascia* est une grosse étoffe de laine qui se dit en française *rase*. (*Bulletin archéologique*, t. IV, p. 223.) Le mot est le même en latin et en italien. On le trouve dans les Constitutions propres des Bénédictins de la congrégation de sainte Justine, à Padoue, qui ne doivent avoir que des tuniques en rase ou en drap, sans ornements ni boutons de soie, comme les laïques, et aussi des chapeaux recouverts de rase : « Chlamydes sive de rascia, sive de panno.., non serico superne contextæ, nec laïcorum more bullis sericis antebullatæ... Pilei... depressi, plani, ac simplici rascia cooperti, si fuerint cooperiendi. »

Rascia est évidemment une altération de *rassum* et *rasum*, qui dérive du grec *rason*. Or, d'après Balsamon, le *rason* était le vêtement grossier des novices, que pour cela on nommait *rasophoroi*.

Saint Anselme (*De laude Virg.*), s'adressant aux vierges, leur dit :

Nec lacerna tibi vilescat vitrea, virgo,
Tergore vel rasso et lignis compacta salignis
Seu membranarum tenui velamine facta.

D'où l'on peut conclure que les lanternes, au moyen âge, se faisaient en bois léger, et que les jours étaient remplis soit par du verre, soit par de la peau ou du parchemin, comme plus tard on a mis du papier huilé aux fenêtres, ou encore par de la rase.

On trouve aussi *raxium*, qui est la forme dure par vice de prononciation, mais où l'on pressent déjà le *rascia* italianisé. Le cérémonial ambrosien de l'église de Milan porte que le cheval de l'archevêque est couvert d'une housse de rase, la laine étant seule

1. Le 17 février 1543, Paul III faisait relier un Pline au prix de 4 écus, 75 bolonais. (*Speserie*, p. 18.)

2. Dans l'inventaire du château des Baux, qui date de 1426, on lit cet article : « Item, une litière où a seulement ii linchols. » (*Rev. des Soc. sav.*, 6e série, t. VI, p. 146.)

permise aux prélats : « Extra atrium ecclesiæ equus albus, raxio coopertus, stat paratus ad suscipiendum suum pontificem. »

En français, on disait *raz* : « Les bandes de paires de chausses de raz de Milan jaune façonné, cerné de dentelles d'argent, doublé de taffetas blanc. » (*Inv. de Quermelin*, 1585.)

196. Un châlit (*lettiera*) de noyer, où dormait le pape, avec des colonnettes dorées, cinq pommes et une petite table (*tavolino*) à l'intérieur [1].

Il est possible que la table ait été ajoutée pendant la maladie du pape. Quatre des pommes surmontaient les colonnettes, et la cinquième servait à suspendre les rideaux au plafond. Dans l'inventaire de Calixte III, cette dernière est qualifiée « *pomum pavelionis.* » (Muntz, p. 215.)

« Deux pommes ayant chascune une boucle dessus et troys soulleilz dorez pour servir à tendre pavillon de lictz, 12 marcs, 4 onces, 6 gros. » (*Inv. de la duchesse de Valentinois*, 1514, p. 37, n° 23.) — L'inventaire de Michel-Ange, en 1564, contient ces deux articles : « Dans la chambre où il avait coutume de dormir : un lit de fer, avec une paillasse, trois matelas, deux couvertes de laine blanche et une en peau blanche d'agneau ; un pavillon de toile blanche fine avec sa boule. » (*Arch. stor. di Roma*, t. I, p. 13.)

197. Un tour de lit en damas cramoisi, avec galons et franges d'or, surmonté d'un pavillon (*padiglione*) ; au-dessus, deux draps, deux matelas une paillasse (*anima*) et un chevet.

Le dais du pape, à son lit, est encore entièrement en soie rouge, en forme de baldaquin, avec rideaux pendants tout autour.

198. Un autre lit, dans le cabinet d'arrière (*recamerino*), avec deux matelas et deux chevets, et un autre matelas avec deux coussins et autour du lit.

La phrase est ici inachevée et doit se compléter en y ajoutant *des rideaux.* Ce lit servait au valet de chambre, qui veillait près du pape, ainsi que cela se pratiquait encore sous Pie IX, qui faisait coucher dans la chambre voisine de la sienne, sur un lit portatif qui s'enlevait le matin et se replaçait le soir.

1. Le lit de Paul III était plus riche, comme il résulte de cette note du 4 juin 1545 : « Par les mains de maître Pirino (*Pierino del Vaga*), peintre, j'ai payé pour or, couleurs et journées des garçons, pour orner la litière de noyer sculpté, nouvellelement faite pour Notre Seigneur, avec garnitures de soie cramoisie et galons et franges d'or. » (*Speserie*, p. 29.)

199. Cinq urinoirs (*orinali*) **rouges.**

La matière n'en est pas indiquée et on peut les supposer en verre rouge.

« Item, ung pot de pierre rouge, garni d'argent doré. » (*Inventaire de Charles V*, 1380, n° 2,352.) — « Item, troys pots de voirre, rouges, garnit d'argent doré, à la façon de Damas, le biberon garny d'argent et semé de faulses pierreries. » (*Ibid.*, n° 1,974.)

Voir un urinoir d'argent au n° 272.

Les textes suivants, qui forment pour ainsi dire l'histoire du vase domestique que Rabelais appelait *pot official*, nous diront chronologiquement ses divers noms et les matières diverses employées à sa confection [1].

« Concham ad spongiam pro nocturnis diligentiis. » (*Lib. pont.*, *in vita S. Pascalis*, IX° s.)

Au XII° siècle, la coutume de Moissac établit un tarif pour le droit de navigation sur la Garonne. L'article 10 est ainsi conçu : « Tout homme qui apporte des bouteilles ou d'autres objets de verre donne deux bouteilles de la charge; et s'il apporte des urinoirs (*aurinal*) ou d'autres objets d'un grand prix, il ne donne qu'un denier de leude. » (Lagrèze, *Étud. hist. sur Moissac*, t. I, p. 99.) D'après la teneur de l'article, on est autorisé à croire que ces urinaux étaient en verre : aussi M. Lagrèze (t. II, p. 41) interprète-t-il de la même manière : « Urinoirs et autres objets de verre. »

Viollet-le-Duc, dans son *Dictionnaire du mobilier*, t. II, p. 137, au mot *orinal*, ne remonte pas très haut dans le moyen âge. « La forme de ces vases, dit l'éminent archéologue, ne diffère pas de celle qui leur est donnée encore aujourd'hui et qui est bien connue. Les vignettes des manuscrits des XIV° et XV° siècles nous montrent sous les lits, ou à côté des lits, des orinals pareils aux nôtres. »

« Ollas, gallice *pot appissier*. » (*Jean de Garlande*, 1300) —

---

1. La Bible, dans les livres I, III et IV des *Rois*, revient jusqu'à six fois sur l'expression « mingere ad parietem », qui est encore dans les habitudes populaires.

Le *Liber pontificalis*, dans la vie du pape Symmaque, au commencement du VI° siècle, signale l'existence de trois *cantharus* autour de la basilique Vaticane. Sous les degrés, il y en avait un pour les *nécessités humaines* : « Item, sub gradus in atrio, alium cantharum foris in vulgo campi posuit et ad usum necessitatis humanæ fecit ». Aux deux extrémités du portique qui précède Saint-Pierre, tout le monde peut voir actuellement quatre urinoirs dont l'eau courante ne fait qu'atténuer l'odeur sans la supprimer complétement.

« Sex duodecim duodenas urinalorum. » (*Texte de 1338, cité par Du Cange.*) — « Infirmarius.... debet habere pro monachis infirmis in dicto monasterio.... urinals, sellas et oleum. » (*Texte de 1351, cité par Du Cange.*) — « Item, unum urinale cupreum, et unam colaturam eream. » (*Inv. de Jean de Saffres, 1365.*) — « Pour avoir voulu guérir une femme, en lui faisant porter sur la poitrine un certain parchemin, Roger Clerck se vit poursuivre, en 1381, pour pratique illégale de la médecine dans Londres. Il fut mené au pilori « par la ville au son des instruments », sur un cheval sans selle, son parchemin au cou ; de plus, aussi au cou, un vase de nuit et une pierre à aiguiser, en signe qu'il avait menti ; un autre vase de nuit lui pendait dans le dos. » (Jusserand, *Les Anglais au moyen âge*, Paris, 1884, in-16.) — « En 1383, le dauphin (Humbert) abandonne à Guionet une partie de la forêt de Chambaraut pour y établir une verrerie, à condition que celui-ci fournira tous les ans pour sa maison..... trente-six douzaines d'urinals. » (Legrand d'Aussy, *Hist. de la vie privée des Français*, t. III, p. 22.) — « A Clément de Messy, chauderonnier, demeurant à Paris, pour 2 bacins de laitton pour mettre dessoubz la chaière de retrait du roy, 32 s. p. » (*Compte royal, 1387.*) — « A Thierry Lalemant, chauderonnier, pour 3 bacins d'arain, en façon de bacins à barbier, pour mettre et servir ou retrait du roy N. S. dessoubz la chayère nécessaire, 36 s. p. » (*Ibid.*, 1397.)

« A Thierry Lalemant. chauderonnier, pour 2 bacins de laton doubles très fors pour servir ou retrait dud. Sgr (duc d'Orléans), au pris de 16 s. p. la pièce. » (*Compte de Charles VI*, 1404.) — « Au même, un bacin, ferré autour, pour la royne, pour servir à la chaière nécessaire, 18 s. » (*Compte* de 1404). — « Un petit orinal de voirre, garni et pendant à quatre chaiennes d'or, lx sols t. » (*Inv. du duc de Berry*, 1416.) — En 1484, chaque cellule de cardinal, renfermé au conclave, avait « duo urinalia. » (Burckard, *Diarium*, t. I, p. 73.) Un était pour le cardinal et l'autre pour son conclaviste. — « Pour avoir fourny par chascun jour d'orignaulx et deux livres et demye d'estoupes de lin, par tous les lieux où le dit seigneur a esté durant le mois de février ou dit an, pour servir en ses chambres et retraict, 11 l. 16 s. 9 d. t. » (*Compte de Louis XI*, 1490.) — « A Johanne la potière, pour poz de terre, coton et orineaulx, 5 s. t. » (*Compte du duc de Berry*, 1497.)

Burckard, dans son *Diarium*, dit, au 28 mai 1500, fête de l'Ascension : « Cui papa interfuit et venit ad eam (basilica S. Petri) sub regno sive thiara et antequam exiret cameram papagalli, portare fecit sedem pro beneficio ventris aptam ad parvam sacristiam prope altare majus basilice S. Petri, ad quam, finita missa, ivit antequam exiret » (t. III, p. 46). — « Un bassin à mettre soubz la chaise persée, à 2 anses, pes. 8 m. 4 o. 2 gros. » (*Inv. de Charlotte d'Albret*, 1514.) — « Ung bassin en argent, à mettre soubz la chaise persée, à deux ances, 8 marcs, 4 onces, 2 gros. » (*Inv. de la duch. de Valentinois*, 1514, n° 26.) — « Ung urinal doré dedans, avec ung estuy escartelé de drap d'or et velours cramoisy » (n° 84). — « Pot pissoir de keuvre. » (*Compte de Savary*, 1515.) — « Item, receu de Françoise de La Chambre ung bassin d'argent de nuyt ayant manche. » (*Inv. de Marguerite d'Autriche*, 1523.) — « Crater seu discus, in quo suscipitur lotium seu urina baptisandorum infantium. » (*Procès-verbal à Troyes*, 1527.) — « Vaisselle d'étain,.... deux pos de cambre. Un pot de cambre. » (*Inv. d'un bourg. de Tournay*, 1527.) — « Orinal et le custode. » (*Vente de J. Gombault*, 1527.) — « Scaphium, vas in quo excrementa colligebant et corporis fœcem. Scaphis autem argenteis antiqui utebantur, ut et hodie viri Galliarum primarii. » (Rob. Estienne, *de vasculis*, p. 50.) — « Ung pisse pot de keuvre. » (*Compte de J. de Torcoing*, 1541.) — « Pot de chambre et pots de nuit à pied. » (*Compte de des Ruyelles*, 1541.) — « Pour trois urinoirs de cristal, 51 baïoques. » (*Compte de Paul III*, 1545.) — « Ung orinal. » (*Compte de le Motte*, 1545.) — « Ung pot à pisser. Ung bassin pour son bourlet et ung pour la chaize persée. » (*Inv. de Marguerite de Valois*, 1558.) — « Ung pot de chambre, ressemblant à cacydoine. » (*Inv. de François II*, 1560.) — « Ung pot à huriner d'estaing. » (*Inv. du chât. de Saint-André d'Apchon*, 1565.) - « Un pot de chambre,.... d'argent blanc. » (*Inv. de Gabrielle d'Estrées*, 1599.)

« Un pot de chambre en argent. » (*Inv. de la baronne de Longvillers*, 1602.) — « Dans le garde manger..... dix-huict bassins de chambre, trente-deux pots de chambre. » (*Inv. du chât. de Limours*, 1626, n° 4.) — « Six pots de chambre..... le tout d'estain. » (*Inv. du chât. de Saint André d'Apchon*, 1650.) — « Deux

pots de chambre d'estaing. » (*Inv. de Sédières*, 1676.) — « Parm
les objets fabriqués par les verriers de Murano ou d'Altare dans les
Pays-Bas, sont mentionnés, au XVIIe siècle, des « ourinals. »

« Plus trois pots de chambre de faïence, estimés 6 livres »(n° 53).
« Plus un pot de chambre d'étain, estimé 15 sous » (n° 93). « Plus
un petit tabouret percé, avec un timbre de plomb au-dessus(dessous?),
estimé 30 sous »(n° 83). « Plus une petite vieille chaise percée, couverte de serge rouge, fort usée, avec son bassin d'étain, le tout
estimé 50 sous » (n° 81). « Plus un pot de chambre en étain, estimé
15 sous » (n° 247). « Plus un petit pot de chambre d'étain, estimé
12 sous »(n° 326). (*Inv. du chât. de la Rochefoucauld*, 1728.) — « Une
chaise percée, couverte de serge jaune, avec son pot de chambre de
faïence, estimé 3 livres 15 sous » (n° 628). « Plus un bassin en
étain, pour malade, pesant trois livres, estimé 30 sous » (n° 692).
« Dix pots de chambre, le tout d'étain commun » (n° 778). (*Inv. du
chât. de Verteuil*, 1728.) Les articles expédiés de Nevers, au siècle
dernier, comportent des « hurinoires » de verre. (Boutillier, *La
verrerie de Nevers*, p. 103.)

200. Un châlit en bois (*lettiera di legname*), avec deux pieds.
201. Un tapis.
202. Deux tapisseries figurées [1].

Panni signifie littéralement *drap* et s'applique également aux
tapisseries de haute lice.

203. Deux portières (*portiere*) de verdure (*a verdura*).

On nomme *verdure* toute pièce de tapisserie où dominent les arbres
et les fleurs. Actuellement les portières se font en soie ou en laine
et aux armes. M. Muntz (*La tapisserie à Rome au XVe siècle*, p. 6)
cite ces textes de l'an 1486 : « Sex panni ex virdura, inter magnos
et parvos. Octo ex virdura inter magnos et parvos antiqui. »

204. Un dessus de porte (*una sopra porta*) de verdure.

Dans les *Musées et galeries de Rome*, p. 126, j'ai signalé des dessus
de porte en tapisserie aux armes d'Urbain VIII.

205. Cinq tapis de verdure.
206. Deux portières de verdure.
207. Un tapis avec l'Annonciation de la reine du ciel.

1. En 1617, nous voyons François Cicala expédier de Rome à Messine des tapisseries et des cuirs dorés : « Panni di arazzo, corami d'oro ed altri arnesi di casa. »
(*Arch. stor. di Roma*, p. 42.)

208. Deux portières de velours cramoisi.

Dans l'inventaire de Pie II, les portières sont généralement en tapisserie et historiées : « Portalia. Portalia decem de rosato. Quatuor portalia Habraam. Unum portale Judicth. Unum portale Octaviani (Auguste et la Sibylle). Unum portale Annumptiationis Virginis Mariæ. » (Muntz, p. 325.)

209. Un tapis sur l'autel (*un tappeto sopra l'altare*).

Ce tapis, destiné à protéger la nappe sur laquelle s'offre le Saint Sacrifice, se nomme housse ou couverture.

210. Deux tapis de soie à la mauresque (*alla morescha*).

Mauresque se dit d'un travail arabe.

211. Un oratoire garni de velours cramoisi, avec deux coussins.

Oratorio est synonyme de *prie-dieu*. A la même époque, nous disions en France *oratoire*. La garniture de velours s'étend sur le prie-dieu et, des deux coussins, l'un est pour les genoux et l'autre pour les coudes.

Dans les inventaires, le mot *oratoire* a plusieurs acceptions. La première est celle d'*agenouilloir*. « *Oratorium*, vulgo nostris un *prie-Dieu*. Ordo Romanus : quartus vero scholæ præcedit ad pontificem ut ponat oratorium ante altare, si tempus fuerit, et accedens pontifex orat super ipsum » (Du Cange). — En 1630, Simon Van Caufort, sculpteur d'Anvers, fait marché pour la confection de deux statues de marbre, représentant les défunts à genoux sur leur tombe, et s'engage à « faire aussi deux oratoires ou agenoulhoirs ».

Le second sens est celui de *coussin* pour s'agenouiller et, par extension, *oreiller de tête* : « Item, duo oratoria capitis. » (*Inv. du prieuré de Pont-en-Royans*, 1406.)

La troisième acception est celle de *tableau de piété* devant lequel on prie et qui se place, en manière de protection, au chevet du lit : « A son chevet, ung oratoire et bénitier. » (*Chartrier de Thouars*, 1453.)

Enfin, la dernière signification est *croix de chemin* ou de carrefour, où s'arrête le passant pour faire bon voyage, et où font également station les convois funèbres pour recommander le défunt à la miséricorde du Christ. M. Champeval écrit à ce sujet : « *Oratorium*, en principe, au moyen âge, désignait le plus souvent de simples croix-

limites et de dévotion, d'expiation. Un exemple de croix expiatoire :
6 septembre 1353. *Transaction..... sur l'homicide commis en la personne de feu Jean Gros...., par François Roubert Malroussias, auquel Pierre Gros, père de l'homicidé, pardonne pleinement, à la condition que Robert,.... fera..... dresser sur le chemin de Limoges à Toulouse...., ung oratoyre de pierre, avec une fenestre dans laquelle sera ung ymage de N.-D. en grisle de fer, en tout de pareille grandeur et estoffe que ung autre qui est fait au lieu de l'Escure-Rabau....* La dévotion de nos pères avait multiplié les croix,.. et les avait munies presque toutes, aux carrefours, d'une *banquette* de pierre ou de gazon, invitant le passant à la prière, d'où ce nom fréquent des simples croix : l'*eschamelle*, racine, *scamnum, scamnellum,* souvent aussi désignées l'*ouradour,* quand elles se complétaient de personnages, des instruments de la Passion, d'une table ou tombeau. »
(*Bullet. de la Soc. arch. de la Corrèze,* t. IX, p. 376-377.)

212. Une tablette à vis *(tavolotta futta a vita),* couverte de velours cramoisi.

Cette planchette inclinée était faite à vis, de manière à pouvoir s'adapter à volonté au prie-dieu, lorsque le pape voulait prier en lisant. Le velours formait doublier.

Le velours est propre au pape. Lui seul aussi a droit à la couleur cramoisie, l'écarlate étant affectée aux cardinaux.

213. Un coussin de velours vert.

214. Une petite table de noyer sans pieds.

215. Deux matelas et un chevet.

216. Deux sièges *(sedie)* neufs et non achevés.

Ce qui doit s'entendre du bois seulement, auquel n'avait pas été ajoutée la garniture d'étoffe ou de cuir, généralement bordée de clous, de galons et de franges.

217. Trois vieux sièges bas, de cuir.

L'on garnissait de cuir, souvent gaufré d'or, le siège et le dossier. Telles sont les chaises qui meublent la chambre du Tasse, au couvent de Saint-Onufre, à Rome.

218. Deux tapis de fenêtres *(doi tapeti di finestra).*

A en juger par les habitudes actuelles des Romains, ces tapis devaient être disposés, à l'occasion, sur l'appui des fenêtres quand le pape voulait s'y accouder.

219. Une coupole de lit (*cuppula di letto*) en tapisserie d'Arras (*pano di razza*), travaillée en figures d'or et d'argent, de quatre pièces.

Les quatre pièces formant rideaux se rejoignaient au-dessus du lit en forme de coupole, *cuppula*. Autrefois le ciel était carré. Nous avons vu plus haut qu'il prenait aussi la forme d'un pavillon, *padiglione*.

Les premières tapisseries qui furent importées à Rome se nommaient *arazzi*, parce que le lieu le plus important de la fabrication dans les Flandres était Arras [1]. De là, par corruption, *panno di razza* [2]. Les belles tapisseries de Raphaël, au musée du Vatican, qui furent commandées pour la chapelle Sixtine, sont également figurées à personnages, avec rehauts de fils d'or et d'argent.

220. Un demi-tour de lit (*mezzo tornaletto*) semblable, travaillé d'or et d'argent.

221. Un coussin de velours vert.

222. Quatre courtines de lit (*cortine di letto*) en tapisserie d'Arras, travaillées à figures, avec or et argent.

223. Deux autres pièces de tapisserie d'Arras (*panni di razzo*), à figure, taillées dans un surciel (*sopracielo*).

Le *surciel* est ce que nous nommons actuellement *ciel-de-lit*, expression qui se constate dans l'inventaire de Pie II (1464) : « Unum cœlum lecti de saya rubra cum duabus cortinis. » (Muntz, p. 327.)

Du Cange définit ainsi le *supercœlum* : « Supremum tegmen, baldachinum, umbella, gallis *ciel*, eadem notione. » Il en cite trois exemples. Le premier est emprunté aux Actes de sainte Élisabeth : « Et in angulis pilaria ferrea super quibus est fabricatum supercœlum. » Le second est extrait des lois palatines de Jacques II, roi de Majorque : « In processione vero corporis Christi, portetur corpus ipsius in quadam custodia valde pulchra... super quod honorifice supercœlum apportetur. » Enfin le troisième est fourni par l'*Histoire de l'abbage de Condom* : « Fecit fieri cortinas de tela, et supracellum altaris B. Petri. » Il est bien possible que le mot *supercœlum* ne soit qu'une altération du latin *supercilium*.

1. Voir dans Muntz (p. 326) les *Panni d'Arras* de l'inventaire de Pie II (1464).
2 Littéralement, il faudrait traduire *drap d'Arras*, car l'italien *panno* et le latin *pannus* ont pour équivalent, dans notre langue, le mot *drap*. D'ailleurs les tapisseries se nommaient jadis *draps* : « Un drap de haute lice » (1383). — « Un drap de haute lice de l'ouvraige de la ville d'Arras » (1406.).

224. Cinq cadres travaillés à la grecque à Venise, avec baguettes d'or.

Quadri indique des tableaux carrés ou rectangulaires[1].

Fregi s'entend des frises ou baguettes moulurées qui contournent le tableau. — Observons qu'à cette époque Venise avait encore des artistes qui peignaient, suivant les traditions byzantines, en style hiératique, sur panneau et à fond d'or.

225. Un cadre de la Madone en toile (*in tela*).

226. Un autre cadre du Sauveur, avec corniches d'ébène.

Corniche traduit fidèlement l'italien *cornice*. Au XVIIe siècle, on employait ce mot pour désigner le cadre qui entoure un tableau.

227. Une grande boîte (*scatolone*) de cuivre, travaillée à la turque (*alla turchesca*), dans laquelle il y a d'abord :

Le baron de Girardot, dans l'*Histoire du trésor de la cathédrale de Bourges*, p. 40, cite, comme don de l'archevêque Poncet (1675-1677) : « Un parement de velours à la turque, cramoisi, sur un fond de satin blanc, au milieu duquel est une grande croix ancrée de broderie d'or et d'argent guipré, où est représentée la lapidation de saint Étienne. » Plus loin : « Un pavillon à la turque, cramoisi, sur un fond de satin blanc... cinq chapes de velours à la turque cramoisi, sur un fond de satin blanc. »

228. Dans un papier (*carta*) dix *ramaglietti* [2] de soie et or.

229. Trois *aspergi* [3] travaillés soie et or.

230. Une petite pièce de ruban (*fetuccia*) rouge.

231. Dans un autre papier [4], du petit galon (*trinetta*) pour la croix des chaussures.

Le pape porte sur ses mules des croix brodées d'or, parce que les fidèles lui baisent le pied. Au XVe siècle, la broderie était remplacée par deux galons se coupant à angle droit, comme le montrent plusieurs représentations de papes, statues ou tableaux.

232. Un autre papier renfermant un ruban blanc.

1. De Rome à Palerme, le 28 février 1626, le révérendissime Père Don Giovanni Malismenis, procureur du séminaire romain, emporte une caisse avec quatre tableaux de onze palmes chacun et les douze sibylles. » (*Arch. stor. di Roma*, t. II, p. 42.)

2. Peut-être *mailles* ou *filets*, espèce de dentelles ?

3. *Aspersoirs*, suivant l'opinion peu probable de M. Bertolotti, ou revêtement du manche.

4. Les cartons des artistes se faisaient sur papier royal, *carta reale*, comme il résulte des comptes de Paul III, à la date du 18 juin 1543. (*Speserie*, p. 24.)

233. Un autre papier renfermant quatre boutons (*bottoni*) d'or et de soie.

234. Un peigne d'ébène.

235. Deux morceaux de galon d'or, avec un morceau de ruban blanc.

Le mot *trina* indique un galon travaillé à jour, comme la dentelle.

236. Un coupon (*scampolo*) de *doppletto*.

Le *doppletto* est notre basin, lin et coton. L'*Inventaire de Saint-Louis-des-Français*, en 1618, dit : « taffetas royé, *sive* doublette. »

237. Un coupon de velours de tripe (*trippa*) rouge.

« *Trippe*, étoffe veloutée analogue à la pluche. » (Bonnaffé, *Inv. de la duchesse de Valentinois*, p. 87.) — « Un estui à corporaulx de drap figuré à rosettes, garny autour de tripe azurée. » (*Inv. du Saint-Sépulcre de Paris*, 1379, n° 402.)

238. Deux tasses de cuir, travaillées à la turque.

239. Un petit tapis (*pannetto*) d'armesin pour table.

240. Un sac de toile rouge avec divers linges sales (*imbrattuti*).

241. Une couverture rose (*de rosato*), bordée de satin rouge.

242. Une paire de draps.

243. Une couverture de toile blanche, piquée à carreaux (*a quadretti*) au milieu.

244. Une couverture de taffetas (*taffetta*) blanc, à carreaux au milieu.

245. Quatre draps, avec une paire de bas (*par di calze*) en toile.

246. Un pourpoint (*gippone*) de taffetas blanc.

247. Sept essuie-mains (*sciugatori*) et deux chemises (*camiscie*).

248. Une petite doublure (*una foderetta*).

249. Une soutane (*sottana*) de taffetas blanc.

250. Une rose d'or bénite, dans sa caisse de cuir.

Le pape bénit la rose d'or le quatrième dimanche de carême, et l'envoie aux princes et souverains ou autres personnages qui ont bien mérité de l'Église. Voici les prix de la rose d'or en 1458, sous Calixte III : « Magistro Antonio de las Cellas, aurifabro, florenos auri de camera 130, pro valore 16 unciarum de auro fino pro rosa fienda pro præsenti anno... Magistro Antonio de las Cellas aurifabro, fl. auri de camera 30, pro manufactura rosæ aureæ per eum factæ... Magistro Antonio de las Cellas, aurifici, flor. auri de camera 8, pro totidem per eum expositis in emptione unius saphiri in rosa aurea. » (Muntz, p. 210.)

Dans la seconde moitié du xve siècle, maître Simon Caldea, joaillier de Gênes, recevait 11 écus « pour un gros saphir percé, mis par lui à la rose de Notre Seigneur. » (Bertolotti, *Artisti subalpini*, p. 8.) J'estime que dès lors que la pierre était percée [1], c'est qu'elle était attachée par un fil d'or, non pas au vase, mais à la fleur elle-même.

En 1524, Clément VII donna la rose d'or au roi d'Angleterre; en 1525, à Charles III de Savoie, et, en 1526, à l'archiconfrérie du Gonfalon. (*Arch. stor.*, t. I, p. 34.)

Voici quelques documents relatifs à la France : «Rosam auri cum repositario, que monstratur in quadragesima. » (*Inv. de la cath. de Lyon*, 1448.) La *description de Lyon* en 1761 porte ce renseignement : « Cette rose est d'or et renferme une cornaline pour tenir lieu du portrait du pape; c'est une pièce antique qui représente une tête d'Hercule; on la conserve encore dans le trésor de Saint-Just; elle a été donnée par Innocent IV, lorsqu'il se réfugia dans ce couvent. La bulle suivante en fait foi : « Cum igitur, dum Lugduni « traheremus in claustro ecclesiæ vestræ, in dominica qua cantatur « *Lætare Hierusalem*, rosam auream, quam propter diei solemnita- « tem more solito in nostris manibus gestabamus, eidem ecclesiæ « vestræ duxerimus concedendam. » (*V.* sur cette rose Niepce, *Les trésors des églises de Lyon*, p. 25-30.)

« Un rosier d'or, à tenir en sa main, auquel a ij pommelles rons, et est la rose que le pape donne, le jour de la mi-caresme, au plus noble, pesant marc et demy. » (*Inv. de Charles V*, p. 1380.)

« Ung arbre d'or, en manière d'un rosier, où il y a au-dessus une rose et dedens ung saphir, qui poise ensemble 1 m. vii o. » (*Comptes des ducs de Bourgogne*, 1467.)

« Deux rosiers d'or, envoyez aux roynes par les papes, l'un enrichy d'une saphyz pesans deux marcz et demy, estimez IIIᶜLII. » (*Inv. des joyaux de la couronne de France*, 1560.)

M. de Mély parle en ces termes de la rose de Chartres : « Elle « pesait 2 marcs 6 onces 4 gros et avait été envoyée le samedi 14 dé- « cembre 1737 pour être exposée sur l'autel de la Vierge sous terre « pendant neuf jours, pendant lequel temps s'est dit une messe « tous les jours pour la conservation de la famille royale. Il y a trois

---

1. Voir sur les balais « percié tout au long », l'*Inventaire des joyaux du Roi*, en 1474.

« roses, sur celle du milieu une amulette, ensuite elle est mise au
« trésor et portée par M. de Mérinville. Le pied de vermeil pèse
« 6 marcs 5 onces 2 gros, et les armes du pape sont ciselées dessus. »
C'était la rose envoyée par le pape Clément XII à la reine Marie
Leczinska, pendant que M. le duc de Saint-Aignan était ambassadeur, et qu'elle avait fait aussitôt porter à Chartres. » (*Le trésor de
Chartres*, p. xlii-xliii.)

Le musée de Cluny possède une rose d'or du xive siècle, qui est
gravée dans les *Annales archéologiques*, t. XIX, p. 83.

251. Le pied de ladite rose d'or, dans une autre caisse.

Actuellement la rose ou plutôt le rosier d'or est planté dans un
vase de même métal, avec lequel il fait corps.

252. Une boîte rouge, travaillée à la damasquine (*alla damaschina* [1]).
253. Un pupître de cuivre doré.

Eligia signifie le pupître sur lequel se posent les livres. Ce ne
peut être un pupître d'autel, car, suivant la tradition de la chapelle
papale, le missel est appuyé sur un coussin.

254. Une paix (*pace*) d'or avec joyaux, où il y a un Christ en or.

La *paix* ne s'emploie qu'aux messes basses auxquelles le pape
assiste; elle faisait donc partie de sa chapelle privée. — Voir une
autre paix au n° 295. — Dans l'inventaire de Calixte III, la paix est
ainsi décrite : « Una pax de argento cum Christo in cruce. » (Muntz,
p. 214.)

255. Une caisse de cuir noir, dans laquelle il y a :
256. *In primis*, quatre pauls (*pauli*) d'argent doré et ciselé.

Le *paul* était une menue monnaie pontificale, équivalant à un
peu plus de cinquante centimes, et qui doit son origine au pape
Paul II.

257. Cinq aiguières (*buccali*) d'argent, façonnées et dorées.
258. Cinq grands plats (*piatti*) d'argent doré.

Ces cinq plats ou bassins assortissaient aux cinq aiguières. On
les employait au lavement des mains.

259. Deux plats semblables.

---

1. « *Damasquine*, un genre d'ornements déliés comme les damasquines de métal
et particulièrement des moresques sur cuir ou toute autre matière. » (*Gloss. arch.*)

260. Sept plats d'argent blanc.

Le mot *piatto* spécifie la forme de ces bassins, qui étaient ronds.

L'inventaire de Benvenutto Cellini (1538) décrit un bassin d'argent, avec une figure à l'intérieur et deux aiguières : « Uno bacile d'argento, con una figura de argento dentro. Doi bocali d'argento de octo pezi, tutti d'argento. » (*Arch. stor.*, t. I, p. 107.)

261. Quatorze autres petits plats d'argent.

Ces petits bassins ou disques, actuellement montés sur des pieds, sont nécessaires pour présenter au pape, quand il officie, les objets qu'il prend ou qu'il quitte, comme calotte, gants, sandales, bas, anneau, etc.

262. Six petites écuelles (*scudellini*) d'argent.

M. Muntz, dans l'inventaire de Calixte III, a relevé : « Scutellæ deauratæ XI » et « scutellinæ deauratæ XI. » (P. 217.)

263. Une tasse sans pieds, damasquinée (*alla damaschina*), d'argent doré.

Calixte III avait : « Tassea una de cristallo de argento deaurato » (Muntz, page 217), et « Tasseæ de argento quinque » (P. 218).

264. Deux plats d'or, avec un couvercle (*copercio*) d'argent doré, dans une caisse de cuir rouge.

265. Une tasse d'or, avec un éléphant au pied, dans sa caisse ; il manque le couvercle, que l'on dit être à la sacristie du palais.

266. Deux grandes lampes (*lucerne grande*) d'argent, avec toute leur garniture (*con tutti suoi fornimenti*).

Ces lampes, imitées de l'antique, sont encore en usage à Rome. Elles se composent d'un pied circulaire, d'une grande tige, à laquelle est fixée une lampe à plusieurs becs, et enfin d'une boucle qui permet de la porter à la main. La garniture, qui est attachée à la boucle par des chaînettes, comprend des mouchettes, une aiguille ou pince pour tirer la mèche, et un éteignoir

267. Trois autres petites lampes (*lucerne piccole*) d'argent, auxquelles il manque le support (*posamento*).

268. Quatre chandeliers d'argent.

« Item, quinque candelabra argenti, » dit l'inventaire de Calixte III (Muntz, p. 216).

269. Un seau (*secchio*) d'argent façonné, avec sa caisse.

Ce ne doit pas être un bénitier, car on ne spécifie pas sa destination et on n'y ajoute pas le goupillon ordinaire. Peut-être était-ce un de ces vases à laver les tasses qui se rencontrent dans l'inventaire de Calixte III : « Item bacile magnum ad abluendum tasseas et bicheria. » (Muntz, p. 218.)

270. Une bassinoire d'argent façonné .

Le nom italien dit parfaitement l'usage de cet *ustensile*, qui est de réchauffer le lit, *scaldaletto*. — « Une bassinoire toute blanche, qui pèse huict marcs deux gros d'argent. » (*Inv. de Catherine de Médicis*, 1589, édition Bonnaffé, p. 75, n° 159.) — Plus haut, à propos du n° 78, j'ai signalé, à la date de 1664, « une bassinoire d'argent. »

271. Un urinoir d'argent.

272. Une rape à fromage (*gratta cascio*) d'argent [1].

Le fromage joue un grand rôle dans la cuisine italienne, et on le sert sur toutes les tables réduit en poudre, pour le mélanger surtout avec le potage. Une inscription de l'an 1581, dans la salle des cartes géographiques au Vatican, dit que celui de Parme est le plus noble de tous, *casei nobilissimi*.

273. Deux salières (*saliere*) d'argent doré [2].

274. Un couvercle d'encensoir (*torribolo*) en argent doré, avec ses chaînes.

Où était l'encensoir lui-même ?

275. Une salière d'argent doré avec sa caisse.

L'inventaire de Calixte III fait aussi mention de l'écrin : « Unum salerium de argento deaurato in una capsa nigra. » (Muntz, p. 216.)

276. Six morceaux d'argent faits en pointe (*a ponta*) pour mettre dans les lampes.

Quand les lampes ne servent plus, l'été, on recouvre chaque bec d'un petit chapeau en métal, pour que la poussière n'y entre pas.

277. Un pupitre (*eligilio*) d'argent doré, appliqué sur bois recouvert de velours cramoisi.

1. Le *Journal du garde-meuble* cite, comme œuvre de François Thomas Germain, orfèvre de la cour de France, « 1 rape à manche de bois des Indes et virole d'argent, 1 autre rape à queue de rat, à manche *id.* », parmi les « divers outils » livrés en 1760.

2. Le 18 mars 1616, Egidio Moretti, sculpteur à Rome, expédiait à Naples « une petite salière de deux morceaux d'albâtre ». (*Arch. stor. di Roma*, p. 31.)

278. Une cassette avec plusieurs ferrures (*ferramenti*).

279. Un grand sac (*saccoccia*) dans lequel il y a un rochet.

C'est encore dans un sac que se mettent la *falda*, l'étole et la mozette du pape, ainsi que la *cappa* des cardinaux.

L'inventaire de Calixte III (1458) inscrit : « unus roquetus » (Muntz, p. 214), et « duo roqueti » (p. 217).

280. Une bourse de corporaux (*una borsa de corporali*).

281. Deux voiles (*veli*).

Ce sont des voiles de calice, car on ne peut ici leur attribuer la signification d'écharpes ou de couvertures.

282. Une aube blanche.

Camiscio veut dire *chemise*. L'aube, en effet, en a conservé la forme, et l'italien, de nos jours, n'a pas d'autre expression, seulement il en a changé le genre. La couleur du lin lui a valu la dénomination, liturgique et française, d'*aube*.

283. Une pièce de toile de l'Inde (*tela d'India*) pour faire des corporaux.

284. Deux amicts.

285. Six poignets de manches d'aubes travaillés.

Bocche ne peut s'entendre ici que des parements de l'aube.

286. Un essuie-mains.

287. Seize mouchoirs (*moccichini*) de diverses sortes.

Ces mouchoirs servaient évidemment au pape lorsqu'il célébrait, puisqu'ils font partie du détail de sa chapelle.

288. Deux corporaux.

289. Une cassette contenant plusieurs purificatoires (*purificatori*) et trois mouchoirs.

290. Deux petites touailles d'autel.

Tovagliette a son équivalent dans le mot *touaille*, usité pendant le moyen âge. On lit dans l'inventaire de Calixte III : « Duæ tobaliæ ad altare, » et dans celui du château des Baux, rédigé en 1426 : « Item ii petites touailletes de soye. » (*Rev. des Soc. sav.*, 6e série, t. VI, p. 134.) Le même inventaire fournit les deux articles suivants : « Item, i petite touaille d'autel, ii touailles petites d'autel. » (*Ibid.*, p. 139.)

291. Cinq voiles d'autel (*veli d'altare*) de diverses couleurs.

Ces voiles ne sont pas des *parements* (no 321), mais des housses aux couleurs liturgiques, ou même des couvertures comme au n° 137.

292. Une pièce de toile mauresque (*tela morescha*) pour table.

La toile mauresque n'est autre que du linge damassé.

293. Cinq autres bourses de corporaux.

294. Une paix en nacre (*de madre perle*).

295. Un pluviale (*peviale*) de damas blanc, avec des roses d'or et des fourniments tissus d'or.

Rosone veut dire grande rose, rosace, comme on en mettait dans les caissons des plafonds. Par *fourniments* il faut entendre les galons et franges.

296. Un chaperon (*capuccio*) de pluvial brodé d'or.

J'ai constaté, dans l'inventaire de Paul III, que le chaperon était mobile et pouvait s'attacher indifféremment à plusieurs pluviaux.

297. Une petite boîte (*scatoletto*) d'ivoire.

298. Un cordon (*cordone*) de soie blanche.

299. Deux tunicelles (*tunicelle*) d'armesin blanc, avec leurs galons (*trine*).

300. Deux autres semblables rouges, avec des galons d'or.

301. Un pluvial de damas blanc, travaillé à cordons (*cordoni*) d'or, avec son chaperon semblable.

Ce travail *à cordons* a quelque chose d'analogue avec la soutache. Les cordons fixés sur l'étoffe formaient les dessins.

302. Un autre pluvial de toile d'or en blanc (*tela d'oro in biancho* [1]), avec son chaperon semblable.

D'après cet inventaire, il existait, au XVIIe siècle, des étoffes lamées d'or; celle-ci est blanche, en voici une autre violette.

303. Un pluvial de toile d'or sur champ violet, avec fourniments d'or et l'écusson de Paul IV, quand il était cardinal.

304. Une aube en linon (*tela renza* [2]).

---

1. Voir page 61.

2. De même qu'*Arras* est devenu *araso*, puis *razzo*, pourquoi *Reims* n'aurait-il pas dégénéré en *rensa?*
L'inventaire de Charles V, en 1380, a trois chapitres intitulés : « Toiles déliées de Reims », « Nappes de Reims » et « Touailles de Reims fines. » (Labarte, p. 331-335.) Dans les comptes de Guy de la Trémoille (1395-1406), on lit : « Pour XX aulnes de fine toile de Reims » (p. 55); « pour estre alé de Paris à Reims quérir trois pièces de toiles fines » (p. 57); cette toile devait être offerte au sultan Bajazet.

305. Une mitre (*mitria*) de damas blanc, avec roses d'or.

306. Deux tunicelles de toile mauresque (*tela morescha*) noire.

Le pape ne porte jamais le noir. Il est donc possible que ces tunicelles, comme le pluvial du n° 303, aient servi au cardinal Caraffa, avant son élévation au pontificat.

307. Deux autres (tunicelles) rouges semblables.

308. Une paire de gants (*guanti*) violets, travaillés à roses d'or.

Le mot *lavorati* indique une ornementation spéciale à la manchette et aux doigts ; quant aux plaques, elles étaient formées par des roses d'or.

309. Un orfroi (*freso*) de pluvial travaillé d'or, avec figures.

310. Deux autres mitres de damas blanc.

Le pape, dans le cérémonial moderne, a remplacé la mitre de damas blanc par une mitre de drap d'argent, frangée et galonnée d'or. — Le musée chrétien du Vatican possède la « mitre de damas blanc, à fanons frangés de rouge, trouvée en 1759, à Avignon, dans le tombeau du pape Jean XXII, qui mourut le 4 octobre 1334 ». (*La Bibliothèque Vaticane*, p. 101.)

311. Une paire de sandales (*sandali*) de damas blanc, avec leurs chausses (*calze*).

312. Une autre paire violette semblable.

313. Une autre rouge semblable, sans les chausses.

314. Une boîte à hosties (*hostiario*) d'armesin bleu, travaillé d'or.

La boîte était en bois ou en carton recouvert d'armesin : son nom français est *grimace*.

315. Une chasuble (*pianeta*) de damas noir, avec garniture (*fornimento*) de velours semblable.

316. Un pluvial de damas noir, avec orfrois et chaperon de velours noir.

317. Onze mouchoirs blancs d'autel (*fazoletti d'altare*)[1].

« Item octo manutergia altaris diversorum colorum. » (*Inv. du Temple, à Toulouse*, 1313.) — « XXVIII drappeletz de toile mis en l'église pour essuer les mains derrière l'autel et ailleurs, à IIId pièce, VII s. » (*Comptes de l'abb. de S.-Bertin*, 1523.) — « Deux couvertures de linge pour couvrir le missel du grand autel et six mouchoirs y servans. » (*Inv. de St-Omer*, 1557, n° 229.)

_____
1. Voir au n° 128.

318. Douze essuie-mains blancs façonnés (*lavorati*) et un autre en filet (*di rete*).

Le travail de ces essuie-mains pouvait consister en desssins tissés ou rapportés à l'aiguille, mais plus probablement en ce qu'on a nommé d'abord *point coupé*, puis *filet*.

319. Une crosse (*pastorale*) d'argent doré, sans bâton (*bastone*).

Le pape ne fait jamais usage de la crosse. Cet insigne devait donc appartenir à la chapelle du cardinal.

320. Un parement d'autel (*palio d'altare*) en taffetas violet [1].
321. Un autre de brocart faux.
322. Un baldaquin d'autel (*baldachino*) de satin vert, en deux pièces.

La tradition exige que l'autel soit toujours recouvert d'un dais, par honneur pour le saint sacrifice qui s'y célèbre.

323. Une cassette (*cannone*) avec une ampoule dedans et un saint par-dessus.
324. Sous le pied de l'autel, dix-sept cierges de cire blanche et sept torches.

Le marchepied de l'autel faisait donc office de tiroir, dans lequel se déposaient les cierges nécessaires à la messe. Les torches s'allumaient à l'élévation.

325. Trois chapeaux de peau (*capelli di pel*), de velours cramoisi, avec un coussinet à parfums (*coscinetti di profumi*) travaillé d'or.

Ce texte s'interprète ainsi : Les chapeaux étaient en poil foulé ou feutre, recouvert de velours. S'ils eussent été réellement en peau, on n'eût pas manqué, comme ailleurs, d'employer les mots *coio* ou *corame*.

Les sachets de senteur n'avaient d'autre but que de parfumer ces chapeaux, comme on parfume encore avec des essences l'eau avec laquelle on lave les mains au pape. Parmi les comptes de dépenses de Paul III, on trouve, à la date du 26 janvier 1545 : « A maître Baldino de li Alexandri (*d'Alexandrie*), pour trois vessies de musc, 15 écus. »

326. Une cassette de cuir, dans laquelle il y a un crucifix de cuivre et une paire de mouchettes (*paro de moccatori*) d'argent.
327. Un coussin de velours vert et un autre rouge.

1. Jean-Antoine Brandoni, le 28 avril 1748, emportait de Rome en Sardaigne : « deux devants d'autel peints. » (*Arch. stor. di Roma*, p. 46.)

328. Un petit bureau (*studiolo*) de velours cramoisi.

329. Un grand psautier romain, **non** relié[1].

330. Deux bourses de satin cramoisi, avec des pantoufles et des souliers.

L'inventaire mentionne les sandales (*sandali*) pour les pontificaux, les souliers (*scarpe*), qui sont probablement les mules, et enfin les pantoufles (*pianelle*). Les mules, ainsi nommées parce que dans l'antiquité celles que portaient les dames romaines étaient teintes avec une couleur extraite du mulet de mer, sont des espèces de pantoufles à talons très bas. Les pantoufles ou babouches sont, au contraire, entièrement dépourvues de talons. Aussi le pied qui est en chaussé pose-t-il complètement sur le sol, *in plano*, et marche doucement, *piano*.

Une relation contemporaine fait connaître que, le 11 septembre 1599, Béatrix Cenci et sa belle-mère Lucrèce Petroni, se rendant au supplice, portaient l'une et l'autre des pantoufles. « Lucrèce, en qualité de veuve, avait un vêtement noir, avec des pantoufles basses de velours noir, lacées et avec houppes selon l'usage.... Béatrix avait sur les épaules un drap d'argent et une robe de drap violet, avec des pantoufles, hautes et blanches, ornées de galons et de houppes cramoisies. » (*Arch. stor. di Roma*, t. I, p. 352.)

331. Une table de marbre où sont rapportées (*intagliata*) diverses pierres très belles[2].

C'est ce qu'on nomme la *mosaïque de Florence*, quand, à l'aide de ces pierres, on forme des dessins.

332. Un surciel de brocatelle (*broccatello*)[3] en fil rouge, avec son baldaquin et le parement de même.

Le surciel, qui forme le fond, que l'on nommait au moyen âge *baudequin*, semble ici distinct des courtines.

M. Muntz cite des textes où le mot *surciel* signifie *plafond*. En 1454, un charpentier de Florence reçut cinq florins pour les mille

1. Paul III, en 1541, faisait écrire un psautier par Frédéric, écrivain de la chapelle. (*Arch. stor. di Roma*, t. II, p. 25.)

2. Le 3 janvier 1580, Antoine Orefice envoyait de Rome à Naples : « une table de diverses pierres. » (*Speserie*, p. 16.)

3. *Brocatelle*, littéralement, brocart à petits dessins ; mais le sens le plus conforme aux documents anciens en fait un damas de soie, de fil, de coton ou de laine, ou un tissu diversement mélangé de ces matières, sans or ni argent. » (*Gloss. arch.*)

étoiles de bois qu'il fit « per li sopracelli de la camera di lo palazzo nuovo » au Vatican (p. 117). — En 1450, un peintre fut chargé de peindre le plafond de bois du portique de la basilique de Saint-Pierre : « Lavoro a dipinto per lo portichale di San Piero, cioe per lo sopracielo... lavoro a dipento per lo sopracielo del portichale di Santo Pietro a tutte sue spexe d'opere e di cholori. » (P. 128, 129.)

333. Une couverture d'autel (*copertina d'altare*) en damas rouge.

334. Deux touailles d'autel (*tovaglie d'altare*) en toile.

335. Un *frescio* de cuir sur un beau petit bureau (*studioletto*) en bois de marqueterie (*legno commesso*).

A la cour papale, les bureaux se recouvrent encore de cuir rouge, gaufré d'or et aux armes.

336. Un petit bureau en bois de citronnier uni (*cetro liscio*), contenant onze serviettes (*salviette*) et deux porcelaines (*porcellane*).

337. Une petite table en noyer peint, pour voyage(*da viaggio*), en quatre pièces, avec quatre colonnes au pied.

338. Une autre petite table à deux pieds tournés (*a torno*) et une fausse caisse (*a posticcio incassate*).

339. Un petit bureau, contenant dix livres couverts de cuir, et neuf de parchemin.

La minute de cet inventaire n'existe plus. Nous n'en avons qu'une copie notariée, exécutée, en 1566, par Marc-Antoine Pellegrino, notaire de la Chambre apostolique. Elle est actuellement conservée aux archives d'État de Rome, parmi les papiers de la famille Caraffa, sous le n° 3659. Elle se termine ainsi :

« Extracta fuit presens copia ex alia copia ejus principio intitulata : *Inventarium rerum, bonorum in cubiculis feli. recordatio. Pauli PP. quarti, etc., penes magnificum et R. D. Julium Masellum, Ill^mi et R. Domini mei Vitellotii Vitellii, cardinalis camerarii secretarium,* reperta et existente, et cum eadem copia diligenter collata fideliter concordat. In cujus fidem hic me subscripsi hac presenti die XII maii 1566. — Marcus Antonius Peregrinus, Cameræ apostolicæ notarius. »

BIBLIOGRAPHIE

———

I[1]

Les Arts à la cour des papes pendant le XV° et le XVI° siècle, recueil de documents inédits tirés des archives et des bibliothèques romaines, par M. Eugène Muntz ; Paris, Ernest Thorin, 1878-1879, 2 vol. in-8°.

M. Muntz est un de nos archéologues les plus laborieux et dont l'érudition sérieuse est la plus variée. Il cultive avec un égal succès l'archéologie proprement dite, qui s'occupe des monuments, et la paléographie, qui recherche les anciens textes. Ces deux qualités ne se rencontrent pas toujours dans le même savant, nous devons donc l'en féliciter.

Cet ouvrage fait le plus grand honneur à son auteur. Il est de ceux qui ne se lisent pas seulement, mais qu'il faut étudier à fond et lentement, une plume à la main, pour bien en posséder la substance ; il est rempli de documents complètement inédits, comptes surtout, qui jettent un jour tout à fait nouveau sur les arts et les artistes à la cour des papes.

Aux xv° et xvi° siècles, les souverains pontifes tinrent une cour brillante, à laquelle ils convoquèrent des artistes de renom. Quand Rome était insuffisante à leur fournir ceux dont ils avaient besoin, ils les prenaient où ils les trouvaient ; c'était une simple question de clairvoyance et d'argent. De là, une quantité assez considérable d'artistes, non seulement romains, mais, plus souvent peut-être, florentins, italiens, espagnols, allemands et même français. Nous savons désormais les grandes choses qu'ils ont produites et aussi celles de

1. Extr. de la *Revue de l'art chrétien,* 1879, p. 256-259 ; 1887, p. 89, 90, 226· 227, 468.

moindre importance que le temps ou les révolutions ont fait disparaître.

Les artistes remis en lumière sont des architectes, des sculpteurs, des peintres, des verriers, des brodeurs, des orfèvres, des joailliers, etc. On a là des renseignements très curieux, entre autres sur la peinture à la cire et à l'huile de lin, sur l'emploi des couleurs et du vernis, sur la fréquence des vitraux, même à l'époque de la Renaissance, d'où l'on peut conclure que les remettre en faveur dans les monuments restaurés, n'est autre chose que faire de l'archéologie bien entendue.

Si les artistes sont généralement des laïques, il y a aussi parmi eux des religieux d'un talent réel, qui peignent le verre ou les murs, sculptent le bois, et pratiquent l'art sous diverses formes, principalement la miniature.

Vasari s'était fait l'historiographe de l'art en Italie. Sans doute, il doit encore être consulté, mais il importe désormais de contrôler toutes ses assertions à l'aide des documents publiés par MM. Milanesi, Marchese, de Reumont, Muntz et autres archéologues de mérite. L'histoire elle-même trouvera là matière à plus d'une rectification : ainsi tel pape passe, aux yeux de Platina, pour avare, tandis que la postérité mieux informée l'inscrira parmi ceux qui ont fait bénéficier l'art des trésors entassés au Vatican ou au fort Saint-Ange.

Parmi les documents reproduits *in extenso*, il convient de citer les deux inventaires de Calixte III (1458), et de Pie II (1464). Ce dernier exige une mention particulière à cause de la série d'articles relatifs aux tapisseries et qui a pour titre : *Panni d'Aras*. C'est un des documents les plus anciens et les plus étendus sur cette industrie nationale, dont le garde-meuble du Vatican conservait, dans la seconde moitié du xv° siècle, jusqu'à 65 pièces, la plupart historiées et les autres dites *verdures*. Je ne pense pas qu'une seule de ces pièces ait survécu, car toutes celles que j'ai citées dans un mémoire spécial se réfèrent à une époque postérieure, c'est-à-dire tout à fait à la fin du xv° siècle.

Quand l'ouvrage sera achevé, nous demandons instamment à M. Muntz qu'il veuille bien le compléter par une double table, donnant les noms des lieux et des matières. On en comprendra l'utilité par cette seule considération. Deux noms d'artistes ont été plus particulièrement l'objet de l'attention de M. Muntz, car il régnait sur eux quelque inexactitude : ce sont Paolo Romano et Rossellino. Comme il en est question en plusieurs endroits, les recherches seront bien plus promptes et faciles quand on saura où les prendre. L'art de la vitrerie est tellement en vogue de nos jours, qu'on aimerait à voir groupées sous la même rubrique toutes les indications qui s'y rapportent. L'archéologie a besoin de savoir encore combien de fois il est parlé, par exemple, des roses d'or, des épées d'honneur, des tiares et mitres pontificales, des bannières et étendards, des calices et autres joyaux de la chapelle Sixtine. Rien ne doit être omis de tout ce qui tend à vulgariser la science, en la mettant à la portée des gens studieux.

Ce livre a fait quelque bruit à son apparition. Je ne m'en étonne pas, et je suis heureux de l'occasion qui m'est donnée par l'éditeur d'en publier l'éloge sans restriction aucune.

Le tome second, qui contient 333 pages, est, de tout point, digne de son aîné. Je n'essaierai pas de l'analyser, car il serait difficile de rendre compte d'une manière brève de tant de documents divers. Je ne puis qu'effleurer le sujet, malgré l'immense intérêt qu'il présente.

Le volume tout entier se rapporte au pontificat de Paul II. Ce pape a été fort calomnié par ses contemporains, et c'est avec plaisir que nous voyons M. Muntz tenter sa réhabilitation à l'aide de pièces jusqu'ici ignorées. S'il a à sa charge d'avoir pris les matériaux de ses constructions dans le Colysée, ce qui eut lieu également pour les deux palais de la Chancellerie et des Farnèse, il fut, d'autre part, un conservateur zélé et intelligent des monuments de l'ancienne Rome, et surtout un collectionneur intrépide de médailles antiques, de pierres précieuses et de camées, ainsi qu'en témoigne son inventaire, qui est des plus détaillés.

Vasari, l'historien officiel des artistes, est souvent en faute, soit qu'il ait subi des influences défavorables, soit que ses connaissances n'aient pas été à la hauteur de ses prétentions. Aussi M. Muntz se fait-il un devoir scrupuleux de le compléter et parfois de le rectifier. Je dois citer, entre autres noms remis en honneur, ceux de Meo del Caprino, architecte de Florence, qui construisit, à Turin, la cathédrale et, à Rome, le palais de Venise et l'église de

Saint-Marc ; de Jacques da Pietra Santa, architecte de Lucques, que le cardinal d'Estouteville, archevêque de Rouen, choisit pour élever, à Rome, la grande et belle église de Saint-Augustin ; de Paul Romain, qui sculpta un tombeau à Saint-Laurent *in Damaso* et l'autel de Sainte-Agnès ; de Marco di Pietro, maître charpentier, à qui est dû le plafond en bois et à caissons de l'église Saint-Marc ; du peintre Antonazzo, plus connu par les livres de comptes que par ses œuvres proprement dites. Cependant, je puis citer de lui un tableau signé, qui est l'ornement du musée de Capoue ; il représente la Vierge et plusieurs saints, date de l'an 1500, et porte ces initiales : A. R. C., qui se traduisent *Antonaccio Romani Capuano*. N'oublions pas non plus le moine camaldule, Giuliano Amadei, miniaturiste de Paul II.

Je ne puis négliger, dans un compte de l'an 1465, une double mention qui intéresse l'art de la peinture sur verre. Il s'agit de ces *ronds* [1], tantôt blancs, tantôt colorés, comme on en voit encore aux fenêtres de Saint-Étienne, sur le Cœlius, et que l'on dépolissait ou tempérait à l'aide de l'eau-forte (*aqua forta*). Il est aussi question de *limaille d'argent*, grâce à laquelle le peintre obtenait la couleur jaune, si fréquemment employée pour les camaïeux. Or, un des peintres-verriers est nommé « frère Janin d'Allemagne, de l'ordre de Saint-Augustin », et un autre « frère Livin », également allemand. La peinture à l'huile et à la colle de poisson est expressément spécifiée à la date du 7 octobre 1469.

La pièce capitale du volume est incontestablement l'inventaire de Paul II, qui ne comprend pas moins de 106 pages en petit texte. Cet inventaire se répartit en trois séries : le mobilier de la chapelle

---

1. « Dans les quelques édifices dont les fenêtres, à dater du IV⁰ siècle, ont été vitrées, le verre était le plus ordinairement employé sous la forme de petites pièces rondes assez épaisses, surtout au centre, dont l'emploi se généralisa plus tard et qui, au moyen âge, étaient connues sous le nom de *cives*..... En Italie, l'usage des toiles blanches et des petits disques de verre ou cives paraît avoir subsisté assez longtemps, ainsi que le constate le comte Filiasi (*Memorie storiche de' Veneti*, in-8⁰, Padoue, 1811-1814) : « L'art de souffler le verre en manchons et de l'étendre « pour faire des vitres nous paraît même n'avoir été pratiqué que très tard à Venise « et n'y avoir eu jamais qu'un développement très restreint, témoin l'usage de ces « grossiers petits disques de verre nommés *rulli*, de quelques pouces de diamètre, « portant au centre la marque de la canne de fer avec laquelle on les exécutait et « qui étaient encore employés pour les fenêtres des palais au XVII⁰ siècle. » (Ed. Garnier, *Hist. de la verrerie*, p. 206, 209.)

papale, les camées et gemmes antiques, les bronzes antiques. C'est le premier et le plus important exemple d'une collection spéciale d'œuvres d'art, uniquement empruntées à l'antiquité classique. M Muntz a fait précéder ce document, rédigé en latin, d'une courte introduction, qui en détermine la valeur. Nous aurions désiré en plus des notes explicatives sur quelques usages liturgiques, certains termes obscurs et la détermination de la plupart des motifs iconographiques fournis par les camées et les bronzes, que la description du XVᵉ siècle ne suffit pas toujours à nommer.

Les pièces justificatives sont rejetées à la fin : parmi elles il est à propos de signaler le testament du cardinal Bessarion, daté de 1467. J'en parle d'autant plus volontiers, que sa mémoire a complètement disparu de l'église des Saints-Apôtres qu'il s'était plu à orner et à enrichir. Sa chapelle a été renversée, les fresques qu'il avait commandées ont subi le même sort et son tombeau n'existe plus qu'à l'état fragmentaire dans un couloir obscur de la sacristie, quand il était si facile de l'appliquer contre un pilier de l'église restaurée. C'est devenu comme une loi fatale et presque générale : à Rome et ailleurs, les architectes ne savent faire du neuf qu'au détriment du vieux.

Voici son épitaphe (Forcella, *Iscr. di Roma*, t. II, p. 226, n° 565), surmontée de son portrait et accostée de ses armes :

BESSARIO EPISCOPVS THVSCVLANVS
SANCTAE ROMANAE ECCLESIAE CARDINALIS
PATRIARCHA CONSTANTINOPOLITANVS
NOBILI GRAECIA ORTVS ORIVNDVSQVE
SIBI VIVENS POSVIT
ANNO SALVTIS MCCCCLXVI

Le texte de son testament a été copié sur l'édition de Migne. M. Muntz ne s'est pas aperçu qu'il est incorrect en deux endroits qui supposent une lecture fautive de l'original. Il faudra donc substituer *pluvialia* à *plumalia*, qui n'a pas de sens parmi les ornements sacrés.

Ce volume, si consciencieusement élaboré, se complète par des additions survenues après coup, mais qu'il était utile de ne pas omettre, et par deux planches, figurant l'une une médaille inédite et l'autre un dessin jusqu'ici inconnu de la célèbre *loggia* du Vatican. Commencée par Alexandre VI et continuée par ses successeurs, elle unissait le palais à la basilique et servait principalement pour l'absolution solennelle, donnée par le pape le jeudi Saint, *in Cœna Domini*, absolution qui est devenue la bénédiction papale aux seuls assistants, non *Urbi* et *Orbi*, puis ultérieurement répétée jusqu'à quatre fois dans le cours de l'année.

II

Speze di giustizia nei secoli XVI-XVII, par le chevalier Bertolotti; Rome, 1886, in-8° de 12 pag.

Curieuse brochure, qui donne les dépenses occasionnées à Rome par les exécutions de toute sorte : fustigation, exposition, amputation de main, torture, décollation, écartellement, etc.

Je citerai ce qui concerne un prêtre lorrain : « 1518, X junii. Reverendus D. Hyeremias, archiepiscopus Craynensis, habuit ducatos decem auri pro degradatione per ipsum facta in persona presbiteri Desiderii, lottaringhi. Johannes Simon de Verona, pictor, habuit julios xxiiii pro picturis per eum factis in quadratis duodecim de excessibus et criminibus Desiderii. M' Jacobus carnifex habuit ducatos duos pro justitia Desiderii. » (P. 6.)

En 1522, le français Rudolphe est fustigé.

Notons enfin la *berlina*, parce que Du Cange ne lui attribue pas la même signification. Le condamné parcourait les rues, monté sur un âne et coiffé d'une mitre de carton dont les cornes étaient en ferblanc : « Per corna di latta, messe alla mitria del frustato, 50 b. Per cartone fino, che servi per far la mitria per il frustato, 20 b. » (*Compte de 1672.*)

III

Inventaire des meubles du cardinal Geoffroi d'Alatri (1287), par M. Prou, dans les *Mélang. d'arch. et d'hist. publ. par l'École franc. de Rome*; Rome, Cuggiani, 1885 ; tiré à part, in-8° de 32 pag.

Bertolotti, *Compra segreta di quadri per conto del papa Alessandro VII*, dans la revue publiée à Florence, *Arte e storia*, 1886,

p. **254-255**. Les tableaux achetés par le pape au Mont-de-Piété de **Rome** étaient au nombre de trente-neuf, la plupart de maîtres connus : le tout fut payé **620** écus.

Chaillot, *Testament de Pétrarque*, dans les *Analecta juris pontificii*, **1886, 220** livr., col. 140-143, d'après une copie de la bibliothèque de la Minerve. A noter ce qui concerne son tableau de la Vierge, « opus Otti pictoris egregii [1] » ; sa coupe à boire ; son « breviarium magnum quod Venetiis emi pro pretio librarum centum » ; sa « vestis hiemalis ad studium horis nocturnis » ; son luth, « ut sonet non pro vanitate sæculi fugacis sed ad laudem Dei æterni » et « unum parvum annulum, digito gestandum ».

IV

M. Bertolotti, dans ses *Artisti francesi in Roma nei secoli XV, XVI e XVII* (Mantoue, 1886, in-8°), reproduit plusieurs inventaires dont voici l'indication :

Collection du cardinal du Bellay, en 1560 (p. 40-44) ; elle ne comprend que des statues antiques en marbre.

Collection, de même nature, d'un Français, Maître François, regrattier (p. 46-47).

Importation en France d'objets d'art, de 1541 à 1588 (p. 49-50). Il y aurait lieu de rechercher à Narbonne « un tombeau, avec deux statues de marbre, fait par ordre de Mgr de Foix, de bonne mémoire, autrefois ambassadeur de France », et « deux cheminées de marbre veiné », expédiées par le cardinal de Joyeuse.

Gravures sur cuivre pour estampes (p. 94-96), en 1619.

Antiques, envoyés en 1630 au duc d'Orléans (p. 100-101).

Statues et bustes d'empereurs romains, modernes, expédiés en 1667 par Jean Poussin, frère du peintre célèbre (p. 110-111).

Testament de Claude Gellée, dit Lorrain, en 1663 (p. 114-117), avec un codicille de 1670, mentionnant quelques médailles papales (p. 118-119).

---

1. On connaît son éloge de Giotto et de Simon Memmi, ses contemporains : « Duos ego novi pictores egregios : Ioctum, Florentinum virum, cujus inter modernos fama ingens est et Simonem Senensem. »

Inventaire des bijoux et de l'argenterie du peintre lorrain François Chevignot, en 1658 (p. 124).

Liste des tableaux transportés en France, en 1686, par l'archevêque d'Avignon (p. 157-158).

Legs d'Adam Claude Biéfort, en 1673 (p. 171).

Liste des objets antiques ou modernes transportés en France, de 1600 à 1683 (p. 178-183), et parmi eux, en 1633, pour le cardinal de Richelieu [1], « 60 statues en pied, grandes, moyennes et petites ; deux têtes sans buste, 60 bustes, cinq vases dont quatre modernes en porphyre et un en marbre blanc. »

Sur les monnaies de la république de Venise, en 1662 (p. 186-187).

Testament de Charles Errard, de Nantes, directeur de l'Académie de France à Rome en 1670 (p. 83-86) [2].

V [3]

E. Muntz e A. L. Frothingham, IL TESORO DELLA BASILICA DI S. PIETRO IN VATICANO, DAL XIII AL XV SECOLO, CON UNA SCELTA D'INVENTARI INEDITI ; Rome, 1883, in-8° de 139 pages [3].

La publication de cet ouvrage est un véritable événement pour les archéologues qui se sont voués à l'étude des inventaires. Il en contient cinq, datés de 1294-1303, 1361, 1436, 1454 et 1489. Je ne ferai que deux reproches aux éditeurs : ne pas avoir numéroté les articles, ce qui est indispensable pour les citations, et s'être borné à quelques notes historiques, quand il y aurait eu tout profit pour la science à les multiplier au double point de vue de la liturgie et de l'archéologie. Ils ont donné le trésor tel qu'il fut au moyen-âge, d'après les textes ; je l'ai fait connaître, tel qu'il existe actuellement, dans une brochure intitulée *les Souterrains et le trésor de S.-Pierre, à Rome* ; Rome, 1886, petit in-8° de 91 pag.

---

1. Une partie de ces statues, autrefois au château de Richelieu (Indre-et-Loire), est actuellement en Anjou, dans le parc du château du marquis de Gibot, commune de Bouzillé (Maine-et-Loire).

2. J'ai fait un article à part sur les artistes lorrains. Je noterai ici ce qui concerne Chartres (p. 153, 157), Nantes (p. 112), St-Malo (p. 181), Limoges (p. 76-197), la Bretagne (p. 199), Nevers (p. 197).

3. Extr. du *Bulletin monumental*, 1883, p. 579-582.

Il y aurait intérêt à comparer les richesses d'autrefois avec les épaves d'aujourd'hui. Pag. 87, l'inventaire de 1454 inscrit « tabernaculum argenteum, ubi est guttur sancti Blasii cum duobus angelis ». Ce reliquaire, en argent émaillé et armorié, est d'une forme très originale : je regrette que le chapitre se soit obstinément refusé à me le laisser photographier, ainsi que d'autres objets non moins précieux. Les pommes à chauffer les mains, « duo poma erea deaurata ad calefaciendum » (p. 91), existent encore, rare spécimen d'un ustensile liturgique autrefois très usité [1].

Un pareil livre ne s'analyse pas. Cependant, pour montrer quel parti on peut en tirer pour l'augmentation de nos connaissances, je vais lui faire quelques emprunts, qui compléteront le *Glossaire archéologique*, en me restreignant à la lettre B.

Babouin. « Item dalmatica et tunicella de dyaspero albo, laborat. ad basiliscos et babuynos et arbores de auro per totum » (*Inv. de 1361*). M. Molinier nous aide à remonter plus haut : « Item, unum calicem de auro, cum patena de opere simplici, cum vj rotulis de esmaltis azurinis, in pomo ad imagines babugniarum » (*Inv. de Boniface VIII, 1295, n° 459*). — Le babouin n'est pas un *monstre*, mais une espèce de singe, que l'on voit sculpté à une fontaine, qui a donné son nom à une des principales rues de Rome, la *via del babuino*. Les sculptures des XIIIe et XIVe siècles fournissent de nombreux exemples de babouins. Au XIVe siècle, on disait *babuinare* pour toutes les singeries faites au pinceau ou à la plume dans les manuscrits. (*Gaz. des Beaux-Arts*, 2e pér. t. XXX, p. 228.)

Baudequin. Voici une des formes de ce nom en latin : « Dorsale aliud de balacchino deaurato. » (*Inv. de 1454.*)

Balotta. « Calix argenteus deauratus, cum pomo in medio cum smaltis, in quibus est figura crucifixi et beate Virginis et S. Johannis

---

1. La pomme historiée du XIIIe siècle est gravée dans le *Glossaire archéologique*, p. 349, au mot *Chaufferette*, ce qui n'est pas sa place, avec cette indication fautive : « Musée chrétien du Vatican ». L'auteur aurait dû ajouter : « d'après une photographie, extraite des *Antiquités chrétiennes de Rome* ». Lorsque je le vis à Rome, en 1870, il se montra très obséquieux et, sur sa demande, je mis à sa disposition mes notes, mes photographies et mes publications, que je lui accordai même l'autorisation d'emporter à son hôtel. Il leur a fait de très fréquents emprunts, mais je dois constater que nulle part il n'a prononcé mon nom. En présence de ce parti pris, je tiens à revendiquer mes droits méconnus et à protester contre un procédé aussi inconvenant.

et arma in campo aureo cum quinque balottis ». On nomme encore *ballottes* les petits ballons ou balles avec lesquels jouent les enfants, et ici le meuble héraldique a de l'analogie avec les *palle* des Médicis, que les sculpteurs figurent toujours en Italie sous la forme de petites boules.

On lit dans les statuts de la corporation des peintres de Rome, en 1478 : « Et de ipsa (bussola) extrahatur una balota, ex qua eliciuntur duo consules... Item quod si in extractione dictæ bussolæ balota eveniret alicui existenti extra civitatem Romanam. » (Muntz, *Les Arts à la cour des papes*, t. III, p. 105.)

BALZANA. « Palliottum in campo violaceo, cum armis Sixti (IV) pontificis, cum floronibus aureis, cum balzana viridi. » (*Inv. de 1489.*)

BAMACINUS, BAMBIX. « Item duo paria tobaliarum, de pano lineo, ad listas sericas et bamacinas. Item septem paria tobaliarum de panno lineo, cum listis amplis et strictis de bambice nigro. » (*Inv. de 1361.*)

BAS. « Dialmatica una cum avibus ex auro basso in albo. — Planeta, dialmatica et tunicella cum imaginibus angelorum ex auro basso. — Planeta brocchati bassi in rubeo. » (*Inv. de 1489.*) Il s'agit évidemment d'or à titre bas ou inférieur.

BATON. « Unum pluviale rubeum ad bastones, domini de Ursinis, cum armis suis. Una planeta rubea ad bastones, domini de Ursinis, cum armis suis. » (*Inv. de* 1454.) — « Pluviale de veluto carmusino rubeo figurato et cum bastonis aureis, cum quibusdam foliis de serico viridi. Planeta alia ex velluto rubeo, cum armis cardinalis Ursinorum et baculis pampinis aureis involutis. Pluviale etiam ex velluto rubeo, cum baculis pampinis ex auro involutis. » (*Inv. de 1489.*)

Voir le mot *Bâtonnet* dans l'inventaire de Charles V, publié par Labarte.

« 1472. Similiter solvi faciatis....... prudenti viro Anthonio Thomæ, pictori, florenos de camera pro XVI baculis pro parafrenariis sanctissimi domini nostri papæ, quos depinxit auro fino. » (Muntz, *Les Arts à la cour des papes*, t. III, p. 98.) Les cardinaux, quand ils officient pontificalement hors de Rome, se font précéder de leurs valets de pied, tenant de grands bâtons dorés et armoriés.

BIS, couleur différente du noir, puisque, une ligne plus haut, le même inventaire emploie le mot *niger*. « Una coperta pro cruce ex damaschino biso, cum facie Salvatoris in summitate. » (*Inv. de 1489.*) — « Gremiale album cum rethibus a lateribus et frangiis albis et bisis. » (*Ibid.*)

BREVE, rouleau, phylactère. « Una planeta alba cum brevibus antiqua. Una alia planeta alba antiqua ad usum beneficiatorum, cum dialmatica et tunicella, cum brevibus. » (*Inv. de 1454.*) — Item, deux autres chasubles d'une serge d'Ilende azurée, à ij petits orfrois fais de serge blanche, semez de rouleaux et de rosettes. Item, une autre chasuble d'un bocasin blanc et noir, et j petit orfrois de mesme, semé de rolleaux et de rosettes. » (*Inv. du S.-Sépulcre de Paris,* 1379, nᵒˢ 185, 186 [1].)

Les éditeurs ont oublié de mentionner que j'avais déjà fait imprimer l'inventaire de 1294-1303, à Oxford, pour M. Henri Parker.

---

1. « Item, alium manipulum de cirico rubeo brocatum de auro cum rollis. » (*Inv. de l'arch. d'Aix,* 1443, nᵒ 118.) M. Albanès lit « *cum rallis,* avec des raies, en provençal *raillos.* » Je ne pense pas que ce soit le vrai sens, car au nᵒ 102 on a « mathalacium bonum, totum listatum listis percis et albis barreis ». Ce sont plutôt des *rôles* ou phylactères, *rollis* étant pour *rotulis.*

SAINT-LOUIS-DES-FRANÇAIS [1]

(1525)

I

Rome est vraiment la ville catholique par excellence, ou, comme l'appelait Montaigne : « la confédération de Rome avec le monde entier, et notamment avec la couronne de France.» Chaque catholique, sans distinction de patrie, s'y trouve chez lui, parce qu'il est dans la maison de son père. Aussi toutes les nations sont-elles représentées dans la Ville Éternelle par des monuments qui attestent leur foi et leur charité. La France se distingue entre toutes, comme on va le voir par l'énumération de ses fondations, aussi anciennes que multiples, aussi importantes que fécondes en résultats. J'en emprunte l'énumération au *Mémoire historique sur les Institutions de France à Rome*, publié en 1868 par Mgr La Croix, protonotaire apostolique et clerc national (Paris, Goupy, in-8° de 350 pages) [2], dont voici un résumé que me fournit, à peu près textuellement, la *Correspondance de Rome*.

Le total des institutions françaises monte à dix-huit : quelques-unes sont assez récentes; d'autres ont été supprimées par la suite des temps.

1° L'an 756. *Chapelle impériale et royale de sainte Pétronille* [3], à Saint-

---

1. *Anciens inventaires inédits des établissements nationaux de Saint-Louis-des-Français et de Saint-Sauveur* in Thermis, à Rome. Paris, Blériot, 1861, in-8° de 32 pag. (Extrait de la *Revue de l'art chrétien*, t. I ; tiré à part à 25 exempl.)

2. Cet ouvrage est mal conçu, incomplet et confus; on y trouve cependant de très utiles renseignements.

3. Voir sur cette chapelle et le tombeau de sainte Pétronille, l'article de M. de Rossi, dans le *Bulletin d'archéologie chrétienne*, 1878, p. 144-156.

Pierre du Vatican ; fondation de Pépin le Bref, après son couronnement, avec ses deux fils Charles et Carloman, par le pape Étienne II.

2° *Vers l'an 800. Hospice et cimetière pour les pélerins français*, à Saint-Sauveur *in Ossibus*, fondé par Charlemagne, près de la basilique Vaticane. Il occupait l'emplacement du palais bâti en 1588 pour le Saint-Office. Pendant la république de 1849, les garibaldiens qui occupaient ce palais, y ayant pratiqué des fouilles, découvrirent des ossements provenant du cimetière français, et convièrent le peuple romain à venir contempler ces **restes** *des victimes infortunées de la barbare Inquisition!* — L'établissement fut transféré, au xv⁰ siècle, à Saint-Louis-des-Français.

3° *Vers l'an 1230. Auditorat de Rote pour la France.* Il y a eu 54 auditeurs depuis Pierre de Colmieu jusqu'à M⁰ʳ Mourey.

4° *Vers la même époque. Cléricat national du Sacré-Collège et du consistoire pour la France.* Les clercs nationaux français, espagnol et allemand, sont successivement de service au consistoire, suivant leur année de tour ; ils y remplissent, chaque fois qu'il y a lieu, les fonctions de postulateur du *pallium* pour les archevêques de leur nation respective. On ne possède pas la liste complète des clercs nationaux français ; le plus ancien dont le souvenir se soit conservé est Gérard de Rochabève, inhumé à Sainte-Marie-du-Peuple [1]. Le titulaire actuel est M⁰ʳ Chevalier, de l'archidiocèse de Tours.

5° *1454. Saint-Louis-des-Français*, confrérie, paroisse et hôpital. L'église a toujours été célèbre pour la beauté des cérémonies. Il y avait dans la bibliothèque une rare collection d'œuvres des anciens maîtres de musique sacrée, que le gouvernement français a fait transporter, il y a vingt-cinq ans, au Conservatoire de Musique, à Paris. Pour aider le Pape à payer le subside de guerre imposé par le traité de Tolentino, la sacristie de Saint-Louis envoya 20.000 écus (107.000 fr.) d'argenterie à la Monnaie. La paroisse établie en cette église fut supprimée en 1840, afin d'obvier aux inconvénients des difficultés sans cesse renaissantes entre le supérieur de la communauté française et le curé d'une population italienne, dont les offices paroissiaux gênaient les réunions et les prédications françaises. La vie commune fut imposée trois ans après aux chapelains, après une interruption de quarante-cinq ans.

6° *1455. Saint-Yves-des-Bretons*, paroisse, confrérie et hospice. N'est plus paroisse depuis 1824. L'hospice était déjà supprimé depuis longtemps, parce que les pélerins trouvaient place à Saint-Louis. Aujourd'hui, l'église [2], qui a besoin de restaurations importantes, est desservie par un recteur

---

1. Forcella a omis son épitaphe dans ses *Iscrizioni delle chiese di Roma.*
2. On lit au-dessus de la porte d'entrée, cette inscription qui n'est pas dans Forcella :

SANCTI. IVONIS. PAVPERVM. VIDVARVMQ.
ADVOCATI .TEMPLVM. INSTAVRATVM.
A. D. M. D. LXVIII

assisté d'un clerc, tous deux logés dans une maison y attenante et de sa propriété [1].

7° 1473. *Chapelle de la Purification, dite des Quatre-Nations.* C'était une chapelle de Saint-Etienne. Le cardinal Berardi, collateur, la céda à perpétuité à une confrérie de laïques d'*au delà des Alpes*, qui s'y établit sous le titre de la Purification de la Sainte-Vierge. Elle se composait de fidèles de France, de Bourgogne, de Lorraine et de Savoie, ceux d'Allemagne et de Flandre s'étant retirés. En 1867, l'église et la maison ont été cédées à la congrégation française des Sœurs de Bon-Secours, de Troyes.

8° 600. *Chapelle de Saint-Sauveur in Thermis,* salle des Thermes de Néron ou d'Alexandre Sévère, convertie en chapelle chrétienne dès la fin du vi[e] siècle, et desservie, depuis 1478, par le clergé de Saint-Louis-des-Français.

9° 1482. *Donation en faveur du chapitre de Saint-Jean-de-Latran.* Louis XI avait abandonné, en 1482, à ce chapitre, les revenus de divers biens et droits féodaux situés en Périgord. Comme la perception en était difficile, Henri IV y substitua ceux de l'abbaye de Clarac, qui devaient être répartis, une moitié entre huit chanoines désignés par le roi, et l'autre entre tout le clergé de la basilique. Ces revenus s'élevaient, en 1791, à environ 40.000 fr. Charles X, voulant indemniser le chapitre de la spoliation qu'il avait subie, lui alloua 24.000 francs par an, sur sa liste civile, aux conditions fixées par Henri IV. Napoléon III avait renoué cette tradition, brisée de nouveau sous la monarchie de Juillet. En reconnaissance de cette restauration, le chapitre faisait célébrer une messe chaque année, le 20 avril, anniversaire de la naissance de l'empereur.

10° 1494. *Eglise et couvent de la Trinité-au-Mont-Pincius* [2]. Charles VIII,

---

1. Forcella n'a pas donné l'inscription gravée au xvie siècle à la porte de la maison rectorale, autrefois hôpital de Saint-Yves :

> HEC . DOMVS
> EST . HOSPITA .
> LIS . SANCTI . YV
> ONIS . NATION
> IS . BRITTANIE
> AD . III . GENERATIONE*m*
> O . NOMINATIONE

2. Sur la façade est gravée la date de la restauration :

S. TRINITATI REGVM . GALLIE . MVNIFICENTIA . LVDOVICVS . XVIII . RESTITVIT ANNO . D . MDCCCXVI

Une autre inscription est placée au haut de l'escalier: Forcella la reproduit, t. III, p. 167, mais sans la précédente.

> LVDOVICVS . XVIII . EXOPTATVS . GALL . REX
> TEMPLVM . SS . TRINITATIS . IN . PINCIO
> RESTITVIT
> CVRAM . AGENTE . COMITE . BLACAS . DE . ALPIBVS
> REGIS . LEGATO
> AD
> PIVM . VII . PONTIFICVM . MAXIMVM
> ANN . SAL . MDCCCXVI

son ambassadeur le cardinal de la Grolaye, et Louis XII contribuèrent à la fondation de cet établissement entrepris par des Minimes français. La plupart des successeurs de Louis XII tinrent à honneur de pourvoir à l'entretien et à l'ornementation de l'église et du couvent. Étienne Gueffier, mort à Rome en 1660, après y avoir été pendant plus de trente ans chargé d'affaires, laissa 10.000 écus aux Minimes, à charge par eux de construire l'escalier de la Trinité, qui fut commencé en 1723. ¡ En 1818, le duc de Blacas, ambassadeur de France, fit un essai infructueux pour replacer les Minimes à la Trinité, d'où la révolution les avait chassés. En 1828, l'établissement fut cédé à des religieuses françaises du Sacré-Cœur avec cette nouvelle charge de prélever sur les revenus 1,200 écus pour l'entretien de dix frères des Écoles chrétiennes. C'est la seule église érigée en titre cardinalice que la France ait à Rome.

11° 1615. *Œuvre Pie française de Lorette*, fondation du cardinal de Joyeuse pour l'entretien de deux chapelains, chargés de célébrer deux messes par jour dans la basilique de Lorette pour lui et sa famille. Louis XIII versa au trésor de cette église 6.000 écus romains pour la célébration d'une messe quotidienne, en accomplissement d'un vœu ; Anne d'Autriche, 1.200 écus pour les frais de la célébration annuelle de la fête de Saint-Louis.

12° 1619. *Couvent de Saint-Denis aux Quatre-Fontaines*, fondé par les Mercédaires de Provence, en 1619, cédé en 1850, pour 99 ans, au cardinal Patrizi, protecteur de la congrégation des Sœurs de Notre-Dame, à charge par celle-ci d'offrir un cierge de 4 livres de cire tous les ans, le 25 août, et de disposer de plusieurs demi-bourses en faveur de jeunes françaises.

13° 1622. *Église et confrérie de Saint-Nicolas-des-Lorrains*. Les Lorrains eurent d'abord une simple chapelle à Saint-Louis, sous le vocable de Saint-Nicolas, puis, à partir du 5 octobre 1622, l'église de Saint-Nicolas *in Agone* [1]. Le clergé de Saint-Louis y vient chaque année célébrer la fête de Saint-Nicolas et celle du B. Pierre Fourier. L'église est desservie par des missionnaires d'Afrique.

---

1. La restauration, commencée en 1636, ne fut achevée que l'an jubilaire 1750 : ANNO . IVBILEI . MDCCL. Au-dessus de la porte, à l'intérieur, est plaquée cette inscription :

SEDENTE . VRBANO . VIII . P . M .
ECCLESIAM . HANC . S . NICOLAI
IN . AGONALIS . CIRCI . RVINIS
FVNDATAM
ANGVSTAM . ET . PENE . COLLABENTEM
LOTHARINGORVM . CVRIALIVM
SODALITAS . SVIS . ET . PRIVATORVM
SVMPTIBVS . A . FVNDAMENTIS
IN . NOVAM . ET . AMPLIOREM . FORMAM
RESTITVIT . ANNO . MDCXXXVI

14º 1652. *Saint-Claude-des-Bourguignons.* Etablissement fondé par Outhenin, chanoine de la métropole de Besançon. L'église est aujourd'hui desservie par un recteur choisi parmi les prêtres polonais appartenant à des diocèses français.

15º 1829. *Ecole des Frères français,* dans le quartier des Monts. Il a été question plus haut de l'entretien de ces frères.

16º 1830. *Fondation Sisco* (de Bastia), par Sisco, chirurgien de Pie VII, en faveur de quatre étudiants en médecine, envoyés à Rome par le conseil municipal de Bastia et y touchant chacun 20 écus par mois.

17º 1834. *Œuvre Pie Wicar.* Wicar, peintre originaire de Lille, légua de quoi entretenir à Rome un certain nombre d'étudiants en beaux-arts, choisis par le conseil municipal de sa ville natale. C'est la commission des Établissements français qui administre ce legs, de par la volonté du testateur.

18º 1851. *Ecole française du Palais Poli,* tenue par les frères des Écoles chrétiennes pour les enfants de la colonie française.

II

J'ai rendu compte en ces termes, dans la *Revue de l'art chrétien,* 1884, p. 92, de la brochure suivante : *La Confrérie, l'église et l'hôpital de Saint-Claude des Bourguignons de la Franche-Comté, à Rome,* par Auguste Castan ; Paris, Champion, 1881, in-8º de 94 pages.

La confrérie de Saint-Claude fut fondée, en 1650, par des Comtois, émigrés à Rome, dans le but de se réunir. Deux confrères laissèrent des fonds pour la distribution de six dots qui subsistent encore. L'hospice date de 1654 : l'inscription placée à l'entrée porte *hospitio* et non *ospedale,* elle est ainsi gravée en cinq lignes :

HOSPITIO

PER LI

POVERI

PELLEGRINI

CONTEA

Les pèlerins comtois y étaient hébergés pendant trois nuits consécutives et chacun d'eux recevait par jour dix sous pour sa nourriture.

Le revenu annuel de l'établissement était de 33 225 fr. et la dépense à peu près équivalente. Les biens et possessions ont été incorporés, depuis 1801, à Saint-Louis-des-Français.

L'église, construite en 1728, par le lyonnais Dériset, sur les plans de l'architecte italien Navona, est desservie par des prêtres polonais, qui y acquittent 1387 messes fondées ou anniversaires.

Je ne reviendrai pas sur son style et son décor, parce que j'en ai déjà parlé dans la *Revue de l'art chrétien*, t. XX, p. 236. J'ai aussi mentionné les fêtes qui s'y célèbrent dans mon *Année liturgique à Rome*, que l'auteur ne semble pas avoir connue, puisque, à propos de ces fêtes, il cite un écrivain du siècle dernier.

Les épitaphes, qui forment le chapitre IX, ont été prises dans Forcella, qui n'est pas toujours à l'abri de la critique ; il eût mieux valu les relever sur les tombes mêmes. J'ai donné celle du statuaire Etienne Monnot (1733), avec l'indication de toutes ses œuvres à Rome (M. Castan en omet plusieurs) et celle des éditeurs d'estampes, Antoine Lafrère et Claude Duchet, dans mes *Inscriptions bourguignonnes à Rome*. Cette dernière a été reproduite, pour la première fois, au complet, par M. Muntz, dans la *Revue des Sociétés savantes*, d'après une ancienne copie ; elle figure aussi dans le recueil de Forcella, t. III, p. 26, n° 64.

III

Des sept établissements qui appartiennent en propre à la France et sont placés sous sa dépendance immédiate, tant au spirituel qu'au temporel, le principal et le plus important, parce que son clergé est plus nombreux [1] et que ses revenus sont plus considérables [2], porte le nom du patron de la France, saint Louis.

Cet établissement sera l'objet de cette notice, car à lui seul se rapportent les deux documents manuscrits et inédits trouvés par moi dans les archives de Saint-Louis, et communiqués avec tant de bienveillance, pour en prendre copie, par mon cousin le prince de la Tour-d'Auvergne, alors que, premier secrétaire de l'ambassade

---

1. Il se compose de douze chapelains, y compris le *supérieur*, le *sous-supérieur*, le *sacriste*, le *bibliothécaire* et *l'économe*. Le bref de Grégoire XV, *Ex injuncto*, s'exprime ainsi au sujet des vingt-six chapelains : « Ecclesia S. Ludovici et illius annexæ cum hospitali deserviuntur a 26 capellanis, videlicet 24 in presbyteratus ordine constitutis et duobus clericis, in communi viventibus.... et ex illis unus erit *superior*, cum *subsuperiore*, *sacrista* et *subsacrista*...... comprehensis in dicto numero sex presbyteris Oratorii regni Franciæ.... Cura animarum ecclesiæ S. Ludovici et annexæ S. Yvonis nunc remanent prout antea ».

2. On les estime à 125.000 fr.

française à Rome, il faisait partie, en cette qualité, du triumvirat qui *administre* les établissements nationaux de la France.

Ces deux pièces, que je publierai intégralement et auxquelles je conserverai leur orthographe ancienne, autant que les procédés typographiques le permettront, vont être étudiées et soigneusement annotées sous ces deux titres et dans l'ordre suivant :

I. *Inventaire du mobilier de l'église et hôpital de Saint-Louis-des-Français,* 1525.

II. *Décret de la visite apostolique au sujet de Saint-Louis,* 1626.

L'*Inventaire* de 1525 se compose de douze pages in-folio de papier jaunâtre, fatigué par l'humidité. Il est écrit en gothique carrée cursive.

Notons d'abord les noms des étoffes dont sont faits les vêtements qui servent au culte. Nous y lisons : la *soie,* le *satin,* la *serge,* le *tabit,* la *futaine,* la *toile,* le *taffetas,* le *camelot,* le *damas,* le *velours,* la *moyre,* le *brocart* et la *brocatelle.*

Les couleurs liturgiques, fixées depuis définitivement par le Missel de saint Pie V (1570), étaient le *blanc,* le *violet,* le *rouge,* le *bleu-ciel,* le *noir,* le *vert,* le *gris,* la *rose-sèche,* l'*azur* et l'*incarnat.*

Je m'arrêterai un instant au bleu, qui fut affecté à la fois au Saint-Sacrement, à la Vierge, aux confesseurs et aux temps d'Avent et de Carême, parce que le *Glossaire archéologique* ne lui a même pas consacré une ligne.

« Item recognosco pertinere ad dictum conventum prædicatorum Brivæ duo indumenta sacerdotalia quæ hic habeo et multis annis tenui, quorum unum est casula coloris azurini cum amiculis de auro et alterum casula est coloris albi cum vite rubra. Dono dicto conventui pluviale et casulam coloris azurini. » (*Test. du card. Sudre,* 1373.)— « Six chappes.... la quatrième indienne, avec des fleurs rouges et des lyons en or. Plus une huitième indienne, avec galons, oiseaux, animaux et autres images en or. Item cinq autres, ... la quatrième indienne avec des griffons et cerfs rouges en or. Item sept autres,.... la quatrième indienne, brodée partout de figures de saints. Item quinze autres,...... la quinzième, indienne avec fleurs et lionceaux ; la neuvième indienne, avec des fleurs, lions et oiseaux.

Trois serges indiennes ou écarlatte indienne. Trois étoles de couleur indienne. » (*Inv. de Cluny*, 1382, nᵒˢ 244, 247, 251, 261, 271, 281, 322, 440.) —« Item alia casula de indico samino, habens crucifixum in pectore. Item alia de sandalio rubeo ex una parte et indico ex alia. Item alia casula indea, satis antiqua. Alia de sandalio indico, simplex.» (*Inv. de Clairvaux*, 1405, nᵒˢ 75, 78, 85.) — « Item, quedam alia ornamenta paria, munita de casula, tunica et dalmatica, de sendali indi coloris, fourata de sendali rubeo, operata de ymaginibus de brodeura plurium sanctorum, que fuerunt pro officio omnium sanctorum. Item alia ornamenta de sendali supra colorem azurinum, scilicet casula, tunica et dalmatica, de quibus ipse casula et tunica sunt dupplices de tela persa et dalmatica de panno serico diversorum colorum. Item quedam alia ornamenta, munita de casula, tunica et dalmatica, paria, de panno asurino, seminato de opere griffonum et leopardorum rampantium et de circulis, fourata de tela persa. Item alia stola et manipulus pares, de panno serico operato de brodeura ad castra et lilia super sericum indum et violaceum; dicta stola de veteri sendali indo. Item una casula de panno serico supra campum indi coloris ad aves et animalia. » (*Inv. de la cath. de Châlons-sur-Marne*, 1410, nᵒˢ 254, 275, 283, 305, 320.) — « Une chapelle entière de camocas d'outre-mer azurée, brodée de fleurs de lys et de KK couronnés. » (*Invent. de Charles VI*, 1424). —« It. une casule de bleu satin, estolle et fanon servant audit saint Nicolay. Item, une cappe de bleu velours que donna Anthoine Guillebault. It. une casule vermeille à orfroy d'azur semée de fleurs de lis d'or. Une bleue casule de soie où il y a brodé *Jhesus*. » (*Inv. de N.-D. de Lens*, 1471.) — «Item, deux paremens de drap inde et les met-on aux dimanches en carême à l'autel. Item une aultre chasuble de soie sur azur. Item une aultre de soie sur azur, qui a VII E.» (*Inv. de Saint-Victor de Paris*, xvᵉ siècle.) — « Plus, une chappe de damars bleuf avecque l'offroy convenable.» (*Inv. de la Maison-Dieu de Montmorillon*, 1525.) — « Alia capa panni satini, *bleu* gallice, historiata arbore Jesse. » (*Inv. de la cath. d'Angers*, 1525.) — « Item casula, dalmatica et tunicella de satino violetio, cum paramentis de satino turquino. Item queda m casula de drapt turquino, pauci valoris. » (*Inv. de la cath. d'Aix*, 1533, nᵒˢ 164, 180.) — « Una alia capa panni damasceni figurati fusci, *bleu* galice. »

(*Inv. de la cath. d'Angers*, 1539). — « Tres capæ de damas bleu. »
(*Ibid.*, 1595.) — « *Les paremenlz d'autel de bleu.* Ung drap de velours
bleu viollet, semé de brancaiges d'or en broderie ; au milieu il a un
Jhésus tenant sa croix et aux costez les quatre évangélistes ; à mettre contre la table d'autel. Un drap de velours bleu azuré, semé de
plusieurs fleurs de lys d'or avec le voie de mesme, pour mettre
devant l'autel en bas. Ung drap de demye ostade bleuwe, semé de
pins, à l'imaige de St-Omer au milieu, que se mect devant l'aultel
en bas aux doubles. Une custode à corporaulx de velours bleu azur,
semé allentour de fleurs de lys d'or et en le movienne une estoille
avec trois fleurs de lys d'or dedens et trois clostures d'argent doré.
Une autre cappe de velours bleu, semée de fleurs d'or. Deux cappes
de velours bleu à brancaiges d'or. Trois cappes de velours bleu,
semées de fleurs de lys d'or. Deux autres semblables, mais fort
uzées. Quatre capes de demye ostade bleuwe, deux semées de fleurs
de lys gaunes (jaunes) et les deux aultres de couronnes et fleurs de
lys gaunes. » (*Inv. de St-Omer*, 1557, n°ˢ 104, 105, 108, 109, 173,
174, 175, 176, 179.) — « Ung devant d'autel de velours bleu avec
franges jaulnes. Ung dessus du passez de damas bleu et frange de
soye. Item deux chappes de damas bleu avec les petits orfrois, ser-
vantes en caresme et les jours fériaulx. Item trois chappes de damas
bleu céleste, les orfrois de samy rouge, à lyons et oiseaulx d'or.
Item une chasuble et deux manteaux de damas bleu, les orfrois de
satin blanc semés de soyon et oiseaulx, faictes aux despens de la
fabrique pour servir aux dimanches des Advent et Caresme. Item
une chasuble avec deux manteaux de damas bleu, les orfrois de
samy rouge semées d'anges et de lions. Item une chasuble, tunique
et dalmatique de drap d'or bleu, figuré de poissons et de daulphins,
les orfrois de toile d'or. Item une chasuble et deux manteaux de
damas bleu pour servir en caresme. Une chasuble, tunique et dalmatique de satin blanc, à paremens de velours bleu semé de fleurs
de lys et le tabis d'estoiles d'or. » (*Inv. de la cath. de Reims*, 1622,
n°ˢ 197, 198, 199, 362, 363, 411, 412, 414, 416, 431.) — « Une
chasuble bleue et ses dalmatiques. » (*Inv. de la cath. de Carpentras*, 1710.)

Le mélange des couleurs entre elles ou plutôt leur superposition
ou leur juxtaposition produit des rapprochements tels que ceux-ci :

noir et *or*, [1] *noir* et *rouge*, [2] *vert* et *rouge*, *noir* et *blanc*, *or* et *rouge*, *violet* et *or*, *rouge* et *blanc*, *violet* et *blanc*, *rouge* et *bleu*, *blanc* et *incarnat*, *violet* et autres couleurs, *violet*, *jaune* et *blanc*, enfin *bleu*, *rouge* et *vert*.

Les doublures assortissent ainsi avec les étoffes : *blanc* et *bleu*, *noir* et *bleu*, *blanc* et *rouge*, *blanc* et *violet*, *rouge* et *blanc*, *rouge* et *or*, *incarnat* et *violet*.

L'*Inventaire*, écrit par *Gilles Tierri, clerc du diocèse du Mans*[3] et *sacriste* de Saint-Louis-des-Français, est rempli d'*italianismes*, c'est-à-dire que probablement assez peu familiarisé avec sa langue maternelle par son long séjour à Rome, où il n'entendait parler qu'italien, il a *francisé* à sa façon des termes italiens dont il ne connaissait plus les équivalents dans sa propre langue. Son tour de phrase même est italien. Nous signalerons au fur et à mesure toutes ces petites particularités qui donnent à l'inventaire de 1525 une teinte locale fort originale.

Suit maintenant le texte des 136 articles [4] qui, au xvi° siècle, formaient le riche trésor de la première de nos églises nationales à l'étranger, trésor aujourd'hui dispersé et vendu d'une église négligée et sans gloire, car tout son passé est loin derrière elle, fondations et souvenirs.

Die Veneris sexta januarij 1525, die Epiphanie, finitis vesperis, in sacristia fuit factum Inventarium. Tum est Egidius Tierri clericus Cenomanen.

Inventoire des biens meubles estans et apartenans à la vénérable

1. « Item, une chappe de drap de soie noir, à un orfrois de drap d'or, fourrée de toile asurée. » (*Inv. du S. Sépulcre de Paris*, 1379, n° 10.) — « Item, una capa ex panno aureo razo nigri coloris, in cujus capucio est Adoratio trium regum. » (*Inv. de la cath. d'Angers*, 1539.) — « Item, trois chapes de velours noir à orfrois de drap d'or. » (Ibid., 1606.) — « Item une chappe de toile d'or, meslé de soye noire. » (Ibid., 1643.) — « Item, un chasuble de velour noir, avec la croyssée de petit drap d'or figuré. » (*Inv. de Verneuil*, xvii° s.)

2. « Item, une chasuble de deux bouguerans, l'un ardant, l'autre noir, à deux petiz orfrois de l'œuvre de Paris, l'un dedans, l'autre dehors. » (*Inv. du S.-Sépulcre de Paris*, 1379, n° 12.) — « Item, deux chappes de demy ostade noire, avec les orfres de velours rouge brun. » (*Inv. de Verneuil*, xvii° siècle.)

3. Nul diocèse n'a peut-être fourni autant de chapelains à Saint-Louis que le diocèse du Mans. De nombreuses épitaphes, disséminées dans le pavé ou sur les murs de l'église, confirment ce que prouvent les textes par ailleurs. Voir ma brochure intitulée : *Inscriptions françaises recueillies à Rome, diocèse du Mans*, 1868.

4. J'en ai supprimé quelques-uns qui me semblaient inutiles et ainsi réduit à 116.

esglise [1], et hospital [2] de Sainct Loys [3] de la nation francoyse à Rome. Lequel Inventoire fut fait et ordonné par messre Lazaro Cornesij, précepteur de l'esglise de Nice et Nicolas Rogeti [4], cler du diocèse de Langres, Recteurs [5] de lad. esglise en l'an 1524.

Et premièrement les argenteries.

1. Une grande croix d'argent, là qù sont escriptes ces lettres J. N. R. J. [6], et fut faite au despens de la vénérable confrarie [7] de la Conception Nostre Dame estant en lad. esglise. Le pied est de boys dorez.

2. Item une aultre petit croix d'argent, là où despainte [8] les armes de la

---

1. La Chancellerie romaine affecte de donner à certaines églises des titres honorifiques en raison de leur importance ou de leur ancienneté. Saint Louis a toujours été qualifié de *vénérable*, qui est le qualificatif commun : « Venerabilis ecclesia et hospitium Sancti Ludovici nationis Gallorum de Urbe. »

2. Il existait à Saint-Louis un *hospice* où les *pauvres* pélerins français, qui venaient à Rome visiter le tombeau des saints Apôtres, étaient hébergés trois jours et trois nuits, et un *hôpital* où, malades, ils recevaient des soins empressés jusqu'à leur retour à la santé. Mgr La Croix (*Mém.*, p. 198-201) a publié « les lettres patentes du roy Henri III, du 27 juillet 1576, pour la concession d'un second ducat pour cent sur les taxes des bénéfices consistoriaux », en faveur d'un « hospital, appelé *Hospital Saint Loys*, pour recevoir et loger les pauvres pélerins de la nation française qui se trouveraient en ladicte ville ». — Les autres nations catholiques qui ont conservé à Rome leurs hospices et leurs hôpitaux font honte, je ne dirai pas à la France, mais à l'administration qui, au commencement de ce siècle, a supprimé ces fondations pieuses, sans compensation aucune.

3. M. Génin a fort bien démontré, dans ses curieuses observations sur la langue française, que la vraie orthographe du nom de Louis est l'ancienne *Loïs* ou *Loys*, car la voyelle *u*, quoique non écrite, se prononçait, comme elle se prononce dans *loin*, *lointain*, où l'usage ne l'a pas admise.

4. Forme italienne, qui consiste dans l'addition de la lettre I à la fin du nom français *Roget*.

5. De ces deux *recteurs*, d'origine française, que mentionne encore l'Inventaire de 1618, l'un *régissait* la paroisse, le spirituel de Saint-Louis, et l'autre la sacristie, les biens, le temporel de l'établissement.

6. *Jesus Nazarenus rex Judæorum.*

7. A chaque paroisse de Rome est attachée, incorporée une confrérie laïque, sous le patronage du Saint-Sacrement, de la Sainte-Vierge ou du saint le plus vénéré dans l'église paroissiale, et sous la direction du curé et d'un cardinal-protecteur, délégué à cet effet. La confrérie de Saint-Louis était sous le vocable de la Conception de la Sainte-Vierge, comme l'église dont elle dépendait. Elle fut fondée par bulle de Sixte IV, du 2 avril 1478, sous le triple vocable de la Conception, de saint Denis et de saint Louis, « sub vocabulo Conceptionis Beatæ Mariæ Virginis ac sanctorum Dionysii et Ludovici. » (La Croix, *Mém.*, p. 36, 174-176.) — J'ignore pourquoi, au lieu de se conformer aux exigences du vocable, Bassano a peint l'*Assomption* au retable du maître-autel : « Le grand tableau de l'Assomption de Nostre Dame, qui est sur le grand autel, ha esté donné par le Cardinal Contarel; il ha esté faict par un peintre nommé il Bassano. » (*Inv. de 1618.*)

8. Cette *peinture* sur argent indique simplement que les armes du Cardinal de Saint-Denis étaient gravées ou repoussées.

bonne mémoire [1] du Cardinal Sainct Denys [2] et y sont ces armes avec ces parolles escriptes : *A Dieu tout* et une petit croisette par travers et y ait ung escripteau de certainnes reliquies [3] de Sainct Denys, mais lesd⁰, reliquies n'y sont poynt et n'y estoient pas en l'an 1515, quand fut faict l'aultre Inventoire [4].

3. Item, ung tabernacle [5] d'argent, à porter le corps de Nostre Sʳ et au pied d'iceluy y ait en escript *Guillus Galcin de Borbonilla Carᵘˢ Avinionen* [6], et est de longueur de deulx paulmes [7] ou environ et fut lajsez à lad. esglise par led. Cardinal en l'an 1462.

4. Item ung aultre tabernacle d'argent, rond, pour conserve de l'eucaristie, lequel est en la custode [8] du corps de Nostre Sʳ et le Curé en ait l'administration.

5. Item ung aultre tabernacle à porter le corps de Nostre Sʳ aux malades, et la couvert est de cristal forny d'argent doré [9], de poix sans le couvercle de unze sept, et ung..... quart et demy d'onze.

6. Item ung grand aubenoytié d'argent, avec son asperges [10] aussy d'argent, là où est despainte l'ymage de Nostre Dame avec certainnes fleurs de lys, et au pied sont escriptes ces lettres C. B. M. E. S. L., id est *Confraternitati beate Marie* [11], de poix livrez quatre et onzes deux.

7. Item ung bassin d'argent là où est painte l'ymage de Nostre Dame, poiz de livre une et demie, une demie onze, une octave de onze.

8. Item ung encensier avec ces touretes [12] et quatre chaînettes et au

1. *Italianisme.* L'on dit encore à Rome *la buona memoria del cardinale*, et non, selon l'usage de France, *le cardinal, de bonne ou d'heureuse mémoire.*

2. Jean Villiers de la Grolaye. abbé de Saint-Denis (La Croix, p. 131), dont les armes se blasonnent : « Escartelé : au 1 et 4, d'argent à un bezant d'azur ; au 2 et 3, de gueules à une croix d'argent ; sur le tout d'azur. » (Frizon, *Gall. purp.*, p. 537.) On retrouvera plus loin, dans le *Calendrier des bienfaiteurs*, quelques-uns des noms enregistrés par l'inventaire.

3. En italien, *relique*.

4. Cet *inventoire* de 1515 a disparu et il m'a été impossible de le retrouver.

5. Jusqu'au xviiᵉ siècle la forme de *tabernacle* prévaut pour l'ostensoir en Italie, quoique, dès le siècle précédent, Raphaël, dans son admirable fresque de la *Dispute du Saint-Sacrement*, eût inventé l'élément de la forme moderne en *soleil*.

6. Je n'ai pu rencontrer ce cardinal ni dans la *Gallia purpurata*, ni dans la *Gallia Christiana*. Le nom doit avoir été mal transcrit.

7. La mesure italienne est le palme, *palmo*, dont le type est dans la *paume* de la main, par une espèce d'antithèse avec la mesure française qui se conformait, dit-on, au *pied* de l'empereur Charlemagne.

8. Ciboire.

9. Les *tabernacles* de cette espèce sont fort rares. Je puis en citer un qui a fait partie de l'incomparable collection de M. Mordret, à Angers.

10. Vase à eau bénite et aspersoir.

11. Le sacristain aurait dû continuer, puisqu'il avait si bien commencé, l'interprétation des trois dernières initiales, qui signifient *Ecclesie Sancti Ludovici*.

12. Petites tours dans lesquelles passent les chaînes.

dessus est une fleur de lys dorée [1] et le tout est d'argent, de poyx livrez troys et neuf onzes.

9. Item une navicelle [2] avec sa couverture, tout d'argent, en laquel est painte l'ymage de Nostre Dame et y ait heu une pièce rompue du pied laquel a le sacristain, de poix de une livre et deux onzes.

10. Item, deux ampoulettes [3] d'argent, l'une à mettre le vin et l'aultre l'eau à célébrer messes, et au-dessus d'une chascune y ait une fleur de lys d'argent et y sont escriptes ces lettres *c. b. M. e. s. L.*, de poix d'une livre et deux onzes.

11. Item deux aultres ampoulettes de cuire [4], smaltée [5] d'or et azure, lesquelles furent données à lad. esglise par mons[r] Piere Lambert, en l'an 1518, poix de livres neuf et onzes deux.

12. Item deulx chandeliers d'argent, de haultesse de troys paulmes ou environ, avec les pieds faictz en forme de pieds de lyon et aulx pieds d'un chescung sont les ymages de Nostre Dame et sainct Loys avec les armes du Roy très crestien, poix de livres neuf et onzez deux [6].

13. Item une paix, tout d'argent dorez, là où sont paintes les ymages de la Vierge Marie et sainct Loys et deulx anges et ung *Agnus Dej* [7] au milieu, poix de une livre et une onze.

14. Item une petite figure d'homme, d'argent [8].

Les Calices.

15. Ung grand calice, avec la patenne, tout d'argent de carlyns et dorez

---

1. L'emploi si fréquent des fleurs de lis est motivé par la protection des rois de France et le vocable de saint Louis, second titulaire de l'église.

2. Navette à encens, en italien *navicella*.

3. Burettes, en latin *ampulle*, et, par diminutif, en italien *ampollette*.

4. *Sic* pour cuivre.

5. Émaillée, de l'italien *smaltata*.

6. Pour abréger, j'omets l'énumération de douze *chandeliers de cuyvre*. — Les deux chandeliers armoriés montrent suffisamment qu'on ne dépassait pas ce nombre sur les autels. Un peu plus tard, Paul III Farnèse commandait également deux chandeliers à Michel-Ange pour l'autel de la basilique Vaticane. Quand Urbain VIII eut élevé son splendide et gigantesque baldaquin de bronze sur la Confession de Saint-Pierre, le *Cérémonial* avait changé et au lieu de deux, il en fallait six, plus un septième pour la messe du pape. Urbain VIII en confia l'exécution au Bernin, qui, pour consacrer la mémoire de son bienfaiteur, fit voltiger sur les rinceaux des tiges et des pieds de ses nouveaux chandeliers les *mouches à miel* de la famille Barberini.

7. C'est après le chant de l'*Agnus Dei... dona nobis pacem* que la paix est présentée; il était donc tout naturel de choisir l'*Agneau de Dieu* pour sujet d'un instrument de paix. Si les artistes savaient s'inspirer des textes liturgiques, que de méprises ils éviteraient et quelle heureuse harmonie ils établiraient entre les cérémonies, les objets du culte et les paroles que l'Église met à la bouche du prêtre ou des fidèles!

8. Offerte peut-être en ex-voto, par reconnaissance, à la suite d'une guérison demandée et obtenue.

de fin or de ducatz portugalez [1], lequel poyse libvre onces 7 gr. 18 [2] et y furent mis en la dorure cinque ducatz d'or en or de Portugal : au pied d'iceluy sont les ymages du crucifix en la crois et d'une part de lad. Nostre Dame et sainct Jehan de l'aultre [3], avec les testes de sainct Pierre et sainct Paul, et est estimez led[t] calice xxxvj ducatz de carlins ou environ, en contant la façon et fut fait à la fin de l'an 1524, estantz Recteurs Messrs Nicolas Rogeti, chanoyne de Toul, et Lazaro Cornesio, précepteur en l'esglise de Nice [4].

16. Item une aultre calice, la coupe duquel est d'argent et le pied et la patène de cuyvre, le tout doré d'or, lequel en 1525 donna à l'esglise de Notre S. L. [5] monsg[r] l'Aud[teur] de la Chambre [6], Mr Pierre de Chumtys, du poix de livres deux [7].

Les Chasubles.

17. Une grande chasuble blanche d'imbrocatello et deulx dalmatiques de soye blanches avec les bandes d'or [8] et furent donnez par les exécuteurs de la bonne mémoire du cardinal sainct Denys et y sont ces armes avec le manipule et stolle [9] du mesme jmbrocat et la caincture.

18. Item une aultre chasuble de soye pavonache [10] obscure, figurée, d'imbrocato, avec la stolle et le manipule et la saincture de soye moyre [11] et fil d'or meslée, avec huyt beaulx boutons de fil d'or petitz et gros aveq leurs franges desoubz de fil d'or et soye et le manipule a treize boutons de

---

1. Il paraît qu'à cette époque, l'argent des carlins et l'or des ducats portugais étaient estimés les meilleurs et les plus purs de tout alliage.

2. L'estimation est faite par *onces* et *grains*.

3. Des barres, légèrement obliques, tiennent lieu de ponctuation dans le manuscrit : je les ai supprimées partout.

4. Ils sont nommés aussi au titre de l'inventaire.

5. *Saint-Louis.*

6. Un des premiers postes de l'administration temporelle de l'État pontifical.

7. Nous ajouterons, avec l'Inventaire, trois calices d'argent doré et quatre à coupe d'argent, pied et patène de cuivre.

8. Orfrois.

9 De l'italien *stola*, étole.

10. En italien *pavonazzo*, variété du violet. — « Le keue paonace. » (Fierabras, roman écrit vers 1250.) — « S'ele vest escarlate vermeille ou paonace. » (*Poés. de Rutebeuf*, 1280.) — « Cote et corset d'escarlate paonace. » (*Inv. du comte de Nevers*, 1266.) — « Amours sous camelins comme sous paonace. » (*Le dit des patenostres*, xive siècle.)

11. L'usage de ces *ceintures de moire, de coulcur variable selon les fêtes*, remplaçant les *cordons* prescrits par la rubrique du Missel, s'est maintenu dans plusieurs diocèses de France. Il n'existe nulle part à Rome. J'en conclurais presque l'importation d'un pays en l'autre.

« Un tabernacle de moire d'or, relevée d'or et d'argent, où sont les armes d'Anne d'Autriche, dans lequel on expose le Saint-Sacrement. » (*Inv. de la cath. de Reims*, 1622, n° 482.)

fil d'or pendants et la stolle a xiiij boutons semblables [1] avec ses franges de soye pavonache et fil d'or [2], en laquel sont des ymages devant et derrière et les armes dud⁺ cardinal s. Denys.

19. Item une aultre chasuble, avec deulx dalmatiques et stolle et manipule, de soye figurée de roses de diverses couleurs et y sont les armes de la bonne mémoire du cardinal de Rouen [3], sont vielles.

20. Item une chasuble de velour rouge figurés, avec la stolle et le manipule et sont vielles et de peu de valeur.

21. Une chasuble de damas céleste, fourée [4] de tafeta rouge, avec la stolle et le manipule.

22. Une aultre chasuble de damas rouge avec les fleurs de fil d'or et la stolle et manipule et y ait escript *Ludouicus le Guerte*.

23. Une aultre chasuble, avec deulx dalmatiques et deux stolles et troys manipuls de velour noir et listée [5] d'imbrocat d'or et ont esté faictes par ceulx de la confrarie Nostre Dame, avec huyt boutons et dalmatiques de fil d'or et soye noire.

24. Item une aultre chasuble, avec la stolla et le manipulo de velour noire, bandée d'imbrocate rouge et doublée de toille céleste et la donna M. Antoyne Goffredj [6].

25. Une aultre chasuble, avec la stolla et le manipulo, de velour vert et les bandes rouges.

26. Une chasuble de soye de diverses coulleurs, là où est despaynt ung gril [7].

---

1. « Pour 2 gros canons de fil d'or de Fleurance, et demie once soye mytorte vermeille, dont a esté fait un cordon lacé aux daiz, 2 boutons à grosses houppes, pour servir à mettre autour d'un chapeau gris d'Alemaigne. » (*Compte royal de 1459.*) — « Pro uno cordono serici cremisini cum fioccho et bottonibus pro manto domini papæ. » (Muntz, *Les Arts à la cour des papes*, t. III, p. 264, année 1473.) — « Un cordon de soye rouge, ayant ouit (huit) touffes pendantes aux bords, avecques deux boutons d'or au milieu du dict cordon. » (*Inv. de Vannes*, 1555.)

2. Il est curieux pour l'histoire du costume d'église de noter ces *boutons frangés* à la ceinture, au manipule et à l'étole. Déjà les sculptures du moyen âge nous avaient révélé cette particularité qu'il ne faut pas ranger parmi les caprices des artistes, qui souvent inventent des formes qui n'ont point existé. On les voit encore, à la chapelle Sixtine, sur le bel ornement de Clément VIII.

3. Au temps où vivait le cardinal de Rouen, les *armes* se plaçaient sur la chasuble, à Rome, à la hauteur de la poitrine, à l'intersection de la croix avec sa traverse; en France, d'après un vitrail de la cathédrale de Tours, elles alternaient, sur la face antérieure de la chasuble, avec des broderies perlées, et étaient répétées sur la tête, les bras et la tige de la croix.

4. Doublée, en italien *foderata*.

5. De l'italien *listata*, à *litres*, bandes d'or, qui forment orfrois.

6. Le xvi⁺ siècle est, en liturgie, une époque de transition, où des formes nouvelles commencent à poindre, où d'anciennes ne sont point encore abandonnées. Pour les cérémonies funèbres, d'accord en cela avec les vignettes des *Livres d'Heures*, le noir domine déjà, mais le rouge et le bleu, autrefois couleurs mortuaires, persistent encore, et notre texte les mentionne employées en orfroi ou en doublure. Comme en Italie et conformément aux prescriptions de la S. Congrégation des Rites, orfrois d'or; comme en France, de nos jours, orfrois blancs.

7. Par allusion peut-être au nom du donateur Laurent, ou pour servir le jour de la fête du saint Martyr.

27. Deulx dalmatiques de fustaynne noyre [1].

28. Une chasuble, de soye rouge, avec la stolle et le manipule d'aultre couleur; ont esté racoustrés et valent peu.

29. Une chasuble de fustaynne blanche, neufve, fourée de toille céleste, avec la croys de couleur jncarnate [2] et la stolla et le manipulo et une aube et l'amicte, et sont acoutumés d'estre tenus en la chapelle du Salvateur [3] de Thermes.

30. Une chasuble de toille verde et la croix rouge, et le manipule et la stolla et l'aube et l'amicte.

31. Item deulx tuniques ou dalmatiques à diacre et soubdiacre, de satin cramoysy, avec les listes de ruban d'or, lesquelles furent données à lad. esglise par maistre Guillaume Journet, du diocèse de Valence, fournies en Rome, bienfacteur et bon zélateur de l'esglise et hospital de Sainct Loys et furent données le jour de la solempnitez de tous les Saincts, l'an 1524.

32. Item troys cintures de soye, deulx noires et l'aultre de diverses couleurs, avec aulcuns boutons de fil d'or et de soye.

33. Item deulx dalmatiques de damas pavonace, avec la stolle et manipule, faites par les confrères de la compagnie Nostre Dame.

34. Item une chasuble et deulx dalmatiques, avec les maniples et deux estolles et les armes de Monsgr [4] le card. de Rouen, de la maison de Stouteville [5], le tout de damas blanc.

35. Item deux autres dalmatiques semblables de damas blanc, sans estolles et maniples et sans armes.

Paremens [6] à mectre devant les autez.

36. Ung parement d'ymbrocat d'or, meslé de velours rouge et figurés de roses grandes d'or.

---

1. « *Futaine*, étoffe de fil et de coton. » (*Gloss. arch.*)

2. « Ad faciendum incarnatum, capias indicum mistum cum auripiumento et fiet colorem, ocrea et album insimul incorporata veniet carnatio. » (*De coloribus*, ms. du XIVᵉ siècle.) — « Item quatuor capæ..... duæ vero incarnatæ. » (*Inv. de la cath. d'Angers*, 1595.) — « Item une chapelle de velours rouge incarnat. » (*Ibid.*, 1596.) — « Sept courtines de taffetas incarnadin d'Espaigue, avec franges et frangeons d'or. Sept pantes de satin incarnadin, relevé de fleurs d'or et d'argent, aux franges et crespines d'or. » (*Inv. de la cath. de Reims*, 1622, n° 593.) — « Item duæ capæ ex satino incarnat. » (*Inv. d'Angers*, 1643.) — « L'autre chasuble à fond blanc, à fleurons incarnats. Une chappe de satin blanc à fleurons incarnadins, d'Espagne. Une fort belle écharpe d'or, à fond d'argent et à fleurons rouge incarnat. » (*Inv. de S.-Père de Chartres*, 1662.)

3. En italien *Salvatore*.

4. Nos usages percent partout. Nous appelons indistinctement *Monseigneur* le Prélat, l'Évêque, et le Cardinal. A Rome, on dit *Monsieur le Cardinal*, pour ne pas rabaisser la dignité cardinalice au niveau de la prélature.

5. En italien *de Stutevilla*.

6. *Paramentum*, terme liturgique consacré d'une manière fixe par la tradition,

37. Ung parement de velour pavonazo et jmbrocat figuré de or, avec les armes [1] de feu Richart de la Baulme, orfèvre, lequel le donna à l'esglise en l'an 1518.

38. Ung parement de velour noir, avec l'ymage de la Conception Nostre Dame, lequel fit faire la confrairie de lad. Conception.

39. Ung parement de damas vert, avec les franges d'or et soye pavonache, doublez de toille, et fut donné à l'esglise par madona Catherine Florentine, en l'an 1518.

40. Ung parement de damas blanc, donné par madona Cristofora Romana.

41. Ung parement de damas rouge, avec les roses de fils d'or, là où est escript *Ludouicus le Guerte* [2].

42. Ung parement de velour noir, avec les armes de la bonne mémoire du cardinal sainct Denys.

43. Ung parement de couleur pavonache, meslez d'imbrocat, et est de diverses couleurs et de longueur de dix paulmes ou environ.

44. Ung parement de sarge noire et, aux deux coustez, de damas noir.

45. Troys aultres parements de peu de valeur pour les jours ordinaires [3], tous avec leurs franges et aultres garnitures.

46. Ung parement de damas gris [4], lequel n'ait poynt de franges, ne aultre garniture alentour.

à laquelle ne prennent pas garde les liturgistes modernes qui écrivent *devant d'autel*.

1. Le parement d'autel n'est généralement pas armorié antérieurement à la fin du XIIIe siècle. Alors, comme au temps de Boniface VIII, selon l'Inventaire manuscrit de la cathédrale d'Anagni, les armoiries, placées aux deux extrémités du parement, accompagnaient la croix centrale à droite et à gauche.

2. L'inscription se brodait au frontal du parement, à en juger par les parements de Clément X, à Sainte-Marie-Majeure, et d'Alexandre VII, à Saint-Jean-de-Latran.

. Voilà la vraie cause qui a fait abandonner en France les parements, c'est qu'ils sont prescrits pour les *jours ordinaires*, tout aussi bien que pour les dimanches et fêtes.

4. « *De veneda in oculis ponenda*. Deinde commisce nigrum cum indico albo, qui color vocatur *veneda*. » (Theophil., *Sched. divers. art.*, c. VI.) — « Item una alia casibla de drap gris, cum cruce de mieja ostada jauno. » (*Inv. de la cath. d'Aix*. 1533, no 315.) — « Trois cappes de drap d'or, tissus de velours gris. » (*Inv. de S.-Omer*, 1557, no 178.) — « Une chasuble de damas gris, d'or, d'argent et de soie, valant le tout vingt livres. » (*Inv. de S. Victor de Nevers*, 1575.) — « Item une chasuble de drap de soye figuré par petits carreaux de couleur grise, avec les orfrois de toilles d'or à losanges. » (*Inv. de la cath. de Reims*. 1622, no 426.) — « Deux chasubles de satin, dont l'un est à fond blanc gris, à fleurons de diverses couleurs. » (*Inv. de S.-Père de Chartres*, 1662.)

Les pailles [1] *pour les mors.*

47. Ung paille d'imbrocat d'or, fourny tont alentour de velour noir [2].

48. Ung paille de soye, avec les armes de la bonne mémoire du cardinal de Rouan [3].

49. Deulx pailles de fustainne noir, avec les croys blanches [4].

Pailles pour la croix.

50. Ung paille de damas blanc figurez, et doublez de tafeta pavonache, avec les armes du roy très crestien, auquel est escript *Confraternitas.*

51. Ung paille de velour noir, lequel fut fait de velour viel.

Pailles pour l'espitre et évangile [5].

52. Ung paille de camelot [6] rouge, avec les franges, doublez de tafeta blanc [7].

53. Ung autre de velour noir.

1. *Pallium* en latin, *pallio, palliotto* en italien, signifient une *couverture.* Cette couverture est mise sur la bière du défunt, au retable, sur l'analogie qui sert à la lecture de l'Épitre et de l'Évangile. Drap mortuaire, le *paille* est aussi teuture et doublier.

2. Tous les draps mortuaires ne sont pas faits autrement à Rome.

3. Ces armes seraient aux coins, si je puis m'en rapporter à une fresque de la bibliothèque Vaticane, postérieure à cet inventaire. Viollet-Le-Duc, dans son *Dictionnaire du mobilier*, a fait graver un drap mortuaire autour duquel pendent des écussons découpés.

4. Ces croix blanches qui écartèlent le drap sont aussi communes en France qu'inusitées en Italie.

5. « Un dossier de pulpitre de velours bleu et franges de soye. » (*Inv. de Reims*, 1622, n° 198.)

6. « *Camelot*, étoffe fine et lisse, non croisée, faite sur le métier à deux marches..... A partir de 1453, les camelots de soie de toutes couleurs sont fréquemment mentionnés. » (*Gloss. arch.*) « Une mandille de camelot gris de soye ondée, garnye de passement et boutons de soye et argent meslé, prisée six escuz. Un déshabillée de camelot ondé de soye grise, doublé de bougrein, garny d'un passement et de frange d'or meslé de soye, prisé ung escu. » (*Inv. du chât. de Quermelin*, 1585.) — « Plus deux pentes et deux rideaulx de camelot blanc. Deux autres chasubles, avec estolles et fanons, l'une de camelot rouge, l'autre de camelot violet, avec passemens de soye rouge et blanc. Un devant d'autel de camelot rouge, avec franges et passemens de soye blanc et rouge. Un devant d'autel de camelot verd, avec passemens et franges de soye verd et blancs. Deux autres rideaux de camelot blanc, avec les pentes et devant d'autel de mesme. Quatre carreaux de camelot, deux blancs et deux rouges, avec des croix de passemens dessus et des huppes. » (*Inv. de la cath. de Reims* (1622, n°° 691, 703, 705, 706, 707, 709.) — Voir sur le camelot la *Revue de l'art chrétien*, 1887, p. 70.

7. Évidemment, ces *pailles* et, plus loin, les *bourses* n'avaient double face, qu'afin de pouvoir servir à deux fêtes de couleur différente et ainsi économiser les frais de deux doublures.

Bourse pour les corporaulx.

54. Une neufve d'imbrocat d'or d'une part et, de l'autre, de damas avec les franges, et la fist faire la confrairie Nostre Dame.

55. Deux aultres neufves d'imbrocat d'ung coustez et de l'aultre de velour pavonache, et y escript *Petrus de Bullis* [1].

56. Une aultre, où est figurée la congrégation des Apôtres.

57. Une aultre de velour pavonache, avec le nom de Jhus en ung soleille [2].

58. Deulx aultres de velour rouge, et en l'une y ait une croix d'imbrocat et en l'autre une croix de satin blanc [3].

Les tapisseries.

59. Sept grandes pièces de verdures [4], donnée à lad. esglise par la bonne mémoire de Benoyst Adam, auditeur de la Rotte, icy à Rome [5].

60. Quatre aultres pièces moyennes, là où est figurez en chescune ung jardin et une fontaine au millieu, et furent données à lad. esglise par la bonne mémoire Charle Marie Chevallier, prévost à son vivant de l'esglise de Cambray [6].

61. Une aultre pièce de tapisserie, en manière d'une portière.

62. Troys aultres petits tapis turquesque.

1. J'ai donné au musée d'Angers une bourse de satin rouge, provenant de Loudun (Vienne), autour de laquelle est brodé NOTRE DAME DE RECOUVRANCE, vocable de la chapelle à qui elle fut destinée, au XVIIᵉ siècle.

2. C'est-à-dire le monogramme IHS, entouré d'une auréole rayonnante et flamboyante.

3. Je citerai seulement pour mémoire *dix autres bourses de diverses couleurs de soye.*

4. Cette dénomination de *verdures* figure au XVᵉ siècle dans les comptes du château de Gaillon. « On appelait ainsi, dit M. Lacordaire, les tapisseries à paysages, de dernier ordre, comme art, où ne figuraient que des personnages et animaux de très petite dimension, sans modelé et dégradation de couleur, autrement que par teintes plates. » (*Notice historique sur les manufactures des Gobelins et de la Savonnerie*, p. 26)

5. La Croix, p. 25 : il fut le 30ᵉ auditeur, de 1501 à 1512. Son nom et ses armes indiquent qu'il restaura la chapelle de S. Jean *in olio*, près la Porte latine. (*Rev. de l'art chrét.*, t. XXI, p. 121)

6. Forcella donne ainsi son épitaphe, d'après les copies de Galletti et de Magalotti (t. III, p. 11, n° 24) :

CAROLO MVCHEVALIER NOBILI
GALLO BELGIO PATRIA SVTSSIONEN
PREPOSITO CAMERACEN PRO PA. PIO
II PON MAX A CVBICVLO FIDE IN
TEGRITATE ET ANIMI SINCERITATE CON
SPICVO EXECVT B. M. POS VIX L
AN. D. V. OB. IIII. NO OCTOB 1511

L'inventaire permet de restituer sûrement les trois premiers mots : *Carolo Ma-(riæ) Chevalier.*

Espalières [1].

63. **Troys** espallières, et en chescune d'icelles sont xxxiij figures, tant d'hommes que de femmes.

Bancales [2].

64. **Ung** de verdures, de longueur de xv paulmes ou environ [3].

Les tapis.

65. **Ung** tapis à mettre sur la capse en la sacristie.
66. **Ung** aultre à mettre soub les pieds, devant le grand autel.

Les baldaquins.

67. **Deulx** baldaquins à mettre au-dessus du grand autez, l'un est d'imbrocatelle blanc avec plusieurs ymaiges de sainctz tout alentour en tafeta rouge et doré et l'aultre est de certain drap d'or despainct.

Les toualles [4] *et aultres linges.*

68. **Troys** toualles, grandes, de quatre paulmes de largesse.
69. **Item** certaines petites toualles, labeurées et figurées de diverses filz, et sont en somme xiij.
70. **Ung** linsceul [5] de v pièces, avec les festuces [6] entremis de filz jausne.
71. **Une** pièce de toille blanche, listée de jaulne, ès deulx coustez p[or] le poulpitre, donnée par une femme spagnole [7], de la compagnie Nostre Dame.
72. **Deulx** sugateurs [8], avec les franges de soye de diverses couleurs.
73. **Une** aultre sugateur quasy neufz, avec les franges blanches et jausnes.
74. **Une** aultre sugateur subtille [9], avec les franges blanches.

---

1. De l'italien *spaliere;* tenture disposée à hauteur d'*épaule*, au dos des bancs ou des stalles, comme on le fait encore à S. Louis pour les fêtes.
2. *Banquiers,* tapis pour bancs.
3. L'Inventaire en ajoute quatre autres *aussy de verdure.*
4. Mot usité au moyen âge pour désigner les nappes de l'autel; en italien, *tovalia.*
5. Drap; en italien, *lenzuolo.* En Poitou, les paysans nomment encore leurs draps des *linceuls.*
6. De l'italien *fetucie,* rubans, galons.
7. En italien, *spagnuola.*
8. En italien, *sciugatore,* essuie-mains.
9. Fin, de l'italien *subtile :* au moyen âge, en France, *soltis* (V. *Revue de l'art chrétien,* 1861, p. 276.)

75. Une aultre sugateur de bombace [1].

76. Quatre aultres sugateurs, longs et neufs.

77. Troys parme listate, 9 sont desià vieulx.

78. Sugateurs, en tout nombre quarante et deux bons et maulvais.

79. XIX aulbes de toilles, avec leurs amicts et cingulo.

Les coussyns [2] ou orrilliers.

80. Ung grand d'imbrocat d'or, avec quatre boutons.

81. Ung aultre d'imbrocat figurez, avec quatre boutons.

82. Ung aultre de velour vert, avec troys boutons.

83. Deulx autres de velour roses seiches [3] figurez, avec certaines bandes sans boutons, et furent donnez par les exécuteurs de feu Viardj.

84. Une aultre d'une partie velour azuré et de l'aultre cuyr rouge.

85. Ung aultre petit de satin rouge, avec les boutons, fourré de toille brochée d'or.

86. Troys aultres, avec des barres blanches et noyres.

87. Ung aultre grand de damas vert figurez.

88. Une aultre de diverses petites pièces d'imbrocat et velour et aultre soyes de diverses couleurs, labouré à roses.

89. Deulx aultres de toilles blanches, labourez tout alentour de soye rouge, et sont en la capse [4] des toualles.

90. Cinque aultres petits de diverses couleurs, d'imbrocat et de soye.

91. Item ung aultre de satin pavonaze et drap jaulne, avec roses blanches.

92. Et quatre aultres qui servent tous les jours, de peu valeur.

Les bassins de cuivre.

93. Troys grans bassyns et ung petit.

1. Coton. « Bombasin et toute autre chose faicte de coton. » (*Dict. de Rob. Estienne*, 1549.)

2. Les *coussins* ont une triple destination : on les met sur l'autel pour remplacer le pupitre et soutenir le missel; quand on porte les morts, la face découverte, à l'église, leur tête repose sur un coussin; et, s'ils sont renfermés dans la bière, ainsi qu'aux jours de service, un coussin marque à l'extérieur, sur le drap mortuaire, l'emplacement de la tête.

3. « Item, unum pannum tartaricum de attabi, quasi rosaceum, foderatum de tela ialda. » (*Inv. de Bonif. VIII*, 1295, n° 1166.) — « Cappe rosate tres, cum esmaldis et nodulis suis argenteis deauratis. » (*Inv. de Clairvaux*, 1405, n° 97.) — « Autre mitre roze de brocard. » (*Inv. de la cath. de Carpentras*, XVIIe siècle.) — Le musée des arts décoratifs, à Paris, possède une chasuble de satin rose, qui est certainement italienne, peut-être napolitaine, et date du XVIIe siècle.

4. *Capsa* en latin, *cassa* en italien, *châsse* ou *coffre* en français.

Aultres choses de cuyvre.

94. Une campanelle [1] de métal.

95. Une navicelle de fer à mectre l'ancense.

96. Ung encensier de fer et certains aultres méchans ferremens.

97. Item ung aubenoystié de métal, sans asperges.

Les chappes.

98. Une chappe grande de satin cramoysi, avec ces offroys et capision [2] figurés de diverses figures, avec les armes [3] du card^{al} d'Arles [4].

99. Item une aultre de tabit blanc, bordurée de vellours rouge imbrocat, avec son capicion.

100. Item une aultre de tabit blanc, consumée, avec son capicion et armes du card^{al} de Rouen.

101. Item une aultre de vellour figuré, blanc, rouge et vert ad roses [5], avec son capicion et armes [6] dud. cardinal de Rouen.

102. Une vielle de soye rouge et céleste, labourée [7] ad roses et fort usée, avec son capicion.

103. Une aultre, aussi vielle, de soye de diverses couleurs, labourée, avec son capicion.

104. Une aultre de soye blanche et pavonaze, labourée à diverses figures, avec son capucin et offroys.

105. Une de chamelot noyr, avec son cappucin et offroys.

106. Une neufve de vellours noyr, avec ses offroys et capicion larges de jmbrocat d'or et une Nostre Dame au meilleu du capicion, donné par maistre Pierre des Bulles [8].

107. Une de satin jucarnat, doublée de tafeta pavonaze, donnée par madona Catherine Prémontoyse [9] et deux pièces de offroys p^{or} parem^t de aultiers, labourez d'or de bassin, avec leurs franges.

---

1. Clochette, de l'italien *campanella*.

2. Capuchon ou chaperon de la chape.

3. *D'or, à trois chevrons de sable, au lambel de trois pièces de gueules en chef.*

4. Philippe de Lévis.

5. Locution imitée des anciens inventaires. Celui de Boniface VIII dit souvent *laboratum ad rosas, ad aves.*

6. Au xvie siècle, les armoiries étaient brodées, comme maintenant, au bas de chaque orfroi, en avant de la chape; en France, au bas du capuchon (V. Musée de Cluny, n° 2480). On les trouve aussi sur la poitrine : « Quedam capa alba de parno aureo renforciato..... in qua sunt arma in pectore domini camerarii Eare. » (*Inv. de la cath. de Lyon*, 1424.) — « Item une chappe de velours rouge, la bille couverte des armoieries de l'Église de Reims. » (*Inv. de la cath. de Reims*, 1622, n° 286.)

7. Travaillée, *laborato, lavorato.*

8. Voir au n° 55.

9 Piémontaise.

Les biens estantz en la capse du trésor de l'esglise.

108. Premièrement, deulx petites cassettes là où sont plusieurs et diverses reliques de saincts et une aultre capsète, là où est despainte l'image de saint Jérosme et y sont aussy de reliques.

109. Item la tunique et sandale, avec les souliers et les gantz, et ung anneau gros de leton dorez [1].

110. Item une campanelle d'argent.

111. Item troys cuiliers d'argent [2].

112. Item deux tasses d'argent, esquelles y ait une fleur de lys dépaint en smalte, avec certainnes lectres alentour.

113. Une aultre tasse d'argent sans armes. La pareille perdit le sacristain de l'esglise, qui estoit en l'an 1523, appellez mess. Jaque, et luy fut rabatue la valeur d'icelle sur son salaire.

114. Item une aultre petit tasse d'argent, avec certainnes armes [3].

115. Deulx messel, en parchemyn [4].

116. Ung myroy d'assier.

1. Le *Musée chrétien du Vatican* possède plusieurs gros anneaux en cuivre doré, ciselés aux emblêmes des quatre Évangélistes, avec une pierre fausse au chaton. Ils étaient destinés à être portés par-dessus des gants, le plus ordinairement en peau, ce qui explique leur grosseur; leur date est à peu près celle de l'Inventaire. La *Revue de l'art chrétien* (1890, p. 664) a publié un anneau de ce genre. J'en ai décrit un certain nombre dans un opuscule intitulé : l'*Anneau d'investiture du musée de Montauban*, 1881.

2. Cuillers affectées aux navettes ou même aux burettes, car à l'offrande le sous-diacre doit mesurer et goûter l'eau avant de la mettre dans le calice.

3. L'Inventaire de 1618 est plus explicite, car il ajoute, après avoir mentionné deux *tasces d'argent doré*, « pour donner l'ablution aux communiants. »

4. La bibliothèque de Saint-Louis en garde un qui est imprimé sur ; archemyn.

SAINT-LOUIS-DES-FRANÇAIS [1]

(1618)

« Veniet tempus in quo ista, quæ nunc latent, in
» lucem dies extrahet, et longioris ævi diligentia. »
(Sénèque, liv. viii.)

Au mois de septembre 1853, j'étais occupé à prendre connaissance de la bibliothèque de l'établissement national de Saint-Louis-des-Français à Rome, lorsque, en remuant quelques livres couverts de poussière et relégués sur des rayons écartés, j'aperçus, comme cachées derrière eux, plusieurs liasses de pièces manuscrites, égarées sans doute des archives. Je me mis immédiatement à les parcourir, et, à ma grande satisfaction, je pus bientôt constater la découverte d'anciens inventaires donnant avec détails l'état de Saint-Louis aux xvie, xviie et xviiie siècles.

Parmi ces documents inédits, il en est trois plus importants que les autres, soit par leur étendue, soit par les matières qui y sont traitées. Voici leurs titres respectifs :

I. *Inventarium bonorum mobilium ad ecclesiam S. Ludovicj pertinen.*, anno 1525.

1. *Notice sur l'état de l'église nationale de S. Louis des Français, à Rome, au XVIIe siècle;* Poitiers, Dupré, 1855, in-8º de 128 pag. Extr. des *Mém. de la Soc. des Antiq. de l'Ouest*, tir. à part à 25 ex.
Comptes rendus dans la *Revue des sociétés savantes*, 1856, t. I, p. 49 ; la *Revue de musique ancienne et moderne*, 1856, p. 705-706 : « notes succinctes, mais très érudites et très intéressantes » (Th. Nisard); les *Annales archéologiques*, 1856, t. XVI, p. 203 : « La terminologie de toutes les étoffes est importante pour la synonymie actuelle. Chemin faisant, M. Barbier de Montault donne des notes nombreuses au bas des pages, et il explique une foule d'usages liturgiques, particuliers à Rome ou modifiés par les usages français. Nous voyons avec un vif plaisir l'intérêt qu'on attache à ce genre de publications ; c'est une branche de l'archéologie que l'on étudie enfin et qui ajoutera beaucoup à nos connaissances » (Didron); dans la *Revue de l'art chrétien*, 1857, t. I, p. 287 : « Cet inventaire est fort important sous le triple rapport historique, archéologique et liturgique. Son savant éditeur l'a accompagné d'un grand nombre de notes d'un haut intérêt... Ces notes contiennent des détails archéologiques et historiques ou des renseignements liturgiques; ces derniers surtout nous paraissent avoir un intérêt particulier, maintenant que chaque diocèse de France embrasse avec amour la liturgie romaine, et plus d'un ecclésiastique pourra profiter des nombreux renseignements contenus sous une forme si simple et si modeste dans cette publication » (Ch. Salmon).

II. *Inventaire de l'église et sacristie de Sainct Louys des Françoys,*
anno Dni *1618.*

III. *Inventarium sacristie S. Ludovici, 1649.*

Il suffit de jeter un coup d'œil sur ces pièces pour se convaincre
de leur valeur réelle et du haut intérêt qu'elles présentent au **triple
point de vue** de l'histoire, de l'archéologie et de la liturgie. En effet,
presque à chaque page on y lit les noms de personnages célèbres,
de familles illustres dont la générosité et la piété sont attestées par
des dons précieux. Les objets d'art y sont décrits avec un soin particulier; nous en connaissons la forme, la nature, l'ornementation :
source féconde de renseignements profitables à l'archéologie qui,
au moyen des textes, essaye de reconstituer ce qui n'existe plus.
Nous y retrouvons enfin les anciennes traditions du culte et un
mélange heureux des usages de l'Eglise de Rome et de celle de
France.

Saint-Louis avait d'immenses richesses renfermées dans le trésor
de sa sacristie. Que sont-elles devenues ? La réponse est triste et
coûte à dire. Comme en France, la révolution et la mode ont tout
emporté, tout sacrifié.

M. l'abbé Héry raconte en ces termes le premier dépouillement
de Saint-Louis :

« L'armistice de Bologne (28 juin 1796), qui précéda la paix de
Tolentino, imposait à Pie VI l'obligation de payer à la République française une contribution de 20 millions en numéraire, en dehors d'une
seconde contribution en tableaux, statues, manuscrits et autres objets d'art.
Le trésor pontifical n'y pouvait suffire, même en épuisant le reste des
épargnes déposées au château Saint-Ange par Sixte-Quint. Pie VI fit un
appel aux établissements pieux. Tous les meubles d'or et d'argent des
églises, couvents, colléges, hôpitaux, à la réserve des vases sacrés les
plus indispensables au culte, furent portés à la Zecca (hôtel des monnaies).
Saint-Louis regarda à devoir de répondre à cet appel, auquel il lui eût été
facile de se soustraire. Le commissaire chargé de recueillir les envois des
maisons religieuses était le marquis Patrizzi; or le marquis Patrizzi attesta,
par écrit, avoir reçu de l'institution française, pour être mis à la disposition de Sa Sainteté, un bris de matière d'or et d'argent d'une valeur de
20,000 écus romains, soit environ 120,000 francs [1]. »

Malgré la mesure énergique et extrême prise par Pie VI, il

1. *Institution nationale de Saint-Louis-des-Français à Rome,* par M. l'abbé
Héry, chapelain-bibliothécaire de Saint-Louis; Paris, 1863, p. 27.

restait encore à Saint-Louis quelques vestiges de sa splendeur passée, et, aux beaux jours de ses fêtes, l'église pouvait encore se parer de ses étoffes armoriées, de ses broderies élégantes et de ses gracieuses guipures. Mais toutes ces raretés, n'étant plus de notre siècle, furent promptement vendues comme vieilleries et remplacées par des étoffes moins chères et d'un goût plus nouveau. La date de ce dernier dépouillement est assez récente : par convenance, je la tairai.

Nos inventaires n'ont donc plus d'actualité et rentrent forcément dans le domaine de la chronique. C'est à ce titre que je me suis empressé d'en offrir une copie à la Société des Antiquaires de l'Ouest. Puisse-t-elle y voir une marque de mon zèle à la seconder dans ses grands et utiles travaux !

Je commence par la publication textuelle de l'inventaire de 1618, comme le plus complet et résumant le mieux ce qui est contenu dans les autres, mais je mets entre parenthèses ce qui, dans l'inventaire de 1649, complète les articles similaires. J'y joins une glose courte et précise, qui me paraît indispensable pour la parfaite intelligence de certains passages.

INVENTAIRE [1]

DE L'ARGENTERIE, ORNEMENTS, VESTEMENTS ET MEUBLES DE L'ÉGLISE ET SACRISTIE DE SAINCT LOUYS DES FRANÇOIS DE LA PRÉSENTE CITÉ DE ROME.

Anno Dni 1618 et die 6 Martij, Pontificatus Smi D. Nrj Paulj Papæ Quintj, fuerunt consignata jnfrascripta mihi Johannj Ludovico à Reviliasco [2], sacristæ [3] ecclesiæ Sti Ludovicj nationis Gallicanæ, existentibus Rectoribus [4] dictæ ecclesiæ R. D. Henrico de Sponde et D. Dominico Le Moyne.

---

1. « C'est icy la minute de l'Inventayre de la sacristie de S. Louys, contenant douze feuilles entières, c'est-à-dire 48 pages pleines : laquelle fut faite premier par M. le secrétaire, sur la consignation qu'on luy fit desd. meubles. Depuis il en a fait une autre copie, qui est en meilleur ordre que cestuicy. » (*Note de 1618.*) C'est cette copie que je reproduis.

2. « *In capella Sti Matthei.* — R. D. Joannes Ludovicus Revigliascus, sacrista, Avenionen. » (*Note des archives.*)

3. La charge de *sacriste* était et est encore maintenant la troisième charge honorifique dans l'ordre hiérarchique de la communauté de Saint-Louis.

4. L'église, étant alors érigée en paroisse, avait pour l'administrer un *recteur* et un *vice-recteur*

« Saint-Louis, *paroisse* depuis sa fondation, perdit ce titre et ses droits y inhé-

I. — *Les reliques enchassées en argent et en bois, et autres reliques.*

1. Premièrement un vase d'argent, garni de vitre autour, avec une croix d'or, dans laquelle y a du bois de la Ste-Croix, le tout ancien.

2. Item un vase d'argent à l'antique, entouré de vitre, dans lequel y a les ossements d'unne main d'un sainct, enchassés en argent.

3. Item un autre vase d'argent à l'antique, dans lequel y a divers ossements de saincts, donné par le sieur de Rochchoard, sieur de Mortemard [1].

4. Item deux quesses grandes de bois doré, dans lesquelles y a quatorze chefs de saincts et plusieurs autres reliques. L'une desquelles quesses a esté faicte du sieur Raimond [2] et l'autre du sieur du Bart.

5. Item quatre vieux reliquaires de bois doré, deux desquels sont faicts en ovalle et les autres deux en quarré, dans lesquels y a plusieurs et diverses reliques de saincts.

6. Item deux bras de bois doré, fort anciens, dans l'un desquels sont des reliques de sainct Estienne et en l'autre de Ste Pudentianne. L'un desquels a esté donné par le sieur Jacques de Butil, baron de Fontayne.

7. Item deux reliquaires fort anciens, à la cornice [3] de l'un desquels est

---

rents en 1840. Cette cessation d'un privilège, honorable à la nation, fut fâcheuse et regrettable. Elle fut l'objet de longs pourparlers entre notre légation et la chancellerie romaine. » (Héry, p. 39.)

1. Peut-être faut-il attribuer ce don au sieur de Rochechouart de Mortemart, mort à Rome en 1592, à l'âge de 22 ans, et enterré à Saint-Louis (P. Anselme, t. IV, p. 679.) Voici son épitaphe :

D. O. M.

FRANCISCO RVPISOARDO
MORTEMARTO ADOLESCENTI
GALLO NOBILISS · ET · OPT·
QVEM PIA MATER IOANNA
DE SAVLX · A TAVANNES
EX CIVILIVM BELLORVM
FLAMMIS EREPTVM ROMAM
AD PERDISCENDAS PACIS
BELLIQ. ARTES MISERAT
SÆVA PLEVRITIDE ABSVMTO

Forcella y ajoute, d'après une ancienne copie (t. III, p. 29, n° 73) :

OBIIT AN · AET · XVI SAL · MDXCII · XVII DECEMB.

2. « Benigni Remondi Lingonensis, singul. mensib. missæ tres. 18 oct. 1601. D. Joannis Remondi Lingonen., singulis mensibus missæ duodecim. 1 octobr. 1594. » (*Kalend. Benef.*)

« 2 Aprilis. — R. D. Ludovicus Debar, Senonen. 30 die 1591. » (*Ibid.*)

La plupart des noms des donateurs se retrouvent dans le *Calendrier des bienfaiteurs.*

3. Encadrement en manière de *corniche*, style d'architecture : en italien, *cornice.*

escript *Societas S*^{cti} *Sebastiani* [1] et l'austre a esté donné du Sr Robert Carres.

8. Item une petite croix d'argent avec sa chesnette d'argent, dans laquelle y a certaines reliques et se peult porter au col, laquelle a esté donné du frère du sieur Augustin Turinette, ayant sa bource de toile d'argent et soye turquine [2].

9. Item un chef, enchassé dans du bois doré.

10. Item deux anges de bois, painct et doré.

11. Item un tabernacle de bois doré pour mettre le St-Sacrem^t, lors qu'on met les quarante heures [3].

12. Item un tabernacle de bronze, avec seix anges, pour mettre tout autour, sans chapiteau et croix (donnés par le cardinal Contarel).

13. Item un petit tabernacle de bois doré, que l'on met aux chappelles pour faire la communion.

14. Item un petit tabernacle de bois doré, qui est sur le grand autel où repose le Sainct Sacrement [4].

1. Cette confrérie, qui avait sa chapelle propre, fêtait chaque année son patron, comme il résulte d'une note des archives, signée du curé Pichot.

« Lista per la festa di S. Bastiano, a li 20 di Genaro 1616. *Dato*, per li musici............ 3 (écus) » (baloques)

« per il curato....................................	»	»	60	»
« per il diacono e sottodiacono....................	»	»	60	»
« per il sacristano	»	»	60	»
« per j chierici...................................	»	»	30	»
« per l'organista..................................	»	»	50	»
« per alzar j mantici (au souffleur)...............	»	»	30	»
« p^r la cera si faccia un *memoriale* separato di otto al droguere.				
« per il festarolo.................................	»	»	70	»
	6	»	60	»

« Mag^{co} Sr Giovan. Marchant, tesoriere della chiesa di S. Luigi, cui piache a pagare al R. Pietro Pichot, curato e sacristano di d^a chiesa scudi sei con *baiocchi* 60, per la satisffatione della festa sopra et piglandone ricevuta, ne faranno..... boni nelli conti nostri di sacristia, questo di 2 di marzo 1616. — Nicolo Lombart rett^{re}. »

« Io, P. Pichot, curato di S. Luigi, ho ricevuto dal molto mag^{co} Giovan. Marchant, tesoriere di d^a chiesa, scudi sei b. 60, per la festa sopra, questo di 6 di marzo 1616. — P. Pichot. »

2. Bleue : de l'italien *turchina*.

« Pour VIII aulnez dymie taphetas turquin. » (*Compte de* 1492.) — « Item una capa ex satino turquino bleu. » (*Inv. de la cath. d'Angers*, 1495.)

« *Turquin*, c'est une épithète qui se donne au bleu quand il est bien foncé. » (*Dict. de Trévoux*.)

3. La dévotion des 40 heures fut établie à Rome par St Ignace. — Chaque église conserve, une ou deux fois l'an, le Saint Sacrement exposé avec solennité au milieu d'une chapelle ardente, durant l'espace de deux jours.

4. Suivant l'usage de France, car on trouve bien rarement en Italie le Saint Sacrement au maître-autel. Presque toujours il est déposé dans une chapelle latérale.

15. Item deux pieds [1] de bois doré, avec plusieurs fleurs de lis, po[r] y mettre et reposer les sainctes reliques.

16. Item une quaisse [2], avec sa serrure et clef et cloux dorés, couverte de velours violet. Et le dedans, garny d'armesin rouge (doublé par dedans de taffetas rouge) [3], pour y reposer le St Sacrement le jeudy sainct.

II. — *Croix d'argent.*

17. Item une croix d'argent avec son crucifix du mesme argent (et pèse six livres et neuf onces), qui a esté donné à la présente église par le cardinal d'Ossato [4], avecq son pied triangulaire.

1. On avait autrefois l'excellente idée de donner au reliquaire la forme de la relique qui y était enchâssée. C'est pourquoi nous rencontrons continuellement dans les anciens inventaires ces termes de *chef, bras, pied,* etc.

2. La coutume à Rome est de mettre, le jeudi saint, l'hostie consacrée dans un coffret que l'on ferme à clef.

3. Autre usage français. La rubrique du missel romain n'admet pour le Saint Sacrement d'autre couleur que le blanc.

4. « Ce cardinal mourut le 13 mars 1604, dans la 68e année de son âge..... Les funérailles de d'Ossat furent solennelles. Le Sacré collège y assista. Le P. Gallucci, jésuite, prononça l'oraison funèbre. Après la dernière absoute, on descendit le corps dans les cryptes de Saint-Louis. L'inscription mortuaire se voit encore dans la chapelle dite des Valois. » (Héry, p. 32.)

Cette inscription ne date que de 1763, époque à laquelle l'ambassadeur de France voulut, par un tableau en mosaïque et quelques lignes commémoratives gravées sur le marbre, perpétuer le souvenir du grand et habile diplomate auquel Henri IV avait dû son absolution. On y lit (Forcella, t. III, p. 54, n° 139) :

MONVMENTVM ·
ARNALDO · OSSATO · S · R · E · PRESBYTERO · CARDINALI ·
OB · INSIGNIA · IN · SVOS · REGES · VNIVERSAMQ ·
CHRISTIANAM · REMPVBLICAM ·
MERITA ·
INGENTI · APVD · OMNES · FAMA · ADMINISTRO ·
DVDVM · IAM · A · PETRO · BOSSV · ET · RENATO · COVRTIN ·
VTRO QVE · A · SECRETIS ·
AN CIƆICC · IV · VIX · AB · OBITV · IPSIVS · EXCITATVM ·
SED · AEVITATE · NOVAQVE · TEMPLI · MOLITIONE · DISIECTVM ·
COMES · MATHAEVS · DE BASQVIAT · DE · LA · HOVZE ·
ET · DE · BONNEGARDE · EQVES · HIEROSOLIMITANVS ·
PRIDEM · AD · VTRIVSQ · SICILIAE · REGEM ·
MOX · AD · PP · CLEMENTEM · XIII · LVDOVICI · XV · ORATOR ·
AD · PERENNANDAM · CONTERRANEI · SVI · MEMORIAM ·
ET · AD · GALLICI · NOMINIS · SPLENDOREM ·
RESTITVIT ·
TITVLVMQ · CVM · IMAGINE · OPERE · MVSIVO ·
AERE · SVO · PONI · FECIT ·
AN · CIƆIƆCC · LXIII ·

L'épitaphe primitive est rapportée par Forcella, t. III, p. 32, n° 82 :

ARNALDO OSSATO GALLO S · EVSEBII PRESB · CARD ·
EP · BAIOCEN · QVI OMNIVM PER MVLTOS ANNOS

18. Item un autre grande croix d'argent, avec son crucifix d'argent et la pomme au pied d'icelle ausy d'argent et son baston de bois argenté [1], qui sert à la procession (et pèse neuf livres, trois onces et dix neuf deniers).

19. Item unne petite croix de cristal, avec le crucifix d'or et le pied d'argent doré, semée de pierres précieuses faulces, avec son estuy doublé de tafetas rouge.

20. Item une croix d'argent, avec le crucifix d'argent (laquelle pèse sept livres, cinq onces), de la chappelle de St Nicolas.

III. — *Des chandeliers et lampes d'argent.*

21. Item deux grands chandelliers d'argent, ayants les pieds en forme triangulaire, et à trois branches pour chascun pour tenir trois chandelles, ayants aux pieds trois images de St Louis en relief et pesant quarante livres, lesquels ont esté donnés par le cardinal Contarel [2].

22. Plus deux autres vieux chandelliers d'argent doré, ayants les pieds en forme ronde, parsemez de fleurs de lys, le tout à l'antique et pèsent dix livres et demye, donnez par l'Illme cardal Contarello, de bonne mémoire.

GALLICANORN IN VRBE NEGOTIORN CONSILIORVMQ
PARTICEPS ET ADMINISTER RARISSAE IN REGES
SVOS FIDEI EGREGIORVMQ MERITORN
TESTIMONIO SACRA PVRPVRA ORNATVS
AMPLISSI · ORDINIS DIGNITATEM ET SAPIENTIAE
INTEGRITATIS FAMA EAQ OFFICIORN IN OMNES
PROPENSIONE CVMVLAVIT VT SVI DESIDE
RIVM EXTERIS QVOQ NATIONIBVS CVM
ADMIRATIONE RELIQVERIT
VIXIT AN · LXVII M · VI · D · XX ·
DECESSIT PRID · ID · MART · MDCIV
PETRVS BOSSV LVGDVN · CVBIC · PRAESE · A
SECRETIS ET RENATVS COVRTIN ANDEG
A CVBIC · ITEM ET SECR · EX ORIENTIBVS HAERED ·
PATRONO OPTIMO ET INDVLGENTISS · S · P · P · C ·

1. Presque toutes les croix processionnelles dont on se sert aujourd'hui en Italie n'ont pour hampe qu'un bâton de bois peint.

2. « L'église de Saint-Louis était achevée à l'intérieur : l'argent manquait pour commencer et conduire à fin la façade; le cardinal dataire (Cointrel ou *Contarel*, comme les Italiens l'appellent) s'obligea à fournir aux dépenses de cette construction, et il tint noblement parole. De plus, il fit cadeau d'une somme élevée pour subvenir à l'ornementation des nefs et de la tribune, acheta des vases et des ornements sacerdotaux, enfin commanda les marbres et les tableaux de la chapelle où il voulait être inhumé après sa mort. Cette chapelle porte le nom de son patron, l'évangéliste saint Matthieu. La toile du retable et les deux toiles latérales .. représentent le Christ appelant Matthieu à l'apostolat, Matthieu à son bureau de publicain, et Matthieu martyrisé par le glaive, sur les degrés de l'autel où il vient de célébrer les saints mystères. Les peintures sont regardées comme une des belles œuvres de Michel-Ange de Caravage... Malheureusement les couleurs ont poussé au noir, et la chapelle n'étant éclairée que par la lumière en reflet qui lui arrive

23. Plus quatre autres chandelliers d'argent, ayant les pieds en triangle et le champ blanc, donnez à la dᵗᵉ église par le cardinal d'Ossato, pèsent tous quatre unze livres et six onces.

24. Plus six autres grands chandelliers d'argent pour le grand autel, ayants les pieds faicts en triangle, avec des images de la très Sᵗᵉ Vierge, de Sᵗ Denis et de Sᵗ Louis [1]. Les deux plus grands pèsent dix neufs livres, trois onces, et les plus petits sèze livres, cinq onces [2].

25. Plus quatre autres chandelliers d'argent, ayants pareillement les pieds en triangle, avec les images de Sᵗ Nicolas et de Sᵗᵉ Catherine, et pèsent sèze livres, lesquels servent pour la chappelle de Sᵗ Nicolas [3].

de la nef, il est difficile de saisir aujourd'hui l'ensemble et le fini de la composition. » (Héry, p. 22.)

A l'entrée de la chapelle, devant l'autel, une plaque ronde de porphyre est encastrée dans le pavé. On y lit cette inscription :

D · O · M
MATHAEO · CONTARELLO
TIT · S · STEPHANI
S · R · E · PRES CARD ·
HVIVS · SACELLI · FVNDATORI
VIRGILIVS · CRESCENTIVS
EX · TEST · HAERES · POS ·
M · D · XC ·

1. Titulaires de l'église. — « Pendant l'année 1478, trois bulles de Sixte IV autorisent : la première, *la création d'une paroisse française, sous le vocable de la Sainte-Vierge, de Saint-Denys et de Saint-Louis, de laquelle relèveraient tous les nationaux français, quel que fût leur domicile dans la cité;* la seconde, *l'érection d'une confrérie française avec droit patronal, administratif et réglementaire de ladite paroisse;* la troisième, *l'échange de terrains ecclésiastiques compris dans l'emplacement des locaux projetés.* » (Héry, p. 12.)

2. Conformément aux prescriptions liturgiques, les six chandeliers de l'autel n'étaient pas de même hauteur : « Ipsa candelabra, dit le Cérémonial des évêques non omnino inter se æqualia sint, sed paulatim, quasi per gradus ab utroque altari latere surgentia, ità ut ex eis altiora sint hinc inde a lateribus crucis posita. » (*Cærimoniale episcoporum, iussu Clementis VIII, pont. max., novissime reformatum;* Romæ, 1606, lib. I, cap. 12.)

3. « L'intérieur du monument (de l'église de St Louis) rappelle les basiliques antiques. Une nef principale, accompagnée de deux nefs latérales de moindre dimension, est terminée à son chevet par une tribune en hémicycle. Les besoins du culte catholique ont forcé d'ouvrir dans les parois de clôture dix chapelles destinées à recevoir les autels secondaires. » (Héry, p. 15.)

Ces dix chapelles sont disposées dans l'ordre suivant, en remontant du bas de la nef vers le chœur :

Côté droit.	Côté gauche.
1. Chapelle de St-Mathieu.	Chapelle du Crucifix.
2. — de Notre-Dame.	— de St-Remy.
3. — du St-Sacrement ou de St-Louis.	— de la B. Jeanne de Valois.
4. — de St-Nicolas.	— de Ste-Cécile.
5. — de St-Sébastien.	— de St-Jean-Baptiste, aujourd'hui de St-Jean-l'Évangéliste.

26. Plus deux petits chandelliers d'argent, sans travail, qu'on met au costé du St Sacrement [1].

27. Plus une grande lampe d'argent, avec trois petites autres et chesnettes de mesme argent pendües à la grande, laquelle pèse vingt trois livres et demye, et les trois petites pèsent toutes ensemble sept livres, huit onces.

28. Plus deux autres lampes d'argent, plus petites, fort usées, une desquelles sert à Nostre Dame, et l'autre au crucifix, et pèsent deux livres et quatre onces et demie entre toutes deux [2].

29. Plus deux petits boccalets [3] d'argent pour les chandeliers des accolites, qui pèzent entre tous deux neuf onces ou environ.

1. Actuellement, quand on sort le St Sacrement du tabernacle, soit pour la bénédiction, soit pour l'exposition, il est requis d'avoir vingt cierges allumés sur l'autel, dont quatre près de l'ostensoir.

2. Une note du sacristain Bréviaire nous donne quelques détails sur les lampes entretenues à St-Yves, à St-Louis et au Sauveur. Je la cite en entier : « LAMPES. — *Saint-Yves.* — Celle qui est devant le S. Sacrement brûle nuit et jour. — Il y en a deux autres; mais elles sont entretenues par deux particuliers, selon leur dévotion.

« *Saint-Louis.* — Celle qui est devant le S. Sacrement brûle nuit et jour. — Celles de la Madone et de S.-Mathieu ne sont point fondées. On les allume tous les jours le matin, et on les éteint après les messes. — Celle du Crucifix a esté fondée *à perpétuité* par le nommé Estienne Arnaud, savoyard, qui mourut en 1642, ayant esté 40 ans chapelain de St-Louis, et qui fit héritière la congrégation. On l'allume et l'éteint comme les deux précédentes. Mais je demande si cette clause (*à perpétuité*) n'oblige point à l'allumer nuit et jour. — Dans la sacristie on en allume une en y entrant, qui sert à allumer les cierges pour les messes qui se disent. Elle ne s'éteint que quand tout est finy. — On en allume une autre pour voir écrire la messe qu'on vient de dire. Elle s'éteint quand le jour sufit pour cela. — A 24 heures, on en allume deux pendant quelque demye heure. — BRÉVIAIRE, sac.

« *S. Sr Sauveur.* — Celle qui est devant le S. Sacrement brulle nuit et jour. — Celle du S.-Joseph est entretenue par le Boullanger. — Celle du Crucifix a été fondée par la nommée Therèse Botti, qui a donné quelque lieux de monts pour cela. Elle s'allume le matin, et ne s'éteint que le soir, lorsqu'on ferme la chapelle. Je demande si cela suffit. — Celle du coin est entretenue selon la dévotion de quelques particuliers, ouy et non. — Celle de la Madonne n'est pas fondée; mais un particulier, depuis 2 ou 3 ans, a donné tous les ans 6 écus. Elle brûle nuit et jour. — Les deux petites lampes devant le Christ mort n'ont point de revenu, n'étants que depuis le commencement d'aoust. On les allume depuis le matin iusques au soir. »

3. De l'italien *boccaletto*, douille de bois ou de métal, superposée à la bobèche du chandelier et destinée à maintenir le pied du cierge.

A Rome, où l'on n'épargne certainement pas la cire, les cierges sont massifs. Le boccalet devient alors indispensable pour les soutenir. Nous l'avions en France dans les deux derniers siècles, comme on peut le voir par les gravures du temps. (V. *La manière de se bien préparer à la mort... avec de très belles estampes emblématiques, expliquées* par M. de Chertablon, prêtre et licencié en théologie; Anvers, 1700, p. 29, 58 et 59.) Nous ne l'avons abandonné que du moment où, par une économie ridicule, nous avons creusé nos cierges comme des tubes, ne leur laissant qu'une mince pellicule à l'extérieur, et, sous prétexte de perfectionnement, nous en sommes venus enfin à substituer à la cire ces autres tubes de fer-blanc, plus économiques encore, que l'on nomme *souches*.

IV. — *Des chandelliers de leton* [1] *pour les autels et de bois pour les torches à l'eslévation du Saint Sacrement.*

30. Item dix grands chandelliers de bois pour mettre les torches, tant bons que mauvais, tous avec leurs patènes [2] et boccalets de cuivre.

31. Plus vingt huict chandelliers de leton. les uns ayant les pieds en triangle et les autres ronds, quatre desquels servent au grand autel et sont plus grands que les autres, lesquels sont touts petits.

32. Plus huict chandeliers de leton, qui servent à St Sauveur.

33. Plus deux grands chandelliers de leton, avec leurs lampes, qui servent au grand autel [3].

34. Plus un bras de leton, mis sur la petite porte du chœur, pour mettre une torche pour l'eslévation du St Sacrement [4].

35. Plus un grand chandellier de marbre [5], parsemé de fleurs de lys, pour tenir le cierge paschal [6].

V. — *Vases d'argent et autre argenterie dorée.*

36. Item un vase d'argent doré, autrement dit ciboire, avec sa couverture, petite croix dessus d'argent et son petit pavillon [7] de toile d'argent lisse, avec frange d'or et soye blanche, où se met le Sainct Sacrement dans le tabernacle du grand autel.

1. « *Laiton*, métal factice, qui se fait avec du cuivre rouge, dans lequel on mêle de la calamine, qui est un minéral jaune. » (*Dict. de Trévoux.*)

2. Plaque de métal, relevé sur les bords, que l'on place au-dessus de la bobêche pour recevoir la cire qui goutte du cierge.

3. Ces chandeliers se mettent maintenant à l'entrée du chœur, et, au lieu de lampes, portent des cierges.

4. Il est à regretter que l'ancien et symbolique usage d'allumer une *torche* au moment de l'élévation ait disparu complètement de toutes les églises de Rome. Cette lumière, plus vive que celle des autres cierges, et qui ne se montrait qu'au moment de la consécration pour disparaître après la communion du prêtre, indiquait aux pieux fidèles la présence réelle de Jésus-Christ sur l'autel, comme le cierge pascal rappelle le souvenir des quarante jours qu'il passa sur la terre après sa résurrection.

5. Il y aurait une étude archéologique d'un haut intérêt à faire sur les anciens chandeliers de marbre qui restent encore dans les basiliques de Rome. A part celui de St-Paul-hors-les-murs, qui est de style roman et tout couvert de bas-reliefs, les autres affectent la forme d'une colonne torse, ornée d'émaux de diverses couleurs incrustés en mosaïque. Rien de plus délicat et de plus élégant que ce travail des xiie et xiiie siècles. Je mentionnerai comme les plus curieux les chandeliers de Ste-Marie *in Trastevere*, de Ste-Marie *in Cosmedin*, de St-Laurent-hors-les-murs, de St-Clément et de St-Jean-de-Latran.

6. On a l'habitude à Rome de peindre le cierge pascal. Chaque église y fait représenter, au milieu de rinceaux et de fleurs, son patron et l'agneau de Dieu avec l'étendard de la résurrection. Ces cierges pèsent de 20 à 30 livres.

7. A Rome, comme en France, on couvre le ciboire d'un petit pavillon ; nos liturgies particulières l'exigeaient de couleur rouge, tandis qu'ici il doit être blanc.

37. Item un autre vase de mesme, plus grand, d'argent doré, avec sa couverture d'armesin blanc, avec sa frange et tresse d'or et sa petite croix, lequel sert pour porter la communion aux malades.

38. Item un petit vase d'argent, faict en façon de coquille [1] (faict en forme de gondole). et deux petits vases d'argent pour meptre les S[tes] huiles de baptesme et extrème-onction, avecq quatre autres vases d'estain por les S[tes] huiles, l'un plus grand et les trois autres plus petits, toutz lesquels vases sont entre les mains de Monsieur le Curé.

39. Item une tasse d'argent doré, pour donner l'ablution aux communiants [2] (et pèse dix onces).

40. Item une autre tasse [3] d'argent doré, pour aussi donner l'ablution aux communians.

41. Item un grand bassin d'argent (il pèse trois livres, dix onces), au milieu duquel est l'imaige de Sainct Nicolas, donné par le sieur Albert Gaillard.

42. Item un petit bassin rond d'argent, donné par le seigneur cardinal d'Ossat, lequel est doré à demy par le dedans. (Il pèse dix-sept onces et demye.)

43. Item deux burettes d'or et un petit bassin d'argent doré pour lavabo, données par le s[r] Raymont, où sont ses armoyries. (Les burettes pèsent neuf onces et neuf deniers, et le bassin quinze onces et dix-neuf deniers.)

44. Item un paire de burettes d'argent, faicts à la moderne, enrichis de quelques fleurs de lys. (A l'entour, en partie dorées, et pèsent onze onces et neuf deniers.)

45. Item deux empoulines d'argent lisse, avec bon petit bassin d'argent (plus un petit plat d'argent blanc pour les burettes).

46. Item deux empoulines de cristal, garnies d'argent doré (avec leur estuy de cuir rouge... et valent dix escus), donnéez par le seigneur cardinal d'Ossat.

---

1. La coquille d'argent servait à quatre fins : à verser l'eau dans le calice, à contenir le sel employé à l'eau bénite et au baptême, enfin pour baptiser : « Item deux coquilles d'argent qui sont percées. Item six petites coquilles d'argent, pour mettre l'eau dans le calice, dont une dorée. Item une grande coquille d'argent ouvragé, cassée. » (*Inv. de Cluny*, 1382, n°s 179, 180, 181.) — « Une coquille à mectre le sel à l'eau benoiste, à 2 écussons d'argent. » (*Inv. royal*, 1400.) — « Une coquille d'argent, servant à mettre le seel pour faire l'eau béniste. » (*Inv. de N.-D. de Paris*, 1483.) — « Une coquille d'argent, pèse cinq onces six gros. » (*Inv. de la cath. de Chartres*, 1545, n° 60.) — « Une escafecte d'argent à mettre le sel en faisant l'eaue béniste ». (*Inv. d'Amiens*, 1549.) — « Item une coquille d'argent pour baptiser. » (*Inv. de Clamecy*, 1679, n° 25.) — « Un bénitier avec son goupillon, une coquille et une petite cuillère, une boîte à charnière et à pène. » (*Inv. de l'abb. de Maubuisson*, 1791.)

2. Il est très important, pour l'histoire de la liturgie, de constater cette coutume mentionnée dans les inventaires de 1618 et 1649.

3. « Un tazza d'argento per communicare. » (Da Montone, *Cronica della vera origine ed azioni della famossisima contessa Matilda*, Mantova, 1592, in-4°, p. 115.).

47. Item une esvière [1] d'argent, sans couverture, donné par ledict sieur Gaillard.

48. Item une petite boueste, avec sa couverture d'argent, pour tenir les hosties [2], donné par led. Sʳ Cardinal d'Ossat.

49. Item une custode à porter le Sainct Sacremᵗ le jour de la Feste-Dieu, avec son soleil et cristal de chaique costé, le tout d'argent doré, avec trois figures du Roy de France sur le pied, fort ancien. (Et pèze quatre livres et huict onces.)

VI. — Calices et patènes d'argent.

50. Item un calice d'argent doré, fort grand et poysant, parsemé de fleurs de lys, à la pommette duquel (sont en bosse) y a dix testes d'imaiges de Sᶜᵗˢ esmaillées, avecq un crucifix au pied et Dieu le père au hault et aux deux costez l'imaige de la Vierge et Sᵗ Jehan, avec sa patène parsemée de fleurs de lys par le derrière, et une imaige de Nre Dame de Pitié, lequel a esté donné par le roy François. (Donné par le Roy Henry quatriesme, avec son estuy de cuir rouge.)

51. Item un autre plus grand calice d'argent doré, moins poisant, avec sa patène, sur le derrière de laquelle est gravée l'imaige de Sᶜᵗ Louys et au pied duquel il y a trois imaiges des Roys de France, et à la couppe les quattre Evangélistes, donné du sʳ Jehan Raymond, recteur (avec son estuy de cuir rouge, et pèse trois livres et sept onces).

52. Item un calixe tout d'argent, le pied rond tout lavouré, avec sa patène d'argent, le tout doré. Donné par le Sʳ du Bard. (Il pèse deux livres, une once et demye.)

53. Item un autre calice de cuivre doré, avec sa couppe et patène d'argent doré, le pied duquel est rond et lavouré.

54. Item un calice d'argent doré, le pied rond sans estre lavouré, avec sa patène d'argent, sans estre qu'un peu dorée (il pèse une livre et dix onces).

55. Item autre calice, tout d'argent doré, faict à l'antique, le pied rond et lavouré, avec un crucifix sur le pied et aux costez l'imaige de Sᶜᵗˢ Pierre et Paul, avec la patène d'argent doré (au dedans).

56. Item un autre calice, tout d'argent, le pied rond et lavouré et le dedans de la coupe tout doré, avec sa patène d'argent, dorée d'un costé. (Il pèse deux livres et une once, avec le plomb qui y est qui pèse quatre onces.)

57. Item un calice d'argent fin, fort ancien, tout doré, le pied faict en estoilles, à plusieurs imaiges au nœud, avec sa patène d'argent.

1. Aiguière.
2. «Vasa pro servandis hostijs sint *argentea*, seu *eburnea*, vel *ossea*, quód si sint *lignea*, intus deaurentur, vel panno sericeo politè obvolutum in ipsis vasculis seu hostiarijs adhibeat. Sint et alia vasa similia pro conservandis ipsis minoribus, quæ non solum sint in sacristia, verùm etiam in sacellis, in quibus solet fieri sacræ communio.» (Gastaldus, *Praxis ceremoniarum*, lib. ɪ, sect. 3, cap. ᴋ.)

58. Item un calice, la couppe duquel avec sa patène est d'argent fin, a le pied d'argent grossier et doré (et au dessoubs dudict pied sont gravées ces deux lettres C. et D. Il pèse deux livres).

59. Item un calice faict à l'antique, à la pomme duquel (sont quelques pierres d'esmail) y a certain esmail et certaines lettres, la couppe et la patène duquel est d'argent fin et le pied de cuivre, le tout doré. (Il pèse huict onces ou environ.)

60. Item deux calices faicts à l'antique, la coupe desquels est d'argent meslé et le pied de cuivre doré, sur le pied d'un desquels est escript *Io vici comitis*, et dessoubz la couppe et dessoubs le nœud de l'autre il y a certaines marques et chiffres et croix, avec leurs patènes d'argent.

61. Item un calice de cuivre doré, avec sa couppe et patène d'argent, fort usé et ancien, le pied duquel est rond et lavouré, le tout doré. (Estimé dix escus.)

62. Item un calice grand d'argent, avec le pied de cuivre à seix angles, avec quelques imaiges d'argent à la pomme, avec sa patène d'argent doré. (Estimé à six escus.)

63. Item trois calices à l'antique, la coupe desquels est d'argent doré, et le reste de cuivre doré, fort usés, avec leurs patènes d'argent doré, l'un desquels est d'argent fin.

64. Item troys calices d'argent, faicts nouvellement à la moderne, des vieux qui estoient auparavant et dont on ne se servoit point, les pieds ronds, le dedans de la coupe doré, et au dedans de lad^te couppe quelques fleurs de lys, avec leur patènes de mesme argent dorées au-dessus, faicts en l'année 1618. (Ils pèsent entre tous cinq livres et une once.)

65. Item ung autre calice, qui ha la coupe d'argent doré au dedans et le pied avec la patène de cuivre doré. Faict l'an 1618 des vieux qui estoyent auparavant.

VII. — *Ensensiers, benoistiers, paix et imaiges d'argent.*

66. Item deux grands ensensoirs d'argent, avec leurs chesnettes et anneaux d'argent. (Ils pèsent neuf livres.)

67. Item deux autres petits ensensoirs d'argent, avec leurs chesnettes et anneaux d'argent, assez vieux (ils pèsent quatre livres). Et une navicelle pour mettre l'encens (elle pèse deux livres), aveq son cuillier d'argent.

68. Item un benestier d'argent, fort ancien, travaillé, avec son aspersoir d'argent, donné par le seigneur cardinal d'Ossato, de bonne mémoire. (Il pèse une livre et demye.)

69. Item un autre benestier d'argent, un peu plus grand, avec son aspersoir un peu lavouré, donné par le sieur Albert Gaillard.

70. Item une paix d'argent doré, avec (l'jmage de Nostre-Seigneur) la figure de Dieu le Père et de la Vierge Marie, relevée [1] en bosse,

1. Probablement travaillée au repoussé.

enrichie de plusieurs imaiges autour, en laquelle y manque une petite imaige au costé (et il n'y manque plus, elle est retrouvée), donnée par le roy François premier. (Donnée par Henry quatriesme et pèse une livre.)

71. Item une autre paix d'argent, avec les imaiges de la Vierge Marie, l'aigneau paschal et S‍t Denys et S. Louys de chaique costé (il pèse une livre et demye) [1].

72. Item un tableau de S‍ct Sauveur, de lames d'argent et autres imaiges au tour, deux desquelles manquent au plus bas, fort ancien et usé (estimé à huict escus d'argent).

VIII. — *Croix de lethon et de bois.*

73. Item une croix de lethon fort vieille, figurée et argentée, sans crucifix.

74. Item neuf croix, qui sont aux neuf petits autels, deux desquelles sont de lethon et les autres 7 de bois peint et doré, l'une desquelles de lethon est à l'autel de S‍t Mathieu et l'autre à l'autel de S‍cte Cécile.

75. Item aux deux agenoulloers de la sacristie deux petites croix, l'une de lethon et l'autre de bois, avec son crucifix de cuivre.

76. Item, sur la porte de la chapelle de la sacristie, une croix de bois, avec le crucifix.

77. Item une grande croix de bois, sans crucifix, servant le Jeudy S‍t au S‍ct Sépulchre [2].

78. Item une croix de bois, avec son crucifix, qu'on met à la chère [3] où l'on presche.

IX. — *Clochettes de lethon et de cuivre et autre meuble de mesme étoffe de lethon et de cuivre.*

79. Item huict clochettes de lethon, pour sonner lorsqu'on faict l'élévation du Sainct Sacrem‍t aux messes [4].

80. Item une clochette de bronse qui sert quand on porte la communion aux malades.

81. Item vingt et deux bocaletz (boucalets), tant grands que petits, pour mettre les chandelles aux autels.

---

1. A Rome, on ne se sert de la *paix* que pour les laïques, le clergé s'embrassant au chœur. « Et, si aderunt laici, ut magistratus, et barones, ac nobiles, detur pax cum instrumento. » (*Cærimon. episc.*, lib. i, cap. 24.)

2. Nous le nommons en France *reposoir*.

3. Le crucifix que nous plaçons en France vis-à-vis de la chaire se met, en Italie, sur la chaire même. — « 1539-1540. Saint François-Xavier, l'un des premiers compagnons du fondateur de la compagnie de Jésus, prêcha plusieurs fois dans l'église de Saint-Louis avant de partir pour les Indes. » (Héry, p. 28.)

4. A Rome, on ne sonne jamais aux messes dites par le pape, les cardinaux et les évêques. Aux messes des prélats ou des simples prêtres, on ne sonne qu'au *Sanctus* et à l'*élévation*.

82. Item un cachet de cuivre, emmanché de corne, avec un S. L.

83. Item seix cassettes de cuivre, pour demander l'aumosne aux prédications.

84. Item un grand bassin de cuivre.

85. Item deux petites boistes rondes à mettre les hosties.

86. Item deux fers, avec la pièce de cuivre pour rongner les hosties, scavoir un grand et un petit.

87. Item un horloge (de fer) pour la sacristie, avec sa quesse (de bois).

88. Item une clochette, qui est sur la petite porte de l'église du costé de la sacristie, qui sert lorsque les prestres vont dire la messe.

X. — *Vases pour tenir fleurs, avec les fleurs* [1].

89. Item deux vases de cuyvre esmaillé, à tenir des fleurs, assez vieux.

90. Item deux bocquets de fleurs artificielles, avec leurs petits vases de bois doré.

91. Item deux vases de bois peint, avec leurs fleurs artificielles [2].

[1]. Le savant et judicieux liturgiste Bocquillot se plaignait amèrement, en 1701, de voir les autels se couvrir de fleurs, soit naturelles, soit artificielles. « Il en étoit de même des fleurs, disait-il, on en mettoit partout, excepté sur la table de l'autel..... Pour ce qui est de la sainte table, on ne voit aucun témoignage durant les douze premiers siècles que l'on y ait mis des fleurs pour la parer. Depuis même que les religieuses, par une piété plus digne de leur sexe que de la gravité de nos mystères, se sont avisées d'y mettre des vases de fleurs naturelles et artificielles, leur exemple n'a été suivi que dans les églises de mendians et dans les paroisses de la campagne, où pour l'ordinaire ce sont des femmes dévotes qui ornent les autels. Ce nouvel usage, que je nommerois abus si l'Église ne le toléroit, n'a pu s'introduire jusqu'ici dans les églises cathédrales, ni dans les collégiales, ni chez les moines, du moins ceux qui ont quelque soin de conserver les anciennes pratiques. Il faut donc s'en tenir à l'ancien usage, partout où le nouveau ne s'est pas encore introduit, persuadez, comme nos saints Pères, que la Table sainte est uniquement consacrée pour le sacrifice, et qu'on n'y doit rien mettre de superflu. » (*Traité historique de la liturgie sacrée ou de la messe*, par M. Lazare-André Bocquillot, prêtre, licentié es loix et chanoine d'Avalon; Paris, 1701, liv. I, ch. 5, p. 103.)

[2]. Le *Cérémonial des évêques*, rédigé l'an 1600, autorise les fleurs naturelles ou artificielles en soie : « Vascula, cum flosculis frondibusque odoriferis seu serico contextis studiose ornata, adhiberi poterunt. » (*Cærim. Episc.*, lib I, cap. xii, n° 12.) En 1665, un marchand de Lyon, ayant été préservé d'un naufrage par l'intercession de N.-D. de la Drèche, lui offrit « six beaux bouquets de soie, apportés exprès d'Italie, dont le travail était encore plus précieux que l'étoffe ». — « Huit aiguières d'argent, remplies de fleurs et plusieurs beaux vases de porcelaine. Quarante beaux vases d'argent et de porcelaine, pleins de fleurs. Quantité de corbeilles de porcelaine, garnies de beaux œillets. Dans une grande corbeille à filagramme, il y a une couronne d'œillets blancs, que les Messieurs de ce quartier ont destinée pour mettre au Très Saint Sacrement. » (*Le triomphe du T. S. Sacrement ou la procession célèbre qu'on fit à Limoges le 20 juin 1686*.) — « Quatre bouquets neufs, avec leurs vases dorés. Quatre autres bouquets mauvais, avec leurs vases en mauvais état. Un vase de faïence pour tenir des fleurs. » (*Inv. de Villeneure-lez-Avignon*, xviiie siècle.) — « Des bouquets de fleurs artificielles. » (*Inv. de l'abb. de Maubuisson*, 1792.)

92. Des tables ou cartes de canon de la messe et autres tableaux.

93. Un tableau du Sauveur dans la sacristie.

94. Plus un tableau des Rois, faict à Rome.

95. Plus un tableau de la Descente de croix, avec sa bordure simple.

96. Plus deux tableaux, laissez par feu Mons\r le Bossu, un de S. Denis, l'autre de S. Benoist, avec leur corniche noire.

97. Plus un tableau où est la S\te Vierge et sainct Joseph, qui admire Nostre Seigneur enfant, estimé estre de Michel Angelo [1].

98. Plus un tableau de S. Erasme, en sacristie, avec sa cornice dorée en partie.

99. Plus un tableau de la Nativité de N\re Seig\r, avec sa corniche de bois, en partie dorée [2].

100. Plus un tableau de S\t Louys, avec sa corniche toute dorée [3].

101. Et un autre de S\t Denys, avec sa petite corniche toute dorée, mis dans la chapelle de la sacristie [4].

102. Plus un tableau en rond de la S\te Vierge, avec le petit Jésus et S\t Jean, avec sa corniche.

103. Plus un petit tableau d'une Vierge, sur du cuivre, avec sa bordure noire.

104. Plus une *carta gloria* pour le grand autel, dorée et vieille, avec l'évangile de S. Jean et le *lavabo* [5].

105. Plus dix autres *carta gloria*, fort vieilles et usées, qui servent aux petits autels.

106. Plus une table du canon d'hébène, avec la frise de feuillage d'argent, une Cène gravée sur argent au milieu, sur la cornice d'en haut une figure d'argent de Dieu le Père, en bas de laquelle il y a une colombe d'argent sur un soleil de cuivre doré. Sur les deux costez des chapiteaux des corniches il y a deux figures d'argent, de S\t Louis et de S\t Denis, l'un tenant le sceptre en une main, et de l'autre une main de Justice d'argent, et l'autre tenant une crosse d'argent. Aux deux costez du milieu de lad. table, il y a deux petites figures de chérubins, avec des festons et le tout d'argent. Aux deux costez de la base de lad. table il y a deux chérubins d'argent, et au bas de lad. table, au milieu de la frise, des fleurs d'argent. Il y a les armes de feu Monsieur Picardot sur or esmaillé de l'argent. Il y a aussi une petite table pour l'Évangile de S\t Jean, qui est d'hébène, garnie d'ar-

---

1. Michel-Angelo Amerighi, dit le *Caravage*, le seul qui ait travaillé pour Saint-Louis.

2. Ce tableau est dans la sacristie, au-dessus de la porte qui conduit au chœur.

3. Dans la sacristie, au-dessus de la porte d'entrée.

4. Ce tableau, encore aujourd'hui dans la sacristie, représente saint Denis rendant la vue à un aveugle.

5. Il est curieux de pouvoir constater, au xvii\e siècle, l'emploi des *trois cartes d'autel*. Suivant les traditions romaines, les cardinaux, les évêques et les prélats, qui ont conservé dans leur cérémonial propre une foule de petits usages de la primitive Église, ne s'en servent pas.

gent, ce qui fust faict en l'an 1632. Plus un *lavabo* d'ébène, qui accompagne l'évangile St Jean.

107. Le grand tableau de l'Assomption de Nostre Dame, qui est sur le grand autel [1], ha esté donné par le cardinal Contarel; il ha esté faict par un peintre nommé *il Bassano*.

XI. — *Les ornementz et vestementz por consacrer les évesques.*

108. Item une petitte croix d'argent, avec sa chesnette d'argent, dans laquelle y a certainnes reliques et se peut porter au col, laquelle a esté donnée du frère du sieur Augustin Turinette [2] (elle a esté donnée par le Sr Augustin Turrinet), ayant sa bourse de toile d'argent et soye turquine, qui sert pour la croix pectoralle des évesques.

109. Item deux tuniques de taffetas [3] armesin blanc, garnies de passement et frange de soye blanche et fil d'or, fort usé.

110. Item deux autres tuniques de demj armesin, aussi blanc, garnies de mesme que les précédentes.

111. Item une boiste de bois quarrée, dans laquelle il y a un estuj couvert de cuir rouge, dans lequel il y a trois mitres, l'un de toile d'or garni de galon d'or et frange d'or, doublé de tafetas rouge, et les deux autres de damas blanc, doublé de mesme damas [4].

1. Cette *Assomption* forme retable au maître-autel.
2. Augustin Turinetti fut enterré dans la chapelle de Saint-Venance, près le baptistère de Saint-Jean-de-Latran. Son épitaphe est ainsi conçue :

```
D O M
AVGVSTINO TVRINETTO ROM
LATERANENSIS ECCLÆ CANONICO
ET CAMERARIO
VIRO INTEGERRIMO PIETATE ET
PRVDENTIA SINGVLARI RERVMQ
TRACTANDARVM SOLERTIA INSIGNI
QVI MAIORA IN DIES PROBITATIS SVÆ
INSIGNIA DATVRVS IMMATVRA
MORTE PRÆREPTVS IN MEDIO VITÆ
CVRSV SVMMA OMNIVM CVM LAVDE
ET DOLORE DEFECIT
```

rmes de..... à la tour de.....

```
AMBROSIVS ET
FRATRES
FRATRIQ AMANTISS
AN XLIII MEN VIII DIES III
NON APRIL AN SALVTIS
MDCIV
```

3. « *Taffetas*, étoffe de soie très fine, fort légère, ordinairement lustrée. Il y a des taffetas de toutes couleurs. Le *taffetas armoisin* vient d'Italie et de Lyon. Il y en a de toutes couleurs. Celui d'Avignon s'appelle *demi-armoisin* et est le moindre. Le taffetas d'Angleterre est le meilleur. Les taffetas et tabis se distinguent par le nombre des fils en chaque dent de peigne. Il y en a à trois ou quatre fils, d'autres à six ou huit fils. » (*Dict. de Trévoux.*)
4. En présence du pape, les cardinaux portent la mitre de damas, et les évêques

112. Item une paire de sandales de damas [1] blanc, garnies par le hault de passement d'or et soye blanche, avec leur cordon et houppe d'or et soye blanche.

113. Item une paire de sandalles de tafetas violet.

114. Deux paires de gans, l'une de soye blanche et l'autre de soye violette, garnie d'or.

115. Item une tunicque de tafetas violet, garnie de ruban incarnadin.

116. Deux paires de souliers, l'une paire de toile d'argent, fort vieille et usée, l'autre paire de tafetas violet.

117. Item une serviette *sive* escharpe de toille fort fine, brodée sur le bas du fil d'or et soye rouge, avec sa frange de mesme.

118. Item un grémial de damas blanc, garni de frangeon [2] de fil d'or et soye blanche.

119. Item une couverture de faldistoire de toile d'argent (parsemée de fleurs de lys d'or), fort usée, avec les armes du Sr cardal de Ferrare [3].

120. Item un gros anneau d'argent doré, avec unne pierre de christal.

121. Item un faldistoire de fer [4] avec quatre pommeaux de lethon ou cuivre [5].

la mitre de toile. — On pourrait démontrer par les tombeaux que la mitre ne s'est exagérée en hauteur, au point de devenir ridicule, que vers la fin du XVIe siècle. Jusque-là on avait respecté la forme si gracieuse adoptée par le moyen âge.

1. « *Damas*, étoffe faite de soie, qui a des parties élevées qui représentent des fleurs ou autres figures. C'est une espèce de moire ou de satin mêlés ensemble, en telle sorte que ce qui n'est pas satin d'un côté l'est de l'autre. L'élévation qui fait le satin d'un côté, de l'autre fait le fonds. Les fleurs ont le grain de satin et le fonds a un grain de taffetas. » (*Dict. de Trévoux.*)

2. « *Frangeon*, c'est de la petite frange.... Il est des frangeons de toutes couleurs. Autrefois on appeloit cette sorte de petite frange du *mollet*. » (*Dict. de Trévoux.*)

3. Le cardinal de Ferrare mourut en 1502 et fut enterré dans la basilique de Saint-Pierre au Vatican. Suivant Ciacconio, t. III, p. 199, il a pour armes : *De..... à la fasce d'azur, chargée de trois étoiles d'argent et accompagnée en chef et en pointe d'un chevron de même ; au chef de même, à l'aigle éployée de sable.* Il y a un autre cardinal du même nom, Hippolyte d'Este, qui fut archevêque de Lyon de 1539 à 1550 et qui mourut à Rome en 1572. Fisquet (*La France pontificale, arch. de Lyon*, p. 391) blasonne ainsi son écusson : *Écartelé : aux 1er et 4e d'azur, à trois fleurs de lis d'or, qui est de France ; aux 2e et 3e, de gueules, à un aigle d'argent à la bordure endentelée d'or et de sable, qui est de Ferrare.*

4. Espèce de pliant. Ce mot n'est pas dans le *Glossaire archéologique*. « Faldistorium quoque, si eo utendum erit, pro sessione Episcopi celebrantis, parum distans ab infimo gradu altaris a latere epistolæ locandum est, ita ut Episcopus celebrans in eo sedens habet ad dexteram suam altare, respiciens eamdem partem, quam ipsa anterior facies altaris respicit .... quod quidem faldistorium coopertum sit undique ad terram serico ejusdem coloris cujus erunt cætera paramenta, et sub dicto serico tegumento aptetur pulvinum. Regulariter autem faldistorium hujusmodi ponitur in plano, seu pavimento presbyterii, quod totum usque ad infimum gradum altaris convenienter deberet pannis viridibus contegi. Sed si altare haberet plures gradus, ita ut faldistorium in pavimento positum remaneret nimis depressum, posset ei supponi aliquod suggestum seu tabulatum æqualis altitudinis a terra cum infimo gradu altaris. » (*Cærimon. Episcop.*, lib. I, c. 12.)

5. Les pommeaux sont ciselés aux armes de France.

XII. — *Chappelles* [1], *parties entières, parties imparfaictes.*

122. Premièrement une chappelle, donnée par le deffunct roy Henry quatriesme, faicte de toille d'argent, passement de fleurs de lys d'or relevées à soye cramoisie, contenant la chasuble, diacre et soudiacre, avec leurs estolles et manipules, parement d'autel, avec la couverture du pulpite poʳ chanter l'Évangile [2], deux couvertures de messels, un grémial, un cuissin, une bourse et une couverture de faldistoire, avec sa chappe de mesme estoffe et deux tunicelles de tafetas blanc pʳ les évesques.

123. Item une chappelle de toille d'argent [3], parsemée de fleurs de lys bleues, contenant le parement d'autel, la chappe avec deux aggrafes d'argent et deux anneaux d'argent et deux de fer, la chasuble, le diacre et soubdiacre, avec leurs estolles et manipules, deux bourses, la couverture du pulpite à chanter l'Évangile, deux cuissins, le pavillon du tabernacle, avec deux petites pantes à mettre soubz les grandes reliques, le tout de mesme estofe, etc., unne couverture de missel, nommé le parement de Ferrare.

124. Item une chappelle de brocato d'or et argent, parsemée de fleurs de lis d'or, avec son passement [4] de soye turquinne et fleurs de lis d'or, contenant le paremᵗ d'autel, la chasuble, diacre et soubdiacre, avec leurs estolles et manipules, la chappe, la couverture du pulpite poʳ l'Évangile,

---

1. « Una cappella integra rubea, continens cappam, capsulam, dalmaticam et tunicam, zonam, manipulum, stolam, sandalia, unum colerium, duo poignalia, albam paratam et amictum. Una alia cappella viridis. Una alia cappella integra de panno auri rubei coloris. Item una cappella alba. Item una alia cappella pro mortuis. Item unam aliam cappellam de dyapris rubeis, galice *duapres vermeil*. Item unam aliam capellam nigram.» (*Inv. de la cath. d'Angers,* 1391.)—« Die 12 januar. 1644. La quantité de damas qu'il nous faudra pour notre chapelle blanche est de seize canes moins deux pans pour la chape, le devant d'autel, la chasuble, le diacre et le soubsdiacre, et le pulpitre. » — « Die 29 septembre 1677. Feu M. de Vilhardi, archidiacre, a laissé au chapitre sa riche et prétieuse chapelle de velours noir, composée de la chasuble, du diacre et soubdiacre, d'un pluvial, du devant d'autel et d'un drap mortuaire pour le cavalet, le tout enrichi d'un beau et large passement, or et argent, et d'une riche frange de mesme matière, laquelle surpasse le prix de cent pistoles. » (*Compt. de la cath. de Carpentras.*)

2. L'évangéliaire est ordinairement tenu par le sous-diacre. Néanmoins on se sert du pupitre ou *analogie* à Ste-Marie *in Trastevere,* à Saint-Pierre au Vatican et lorsque le pape officie.

3. « Ung parement de toille d'argent à fleurons d'or. Item trois chappes de toille d'argent tissue rouge, les orfrois de broderie rouge brun, données par le roy Henri III. Item deux chappes de toille d'argent, figurée de fleurons d'or, d'argent et de velours rouge broché. » (*Inv. de la cath. de Reims,* 1622, nᵒˢ 117, 288, 303.)

« *Toile d'or* et *d'argent,* espèce d'étoffe non croisée, qui se fabrique au métier avec de l'or ou de l'argent filé sur la soie. » (*Dict. de Trévoux.*)

4. « *Passement,* dentelle, ouvrage qu'on fait avec des fuseaux pour servir d'ornement, en l'appliquant sur des habits. On en fait d'or, d'argent, de soie et de fil. Le mot de passement est presque général à toutes sortes de dentelles : il

troys cuissins, une couverture de missel, et trois bourses, avec les cordons et houppes et leurs franges de soye turquinne et or, doublez de toile turquine, donnez par le Sʳ Albert Gaillard.

125. Item une chappelle de damas blanc à grand ramaige, contenant la chasuble, diacre et soubdiacre, avec leurs estolles et manipules et deux chappes, le tout garni de passement et frange de fil d'or et soye rouge et les chappes ayant leur offroy de toille d'argent, de soye rouge, jaune et blanche, avec les cordons et houppes de mesme et la doubleure blanche.

126. Item une autre chappelle de damas blanc à grand ramaige, contenant la chasuble, diacre et soubdiacre, avec leurs estolles et manipules, une chappe, parement d'autel, couverture du pulpite poʳ l'Évangile et une couverture de messel. Le tout garny de passementz et franges d'or et soye blanche, la chasuble et chappe ayant leur orfroy de toille d'or, avec les armes du Sʳ cardˡ Ramboillet [1]. Le tout assez vieux, avec les cordons et houppes de mesme, le tout doublé de toile blanche.

127. Item une chappelle de toille d'argent et soye blanche, contenant la chasuble, diacre et soubdiacre, avecq estolles et manipules, garnis de passementz de fil d'or, d'argent et soye jaune, la bourse de mesme, le tout doublé de tafetas renforcé d'armesin rouge, avec le voille de tafetas rouge entouré de dentelle d'or. Donnez par le Sʳ Pichot, curé de Sainct-Louys.

128. Item une chappelle de petit damas fin blanc, de St Nicolas, contenant la chasuble, diacre et soubsdiacre, avec leurs estolles et manipules et parement d'autel et à chascun d'eux l'imaige de Sᶜᵗ Nicolas, avec un cussin, le tout garny de passement et frange de fil d'or et soye blanche, avec les cordons et houppes de mesme, le tout doublé de toille blanche.

129. Item une chappelle de broquatelle [2] d'or et soye rouge et jaune, travaillé à la damasquine, contenant la chasuble, diacre et soubsdiacre, avec leurs estolles et manipules et l'orfroy de la chasuble de toille d'or, le tout garny de passementz et frange de fil d'or et soye cramoisine, avec les cordons et houppes de mesme, le tout assez vieux.

130. Item une chappelle du seigneur Nicolas Cumin, de grand damas rouge, contenant le parement d'autel, chasuble, diacre et soubsdiacre, et les estolles et manipules, une chappe, un cussin, la couverture du pulpite à chanter l'Évangille, unne couverture du messel avec son passement et franges de fil d'or et soye rouge, avec ses armoyries, excepté au paremᵗ d'autel, auquel est l'imaige de Sᶜᵗ Louys et avec l'orfroy de toille d'or à la chasuble, et chappe avec les cordons et houppes de mesmes. Doublez.

---

diffère des *galons* et *veloutés*, en ce que ceux-ci se font sur le métier des tissutiers, comme n'étant qu'un simple tissu..... Aujourd'hui par passement on entend un tissu plat, un peu large, de fils d'or ou d'argent, de soie ou de laine, qu'on applique sur des habits ou sur des meubles. » (*Dict. de Trévoux.*)

1. « De sable, au sautoir d'argent. » (Frizon, p. 638.)

2. « *Brocalelle*, petite étoffe faite de coton ou de grosse soie à l'imitation du brocart. Il y en a aussi de toute soie et de toute laine. » (*Dict. de Trévoux.*)

131. Item une autre chappelle de petit damas fin, de couleur rouge, contenant le parement d'autel, chasuble, diacre et soubsdiacre, avec leurs
estolles et manipules, la chappe et un cussin, une couverture de messel,
le tout avec passem¹ et frange de fil d'or et soye cramoisie, donnée par feu
le card⁻ˡ Contarel, et les cordons et houppes de mesme, le tout doublé.(Où
sont les armes du cardinal Contarel... Le fregio de la chasuble est de
toille d'or, avec le cordon de flots de mesme.)

132. Item une chapelle de tabis, rouge, contenant la chasuble, diacre et
soubzdiacre, leurs estolles et manipules et une chappe, garnie de passement et franges de soye jaune et rouge et les cordons et houppes de
mesme soye.

133. Item une chappelle de satin rouge, contenant la chasuble, diacre et
soubdiacre, avec les estolles et manipules et l'orfroy de la chasuble faict
en broderies avec plusieurs imaïges de S⁻ᵗˢ et les armes du sieur du Pré,
avec leurs passements et franges de diverses couleurs, avec les cordons et
houppes de mesme soye, le tout fort ancien.

134. Item une chappelle de damas vert à grand ramaige, contenant une
chasuble, diacre et soubdiacre, avec leurs estolles et manipules, parement
d'autel, la couverture du pulpite à chanter l'Évangile, au milieu duquel
parement est l'imaïge de S⁻ᵗ Louys. Le tout garnj de passem¹ et frange
de fil d'or et soye verde, avec leurs cordons et houppes de mesme, avec
les armes du S⁻ʳ Claude Cuirmot.

135. Item une chapelle de tabis violet ¹, contenant la chasuble et deux
moussettes, avec leurs estolles et manipules et l'estolle large, le tout garny
de passement d'or et argent, avec sa dentelle d'or à l'entour et la bourse
de mesme, le tout doublé de toille violette.

136. Item une chapelle de damas violet à grand ramaige, contenant une
chasuble, diacre et soubdiacre, avec leurs estolles et manipules, deux
chappes, le tout garnj de passement et franges de fil d'or et soye violette,
et l'orfroy de la chasuble est de satin figuré, et l'efroy des chappes de

---

1. « Plus deux chesubles, l'une de brocard rouge, or et argent, l'autre de tabis
couleur de pourpre, avec son passement de soye ». (*Inv. de la cath. de Carpentras*,
1698.)

« *Tabis*, gros taffetas qui a passé sous la calandre. On l'applique sur un cylindre
où il y a plusieurs ondes gravées, ce qui rend la superficie de l'étoffe inégale et
plus enfoncée en un endroit qu'en l'autre et fait réfléchir la lumière différemment.
C'est ce qui fait paraître les ondes. » (*Dict. de Trévoux.*) — « *Zatabis* ou *tabis*, étoffe
orientale dont le vrai nom serait *âtabi*. D'après les recherches de M. Francisque
Michel (*Recherches sur les étoffes de soie*, 1, 244), l'àtabi était fabriqué à Bagdad,
dont un des quartiers, portant le nom d'otàbriàn, renfermait les fabriques de ces
étoffes. D'après l'auteur persan que cite M. Francisque Michel, le *tabis* se composait de soie et de coton. Le zatabis serait-il la même étoffe que le *zatoni*, qui
figure pour un prix beaucoup plus élevé que le cendal dans les comptes d'Étienne
de la Fontaine, argentier du roi Jean, publiés par M. Douët d'Arcq? » (*Inv. de
Charles V*, p. 344.)

toille d'or et soye violette, avec leurs cordons et houppes, le tout un peu vieil.

137. Item une chappelle de camelot undé[1] violet, contenant la chasuble et deux moussettes, avec leurs estolles et manipules et l'estolle large, le tout garny de passement et soye pavonace et jaune, avec l'orfroy de satin violet, avec les cordons et houppes de mesme, le tout doublé de toille violette.

De couleur meslée.

138. Item une chappelle de broquatelle fine de satin figuré blanc et rouge, contenant la chasuble, diacre et soubdiacre, avec leurs estolles et manipules, la couverture du pulpite pour chanter l'Évangile et parement d'autel, le tout garnj de passement et frange de soye blanche et rouge, et l'orfroy de la chasuble de toile d'or, avec des fleurs de lis et l'imaige de S[ct] Jean au parement d'autel, et les cordons et houppes de mesme soye, avec les armes du seigneur Jehan Raimond.

139. Item une chapelle de velours noir, contenant le parement d'autel, une chasuble, diacre et soubdiacre, avec leurs estolles et manipules, une chappe, la couverture du messel, et la couverture du pulpite pour dire l'Évangile, le tout garny de passement et frange violettes et jaune, les cordons et houppes de mesme soye, et unne bourse, le tout doublé de treillis noir[2] et un peu vieux, avec les armes du feu grand Me de Malte.

140. Item une autre chappelle de tafetas rayé *sive* doublette noir, contenant la chasuble, diacre et soubdiacre, avec leurs estolles et manipules, et la chappe de catalouffe *sive* damasquin et avec le parement d'autel de doublet, le tout garny de passem[t] et frange de soye noire et blanche, avec les armes du S[r] card[al] Contarel[3] et les cordons et houppes, doublé de toile noire.

XIII. — Chasubles blanches.

141. Item deux chasubles de damas fin blanc à petit ramaige, doublez de toille blanche, avec leurs estolles et manipules, garnies de passemen[t] de fil d'or et argent et soye jaune et de quelque frange et dentelle de fil d'or, touttez neufves.

142. Item deux autres chasubles de damas blanc à petit ramaige, fort vieilz et rapiécée en plusieurs pars, avec leurs estolles et manipules, garnies de passement de fil d'or et soye jaune, doublés de toile.

1. « *Camelot* ondé ou calandré. » (*Dict. de Trévoux.*)
2. « *Treillis* signifie une toile gommée et épaisse dont on fait la garniture d'un corps de pourpoint pour l'affermir. Il se met entre l'étoffe de dessus et la doublure. Treillis est aussi une espèce de grosse toile dont on fait des sacs et dont les paysans et les manœuvres s'habillent. Il y a aussi un treillis d'Allemagne, fait de toile fine et qui est fort luisante, lustrée et satinée, dont on se sert pour faire le dessus du pourpoint dans le petit deuil. » (*Dict. de Trévoux.*)
3. *D'argent, à la croix de gueules.* A la chapelle de St-Mathieu, il écartelle de Grégoire XIII, dont il fut dataire : *de gueules, au dragon naissant d'or.*

143. Item une chasuble de toille à fond d'argent, figurée d'or (fleurs d'or, la frise de laquelle est relevée par dessus le reste) et soye rouge, avec son estolle et manipule, avec de grands passementz de fil d'or et d'argent et dentelles de fil d'or, le tout doublé de tafetas rouge armoisin, donné par le card[al] Granvelle [1].

144. Item une chasuble de petit damas blanc, avec son estolle et manipule, et le passement d'or et soye jaune.

145. Item trois chasubles de camelot de Lisle blancs, fort vieils et rapiécés, avec leurs estolles et manipules, deux garnies de passement de soye blanche, rouge et jaune, et l'autre ayant l'orfroy de camelot rouge, avec du passement rouge et blanc.

146. Item quatre chasubles de petit damas blanc à ramaige, avec le passement d'or, et à l'entour garnys d'unne petitte dentelle aussi d'or, faicts nouvellement l'année 1618.

XIV. — Chasubles rouges.

147. Item une chasuble de brocatel rouge, avec son estolle et manipule, avec passement d'or, doublée de tafetas rouge, toute neufve.

148. Item une chasuble de toille d'or, figuré de soye rouge, avec son estolle et manipule, et ayant son orfroy de toille d'argent en broderie d'or, doublée de tafetas rouge, ancienne, avec les armes du card[al] Romano (du card[l] Roman) [2].

149. Item deux chasubles de velours à ramaiges rouges, figurez de toille d'or, avec leurs estolles et manipules, fort vieilles, avec leur orfroy, à

1. Étant titulaire de Saint-Pierre-ès-Liens, le cardinal de Granvelle en restaura le portique. On y voit son nom au-dessus des cinq fenêtres de la façade, ANT . CAR · GRANVELANVS, et sur le côté ses armoiries avec cette devise : DVRATE, qui fait allusion au *vaisseau voguant* qu'il avait pris pour emblème, et à ce vers de Virgile : *Durate et vosmet rebus servate secundis.* D'après Ciacconio, t. III, p. 924, son écusson se blasonne : *Bandé d'argent et de sable, au chef d'or chargé d'une aigle éployée du second*, et d'après Frison, p. 630 : *D'argent, à la bande de sable de trois pièces, au chef de l'Empire.*

2. Jean Souef, né à Rieumes (Haute-Garonne), prit en conséquence le surnom de *Reumanus :* il n'est connu que sous le qualificatif de *cardinalis Reumanus*. Auditeur de rote, puis évêque de Mirepoix, il fut créé cardinal prêtre du titre de St-Jean-Porte-Latine, par Paul IV, en 1545, puis transféré par Pie IV à celui de Ste-Prisque. Il mourut à Rome, à l'âge de 63 ans, en 1566, et fut inhumé à San Spirito *in Sassia*. Frison lui donne pour armes : *d'azur, à la colombe d'or portant le rameau d'olive*, et reproduit ainsi son épitaphe en lecture courante (p. 623) :

« Jesu Christo, spei vitæ futuræ. Joannes Suavius Reumanus, Gallus, tituli sanctæ Priscæ presbyter cardinalis, ob animi candorem et eximiam juris prudentiam duodecim — viratus litibus judicandis ascitus ac propter humanitatem et innocentiam Pauli IV beneficentia Patrum senatui merito cooptatus, LXIII agens annum, sanctissime, ut vixerat, ita christianissime decessit, die XXIX septembris, anno M.D.LXVI. Scipio Rebiba, tituli S. Angeli cardinalis de Pisis, testamenti executor, absolvi curavit. »

l'unne de damasquin blanc et jaune, et l'autre jaune et verd, doublées de toille rouge.

150. Item une autre chasuble de satin figuré, ou toille napolitaine, jaune et rouge et blanche, avec son estolle et manipule, ayant son orfroy en broderye d'or, d'argent et soye de diverses couleurs, ayant plusieurs imaiges de S[ts], doublée de toille rouge. Avec les armes du card[al] S[cto] Remigio [1].

151. Item quatre chasubles (il n'y en a plus qu'une qui serve. 17 novemb. 1659. Vinet) de damas fin rouge à petit ramaige, doublés de toille rouge, toutes neufves, avec leurs estolles et manipules, garnies de passements et franges d'or et de soye rouge et au tour de la dentelle d'or, en l'unne desquelles y a l'imaige de S[ct] Nicolas.

152. Item troys chasubles de camelot ondé rouge (il n'y en a plus que une. 17 novemb. 1659. Vinet), vieilles et rapiecées, doublées de toille rouge, avec leurs estolles et manipules, deux garnies de passements de fil d'or et soye rouge et l'autre garnie de petit passement de soye rouge.

153. Item quatre chasubles de camelot rouge de Venise, avec leurs estolles et manipules, deux desquelles ont pour orfroy un passement jaune et verd et les autres deux de camelot blanc avec du passement de soye blanche et rouge, doublées de toille rouge, fort uséez.

XV. — *Chasubles verdes* [2].

154. Item une chasuble de damas verd à petit ramaige, neufve, avec son estolle et manipule, garnie de passement de fil d'or et de soye verde, avec de la dentelle d'or à l'entour, doublée de toille verde, et est de la chappelle de S[ct] Nicolas (avec l'image de St-Nicolas).

155. Item deux chasubles de damas verd à grands ramaiges, avec leurs estolles et manipules, garnies de passements de soye jaune et verde, doublée de toille verde, un peu vieille.

156. Item deux chasubles de tafetas armesin verd, avec leurs estolles et manipules, garnies de passements de fil d'or, d'argent et de soye rouge, faict à jour, doublées de toille verde.

157. Item deux chasubles de tafetas armesin verd, avec leurs estolles et manipules, avec leurs passements de soye verde et jaune, fort usées, doubléez de toille verde.

158. Item une chasuble de tafetas rayé, avec son estolle et manipule,

1. Cardinal Charles de Guise, abbé de St-Rémy de Reims, créé par Paul III, en 1547 : « *Armes de Lorraine, en chef un lambel de trois pendants de gueules.* » (Frizon, p. 615.)
2. L'église Sainte-Marie *in via lata* possède une belle chasuble en satin vert, à fleurs d'or et aux armes de Clément XI.

garnie de passement de soye orangée et verde, avec les armes du card[al] Contarel, doublée de toille verde.

159. Item deux chasubles de tafetas rayé obscur, avec leurs estolles et manipules, garnies de passements de soye blanche et orangée et verde, doublées de toille verde, données par les Srs Crescentij [1].

160. Item deux chasubles de camelot de Lisle, avec leurs estolles et manipules, l'orfroy de camelot jaune à passement de soye jaune, verde et blanche, doubléez de toille verde. (De ces deux il y en a encore une qui servira pour raccommoder des autres. 26 mars 1667.)

XVI. — Chasubles violettes.

161. Item une chasuble de damas de soye violette et fil d'or et son estolle et manipule, avec son orfroy faict en broderye en imaiges de N[re] Dame, S[ct] Laurent et autres sainctz, doublée de toille violette, fort ancienne et usée.

162. Item une chasuble de toille d'or et d'argent changeant, avec son estolle et manipule, et l'orfroy en broderyes d'or, et au tour bordé d'or, doublée de tafetas violet, avec les armes du S[r] card[al] Contarel [2].

163. Item une chasuble de soye violette et toille d'argent, avec son estolle et fanon [3], garnie de passements de fil d'or et d'argent et soye violette, et dantelle tout autour, avec des croix en broderye à l'estolle et manipule, doublé de tafetas violet; donnée par le cardinal d'Ossato, et y sont ses armes [4].

164. Item une chasuble de cataluffe blanc et violet, rayée d'argent, avec son estolle et manipule, garnie de passement d'argent, doublée de toille violette, avec les armes dudit card[al] d'Ossato.

165. Item une chasuble de damas violette à petit ramaige, neufve, de la chappelle S[ct] Nicolas, avec son estolle et manipulle, garnie de passements de fil d'or et soye violette, avec de la dentelle de fil d'or autour, doublée de toile. (Et il y a l'image de S[ct] Nicolas.)

166. Item deux chasubles de damas violet à grands ramaiges, avec leurs estolles et manipules, garnies de passements de fil d'or et soye violette,, l'orfroy d'une d'icelles est satin rose sèche [5] et

1. Les Crescenzi figurent parmi les familles de noblesse municipale, dont la situation a été régularisée par la bulle de Benoît XIV, *Urbem Romanam*, du 12 janvier 1746. (De Tournon, *le Livre d'or du Capitole*, p. 4, 55.)

2. On dit encore en Italie *il signor cardinale*, comme on disait autrefois en France *monsieur le cardinal*.

3. Nom primitif du manipule.

4. « *D'azur, à la colombe d'or, portant le rameau d'olive.* » (Frizon, pp. 623, 668.)

5. Les ornements *couleur rose sèche* servent, dans le rit romain, le 3e dimanche d'Avent et le 4e de Carême, jours auxquels les cardinaux sont également vêtus de

l'autre de broquatelle de soye jaune et violette, doublée de toile violette.

167. Item deux chasubles de tafetas rayé violet, avec leurs estolles et manipules, garnies de passements de soye jaulne et violette, avec du frangeon de mesme soye autour, doublées de toile violette.

168. Item deux autres chasubles de tafetas rayé violet, avec leurs estolles et manipules, garnis de passements de soye blanche et violette, doublez de toile violette fort usée.

169. Item une chasuble de damas violet à petit ramaige, avec son estolle et manipule, garnie de passement de soye violette, doublée de toile violette, avec les armes du S^r card^{al} Contarel.

170. Item une chasuble de tabis violet, avec son estolle et manipule, garnie de passements d'or et soye violette, avec un galon de fil d'or autour, meslé de mesme soye, doublée de tafetas demy armesin renforcé de mesme couleur.

171. Item une chasuble de camelot violet, avec son estolle et manipule, garnie de passement de soye jaune, blanche et violette, doublée de toile violette.

XVII. — *Chasubles noirs* [1].

172. Item une chasuble [2] de velours noir, avec son estolle et manipule et l'orfroy de toile d'argent, avec les armes [3] du Sr de Foix [4].

rose, quant à la soutane, mantelet et mozette seulement, car ils assistent à la chapelle papale en *cappa* violette.

1. L'abbé Thiers, dans son *Histoire des perruques*, fait aussi le mot *chasuble* du masculin.

2. La chasuble romaine ne diffère de la nôtre que par la position de la croix. Les Romains la mettent par devant, et les Français par derrière.

3. A Rome, on a l'usage d'armorier tous les vêtements ecclésiastiques. — A la mitre, les armoiries se placent à l'extrémité des fanons; à l'étole, c'était anciennement au-dessous de la croix. (*V.* statue de Sixte V à Ste-Marie-Majeure.) Cependant, dès le temps de Clément XI (1700-1721), nous les voyons presque à la hauteur des épaules, ainsi que cela se pratique encore aujourd'hui; mais le pape seul, je crois, maintient la coutume. — Quant à leur application à la chasuble, l'usage a varié. Au monument de Nicolas V (1455), classé dans les *Grottes vaticanes* au n° 168, l'écusson figure au bas de la chasuble, sur l'orfroi même, et dans l'église de la Minerve, au tombeau de Michel Bonello, créé cardinal par S. Pie V, il occupe le centre de la croix. Dès la fin du XVIe siècle, il est rejeté en arrière, au bas de l'orfroi. — Le cardinal Fonseca, diacre (*Grottes vaticanes*, n° 168), le porte sur la poitrine à sa dalmatique. Depuis, les diacres et sous-diacres l'ont en arrière, entre les deux bandes horizontales qui divisent en trois parties inégales le dos de la dalmatique ou de la tunique.

4. « Escartelé : *Au 1 et 4, d'or, au pal de gueules de trois pièces; au 2 et 3, d'or, à deux vaches passantes de gueules, accornées, accollées et clarinées d'azur.* » (Frizon, p. 473.)

Il n'est pas certain qu'il s'agisse ici de l'ambassadeur, car S. Jacques des Espa-

173. Item deux chasubles de damas noir à grands ramaiges, toutes neufves, avec leurs estolles et manipules, garnies de passement de fil d'or et soye noire et autour de la dentelle de fil d'or, doublée de toille noire.

174. Item une chasuble de damas noir à petit ramaige, avec l'imaige de S. Nicolas, avec le passement de fil d'or et soye noire, avec de la dentelle autour, doublée de toille noire, toute neufve.

175. Item trois chasubles de satin de Bruges noir, avec leurs estolles et manipules, garnies de passements de soye blanche et noire, avec une petite fraᵬge à l'entour, doublée de toille noire.

176. Item deux chasubles de camelot noir, avec leurs estolles et manipules, garnies de passements de soye blanche et noire et doublées de toille noire.

XVIII. — *Chappes de touttes les couleurs.*

177. Item deux chappes de damas blanc à grand ramaige, avec leurs orfroy et capuce de toille d'or, garny de passement, frange de fil d'or et soye blanche, doublée de toille blanche, donnée [1] du Sr cardᵃˡ de Laurainne.

gnols avait deux inscriptions, datées de 1630, que rapporte Forcella, t. III, p. 247, nᵒˢ 612 et 613.

PETRO DE FOIX
CAPELLANIAM PERPETVAM VT IN DOMESTICA PRIVILEGIATA ARA
SACRVM QVOTIDIE PRO ANIMA SVA FIAT ADHVC VIVENS EREXIT
MORIENS PATRONATVM ETIAM PERPETVVM
VT PAVPERES ALIENO AERE CONTRACTO
CARCERIBVS DETENTI SVO QVOTANNIS LIBERENTVR
PVELLAE HISPANAE ANNVATIM NVPTVI TRADANTVR
MISSAE DIETIM PRO SVA SVORVMQ. ANIMABVS
IN HAC ECCLESIA CELEBRENTVR
CONGREGATIONEM QVADRAGINTA VIRORVM
ILLIVS GVBERNIO PRAEFECTORVM PATRONAM
OMNI EIVS TRIPARTITO CENSV ANNVO LEGATO
PIISSIME AC COMMVNI OMNIVM LAVDE INSTITVIT
VIXIT ANNOS LXXIII MENS VI · DIES XII
OBIIT PRIDIE KAL. IVNII MDCXXX
EXECVTORES EX TESTAMENTO POSVERE

D · O · M
SI
PETRO DE FOIX MONTOYA HISPALEN
ORTVNIO DE MONTOYA
ET ELEONORA DE ARMIJO
NOBILIVM PARENTVM FILIO
IN INSIGNI SALMATICENSI ACADEMIA
IVRIS PONTIFICII LICENTIATO
VTRIVSQVE SIGNATVRAE REFERENDARIO

(*Le reste est effacé.*)

1. Italianisme. On dit *data dal*, d'où est venue cette locution *donnée du.*

178. Item deux chappes de velours rouge broché d'or, avec leurs orfroy remplis d'armoyries, faites en broderye d'or et soye verde, fort vieilles et usées, et le capuce [1] de mesme, avec les armes du card^{al} [2].

179. Item une chappe rouge de damas à grand ramaige, avec son orfroy et capuce de toile d'or damasquinée, garnie de passement et frange de fil d'or et soye rouge.

180. Item une chappe de damas verd à petit ramaige, garnie de passement et frange jaune et verde, donnée du Sr François Bonnet avec ses armes.

181. Item une chappe de toille d'argent violette, brodée d'or et d'argent, avec l'orfroy et capuce, brodée et enrichie de diverses imaiges, l'orfroy doublé de tafetas rouge et le reste de toille rouge, donnée du feu Sr Pirotaro.

182. Item une chappe de taffetas armesin violet, garnie de passement et frange de fil et soye violette, avec les armes de Monseigneur l'archevesque d'Ambrun.

183. Item une chappe de velours noir, fort usée, avec l'orfroy et capuce de toille d'or et soye rouge [3] damasquiné, avec un petit passement d'or et de soye rouge [4], doublée de toille noire.

XIX. — *Parements blancs de grand et petitz autels* [5].

184. Item un parement du grand autel, de toille d'argent, avec sa

---

1. *Capuce ou capot s'entend du chaperon.*

2. Le cardinal Charles de Lorraine fut archevêque de Reims de 1538 à 1574. Ses armes se blasonnent : « *Coupé de huit pièces, quatre en chef et quatre en pointe : au 1er, fascé d'argent et de gueules de 8 pièces, qui est de Hongrie; au 2e, d'azur, semé de fleurs de lis d'or, au lambel de trois pendants de gueules, qui est d'Anjou-Sicile; au 3e, d'argent, à la croix potencée et contrepotencée d'or, cantonnée de quatre croisettes de même, qui est de Jérusalem; au 4e, d'or, à 4 pals de gueules, qui est d'Aragon; au 1er de la pointe, d'azur à trois fleurs de lis d'or, 2 en chef et une en pointe, à la bordure de gueules, qui est d'Anjou; au 2e, d'azur, au lion contourné d'or, armé et lampassé de gueules, qui est de Gueldres; au 3e, d'or, au lion de sable, armé et lampassé de gueules, qui est de Flandre; au 4e, d'azur, semé de croix recroisetées, au pied fiché d'or, à deux bars adossés de même, brochant sur le tout, qui est de Bar; sur le tout, d'or, à la bande de gueules, chargée de 3 alérions d'argent, qui est de Lorraine; au lambel de 3 pendants de gueules sur le tout, en chef.* » (Fisquet, *La France pontificale, arch. de Reims*, p. 164-165.)

3. Cavalieri (*Oper.*, t. III, cap. 18, prœm., n. 5) voudrait qu'on revînt au rouge pour la croix du drap mortuaire : « *Panno nigro, in cujus medio nonnulli efformant crucem albi coloris; sed satius foret si rubri coloris fieret.* »

4. Pendant tout le moyen âge, l'Église n'a employé comme couleur funèbre que le rouge et le bleu. Ce n'est que vers la renaissance que s'est introduit l'usage, alors exclusivement civil, de la couleur noire qui nous est seule restée dans la liturgie. (V. le *Deuil au moyen âge*, par M. Ernest Feydeau, dans les *Annales archéologiques*. t. XIII, p. 300-322.)

5. « *Parement*, ornement d'église qui sert à parer l'autel. » (*Dict. de Trévoux.*)—

frange et crespinnes [1] d'or et soye blanche, avec unne croix d'or en broderye au milieu et les armes du S[r] card[al] Ferrare [2].

185. Item autre parement du grand autel de damas blanc à grand

Au moyen âge, comme on peut s'en convaincre par les miniatures des manuscrits et les inventaires des sacristies, chaque autel avait son parement qui variait suivant les fêtes. Le *Cérémonial des évêques* sanctionna la coutume et le rendit obligatoire. « Ipsum vero altare majus in festivitatibus solemnioribus aut episcopo celebraturo, quo splendidior poterit, pro temporum varietate et exigentia ornabitur : quod si a pariete disjunctum et separatum sit, apponentur tam a parte anteriori quam posteriori ipsius pallia aurea vel argentea, aut serica, auro perpulchre contexta, coloris festivitati congruentis, eaque sectis quadratisque lignis munita, quæ telaria vocant, ne rugosa aut sinuosa, sed extensa et explicata decentius conspiciantur. Tum supernæ linteæ mappæ mundæ tres saltem explicentur, quæ totam altaris planitiem et latera contegant. Nullæ tamen coronides ligneæ circa altaris angulos ducantur, sed eorum loco apponi poterunt fasciæ ex auro vel serico laboratæ ac variegatæ, quibus ipsa altaris facies apte redimita ornatior appareat. » (*Cæremon. episc.*, lib. I, c. 13.)

Malgré cette tradition constante, malgré surtout cette rubrique qui n'autorise pas d'exception, peu d'églises en France, tout au plus quelques pauvres paroisses de campagne, ont conservé l'usage des parements ou devants d'autels. A Rome, où toute tradition ne se perd pas, tous les autels sont richement pourvus de parements brodés. Toutefois, il s'y est glissé un abus prévu par le cérémonial, et contre lequel, dès 1701, le chanoine Bocquillot réclamait avec une certaine énergie. Voici ses propres paroles : « On n'a jamais vu, ni dans l'antiquité ni même dans le dernier siècle, ces corniches de bois que nous voyons ajouter aux autels dans celuy où nous vivons. On ne les souffre point dans les églises cathédrales, ni dans les collégiales, ni même dans les monastères d'hommes qui n'aiment pas les nouveautez....... Les corniches sont indécentes, incommodes et gâtent les ornements du prêtre et des ministres. On les a fait si larges en quelques lieux, qu'on ne peut faire les cérémonies prescrites dans le missel, comme de baiser l'autel et les reliques Cependant, malgré toutes ces choses, la nouveauté prévaut parce qu'elle est favorisée de l'épargne et de la paresse. Il faut l'avouer de bonne foy, c'est l'épargne ou la paresse, ou les deux ensemble, qui ont fait éclore cette invention nouvelle et qui l'introduisent presque partout. Il faut un peu moins d'étoffe pour un devant d'autel à corniche que pour un autre qui n'en a point. Cela suffit pour déterminer des filles, qui sont naturellement ménagères : aussi est-ce aux religieuses qu'on attribue cette belle invention. Un devant d'autel cloué sur un châssis est bientôt placé dans une corniche · il faut un peu plus de tems pour un autel qui n'a point : c'est assez pour déterminer plusieurs clers séculiers et réguliers qui aiment besogne faite. Voilà les deux motifs de cette nouveauté dans la plupart. L'œuvre de la mode emporte les autres. » (*Traité historique de la liturgie sacrée*, p. 105, 106.)

1. « *Crépine*, ouvrage à jour par le haut, par en bas pendant en grands filets ou franges, qu'on travaille avec des fuseaux. On en fait de fil, de laine, de soie, d'or ou d'argent. On met des crépines aux dais, aux pentes des lits, aux impériales des carrosses. » (*Dict. de Trévoux.*)

2. Il y a trois manières de placer les armoiries aux parements : au milieu, au-dessous de la croix et de chaque côté de la croix. Quelquefois on met une inscription à l'orfroi : par exemple, au parement blanc donné par Clément X à Sainte-Marie-Majeure, il y a écrit :

CLEMENS . X . PONT . MAX . ANN . IVB . MDCLXXV

et à celui d'Alexandre VII, à Saint-Jean-de-Latran, on lit :

ALEXANDER . VII . P . M . ANNO . DECIMO

ramaige, avec sa frange et crespinnes d'or et soye blanche et un S^{ct}
Louys au milieu, qui est fort usé, au derrière duquel il y a un autre
meschant parement tafetas violet et la crespine de soie jaune et violette.

186. Item un parement de l'autel de S^{cte} Cécile, de damas blanc à petit
ramaige, garnj de passement, frange et crespinnes de soye blanche et
jaune, au milieu duquel est l'imaige de S^{cte} Cécile et les armes de Monsieur Polet.

187. Item autre parement de damas blanc à petit ramaige, de
la chapelle de N^{re} Dame, avec passement d'or et soye blanche
et sa crespinne de fil d'or et soye rouge, un peu mangé par un bout des
souris.

188. Item un parement de damas blanc à petit ramaige, fort usé, avec
son passement à frange et crespinne d'or et soye blanche.

189. Item un parement de damas blanc à petit ramaige, fort
tasché, avec sa crespinne de fil d'or et soye blanche, couppée par un
bout.

190. Item un parement de damas blanc à grand ramaige, vieux, avec sa
frange et crespinne bleue de feuille morte.

191. Item un parement de damas blanc pour la chappelle de S^{ct} Nicolas,
garny de soye, donné par le Sr Nicolas.

192. Item un parement de tafetas rayé blanc, sans passement, avec sa
crespinne de soye blanche et rouge, po^r la chappelle de S^{ct} Mathieu, avec
les armes du seigneur Contarel.

193. Item un parement de damas blanc à petit ramaige, de la chappelle
de S^{ct} André, avec sa crespinne et frange de soye blanche.

194. Item un parement d'autel de tafetas rayé blanc, bien usé, avec sa
crespinne de soye blanche et rouge, de la chappelle de S^{ct} Remy.

195. Item un parement de tafetas rayé blanc, avec son passement et
crespinne de soye blanche et rouge, avec un crucifix, N^{re} Dame et S^{ct} Jehan
au milieu, po^r la chapelle du Crucifix.

196. Item un parement de tafetas armesin blanc, fort usé, sans passements, avec la crespinne de soye rouge et blanche, qui sert à S^{ct} Jehan
Baptiste.

197. Item un parement d'autel de moncatial blanc, avec sa crespine de
soye blanche et rouge, de la chappelle de Sainct Sébastien.

198. Plus un parement d'autel de rosoir [1] elavoré, donné du Sr Jehan
Orillard p^r l'autel de S^{ct} Jehan Baptiste.

1. « Un ciel ou poille, au dessus du grand autel, de sarge de Caen rouge, avec
ses pantis et tours de réseul de fil blanc et ouvrage de point couppé. Un autre poille
ou ciel, au dessus du crucifix, en la nef de ladite église, et un doczier derrière
ledit crucifix, le tout doublé de sarge de Caen rouge et aussy couvert de mesme
réseul de fil blanc et ouvrage de point couppé.[» *(Inv. de la cath. de Tréguier,* 1628.)
« *Réseul,* espèce de filet ou de rêts. On l'a dit aussi par extension de certains ou-

199. Item un parement de damas blanc, vieux, avec sa frange d'or et soye, refaict l'année 1618.

XX. — *Paremens rouges de grand et petiz autelz.*

200. Item un parement d'autel de broquatelle d'or et de soye rouge, avec son passement, frange et crespinne d'or et soye rouge, avec une croix en broderie d'or au milieu.

201. Item autre parement de broquatelle d'or, d'argent et soye rouge, avec sa crespine et frange de soye rouge et or, avec les armes, qui est un lyon au milieu et trois barres de fil d'argent, le tout fort vieux.

202. Item un parement de broquatelle d'argent et soye rouge et jaune, avec sa crespinne et frange de fil d'or et soye rouge et les armes du Sr Melchior de Masserata au milieu.

203. Item un parement de broquatelle de soye rouge et jaune, fort vieux, avec sa frange et crespinne de soye et fil, au derrière duquel est un parement verd de fil et lainne, avec sa crespinne et passement de soye orangée et verde, fort vieil.

204. Item un parement de damas rouge, avec sa crespinne et frange d'or et soye rouge, por l'autel de Nre Dame, et est à grand ramaige, avec les armes du seigneur Cimin.

205. Item autre parement de satin rouge avec sa crespinne et frange de soye rouge et fil d'or, avec les armes du Sr Gaspard Garson [1].

206. Item un parement de tafetas armesin rouge, avec sa crespinne de soye rouge et jaune.

207. Item un autre parement de tafetas rouge rayé, avec sa crespinne de soye rouge et bleue et blanche.

208. Item un parement *sive* tapis, de toile blanche, rayée de fil d'or et d'argent et soye rouge, faict en carré, fort vieux.

209. Item un parement de camelot rouge, avec sa crespinne de fleuret [2] blanc et rouge.

---

vrages de fil travaillés à jour, qui servaient d'ornement à du linge, comme à des pentes de lit, des tavayoles. » (*Dict. de Trévoux.*)

1. « Gaspar Garsoni facta Jo. Angelini 17 luglio 1661 l'herede per obligo sc. 10. » (*Note des archives.*)

Peut-être appartenait-il à la famille de cet évêque, mort l'an 1590 et qui est enterré à S.-Onufre, avec cette épitaphe (Forcella, t. V, p. 294, n° 819) :

```
     IO · BAPTISTAE        GARZONO · VENETO
     EPO · ABSOREN ·        RELIGIONE · EXIMIA
MORIBVS · FACILLIMIS · PROBITATE · INCOMPARABILI
LIBERALITATE · INSIGNI · QVI · AMICIS · VIVENS · VSVI
   AC · VOLVPTATI · MORIENS · INCREDIBILI · MERORE
  AC · DESIDERIO · FVIT · FRATRES · B · M · P · M · D ·
           VIXIT · ANNIS
```

2. « *Fleure'*, terme de manufacture en soie, est la bourre des cocons, ce qui

210. Item autre de damas fin rouge, avec son passement, crespinne et frange de fil d'or et soye rouge, avec l'imaige de S. Nicolas au milieu.

211. Item un parement de damas rouge à grand ramaige, avec sa crespinne et passement de soye jaune et rouge et l'imaige de Ste Cécile au milieu, qui sert à la mesme chappelle, avec les armes du seigneur Polet.

212. Item un aultre de damas rouge à petit ramaige, avec son passement, frange et crespinne d'or et soye rouge, qui sert à l'autel Nre Dame, avec les armes du Sr Fava.

213. Item autre de damas rouge à grand ramaige, avec sa frange et crespinne d'or et soye rouge et les armes du seigneur Augustin Miletj [1].

214. Item un passement de damas à escaille rouge, vieux et descoloré, avec sa crespine de soye jaune et rouge, avec les armes, qui sont un lyon d'un costé et troys cœurs d'un autre.

215. Item un parement de satin rouge, avec sa crespinne de soye blanche, rouge et jaune, donné par le Sr Gayllard.

216. Item autre de satin rouge, parsemé de bastons et estoilles jaunes, avec sa frange et crespinne de soye jaune et rouge.

XXI. — *Paremens verds de grand et petiz autelz.*

217. Item un parement de damas à petit ramaige verd, avec son passement, frange et crespinne de fil d'or et soye verde et l'imaige de sainct Nicolas au milieu.

218. Item un parement de damas à grand ramaige verd, avec son passement, frange et crespinne d'or et soye verde et les armes du seigneur Miletj.

219. Item autre de damas verd à grand ramaige, avec sa crespinne et frange de soye verde et jaune.

reste du cocon quand on en a tiré la bonne soie. Le fleuret est blanc et la vraie soie est jaune. Terme de commerce, signifie aussi du fil fait de la bourre de soie, qu'on mêle avec de la soie ou de la laine en beaucoup d'étoffes et de passemens. » (*Dict. de Trévoux.*)

1. C'est lui dont le nom est inscrit sur une épitaphe à Saint-Louis (Forcella, t. IV, p. 24, n° 58) :

```
            D · O · M ·
DANIELI HANNERIO EX OPPIDO
DONONICO TRECENSIS DIOECESIS
GALLO AC CIVI RO · BREVIVMQ
APOSTOLICOR SCRIPTORI VIRO
OFFICII AC FIDEI PLENO QVI QVAM
        POTVIT PLVRIMOS
      BENEFICIO PROVOCAVIT
VIXIT ANN LIX M · IX · D · IV · OBIIT
       XIV EL MAI MDLXXVII
   AVGVSTINVS MILETVS HÆRES
     EX TESTAMENTO AMICO OPT
     ET BENEMERENTI POS
```

220. Item un parement de tafetas rayé (de doublet verd), avec sa crespinne de soye jaune et verde et au milieu les armes du seigneur card^{al} Contarel.

221. Item un autre parement de tafetas verd armesin, avec sa crespinne de soye jaune et verde.

222. Item un parement d'autel de camelot verd, avec sa crespine de capiton [1] de soye jaune et verde.

XXII. — *Paremens de grand et petiz autelz, violetz.*

223. Item un parement du grand autel, violet, de toille d'or et argent, avec du passement en broderie d'or, avec une croix aussi en broderye d'or et la frange et crespine d'or et soye violette et par desus la crespine tout brodé d'or, avec les armes du seigneur card^{al} Contarel.

224. Item un parement de velours violet à fons d'or, sans crespinne, fort vieux et usé, avec deux armoiries aux costés.

225. Item un parement du grand autel, de damas violet, à grand ramaige, avec son passement et frange et crespinne de soie violette et fil d'or, avec les armes du Sr Augustin Miletj (Augustin Millet).

226. Item un parement de damas violet à petit ramaige, de la chappelle de St Mathieu, avec son passement et crespine de soye violette et avec une croix en broderye de soye au milieu et les armes du S^r card^{al} Contarel.

227. Item un parement de damas violet à grand ramaige, qui sert à la chappelle de Nre Dame, avec la frange et crespine de fil d'or et soye violette.

228. Item un parement du grand autel, de satin violet figuré à grands feullaiges, parsemé de grandes fleurs de lys jaunes et couronnes impérialles, avec son passement, crespinne et frange de fil d'or et soye violette.

229. Item un parement d'autel de toille d'argent et soye violette, parsemé de carreaux de soye blanche, avec son orfroy de toille d'argent, avec sa frange et crespinne de soye violette et fil d'argent, tenant au Crucifix.

230. Item un parement de satin figuré, violet et jaune, qui sert à la chappelle de sainct Nicolas, avec la frange et crespinne de soye rouge et blanche.

231. Item un parement de tafetas rayé violet, avec l'imaige de S^{ote} Cécile, avec la crespinne de soye jaune et violette et armes de Monsr Polet.

232. Item un parement d'autel de damas jaune, avec la croix de satin rose sèche et environné de bandes de damas bleu et rose sèche, parsemé de flammes, lequel sert à la chapelle de St Jehan l'Evangéliste.

---

1. « *Capiton*, ce qui reste quand on a dévidé toute la soie de la coque d'un ver, ce qu'on en peut encore tirer avec le peigne pour le filer. C'est la bourre, la partie la plus grossière, qu'on sépare avec des cardasses. On s'en sert à faire des lacis, les étoffes les plus communes et de bas prix. » (*Dict. de Trévoux.*)

233. Item un parement d'autel de toille de Naples, jaune et violette, avec les franges de soye blanche et rouge, qui est ordinairement à lad^te chapelle de St Jehan l'Evangéliste.

XXIII. — *Parements noirs de grands et petiz autelz.*

234. Item un parement du grand autel de velours noir, avec une croix au milieu en broderye d'or, avec sa crespinne et frange de soye noire et fil d'argent, avec les armes du seigneur de Foys.

235. Item un petit parement d'autel de velours noir, avec sa crespinne de soye jaune et violette, avec les armes du grand maistre de Malthe.

236. Item un autre parement de damas noir à petit ramaige, avec son passement, frange et crespinne d'or et soye noire, avec l'imaige de St Nicolas au milieu.

237. Item ung parement de satin noir, avec la frange de soye verde et jaune et troys fleurs de lys d'or au milieu, resfaict l'année 1618.

238. Item six franges p^r les parements des autelz, dont deux sont bleues en broderie et aultres de diverses couleurs.

239. Item dix parements d'autel de cuir doré [1] pour la chappelle avec

---

[1] Ces parements de cuir gaufré et doré ne sont pas absolument rares. J'en signalerai à Conques (Aveyron), à Chasseignes (Vienne), à Grand-Bourg (Creuse) et au musée diocésain d'Angers. Il y en a aussi un notable spécimen à Rome, dans la sacristie des SS. Côme et Damien.
« Item, à la chapelle de Filo avons trouvé l'autel paré d'une touaille et d'un parement de toile peinte et la couverture de cuir. » (*Inv. de la cath. de Montauban*, 1516.) — « Deux chaises garnyes de cuir de Flandres. Deux chaises garnyes de cuir de Flandres, prisées quatre escuz. Deux chaises de Flandres, prisées deux escuz. Deux petites chaises de Flandres, prisées un escu et demy. » (*Inv. de Quermelin*, 1585.) — « Tendue de tapisserie en dix pièces de cuir argenté, façonné de bleu. » (*Compt. des ducs de Lorraine*, 1599.) — « Une liette de cuyr doré. » (*Inv. de Jean de Selve*, 1606.) — « A Jean Ragache, tapisier de cuyr doré, pour une tapisserie de cuir doré, garnie de toile. » (*Inv. des ducs de Lorr.*, 1607.) — « Une autre chaise à dossier et bras, couverte de cuir de Roussy. Dans un cabinet, quatre pièces de tapisserye de cuyr doré. Deux tapisseryes de cuyr doré et deux petits morceaulx, la tenture courant dix aulnes ou environ sur deux aulnes et demye de hault, telle quelle, prisée cinquante livres. » (*Inv. de Le Roy de la Grange*, 1610.) « A Anthoine Fraisy, de nation vénitien, en recognoissance du don par luy fait d'un drap d'hostel de cuyr doré, au milieu duquel y a la Vierge Marie avec les armoiries de cette ville aux deux costés. » (*Comptes de Lille*, 1613). — « Un devant d'autel de cuir d'Espaigne, lequel est presque usé. » (*Inv. de la cath. de Tréguier*, 1620.) — « Deux devant d'autel de cuir doré, l'un avec une image du mariage de Saint Joseph et de la Sainte-Vierge, donné par M. et Mme Jeaurel, greffier au bailliage de Vosges, et l'autre donné par un honneste cavalier. » (*Inv. de Mattaincourt*, 1684, n° 65.) — « Treize pièces de tapisserie de cuir doré, à festons et à fleurs, fond blanc, estimées 30 livres. La petite garde-robe, tendue en plain d'une tapisserie de cuir doré, de plusieurs façons, estimée 4 livres. » (*Inv. du chât. de la Terne*, 1728, n°s 790, 798.) — « Quatre pièces de tapisserie cuir doré. » (*Inv. du chan. d'Armagnac*, 1746.)
Voir sur les cuirs dorés la *Gazette des Beaux-Arts*, 2e pér., t. XXXIV, p. 226 et suiv.

l'imaige du sainct de la chappelle. Excepté à celuy de la chappelle de Sainct André, où est l'imaige de Nre Dame, et celuy de S^{ct} Remy où est l'imaige de S^{ct} Louys.

XXIV. — *Couvertures de pulpite.*

240. Item une couverture de pulpite de toille d'argent, avec sa frangette d'or et soye blanche et les armes du S^r card^{al} Ferrare:

241. Item autre couverture de pulpite po^r aussi chanter l'Evangille [1], de velours violet (faict en quarré), avec frange et passement d'or et soye violette.

242. Item une couverture de pulpite de velours noir, avec trois fleurs de lis de toille d'or de chaque bout, avec frange de soye rouge et jaune [2].

XXV. — *Couvertures de messelz* [3].

243. Item une couverture de messel pour oficier solemnellement, de toille d'argent, avec sa frangette et passement d'or et soye blanche.

XXVI. — *Banières de croix* [4].

244. Item une banière de la croix de damas blanc, avec l'imaige de S^{ct} Louys parsemé de fleurs de lys d'or et les armes du card^{al} de Rambouillet, doublée de tafetas rouge, avec ses bastons, cordons et houppes.

245. Item une autre banière de velours noir vieille, avec une croix au

---

1. Ce pupitre se met aussi à vêpres devant le célébrant et on y pose le livre des oraisons et des antiennes. — Son nom le plus commun est *analogie*. L'inventaire de 1649 le nomme *legive*, mot qui, suivant Du Cange, nous vient de la basse latinité par dérivation du verbe *lego*. « Legium seu legivum in gloss. lat. gall. *pulpitre*, *letrin à mettre livre sus*. Ugutio : A lego, *lectrum* et *legium*. » (*Gloss.*, édit. des Benédict., Paris, 1733, t. IV, col. 117.)

2. « Une couverture de pulpite de drap de soye jaulne. Une couverture de pulpitre de laine, où il y a les images de Notre-Dame et de Saint-Michel. Une couverture de pulpitre, des épistres, faicte d'un viel devant d'autel, où sont plusieurs personnages. Une couverture de pulpitre, où l'on chante les épistres, ancienne, avec images dessus, faicte d'un viel devant d'autel. Une couverture de passez de velours vert, brodé de feuillages d'or et d'argent, garnie de taffetas verd. Le dessus du pulpitre de damas blanc. Le dessus du pulpitre de l'aigle, de damas blanc. » (*Inv. de la cath. de Reims*, 1622, n°s 204, 205, 206, 207, 209, 213, 214.)

3. On couvre les missels suivant la couleur du jour. — Martin Sonnet, bénéficier de Notre-Dame de Paris, sous l'autorité des grands vicaires du cardinal de Retz, recueillit et publia, en 1662, le « Cæremoniale Parisiense, juxta sacros et antiquos ritus sacrosanctæ Ecclesiæ metropolitanæ Parisiensis ». Or, on y voit mentionné, page 496, l'obligation de ces couvertures de missels. — A Rome, on couvre également l'évangéliaire et l'épistolier.

4. Ces bannières, soumises pour la couleur aux mêmes changements que les ornements, consistent dans une bande d'étoffe attachée à deux bâtons placés transversalement aux deux extrémités de la hampe des croix de procession. — A Rome, elles sont exclusivement attribuées aux confréries et au clergé régulier.

milieu de satin blanc et jaune, avec trois fleurs de lis de satin jaune au dessous et une teste de mort de satin blanc, avec son baston et houppes, doublée de toille noire et mesme ayant franges de soye jaune et violette.

246. Item une banière de la croix de velours noir, avec une croix de toille d'or et d'argent et trois fleurs de lis d'or au desoubz de la croix, et au bout une teste de mort de toille d'argent, doublée de toille noire, avec frange de soye rouge et jaune, avec un baston, cordons et houppes de soye rouge et jaune.

247. Item une autre banière de futaine noire, doublée de toille noire, avec ses franges de filloseille [1] blanche et noire et cordons et houppes de mesme, avec son baston.

XXVII. — *Cuissins blancs* [2].

248. Item un cussin de toille d'argent, faict à la damasquinne, avec du passement d'or et soye blanche et quatre boutons d'or et soye blanche.

249. Item quatre cussins de damas blanc à grand ramaige, assez vieux, garniz de passementz et boutons de fil d'or et soye blanche.

250. Item deux cussins de reseil ouvré, doublez de tafetas rouge, avec passement de soye rouge et les boutons de soye rouge et blanche.

251. Item deux coissins blancs de toilette, avec le passement de soye rouge, jaune et blanche et ses boutons de mesme.

XXVIII. — *Cuissins rouges*.

252. Item deux cussins de broquatelle d'or et d'argent et soye rouge doublée de tafetas rouge armesin, garniz de passement et boutons de fil d'or et soye rouge ; à un manque un bouton.

---

1. « Filoselle, nom qu'on donne à une espèce de fleuret ou de grosse soie. » (*Dict. de Trévoux.*)

2. Les coussins sont destinés à recevoir le missel. Ils sont souvent par *paire*, parce qu'on en plaçait un de chaque côté de l'autel, comme on fait encore dans le royaume de Naples. Il en était de même en France. « Deux coussins rouges, de fleuret à fleurs. Deux coussins blancs, de fleuret à fleurs. Deux coussins verts, de camelot. Deux coussins noirs, à fleurs de broderie, d'un costé de satin et de l'autre costé de sarge. Deux petits coussins de sarge de Londres rouge, avec des gallons de soye. Deux autres petits coussins blancs, de fleuret à fleurs rouges. » (*Inv. de Mattaincourt*, 1684, n°ᵒˢ 94-99.)

Je ne les ai vus employer à Rome qu'aux messes des évêques et des cardinaux. Le pape, à son pontifical, se sert d'un pupitre de bronze doré que l'on conserve au trésor de la chapelle Sixtine. Il y a dessous cette inscription :

SOTTO IL MAGGIORDOMATO DI S· ECCᴬ RMᴬ
MONSIGᴿᴱ PATRIZI MDCCCXXXV
FIL · BORGOGNONI
ROMANO

Mgr Patrizi est devenu cardinal, évêque d'Albano et vicaire de Sa Sainteté.

253. Item un cussin de camelot rouge, garny de passement et boutons d'or, assez vieux.

XXIX. — *Cuissins verds.*

254. Item un cuissin verd de damas à grand ramaige, garny de passement et boutons de soye verde et jaune.

255. Item un cuissin de tafetas rayé verd, avec son passement jaune et verd, sans aucuns boutons.

256. Item deux cuissins de tafetas armesin verd, avec leurs passements et boutons de soye verde et jaune.

257. Item deux cuissins de damas à petit ramaige verd, avec passements de fil d'or et soye jaune et leurs boutons, faictz l'année 1618.

258. Item deux cuissins de taffetas rayé verd, avec ses passementz de soye jaune, verde, rouge et blanche et ses boutons de mesme, faictz l'année 1618.

XXX. — *Cuissins violetz.*

259. Item un cuissin de toille d'argent et soye violette, doublé de satin violet, garny de passement et boutons de fil d'or et d'argent et soye violette.

260. Item deux cuissins de velours violet, garnis de passements et boutons de fil d'or et soye violette.

261. Item deux cuissins de damas violet à petit ramaige, garniz l'un de passementz et boutons de soye violette et l'autre sans boutons, l'un donné par le Sr Contarel et l'autre par le Sr Crescentij.

262. Item un cuissin de camelot de soye ondé, garny de passement et boutons de fil d'or et soye violette.

263. Item deux cuissins de tafetas armesin violet, fort usé, garny de passement et boutons de soye jaune et violette.

264. Item deux grands cuissins de velours figuré, jaune et bleuf, faictz en rosette et quarrez, garnis de passement et boutons de soye blanche et jaune.

XXXI. — *Cuissins noirs* [1].

265. Item un grand cuissin de velours noir, garny de passement et boutons de fil d'argent et soye noire, servant pr les enterrements,

266. Item un autre cuissin de velours noir, assez vieux et usé, garny de boutons et passement de fil d'or faulz et soye rouge, servant pr les mortz.

267. Item douze cuissins de cuir doré [2].

1. Il est d'usage à Rome de mettre un coussin sur la bière à l'endroit de la tête.
2. Il y avait, en 1887, à l'exposition rétrospective de Tulle, deux coussins en cuir doré, semé de fleurs et d'oiseaux; des houppes de cuir garnissent les quatre coins. L'un est garni tout autour de dentelle d'or. Carrés, ils mesurent 0,24 sur chaque côté et datent du xviie siècle. Ils appartiennent à la cathédrale et ont dû servir à poser le missel.

268. Item quatre cuissins noirs de velours tanné [1], avec ung passement de soye rouge, jaune et blanche, deux desquels ont les boutons.

XXXII. — *Bourses blanches p^r les calices* [2].

269. Item une bourse de toile d'argent [3], couverte de broderye, avec une croyx en broderye et quelques fleurs de soye plates, doublée de taffetas blanc, le tout assez vieux.

270. Item une bourse de toille d'argent, assez vieille, entourée de broderyes de fil d'or, soye verde et rouge, avec une croix au milieu de mesme broderye, doublée de tafetas blanc.

271. Item une bourse, avec sa pale, de toile d'argent, assez vieille, toute brodée avec un *Jesus* à l'une et *Jesus Maria* à l'autre, et une couronne d'espine, doublée de toile d'argent et de tafetas.

272. Item une bourse de toille d'argent, figuré de fleurs de lis, doublée de mesme estoffe, avec la frange de soye rouge et blanche, son passement de mesme.

273. Item deux bourses de toille d'argent, vieille, garnie de passement d'or et soye blanche, faicte l'année 1618.

274. Item deux bourses de toile d'argent, bordées de passement d'or et soye jaune, avec une croix au milieu de mesme passement et quatre fleurs de lis dessus, doublées de toille blanche.

275. Item une bourse de damas blanc, garnie de passement de fil d'or et d'argent et soye jaune, avec la croix de mesme passement au milieu, doublée de toille blanche.

276. Item seix bourses de damas blanc, quelques unes desquelles sont assez vieilles, garnies de passement de fil d'or et d'argent et soye jaune, avec la croix de mesme passement, parties d'icelles doublées de tafetas, les autres de toille.

277. Item une bourse de tafetas blancs à gros grains, tout garny de broderye, picqué de plusieurs points de canatille [4] d'or, avec une grande

1. Dans les comptes des frères Bonis, au xive siècle, il est parlé du *tanné* de Courtray, dont on faisait des jacques aux chevaliers pour porter sous l'armure. (*Bull. de la Soc. arch. de Tarn-et-Garonne*, 1887, p. 164.) — « Ung corset tennet, fourré de cuissettes. » (*Inv. de Le Simple*, 1534.) — « Ung vieil pourpoinct de satin tané, doublé de tafetas canelle. » (*Inv. de Quermelin*, 1585.)

2. A St-Pierre-du-Vatican, les bourses des messes solennelles sont de telle dimension qu'elles contiennent le corporal déployé.

3. « Une quaquetoire de toile d'argent milanaise. Ung lict de satin cramoisy, en broderie de toile d'argent. » (*Inv. de Quermelin*, 1585.) — « Item une chasuble, tunique et dalmatique de toile d'argent, frisée de fleurons d'or et d'argent et de velours rouge, les orfrois et bordure sont de toile d'or et d'argent. » (*Inv. de la cath. de Reims*, 1622, n° 428.)

4. « *Cannetille*, c'est du fil d'or ou d'argent trait, tortillé dessus un petit fer en manière de canette. Il y a de deux manières de canetilles : l'une, qui est de fil d'or et d'argent traict, tortillé sans estre soutenu, qui est propre à guiper ou faire

croix au milieu de mesme broderie, doublée de tafetas verd, et une croix de passement d'argent, assez vieux.

278. Item troys bourses de calice de damas blanc, les deux avec croix et passements d'or et d'argent et l'autre d'or et soye blanche.

279. Item deux bourses de tafetas blanc, les croix, passement et frange de soye blanche et rouge.

280. Item trois bourses de tafetas rayé blanc, les deux garnies de passementz de soye blanche, rouge et jaune, et l'autre de passement de soye rouge et blanche.

281. Item vingt et six bourses de satin, avec leurs cordons et rubans de soye, scavoir vingt blanches, troys rouges et troys jaunes, po^r marier les citelles [1].

282. Item quatre bourses de damas blanc, avec la croix et tout au tour une trine d'or, faictez l'année 1618.

XXXIII. — *Bourses rouges.*

283. Item une bourse de broquatelle de fil d'or et d'argent et soye rouge, avec sa croix de passem^t d'or et soye rouge et entourée de frangeon de mesme, doublé de tafetas blanc fort vieux.

284. Item une bourse de satin rouge, tout garny de broderye d'or, de perles douces, avec huict boutons d'or et soye rouge et quelques perles, doublée de mesme satin, et bordée de fil d'or, donnée du sieur Augustin Turinet.

---

quelque chose droit; l'autre canetille est aussi tortillée et faite d'or filé, seulement estant soutenue par dedans d'un fil d'or filé. » (Nicot, 1625.)

1. Jeunes filles, en italien, *zitelle.* — Tous les ans, les chapitres, églises nationales et confréries, distribuent un nombre considérable de dots aux jeunes filles qui veulent se marier ou professer la vie religieuse. Celles qui ont été choisies prennent, avec le nom d'*amantale,* un costume particulier dans lequel elles comparaissent à la fête patronale de l'église ou aux processions. Ce costume se compose d'une robe blanche, — quelquefois de la couleur de la confrérie; ainsi, bleue pour celle des charpentiers et rouge pour celle de la Trinité des pèlerins, — d'un corsage blanc, garni d'une guimpe montante qui leur couvre depuis le nez toute la partie inférieure de la figure, et d'un long voile blanc attaché à la guimpe. Ce qu'il y a de particulier, c'est que cette guimpe et ce voile sont couverts d'épingles symétriquement disposées de manière à former les dessins les plus variés et les plus ingénieux. J'interrogeai une fois une de ces *amantale,* et elle me répondit qu'elle portait sur elle pour trente baïoques (1 fr. 65 c.) d'épingles, et qu'il avait fallu un jour entier pour les arranger. Au cordon blanc ou d'autre couleur, suivant la confrérie, qu'elles ont à la ceinture, elles suspendent un chapelet, leur billet d'admission et un éventail. Celles qui se destinent à la vie monastique ont, de plus, une couronne perlée sur la tête. Elles assistent à la messe, un cierge à la main, et communient; après la cérémonie, elles échangent leur billet d'admission contre un acte notarié qui leur donne le droit de réclamer la dot quand elles seront décidées à se marier ou à entrer dans le cloitre, et reçoivent en aumône quelques pauls. — Je suppose que ces bourses dont parlent notre inventaire servaient à mettre ces aumônes. — En procession, elles marchent deux à deux et se tiennent par le petit doigt.

285. Item une bourse de damas rouge, avec une croix au milieu de passement d'or et soye rouge, avec un parement au tour de toille d'or et bordée d'un passem¹ d'or et soye rouge, doublée de mesme damas fort vieux.

286. Item trois bourses de damas rouge, garnie de passement de fil d'or et soye rouge, avec la croix de mesme passement, doublée de toille et tafetas.

287. Item une bourse de camelot ondé rouge, avec la croix de passement de fil d'or et soye rouge, doublée de toille rouge.

288. Item une bourse de camelot ondé rouge, garnie de passement de soye jaune, blanche et rouge, avec la croix de mesme passement, doublée de toille rouge.

289. Item deux bourses de camelot rouge, garnies de passement de soye jaune et verde, avec la croix du mesme passement, doublée de toille rouge.

290. Item douze bourses de diverses estoffes et diverses couleurs, aucunes de toille d'or, aucunes de velours et broderies d'or, et une de velours rouge en broderye d'or, un *Jesus* au milieu enrichi de quelques perles, très ancien; aucunes de satin, de damas, de tafetas, toutes fort vieilles, usées et inutiles poᵣ s'en servir.

291. Item une bourse de brocatelle rouge, avec ung gallon de fil d'or et soye rouge, avec la croix au milieu de mesme, faicte l'année 1618.

XXXIV. — *Bourses verdes.*

292. Item deux bourses de damas verd, garnies de frangeon verd et jaune, avec la croix de mesme soye.

293. Item deux bourses de taffetas armesin verd, garnies de frangeon de soye jaune et verde, avec la croix de mesme passement.

294. Item une bourse de tafetas rayé, garnie de passement de soye jaune et blanche et verde, avec la croix de mesme passement.

295. Item une autre bourse de taffetas rayé, garnye de passement de soye jaune et verde, avec la croix de mesme passement.

296. Item quatre bourses de tafetas armesin, garnies tout autour de passement de soye jaune et verde.

297. Item quatre bources de damas verd, avec passement et croys d'or, faictes l'année 1618.

XXXV. — *Bourses violettes.*

298. Item deux bourses de toille d'or et soye violette, brodées tout autour, avec les croix en broderie d'or, doublées de tafetas violet.

299. Item une bourse de toille d'or et soye violette, avec une croix en broderye d'or et garnye de passement d'or, d'argent et soye violette, doublée de tafetas violet, donnée par le cardᵃˡ Ossato.

300. Item deux bourses de damas violet, garnies de passement d'or, et soye violette, avec la croix de mesme passem¹, doublées de toille.

301. Item une bourse de damas violet, garnie de passement de soye violette, avec la croix de mesme passement, doublée de toille, donnée des S⁵ Crescentij.

302. Item cinq bourses de tafetas armesin violet, garnyes de passement de soye jaune et violette, avec la croix de mesme passement, doublée de toille violette.

303. Item cinq bourses de diverses estoffes et diverses couleurs, fort vieilles et usées, deux desquels sont de tafetas violet, garnies de passement jaune et frangeon violet, l'autre de velours violet, l'autre de satin figuré et l'autre de tafetas bleuf et jaune, garnie de frangeon de soye de diverses couleurs.

304. Item deux bources de brocatelle violette avec des fleurdelis, avec son passement de soye rouge, blanche et jaune, avec sa croix de mesme, faicte l'année 1618.

XXXVI. — *Bourses noires.*

305. Item deux bourses de damas noir, garnies de passements d'or et soye noire autour, avec la croix de mesme, doublée de toille noire.

306. Item deux bourses de satin de Bourges noir, avec un passement de soye blanche et noire, avec la croix de mesme passement, doublée de toille noire.

307. Item une bourse de taffetas rayé noir, avec un passement de soye blanche et noire et la croix de mesme, fort vieille, doublée de mesme, donnée des S⁵ Crescentij.

308. Item deux bourses de taffetas caluffe figuré noir, garnies de passement de soye blanche et noire, avec la croix de mesme, doublée de toille noire, fort vieilles.

309. Item trois bourses de satin rayé, garnies à l'entour de frangeon de soye rouge et blanche, deux desquelles ont la croix de satin blanc et l'autre de passem¹ de soye rouge et blanche.

310. Item une bourse de cambelot noir, avec la croix et passement de soye blanche et noire, fort vieux.

XXXVII. — *Voiles blancs pour les calices.*

311. Item un voile de tafetas blanc, doublé de tafetas de mesme couleur, enrichi de broderie tout au tour et feuillage de soye verde et diverses fleurs de plusieurs couleurs et fleurs de lis d'or et dentelle à l'entour de fil d'or, avec un IHS [1] au milieu dans un soleil en broderye d'or [2].

1. « Et un nom de Jésus. » (*Inv. de* 1649.)
2. C'est-à-dire une auréole circulaire, dont la circonférence rayonne et flamboie, comme dans les armoiries de la Compagnie de Jésus.

11

312. Item un voile de crespe blanc, tout couvert de broderye, avec quatre chérubins et un nom de IHS [1] au milieu dans un soleil, garni de dentelle à l'entour, doublé de taffetas.

313. Item un voile de tafetas blanc, enrichi à l'entour de broderie d'or et de soye, avec quatre croix d'or et un *Jésus* au milieu dans une couronne d'espine, garny de dentelle d'or, doublé de taffetas incarnadin.

314. Item un voile de taffetas blanc, couvert de huict carreaux faictz à l'aiguille de fil d'or et soye de diverses couleurs, garnj autour et dessus d'un petit clinquant d'or et d'argent.

315. Item sept voiles de taffetas blanc, l'un assez bon et les autres fort usez, garniz à l'entour de frangeon blanc et rouge, et un de frangeon de soye jaune et blanche.

316. Item six petits voiles de toille blanche, l'un desquelz est garnj de dentelle d'or et autour de branchaiges en broderie d'or, l'autre couvert [2] de broderie d'or et soye rouge, au milieu une croix, avec un frangeon de mesme, l'autre garnj autour de frangeon en broderye d'or et soye rouge avec certaines lettres tout autour, l'autre garny de dentelle d'or et soye jaune et poinctz faictz à l'aiguille de mesme, et les autres deux de soye rouge autour et un fil d'or à un.

317. Item deux voiles de taffetas blanc, garnis de frangeon d'or et de soye verde.

318. Item quatre voilles de gase [3] blanche, fort vieux, un desquelz

1. L'histoire iconographique de ce monogramme est assez curieuse et assez peu connue pour que je la rapporte ici. Le nom de Jésus-Christ nous est venu du grec, et c'est en grec qu'il s'est conservé au moyen âge. Mais, pour en faire un monogramme, on l'a réduit, en ne prenant que les deux premières et la dernière lettre. On a donc eu, au lieu de IHCOVC XPICTOC, IHC XPC. L'*éta* grec a la forme de notre H latine et le *sigma* celle du C. — Lorsqu'on commença à écrire la gothique carrée, l'H, plus haute que les deux autres lettres, fut coupée horizontalement par le sigle abréviatif, ce qui, quelques années après, donnait naturellement l'idée d'une croix. Tel est le monogramme célèbre de saint Jean de Capistran, conservé à Rome dans l'église des Franciscains d'*Ara cœli*. Une fois la croix adoptée, on y ajouta, sur la fin du xvᵉ siècle, un titre et trois clous. Le C final se trouve encore, mais il ne tarde pas à disparaître pour être remplacé par l'S qui déjà se rencontre simultanément avec le C. Arrive le xviᵉ siècle, très versé dans la connaissance des antiquités païennes et fort peu instruit des développements de l'art chrétien, réformateur quand même, et avec lui les jésuites. Ils prennent aux franciscains leu monogramme fidèlement resté conforme à la tradition, mettent définitivement l'S, plantent la croix sur l'H, — la majuscule romaine y prêtait assez. — et, avec une érudition qui a eu trop longtemps des adeptes, ne comprenant plus les trois lettres du monogramme, ils les divisent et font de chacune une initiale : voilà l'origine véritable de IESVS HOMINVM SALVATOR, qui n'a sa raison d'être que dans l'ignorance de ceux qui l'ont adopté et propagé les premiers.

2. En épigraphie, les lettres U et V sont équivalentes; seulement, au commencement d'un mot on écrira toujours par V, et dans le courant du mot par U. Si ce sont des majuscules, le V seul est usité. L'on trouve donc, conformément à ces règles, vn, couuert, IESVS. Je n'ai point tenu compte ici de cette ancienne orthographe.

3. « *Gaze*, espèce d'étoffe, tissu léger de fil ou de soie, ou moitié fil et moitié soie, travaillée à claire voie. » (*Dict. de Trévoux.*)

est garnj de frangeon d'or et soye blanche autour et de soyè blanche.

319. Item **huict** voilles de toille, faictz à l'aiguille en point mignon et résoir, garniz de dentelle de fil.

320. Item ung voile de résoir de fil d'or, et d'argent et soye blanc, garni de dantele d'or et d'argent, doublé de tafetas rouge.

321. Item ung voile de calice de taffetas blanc, avec dantelle d'or, faictz l'année 1618.

322. Item troys voiles de calice de taffetas blanc, avec dantelle de soye rouge et blanche, faict la mesme année 1618.

XXXVIII. — *Voiles rouges.*

323. Item huict voiles, de tafetas rouge, l'un desquelz est garnj de dantelle d'or, et les autres de frangeon de soye rouge et blanche.

324. Item deux voilles de gase rouge, garniz de frangeon rouge et blanc.

325. Item quatre voiles rouges, troys de gaze et un de taffetas, les deux avec petitte frange de fil d'or et soye rouge et les autres deux de soye rouge et blanche.

326. Item deux voiles de calice de tafetas rouge, avec des danteles d'or, faict l'année 1618.

XXXIX. — *Les voiles verds.*

327. Item quatre voiles de taffetas verd, troys desquelz sont garniz de frangeon jaune et verd, l'autre de passement verd.

328. Item trois voiles de gase verde, deux desquelz sont garnis de fil d'or et soye verde, et l'autre de soye verde.

329. Item deux voilles de gase verde, l'un entrelassé de fil d'or, avec petitte frange d'or et soye verde.

330. Item quatre voiles de calice de taffetas verd, avec dantele d'or, faictz l'année 1618.

ß 331. Item ung voile de calice de gase, parcemé de soye verde et fil d'or, avec petite dantele de mesme.

XL. — *Les voiles violets.*

332. Item un voile de toille d'or à soye violette, faict en forme de bourse, garnj tout autour de broderye d'or, avec cinq croix de broderye d'or, doublé de tafetas violet.

333. Item deux voiles de tafetas violet, garnis de dantelles d'or, donnez par Monsieur Julien.

334. Item six voiles de taffetas violet, quatre desquelz sont garnis de frangeon de soye jaune et violette, et les deux autres de soye jaune et blanche.

335. Item quatre voiles de gaze violette, l'un desquelz est rayé d'or, avec son frangeon d'or et soye violette.

336. Item un voile de taffetas bleuf à teste, garnj tout autour de dantelle d'argent.

337. Item un voile travaillé à l'aiguille, de soye de plusieurs couleurs, avec la dantelle de plusieurs couleurs.

XLI. — *Les voiles noirs.*

338. Item huict voiles de taffetas noir, sept desquelz sont garnis de frangeon à l'entour de soye blanche et noire.

339. Item quatre voiles de taffetas noir, deux desquelz ont des danteles grandes de fil d'or et argent et les autres deux de petitte dantelle de mesme, faicte l'année 1618.

XLII. — *Les grands voiles.*

340. Item un grand voile faict en résoir (de raseuil) de fil d'or, d'argent et soye blefue, garni de dantelle d'or et d'argent et doublé de taffetas rouge, qui sert au subdiacre à la messe parée.

341. Item un grand voile de taffetas blanc, qui sert por porter le sainct sacrement et aulx subdiacres aux grandes messes, garnj tout autour de dantelle, enrichj par les deux boutz de broderie d'or, de fleurs de lys et feullaiges et fleurs de diverses couleurs, et au milieu est un *Jesus* dans un soleil d'or et soye rouge et frangé de fil d'or aux deux boutz.

342. Item un grand voile de toille, faict à l'aiguille en point mignon et résoir, pour mettre sur le crucifix.

343. Item ung grand voile de taffetas verd et frange or, dantelle de fil d'or, por la grande messe, faict l'année 1618.

344. Item ung grand voile de taffetas blanc pr le curé pr porter le St Sacrement aux malades [1], avec la frange d'or aux deux bouts et la petitte frange et dantelle d'or à l'entour, faict l'année 1618.

345. Item ung grand voile, pour le crucifix du prédicateur [2], de taffetas bleuf, avec passement et boutons d'or, donné par la Perrière [3].

346. Item ung grand voile de taffetas violet, qui se met sur les espaules du subdiacre aux grandes messes, garnj de frangeon et frange de soye violette et jaune.

1. A Rome, le S. Sacrement se porte avec beaucoup de solennité. Le prêtre est vêtu du surplis, de l'étole et du voile huméral, dans lequel il tient enveloppé le ciboire. Au-dessus de sa tête, on étend un dais plat, fait en forme de parasol. Le peuple suit ou précède en chantant et un cierge à la main. Si c'est le soir, toutes les maisons qui se trouvent sur le passage s'illuminent instantanément.

2. Il y a toujours, en Italie, un crucifix sur la chaire même du prédicateur.

3. Il est mentionné aux archives, à la date du 26 juin, comme ayant fondé à perpétuité un anniversaire dans l'église de St-Louis : « Die 26 Junij, pro anima bone mem. Petri de Perreria. »

347. Item autre grand voile de gaze, rayé de fil d'or et soye violette, garnj de d antelle d'or et aulx deux boutz de frange d'or, quj sert comme desus aux grandes messes.

348. Item troys grands voiles, l'un por la crédence et les deux autres pour le crucifix, tous de résoir blanc et l'un doublé de taffetas incarnat.

349. Item une estolle fort large de fin damas noir, garnie aux deux bouts d'un passement et frange de fil d'or et soye noire.

350. Item ung voile de taffetas tané pr le crucifix, qui est sur la porte de la chapellenie.

351. Item troys voiles pr les crucifix, deux de gaze, l'un desquelz a des frangeons de fil d'or et l'aultre de soye, et l'aultre est de résoir grossier de fil jaune et blanc.

352. Item une estolle de toille d'argent, pr servir aux communions quotidiennes.

353. Item deux grandes pièces de taffetas blanc vieux pr couvrir les images en caresme.

354. Item honze petittes pièces de taffetas de diverses couleurs pr couvrir les images et crucifix .

XLIII. — *Pavillons du tabernacle du grand autel* [1].

355. Item un pavillon blanc de taffetas armesin jà assez vieux, avec sa frange et crespinne d'or et soye blanche et rouge, donné par le Sr Pietro organista.

356. Item un autre pavillon de taffetas armesin blanc, jà fort vieil et usè, avec sa crespinne et frangeon d'or et soye rouge .

357. Item un pavillon de tafetas rouge armesin, avec sa frange et crespinne d'or et soye rouge.

358. Item un pavillon de taffetas verd armesin assez vieil et rapiécé d'un costé, avec sa frange et crespinne d'or et soye verd.

359. Item un pavillon de tafetas violet armesin, eslargj sur le derrière, des deux costés, de vieux taffetas et alongé par le hault de toile violette, avec sa frange et frangeon d'or et d'argent.

XLIV. — *Petitz pavillons pour le sainct ciboire* [2].

360. Item un petit pavillon de satin blanc avec passement et frange d'or et soye blanche, por mettre sur le Sct cyboire.

---

1. Le tabernacle doit être recouvert d'un pavillon de même couleur que l'ornement du jour. Toutefois on ne peut en mettre un noir; on se sert alors du violet. Martin Sonnet en parle, pages 493 et 661, dans son *Cérémonial de Paris*, et le nomme *conopœum*. Il y en avait un du xvie siècle, à l'exposition de Rome (*Revue de l'art. chrét.*, 1887, p 456).

2. Ce pavillon, enveloppant extérieurement le ciboire, est de couleur blanche, couleur affectée au St-Sacrement dans le rite romain. En France, c'était le rouge.

XLV. — *Les baldaquins.*

361. Item un grand poisle [1] *sive* baldaquin, pour porter le Sainct Sacrement, de toille d'or et d'argent, parsemé de fleurs de lys jaunes et bleues, avec de grande frange à l'entour de fil d'or, consistant en ciel, quatre pendantes, 'huict bastons argentés et les attaches de soye, avec la banière de la croix et le baldaquin pour le tabernacle de mesme estoffe et parement.

362. Item un grand poisle *sive* baldaquin de tafetas blanc, fort vieux, garnj de frangeon de fil d'or et soye blanche, parsemé de grandes fleurs de lys d'or fin, aussi po[r] porter le S[ct] Sacrement.

363. Item un dais en baldaquin de tafetas violet, avec fleurs de lys d'or aux pendants et quatre bastons peins de rouge, aussi po[r] porter le S[ct] Sacrement aux malades.

364. Item un poisle de tafetas rouge, à l'autel de S[ct] Remy, fort usé, pour reposer le S[ct] Sacrement en lad. chapelle pour la communion [2].

XLVI. — *Tapisserye de soye pour l'église* [3].

365. Item vignct et deux piéces de tapisseries de damasquin *sive* broquatelle de soye, le fond bleuf et parsemé de grandes fleurs de lis, et les parements de la tapisserie sont de mesme estoffe, le fond rouge parsemé de grandes fleurs de lis, doublés de toille rouge, le tout neuf.

366. Item une grande piéce du mesme parement, *sive* orfroys, et une petite piéce de mesme.

367. Item douze piéces de tapisseries de tafetas bleuf et jaune fort usées, vieilles et déchirées, avec leurs franges et crespinne de soye et fleuret.

1. « Autre pièce de velour rouge plus usé, de la mesme broderie au milieu, servant de poille ou de ciel au-dessus de l'autel. Une pièce de damas rouge cramoisy, servant de poille ou ciel pour porter le St-Sacrement aux malades. Autre ciel ou poille de velour tanné, relevé de grande broderie d'or et d'argent, avec les escussons et armoiries du seigneur évesque Grignaulx; le dit poille ou ciel servant pour porter au-dessus du St-Sacrement lorsqu'il est porté processionnellement. » (*Inv. de la cath. de Tréguier,* 1620)

« *Poële,* terme d'église Dais portatif, soutenu de colonnes, qui consiste en un ciel et des pentes, sous lequel on met le St-Sacrement, quand on le porte par les rues. » (*Dict. de Trévour.*)

2. Cet usage de tenir un dais suspendu au-dessus de l'autel où se conserve le St-Sacrement et où se donne la communion est généralement tombé en désuétude à Rome. Il existait à Paris, au XVIIe siècle, au témoignage de Martin Sonnet. La réserve était alors à la chapelle St-Rémy.

3. Dans toute l'Italie, on a l'habitude de tendre les murs, pour les grandes solennités, de damas rouge broché. Les tentures de St-Pierre au Vatican portent les armes d'Alexandre VII ; celles de St-Jean-de-Latran et de Ste-Marie-Majeure pour le chœur, les armes du même pape, et de Clément X pour la nef. Ces décorations se font avec un goût exquis.

368. Item la garniture de la petitte chapelle de la sacristie, contenant neuf pièces de tapisseries, de petits rideaux de tafetas rouge bien vieil.

XLVII. — *Rideaux de soye pour couvrir les autelz, imaiges et reliquaires.*

369. Item à l'autel de S^et Mathieu, un rideau de taffetas rouge, vieux et assez usé.

370. Item à l'autel de N^re Dame, un rideau de taffetas bleuf, vieux et assez usé.

371. Item à l'autel de S^et Nicolas, un rideau de taffetas bleuf, assez usé.

372. Item à l'autel de S^ote Cécile, un rideau de taffetas rouge, assez usé.

373. Item un grand rideau et deux plus petits de taffetas bleuf, fort vieux et usé, qui servent à couvrir le tableau [1] du grand autel, et les deux imaiges de sainct Louys et saint Charlemaigne [2].

XLVIII. — *Rideaux de toille.*

374. Item à l'autel de S^et Sébastien, un rideau de toille bleufve, assez usé.

375. Item à l'autel de S^et Jehan Baptiste, un rideau de toille bleufve assez usé.

376. Item à l'autel de S^et Jehan l'Evangéliste, un rideau de toile bleufve, fort usé.

377. Item un rideau pour couvrir le crucifix, avec la croix de passement rouge au milieu.

XLIX. — *Tapis de Turquis* [3] *et autres.*

378. Item un grand tapis de Turquis de layne de plusieurs couleurs, servant au grand autel.

1. En 1586, le tableau de l'Assomption, à l'autel Notre-Dame, dans l'église de Ste-Madeleine, à Tournai, fut protégé par une *courtine*, pendue à une tringle.

2. Quoique Charlemagne ne soit pas inscrit au Martyrologe romain, les Français le considéraient comme saint. Aussi les minimes l'avaient-ils fait peindre, au xviiie siècle, dans le cloître de leur couvent de la Trinité du Mont, avec cette inscription : SANCTVS CAROLVS MAGNVS REX XXIIII ET IMPERATOR REGNAVIT ANNIS XLVII. OBIIT ANNO 814.

3. « Sur un tapis de Turquie », dit La Fontaine dans une de ses fables. — « Ung tapis de table de Turquie, prisé douze escuz. Ung aultre tapis de buffet de Turquie, prisé six escuz. » (*Inv. de Quermelin*, 1585.) — « Item quatre grands tapis de Turquie, trois d'iceux servants de marchepied les bons jours devant le grand autel durant la grande messe et l'autre devant l'aigle du chœur. Un très grand tapis de Turquie. » (*Inv. de la cath. de Reims*, 1622, n°s 243, 251.)

379. Item un autre tapis de Turquie, plus petit, servant aussi au grand autel.

380. Item cinq tapis verds, qui servent sur les bancs du chœur.

381. Item un tapis de drap bleuf, entouré d'un costé de fleurs de lis de drap jaune, qui sert pour mettre sur le dernier degré du grand autel, jà fort vieux et taisché de cire.

382. Item quatre petits tapis du Levant, de plusieurs couleurs.

383. Item six tapis verds, tant grands que petits, uzés et rapiécés.

384. Item deux meschants tapis verds fort usés.

385. Item un autre vieux tapis verd, fort usé, servant au grand autel les jours ouvriers.

386. Item deux piéces de tapisseries de broquatelle blanc et rouge, pour la chapelle du seigneur Raymond, donnez par led. Sr.

L. — Toilles de la prédication et du St Sépulchre.

387. Item deux grandes toilles bleufues, assez usées et persées, servant (qui servent au sépulchre le jeudi saint) pour le paradis [1].

388. Item quatre piéces de toile bleufve, assez usées.

389. Item quatre piéces de toile bleufve, qui servent pour mettre à l'entour des femmes, lorsqu'on presche (pour le caresme, pour séparer les hommes d'avec les femmes).

LI. — Draps pour les morts [2].

390. Item un grand drap de velours noir, avec la croix au milieu de toile d'argent, fort vieux, qui sert pour les obséques des morts et se met sur le grand eschaffaux [3].

391. Item un autre drap de velours noir, por mettre sur la bière, avec la croix de toile d'argent et fleurs de lis à chacque bout, doublé de toile noire, avec une rose de toile d'or au milieu.

392. Item un autre drap de velours noir fort vieux et deschiré, avec la croix de toile d'argent, doublé de toile noire.

393. Item un drap de fustainne noire, avec la croix de fustainne [4] blanche, fort veil, por les morts.

---

1. Terme usité encore en Anjou pour désigner le sépulcre.

2. Les draps mortuaires de Rome offrent la forme d'une couverture carrée de toile d'or, bordée d'une large bande de velours noir où est brodée une croix au milieu de chaque grand côté, et, aux angles, des têtes de mort. Celui donné à Saint-Jean-de-Latran par Clément XII est de soie jaune, bordée de noir. Aux coins sont les armes du pape, et aux côtés celles de la basilique. On lit en avant :

CLEMENS · XII · PONT · MAX
ANNO MDCCXL

3. « Un service pour ladite dame avec un chevalet. » (Inscript. de 1722, aux Jacobins de Poitiers.)

4. « Futaine, étoffe de fil et de coton. Il y a de la futaine à poil et de la futaine

394. Item un drap po᙮ les morts à mepfre sur la bière, de drap noir, avec sa croix de fustainne blanche.

LII. — *Corporaux et palettes.*

395. Item quatre corporaux, un de toille bien fine, un autre de toille plus médiocre, deux autres de toille plus grosse et commune, l'un desquelz est brodé tout autour de fil et les autres troys garnys aussi à l'entour de résoir.

396. Item trente cinq corporaux fort usés et la plus part percés en plusieurs endroitz et presque inutiles.

397. Item quatre pales, parties en broderyes de fil d'or, d'argent et soye de diverses couleurs, et parties travaillées en point couppé *sive* point d'Espaigne [1], aussi de fil d'or et soye de diverses couleurs [2].

à grain d'orge. Il y a aussi de la futaine à deux envers, qu'on appelle autrement *bombasin*, qui vient de Lyon et qui est doublement croisée. » (*Dict. de Trévoux.*)

[1]. « A Bailly, peintre, pour plusieurs journées qu'il a employées avec d'autres peintres à faire des dessins de broderie et points d'Espagne. » (*Comptes des bâtim. du roi.*)

« En Espagne..., on s'adonna surtout, pour garnir les étoffes, aux passements de soie et à ceux d'or et d'argent. Ces derniers portèrent longtemps le nom de *points d'Espagne*, parce que c'est en ce pays qu'on les réussissait le mieux. On n'y recherchait pas la finesse, mais l'effet, soit de clinquant, soit de relief : les points d'Espagne sont très reconnaissables à ce caractère. » M. Lefébure, à qui j'emprunte cette définition, en donne un exemple, p. 261 de *Broderie et dentelles.*

[2]. On nous a beaucoup reproché d'avoir en France des pales brodées à la partie supérieure. L'inventaire de 1618 témoigne assez haut que ce n'est plus une nouveauté. Martin Sonnet dit qu'à Paris on permettait, au xviie siècle, d'intercaler un carton entre les deux toiles de la pale. (*Cæremon. Paris.*, p. 496.)

Dans le cloître de la cathédrale de Trèves, une sculpture de 1488 montre un prêtre tenant dans ses mains un calice recouvert d'une pale carrée, divisée en trois compartiments horizontaux et rayée dans le sens de la hauteur, avec des houppettes à chaque coin.

Je connais quatre pales du xvie siècle : une qui a figuré à l'Exposition des arts décoratifs à Paris ; une autre au musée de Troyes, fond or, avec tous les instruments de la passion en camaïeu; la troisième au musée de Nantes, traversée par une croix, cantonnée des armes de France et de Bretagne; la quatrième, au Louvre, collection Révoil, représentant la crucifixion, entre la Vierge et S. Jean (*Bull. mon.*, 1886, p. 283.)

« Dedens lad. boitte a un pale ou quarreau à mettre sur le calice, lequel est de semblable velour, tout orné de perles et escript d'iceulx : HOC FACITE IN MEAM COMMEMORATIONEM, et au milieu J. H. M. » (*Inv. de Cambrai*, 1544.) — « Item, ung grand corporalier, couvert de satin cramoisy à broderie d'or, avecques la couverture du calice de même et une autre seconde couverture de calice couverte de perles. » (*Inv. de la cath. d'Angers*, 1572.) — « Ledit corporalier garny d'un beau couvercle de calice de mesme façon (de satin rouge brodé), esmaille au milieu, où y a une figure de Notre-Dame. Ledit corporalier garny d'une couverture de calice de mesme façon (broderie au petit point), où il y a une croix faicte en partie de soye verte sur champ d'or, autour de laquelle sur mesme champ sont escrits ces mots en lettres d'argent : *O mater Dei, memento mei*, avec

398. Item une pale de toille, brodée de fil de l'espinette.

399. Item quarante et neuf pales, tant petittes que moyennes.

400. Item corporaux fins avec dantelles d'or, 2 faicts l'année 1618.

401. Item corporaux fins sans dantelles, vingt faictz lad. année 1618.

LIII. — *Purificatoires et mouchoirs.*

402. Item tant purificatoires que mouchoirs, la plus part usez et des-
chirez, trois centz octante huict.

403. Mouchoirs fins avec dantelles, faictz douze l'année 1618.

404. Mouchoirs fins sans dantelles vint, faictz la mesme année 1618.

405. Purificatoires fins avec dantelles douze, faictz la mesme année.

406. Purificatoires fins sans dantelles vint, faictz la mesme année.

407. Mouchoirs de toile commune sans dantelles cinquante, faictz la
mesme année 1618.

408. Purificatoires de toille commune sans dantelles trente deux, faictz
lad. année 1618.

LIV. — *Les aulbes.*

409. Item quatre aulbes de toille de Cambray [1], avec leurs amictz et
cordons, l'une desquelles a son amict d'autre toille.

410. Item septante seix aulbes, tant de toile fine que de toile commune et tant bonnes que mauvaises.

LV. — *Les amictz* [2].

411. Item trente et un amictz de toille déliée, tant bons que jà assez
usez.

412. Item cinquante et cinq amictz de toile commune, tant bons que jà
assez usés.

---

quatre touffes de soye cramoisie rouge aux quatre coings. » (*Ibid.*, 1599.) — « Ung
vollet de mesme damas et passement. Vollet et voille ont été acheptés en cette
année 1620. » (*Inv. de Verneuil*, XVII° siècle.) — « Une pale où sont représentez
une Vierge et deux anges, aussy en broderie. » (*Inv. de la cath. de Sens*, 1653,
n° 224.) — « Pales, soit violettes. On a trouvé quatre travaillées à canatilles et
de toile simplement dix. Plus une simple rouge et blanche. » (*Inv. du Grand-
Saint-Bernard*, 1667.) — « Plus y a pour l'ornement du calice une palle, et un
voile de colmalde et un voile noir. » (*Inv. de S. Jean d'Hérisson*, 1751.)

La pale romaine se compose d'un double morceau de toile fortement empesée.

La *Revue de l'art chrétien* était donc inexacte quand elle écrivait : « La pale
ne s'introduisit en France qu'au XVII° siècle et ne fut à peu près universellement
admise qu'au XVIII°. » (1885, p. 58.)

1. « Deux souilles à oreillier, de toile de Cambray. Ung linceul de toile de
Cambray. » (*Inv. de Quermelin*, 1585.) — « Deux corporaulx, l'un de toile
baptiste ouvré de blanc tout alleutour et l'aultre de Cambray, ayant un ourlé pers. »
(*Inv. de la cath. d'Angers*, 1599.)

2. Un plisse avec une finesse et une délicatesse extrême tous les linges de

LVI. — *Les cordons* [1].

413. Item vingt sept cordons de fil, tant bons que jà assez usez.

414. Item trante cordons de fil, faictz l'année 1618.

LVII. — *Les surpelis* [2].

415. Item septante et troys surpelis.

LVIII. — *Nappes du grand et petitz autelz* [3].

416. Item trante nappes, desquelles il y en a cinq du grand autel, touttes vieilles, deschirées et rapiécées.

417. Item sept nappes de chanvre de toille escrue, po[r] les petitz autelz.

418. Item trante et deux petites nappes de grosse toille escrue [4], pour mettre soubz les autres grands nappes.

419. Item six nappes po[r] le grand autel, deux desquelles sont damasquinées, aultres assez fines et les aultres deux de toille moyenne, faicte l'année 1618.

420. Item deux petites nappes damasquinées p[r] les autelz de N. Dame et de St Jehan l'Evangéliste, faictes la mesme.

421. Item trante nappes po[r] les petits autelz, parties fines, parties moyennes, faictes la mesme année 1618.

422. Deux napes assez larges de toile commune p[r] l'autel de la crédence de la Consécration des évesques, faictes la mesme année 1618.

LIX. — *Essuies mains grandz et petitz.*

423. Item unze grands essuies mains, tant bons que rapiécés.

424. Item deux essuies mains po[r] les prélatz.

sacristie, aubes, amicts, surplis, nappes, purificatoires, etc. Les meilleures ouvrières en ce genre sont au conservatoire du Saint-Esprit.

1. Les cordons varient à Rome selon la couleur du jour.

2. Saint-Louis est peut-être la seule église où l'on porte le surplis; partout ailleurs on a la *cotta*, qui est un diminutif du surplis : espèce de petite jaquette descendant à peine à la taille et aussi vilaine que ridicule. Tous les surplis et cotta sont garnis de dentelles. Au xvii° siècle, les surplis avaient aussi leurs dentelles, comme on peut le voir par la gravure placée en tête de la *Vie du père de Condren*, Paris, 1643.

3. Quand le pape officie, on met sur l'autel une nappe de lin, doublée dans le sens de la largeur par des bandes ou passements d'or. Elle n'a ni frange ni dentelle. — A l'autel papal de Saint-Jean-de-Latran et de Saint-Pierre au Vatican, la nappe est bordée d'une dentelle d'or de deux doigts de largeur. — Les dentelles des nappes sont en général très étroites. On plisse les nappes et on y représente des fleurs, des étoiles, des monogrammes, etc.

4. « *Toile écrue*, celle dont le fil n'a point été blanchi et qui est telle qu'elle est sortie des mains de l'ouvrier. Les toiles de lin écrues sont grisâtres; c'est la couleur naturelle du lin. Celles de chanvre écrues sont jaunâtres; c'est la couleur naturelle du chanvre. » (*Dict. de Trévoux.*)

425. Item cinq petitz essuies mains.

426. Item cinq serviettes de communion, une desquelles est fort petite.

427. Item une autre petite serviette, faicte en façon de résoir.

428. Item une nappe pour mettre sur le degré des chandeliers du grand autel.

429. Item une serviette pour la communion, assez rapiécée.

430. Item une crédence de résoir, doublée de tafetas rouge.

431. Item une autre crédence de résoir, sans doublure.

432. Item six essuie mains, ung desquelz est de toile damasquinée et les autres de toile commune, faictz l'année 1618.

*

LX. — *Diverses sortes de meubles de bois de l'église et sacristie.*

433. Item, dans la petite sacristie, une grande armoire de bois de noyer, avec ses serrures et clefs, servant à mettre les reliques et argenterye, avec un rideau de tafetas rouge.

434. Item deux boittes de bois pour balotter (aux opinions en la congrégation).

435. Item deux petites tables de bois.

436. Item une petite crédence de bois à mettre les corporaulx et voiles et autres linges [1].

437. Item, en la petite chapelle de la sacristie, une petite table *sive* crédence, avec quatre escabelles de noyer, assez vieille.

438. Item une grande armoire avec ses guichets [2] et serrures, clefs et tirouers, servant à mettre les ornements, linges et calices, et autres meubles de l'église, qui sont dans la sacristie.

439. Item une autre armoire, qui sert à mettre les chasubles, avec ses serrures et clefs, qui est dans la sacristie.

440. Item deux grands bancs, qui servent à mettre les parements d'autel, et chappes et autres ornements servants à revestir les presbtres.

441. Item quatre pièces de bancs, dans lesquelz y a quinze petits coffrets por mettre les manteaux et chapeaux, partyes desquelz ont leurs serrures et clefs.

442. Item six scabelles, peintes à fleurs de lis jaunes et servent aux assistants aux festes solennelles, avec sept petitz marche pieds paintz avec des fleurs de lis [3].

443. Item trois pulpites, pour chanter l'épistre et l'évangille.

444. Item deux agenoilloirs, l'un desquelz est de bois de noyer neuf.

---

1. « *Crédence* est aussi synonyme à buffet. » (*Dict. de Trévoux.*) Dans l'inventaire de 1618, il signifie encore la table placée près de l'autel et sa garniture.

2. « *Guichet* signifie le volet qui ferme une fenêtre, une armoire. Il a vendu une armoire à trois ou quatre guichets ». (*Dict. de Trévour.*)

3. Il reste deux escabeaux peints, à fleurs de lis jaunes sur fond bleu, sur lesquels s'assoient, à vêpres, les chapiers.

445. Item une grosse scabelle de bois blanc.

446. Item un vieux coffre servant à mettre les torches et la cire.

447. Item cinq tableaux où sont escritz les noms de messieurs de la congrégation, les noms de messieurs les presbtres cappellains [1], l'ordre que doivent tenir les chantres, les aniversaires et les prières qui se font à la congrégation.

448. Item une grande quesse carrée à meptre les aulbes des évesques et linge fin.

449. Item une table de bois, qui se desmonte, servant à la congrégation.

450. Item deux fourchettes, l'une grande et l'autre petite, avec leur fer au bout, servant à parer la sacristie les bons jours [2].

451. Item deux crédences de bois de noyer, qui sont aux costez du grand autel.

452. Item huict petittes tables à huict autelz de l'église, servant à mettre les burettes.

453. Item, à la chapelle de S[ct] Nicolas, deux crédences *sive* armoires de noyer.

454. Item, à S[ct] Mathieu, une crédence.

455. Item, entre la porte de l'église et la sacristie, une grande armoire, avec sa serrure et clef, servant à mettre les draps de morts et carreaux et autres vieux ornements.

456. Item, hors de la porte de la sacristie, un petit banc de deux pieds.

457. Item une eschelle double, pour mettre la grand lampe.

458. Item trois pièces d'eschelles, qui servent pour parer l'église [3].

459. Item une grande chère pour prescher, avec son eschelle.

460. Item quatre confessionaux de bois.

461. Item deux petitz bancs à dossiers, servant le jour de Sainct Louys pour Monseigneur l'ambassadeur (lorsque les cardinaux y sont) [4].

1. « Quand cette congrégation (de l'Oratoire) eut pris tous ses développements, M. Noël de Brulard, notre ambassadeur près le Saint-Siège, crut utile de lui confier Saint-Louis... Un certain nombre des compagnons du cardinal de Bérulle furent donc appelés par lui à Rome, afin d'y desservir l'établissement français, conjointement avec un certain nombre des anciens chapelains au chiffre de vingt-six. Six devaient appartenir à la congrégation de l'Oratoire. Le supérieur et le vice-supérieur seraient choisis parmi eux... Après quelques années d'essais infructueux, ils (les oratoriens) rentrèrent en France » (Héry, p. 24, 25.)

2. La sacristie ne se pare plus que les jours de l'Assomption et de Saint-Louis.

3. On ne pare jamais l'église, contrairement aux traditions romaines, sous prétexte qu'il vaut mieux laisser paraître les marbres que l'on peut admirer toute l'année.

4. « La chapelle cardinalice et la visite pontificale dans Saint-Louis-des-Français, le 25 août de chaque année, ne remonte point au delà de 1626. Les causes qui y déterminèrent sont assez incertaines. » (Héry, p. 32, 33.)

Toutefois l'on peut conjecturer que ce fut, de la part d'Urbain VIII, par reconnaissance pour la France, à la suite du renouvellement du *Traité de Montpellier*

462. Item un marchepied, servant à Monseigneur l'ambassadeur à la prédication à caresme.

avec les calvinistes par le cardinal de Richelieu, le 5 février 1626. « Deux clauses de ce traité, dit l'abbé Héry, importaient à la cour pontificale et lui furent agréables : la première, que la religion catholique serait maintenue et seule autorisée dans toute la Valteline; la seconde, que les forteresses de cette province seraient remises entre les mains du pape pour être démantelées ou rasées. »

Le matin, à 10 heures, les cardinaux assistent en soutane rouge et cappa violette à la messe pontificale que chantent les chantres de la chapelle du pape. L'ambassadeur a sa place du côté des cardinaux-diacres, à l'entrée du chœur : il reçoit l'encens et le baiser de paix; à la fin de la cérémonie, il va saluer et remercier chaque cardinal individuellement. Le soir, vers 5 heures, le pape vient dans une voiture de demi-gala à six chevaux; il est précédé de la garde suisse. L'ambassadeur reçoit Sa Sainteté et ouvre la portière. A la porte, le clergé de l'église lui offre l'eau bénite. Le saint-père, après avoir adoré le saint-sacrement, s'assied dans le chœur et admet au baisement des pieds le clergé de Saint-Louis, l'ambassade, l'armée et l'académie de France. Il est reconduit par l'ambassadeur, qui ferme la portière de sa voiture.

La somme totale des dépenses faites pour la fête de Saint-Louis monta en 1720, 1722 et 1723, à 40 écus, trente baïoques; en 1721, elle est de 60 écus, 5 baïoques. (L'écu romain vaut 5 fr. 35 c. de notre monnaie, et le baïoque de 6 à 7 centimes.) En voici le détail : l'anno 1720.

All' ospedaliere per la collazione de' svizzeri......................	2	»
Alla guardia de' svizzeri........................	6	40
Alli staffieri dell emo card'e Otthoboni........................	2	10
A cocchieri del med°....................................	»	60
Alli staffieri dell emo S. card'e Gualterio........................	»	90
Alli staffieri dell emo Aquaviva........................	»	90
Alli staffieri di mons' Vescovo di Sisteron.....................	2	10
A cocchieri del med°...............................	»	60
Per le aque fresche e neve per li musici......................	13	»
Per li ciambelette per li SS'i musici......................	1	20
Al S' Pietro Paolo maestro di cappella (regalo)..................	10	50
	40	30

En 1721, on paye les estafiers des cardinaux de Rohan, Ottoboni, Gualterio, de Bissy, Aquaviva et de Mgr de Gamache, et pour frais d'illumination, décharges de mortier :

per li mortaletti....................	14	»
per li lanternoni n° 280................................	4	65
per due decine di candele.............................	1	10

En 1722 et 1723 reparaissent les estafiers des cardinaux Ottoboni, Gualterio, Aquaviva et de l'abbé de Tencin. Le maître de chapelle Pierre-Paul Martinetti reçoit, comme les années précédentes, 10 écus 50 baïoques.

En 1766, la dépense ne dépasse pas 16 écus 60 baïoques. Le cardinal Orsini assiste à la fête.

En 1814, les frais vont à 263 écus 27 baïoques, dont 100 écus pour la décoration de l'église et 90 écus 30 baïoques pour les musiciens. Je ne mentionne que les articles suivants :

« Per emolumento alli suonatori della banda, che suonarono nel giorno 25, sulla loggia contigua alla chiesa, in tempo dell' arrivo di sua Excellenza il sig' Ambasciadore.................................... 3 60

« Alla guardia svizzera per suo emolumento in occasione della cappella cardinalizia, ed assistenza prestata in tempo che Sua Santità celebrò la

463. Item onze agenouillouers, tant en l'église qu'en la chapelle de la sacristie, huict desquelz sont de bois de noyer.

464. Item vingct et quatre asmorsoirs [1], avec leurs baguettes, tant grands que petitz, pour les autelz de l'église.

465. Item deux vases de bois de noyer, avec leurs couvertures, servant à tirer au sort pour marier les sitelles [2].

466. Item un grand nombre de bancqs, tant grands que petitz, qui sont pour assoir le peuple à la prédication.

467. Item une caisse de noyer, avec deux serrures, servant à mettre les aumosnes de la prédication de caresme.

468. Item seix marchepieds, autour du grand banc de la sacristie, où se revestissent les presbtres.

469. Item une vieille crédence, qui est au cœur des chantres, avec deux bancs.

470. Item dix pradelles [3], qui sont sur les autelz, po' mettre les chandeliers.

471. Item un grand coffre vieil de bois, quj est dans l'arquivie.

472. Item une petitte eschelle po' prendre l'argenterye.

473. Item un grand pulpite de bois, qui est à la tribune, po' les chantres.

LXI. — *Livres et messelz.*

474. Item sept livres de plain chant servant au chœur des chantres, et un bréviare et messel, le tout fort vieil et usé.

475. Item un gros messel de veslin, couvert de cuir verd, avec des fleurs de lis.

476. Item un autre gros breviare servant au chœur quand on y met les quarante heures.

477. Item trois livres de veslin notez, po' chanter la passion.

478. Item neuf messelz, couvertz de cuir rouge, verd et noir.

messa nell' altare del santo.................................... 20 60
« Bombace in toppa per il Re di Spagna, cioè servita detta bombace per il lampadaro, che rimaneva sopra il corretto in servizio del sud° sovrano.. » 25
« All' organista per suonare in tempo della messa del S. Padre...... » 30
1. Éteignoirs, de l'italien *smorsare.*
2. On fait connaître, par le moyen d'affiches placardées dans les rues de Rome, que le concours est ouvert pour la distribution des dots à toutes les jeunes filles qui sont dans les conditions requises, comme légitimité de naissance, honnêteté de mœurs, pauvreté, etc., toutes choses qu'elles doivent attester par certificats joints à leur demande ou *mémorial.* La veille du jour fixé pour la distribution, si le nombre des concurrentes dépasse celui des dots, on met tous les noms dans une urne et on en fait le tirage. Les premières sortantes gagnent les dots. En plusieurs endroits, ce tirage se fait publiquement et dans l'église. — Saint-Louis fournit encore des dots, m'assure-t-on, mais sans aucune publicité.
3. De l'italien *pradella*, gradin d'autel.

479. Item un *Ceremoniale Episcopale* et deux *Directorium chorj* , tous deux couverts de parchemin.

480. Item un petit breviare, couvert de cuir.

481. Item deux livres des Constitutions de la congrégation.

482. Item ung Pontifical.

LXII. — *Autres petits meubles de la sacristie.*

483. Item une grande lanterne pour porter la communion aux malades.

484. Item une vieille escritoire, couverte de cuir, façon d'un livre.

485. Item une paire de tenailles (faictes exprez pour serrer les virolles des chandeliers et un petit marteau).

486. Item deux paires de vergettes [1], pour nettoyer les ornementz et les autelz.

487. Item une père de vergettes de poil noir, pour nettoyer les calices et burettes.

488. Item une boiste d'ivoyre, avec sa couverture, por les aumosnes des clercs.

---

1. « *Vergette*, ustensile de ménage qui sert à nettoyer les habits et les meubles. Il est fait de plusieurs brins de joncs, de bruyère, de soie de porc, de sanglier. » (*Dict. de Trévoux.*)

SAINT-LOUIS-DES-FRANÇAIS [1]

(1626)

I

Chaque année, le pape délègue des *visiteurs apostoliques*, à l'effet de visiter, comme le fait chaque évêque dans son diocèse, tous les établissements religieux et ecclésiastiques, tant séculiers que réguliers, exempts ou non exempts, de la ville de Rome. Procès-verbal de chaque visite est dressé, séance tenante et laissé à chaque église, pour qu'elle ait à se *conformer*, dans le délai d'un mois, aux prescriptions qu'un examen minutieux de l'état de toutes choses a pu motiver.

Le 16 novembre 1626, la Visite apostolique vint à Saint-Louis-des-Français. L'évêque de Belcastro, au diocèse de Naples, en était secrétaire. Il rédigea en latin le *décret* qui va suivre et dont voici préalablement la substance.

Les pierres sacrées des autels seront élevées, *eleventur*. Raphaël, dans sa célèbre *Dispute du Saint-Sacrement*, représente un autel où la pierre sacrée *fait saillie* sous la nappe qui l'enveloppe. — Elles seront couvertes de toile cirée, par respect pour les onctions saintes. Semblable toile est exigée pour un autel entièrement consacré. Ces pierres ne doivent pas être encadrées d'un châssis de bois, mais prises dans la masse même de l'autel.

Le gradin de l'autel n'est que toléré. Qu'il ne couvre pas trop l'autel. Dans les principales basiliques, ce gradin est complètement inconnu, et ailleurs, où on l'emploie, les deux chandeliers qui sont allumés aux messes basses sont posés sur l'autel même, non sur le gradin, comme pour conserver au moins, dans l'acte liturgique par excellence, un vestige d'un usage battu en brèche par l'emploi d'un gradin anormal et sans raison d'être, sinon pour ces superfétations

---

(1) Extr. de la brochure *Anciens inventaires*, p. 22-26.

de papier et de je ne sais quoi dont certaines personnes croient *orner* les autels.

On demande un *chancel* pour clore la chapelle de Saint-Remy, et un conseil d'experts pour préserver ses fresques de la détérioration à laquelle la pluie les expose. Prenons modèle sur Rome, et, par une sage prévoyance, évitons ces infiltrations d'eau qui, à la longue, ruinent les édifices les mieux construits, salissent les murs et font tomber par écailles les fresques qui les couvrent.

Un pavillon de soie est exigé pour les fonts baptismaux, que deux clefs, remises au seul curé, comme en ayant seul l'usage, doivent tenir constamment fermés.

Des copies des charges de la sacristie et des chapelles sont demandées, afin d'en assurer l'exécution, car alors [1], et maintenant encore, que de fondations radicalement modifiées ou même inacquittées !

Le confesseur aura dans son confessionnal toujours présente la Bulle *Cœnœ Domini*, qui statue sur les excommunications et les cas réservés au Pontife Romain.

Un registre mortuaire indiquera les noms et les qualités des défunts, inhumés dans l'église même de Saint-Louis. Un inventaire rendra compte de tout le mobilier, et les livres des comptes seront remis au vérificateur de la Visite apostolique. Enfin les constitutions de Saint-Louis existeront en double ; une copie restera à l'établissement et l'autre entrera dans le dossier des Visiteurs.

L'établissement de Saint-Louis est un palais vaste, somptueux, situé au centre de la ville. Il suffisait autrefois à l'ambassadeur de France, au clergé de l'église nationale, aux pèlerins de l'hospice et aux malades de l'hôpital. Dès 1626, plainte était portée sur l'*insalubrité* et l'*humidité* du local affecté aux hommes. Que dirait maintenant la Visite apostolique, si son droit de surveillance s'exerçait encore sur la maison de Saint-Louis ? Plus d'hospice, plus d'hôpital, plus de pèlerins, plus de mendiants, plus de rosières : l'ambassadeur

---

1. « Clemens sa. me. XII voluit in ecclesiis tabellam appendi in qua onera omnium legatorum describerentur, actus adnotarentur fundationis, locus in quo sacrum esset peragendum, uti refert Benedictus XIV in opere de Synodo diœcesana, § ult. ; item S. Congregatio in Usellen., 22 augusti 1814. » (*Analecta juris pontificii*, 1861, col. 615.)

loge dans un palais pris à loyer, le clergé de Saint-Louis habite l'entresol de son propre palais, que des individus de toute sorte et de toute classe occupent à titre de locataires, après l'avoir morcelé, divisé, approprié à leurs besoins personnels.

J'aurais encore un mot à ajouter sur la disposition et le vocable des chapelles dont parle le procès-verbal de la Visite, s'il n'en avait été question plus haut.

II

Je cite maintenant textuellement le décret, écrit et signé de la main de l'évêque de Belcastro sur une feuille volante :

Pro venerabili Ecclesia et hospitali S^{ti} Ludovicj Nationis Gallicanæ, die 16 novembris 1626, fuit decretum ut infra :

1. Lapides omnium altarium mensis inserti eleventur, ita ut possint a celebrante dignosci, ac tela cerata tegentur.

2. *In capella majori.* — Mensa altaris, cùm sit tota marmorea consecrata, tela cerata stragula tegatur.

3. *In capella S^{mæ} Nativitatis Dni Nri Jesu Xpi.* — Scabellum super quo candelabra apponuntur, cum sit valde latum, aptetur ita ut altaris mensa quanto minùs fieri potest occupetur.

4. *In capella S^{ti} Remigij.* — Provideatur a parte superiori ne aquâ pluviæ picturæ diluantur et ad id peritorum adhibeatur consilium. Apponantur cancelli saltem ex ligno nucis.

5. *In capella S^{ti} Andreæ.* — Lapis sacer, cùm sit nimis angustus et coronide lignea circumdatus, et alter inseratur ad formam et tela cerata tegatur.

6. *In capella S^{ti} Joannis Baptistæ.* — Icona in partibus consumptis reaptetur. Fons baptismalis serico papilione tegatur et claudatur duabus clavibus, quæ penes curatum, non autem penes alium, conserventur.

7. *In capella S^{mi} Crucifixi et S^{ti} Caroli.* — Detur copia legati bo. me. [1] Benigni Buisson, àd effectum deliberandi quid pro ejus animæ refrigerio sit statuendum.

8. *Ad confessionalia.* — Apponantur litteræ in Bulla Cœnæ Domini.

9. *In sacristia.* — Detur copia tabellæ onerum incumbentium ecclesiæ et sacristiæ, simul cum tabella ejus ad quod tenentur cantores. Liber mortuorum in futurum habeatur, ità ut si quandoque contingat decedere aliquem, cujus nomen ignoratur, describantur saltem personæ qualitates.

1. *Bonæ memoriæ.* — V. sur Bénigne Buisson, prêtre du diocèse de Langres, l'Inventaire de 1618.

10. Detur copia inventarij totius sacræ suppellectilis, tàm sericæ quàm argenteæ.

11. Dentur etiam constitutiones tàm hospitalis quàm ecclesiæ.

12. *In domibus rectorum et capellanorum.* — Nibil reprehensione dignum fuit repertum.

13. *In hospitali.* — Cùm mansio, in quâ peregrini masculi recipiuntur, sit in primâ terreni planitie et ob id fere semper humiditas maneat, monentur Domini Rectores et Gubernatores ut hospitalitatem in loco aptiori transferant vel hunc locum aptent ità ut peregrini in eo commode recipi possint.

14. Libri reddituum, qui de præsenti in Archivio conservantur, dentur in manibus Dnj Andreæ Burgiotti, Sacræ Visitationis ratiocinatoris.

Exequantur intrà mensem sub pœnis arbitrio.

A. Epus Bellicastrensis, S. V. S[1].

Monseigneur La Croix, dans son *Mémoire historique*, pag. 220-222, a reproduit l'acte de visite que fit, en 1793, le cardinal de Bernis, à titre de *Visiteur apostolique*, et p. 215-219, le « bref de Grégoire XV, du 3 décembre 1622, approbatif des règlements de la Visite apostolique du cardinal Ubaldin à Saint-Louis-des-Français ».

III

La chapelle de Saint-Remy, objet de l'attention de la Visite apostolique, est certainement une des plus intéressantes de notre église nationale pour ses peintures murales, qui reproduisent, aux parois et à la voûte, en six tableaux rehaussés d'inscriptions, les traits principaux de la vie de Clovis et de saint Remy.

I. Siège de Soissons, où il défait Siagrius, général romain.

CLODOVEVS · SYIA
IN · MANCIP · RECIPIT
ROMANOR · DIVES · EXVVI

II. Clovis promet de se faire chrétien s'il est vainqueur à Tolbiac.

DEO · CLOTILDIS
SI · VICERO · PERPETVA
FIDE · CREDAM

1. *Sacræ visitationis secretarius.*

III. L'armée marche à la suite de Clovis, devant qui on porte l'oriflamme rouge attachée à la croix et chargée de ces mots AVRI FLAMMA, et la bannière bleue de France aux trois fleurs de lis d'or. — Un cerf, que poursuivent des soldats, indique le gué de *la biche*. L'armée passe la Vienne et va camper sur l'autre rive. Dans le lointain, le combat s'engage. Clovis tue Alaric.

CHRISTICOLIS FAVEAS TE PERVIA
FLVMINA PRAEBE
IAMQVE INIMICA TIBI GOTTHICA
SIGNA CADANT

IV. Baptême et consécration de Clovis. Saint Remy montre l'ampoule miraculeuse que lui a apportée du ciel une colombe.

REX · SACRA · ABLVITVR · LYMPHA
COELOQVE · LIQVOREM
AMPVLLA · INCLVSVM
SANCTA · COLVMBA · GERIT

V. Au retable de l'autel, Clovis, après avoir renversé les idoles, adore le Christ crucifié. Lisois, premier baron chrétien et souche de l'illustre maison de Montmorency, reçoit le baptême.

VI. Clovis fait remettre à saint Remy le vase volé par un soldat.

CLODOVEVS · IVBET
RESTITVI · VRCEOLVM
REMIGIO

Ces fresques portent en plusieurs endroits les armes du bienfaiteur de la chapelle : *d'or, à deux bandes de sable, chargées chacune de trois trèfles d'argent dans le sens de la bande.* Elles furent restaurées en 1828 par les soins de la commission administrative do Saint-Louis, ce que nous apprennent les deux inscriptions placées à cette époque :

INSIGNES · AVREI · SAECVLI · XVI
QVAS · IN · HAC · REMIGIANA · CELLA
HOSPES · MIRARIS · PICTVRAS
PARTE · PLVRIMA · IAM · DELETAS EMORTVASQ
III · VIRI · REI · SACRAE · FRANCORVM · IN · VRBE · REGVND
IVXTA · PRISTINVM · GERMANVMQ · CVLTVM
REVIVISCENDAS · CVRAVERVNT
ANNO · CHRISTIANO · MDCCC XXVIII

PICTORES · EXIMII
PELLEGRINVS · TIBALDI · BONONIENSIS
FORNICEM
HIERONYMVS · SICIOLANTE · SERMONETENSIS
IACOBVS · DEL · CONTE · FLORENTINVS
HVIVS · PARIETES . CELLAE
ARTE · QVISQVE · SVA · CERTATIM
ORNAVERE
ANNO · CHRISTIANO · M · D · L ·

Ces trois peintres travaillant, en 1550, dans la même chapelle, sont : Pélerin Tibaldi, de Bologne; Jérôme Siciolante, de Sermonetta, et Jacques del Conte, de Florence.

SAINT-LOUIS-DES-FRANÇAIS [1]

(1649)

I

L'Inventaire de 1649 ne diffère de celui de 1618 que par un certain nombre d'articles additionnels, les seuls que je reproduirai ici pour ne pas faire double emploi. Quelques-uns ont été ajoutés postérieurement, chacun porte sa date respective : 1655, 1656, 1659, 1667, 1668, 1669, 1676.

Inventaire de l'argenterie, paremens, ornemens, linges et meubles de l'église et sacristie de Sainct Louis de la Nation Françoise de ceste ville de Rome.

L'an de Nostre Seigneur 1649, soubs le pontificat de Nostre Sainct Père le Pape Innocent dixième, le présent inventaire a esté remis au net et les choses y mentionnées ont esté consignées, estant Recteurs d'icelle, Monseigneur Aymé du Nozet, doyen de la Sacrée Rotte de Rome, et Messire Jean-Louis d'Anthou, presbtre bénéficier en l'église de Sainct Jean de Latran.

1. Un vase d'argent, garny de vitre tout autour, avec une croix d'or, dans laquelle y a du bois de la Sainte Croix, le tout ancien, estimé y avoir une livre d'argent ou environ, par maistre François Morelli, orfèvre.

2. Item un reliquaire d'argent, dans lequel est la relique de St Guillaume, donnée par M. d'Espieaus.

3. Item deux bras de bois doré..... l'un desquels a esté donné par le Sr Jacques Brueil, baron de Fontainnez.

4. Plus deux petits reliquaires de bois doré, avec fleurs de lys et rayons tout autour, dans une petite caisse de bois sans façon.

5. Plus un petit bahu [2], qui est dans la petite sacristie, où sont quelques reliques ; la clef est dans l'archive neuf [3].

1. Extr. de la *Notice sur l'état*, etc., où cet inventaire est disséminé dans les notes. — *Ornements funèbres*, dans les *Annales archéologiques*, 1854, t. XIV, p. 210-213.

2. « *Bahut*, coffre de toutes grandeurs, généralement voûté, couvert de cuir et destiné aux transports. » (*Gloss. arch.*) Il faudra ajouter à cette définition l'adaptation en reliquaire. Un coffret de ce genre a été peint à la fin du XVe siècle par Quentin Matsys, entre les mains de Ste Anne faisant son offrande au grand-prêtre, dans le célèbre tableau du musée de Bruxelles. (*Gaz. des Beaux-Arts*), 2e pér., t. XXXVII, p. 209.)

3. S.-Louis avait donc une salle d'archives, où se conservaient les pièces authentiques, titres, bulles, inventaires, etc.

6. Plus une autre grande croix d'argent pour le grand autel, au pied de laquelle il y a quatre images dorées [1], lequel pied est quadrangulaire, laquelle pèse quarante-deux livres huit onces et dix-huit deniers.

7. Plus deux vases d'argent, en partie travaillés, donnés par la princesse Giustiniani [2].

8. Plus un autre petit bassin de cuivre doré, fait en ovalle, qui sert aux baptesmes.

9. Plus huict grands vases de bois doré pour tenir des fleurs et vingt autres petits pour le mesme effect.

10. Plus un autre calice d'argent, avec sa patène; au dessoubs du pied il y a escrit ALEXANDRE GRATIAN; il pèse deux livres et demye once.

11. Plus un autre calice tout d'argent, auquel est escrit au pied par dessoubs M. D. C. XXIII, doré par le dedans de la couppe, et en quelques endroits par dessus, avec sa patène aussy d'argent doré; il pèse deux livres et demye once.

12. Plus deux patènes, l'une d'argent doré et l'autre de cuivre doré, qui ne servent plus.

13. Plus un bougeoir d'argent, pour tenir la chandelle aux prélats qui célèbrent la messe, avec les mouchettes aussy d'argent, et pèse sept onces.

14. Plus une aiguière ou boccal [3] d'estain fin [4], faict en façon d'argent, qui sert en la place de celle qui fut dérobée.

15. Plus une demy couronne [5] d'argent, avec trois pierres fauces, pour mettre sur l'image de la Ste Vierge.

16. Au lieu du boccal perdu ou desrobé, feu frère Jacques, soubsacristain, en fit faire un autre d'argent; couste escus vingt-quatre, pèse onces treize.

17. Plus sept petites croix de bois, avec un crucifix en peinture à chascune d'icelle.

18. Plus une petite croix en façon d'ébène, avec son crucifix de cuivre, qui est à Sct Rémy.

19. Plus une autre croix à façon d'ébène, avec le crucifix et le titre d'argent, donné par le sieur Alexandre Scarlati en l'an 1662.

20. Plus un autre horloge de leton pour la sacristie, achetée par M. de la Borne, qui sonne les heures et les quarts d'heure.

21. Plus deux estuis, où sont deux belles mittres, une desquelles est

---

1. Ces quatre images devaient représenter les saints objet de la dévotion dans l'église : la Sainte Vierge, S. Louis, S. Denis et S. Remy, ou peut-être même S. Charlemagne.

2. Le palais Giustiniani est situé presque en face de S.-Louis.

3. De l'italien *boccale* : ce mot n'est pas dans le *Glossaire archéologique.*

4. « Aiguière est un vase d'estain, argent ou or, où on met de l'eau qui sert pour verser dans le verre ou laver les mains. » (Nicot, 1606.)

5. Couronne plate, parce qu'elle devait être appliquée sur un tableau, suivant l'usage italien. La Vierge ainsi couronnée etait celle du maître-autel.

de peau d'ambre [1], brodée d'or et argent et soye, et une autre de toille blanche.

22. Plus un pair de souliers blancs, de mesme damas, avec la trine d'or par dessus.

23. Plus un pair de gands de soye blanche, avec la trine de mesme.

24. Plus une crosse de bois doré et argenté, en quatre pièces.

25. Plus une paire de sandale ou boutines [2] d'armesin violet, avec les souliers et gants de mesme estofes, lesquels gants sont en broderie d'or et d'argent.

26. Plus une escharpe à frange d'or, qui sert à porter la mitre de l'évêque [3].

27. Plus un autre parement [4] de toille d'argent, fort usé, parsemé de fleurs de lys d'or, le fregio de la chasuble est de broderie d'or et images des saincts.

28. Plus un parement de taffetas blanc, en broderie d'or, la frise de la chasuble est de broderie plus relevée que le reste.

29. Plus un parement de damasquin ou catalouffe [5] à fonds blanc, tout ramagé de fleurs rouges, la frise de la chasuble est de brocard d'or et de soye violette, couvert de fleurs de lys jaunes; osté pour ne pouvoir plus servir, senon pour en racommoder d'autre.

30. Plus un parement de satin blanc à fleurs, garny de passements et petite frange de soye alentour à jour, neuf. On a pris le passement d'or pour mettere à un autre parement de damas blanc et on a mis à celuy parement de satin frangé de soye. Vinet.

31. Plus un parement de brocard d'or et d'argent, parsemé de fleurs de lis, avec passements de soye bleuve et fleurs de lys d'or [6]; sa doublure est de toille bleuve.

32. Plus un autre parement fort vieux, qui est de brocard d'or et soye rouge et cramoysie, la frise de la chasuble est de toille d'or; le tout

---

1. Le *Glossaire archéologique* n'a pas cette expression, qui signifie peut-être « peau de couleur d'ambre ou jaunâtre ».

2. Les bottines s'entendent ici des bas pontificaux, acception qui est inconnue au *Glossaire archéologique*. — « Deux pairs de brodequins avec leur sandale, l'un de brocard d'or et l'autre de damas blanc. » (*Inv. de la cath. de Carpentras*, 1698.)

3. « Quartum ministrum de mitra servientem oportet velum seu mappam sericam oblongam a collo pendentem gerere qua utitur ad mitram sustinendam,... ne illam nudis manibus tangat. » (*Cær. Episc.*, lib. 2, cap. XI, n. 6.) — « Une mitre toille d'or. Une escharpe blanche, toile d'or. » (*Inv. de la cath. de Carpentras*, 1698).

4. *Parement* se prend ici dans le sens de *chapelle* ou ornement complet : chasuble, chape, dalmatique, tunique. Le *Cérémonial des évéques* a l'expression *paramenta* pour désigner tous les ornements.

5. « *Catalouffe*, brocatelle de soie à petits dessins. » (*Gloss. arch.*) — « *Damasquin*, sorte de brocatelle ou de damas multicolore, quelquefois ramagé de fleurs d'or ou d'argent. » (*Ibid.*) L'inventaire fait mieux, il établit la synonymie des deux termes.

6. Le bleu fleurdelisé était motivé par les armes de France. Guillaume Durant lui attribue dans la liturgie un sens symbolique : « Secunda tunica quæ iacinthina esse debet, sicut et olim erat coloris lapidis iacinthi, qui ætheris serenitatem imitatur, sanctos significat, cœlestia cogitantes et imitantes, sive cœlestem cogitatio-

garny de passements et fil d'or et soye rouge, avec les courdons [1] et flocquets [2] de mesme.

33. Plus un parement de camelot, garny de passements de soye rouge et jaune, avec sa frange et flocquets de mesme. Le susdict parement a esté osté et on en a faict trois chasubles. Vinet.

34. Un parement de damas verd à petit ramage, avec le passement et frange d'or, argent et soye, ses floquets de mesme.

35. Un parement de damas à petit ramage, avec le passement d'or, argent et soye et ses flocquets de mesme.

36. Plus un parement d'armesin en camelot, avec les deux moussettes [3], avec sa trine d'or et d'argent, avec dentelle d'or à l'entour, déjà usé et vieux.

37. Un parement de velours noir, garny de passements et franges d'or à l'entour ; la frange de l'estolle et manipule est grande de deux doits.

38. Plus un parement d'armesin ondé, avec sa trine et frange de soye blanche et noire.

39. Plus deux chasubles de toille d'argent à ondes, doublées de taffetas incarnat, garnies de passements et frange d'or, avec une petite dentelle tout à l'entour, avec leurs estolles et manipules.

40. Plus trois chasubles de satin à fleurs orangées, avec leur trine et frangette d'or.

41. Plus une autre semblable.

42. Plus trois chasubles de damasquin assez usées, la frise est de capicciole [4] avec ramages à fleurs. De ceux trois chasubles il n'y en a plus que une, les autres ostées pour estre trop vielles. Ce 17 novembre 1659. Vinet.

43. Plus trois chasubles de satin, à fleurs rouges et verdes, fort usées, garnies de passements d'or et petite dentelle à l'entour. De ces trois, il n'y en a plus que deux, lesquels servent. 17 novembre 1659. Vinet.

44. Plus deux chasubles de damas fort vieilles, en l'une desquelles il y a l'image de S. Nicolas [5] et est garnie de passements d'or, l'autre est garnie de passements de soye jaune, blanche et rouge. Sont ostées pour ne poveoir plus servir, en l'an 1659. Vinet.

45. Plus une chasuble de satin blanc à fleurs, garnies de passements d'or à jour, avec la petite frange d'or à l'entour.

---

nem et conservationem. Sicut enim lapis ille colorem cum aëre mutat, nam in sereno aëre, serenus, et in obscuro pallidus est; sic specialiter decet episcopum gaudere cum gaudentibus et flere cum flentibus; si autem illa alterius coloris fuerit, sic et alterius significationis. » (*Rationale divin. off.*, lib. 3, c. X.)

1. Cordon d'aube, mot absent du *Glossaire archéologique*. La dalmatique et la tunique ont aussi des cordons avec « flocquets ».

2. Ce mot n'est pas dans le *Glossaire* : il signifie *houppe* et dérive de l'italien *fiocco*.

3. Chasuble coupée en avant, de l'italien *mozzetta*.

4. De l'italien *capicciola*. « *Capiciole*, chef de soie, fleuret ou filoselle ; étoffe tissée de cette matière. » (*Gloss. arch.*)

5. Pour servir à la chapelle dédiée sous son vocable. Les chapelles fondées avaient chacune leurs ornements propres. Il en était de même à la cathédrale d'Angers, dont

46. **Plus** deux chasubles blanches de durante [1], aveq la trine de soye bleue et blanc, vieille. Vinet, Brunet.

47. **Plus** trois chasubles de demy damas [2] blancq, à galon de soie jaune avec lame d'or [3], frangé de soie jaune. Ont estés deffaites pour en faire de cuissins.

48. **Plus** un chasuble de brocard d'or, où sont les armes du cardinal de Marquemon.

49. **Plus** deux chasubles de tersanille ou gros de Naples [4], garnies de passement et frange de soye, qui ont esté faictes d'un vieil parement.

50. **Plus** une autre de durante, avec la trine rouge, jeaune et blan, doublée de toile sangale rouge; fait en l'an 1666. Vinet, J. Brunet.

51. **Item** trois chasubles d'armesin à ondes, verdes, garnies de petite dentelle d'or, faites de noveau. 17 novembre 1659. Vinet.

52. **Plus** trois chasubles de capiciole verdes, neufves, trouvées en la visite du 26 mars 1667. Vinet, J. Brunet.

53. **Plus** une chasuble de camelot violet, garnyes de passement et frange de soye bleuve et jaune.

54. **Plus** trois chasubles d'armesin à ondes, garnies de passements et dentelle d'or, faites de noveau. 17 novembre 1659. Vinet.

55. **Plus** cinq chasubles de capiciole violet, passement soie jaune, violet, aveq la frange mesme couleur, fait nouvellement en l'an 1669.

56. **Une** chasuble de damas noir à grand ramage, garnie de passements d'or et argent, avec la dentelle de mesme.

57. **Plus** deux chasubles de damas noir, assez usées, garnies de passements d'or et petite dentelle à l'entour.

un manuscrit du siècle dernier dit : « Pertinent autem ad dictam capellaniam omnia vestimenta sacerdotalia pro missis celebrandis, ac missale et breviarium, quæ sunt in custodia dicti capellani... Ad dictam capellam pertinent unum breviarium, unus calix, cum vestimentis necessariis ».

1. Mot inconnu au *Glossaire archéologique*.

2. Le *Glossaire* n'en parle pas. Le demi-damas était de fil et soie.

3. Le *lama d'oro* ou lamé d'or des Italiens « Ung corporalier de drap d'argent lamé. Item, ung corporalier de drap d'or lamé, relevé de petites fleurs de soye. » (*Invent. de la cath. de Reims*, 1622, n°° 107, 108.) — « La troisiesme chasuble est d'estoffe à fond d'argent, à grands fleurons et à grandes dentelles de velours cramoisy. » (*Inv. de S. Pere de Chartres*. 1662.)

4. Le *Glossaire archéologique* ne le mentionne pas. — « On a donné ce nom (brocard) aux estoffes de soie, soit de satin, soit de gros de Naples ou de Tours. » (Furetière, 1690.) — « En termes de marchands, gros de Naples, gros de Tours, est une étoffe de soie dont le grain est croisé et qui paraît gros et enflé. » (*Dict. de Trévoux.*) — « *Taffetas à failles*, c'est une sorte d'étoffe de soie à gros grain, en manière de gros de Tours, qui sert à faire des écharpes de femmes, que l'on appelle en Flandre *failles*. Cette étoffe se fabrique ordinairement à Bruges. » (*Dict. de Trévoux.*)

« Une banière de gros de Naples, à laquelle estoit despeinct au naturel lesdits S.-Ignace et Xavier », est-il dit dans un livre de raison des Baluze, à l'occasion de la solennité faite à Tulle en 1622 pour leur canonisation. (*Bull. de la Soc. des lettres de la Corrèze*, 1887, p. 563.)

58. Plus quatre autres vieilles chasubles noires, une est de durante, l'autre de damasquin ou petit damas, et les deux autres de taffetas à ondes, touttes garnies de passements de soye. Ces deux dernières sont ostées pour ne poveoir plus servir. 17 novembre 1659. Vinet.

59. Plus deux chasubles d'armesin à ondes, garnies d'un viel passement d'or et soye blanche.

60. Item trois autres, une d'armesin à onde, garnies de passement et dentelle noire de soye. 17 novembre 1659. Vinet. Les deux autres de damas, garnies de mesme passement et frange.

61. Plus trois chasubles de petit damas noires, avec la trine et frange de soye orange [1] et noir, doublés de toile sangal. Fait en l'an 1666. Vinet et J. Brunet.

62. Plus une chasuble de taffetas noir, aveq passement jaune et noir. Faicte l'an 1668.

63. Plus deux chasubles de durante noir, aveq passement jaune et bleu, faictes l'an 1669.

64. Plus une casube de damas noir.

65. Plus deux chappes d'argent traict [2], avec fleurs d'or et soye incarnatte, la frise et le capuce de toile d'or, fonds rouge, fleurs d'or, soye verde et violette, avec passements d'or et d'argent, doublées de toile.

66. Une chappe de taffetard blanc, en broderie d'or, la frise et le capot plus relevé que le reste.

67. Plus une chappe de toille d'argent, parsemée de fleurs de lys relevées sur la soye cramoisie, où sont les armes du roy Henry quatriesme [3].

68. Une chappe de brocard d'or et d'argent, parsemé de fleurs de lys d'or, garnie de clinquan [4] d'or et soye bleue, doublée de sangalle rouge, avec parement de taffetard par devant.

1. « Item trois pièces de parement, dont y a une de satin et les deux aultres de taffetas, le tout orange, qui servent à parer ledit autel au temps des advents, avec trois chasubles et une chape, pour servir aux prêtre, soubs chautre, diacre et sous diacre. » (Inv. de la cath. d'Angers, 1596.) — « Item deux étoles et un fanon de satin de Burges de couleur orange. » (Inv. de la cath. d'Angers, 1606.) — Un devant d'autel de damas orangé. » (Inv. de S. Jean de Nevers, 1640.)

2. L'argent, étiré dans les trous de la filière, était ensuite aplati sous la pression d'un cylindre. Cette lame entrait alors dans le tissage de l'étoffe, pour former le lamé d'argent. « Item une chasuble, tunique et dalmatique de drap d'argent lamé, relevé de fleurons et bouquets de fil d'or. » (Inv. de la cath. de Reims, 1622, n° 429.)

3. Sur le piédestal de la croix élevée près Sainte-Marie Majeure, en 1595, en souvenir de la réconciliation de Henri IV avec l'Église, est appliqué un cartouche ovale en marbre blanc sculpté, que surmonte une couronne royale fermée. Il contient les deux écussons accolés de France et de Navarre, avec la couronne royale sur chacun d'eux et, au-dessous, la lettre H, couronnée, où s'enlacent deux palmes; autour sont disposés les colliers des ordres de Saint-Michel et du Saint-Esprit. (Voir la photographie dans la brochure de M. de Laurière, La colonne dite de Henri IV à Rome, Tours, 1883.)

4. Ce mot n'est pas dans le Glossaire archéologique. — Voir sur la fabrication

69. Plus une chappe de damas fin à petit ramaige, où sont les armes du cardinal Contarelly, garnye de passemen d'or et soye rouge.

70. Plus deux autres chappes de damas ordinaire, la frise desquelles est de toille d'or, assez vieilles, en l'une où sont les armes du sieur de Gumin [1], garnie de passements d'or et d'argent.

71. Une chappe noire de velours, garnie de clinquan et frange d'or.

72. Plus une autre de petit damas, garnie de passements et frange de soye blanche et noire.

73. Plus un devant d'autel de damas rouge à petit ramaige, pour la chapelle de S᷏ᵗ Mathieu, où sont les armes du cardinal Contarelly.

74. Plus douze devants d'autels rouges, trois desquels sont de l'estoffe de la tapisserie vieille de l'église, avec leur frise bleuve à testes de chérubins et fleurs de lys.

75. Un devant d'autel de brocard d'or et soye verde, avec la frange d'or et soye verde; la frise est faicte avec fleurs de lys jaunes.

76. Plus un autre, moitié violet et moitié colombin [2], à fonds violet.

77. Un devant d'autel de velours noir, assez usé, avec une croix de broderie d'or au milieu, la frange de soye noire et fil d'argent, avec les armes du Sʳ de Fois, autour duquel a esté mise une bande en broderie et sert au grand autel.

78. Plus un devant d'autel, de damas noir à petit ramage, dont les passements et la frange sont de fil d'or et soye, avec l'image de Sainct Nicolas.

79. Plus un devant d'autel de velours noir, plain, avec frange de soye blanche et noire, avec les armes de Contarel au milieu et une croix de Malte pendante, et sert à Sainct Mathieu.

80. Plus un devant d'autel de velours noir, avec les franges et galons d'or, tout neuf.

81. Un devant d'autel de toile d'argent, parsemé de fleurs de lys d'or et soye rouge, avec les armes d'Henry quatriesme.

82. Plus un parement vieux de damas blanc à grands ramages, où sont les armes du cardinal Rambouillet.

83. Plus un autre de mesme damas, avec la frange et passements de soye rouge, jaune et blanche, avec les armes de Marguerite Martinelle.

---

du clinquant le chapitre XXV, qui a pour titre : *L'or battu, filé et mis en clinquant*, du curieux ouvrage de René Françoys, prédicateur du Roy : *Essay des merveilles de nature et des plus nobles artifices*, Paris, 1632. — « Ung manteau à usage de femme, d'escarlate violete, doublé de tafetas violet, garny d'un passement de fil d'argent meslé de clinquant. » (*Inv. du chât. de Quermelin*, 1585; édit. Join, p. 105.) — « Une chapelle de velours violet, garnie de leurs estolles et fanons avec l'écharpe, garnie de clinquant d'argent. » (*Inv. de la cath. d'Angers*, 1643.)

1. Restituer *Cumin*.

2. *Colombin* fait défaut dans le *Glossaire archéologique*. — « Ung pourpoint de satin coulombin, plain de taffetas coulombin, à bordz de satin coulombin frangé. » (*Inv. de Quermelin*, p. 105.)

84. Plus un autre devant d'autel fort vieux, pour le grand autel, de toile à fonds d'argent, avec la frise rouge, où sont les armes de la maison d'Este.

85. Plus onze devants d'autels ou palliots [1] de satin blanc, tout couvert de fleurs et ramages orangez, avec leur frange et clinquan d'or, tout neuf, fait en l'an 1631.

86. *Des couvertures du legive ou pulpite.* Une couverte de taffetas en broderie d'or, doublée de taffetas jaulne.

87. Plus un' autre de toile d'argent, à fleurs de lys d'or relevées sur la soye rouge et cramoysie.

88. Plus une de toile d'argent et fleurs de lys d'or, fort usée. Osté pour ne plus servir. Vinet.

89. Plus un' autre de damas blanc, garnie de passements et frange d'or.

90. Plus un' autre de damas vieil, où il y a des armes aux deux bouts, à fonds blanc et roses et feuillages rouges. La susdite couverte a esté rompue pour accommoder le parement de la mesme estoffe et en a esté faict un' autre de vieil damas en sa place, où on y a employé les mesmes franges et armes.

91. Une couverte de brocard rouge, parsemé de fleurs de lys, la frange et passement d'or et soye blanc.

92. Plus un' autre de damas rouge, où il y a des armes, garnie de gallon d'or et soye rouge.

93. Plus un' autre de damas rouge cramoisy, avec la frange d'or et soye. 17 novembre 1659. Vinet.

94. Une couverte de damas verd usé, avec un gallon d'or et soye verde et sa frange de mesme.

95. Plus une autre couverte de damas verd à petit ramage, garnie de frange et galon d'or, doublée de sangalle verd, donné par feu frère Jacques sous sacristain.

96. Plus une couverte violette de damas, garnie de passemen et frange d'or et argent et soye.

97. Plus une couverte de satin blanc à ramage jaune, avec frange et trine d'or.

98. Plus une couverte de velours noir [2], garnie de passements et frange d'or, avec la couverture du misel.

---

1. *Palliot* est la traduction française de l'italien *palliotto*.

2. Ces détails se lisent dans un ouvrage contemporain, à propos du service fait à S.-Louis, en 1711, pour le Dauphin : « On avait eu soin de ne pas cacher l'architecture du grand autel... La corniche était ornée de drap noir retranché en festons et contourné de gaze d'argent, la frise ornée de fleurs de lys d'or, les colonnes couvertes de la même étoffe que la corniche, et on avait laissé voir leurs chapiteaux et leurs bases de bronze doré. Un grand drap noir, avec une croix de moire blanche et quatre armoiries de Monseigneur en broderie d'argent, couvroit le tableau de l'autel, sur lequel était posée une grande croix avec six chandeliers d'argent. Le

99. *Des couvertures pour les messels* [1]. Plus une couverture de velours noir, garnie de passements et frange d'or.

100. Deux couvertures, semblables au parement du roy Henry quatriesme, avec sa frange d'or.

101. Plus un' autre de taffetas en broderie, semblable au parement.

102. Plus une autre de satin blanc, à ramage jaune, avec frange et trine d'or.

103. Plus un' autre de damas blanc, garnie de passemen et frange d'or.

104. Une couverture de brocard d'or et argent et soye rouge, garnie de passemen d'or et soye violette ou bleuve.

105. Plus deux autres couvertures de damas rouge, garnies de passements et frange d'or et soye rouge.

106. Plus une couverture violette de damas, garnie de passements et frange d'or, argent et soye.

107. Plus une couverture verde de damas, garnie de passements d'or et argent et soye, sa frange de mesme.

108. Plus un coessin, semblable au parement du roy Henry quatrième, couvert de fleurs de lis.

109. Plus deux coessins de toille d'argent, parsemez de fleurs de lys, garnys de passements d'or.

110. Plus sept autres coessins de damas caffart [2] blanc, fort usez.

devant d'autel du même métal avait un fond de velours noir qui lui donnoit un nouvel éclat : les deux côtez étoient ornez des chiffres de Monseigneur. On avoit placé sur l'urne un grand carreau de velours noir, garni de galons et de grosses houppes d'or, sur lequel était posée une Dauphine, voilée d'un crespe. » (*Relation du service solennel fait dans l'église royale et nationale de S.-Louis, à Rome, pour Monseigneur Louis, Dauphin de France, le vendredi 18 septembre MDCCXI*, p. 12, 13 et 14.)

1. On a conservé, à la chapelle Sixtine, l'usage de couvrir les missels : la couleur de la *couverture* varie selon les fêtes. Le *Cérémonial des évêques* (lib. 2, cap. XII) prescrit la couverture pour les livres liturgiques et un coussin pour le missel : « Libri vero missalis, evangeliorum et epistolarum, tecti serico ejusdem coloris quo cœtera paramenta, cum pulvino ex eodem serico et colore, ponuntur super gradu altaris. » — Voir une couverture de livre liturgique dans le tableau de la mort de la Vierge, par Jean Joest, au musée de Munich (*Rev. de l'art chrét.*, 1886, p. 388). Le livre est ouvert et la partie pendante, plus longue que le livre lui-même, affecte la forme triangulaire ou en pointe, avec une houppe à l'extrémité.

2. « On appelle *damas caffards* diverses sortes d'étoffes dont quelques-unes ont la chaine de soie ou de fleuret et la treme de fil, d'autres qui sont tout de fil tant en treme qu'en chaine et d'autres encore qui sont tout de laine. » (Savary, *Dict. du commerce*, 1723.) — Le véritable *damas caffard* est tout de fil, mais le damas caffard ordinaire est celuy dont la treme est seulement de fil et les chaisnes de soye, et qui se manufacture en Flandres. » (Furetière, 1690.) — « *Damas caffart* est un damas dont les trames sont de fil ou de fleuret et les chaines de soie. » (*Dict. de Trévoux*.) — « Un dez de damas caffard. » (*Inv. de S.-Jean de Nevers*, 1640). — « Item deux autres chapes, aussi de damas blanc neuf appelé caffart. » (*Inv. de la cath. d'Angers*, 1643.) — « Manufactures de ligatures, damas, caffart et autres estoffes. » (*Compt. roy.* 1689).

111. Cinq coessins de brocard d'or et argent, parsemez de fleurs de lys à fonds rouge, garnys de passements d'or et soye rouge.

112. Deux grands coussins de damas cramoisy tout neuf, faict pour s'agenouiller. Faict en l'année 1616.

113. Cinq coissins de damas noir, avec leurs trines d'or et d'argent. Ces coiessins plusieurs fois se recouvrent d'autre estoffe, selon qu'ils deviennent vieulx et on les refait. 17 novembre 1659. Vinet.

114. Plus un' autre bourse, semblable au parement d'Henry quatrième.

115. Plus deux autres de satin, à fleurs orangées et rouges, le fonds blanc, garnies de trine d'or.

116. Plus trois bourses rouges de brocard d'or, parsemé de fleurs de lys d'or, garnies de petits gallons et passements d'or et soye bleuve.

117. Plus quatre bourses de damas verd avec fleurs d'or, garnies de passements d'or et argent et soye incarnatine.

118. Plus une bourse de toille d'or et soye violette, avec une croix en broderie et garnie autour de passement de fil d'or, d'argent et soye violette, sans floquets.

119. Plus quatre bourses de damas violet, garnies de clinquant d'or et flots de soye.

120. Une bourse de damas noir, garnie de passements d'argent, sans flocqs.

121. Plus deux autres, garnies de passements d'argent et soye jaune; une ne sert plus.

122. Plus deux autres de damas, garnies de passements d'or, une desquelles est d'or faux.

123. Plus dix bourses de camelot noir.

124. Plus deux autres de durante. Ces deux ont été recouverts. Vinet, 1668.

125. Plus six bourses, trois de velours et trois de damas, toutes couvertes de passements de soye. Vinet, J. Brunet.

Le nombre des bourses noires susdites n'est que de treze, et il s'en trouve dix-huit à la visite. 1676.

126. Plus un voile [1] de tapisserie de soye, à petit point [2], bordé de dentelle d'or [3].

---

1. Voile de calice.

2. « Une chaise de satin blanc en broderie d'or et d'argent, garnye de petit poinct. » (*Inv. de Quermelin*, 1585.) — « Corporalier de broderie d'or et de soye, faict au petit poinct, où sont portraits la figure de Notre-Seigneur portant sa croix et plusieurs autres personnages. » (*Inv. de la cath. d'Angers*, 1599.) — « Item ung corporalier faict de petits poincts avec soye et fils d'or et d'argent, sur lequel est une Cène. Ung parement de camelot rouge, sur lequel on met le parement blanc par le temps de caresme, faict en petits poinctz, feuillages de toile et autres enrichissements. » (*Inv. de la cath. de Reims*, 1622, nᵒˢ 109, 129.) — « *Petit poinct*, quand l'aiguille ne prend qu'un des fils du canevas; *gros point*, quand elle en prend deux. » (*Dict. de Trévoux.*)

3. Voir sur la dentelle d'or, Lefébure, *Broderie et dentelle*, p. 210, 264, 266, 308.

127. Plus un autre voile neuf, de taffetas blanc, avec une Nostre-Dame au millieu en broderie et trine d'or à l'entour, doublé de taffetard roge.

128. Un voile de rets de fils d'or, d'argent et soye, garny de dentelles d'or et d'argent, doublé de taffetas rouge.

129. Plus deux voiles de taffetas incarnat, brodez à l'entour, avec dentelle de fil d'or, un avec un Nom de Jésus, au millieu d'un soleil [1], et l'autre avec une croix au milieu ; doublez de taffetas rouge.

130. Deux voiles de taffetas verd, brodez à l'entour de feuillages et fleurs, semblables aux deux rouges, dans l'un desquels il y a un Nom de Jésus, au milieu d'un soleil, et dans l'autre une croix; toutes deux bordez de dentelle d'or.

131. Plus un aultre de tabis à onde, bordé de petite dentelle d'or.

132. Plus deux voiles de taffetas renforcé, brodez. En l'un il y a une croix et l'image de S^{ct} Louis au milieu et l'autre une croix avec l'esponge; tous deux bordez de dentelle d'or et doublez de taffetas.

133. Un voile de taffetas noir ondé, bordé d'une dentelle d'or.

134. Plus quatre autres voiles noirs, deux de taffetas ondé et deux autres simples entourez d'une dentelle d'argent.

135. Plus quatre autres, deux desquels sont bordés d'une petite dentelle d'or et les deux autres de petite frange de soye noire et blanche.

136. Plus cinq autres divers. Le nombre des voiles noirs susdicts n'est que neuf et il s'en est trouvé 14 en la visite. 1676.

137. Des crédences [2] et pièces pendantes que l'on met soubs les reliques. Deux crédences de taffetas blanc, en broderie d'or, qui accompagnent le devant d'autel de ceste estoffe et sont montés sur des châssis [3].

138. Plus deux autres crédences de satin blanc, avec petites fleurs, fort usées.

139. Plus deux autres crédences de satin, couvert de fleurs orangées.

140. Deux crédences rouges de l'estoffe de la tapisserie vieille.

141. Plus deux crédences de raseuil verd, avec fleurs, faict à l'esguille.

142. Plus deux crédences bleues, figurées de chérubins.

143. Plus deux grandes pièces de taffetas blanc en broderie relevée, qui servent pour mettre soubs les grands reliquaires aux bons jours, avec la frange pendante au dessoubs de fil d'or et soye.

---

1. Sur un tableau du xviie siècle, à Amsterdam, on voit le monogramme du nom de Jésus, avec la croix et les trois clous, au milieu d'un parement d'autel, dans un cartouche. (*Rev. du mus. de Paray*, t. VI, p. 19.)

2. *Le Glossaire archéologique* ne donne pas d'autre sens à crédence que celui de meuble : avec l'Inventaire de S.-Louis, il faut ajouter la signification d'étoffe ou tenture recouvrant la crédence.

3. « Deux costez d'autel de satin blanc, bordé de satin rouge. Deux costés d'autel de velours rouge cramoisy, semés de croix de Lorraine, du don de M^r le cardinal de Lorraine. Deux costez d'autel de satin vert. » (*Inv. de la cath. de Reims*, 1622, n°s 171, 176, 196.) Ces côtés se placent encore à Rome à droite et à gauche de l'autel, au soubassement du retable, quand il est plus large que l'autel.

144. Plus deux autres semblables de damas rouge, pour le mesme effect, garnies de clinquant et frange d'or et soye rouge.

145. Plus quatre autres petites pièces pour le mesme, scavoir deux blanches qui sont de toille d'argent et fleur d'or et les autres de satin rouge et fleurs de lys jaunes.

146. Plus deux crédences de damas rouge, garnies de passement d'or, en l'an 1655. Faites ce 17 novembre 1659. Vinet.

147. Plus un autre pavillon de toille d'argent, parsemé de fleurs de lys d'or, garny de frange de fil d'or et soye rouge.

148. Plus un autre de tabis blanc, qui sert tous les jours, parsemé de fleurs orangées, de frange et de soye rouge et de fil d'or.

149. Plus un autre pavillon de satin à fleurs de lys jaulne, le fonds rouge.

150. Plus un pavillon de damas rouge, garny de passemen et frange d'or en patte d'aragnée [1], doublé de toille rouge.

151. Plus un pavillon de damas rouge, avec frange et trine d'or, qui servoit au cœur des musiciens, dont l'on en a faict aussy deux pilastres au costé du grand autel et deux coussins avec mesme trine.

152. Un pavillon de lame d'or et soye verde, garny de frange d'or.

153. Un pavillon de brocard violet à fleurs d'or et d'argent, avec le capot [2] de mesme estoffe, le tout garny de passemen et frange d'or.

154. Plus un autre pavillon violet de satin ramagé, qui approche du bleu.

155. Plus, pour porter aux quarante heures, un baldaquin [3], qui est de satin de Naples à fleurs orangées et rouges, avec frange rouge de soye.

156. Plus un autre baldaquin, qui sert pour porter la communion aux malades, de satin rouge [4] à fleurs de lys et couronnes impériales jaunes entrelassées, doublé de taffetas.

157. Plus un autre fort vieux de brocard, qui ne sert plus qu'au Jeudy sainct au sépulchre. On en a faict neuf cuissins.

158. Plus un autre baldaquin, qui sert pour exposer le Sainct Sacrement aux 40 heures, garny de damas rouge.

159. Plus deux estolles de brocard d'or et d'argent, une blanche, et l'autre violette, avec leur frange d'or en bas. Ces deux estolles ontz esté donné au curé.

160. Plus deux pièces de brocatel jaulne et blanc, données par feu Mons' Raymond : elles servent à l'archive pour couvrir les parements.

---

1. Ce mot ne se trouve pas dans le *Glossaire archéologique*.

2. Le pavillon romain se compose de deux rideaux qui descendent le long du tabernacle, et d'un dôme qui couvre la partie supérieure. Ce dôme est appelé ici *capot*, terme inconnu au *Glossaire* avec cette acception, ainsi que celle du chaperon de chape.

3. *Baldaquin*, en italien *baldacchino*, signifie dais : ce mot est absent du *Glossaire*.

4. Le blanc est la couleur liturgique du Saint Sacrement. En France, on avait adopté le rouge : l'influence nationale se fait donc sentir aux n°° 151 et 156.

161. Plus une tapisserie de damas rouge cramoysi, couvert de fleurs de lys en œuvre, tout garny de passements d'or de la largeur de deux doigts, qui contient en tout quarante quatre pièces, desquelles il y en a dix qui ont une frange de demy palme de large, qui se mettent entre les pilliers.

162. Plus il y a deux frises qui entourent toute la grande nef de l'église, l'une desquelles contient deux palmes de largeur à fonds de satin et broderie de satin jaulne, l'autre est d'un palme de largeur à fonds de satin et fleurs de lys jaulnes.

163. Plus quatre autres pièces de mesme damas, garnies de mesmes clinquant que l'autre, deux desquelles pièces servent pour les chœurs de musique, le jour de S. Louis [1]. Les deux autres pièces servent pour la chère du prédicateur et la pièce qui sert en haut est garnie de frange d'or.

164. Plus aux deux pièces qui font coing de la grande porte a esté mise la frange comme à l'autre.

165. En l'an 1659, on a fait quatre autres pièces de damas rouge de Naple [2], qui sont une canne de largeur, pour achever de garnir les cœurs de musiq. Vinet.

166. Plus un autre rideau de taffetas rouge pour couvrir les reliques en la petite sacristie, lequel ne servant plus, on en a fait un neuf qui est bigarré [3].

167. Plus deux autres pour S^{ct} Louis et pour S^{ct} Remy.

168. Plus huict petites pièces de taffetas tané [4], avec une petite croix de

---

1. Tous les ans, un des pensionnaires de l'Académie de France fait exécuter, pour la fête de S. Louis, une messe de sa composition.

2. Naples n'est pas indiqué dans le *Glossaire* parmi les « provenances » de damas.

3. Autre mot qui manque au *Glossaire*. Comènes, traitant des couleurs, dans la *Janua aurea*, dit : « Il y en a des bigarrez de plusieurs couleurs changeantes et entremeslées. »

4. Le *tanné* doit son nom à sa ressemblance avec le *tan*. Voici ses nuances : « Tanné claret » (*Compte de l'argent.*, 1316). — « Tanné enfumé, comme portent les Minimes, *ferrugineus*. Tanné, *cervinus, castaneus*. » (Rob. Estienne, *Dict. franç.-latin*, 1549.) — « Le noir a sous soy ces degrés... Tanné bay ou chatagné. » (Comènes, *Janua aurea*, tit. 26, 640.)
Le tanné fut une couleur liturgique, propre au carême et plus particulièrement au temps de la Passion : « Item une chappe de damas tanne. Item ung choaysuble de velours tanné. » (*Inv. de Piré.* 1527.) — « Autres chappes tanées, figurées d'oiseaux au dedans des rondeaux. Autres chapes tanés à figures diverses. » (*Inv. de l'église d'Aubeterre*, 1562.) — « Une vielle chappe de velours tanne cannelé, avec les orfroys et le chapperon de satin bleu, fait en broderie de toille d'or et toille d'argent, bien usés, prisée 36 l. » (*Invent. de la mareschale de Saulx-Tavannes*, 1611, n° 352.) — « Ung aultre crespe tanné, servant à lad. Notre-Dame en caresme, tel quel. » (*Inv. de N.-D. de Paris*, 1614.) — « Une chappe de velours tanné brun, aussi garnie de clinquant d'argent. » (*Inv. de la cath. d'Angers*, 1643.) — En 1884, on a trouvé dans le tombeau de Jean de la Cour d'Aubergenville, évêque d'Évreux de 1244 à 1256, « un amas de vêtements d'étoffe de soie de couleur tannée à l'état de détritus. » (*Bullet. mon.*, t. IV, p. 681.)

passemen au milieu, pour couvrir les croix la sepmaine saincte de la passion.

169. Plus quatre couvertures de toile sangalle rouge, pour couvrir les reliquaires.

170. Plus deux petits rideaux, quj servent pour couvrir les burettes à la sacristie.

171. Plus une grande toile bleuue, pour couvrir la grande fenestre sur la grande porte de l'église.

172. Plus quatre rideaux de toile sangalle rouge, pour couvrir les 4 fenestres du chœur aux 40 heurs [1].

173. Plus deux autres de toile sangalle bleuf, quy servent pour couvrir les deux fenestres à costé de la grande porte, faites en l'année 1666. Vinet, J. Brunet.

174. Plus un autre rideau de taffetas cramoysi, avec ses franges de soye, servant devant l'autel de la sacristie.

175. Trois grands tapis, deux desquels sont vieux et usez et servent au marchepied du grand autel, et l'autre sert aux cardinaux, quand ils viennent à la prédication.

176. Plus un autre tapis de Turquie, plus petit, verd [2] et obscur, qui sert pour Monsieur l'Ambassadeur.

177. Plus deux autres petits pour couvrir les agenouilliers.

178. Plus un tapis bleu, fort long et usé, parsemé de fleurs de lys jaulnes.

179. Plus trois tapis verds, deux desquels sont de drap, pour couvrir les tables de la sacristie [3].

180. Plus deux petits tapis de drap vert, pour la communion, à Sct Remy [4].

181. Plus quatre spalières [5] verdes et fort usées, servent pour couvrir les bancs du chœur.

182. Plus douze couvertures pour les autels [6], la pluspart desquelles ne

1. En amortissant la clarté extérieure, les Romains, aux quarante heures, portent au recueillement et font valoir l'illumination qui entoure le S. Sacrement exposé.

2. Le vert est la couleur liturgique pour le tapis du sanctuaire, ce qui s'observe fidèlement à la chapelle papale : « Gradus omnes altaris inferiores cooperiantur aliquo amplo et pulchro tapete. ut. si fieri potest. sint magis conspicui et ornati quam reliqua pars presbyterii, quæ pannis viridibus contegitur. » (*Cœrem. episc.*, lib. I, cap. xii, n° 16.)

3. Le vert est seul en usage à Rome dans les sacristies.

4. Le drap vert s'étendait à la partie supérieure de la balustrade et retombait de chaque côté : la nappe se mettait par-dessus. Actuellement on lui a substitué le drap rouge.

5. « Item, deux draps de tapisserie d'aulte lisse, esquelz est l'imaige de Sainct Anthoine et sont semées de torterelles et des armes desdicts fondateurs, desquels l'on paire les chaisses estant es costez de l'autel. » (*Inv. de l'hop. de Beaune*, 1501.)

6. « Item, quedam tela picta pro copertura altaris beate Catherine ». (*Inv. de*

peuvent plus servir. De ces couvertures sont dix bonnes, faicte de cuir [1]. Vinet.

183. Plus six tapis verds ou spalières, deux desquels sont atachez au chœur.

184. Un drap mortuaire de velours noir, en broderie d'or et d'argent, avec deux croix de broderie, l'une en haut et l'autre en bas, et aux costez deux images de sainct Louis dans une figure ottogone, environnée de quatre fleurs de lys aux deux bouts de la broderie qui orne ladite image, trois espics de bled [2] qui sortent d'un fleuron d'or et aux quatre coins quatre fleurs de lys couronnées, avec une frange d'or à l'entour et au milieu une lame d'or [3]. Le coëssin est aussi de lames d'or, avec son passemen et boutons d'or et soye noire, doublé de velours plain.

185. Plus un autre de durante, avec un frangeon de capicçiole. Il sert à Sct Ives.

186. Plus un autre vieux de camelot, avec un frangeon de capicciole.

187. Plus un autre de velours en broderie, le fonds est de brocard de Venise [4] rouge et jaulne ; aux quatre coings, il y a quatre grands vases de broderie d'or et argent et aux deux costés il y a deux images de sainct Louis.

188. Plus il y a trois coëssins, deux de capicciole orangée et l'autre de velours noir fort vieux. Au lieu de ces trois coëssins on en a fait un de damas noir. 1656. Vinet.

189. Plus on fait un autre drap de mort de damas, où il y a deux images de S. Louys, et deux croix en broderie, garni de frange de soye jaune et noir. 17 novemb. 1659. Vinet.

190. Plus un drap mortuaire de durante [5] servant aux anniversaires.

191. Plus un autre grand drap mortuaire fort vieux de velours, qui ne sert qu'aux anniversaires d'Henry second ; la croix qui traverse d'un bout

Pont-en-Royans, 1406, n° 104.) — « Un tapis de tiretaine vert pour couvrir le grand autel, passé la célébration de la grande messe. » (Inv. de la cath. de Tréquier, 1620.)

1. Les housses d'autel se font généralement en cuir, pour plus de durée: « Prioratus de Blanaco... XXXᵇ et IIIIᵒʳ toalas de altaribus et V palia de serico et VII picta de lino et quoddam quoopertorium altaris de corio. Prioratus de Calmonte... cooperimentum altaris. » (Inv. de S.-Sernin de Toulouse, 1246.)

2. Ces trois épis doivent faire allusion aux armes du cardinal de la Bourdaisière, qui contiennent en effet un meuble analogue, mais ici interprété librement: « Escartelé : au 1 et 4, d'argent au bras de gueules sortant d'un nuage d'azur, tenant une poignée de vesce en rameau ; au 2 et 3, d'argent à 3 pals de synople. » (Frizon, p. 627.)

3. Le drap mortuaire, est encore, à Rome, formé d'un champ de drap d'or, encadré de velours noir.

4. Le brocart de Venise n'est pas mentionné dans le Glossaire archéologique.

5. Durante manque au Glossaire. Cette étoffe prenait son nom du lieu de sa fabrication à Castel-Durante, qui rappelait le souvenir de la légation de notre célèbre Guillaume Durant, fondateur de cette ville.

à l'autre est blanche. Osté pour ne pouvoir plus servir. au lieu duquel l'on en a fait un de durante. Vinet, J. Brunet.

192. En la visite 1676, il s'est trouvé corporaux 122, palles 104, purificatoires 250, mouchoirs 135.

193. Plus cinq aubes de centiglone [1] avec leur dentelle, revenant environ huict escus.

194. En la visite 1676, il s'est trouvé aubes fines 30, autres communes 46, amits 102, surpelis communs 112, surpelis fins 9, surpelis des clercs 37, rochet 1, cordons 46.

195. Plus un rochet pour les prélats.

196. Plus un surpelis de centiglone avec sa dentelle.

197. Plus onze petits surpelis, faicts des vieux surpelis et autres, qui a (qu'a) donné le curé de St Yves.

198. En la visite de 1676, il s'est trouvé nappes damaschinées 1, napes communes 44, sounappes d'autel 57, crédences tant bonnes que mauvaises 44, nappes de communion 8, essuie mains grands 15, essuie mains petits 7, essuie mains damaschius 2, autres crédences neuves 26, cartons 43.

199. Plus six tovaioles pour la communion.

200. Le mois de febvrier, vingt-quatre purificatoires, donnés par la fille du Sr Gasp. Gaillard, religieuse au monastére au Campe Mars. Ce 25 febvrier 1655. Vinet.

201. Plus un' autre plus grande (table), où sont escrittes les messes de fondation.

202. Plus un autre plus grand armoire, qui sert pour tenir les bouquiets [2], tapis et linges sales.

203. Plus un autre plus grand (pupître) pour chanter vêpres.

204. Plus une petite table, pour l'heure des offices pour les festes.

205. Plus une grande crédence, entre la porte de la sacristie et celle de l'église, qui sert à mettre les degrez [3] qu'on met au grand autel les grandes festes, qui contiennent dix pièces.

206. Plus vingt-quatre grands bancs et seze petits, qui servent pour

1. Le *Glossaire*, qui emprunte ses deux textes à l'Inventaire de S.-Louis, définit: « Sorte de toile. » Le mot décomposé donne l'origine et la signification : c'est une toile de lin, fabriquée à Cento « petite ville autrefois fortifiée dans le Ferrarais, sur les confins du Boulonois et du Modénois. » (*Dict. de Trévoux.*) M. Bertolotti m'écrit : « J'ai consulté nombre de vocabulaires italiens, anciens et modernes, ainsi que des ouvrages techniques sur les arts textiles ; nulle part, je n'ai trouvé le mot *centiglone*. J'ai examiné aussi les dictionnaires topographiques d'Italie et je n'y ai pas davantage rencontré de localité nommée *Centiglone*. L'expression n'est peut-être pas italienne, mais plutôt française avec une tournure italienne. »

2. « Six bouquets artificiels et leurs piédestaux. » (*Inv. de la chap. du chât. de Jarnac*, an II.)

3. Ces gradins postiches étaient nécessités par un plus grand nombre de chandeliers et l'exposition des reliques.

asseoir ceux qui entendent la prédication [1] et seze autres plus bas pour les femmes.

207. Plus un petit coffret de bois, avec deux serrures, où l'on met les aumosnes qui se recueillent durant la prédication le caresme.

208. Plus une petite crédence avec deux tiroirs, où l'on tient l'argent des messes.

209. Plus deux grands agenouilloirs de bois blanc, qui ne servent qu'en caresme quand il y a prédication.

210. Un graduel en deux volumes, couvert de veau rouge.

211. Plus un antiphonaire, couvert de blanc.

212. Et un psautier, couvert de blanc.

213. Plus deux bréviaires in-quarto pour le chœur.

214. Plus un pontifical et deux canon [2] pour les évesques, tous deux reliés de rouge et fil d'or.

215. Plus un martyrologe romain.

216. Plus deux messels, impressions d'Anvers, reliés de maroquin de Levant, trouvé en la visite de 1667. Vinet, J. Brunet.

217. Plus un' autre lanterne de bois peint, qui sert à l'office de la sepmaine saincte.

218. Plus un arousoir et deux vases qui servent pour porter et mettre l'eau baniste, et sont de cuivre.

219. Plus un autre petit sceau de cuivre.

220. Deux râtissoirs [3].

221. Plus deux boistes pour tenir les hosties.

222. *Livres de la musique qui servent aux deux chœurs, à présent de l'année 1649* [4]. Quatre livres des messes de Palestrina[5], scavoir le 1—2—3— et 5ᵐᵉ.

223. Plus deux autres des Hymnes et *Magnificat* de Victoria [6].

1. Il n'y avait de bancs, suivant la pratique romaine, que pour les prédications ; autrement on se tenait debout ou à genoux.

2 On lit dans le *spolium* des évêques de Carpentras, à la fin du xviiᵉ siècle : « Plus trois livres pontificaux et un canon. — Trois canons pour la messe. »

3. Probablement en fer, pour râcler le pavé et en enlever la boue ou la cire.

4. Ce chapitre a été reproduit en entier par Th. Nisard dans la *Revue de musique ancienne et moderne*, 1856, p. 706-708.

« Il y a 25 ans, une rare collection musicale d'œuvres des anciens maîtres de musique sacrée des xviᵉ et xviiᵉ siècles, qui, devenue inutile ici, a été, sur la demande du gouvernement français, enrichir à Paris la collection du Conservatoire impérial de musique, l'église de S.-Louis ayant reçu en échange l'offrande d'un calice d'argent doré. » (La Croix, *Mém.*, p. 47.) Mgr. Alfieri m'a assuré que le gouvernement n'avait eu que les restes de M. Adrien de la Fage, qui avait emporté à Paris le meilleur de la collection.

5. Voir, sur ces anciens maîtres de chapelle des xviᵉ et xviiᵉ siècles, l'opuscule de Mgr Alfieri, intitulé : *Brevi notizie storiche sulla congregazione ed academia di santa Cecilia*, Roma, 1845.

6. Ludovico da Vittoria, xviᵉ siècle.

224. Plus deux livres d'Animulio, un des messes et l'autre du *Magnificat*.

225. Plus deux autres livres de Suriano [1], un des messes et l'autre du *Magnificat*.

226. Plus un livre de messes de Crivelly.

227. Plus deux livres de Moralis, un des messes et l'autre du *Magnificat*.

228. Plus deux livres de messes à la francoise.

229. Plus deux livres pour la sepmaine saincle, un desquels est escrit à la main.

230. Plus un livre de messes des morts, escript à la main.

231. Plus un livre de l'Hymne de sainct Louis, escript à la main.

232. Plus un livre vieux de diverses choses.

233. Plus un autre vieux, escrit à la main.

234. Plus un Antiphonaire, escript à la main.

235. Plus deux autres livres pour l'orgue, escripts à la main, un pour les Introits et l'autre pour les Antienes.

236. Plus una mutta de motets et messes à trois chœurs de S. Ugolino [2].

237. Plus una mutta de divers motets d'Antonelly [3].

238. Plus una mutta de divers mottets d'Antonelly.

239. Plus una mutta de 4 librj à otto [4] de Rattj.

240. Plus una mutta de psalmi à otto de Cifra [5].

241. Plus una mutta di psalmi à otto de S. Ugolino.

242. Plus mostetti di Fabio Constantino à otto.

243. Plus psalmi à 4 di Belardino Nanino [6].

244. Plus mostetti à 3 chorj de Lugolino.

245. Plus *Magnificat* d'Hypolito à piu voce [7].

246. Messe diverse di L'Ugolino à otto.

247. Mottetj di Lugolino et del Ratti.

248. Altrj motteti à — 2 — 3 — 4 di diversi autori.

249. Motteti à piu voce di Gio. Francesco Nery [8].

250. Motteti di L'Ugolino à 2, 3 et 4 voci.

251. Antifone di Francesco Neri e messe à 4.

252. Quatre librettj de l'*Ilimnj di Palestrina*.

253. Motteti del Maxentio.

254. Motteti del Cifra à piu voci.

255. Motteti di Agostino Agazzarj.

---

1. Francesco Soriani, XVIe siècle.
2. Vincenzo Ugolini vivait au commencement du XVIIe siècle.
3. Abondio Antonelli, XVIIe siècle.
4. A huit voix.
5. Antonio Cifra. Première moitié du XVIIe siècle.
6. Bernardino Nanini, frère de Giovani Maria Nanini. Il fut maître de chapelle à Saint-Louis-des-Français et à Saint-Laurent in Damaso, XVIIe siècle.
7. Ippolito Tartaglini, XVIe siècle.
8. Francesco Anerio, XVIe siècle.

256. Altrj motteti di Cifra à piu voci.
257. Motteti di Ottavio Catalano.

II

Il me parait opportun d'insister sur trois noms qui figurent dans cet inventaire, afin de montrer que leur souvenir persiste aussi dans l'épigraphie romaine.

Mgr La Croix (*Mém. hist.*, p. 26) inscrit parmi les auditeurs de rote, sous les n°s 35 et 36 : « 17 mars 1613. Guillaume Dunozet, de Nevers, archevêque de Séleucie et vice-légat d'Avignon en 1626. — 15 février 1627. Aimé Dunozet, neveu du précédent, meurt doyen de la Rote, en 1657. »

Forcella (t. III, p. 162, n° 420) a donné l'épitaphe de ce dernier, d'après Valerio, qui l'avait relevée à la Trinité du Mont, où je l'ai inutilement cherchée :

D · O · M ·

AMATVS · DV · NOZET · GALLVS

ROMANAE · ROTAE · DECANVS

ABBAS · ALBEMALENSIS

ET

CHRISTIANISSIMAE · MAIESTATIS

A · CONSILIIS · SECRETIONIBUS (*secretioribus*)

HIC · REQVIESCIT

EXPECTANS · BEATAM · SPEM

ET · ADVENTVM · GLORIAE

MAGNI · DEI

OBIIT · PRIDIE · IDVS · OCTOB.

ANNO · SALVTIS · M · DCLVII

AETATIS · SVAE · LX ·

FVNDATO · ANNIVER · PERPET ·

N° 2. Il est probable qu'il s'agit ici du protonotaire apostolique et chanoine de Cambrai dont l'épitaphe existe à Saint-Julien des Belges (Forcella, t. III, p. 518, n° 1237) :

VENE · VIRO · D · ANTONIO

ESPAVAVLT · DE · LVTOSA

PROTH · APOST · ET CANO ·

CAMERACEN · QVI PRAETER

```
       SVOȠ SPEM IMATVRA
   MORTE MIGRA · AD SVPEROS
      PRID · ASCEN · DNI
      AN · D · M · LXIX
```

Écusson

```
HENRICVS DV BOIS
PHYSICVS · CANO · CAMERA ·
HVIVS ECCᴬ PROVISOR
CONFRATRI DVLCISSIMO
INSTATE · D · HENRICO DE
   ROVER FLANDRO
COEXEQVTORE PONEN ·
CVRAVIT · XVI · SEPTE ·
```

Nᵒ 3. A la famille du baron de Fontaine doit appartenir l'épitaphe qui était autrefois à Saint-Louis (Forcella, t. III, p. 17, nᵒ 40) :

```
           D · O · M ·
IOANNI FONTAINAE BELGICO NOBILI E GENERE
QVI DV AD VICV VARRONIS IN LAZIO
INTER COHORTES GALLICAS AVXILIARES PRO
PONT MAX CONTRA HISPANOS FORTITER
PVGNAT ET CONCVSSV TORMENTIS OPPIDI
MVRV TRANSCENDIT IN IPSO IRRVPTIONIS
ARDORE PLVMBEA GLANDE ICTVS MILITARI
    SVMMA CVM LAVDE OCCVBVIT
ARCTVRVS FONTAINA FRATRI ANIMATISS
    SIGNIS COLLACRIMANTIBVS P ·
VIX · ANN · XXV · M · D · OBIIT XVI KLS
   MARTII ANN SALVT MDLVII
```

Nᵒ 20. « M. de la Borne » est ce prêtre du diocèse de Langres dont l'épitaphe, à Saint-Louis, se termine ainsi (Forcella, t. III, p. 46, nᵒ 120) :

```
IOANNES DELABORNE PRESB · LINGONEN · DIOC ·
EXEQVVTOR TESTAMENTARIVS PATRONO
    ET AMICO SINGVLARI POSVIT
```

Nᵒ 46. Mᵍʳ La Croix enregistre le cardinal Denys de Marquemont parmi les ambassadeurs, en 1625 (*Mém.*, p. 114), et les titulaires de la Trinité du Mont, en 1626 (p. 80). D'auditeur de Rote, il devint archevêque de Lyon. « Il mourut le 16 septembre 1626, ayant légué à la sacristie de son titre des ornements riches et pré- cieux, et notamment une chasuble estimée 500 écus d'or. » Son épitaphe, omise par Forcella, est donnée, en lecture courante, dans la *Gallia christiana*, t. IV, col. 192 : « Deo opt. max. Immortali memoriæ Dionysii Simonis Sanctæ Romanæ Ecclesiæ titulo hujus ecclesiæ cardinalis de Marquemont, Roma, quem judicem Rota integerrimum, Lugdunum pastorem incomparabilem, Rex christianis- simus Nestorem fidelissimum, Gallia pietatis exemplar purissi- mum, Ecclesiæ decus et ornamentum, boni omnes tutelare præsi- dium, sibi totique mundo ereptum lugent; lugeas et tu qui legis et tantum virum imitare, si nequeas, admirare. Vixit annos 53, menses 11, dies 16. Obiit XVI cal. octobr. anno M. D C. XXVI. Hæredes fratri amantissimo posuere. »

Ses armes se blasonnent : *d'azur, au chevron d'argent, chargé en cime de trois croissants de gueules et accompagné de trois rose d'argent.* (Fisquet, *La France pontificale, archid. de Lyon*, p. 443.)

III

« Les anciens *Guides de Rome* parlent tous, avec éloges, de la pompe et de la régularité des offices divins qui s'y (à Saint-Louis) célébraient et de son excellente musique qui était dirigée par un *maestro di capella*, avec dix chantres et un organiste sous ses ordres. » (La Croix, *Mém.*, p. 47.)

Henri II constate le fait, dans ses lettres patentes du 25 décembre 1549 : « Église où d'ordinaire se fait et continue l'office divin par douze chantres, un maître de musique et moult enfans de chœur, tous experts et instruits dans l'art de la musique » (*Ibid.*, p. 196). Henri III, le 27 juillet 1576, le repète en termes identiques : « Église où actuellement se célèbre l'office divin par douze chantres, un maître de chapelle et nombre de clercs, tous experts et instruits en musique » (p. 199).

Grégoire XV, dans le bref *Ex injuncto* du 3 décembre 1622, où sont approuvés les règlements de la Visite apostolique, statue :

« Musica in eadem ecclesia S. Ludovici, singulis diebus cantari solita, dominicis et diebus festivis dumtaxat cantetur » (p. 217).

Parmi les maîtres de chapelle de notre église nationale, on cite Giovanelli, chargé par Paul V de la correction du Graduel imprimé à Rome en 1614; Bernardin Nanini et Étienne Fabri le jeune, dont le P. Kircher parle avec éloge dans sa *Musurgia universalis* (Rome, 1560), p. 614 : « Sunt praeter hos principales alii effectus quos musica exhibere potest, quos passim in compositionibus suis nobilissimis exhibent romanarum basilicarum symphoniarchae praestantissimi, Horatius Benevolus, Bonifacius Gratianus, Franciscus Foggia, Stephanus Fabri..., quartus S. Ludovici ecclesiae gallicae nationis... musicae summa cum laude praesunt. »

Pierre-Paul Martinetti, mentionné dans des comptes de 1722 et 1723 comme maître de chapelle, a sa sépulture dans l'église de Saint-Pantaléon (Forcella, t. V, p. 552, n° 1332), où il fit une fondation pieuse qui n'est plus remplie :

D · O · M ·
PETRVS PAVLVS MARTINETTI
ROMANVS

VT QVA · VIVVS · COLVERAT DEVOTIONE
ERGA B V M · ET · S · PANTALEONE
AD TRIGINTA ANNOS ET VLTRA
IN HAC ECCLESIA
LITANYS QVOLIBET ANNI SABBATO
CAETERISQVE SOLEMNITATIBVS
CANTV OPERAM SVAM PRAEBENS
MORTVVS ETIA DEMONSTRARET
HIC VIVENS SEPVLCHRVM ELEGIT
VBI MORTVVS FIDELIVM PRECES
IMPLORAT

Armes : *De... à un arbre de... et un mouton passant de... sur une champagne de...; à une fasce de... brochant sur le tout.*

SAINT-LOUIS-DES-FRANÇAIS
(1670)

A S.-Louis-des-Français, il y avait, comme chez toutes les nations catholiques, non seulement une église érigée en paroisse, mais encore un hospice, où étaient hébergés pendant trois jours et trois nuits les pauvres pèlerins français, et un hôpital qui leur était ouvert jusqu'au retour de la santé, s'ils venaient à tomber malades. Or un des chapelains attachés à la desservance de l'église était chargé, aux termes mêmes du règlement, « de conduire les pèlerins à la visite des différents sanctuaires, de leur en expliquer l'histoire et de leur en nommer les reliques. »

L'hospice et l'hôpital n'existent plus et le clergé de S.-Louis s'est retiré des occupations extérieures du ministère pour acquitter en paix les obligations des autres fondations pieuses qui lui sont restées.

Dans le principe, l'église fut administrée par une confrérie sous le vocable de la Conception de Notre-Dame et desservie par des prêtres qui acquittaient les fondations.

En 1626, les legs de messes étaient si nombreux que la visite apostolique exigea une copie des charges de l'église et de la sacristie : « In sacristia. — Detur copia tabellæ onerum incumbentium ecclesiæ et sacristiæ simul, cum tabella ejus ad quod tenentur cantores. »

En 1659, le sacristain déclarait par la note ci-jointe que le nombre des messes à dire était chaque année de 7,451, et comme les chapelains se trouvaient insuffisants à les acquitter, il en restait 971 qui étaient dites au dehors.

†

Le 9 fébr. 1659. L'esglise de S.-Louys iusque au jourdbuy doibt dire messes, l'année, sept mil quatre cent cinquante une. Les presbtres et le curé en disent six mil quatre cent octante tous les ans. Reste d'en dire neuf cent septante une, que font tous les mois environ octante une, que l'église paye tous les mois. Thomas Vinet.

Chaque fois qu'il se faisait une fondation de messes, une partie était réservée pour l'honoraire des chapelains et l'autre grossissait le capital de l'établissement pie. Telles étaient les règles adoptées en France, ainsi que le rapporte Jousse, conseiller au Présidial d'Orléans, dans son *Traité du gouvernement spirituel et temporel des paroisses* (Paris, 1773), pages 41-42 : « Pour qu'une fondation puisse être acceptée d'une manière avantageuse, ou du moins qui ne soit point onéreuse à la fabrique, il faut suivre à peu près les règles qui suivent. Il faut : Si la chose donnée est de la valeur de trente livres de rente ou au-dessus, qu'il y ait un tiers de bon ou de franc pour la Fabrique, tant pour l'usage des ornemens, frais de services, que pour ceux d'administration. Si la rente est au-dessous de 15 livres jusqu'à 8 livres, la Fabrique doit avoir moitié de bon ou au moins les deux cinquièmes. Si la rente est au-dessous de 8 livres jusqu'à 5 livres, il faut que la Fabrique ait les deux tiers de bon ou les trois cinquièmes; et si la rente est de 4 livres, il faut qu'elle ait au moins 2 livres dix sols de bon. Au-dessous de ces sommes, les fondations ne doivent pas être acceptées, à moins, v. g., qu'on ne léguât une rente foncière de 3 livres pour acquitter une messe basse tous les ans, ou au plus deux. »

Ceux qui ont fondé des messes dans une église peuvent donc à bon droit en être considérés comme les *bienfaiteurs*. En effet, telle est la qualification que leur donnait, au XVIIe siècle, l'administration de S.-Louis.

En 1856 je découvris à Rome, dans une vente publique, un cahier manuscrit, qui relatait en forme de calendrier toutes les fondations faites à S.-Louis du XVe au XVIIe siècle, et qui avait pour titre : *Kalendarium benefactorum ecclesiæ et hospitalis sancti Ludovici, nationis gallicæ.* Après en avoir pris copie, j'en fis hommage au Comité des travaux historiques, qui ne jugea pas à propos de le publier, à cause de sa date trop récente, et en ordonna en conséquence le dépôt aux archives du Ministère de l'Instruction publique.

Je ne suis pas précisément de l'avis du Comité à cet égard. J'attache, au contraire, une réelle importance à savoir qui, pendant trois siècles, a fondé et fait vivre l'établissement de Saint-Louis. C'est une page de notre histoire à l'étranger, qu'on nè doit ni oublier ni regarder avec indifférence.

Le manuscrit relate au jour le jour, au milieu d'une foule de noms inconnus, des personnages célèbres, le plus ordinairement à cause des hautes dignités ou des fonctions dont ils ont été investis. Il n'y avait pas à songer à reproduire ce catalogue latin textuellement et sans commentaires. Aussi, je me suis efforcé d'en relever la sécheresse en l'accompagnant de notes explicatives. C'est pourquoi chaque fondation est précédée d'un sommaire qui en donne l'analyse et suivie de documents qui indiquent quels souvenirs le défunt a laissés à Rome, comme épitaphe, inscriptions et donations.

Il a dù être écrit vers le milieu du xviie siècle ; la date la plus récente qu'on y relève est l'an 1670, précédé de 1660, 1661 et 1665.

En 1854, j'étais occupé à transcrire les inscriptions disséminées sur le pavé de la petite église de S.-Sauveur *delle coppelle*, lorsqu'un sacristain, homme du peuple, vint m'interrompre et me dit avec un accent de conviction que je n'ai jamais oublié : « Vous faites bien, étranger, de copier ces inscriptions, car c'est en partie l'histoire de notre église. Ici que de noms dorment dans l'oubli, et pourtant c'est à eux que nous sommes redevables de ce que nous avons. Bientôt ces dalles ne contiendront plus aucune lettre, effacées qu'elles auront été par le frottement continuel des pieds. Et une fois le nom disparu, adieu la mémoire de nos bienfaiteurs, car les biens qu'ils nous avaient légués ayant été volés par le gouvernement révolutionnaire, nous n'acquittons plus les fondations. Au moins, dans vos écrits vous rappellerez leur mémoire. »

Ce sacristain avait du bon sens, et je trouve ici la plus complète affirmation de ses principes. Il peut y avoir beaucoup de manuscrits intéressants aux archives de S.-Louis, mais qui les consulte ? Quant aux fondations, elles ont été ou singulièrement réduites ou même complètement supprimées. Les tombes elles-mêmes n'ont pas été respectées, et il en est un certain nombre qui n'existent plus que dans ce travail.

Cette seule considération aurait suffi à motiver la publication du *Calendrier des bienfaiteurs de S.-Louis*. J'y suis convié également par ce texte du livre de la Sagesse, qui vante la beauté de ces générations brillantes de clarté et dont la mémoire n'a pas été violée. Il est immortel, en effet, le souvenir de ceux que Dieu et les hommes connaissent : « O quam pulchra est casta generatio cum claritate ! Immortalis est enim memoria illius; quoniam et apud Deum nota est, et apud homines. » (*Lib. Sapient.*, IV, 1.)

1. *1er janvier 1661.* Fondation de 25 messes, chaque année, par Balthazar Chibert, prêtre, curé de S.-Louis-des-Français, à acquitter deux par mois et la vingt-cinquième le jour des morts.

Die prima Januarij 1661. Misse viginti quinque, iuxta intentionem R. D. Balthasaris Chibert, sacerdotis, curati ecclesie Sancti Ludovici, quolibet anno; scilicet due singulis mensibus et vigesima quinta die commemorationis omnium defunctorum.

Balthazar Chibert, docteur en théologie et prêtre du diocèse d'Autun, se fit surtout remarquer par sa charité. Pendant trois ans, il fut attaché à l'église nationale de S.-Yves des Bretons, puis obtint la cure de S.-Louis. Après vingt-deux années de ministère paroissial, il mourut plus qu'octogénaire, le 21 juin 1678. Il fut inhumé à S.-Louis-des-Français, où son épitaphe se lit sur la dalle d'une des nefs [1].

D · O · M

VENERANDÆ MEMORIÆ

R · D · BALTHASSARIS CHIBERT

THEOLOGI DIAE AEDVEN [2]

SACERDOTIS

· · · · · · CARITATE CONSPICVI

QVI PAROCHIÆ S. YVONIS

PER TRIENNIVM

PRIVS POSITI AC PER XXII ANNOS

CVRAM SEDVLO GESSIT

ET TANDEM OCTOGENARIO MAIOR

PAROCHOS DOCVIT

PASTORALEM VIGILANTIAM

SENIO NON SEMPER SENESCERE

OBIIT XI KAL IVL [3] M · DCLXXVIII

1. Forcella, t. III, p. 48, n° 124, la donne très incomplète et écrit *Ghibert*, d'après la mauvaise copie de l'abbé Michau.

2. *Diœcesis Æduensis.*

3. *Kalendas Julii.*

Un autre Éduen a été enterré à Saint-Louis. Forcella donne son épitaphe, t. III, p. 17, n° 41 :

IOANNI POTIGNON EDVEN ·
OB PROBITATEM OMNIBVS
CHARO TESTAM^{TI} · CVRATORES
MEMORIAE ERGO POS ·
VIX · AN · XLV · OBIIT
VIII KAL · FEB · MDLVII

2. *1er Janvier 1646.* Fondation par François de Hous, clerc du diocèse de Poitiers, de cinq messes, chaque mois, et d'un anniversaire solennel, au premier janvier de chaque année,

Franciscus de Hous, Clericus Pictaven. dio^s. quolibet mense quinq. missas et anniversarium solemne, die prima Januarij. 1 jan. 1646.

3. *4 Janvier 1587.* Fondation par Henri Bède, de Lorraine, de huit messes à acquitter, chaque mois, par des prêtres Lorrains, dans la chapelle de S.-Nicolas.

Henricj Bedæ, lotharingi, sing. mensibus missæ octo, dicendæ a Lotharingis in capella Sanctj Nicolaj. 4 jan. 1587.

4. *4 Janvier 1630.* Fondation d'une messe quotidienne à l'autel de S.-Jean évangéliste pour Philibert Pichardot, ses parents, alliés, bienfaiteurs et autres fidèles trépassés.

Philibertj Pichardot Heduen., parentum, consanguineorum et benefactorum suorum et aliorum Christi fidelium Ecclesiæ suffraginis [1] Rectores Congregationis facere debeant unam missam singulis diebus ad altare S^{et} Joannis Evangelistæ. 4 jan. 1630.

Je lis une mention analogue sur des feuilles détachées et datées de 1659 : « Philibert Pichardot, sing. diebus missa una, 365. Philibertus Picardot fundavit unam missam quotidianam, 362. Le chiffre 362 indique que l'on réduit le nombre des messes, à cause des trois derniers jours de la Semaine Sainte, où la rubrique prescrit de n'en dire qu'une par église.

Une autre note nous apprend que la fondation, faite en titre de monts, rapportait quinze écus de rente (80 fr. 25). Plus tard la rente baissa à onze, puis monta à treize, au mont de S.-Pierre. Enfin la

---

1. Il faut lire *pro suffragiis.*

rente étant tombée à huit écus, soixante-douze baïoques, le nombre des messes fut réduit à 200 : « In hoc legato relicta fuerunt scuta 15 montium, hodie reducta in 11 $\frac{96}{100}$ 13 $\frac{34}{100}$ montis S. Petri reddunt pro celebranda missa quotidiana..... pro qualibet missa; recipiuntur 8 72, unde possunt reduci ad missas 200. »

L'*Inventaire de Saint-Louis*, rédigé en 1618, mentionne le don de trois cartons d'autel fait par Pichardot (n° 106).

5. *5 janvier 1589.* Fondation d'une messe quotidienne pour la sérénissime reine Catherine de Médicis.

Serenissimæ Catharinæ Medicis Reginæ, sing. diebus missa una. 5 jan. 1589.

Cette fondation est aussi attestée par l'inscription suivante, qui se lit à Saint-Louis-des-Français, gravée sur bronze, dans le latéral gauche (Forcella, t. III, p. 27, n° 66) :

CATHARINA · REGINA · FRANCIAE · HENRICI · II · VXOR
FRANCISCI · II · CAROLI · IX · HENRICI · III · REGVM
CHRISTIANISS · [1] MATER · HVIC · TEMPLO · EIVSQ [2]
HOSPITALI · VICINAS · OMNES · AB · DEXTERA
DOMOS · AREAS · ET · OFFICINAS · QVAE · SVO · PALATIO [3]
ADIACENTES · INSVLAM · EFFICIVNT · DONAVIT
TRIVM · MISSARVM · IN · PERPET [4] · CELEBRANDARVM
ONERE · RECTORIBVS · IMPOSITO · HOC · ORDINE · VT
ANNIVERSARIA · VNA · SOLEMNITER · FIAT
VI · ID · QVINT [5] QVO · DIE · VIR · EIVS · HENRICVS
OBIERAT · DEINDE · VT · QVOTIDIANAE · PRIVATIM
DVAE · VNA · PRO · SVA · ET · HENRICI · FILII · QVAMDIV
VIVERENT · AC · DEINCEPS · SVCCESSORVM
INCOLVMITATE · ALTERA · PRO · ANIMAE · SVAE
SALVTE · POST · EXCESSVM · E · CORPORE
EAQ · DONATIO · EXTAT · IN · PVBLICIS · MONVMENTIS

Outre la messe quotidienne, réduite au chiffre de 362 par an, à cause des trois derniers jours de la Semaine Sainte, Catherine de Médicis fonda un anniversaire. Pour l'accomplissement de sa double fondation, elle légua à Saint-Louis toutes les maisons qui entourent

1. *Christianissimorum.*
2. *Ejusque.*
3. Le *Palais Madame,* voisin de l'église de S.-Louis.
4. *Perpetuum.*
5. *Idus quintilias.*

à Rome le palais Madame. C'est ce que nous apprennent aussi quelques feuilles détachées, conservées aux archives :

« Seren^ma Catharina Medicis, 362 missæ. Pro hujusmodi legato relicte fuerunt omnes domus circa palatium familiæ de Medicis, considerabilis redditus. — Ser^ma Catharina Medicis fundavit unam missam quotidianam et anniversarium quotannis. »

Le calendrier et le feuillet sont en désaccord avec l'inscription qui parle de *deux messes par jour*, dont une pour elle et l'autre pour son fils Henri III. Cette dernière n'est enregistrée nulle part ailleurs.

Mgr La Croix a reproduit dans son *Mémoire*, p. 208-212, « l'acte de donation en mai 1584 » et la « réponse des recteurs de Saint-Louis à la reine Catherine de Médicis ».

L'inscription commémorative a été replacée contre un pilier, en 1840, par le comte de la Tour-Maubourg, ambassadeur de Louis-Philippe auprès du Saint-Siège :

TITULUM · HUNC
SEPTIMIUS · COMES · DE · LA · TOUR · MAUBOURG
FRANCORUM · REGIS · APUD · S · SEDEM · ORATOR
RESTITUIT
ANNO · MDCCCXL

6. *7 janvier*. Fondation d'un anniversaire solennel à l'autel de saint Nicolas, par Jean Charles Gaillard.

Joannes Carolus Gaillard, quolibet anno, unum anniversarium solemne in altari S^ti Nicolai. 7 januarij.

7. *14 janvier 1646*. Fondation par Jean Bonhomme, de Lorraine, de cinquante-quatre messes par an, à l'autel de saint Mathieu, privilégié par Grégoire XIII.

Dominus Joann. Bonhomme Lotharingus, quolibet anno, missas quinquaginta quatuor in altari privilegiato. 14 jan. 1646.

8. *20 janvier 1665*. Fondation par Nicolas Larguet de six messes et d'un anniversaire solennel, chaque année.

Die 20 Januarij 1665. Gallus Dnus Nicolaus Larguet celebrari reliquit loca tria montium perpetuo pro celebratione sex missarum quotannis et uno anniversario solemnj.

9. *21 janvier 1578*. Guillaume Sarde, du diocèse de Bourges, maître du registre des requêtes ou mémoriaux.

R. D. Guillelmi Sarde Bituricen., magistri registri supplicationum. 21 jan. 1578 [1].

10. *22 janvier 1481*. L'Illustrissime et Révérendissime Guillaume, cardinal d'Estouteville, archevêque de Rouen.

Illmi Rmq D. Guillelmi Estoteville Cardlis Rothomagen. 22 jan. 1481.

L'*Inventaire de Saint-Louis*, rédigé en 1525, fait l'énumération de ses dons aux nos 19, 34, 48, 100.

11. *23 janvier 1513*. Fondation par Pierre de Creveau de quatre messes par mois, à acquitter dans la chapelle de Saint-Sauveur *in Thermis*.

Petri de Creveau Galli, singulis mensibus, missæ quatuor dicendæ in Capella Smi Salvatoris. Die 23 jan. anno 1513.

12. *26 janvier 1570*. Fondation de quatre messes, chaque mois, pour le repos de l'âme du cardinal Philibert Babou de la Bourdaisière.

Reverendissimi Dnj Philibert card. a Burdesia, singulis mensibus missæ quatuor. 26 jan. 1570.

Le cardinal Babou de la Bourdaisière fut ambassadeur de France auprès du Saint-Siège. Décédé à Rome, il reçut la sépulture à Saint-Louis-des-Français, au bas de la grande nef. Sa dalle tumulaire était entourée d'une mosaïque de marbres et rehaussée de ses armoiries exécutées en marbre de plusieurs couleurs. Les lettres de l'épitaphe étaient remplies de cuivre doré. En 1870, en refaisant le pavé de Saint-Louis, l'administration française a systématiquement mutilé cette tombe, dont on a gardé seulement l'inscription, que je reproduis ici, quoiqu'elle ait été publiée par la *Gallia Christiana*, dans la série des évêques d'Angoulême, et dans le *Bulletin de la Société archéologique de la Charente* (1870, p. XLIV):

PHILIBERTO · NALDIO · BVRDESIO
S · R · E · CARDINALI
TRIVM · GALLIAE · REG · HENR · II
FRANCISCI · II · CAROLI · IX · APVD
PAVLVM · IV · ET · PIVM · IV · PONTT
MAXX · LEGATIONE · PERPETVA

1. Je trouve sur une feuille détachée, qui appartient aux archives de S.-Louis, la mention de la fondation d'une chapellenie par un autre ecclésiastique du diocèse de Bourges, Claude Bertin. Or une chapellenie se composait de 25 messes par mois. « R. D. Claudius Bertinus, Diœcesis Bituricen., capellania integra. Capellania est quæ suum capellanum (obligat?) ad celebrationem missarum 25, singulis mensibus. »

```
EGREGIE · FVNCTO
MARIA · GAVDINA · MATER
PHILIBER · ET · FABRITIVS · NEPP
           P  P
VIXIT · ANNIS · LVII
OBIT · VII · KAL · FEB · MDLXX
```

Le nombre des Français morts et enterrés à Rome est considérable du xiv° au xix° siècle. C'est par centaines qu'on compte encore leurs épitaphes dans le pavé des églises ou le long des murs. M⁰ʳ La Croix, notre clerc national, avait commencé à publier le recueil de ces inscriptions : nous n'avons de lui que celles qui concernent la Lorraine. De mon côté j'ai imprimé les souvenirs relatifs à quelques-unes de nos provinces, principalement le Poitou, le Maine, la Bretagne et la Bourgogne : j'ai adressé au Comité des travaux historiques, établi près le ministère de l'instruction publique, tout ce qui, en ce genre, a pu me passer sous les yeux en Italie.

Copier est certainement utile, mais conserver le serait encore davantage. De quel droit jette-t-on au rebut, après un certain laps de temps, des pierres tumulaires que les prédécesseurs avaient certainement acceptées à perpétuité, sans quoi les héritiers ou amis des défunts ne les auraient pas posées ? Rien n'est plus menteur que l'inscription commémorative encastrée dans le nouveau pavé de Saint-Louis. *Omnes* doit s'entendre de la moitié à peine et l'*accurata symetria* est tout simplement un bouleversement. Pour la honte de qui l'a osé, j'estime opportun de publier ce texte :

Reverendus Julius Level........
marmore pavimentum construit
atque omnes antiquos lapides sepulcrales
accurata siimetria disposuit.

A Ste-Marie-du-Peuple, une dalle de marbre blanc offre l'épitaphe d'Alphonse de la Bourdaisière, décédé en 1585 :

```
              D · O · M
ALFONSO ¹ NALDIO BVRDESIO
         NOBILI GALLO
      FLAMINIA ORIVNDO
```

---

1. *Sic*, comme en italien. Forcella, qui est plein d'inexactitudes, a écrit *Alphonso* (t. I, p. 363).

VIXIT AN XXXX MEN II D XII
OBIIT XI KAL APRILIS
CIƆ IƆ LXXXV

Ecusson.

PHILIBERTVS ET FABRIT*ius*
FILII PATRI OPT PP [1]

13. *10 février 1522.* Antoine Simonet, *aliàs* Ramaldi.

Antonij Simoneti, aliàs Ramaldi, Galli. 10 feb. 1522 :

Je trouve, en 1572, Sébastien Simonet, archidiacre et chanoine de Toul, qui fut envoyé à Rome par le duc de Lorraine pour complimenter Grégoire XIII sur son élection (Forcella, t. III, p. 22) :

SEBASTIANI SIMONET ARCHIDIAC ·
ET CANON · TVLLEN · OSSA HIC IACENT
QVI DVM LOTHARINGIAE DVCIS NO
MINE GREGORIO XIII AD APOSTOLATVS
CVLMEN EVECTO CONGRATVLATVR
MIGRAT AD DOMINVM ME AVG · [2] 1572

14. *11 février 1591.* Fondation de douze messes, chaque mois, par Joseph de Bonipert.

R^{di} Dñj Iosephi de Bonipertis, singulis mensibus, missæ duodecim. 11 feb. 1591.

15. *13 février 1523.* Fondation par Gilles Haméiden, de Tournay, de huit messes chaque mois et d'un anniversaire solennel.

Ægidii Hameiden Tornacensis, singulis mensibus, missæ octo et unum anniversum perpetuum. 13 feb. 1523.

Gilles *de Hamedia*, comme le nomme son épitaphe, a été inhumé,

---

1. *Posuerunt.*

J'ai donné cette inscription dans le *Bulletin de la Société archéologique de la Charente*, 4e série, t. XI, p. XXXVI-XXXVII. Elle y est accompagnée de cette note : « Cette inscription est gravée sur une grande dalle de marbre blanc, encastrée dans le pavé de l'église de Sainte-Marie-du-Peuple, à Rome, vers le milieu de la nef principale. Les lettres étaient peu profondes, aussi n'ont-elles pas suffisamment résisté au frottement continuel des pieds. La fin surtout est à peu près illisible : dans une vingtaine d'années il ne paraîtra plus absolument rien de cette inscription... Cassiano del Pozzo, qui l'avait relevée, y ajoutait cette terminaison dont je n'ai pas trouvé trace sur le marbre : BVRDESIISQ POSTERIS EORVM ET SIBI. Il y aurait donc eu là une sépulture de famille. — La dalle est entourée d'un simple filet. L'écusson, fort endommagé, qui la décore, a la forme d'un bouclier, arrondi par le haut, pointu par le bas. Il est posé sur un cartouche et sommé d'un casque à lambrequins. On y distingue seulement l'*écartelé* et le *palé* des 2e et 3e quartiers. »

2. *Mense Augusti.*

en **1523**, dans l'église de S.-Sauveur *in Thermis*. L'inscription funèbre
est surmontée d'un bas-relief en marbre blanc, qui représente le
Christ entre la Vierge et S. Gilles (Forcella, t. III, p. 206, n° 492) :

> · D · O · M ·
> EGIDIO DE HAMEDIA IN NERVIIS BELGARVM
> VIRO MERCATORI FIDE INDVSTRIA VITEQ ·
> INTEGRITATE CELEBRI ATQ : CONSPICVO
> VIXIT AN · XLVIIII · OBIIT · TERTIO NON ·
> FEBRVARII ANNO SALVTIS · M · D · XXIII
> IOANNES MOERENS FRATRI PIENTISSIMO
> POSVIT ·

16. *18 février 1524.* Fondation d'un anniversaire à perpétuité,
par Etienne Salteri, Romaine.

Stephanæ Salterij Romanæ, Anniversarium perpetuum. 18 feb. 1524.

17. *2 mars 1427.* André Gianuella, citoyen Romain.

« Andre Januellæ, Civis Romani. 2 mart. 1427.

18. *4 mars 1484.* Fondation à perpétuité d'un anniversaire pour
Nicolas de Touguez.

Nicolai de Touguez Anniversarium perpetuum. 4 mart. 1484.

19. *5 mars 1567.* François Mutali, *aliàs* Machabeo.

Francisci Mutalis, aliàs Machabeo. 5 mart. 1567.

Forcella (t. III, p. 232) indique, dans l'église de S.-Jacques-des-
Espagnols, la tombe de Sempronia Basia Machabei, mère de Jérôme
Machabei, évêque de Castro, morte en 1523. Serait-ce de la même
parenté ?

20. *5 mars 1644.* Fondation par Dominique de Montaigu de
deux messes par semaine et d'un anniversaire perpétuel.

Dominici de Montagut Galli, singul. hebdom. missæ duæ et anniversarium perpetuum. 5 mart. 1644.

Forcella donne ainsi son épitaphe (t. III, p. 42), qui nous apprend
qu'il était originaire du diocèse d'Auch et qu'il laissa à S.-Louis sa
collection de tableaux et de statues :

> DOMINICO MONTAIGV GALLO
> NOBILI AVXITAN · DIOC ·
> PIETATE SVAVITATE MORVM

CIVILIS ET AVLICAE VITAE
PVRITATE ET PERITIA
CONSPICVO ARTIVM
LIBERALIVM AMANTISSIMO
HVIVS AEDIS STVDIOSISSIMO
CVI QVOT TABVLAS ET SIGNA
MARMOREA PRETIOSISSIME
CONQVISITA
IN DELICIIS HABEBAT
EX TESTAMENTO RELIQVIT
CONFRATRI BENEMERITO
CONGREGATIO S · LVDOVICI
MARMOREVM PRO MARMOREIS
BENEFACTIS MONVMENTVM
GRATA CVM MAERORE POSVIT
VIXIT ANNOS LXXXII
OBIIT DIE IIII MARTII
MDCXLIIII

21. *8 mars 1479.* Fondation de douze messes par mois par Paul Collucci Zaccaria, citoyen romain.

Pauli Colutij Zachariæ, Civis Romani, singulis mensibus missæ duodecim. 8 mart. 1479.

Zaccaria avait fondé une chapelle à S.-Louis. C'est ce qui résulte de son épitaphe, qui place sa mort à l'an 1484 :

MEMORIE CAVSA
NOBILI · PAVLO · ZACHARIE · CI · RO · [1]
HVIVS · CAPELLE · DOT · [2] FR · CLAV ·
CATELINI · PATRONO · SVO · BE · ME ·
POSVIT
OBIIT · XV · SEPT · AN · MCCCCLXXXIIII

22. *8 mars 1571.* Guillaume Lamauroy.

R. D. Guillelmi Lamauroy, Galli. 8 mart. 1571.

La qualification *Reverendus Dominus* indique toujours un ecclésiastique.

23. *11 mars 1657.* Fondation par Virginie Barnarola d'une messe, tous les lundis ou autre jour non empêché, et d'un anniversaire, la rente étant constituée sur le mont frumentaire.

1. *Civi romano.*
2. *Dotatori ?*

Virginia Barnarola reliquit loca quatuor montis annone secunde erectionis, cum onere celebrandi missam unam die lune seu alia die non impedita, qualibet hebdomada, cum anniversa. Die 11ª martii 1657.

24. *16 mars 1606.* Fondation par Jean de la Serve, du diocèse de Meaux, d'un anniversaire et d'une messe par semaine.

Dnj Joannis de la Serva Meldensis, singul. hebdomadis, missa una et in fine anniversarium solemne. 16 martii 1606.

Jean de la Serve, originaire du pays de Meaux, mourut à Rome. Son fils Charles le fit inhumer à S.-Louis-des-Français, au haut du latéral droit, le 17 mars 1606. Voici son épitaphe (Forcella, t. III, n° 86) :

D ♦ IMM ♦ S ♦ [1]

IOANNI ♦ DE ♦ LA ♦ SERVE

GALLO

EX ♦ HONESTA ♦ FAMILIA

INTER ♦ MELDENSES ♦ ORTO

VIRO ♦ FRVGI ♦ PIO

ATQ ♦ IVSTO

CAROLVS ♦ F [2]

PATRI ♦ OPTIMO

P ♦ C ♦ [3]

VIXIT ♦ ANN ♦ LXXI

DEP [4] ♦ DIE ♦ XVI ♦ KAL ♦ APRIL [5]

CIɔ ♦ Iɔ ♦ C ♦ VI

25. *17 mars 1504.* Fondation d'un anniversaire perpétuel par Thomas Julien de Beaumont, de Bayeux.

Thomæ Juliani de Beaumonte Baiocen. Anniv. perpetuum. 17 mart. 1504.

Peut-être est-ce lui dont il est question dans l'inventaire de 1618, n° 333. Je trouve, au premier juillet, un autre Julien.

26. *17 mars 1581.* Fondation de quatre messes, chaque mois, par Jacques Maillart, de Noyon.

R. Dnj Jacobj Maillart Noviomen., singul. mensibus, missæ quatuor. 17 mart. 1581.

1. *Deo Immortali sacrum.*
2. *Filius.*
3. *Ponendum curavit.*
4. *Deposito.*
5. *Kalendas aprilis.*

27. 24 *mars* 1483. Fondation d'un anniversaire par Robinette Turpin, de Rouen.

Robinetæ Turpini Rothomagen. anniversarium perpetuum. 24 mart. 1483.

Serait-ce à la même famille qu'appartiendrait François Trupin ou mieux Turpin qui, en 1543, au retour d'un voyage en Terre-Sainte, fit préparer une tombe pour lui et les siens ? Je donne son épitaphe d'après Forcella (t. III, p. 15) :

Portrait

D · O · M ·
FRANC · TRVPIN · GALL · PER
ONE · NATVS · EX · SEPVLCH ·
DOMINICO · REVERSVS ·
AN · SALVT · M · D · XLIII
HOC · SIBI · ET · ANNE ·
VNICE · FILIE · SVISQue
VIXIT · AN ·

Armoiries.

28. *29 mars 1622.* Fondation d'un anniversaire par Jean Tiraqueau.

Ioannis Ciraqueus, anniversar. perpetuum. 29 mars 1622.

Je crois qu'il y a erreur dans la désignation du nom et qu'il faut lire *Tiraqueus* au lieu de *Ciraqueus*. Son portrait et son nom se voient sur une maison de la *via papale*, parmi les jurisconsultes célèbres. Jean est peut-être un de ses trente enfants.

29. *1er avril 1649.* Fondation par Fabricius Marcheti, de la Sabine et citoyen Romain, d'une messe quotidienne et d'un anniversaire solennel.

Dnj Fabricij Marchetj Sabine ac Civis Romani, sing. diebus missa una et unum anniversarium solemne. 1 april. 1649.

Dès 1632, il s'était préparé à S.-Louis un caveau, qui devait servir à Diane Ventura sa femme et à leur postérité. L'épitaphe a été publiée par Forcella (t. III, p. 40) :

D · O · M
FABRITIVS MARCHETTVS
SABINVS ROMANVS CIVIS

HVMANAE CONDITIONIS MEMOR
MONVMENTVM · HOC
SIBI DIANÆQVE VENTVRÆ VXORI
SVAE DILECTISSIMAE
AC FILIIS ET DESCENDENTIBVS
CVM CERTO ONERE MISSARVM
ATTRIBVTA ANNVA ASSIGNATIONE
PER ACTA BELGII AC NOTARII
ANNO MDCXXXII
VIVENS POSVIT

30. *2 avril 1516.* Fondation par la Romaine Pierra de quatre messes par mois.

Pierræ Romanæ, singulis mensibus missæ quatuor. 2 april. 1516.

Elle dota à S.-Louis la chapelle de S. Antoine, où était une image de Notre-Dame de Compassion, pour laquelle elle laissa une maison et un champ d'oliviers. Son épitaphe, citée par Forcella d'après un manuscrit (t. III, p. 8), la dit originaire de Viterbe, et morte à l'âge de quarante six ans :

PIERAE VITERBIENS · MATRONALI PVDORE
SVPREMA QVOQ CHARITATE PRAETER
CAETERAS MVLIERES INSIGNITAE HAC VRNA ·
OSSVLA CONDVNTVR CVIVS PIETATE DIVI
ANTONII SACELLVM HOC ILLIBATAE
VIRGINIS DE PASSIONE IMAGINIS INTVITV
EX DEVOTIONE DOMO PARITER ET OLIVETO
DOTATVM FECIT · VIXIT ANNOS XLVI ·

31. *2 avril.* Fondation par Albert Gaillard d'un anniversaire à célébrer le jour des Morts ou un jour dans l'octave.

Dñj Albertj Gaillard, annivers. in die commemorationis defunctorum seu infra octavam. 2 april.

Albert Gaillard, qui est mentionné de nouveau au 25 juillet, a f..it plusieurs dons à l'église de Saint-Louis. (*Inv. de 1618*, n° 41, 47, 69, 124.)

32. *21 avril 1541.* Nicolas Gendre, chanoine de Reims.

R. D. Nicolai Generis, canonici Remen. 21 april. 1541.

33. *21 avril 1591.* Fondation par Claude Martin, de Toul, de huit messes par mois à dire par des prêtres Lorrains dans la chapelle de S. Nicolas.

R⁵ᵈⁱ Dⁿⱼ̄ Claudij Martinj Tullensis, singul. mensibus, missæ octo dicendæ a Lotharingis in capella S⁵ᵗⁱ Nicolai. 21 april. 1591.

Claude Martin, nous révèle son épitaphe, était originaire du diocèse de Toul. A Rome, il fut à la fois recteur de S.-Louis et chanoine de Ste-Anastasie. L'inscription a été posée par les soins pieux de son neveu Jean Martin, père de Nicolas. Forcella l'a extraite du recueil manuscrit de la bibliothèque Chigi (t. III, p. 27) :

```
CLAVDIO MARTINI DE BIECVRIA
TVLLEN · DIOC · VIRO OPTIMO
ATQVE INTEGERRIMO TEMPORE
SVI OBITVS RECTORI HVIVS
ECCL · AC CANON · S · ANASTASIAE
    SVAE AET · AN · LXVI
IO · MARTINI PATER NICOLAI MARTINI
EX TEST · HAEREDIS PATRVO SVO
MOERENS POS · OBIIT XXI · APR · MDXC
```

34. *25 avril 1491.* Fondation par Jacques Bignet, archidiacre de Chartres, d'une messe chantée, le samedi d'après les Quatre-Temps, d'un anniversaire à la fin de chaque trimestre, et d'une messe et office des défunts, le lendemain de la fête de S. Jacques Majeur.

R⁵ᵈⁱ Dⁿⱼ̄ Jacobi Bignetti [1], archidiaconi Carnotensis; primó, quolibet die sabbati post singula quatuor tempora proxime sequenti una missa cum cantu; secundó, in fine cujuslibet trimestris seu 4ᵃ partis anni, unum anniversarium; tertió singulis annis, die sequenti festum Sti Jacobi majoris, una missa cum officio defunctorum. 25 april. 1491.

35. *28 avril 1605.* Fondation d'un anniversaire solennel par Claude d'Agny, de Châlons.

R⁵ᵈⁱ Dⁿⱼ̄ Claudij d'Agni Catalaunensis, singulis annis anniversarium solemne. 28 april. 1605.

Claude d'Agny reparaît au 8 décembre. En 1583, il signe, avec le titre de *Substitut de la Daterie*, l'acte d'union de S.-Yves-des-Bretons : « R. D. Claudius d'Agny, substitutus prædicti Rmi D. Datarii. » (La Croix, *Mém.*, p. 302.)

Voici son épitaphe d'après le recueil de Forcella (t. III, p. 32) :

1. « R. D. Jacobi Bugneti », dit une feuille détachée.

Ecusson.

CLAVDIO DAGNY
PRAESBYTERO ROMANO
PATRIA GALLO
VIRO PIENTISSIMO
ET · DE · HAC · ÆDE · SACRA
OPTIME MERITO
EIVSDEM ÆDIS RECTORES
TESTAMENTI EXECVTORES
B · M · P · C · [1]
VIXIT ANNOS LXXIIII ·
OBIT VI . ID · DECEMBRIS
ANNO · M · IƆCV ·

36. *30 avril 1591.* — Louis Debar, de Sens.

R. D. Ludovicus Debar, Senonen. 30 april. 1591.

Louis Debar ou du Bart a donné à S.-Louis-des-Français une châsse de bois doré, citée dans l'*Inventaire de 1618*, n° 4. Son nom figure, avec son titre de *Substitut de la Daterie*, dans l'acte d'union de S.-Yves-des-Bretons : R. D. Ludovicus de Bar, substitutus Rmi D. Datarii papæ. » (La Croix, *Mém.*, p. 302.)

37. *2 mai 1580.* Jean-Marie de Coltre, de Côme.

Joannis Mariæ de Coltre, Comen. 2 mail 1580.

38. *4 mai 1535.* Fondation d'une messe quotidienne par François Gaudeau, écrivain apostolique.

Francisci Gaudeau, scriptoris apostolici, sing. diebus missa una. 4 mail 1535.

« Francisci Gaudeu », est-il écrit ailleurs, et c'est ainsi que portait son épitaphe, qu'a conservée Magalotti et reproduite Forcella (t. III, p. 31). Il laissa une maison pour la messe qui devait suivre, chaque jour, l'élévation de la grand'messe.

FRANC · GAVDEVI LAVALLEN · SCRIPT ·
APOST · IN HOC SACELLO QVOD PRO CELEB ·
VNA MISS · DIEB · SING · STATIM AB
ELEVAT · CORP · CHR · MAIOR · MISS ·

---

1. *Bene merenti poni curaverunt.*

DOMO VNA DOTAVIT CONDITO
RECTORES HVIVS BASIL · OB INNVM ·
IN EIVS CVLT · BENEFICIA OPT · MER ·
AETERNAE MEMOR · ERGO PP ·

39. *4 mai 1539.* Pierre de France, écrivain apostolique.

Petri de Francia, scriptoris apostolici. 4 maii 1539.

40. *5 mai 1625.* Fondation d'un anniversaire par Pierre Pichot, docteur en théologie et ancien curé de S.-Louis-des-Français.

Rᵈⁱ Dn̄j Petrj Pichot, doct. theologi, olim hujus ecclesiæ curatj, sing. annis anniversar. unum. 5 maii 1625.

Pierre Pichot, prêtre, originaire du Dauphiné, docteur en théologie à la Sorbonne, puis curé et sacristain de S.-Louis, fut inhumé aux frais de la Congrégation, dans une des nefs latérales. Son épitaphe est ainsi conçue (Forcella, t. III, p. 40, n° 104) :

D · O · M
PETRO PICHOT PRESBITERO
DELPHINATI
SACRAE THEOLOGIAE SORBONA
DOCTORI
HVIVS ECCLESIAE CVRATO
ET DE EA OPTIME MERITO
CONGREGATIO
GRATI ANIMI ERGO
HOC MONVMENTVM P [1]
OBIIT DIE V APR [2]
MDCXXVI

Ses armoiries se blasonnent : *de.....à la colombe de.....portant au bec un rameau d'olivier.*

J'ai trouvé aux archives une quittance de Pierre Pichot, qui déclare avoir reçu de Jean Marchant, trésorier de S.-Louis, une certaine somme pour les frais de la fête de S. Sébastien, à la date du 2 mars 1616.

L'inventaire de 1618, n° 127, relate qu'il a fait don à l'église nationale d'un ornement complet.

1. *Posuit.*
2. *Aprilis.*

41. *8 mai 1607.* Fondation de deux messes, chaque semaine, par Bénigne Buisson, clerc du diocèse de Langres.

D. Benigni Buisson, clerici Lingonen. diocesis, singulis hebdomad. missæ 2. 8 maii 1607.

Bénigne Buisson avait fait une fondation de cent quatre messes. Son capital, placé au mont Sixte, puis au mont S.-Pierre, ne rendait plus annuellement que neuf écus quarante-cinq baïoques, ce qui nécessita une diminution dans le nombre des messes, qui varia de quarante-cinq à cinquante-cinq. Ces renseignements nous sont transmis par une feuille détachée, qui nous apprend encore qu'il orna à ses frais la chapelle du Crucifix, dans l'église S.-Louis.

Benigno Buisson, 104 miss. Ornavit capellam SS$\overline{\text{mi}}$ Crucifixi et reliquit quatuor loca montis Sixti, quæ redacta in montes S. Petri N. B $\frac{15}{100}$ reddunt annuatim sc. 9. 45; possunt celebrari missæ num. 45. Unde possunt diminui missæ nº 55.

Cette diminution exorbitante de la moitié des messes attira l'attention de la S.-Congrégation de la visite apostolique, qui, le 16 novembre 1626, rendit un décret par lequel elle exigeait qu'on lui délivrât copie du legs de Bénigne Buisson, afin de délibérer sur ce qu'il convenait de faire pour le repos de son âme : « *In capella S^{mi} Crucifixi et S^{ti} Caroli.* — Detur copia legati bo. me. Benigni Buisson, ad effectum deliberandi quid pro ejus animæ refrigerio sit statuendum. »

42. *10 mai 1577.* Fondation de quatre messes, chaque mois, par Daniel Marmier, de Troyes.

D. Danielis Marmier Trecensis, singul. mensib. missæ quatuor. 10 maii 1577.

43. *12 mai 1584.* Paul de Foix, archevêque de Toulouse et ambassadeur du Roi très chrétien près le S.-Siège.

R^{mi} D. Pauli Foxi, archiepiscopi Tholosani, ac Regis xpistianissimi oratoris. 12 maii 1584.

L'inventaire de 1618 mentionne le don d'un parement, nº 234. Peut-être faut-il le rapporter à Pierre de Foix, dont il existait deux inscriptions à S.-Jacques-des-Espagnols (Forcella, t. III, p. 247). L'une d'elles est datée de 1630.

44. *14 mai 1563*. Louis Le Breton, du Mans, abréviateur du Parc majeur [1].

R. D. Ludovici le Breton Cenomanen., majoris Præsidentiæ abbreviatoris. 14 maii 1563.

Louis le Breton, référendaire de l'une et l'autre signature et abréviateur du parc majeur, mourut à Rome, de la pierre. Il fut inhumé à S.-Louis-des-Français, à qui il laissa son héritage. Son épitaphe, placée en 1563, fut restaurée par René le Breton, en 1673 (Forcella, t. III, p. 47, n° 122).

Ses armoiries se blasonnent : *de..... au chevron de..... accompagné de 3 étoiles de..... 2 et 1*; l'écu sommé d'un chapeau violet à 3 rangs de houppes de même.

```
              D · O · M
         LVDOVICO · LE BRETON
      CENOMANEN ·    VTRSIG [2]
      REFEREN [3] · ET MAIORIS
      PRAESIDENT · ABBREV [4] ·
         VIRO PIETATE INSIGNI
      QVI CV CALCVLI DOLO
           RECRVCIATUS SECA
         RI SE PASSUS ESSET
      QVATRIDVO MORITUR
           ECCLESIAE HVIVS
      QVA HAEREDEM FECIT
           RECTORES POSS · [5]
      OBIIT PRID · ID · MAII [6]
              MDLXIII
      RENATVS LE BRETON RESTAVRAVIT
           ANNO MDCLXXIII
```

45. *18 mai 1481*. Guillaume Pelle, prévôt de l'église de Tours [7].

1. Les prélats abréviateurs sont chargés de la révision des bulles qu'ils abrègent.
2. *Utriusque signaturæ*, la signature de justice et de grâce.
3. *Referendario*.
4. *Presidentiæ abbreviatori*.
5. *Posuerunt*.
6. *Pridie idus*, 14 mai.
7. Voici une autre épitaphe de S.-Louis, qui est relative à la Touraine (Forcella, t. III, p. 29, n° 74) :

```
FRANCISCAE DE CVPPIS TVRONENSI
FOEMINAE RELIGIONE CARITATE
ET PRVDENTIA SINGVLARI
```

R. D. Guillelmi Pellæ, Præpositi Turonen. 18 maii 1481.

46. *19 mai 1561.* Jean Brangis, de Màcon.

R. D. Joannis Brangis. Matisconens. 19 maii 1561.

47. *22 mai 1622.* Fondation de deux messes, chaque mois, par Baptiste Bardelli, de Milan, tailleur de pierres de l'église de S.-Louis.

Baptistæ Bardellj Mediola., fabricarum hujus ecclesiæ latomi, singul. mensib. missæ duæ. 22 maii 1622.

L'église de S.-Louis a été bâtie en très beau travertin. Elle conserve les épitaphes de trois de ses constructeurs, citées par Forcella (t. III, p. 14, 17, 19).

D · O · M ·
IACOBO · ROS°
DE MVRCO
COMEN · DIOC'
OPTIME · INDO
LIS ADOLESCE
NTI · ALEXAND
PATER · ET BAR
THEVS · PATRV
VS FABRICE
BASILICE HV
IVS ARCHITEC
TVS · ORDINE
TVRBATO MOE
RENTES POSVE
RE · VIX · AN · X
MEN · V · DIES
XXVIII OBIT III
MEN · NOVEN
M · D · XXXV

OLIVERIO · CALVANO
FERRARIENSI
MAGISTROR FABRICAE
PRAEFECTO
QVI VIX ANN LXXIV
OBIT AN SAL
MDLIII D XXVII FEB
ALBERTVS ARCHITECT ·
FIL · PATRI OP · P ·

```
            D · O · M
       MAESTRO · IOAN
       MARIA DE VIRGO
            DA COLTRE
       CAPO MAESTRO
       DELLA FABRICA
       DE · SANTO · ALVIGI
            IN · VITA
```

48. *23 mai 1631.* Fondation de cent messes, chaque année, par Mathurin le Pintre, du Mans.

Dñj Mathurinj le Pintre, Cœnomanen., singulis annis missæ centum. 23 maii 1631.

Mathurin est nommé, dans une épitaphe de l'an 1612, comme expéditionnaire apostolique et ayant posé un souvenir à la mémoire de son frère François, clerc du diocèse du Mans. Forcella l'a reproduite d'après un manuscrit (t. III, p. 35).

```
   FRANCISCO LE PAINTRE CLERICO
   CENOMANEN · SPECTATAE
   PROBITATIS IVVENI MORVM
   COMITATE AMICIS SVMMO CHARO
   MATHVRINVS LE PAINTRE
   MAIOR NATV IN RO · CVR ·  ¹ EXPEDITIONVm
   GALLICARVm SOLICITATOR FRATRI
   CHARISS · BENEVOLENTIAE ERGO
   PRO SE SVISQVE MOERENS P · C ·
   VIX · AN · XLV · OBIIT MDXCIII
        XVII KAL · IVL ·
   FRANCISCVS BARONVS S · D · N ·
   CVRSOR MARITVS PETRVS BARO
   NVS FIL · HADRIANVS DE CVPPIS
      FRATER MOESTISS · POS ·
```

49. *29 mai 1504.* Fondation d'un anniversaire perpétuel, par Guillaume Bougier, ambassadeur du Roi très-chrétien, près le S.-Siège : Mgr La Croix l'a omis dans sa liste des « Ambassadeurs de France ». (*Mém.*, p. 111.)

_____

(1) *Romana curia.*

Excᵐⁱ *Dnj* Guillᵐⁱ Bougier, Oratoris Regis Christianissimi, annivers. perpetuum. 29 maii 1504.

50. *4 juin 1509.* Fondation d'un anniversaire, par Jean Viard.

Ioannis Viardi, singul. annis unum anniversarium. 4 jun. 1509.

L'inventaire de 1525 contient un don sous le n° 83.

Son épitaphe (Forcella, *Iscriz.*, t. III, p. 11) dit qu'il fut archidiacre de Toul, écolâtre de Verdun, écrivain des brefs, procureur de la Pénitencerie et chargé d'affaires du duc de Lorraine et de Bar.

IO · VIARDI ARCHIDIAC · TVLLEN ·
ET SCHOLASTICO VIRDVNEN · BREVIVM
APOST · SCRIPTORI ET SAC · POENITENT ·
PROCVR · VIRO INDVSTRIA SOLERTIA
AC MVLTIS NATVRAE DOTIBVS COMMEN
DABILI QVEM DVM LOTHARINGIAE
AC BARRII DVCIS NEGOTIA GERERET
IMMATVRA MORS SVSTVLIT
VIXIT AN · XLV · OBIIT III · IVN ·
AN · SAL · MDVIIII
EXECVTORES EX TEST · B · M · P ·

QVEM LABOR ET VIRTVS NON LONGO TEMPORE AB HVMO
SVSTVLERANT, RAPVIT MORS TAMEN ANTE DIEM ·
HOSPES MORTALIS CVM SIS, TERRENA QVID HEHEV
· SPECTAS   TE VIRTVS SOLA BEARE POTEST ·

51. *11 juin 1566.* Jean Coyrent, de Lorraine, abréviateur du parc majeur.

R. D. Joannis Coyrenti Lothar., majoris Præsidentiæ abbreviatoris. 11 jun. 1566.

52. *17 juin 1527.* Guillaume Fournier.

Guillelmi Fornerij, Galli. 17 jun. 1527.

53. *17 juin 1573.* Nicolas Mirandel, de Picardie.

Nicolai Mirandelli, Picardi, 17 jun. 1573.

54. *22 juin 1605.* Fondation d'un anniversaire solennel par Marguerite Rivaud, de Rome, femme de Pierre Poulet.

Margaritæ Rivaldj romanæ, uxoris D. Petri Poulet, singulis annis anniversarium unum solemne. 22 jun. 1605.

Forcella (t. III, p. 142) cite comme étant à la Trinité des Monts, l'épitaphe de Marc Antoine Muret, posée par les soins de « Ludovicus Rivaldus Lemovix [1] » (1586).

Le testament de « Marco Antonio Mureto, figlio di Marco Antonio Mureto », rédigé l'année même de sa mort, désigne comme un de ses exécuteurs « Ludovico Rivaldi, arcidiacono Veneziano ». (Bertolotti, *Lettres inéd. de M. A. Muret,* p. 15.)

55. *1er juillet 1580.* Guillaume Julien, de Marseille, musicien de l'église Saint-Louis.

Guillelmi Jiuliani Massilien., hujus Ecclesiæ musici. 1 julii 1580.

56. *2 juillet 1482.* Fondation de quatre messes par mois pour le cardinal Richard, de Coutances, à acquitter dans la chapelle de Saint-Sauveur *in Thermis.*

Rⁱ Dnj Richardj Cardinalis Constantiensis, sing. mensibus dicendæ missæ quatuor in capella Sanctᵐⁱ Salvatoris. 2 julii 1482.

Dans mon opuscule intitulé : *Les Souterrains de Saint-Pierre à Rome* (Rome, 1866), j'ai mentionné sous le nº 93 l'« Épitaphe du cardinal Richard Olivier de Longueil, archiprêtre de la basilique, né à Touques, en Normandie, et mort à Rome en 1470 » ; puis, au nº 115, la « base aux armes du cardinal Richard Olivier de Longueil, qui servit à la statue de bronze de saint Pierre jusqu'à Benoît XIV ». Forcella (t. VI, p. 39, nᵒˢ 67, 68) donne le texte même :

```
RICHARDVS LONGOLIVS NORMANDIA ORIVNDVS
ARCHIPRESBYT · HVIVS SACRE BASILICE
CARDINALIS CONSTANT.EN · QVI
........TVS · OB    SVAS VIRTVTES AC MERI
.....S · VENERANDOQVE SENATVI CARISS
...... DE INSIGNI DE PATRIA ET RO · ECC
(vi) XIT · AN · LXIII · M · VIII · D · I · OBIIT AN · S ²
.... I NOMEN RICARDO PATRIA TOCHA FVIT
....ENTVS · DOCTIS · PRESIDIVM SVBSIDIVMQ' BONIS
```

1. Un autre Limousin, Pierre Raynauld, assista en 1583 à la Congrégation tenue à l'occasion de l'union de S.-Yves-des-Bretons à S.-Louis-des-Français : « Magnificus D. Petrus Raynauld, Lemovicensis. » (La Croix, *Mém.,* p. 302.) Le notaire qui fit l'acte était un Limousin, Jean Junien. Il signe ici « Joannes Junianus, notarius rogatus substitutus, » (*Ibid.,* p. 304), et le testament de M.'A Muret, en 1586: « Giovanni Junianus, di Limoges, notaro. » (Bertolotti, p. 15.)
2. *Anno salutis,* 1470.

RICHARDVS EPVS PORTVEN CAR · CONSTAN
NORMANIA ORIVNDVS HOC ALTARE [1] VETVSTISSI
MVM NOVA FACIE ET DOTE NOVA TESTAMENTO
IVSSIT ORNARI VBI IN PACE QVIESCIT MCCCC ·LXX ·

Frizon (p. 512) cite ces vers qu'il avait ordonné de mettre aux portes du palais de l'archiprêtre de Saint-Pierre, près Saint-Apollinaire, dont il ne vit pas achever la construction :

Quam bene stare vides quondam dejecta jacebam
Et decus hæc facies fert modo culta novum.
Richardus Normanna tuus Constantia præsul
Cardineæ struxit gloria magna togæ.
Presbyter et Veneto Paulo regnante secundo
Primus in hac Petri quæ fuit Ecclesia.

57. *2 juillet 1491.* Louis Leguerte, clerc du diocèse de Chalon.

R. D. Ludovici Legerti, Clerici Cabilonen. 2 julii 1491.

Voici l'article de l'inventaire de 1525 qui concerne cet ecclésiastique : « Vng parement de damas rouge, avec les roses de fils d'or, là où est escript *Ludouicus Le Guerte.* »

58. *2 juillet 1584.* François de Benoît, de Lyon, sacriste et curé de Saint-Louis.

R. D. Francisci de Benedictis, Lugdunen., hujus ecclesiæ sacristæ et curati. 2 jul. 1584.

Mᵍʳ La Croix écrit dans son *Mémoire historique,* p. 14 : « La chapelle S.-Louis, précédemment dédiée à S. André, a été décorée de ses ornements actuels en 1680, par l'abbé Benedetti, agent de France à Rome. » La ressemblance du nom ferait croire à la parenté.

59. *4 juillet 1621.* Fondation d'un anniversaire perpétuel pour le cardinal Jean Bonsi.

Revᵐⁱ Dnj Joann. Cardinalis Bonsi, anniversarium perpetuum solemne. 4 jul. 1621.

60. *7 juillet 1670.* Fondation d'un anniversaire solennel par Gaspar Hache.

1. Des saints Processe et Martinien.

Gasparis Hache anniversarium perpetuum solemne. 7 jul. 1670.

Gaspar Hache était de Liège. Son épitaphe a été relevée par Galletti, puis reproduite par Forcella (t. III, p. 46) : elle nomme Olympe Darcy, sa femme, et son fils Jean Claude.

D · O · M ·

GASPARI HACHE

LEODIENSI

OB SOLERTEM IN REBVS AGENDIS

INDVSTRIAM

ET FIDEM PLERISQ GALLIAE PROCERIBVS

SPECTATAM

REGNICOLARVm IVRE CVM SVIS POSTERIS

DONATO

ET IN HVIVS ECCLESIAE CONGREGATIONEM

COOPTATO

OLYMPIA DARCY CONIVGI AMANTISSIMO

ET

IO · CLAVDIVS IOSEPH PATRI CARISSIMO

MOESTISSIMI PP ·

Écusson.

VIXIT ANNOS XLV MENSES VI DIES XIV

OBIIT NON IVLII MDCLXX

61. *8 juillet 1518.* Fondation d'un anniversaire pour Amédée de Ravoire, de Savoie.

Amedej de Ravoria Sabaudi, singul. ann. unum anniversarium. 8 jul. 1518.

62. *10 juillet 1559.* Fondation d'une messe quotidienne et d'un anniversaire pour le repos de l'âme de Henri II, roi très-chrétien.

Serenissimi Henrici 2, Regis xpistianissimi, singulis diebus, missa una. Item singul. annis unum anniversarium solemne. 10 jul. 1559.

L'inventaire de 1649 enregistre, sous le n° 189, le « grand drap mortuaire, fort vieux, de velours, qui ne sert qu'aux anniversaires d'Henry second ».

63. *24 juillet 1497.* Fondation d'un anniversaire pour Catherine Lallemand et les siens.

Catharinæ Teutonicæ ac suorum quotannis anniversarium. 24 jul. 1597.

J'ai traduit *Teutonicæ* par son équivalent en français. Cependant je dois dire que Forcella (t. III, p. 220) donne l'épitaphe d'une « Brigida del Teotenico », qui était autrefois à Saint-Jacques-des-Espagnols.

64. *25 juillet 1591*. Fondation par Albert Gaillard, de Toul, de seize messes chaque mois, à acquitter par les Lorrains, dans la chapelle de S. Nicolas.

Albertj Gaillard Tullen., sing. mensibus missæ sexdecim, dicendæ a Lotharingis in capella Sanctj Nicolaj. 25 jul. 1591.

Je trouve sur des feuilles détachées, conservées aux archives : « Alberti Gaillard, singulis mens. missæ sexdecim, 192 missæ. — Alberto Gaillard, missa 4ᵉ qualᵗ ebdomada, pactu Angelini sub dio 20 martij 1589. *Date sodisfarsi da Lorenensi.* — Dnj Albertj Gaillard annivers. in die commemorationis defunctorum seu infra octavam.» Ces messes sont encore acquittées à Saint-Nicolas-des-Lorrains.

En 1583, il signait, avec le titre d'*écrivain des archives*, l'acte d'union de Saint-Yves-des-Bretons : « Magnificus D. Albertus Gailhart, scriptor archivii. » (La Croix, *Mém.*, p. 302.)

65. *27 juillet* (xviiᵉ siècle). Fondation d'un anniversaire par Fiacre de la Haye.

Fiacrj de L'Haye, annivers. unum. 27 jul.

Un habitant de Gand, en 1863, a signé une tombe de Saint-Julien-des-Belges « Judocus Delehaye ». Il y a grande similitude entre ces deux noms.

66. *29 juillet 1596*. Fondation par Grégoire Nichilchini, de Rome, de quatre messes par mois et d'un anniversaire.

Gregorij Nichilchinj romani, singulis mensibus, missæ quatuor et sing. ann. annivers. solemne. 29 jul. 1596.

67. *31 juillet 1642*. Fondation par Étienne Arnaud, prêtre de Saint-Louis, de deux messes par semaine et d'un anniversaire.

Rᵈⁱ Dnj Stephanj Arnaud, presbyteri hujus ecclesiæ, fundavit sing. hebdom. duas missas et unum annivers. perpetuum solemne. 31 jul. 1642.

Arnaud était de la Savoie. Il fonda une lampe à la chapelle de sainte Jeanne de Valois, comme l'atteste son épitaphe, donnée par Forcella (t. III, p. 42) :

STEPHANO ARNALDO SABAVDO
HVIVS ECCL ANNOS XL
CAPELLANO
QVI HVIVS CAPELLAE
LAMPADEM
FVNDAVIT IN PERPETVVM
VIXIT ANNOS LXXX
OBIIT PRID CAL AVGVSTI
ANNO MDCXLII
CONGREGATIO S · LVDOVICI
HAERES
P ·

68. *3 août 1608.* Fondation d'uue messe par mois et d'un anniversaire pour Lucrèce Poulet, fille de Pierre Poulet.

Lucretiæ Poulet, filiæ D. Petri Poulet, Romanæ, singulis mensibus missa una et anniversarium unum solemne singul. annis. 3 aug. 1608.

69. *5 août 1590.* Fondation par François Bacholet, de Savoie, de huit messes par mois et d'un anniversaire perpétuel.

Francisci Baccholetj, Sabaudj, singul. mensibus missæ octo et unum annivers. perpetuum. 5 aug. 1590.

70. *6 août 1499.* Fondation de huit messes par mois, à acquitter dans la basilique de Saint-Pierre, par le cardinal de la Grolays.

Rev^{mi} Dnj Cardinalis Dionisij, singul. mensibus, missæ octo dicendæ in Basilica Scti Petrj. 6 aug. 1499.

Dans mes *Souterrains de Saint-Pierre à Rome*, j'ai mentionné la « Dalle tumulaire à l'effigie du cardinal Jean de la Grolays, auditeur de Rote, abbé de Saint-Denis, évêque de Lombez, ambassadeur du roi de France Charles VIII près le Saint-Siège (1500) ».

Voici son épitaphe, que firent graver ses exécuteurs testamentaires les cardinaux Alexandrin et de Sienne et l'auditeur de Rote pour la France, Guillaume des Périers [1] :

1. Dans la basilique de S.-Pierre, existait un autel ainsi désigné sur un ancien plan : « Altare de Perreriis, ubi sepulcrum Petri Raymundi, Hierosolymitani hospitalis magistri. » (Duchesne, *Lib. pont.*, t. I, p. 527.) Parmi les *Instrumenta autentica translationum sanctorum corporum*, de Grimaldi, à la bibliothèque Barberini, il y a, page 100 : « Dissecratio altaris Guillermi de Perreriis » et « Exemplum supradicti altaris Guillermi de Perreriis, Rotæ Auditoris. » (Muntz, *Les sources de l'archéolog. chrét.*, p. 44.)
Le souvenir de Guillaume des Périers vit toujours à Rome dans d'estimables œuvres d'art (à S.-Jean-de-Latran, Ste-Agnès hors les murs, Ste-Marie-du-Peuple et S.-Paul hors les murs), que décrivent mes *Chefs-d'œuvre de la sculpture.*

IO · [1] LAGROLASIO · GALLO · 8 ·
DIONYSII · ABBATI · EPiscopo · LVmBA
RIEN · PRAES · [2] CAR · SACTISS
CAR · ALEXAN · ET · SENEN · [3] ET · G [4]
PERRERI · ROTAE · AVDITOR · EXECV [5]
EX · TEST · P · AN · D · [6] MD · AETATIS · 8 · [7] LX ·

Ce fut lui qui commanda à Michel-Ange sa célèbre statue de la *Pietà* que l'on admire dans la basilique, où il fonda la chapelle de sainte Pétronille que desservaient plusieurs chapelains.

L'inventaire de 1525 décrit ses legs sous les n°s 2, 17, 18, 42.

71. *10 août 1498*. Jacques Quintinot, de Reims.

Jacobi Quintinotti Remen. 10 aug. 1498.

72. *12 août 1580*. Jean Crosel, de Paris.

Joannis Croselli, aliàs Quintij, Parisien. 12 aug. 1580.

73. *13 août 1484*. Anniversaire à perpétuité pour le pape Sixte IV.

Sixtj Papæ Quartj anniv. perpetuum. 13 aug. 1484.

« En 1478, dit Héry, Sixte IV donna, en faveur de l'établissement national des Français, trois bulles, dont les originaux sont conservés aux archives du palais de Saint-Louis. La première autorise l'érection de l'église sous le vocable de la Sainte Vierge, de saint Denis et de saint Louis, avec droit de paroisse pour tous les Français domiciliés à Rome, quelle que partie de la ville qu'ils habitent. La seconde bulle érige une confrérie sous le vocable de la Conception de la Sainte Vierge et lui confère le droit patronal, administratif et réglementaire de la paroisse. Enfin la troisième règle l'échange de terrains ecclésiastiques compris dans l'emplacement des locaux projetés, église, habitation des chapelains et hospice [8]. »

1. Joanni.
2. Præsidi causarum Sanctissimi.
3. Cardinales Alexandrinus et Senensis.
4. Guillelmus.
5. Executores.
6. Ex testamento posuerunt anno Domini.
7. Suæ.
8. Mgr La Croix reproduit la bulle *Creditum nobis*, du 2 avril 1478, au sujet de l' « échange fait avec l'abbaye de Farfa et l'érection de la paroisse » (*Mém.*, p. 168-173) et celle *Ad hoc superna*, à la même date, « pour l'érection de la confrérie » (p. 174-176).

74. *15 août 1493*. Fondation de douze messes par mois et d'un anniversaire par Mathurin Robin, abréviateur du parc mineur.

Mathurinj Robinj, minoris presidentiæ abreviatoris, singul. mensibus missæ duodecim et unum anniversarium. 15 aug. 1493.

75. *24 août 1509*. Fondation par Jean le Vicomte, de Chartres, de quatre messes à acquitter, chaque mois, dans la chapelle de Saint-Sauveur, aux Thermes de Néron.

R. D. Ioannis Vicecomitis, Carnotensis, singul. mensibus missæ quatuor dicendæ in capella Sanct^{mi} Salvatoris. 24 aug. 1509.

L'Inventaire de 1618 mentionne deux calices (n° 60), donnés par Jean le Vicomte à Saint-Louis.

En 1500, il signe, en qualité de « notaire apostolique », le « statut primordial de la confrérie de Saint-Louis », « Joannes Vicecomitis, præfati palatii apostolici notarius ». (La Croix, *Mém.*, p. 80, 184.)

76. *28 août 1561*. Fondation d'une messe quotidienne par François Turpin, de Picardie.

Francisci Turpin, Piccardi, singulis diebus missa una. 28 aug. 1561.

J'ai rapporté au 24 mars l'inscription qu'il fit apposer sur son caveau funèbre.

77. *30 août 1556*. Fondation de quatre messes, chaque mois, par Laure de Aquila, de Rome.

Lauræ de Aquileis, romanæ, singul. mensibus missæ quatuor. 30 aug. 1556.

78. *3 septembre 1503*. Auger de Brie, d'Angers, protonotaire apostolique.

R. D. Auzerij de Brie, Andegaven., protonotarij apostolici. 3 sept. 1503.

Son épitaphe, conservée par Magalotti et reproduite par Forcella (*Iscriz.*, t. III, p. 9), nomme les dignités qu'il obtint dans les diocèses de Rouen et de Paris, archidiacre et abbé commendataire. Son nom est altéré dans l'inscription : on a imprimé *Angerio* pour *Augerio*.

R · P · D ·[1] ANGERIO DE BRIE SED · APOST · PROTON [2] · ARCH · DI · MAIORIS CALETI IN ECCLESIA ROTHOMAGENSi · PERPETVO

1. Reverendo Patri Domino.
2. Sedis apostolicæ protonotario.

COMMENDATARIO MONAST · SS ·
EBRVLFI ET PETRI DE LATINIACO [1]
OR · S · BE · [2] EXOVIEN · ET PARISIEN · DIOC ·
EXECVTORES B · M · P · [3]
OBIIT V · NO · OCT · MDIII

79. *3 septembre 1604.* Fondation de quatre messes, chaque mois, par Barthélemy Rise.

Bartholomej Risij, sing. mens. missæ quatuor. 3 sept. 1604.

Il éleva une tombe, en 1590, à son frère Barthélemy, référendaire de la signature. Forcella a donné l'inscription (t. III, p. 27) :

D · O · M ·
NICOLAO RISIO ROMANO
VTRIVSQVE SIGN · REFERENDARII
MVNERE PER ANNOS XXVIIII
INTEGRE PRVDENTERQ PERFVNCTO
OFFICIO ET HVMANITATE
IN OMNES PRAESTANTI
VIXIT AN · LVI · M · XI · D V ·
OBIIT XVI · AVG · M · D · X C ·
BARTHOLOMAEVS · RISIVS
FRATRI VNICO ET B · M ·
MAESTISS · POS

80. *12 septembre 1590.* Fondation de huit messes, chaque mois, par Gaspar Raydet, de Savoie.

Gasparis Raydet, Sabaudj, sing. mensibus missæ octo. 12 sept. 1590.

Son épitaphe le qualifie noble et seigneur de Prisque et de Lermineur: elle fut placée à Saint-Louis par sa veuve Claude Cornillion.

D · O · M ·
GASPARO REYDETTO
NOBILI SABAVDO DIOC
GEBEN · D · DE LERMINEVR
ET PRISCI INSIGNIS
FIDEI AC PIETATIS
VIRO ATQVE IN OMNES

1. Lagny (Seine-et-Marne).
2. Ordinis S. Benedicti.
3. Bene merenti posuerunt.

OFFICIOSISS · ET
PRVDENTISS

*Écusson mi-parti : au 1, de..... à une fasce accompagnée en chef
de deux étoiles de..... et en pointe d'un croissant montant de.....;
au 2, de.... à trois corneilles de..., deux et une, les deux du
chef affrontées.*

CLAVDIA CORNILLION
VXOR CARISS · ET NEPOTES
GRATI ANIMI ET PERPETVI
AMORIS MONVMENTVM
MOESTISS · CVM LACRIMIS
POSVERVNT VIXIT ANN · LV ·
VLTIMVM QVE DIEM OBIT
III · ID · SEPTEMB ·
M D XC

81. *18 septembre 1522.* Fondation d'un anniversaire par Hippolyte de Vicence.

Hyppolytæ Vicentinæ, unum annivers. perpetuum. 18 sept. 1522.

82. *20 septembre 1612.* Fondation par Pierre Poulet, de Noyon,
d'une messe quotidienne à célébrer dans sa chapelle de sainte Cécile, plus tard réduite à vingt-cinq messes par mois, et d'un anniversaire solennel.

Petri Poulet, Noviomen., singulis mensibus missæ 25 in sua capella et
anniversarium unum solemne. 20 sept. 1612 [1].

Je trouve sur des feuilles volantes : « Petrus Poulet per Acta Angelini, die 21 Luglio 1611. Due messe. — Petro Poulet, 362. Iste
ædificavit et ornavit celebrem cappellam sanctæ Ceciliæ, et reliquit domum in Platea Madama. »

La chapelle de sainte Cécile fut ornementée tout entière aux
frais de Pierre Pollet ou Poulet, originaire de Noyon et écuyer
apostolique. Il y fit peindre à fresque en 1610, par Domenico Zam-
pieri, dit le Dominiquin, la vie de sainte Cécile, et placer au retable
une copie faite par Guido Reni (le Guide) du tableau de Raphaël où
sainte Cécile chante avec deux autres saintes.

Ces fresques, qui jouissent auprès des artistes d'une réputation

---

1. « Singulis mensibus missa una », dit une feuille détachée des Archives.

bien méritée, occupent à la voûte et aux murs cinq compartiments encadrés de stuc doré. Elles représentent : 1° sainte Cécile faisant l'aumône aux pauvres ; 2° recevant, ainsi que son époux Valérien, une couronne de la main d'un ange ; 3° amenée devant Ulpien, préfet de Rome, et refusant de sacrifier ; 4° mourant entre les bras de S. Urbain ; 5° exaltée au ciel par les anges.

Pierre Poulet ne vit pas terminer l'œuvre qu'il avait commandée avec tant de générosité à un des premiers peintres de son temps. Il fut enterré dans cette même chapelle avec cette épitaphe :

D · O · M

SANCTÆ CÆCILIÆ DOMVS

AC FAMILIÆ PATRONÆ

PETRVS POLETVS

SCVTIFER APOST [1]

GALLVS NOVIOMENSIS

HOC SACELLVM SVO

CVM CVLTV VIVENS

DICAVIT ANNO DOMINI

MDCXI

(Armoiries)

DANIEL POLETVS FRATRIS

FILIVS ET HÆRES HOC

SACELLVM EX TESTAMENTO

PERFICIENDVM

C [2] ANNO DOMINI

MDCXIII

Pierre Poulet a laissé deux parements d'autel (*Inv. de 1618,* n°ᵒˢ 186, 211).

En 1583, parmi les signataires de l'acte d'union de Saint-Yves-des-Bretons, figure « R. D. Nicolaus Pollet, canonicus S. Nicolai in Carcere ». (La Croix, *Mém.*, p. 302.)

83. *27 septembre 1538.* Agnès Romain ou de Rome, femme de Nicolas Bontemps.

Agnetis Romanæ, uxoris Nicolai Bonitemporis. 27 sept. 1538.

Nicolas Bontemps eut deux enfants, ce que nous apprend son

1. *Apostolicus.*
2. *Curavit.*

épitaphe (Forcella, *Iscriz.*, t. III, p. 13). Octavien ne vécut que sept ans et Martia onze. A cette occasion fut préparé le caveau de famille.

OCTAVIANO ET MARTIAE BONITEMPORIS
QVI VIXERVNT HIC VII · ILLA · XI · AN · M · VI ·
NICOLAVS BONITEMPORIS FILIIS PIENTISS ·
ET SIBI AC POST · POS · MDXXV · IVB · [1]

84. *1er octobre 1482.* Fondation de quatre messes par mois par Amaury de la Luzerne, chanoine de Rouen.

R. D. Amaurici de la Luiserna, canonici Rothomagen., sing. mensibus missæ 4. 1 octobris 1482.

Son épitaphe, qui n'existe plus que dans un manuscrit de la bibliothèque des princes Chigi, le dit chanoine de Rouen et de Bayeux. La voici, d'après Forcella (*Iscrizioni delle chiese di Roma*, t. III, p. 6) :

AMAVRICVS DE LALVISERNE
ROTHOMAGEN · ET · BAIOCEN ·
ECCLESIARum · CANONICVS
EX NOBILI GENERE · ORTVS
REVMI QD · [2] CARD · ROTOMAGEN ·
CAPELLANVS GRATISSIMVS
OBIIT DIE PA [3] OCTOB · MCCCCLXXXII

Il faisait partie de la petite cour du cardinal d'Estouteville, archevêque de Rouen, dont il était le chapelain très goûté.

Dans les souterrains de Saint-Pierre est conservée la dalle effigiée d'un chanoine de Rouen, camérier de Nicolas V (Forcella, t. VI, p. 36, n° 5) :

HIC · IACET · VENERABILIS · VIR
DNS · ROBERTVS · DE · TEMPLO
CANONICVS · ROTHOMAGEN
SANCTIMI · D · N · D · NICOLAI
PP · V · CVBICVLARIVS
QVI · OBIIT · ANNO · DNI
M · CCCCL · DIE XVA IVLII

1. *Jubilæi anno.*
2. *Quondam.*
3. *Prima*

85. *1er octobre 1594.* Fondation de douze messes par mois par Jean Rémond, de Langres.

D. Joannis Remondi, Lingonen., singulis mensibus missæ duodecim. 1 oct. 1594.

Voir *Inv. de 1618*, nos 4, 43, 51, 138.

Jean Rémond, de Châtillon, orna et dota, en 1581, la chapelle du Crucifix, où il se prépara une sépulture.

D · N · I [1]

Io · Remondvs · Castillionevs
in · hoc sacello · a · se · exornato
et dotato praes · haer · off
conditorivm sibi paravit
an · ab orbe redempto
m · d · lxxxii

Écusson.

h · m · h · s [2]
a · n · i

En 1583, il comparaît comme témoin, avec le titre d'*écuyer apostolique*, dans l'acte d'union de Saint-Yves-des-Bretons, « Magnificus D. Joannes Remondus, scutifer apostolicus. » (La Croix, *Mém.*, p. 302.)

86. *8 octobre 1640.* Fondation de huit messes, chaque mois, par Antoine Blavet.

Antonij Blavet, Gallj, singul. annis missæ octo. 8 oct. 1640.

87. *10 octobre 1485.* Fondation d'un anniversaire perpétuel par Hugues Jacques, doyen de l'église de Reims.

Rdi Dnj Hugonis Jacobj, Remensis Decanj, anniversarium perpetuum. 10 oct. 1485.

Un autre Jacques, Breton, signait, en 1583, l'acte d'union de Saint-Yves-des-Bretons : « D. Guillelmus Jacobi, britanni. » (La Croix, *Mém.*, p. 302.)

88. *14 octobre 1616.* Fondation de cinq messes de *Requiem*, chaque mois, pour Dominique Clément Forthin, de Lorraine.

1. *Domino nostro Iesu.*
2. *Hoc monumentum hæredes sequitur.*

Dominicj Clementis Forthini, Lotharingi, sing. mens. missæ quinque defunctorum. 14 oct. 1616.

89. *17 octobre 1639.* Fondation d'une messe par mois et d'un anniversaire solennel par Étienne Pelletier, peintre, de Paris.

Stephanj Pelletier, pictoris Parisiensis, singul. mensibus missa una et annivers. unum solemne. 17 oct. 1639.

Son épitaphe se lisait autrefois à Saint-Louis sur sa tombe. Forcella (t. III, p. 41) l'a empruntée à Magalotti :

STEPHANO PELLETIER
PARISIENSI
GENVINAE PROBITATIS VIRO
DE HACCE AEDE ET HOSPITALI
BENEMERITO QVIBVS MILLE NVMM ·
CVM ONERE VNIVS MISSAE ·
MENSE QVOLIBET
ANNIVERSARII
IN ANIMAE REFRIGERIVM
IN PERPETVVM RELIQVIT
ANTONIVS ADRIANVS
ANTVERPIEN HAERES ET
FRANCISCVS SAVOLLE DVCIONEN*sis.*
EXEC · TEST · AMICO CARISS · MOESTI
PP · AN MDCXXXIX OBIIT DIE
XVII MEN · OCT ·

90. *18 octobre 1601.* Fondation de trois messes, chaque mois, par Bénigne Rémond, de Langres.

D. Benigni Remondj, Lingonensis, singul. mensibus missæ tres. 18 oct. 1601.

Il était évidemment parent de Jean Rémond, puisque tous les deux sont dits de Langres.

91. *29 octobre 1569.* Laure Palomba, de Rome.

Lauræ Palumbæ, Romanæ. 29 oct. 1569.

92. *29 octobre 1579.* Fondation de quatre messes, chaque mois, par Étienne Adam, de Savoie.

Rᵈⁱ D̄nj Stephanj Adam, Sabaudi, singul. mensibus missæ quatuor. 29 oct. 1579.

93. *1ᵉʳ novembre 1660.* Fondation de deux messes par semaine

et d'un anniversaire solennel, à célébrer pendant trente ans seulement, par Étienne Gueffier, ambassadeur de France près le Saint-Siège.

Die prima novemb. 1660. Ill* D. Stephanus Gueffier celebrari reliquit, durante spatio triginta annor. duntaxat, missas duas qualibet hebdomada et unum anniversarium solemne, 30 aprilis. 1 nov. 1660.

Le magnifique escalier qui conduit de la place d'Espagne à l'église française de la Trinité-du-Mont fut commencé par Étienne Gueffier, ambassadeur de France près le Saint-Siège. Ce personnage étant mort le 30 juin 1640, l'œuvre monumentale fut reprise sous le pontificat de Clément XI, puis continuée sous celui d'Innocent XIII par le R. P. Bertrand Monsinat, de Toulouse, correcteur général de l'ordre des Minimes, et enfin achevée en 1725, pendant que siégeait Benoît XIII. L'inscription qui rappelle ce fait était gravée sur marbre blanc, au milieu de l'escalier. J'ignore pour quel motif l'Administration française l'a fait renouveler, car elle n'était pas en mauvais état.

D   O   M.
MAGNIFICAM HANC QUAM SPECTATOR MIRARIS SCALAM
UT COMMODUM AC ORNAMENTUM NON EXIGUUM
REGIO CŒNOBIO IPSIQUE URBI ALLATURAM
ANIMO CONCEPIT LEGATAQUE SUPREMIS IN TABULIS PECUNIA
UNDE SUMPTUS SUPPEDITARENTUR CONSTRUI MANDAVIT
NOBILIS GALLUS STEPHANUS GUEFFIER
QUI REGIO IN MINISTERIO DIU APUD PLURES SUMMOS PONTIFICES
ALIOSQUE SUBLIMES PRINCIPES EGREGIE VERSATUS
ROMÆ VIVERE DESIIT XXX JUNII MDCLX.
OPUS AUTEM VARIO RERUM INTERVENTU DILATUM
PRIMUM SUB CLEMENTE XI.
CUM MULTI PROPONERENTUR MODULI ET FORMÆ
DELIBERATIONE POSITUM
DEINDE AB INNOCENTIO XIII. STABILITUM
ET R. P. BERTRANDI MONSINAT TOLOSATIS
ORD · MINIMORUM S · FRANCISCI DE PAULA CORRECTORIS GENERALIS
FIDEI CURÆQVE CUOMMISSUM AC INCHOATUM
TANDEM BENEDICTO XIII · FELICITER SEDENTE
CONFECTUM ABSOLUTUMQUE EST
ANNO JUBILEI MDCCXXV

Étienne Gueffier mourut en 1660, âgé de 84 ans. Il fut ambassadeur de France en Suisse et en Rhétie, puis chargé d'affaires près du Saint-Siège. Jean de la Borne, prêtre du diocèse de Langres, son exécuteur testamentaire, consacra à sa mémoire l'inscription suivante qui relate le don d'une maison à Albano, à l'effet de subvenir à la fondation de messes.

```
            D       O       M
STEPHANO GVEFFIER NOBILI GALLO CONSILIARIO REGIO
QVI OLIM MVNERE ORATORIS REGVM CHRISTIANISSIMORVM
    APVD HELVETIOS ET RHÆTOS DIGNE PERFVNCTVS
     ET AD ROM · CVRIAM IN QVA DEFVNCTVS AB
EISDEM PRO NEGOTIIS REGIIS GERENDIS PLVRIES DELEGATVS
      EX TESTAMENTO RELIQVIT VNAM DOMVM
   IN CIVITATE ALBANEN · SITAM ECCLESIÆ S · LVDOVICI
  NATIONIS GALLICANÆ DE VRBE CVM ONERE VNIVS MISSÆ
PRIVATÆ DEFVNCTORum QVALIBET HEBDOMADA PER TRIGINTA
    ANNOS SVCCESSIVOS A DIE SVI OBITVS ET
   ALTERIVS ALTIORIS CANTVS IN DIE ANNIVERSARIO
   QVOLIBET ANNO INFRA HOC TEMPVS CELEBRANDARum
       OBIIT DIE XXX APRILIS MDCLX
          VIXIT ANNOS LXXXIIII
 IOANNES DELABORNE PRESB · LINGONEN · DIOC ·
    EXEQVVTOR TESTAMENTARIVS PATRONO
       ET AMICO SINGVLARI POSVIT
```

94. *4 novembre 1611*. Fondation d'une messe chaque semaine, par Jean Moran, de Savoie.

Joannis Moranni, Sabaudi, sing. hebdomad. missa una. 4 nov. 1611.

Jean Moran, du diocèse de Maurienne, remplit, au Vatican, les fonctions d'huissier de la verge rouge. Antonia sa femme repose près de lui. Son épitaphe est citée par Magalotti et Forcella (t. III, p. 35). Elle existe encore dans le pavé.

```
       D     O     M
  IOANNIS · MORANI
  SABAVDI · DIOECES
  MORIAN · EX OPPIDO
  FANCVPERTA · VIRG ·
  RVBEÆ · SVB PLVRIB
  PONTIFICIB
  GESTATORIS HVIVS
  ECCᴷ · BENEFACTORIS
  PIISSᴵ · ANTONLÆ · EIVS
```

VXOR^{IS} QVIESCVNT [1]
VIX · ANN · LX · V ·
OBIIT · PRID · NON · NOV ·
M · D · C · XI

95. *7 novembre 1512.* Pierre de Crénée.

Petri de Crenea, domini dicti loci, Galli. 7 nov. 1512.

96. *10 novembre 1481.* Philippe de Lévis, cardinal d'Arles.

Ill^{mi} R^{mi} D. Philippi de Levis, card^{lis} Arælaten. 10 nov. 1481.

Le cardinal Philippe de Lévis fut inhumé avec son frère dans la basilique de Sainte-Marie-Majeure. J'ai publié, dans *Les Chefs-d'œuvre de la sculpture à Rome*, le dessin de son splendide mausolée, qui date de 1489.

Outre son épitaphe, il existe une inscription commémorative de Philippe de Lévis, dans l'église Saint-Georges *in Velabro*.

L'inventaire de 1525 mentionne une chape sous le n° 98.

La libéralité du cardinal d'Arles est encore attestée, dans l'*Inventaire de Sainte-Marie-Majeure*, par les dons suivants :

« Item unum pallium de damasco azurro foderato cum floribus aureis per totum cum fimbriis de taffetta cremisino, foderatum de boccaccino azurro, cum armis R. D. Arelaten., in cujus exequijs fuit donatum huic basilicæ.

« Duo candelabra crystallina, videlicet de crystallo, ornata argento deaurato, cum pomo in medio, et de crystallo, quæ donavit Reverendis. Dom. Arelaten. primo anno, quando D. Sua fuit assumpta ad cardinalatum. »

Philippe de Lévis fut créé par Sixte IV cardinal du titre des SS. Pierre et Marcellin, le vendredi 7 mai 1473, en même temps que l'évêque de Mâcon, Philibert Hugon [2].

---

1. Sous-entendu *corpora* ou *ossa*.

2. Voici ce que j'écrivais en 1855 dans la *Revue de l'enseignement chrétien*, p. 696, 697 :

« Philibert Hugon succéda à son oncle Étienne Hugon sur le siège épiscopal de Mâcon (*Gall. christ.*, évêché de Mâcon). Il entra, à la même époque, en possession de l'abbaye de Beaume, au comté de Bourgogne (son père était chancelier de Marie de Bourgogne), en qualité d'abbé commendataire. Sixte IV, le 17 mai 1743, le créa cardinal du titre de Ste-Lucie *in selce*, et plus tard lui permit d'opter pour celui des SS. Jean et Paul au Cœlius (Ciacconio, *Hist. des papes et des cardinaux*, 1677,

97. *25 novembre 1625.* Fondation d'une messe, chaque jour, et d'un anniversaire solennel, chaque année, par François Cointrel, du Mans.

Dñj Francisci Contarellj, Cœnoman., sing. diebus missa una et sing. annis annivers. unum solemne. 15 nov. 1635.

Voir mes *Inscriptions du diocèse du Mans.*

98. *17 novembre 1548.* Fondation par Henri de Bussi, abréviateur du Parc majeur, de douze messes par mois et d'un anniversaire perpétuel.

Rᵈj Dñj Henricj de Busseio, majoris presidentiæ abreviatoris, sing. mensibus, missæ duodecim et unum anniversarium perpetuum. 17 nov. 1548.

On remarquera qu'il y avait autrefois beaucoup plus de prélats français en charge à Rome que de nos jours.

99. *17 novembre* (XVIᵉ siècle?) Fondation d'un anniversaire par Hugues Cumin.

t. III, p. 53; Laurent Cardella, *Mém. historiq. du cardinalat*, Rome, 1793, t. III, p. 191). On le nomme indifféremment *Hugon, Hugonettus, de Hugonettis* et quelquefois *Matisconensis.* Légat de Viterbe dès 1480 (P. Félicien Bassi, *Hist. de la ville de Viterbe*, Rome, 1742, p. 282), il fut chargé par Paul II et Ferdinand le Catholique de plusieurs négociations importantes. Il mourut à Rome, le 14 décembre 1484, regretté des pauvres auxquels il avait généreusement distribué sa fortune, et fut inhumé à Sᵗᵉ-Marie-du-Peuple, sans qu'aucun monument perpétuât le souvenir de ses vertus et de sa distinction. Lollius prononça son oraison funèbre, qui nous a été conservée à la Minerve (*Lettre M.*, nᵒˢ VII et XII). Il fut également ami du cardinal de Pavie, qui parle souvent de lui dans ses lettres. (On trouve ces lettres à la suite des *Commentaires d'Eneas Sylvius.*)

« Voici l'inscription tumulaire qui vient de lui être consacrée, à Sᵗᵉ-Marie-du-Peuple : elle est aussi simple qu'aurait pu le désirer le cardinal lui-même, qui ne cherchait qu'à se faire oublier :

A LA MÉMOIRE
DE PHILIBERT HUGON,
ABBÉ DE BEAUME AU COMTÉ DE BOURGOGNE,
ÉVÊQUE DE MACON
CARDINAL-PRÊTRE DU TITRE DES SS. JEAN ET PAUL,
DÉCÉDÉ, LE 14 DÉCEMBRE 1484,
ET INHUMÉ SANS MONUMENT A STᵉ MARIE DU PEUPLE.

LE COLONEL HUGON D'AUGICOURT,
CHEF D'ÉTAT-MAJOR DE LA DIVISION FRANÇAISE A ROME,
LE 20 SEPTEMBRE 1855.

Dnj Hugonis Cumin, annivers. unum. 17 nov.

Hugues Cumin était, comme son oncle Nicolas, écrivain des lettres apostoliques, mais Nicolas avait en plus les titres d'archidiacre de Verdun et de maître du registre des mémoriaux. Celui-ci mourut en 1573. Son épitaphe se voyait autrefois à Saint-Louis. Forcella l'a copiée sur le manuscrit des princes Chigi :

```
NICOLAO CVMYN LOTARINGO
ARCHIDIAC · DE VEPRIA IN ECCLESIA
VERDVNENSI REGITORI LIBELLORum
SVPPLICVM MAGIStro ET LitteRARum
APOST · SCRIPTORI VIRO OPTIMO
ATQ INTEGERRIMO ANN · AGENTI
LXXIV AB HVMANIS EXEMPTO
PRID · KL · DEC · MDLXXIII
HVGO CVMYN EORVMDEM
REGIStroRum ET LitcRARum SCRIPTORI
PATRVO B · M · ET SIBI P ·
```

En 1583, sur l'acte d'union de S.-Yves-des-Bretons, Hugues Cumin est qualifié *maître du registre des mémoriaux,* « R. D. Hugo Cunyn (*sic*), magister registri supplicationum apostolicarum. » (La Croix, *Mém.*, p. 302.)

100. *19 novembre 1530.* Pierre Lambert, évêque de Caserte (Deux-Siciles).

R. D. Petri Lamberti, episcopi Casertani. 19 nov. 1530.

Voir son nom dans l'inventaire de 1525, au n° 11.

A la Trinité-des-Monts, à la septième chapelle, est un caveau qui porte cette inscription :

```
LAMBERTÆ FAMILIÆ
SEPVLCRVM
```

101. *20 novembre 1512.* Fondation d'un anniversaire par André de Genestèse, de Nîmes.

Rd Dnj Andreæ de Genestesijs, Nemaunensis, anniversarium perpetuum. 20 nov. 1512.

« R. D. Andreæ de Genestoris, Nemausen., Galli. 20 nov. 1512 », ainsi que s'exprime une feuille volante.

102. *27 novembre 1485.* Fondation d'un anniversaire perpétuel par Pierre Tenin, chanoine de Besançon.

R^{dl} Dnj Petrj Teninj, canonicj Bisuntinj, annivers. perpetuum. 27 nov. 1485.

Pierre Tenin fut enterré à Saint-Louis, comme le disait son épitaphe, actuellement disparue, qui nous apprend qu'il cumula les titres de docteur, de chanoine des églises de Besançon et de Lausanne, d'abréviateur du Parc majeur, qui est une des hautes charges de la prélature et d'écrivain de la Pénitencerie. La dalle funèbre fut posée par les soins de son neveu Jean Chevalier, prêtre du diocèse d'Auxerre. Forcella (*Iscriz.*, t. III, p. 6) donne l'inscription d'après un manuscrit de la bibliothèque Chigi :

EGREGIO DECRET · DOCT · [1] D · PETRO TENINI
BVSVNTINAE ET LAVSANEN ECCL*es*IAR*um*
CANON LITTERAR*um*QVE APOST · ABBREVIA ·
AC SACRAE POENIT · SCRIPT ·
IOHANNES MILITIS Pr*es*Bi*ter* ALTISSIODOREN ·
DIOEC · AVVNCVLO SVO DE SE BE ·
MER · ET POSTERIS POS · [2] OBIIT V° KAL ·
DECEM · AN · M CCCC LXXXV

Un archevêque de Besançon a été enterré dans les souterrains de Saint-Pierre en 1429. Forcella (t. VI, p. 32, n° 44) donne son épitaphe qui contourne la dalle :

ANN° DNI · M · CCCCXXIX · DIE · XVI · SEPTEMBRIS · TPE · SCISSIMI
DNI MARTINI PPE · QVATI POTIFICATVS · SVI · ANO · XII · REVERENDISS'
IN XPO PR DN THEOBALDVS DE RVBEO MOTE ARCHIEPVS BISVNTIN MAGNVS
DE.......
.....TA GLOSA IN HAC VRBE IN DNO OBIIT ET.......
......CORPVS SVVM GENERALEM MORTVORVM EXPECTANS RESVRRECTIONE REPSITV
QVIESCIT AIA EIVS IN SINV ABRAHE COLLOCETVR AMEN

103. *27 novembre 1585.* Fondation de trois messes par jour et d'un anniversaire solennel chaque année, par Mathieu Cointrel, cardinal du titre de S.-Étienne-le-Rond.

Rev^{ml} Dnj Mathei Contarelly, Cœnomanensis, cardinalis Sanctj Stephanj,

---

1. Docteur en décrets ou en droit canon.
2. Le neveu avait réservé dans le caveau une place pour les siens.

singul. diebus missæ tres et annivers. solemne singul. annis. 27 nov. 1585.

Voir mes *Inscriptions du diocèse du Mans.*

L'inventaire de 1618 mentionne ses nombreux legs sous les n°° 12, 21, 107, 131, 140, 158, 162, 169, 220, 223, 226, et celui de 1649, sous le n° 79.

104. *30 novembre 1543.* Fondation par Nicolas Cumin, de Verdun, d'une messe par mois à acquitter par les Lorrains dans la chapelle de S. Nicolas, et d'un anniversaire solennel fixé au trente novembre.

R⁴¹ D̄n̄j Nicolaj Cumin, Verdunen., sing. mens., missa una dicenda a Lotharingis in capella Sanctj Nicolaj. 30 nov. 1543.

D̄n̄j Nicolaj Cumin, annivers. unum, ultima die novembris. 30 nov.

Une note, ajoutée à la marge du *Kalendarium*, complète ainsi ce qui précède : « Celui-cy est le mesme qui est cy dessus au jour 30° de ce mois; mais là sont marquées les messes basses, et icy l'anniversaire que les Lorrains font solennel. »

L'Inventaire de 1618 consacre deux articles aux dons de Nicolas Cumin, n°° 130, 204.

Voir l'épitaphe de Nicolas Cumin au 17 novembre.

105. *30 novembre 1587.* Fondation de huit messes, chaque mois, par Pierre Mercier, du Mans.

Petrj Mercerij, Cœnomanens., singul. mensib. missæ octo. 30 nov. 1587.

106. *4 décembre 1510.* Octavienne Philippini, noble romaine.

Octavianæ de Philippinis, nobilissimæ Romanæ. 4 dec. 1510.

107. *8 décembre 1605.* Fondation par Claude d'Agny, de Châlons, de deux messes par semaine et de deux anniversaires solennels, l'un le 28 avril, l'autre le 8 décembre, jour anniversaire de sa mort.

R⁴¹ D̄n̄j Claudij d'Agny, Catalaunens., ¦sing. hebdomadis missæ duo et anniversaria duo solemnia, unum hac die obitus suj, alterum die 28 aprilis. 8 dec. 1605.

J'ai déjà parlé de Claude d'Agny au 28 avril.

108. *13 décembre 1517.* Fondation par Benoît Troullet, de Lyon, de douze messes par mois à acquitter dans la chapelle de Saint-Sauveur *in Thermis.*

R^di D͞n͞j Benedictj Troulletj, Lugdunens., singul. mensib. missæ duodec ·
in capella Sanctisimj Salvatoris. 13 dec. 1517.

« R. D. Trouoletti », suivant une autre pièce.

En 1500, il assiste, avec le titre de notaire de la Rote, à la confection des statuts de la confrérie de Saint-Louis : « Benedictus Trol-
let, dicti palatii (apostolici causarum) notarius. » (La Croix, *Mém.*,
p. 183.)

109. *21 décembre 1605.* Fondation de quatre messes par mois,
par Jean Michelin, de Toul.

R^di D͞u͞j Joannis Michelinj, Tullens., sing. mens. missæ quatuor. 21 dec.
1605.

110. *27 décembre 1581.* Jean L'Évêque, grand-maître de l'ordre
de Malte.

Excell^mi D. Joannis Episcopi, magni magistri religionis Hierosolymitanæ. 27 dec. 1581.

J'emprunte à l'abbé Héry le récit suivant : « Quelques semaines
après la mort de Romegas, un cortège funèbre s'avançait vers
l'église de Saint-Louis-des-Français. Une longue file de religieux,
de chevaliers, de prêtres, précédaient une bière, parée d'une épée
de combat et des insignes de la grande-maîtrise de Malte Cette bière
contenait le corps de Jean Lévêque de la Cassière. Il fut enseveli
sous le pavé du temple. Le plus illustre des latinistes de l'époque,
Marc-Antoine Muret[1], prononça l'oraison funèbre, et composa, sur la
demande de l'ordre, l'épitaphe placée au-dessus de cette tombe. »

Le marbre funèbre, plaqué contre le premier pilier du bas-côté
gauche près la porte d'entrée, a été enlevé en 1849 pour faire place
à un monument consacré au souvenir des Français morts au siège
de Rome. L'inscription, reportée plus haut dans le même collatéral,
fait allusion aux intrigues suscitées par Mathurin de Lescos de Romegas, commandeur de la Langue d'Espagne, et qui, comme chef

---

1. Il assista à l'acte d'union de S.-Yves-des-Bretons, « R. D. Marcus Antonius
Muretus, Lemovix, amplissimus juris utriusque doctor. » (La Croix, p. 302.)
Le chevalier Bertolotti a publié de lui plusieurs lettres inédites, écrites de Tivoli
et de Rome, de 1570 à 1580, et son testament, libellé en 1585, « in Urbe com-
morans », par « Joannes Junianus, Clericus Lemovicensis diœcesis, publicus Apostolicæ Cameræ et Sacri Palatii Apostolici causarum notarius ». Dans ce testament
figure comme exécuteur le cardinal Cointrel, « Ill^um et R^um D. Matteum, cardinalem de S^ti-Stephano in Celio monte ».

des mécontents, était parvenu à se faire nommer lieutenant de l'ordre. Gravée sur marbre noir, elle est ainsi conçue :

D · O · M · S [1]

FR · [2] IOHANNI · EPISCOPIO · MAGNO · MILITIÆ

HIEROSOLYMITANAE · MAGISTRO · VIRO · FORTISS · [3]

RELIGIOSISS · SPLENDIDISSIMO · CVIVS · VT · IGNE

AVRVM · SIC · CALVMNIIS · SPECTATA · ET · PROBATA

INTEGRITAS · MAGIS · ETIAM · ENITVIT

SACRA · SODALITAS · MILITVM · HIEROSOLYMITANOR [4]

PATRI · ET · PRINCIPI · OPTIMO · MAERENS · POSVIT

VIXIT · A · LXXVIII

OBIT · ROMAE · XII · KAL · IAN · [5] CIƆ IƆLXXXI

Forcella donne son épitaphe et celle de son neveu, t. III, p. 141, n° 365 :

D · O · M · S·

M · ANTONIVS · MVRETVS · LEMOVIX

AD · DEI · MISERICORDIAM · OBTINENDAM

PIORVM · PRECIBVS · ADIVVARI · CVPIENS

CORPVS · SVVM · POST · MORTEM · HOC · LOCO

SEPELIRI · IVSSIT

ADTRIBVTIS · MILLE · SCVTATIS · HVIVS

MONAST · SODALIB · IMPOSITOQ · ONERE

PERPETVI · ANNIVERSARII

NICOLAVS · DE · PELILVI · CARD · SENONEN

TESTAM EXECVT · PONI · MAND

VIXIT · ANN · LIX · II · OBIIT · PRID · NON · IVN

Ecusson

M · ANT · MVRETO · MAGNI · HVIVS · MVRETI

FRATRIS · FILIO · AETATE · QVIDEM · I..... I

NOMINIS · CELEBRIT · MINORI · SPE · AVTEM

ET · EXPECTATIONE · PROPE · PARI

IMMATVRA · MORTE · PRAEREPTO

LVDOVICVS · RIVALDVS · LEMOVIX · ET

M · ANT · LANFRANCVS · VERONEN · EIVS

TESTAMENTO · AD · PIAS · CAVSAS · FACTO

SCRIPTI · EXECVTORES · POSS

VIXIT · ANN · XVI · MEN · V · OBIIT · PRID · NON · OCT

CIƆIƆLXXXVI

1. *Deo optimo maximo sacrum.*
2. *Fratri.*
3. *Fortissimo.*
4. *Hierosolymitanorum.*
5. *Kalendas januarii.*

Son blason porte : *Écartelé, aux 1 et 4, de...... à la croix de l'ordre ; aux 2 et 3, de....... au lion couronné de......*

L'Inventaire de 1618 mentionne en deux articles ses dons sous les nᵒˢ 139, 235.

111. *28 décembre 1629.* Fondation par Edmond d'Agny, de Châlons, de deux messes par semaine, à acquitter dans la chapelle de la Nativité et d'un anniversaire solennel.

Rᵈ¹ Dn̄j Edmundj d'Agni, Catalaunens., Gallj, missæ duæ qualibet hebdomada in capella Nativitatis Domini Nostri Jesu Christj et annivers. solemne. 28 dec. 1629.

SAINT·LOUIS·DES·FRANÇAIS

(XVIIᵉ SIÈCLE)

I

Conformément à la pratique romaine, qui vise à l'instruction et à l'édification des fidèles, S.-Louis, à l'époque de sa rénovation et plus grande ferveur, dressa la liste de ses reliques. Le tableau, écrit sur deux colonnes, en belle bâtarde, devait être exposé en permanence dans l'église, où il était plus facile de le consulter; il est maintenant relégué dans l'arrière-sacristie, où personne n'en a connaissance. M. le chapelain Lury, à qui je l'avais signalé, a bien voulu m'en faire la copie que je publie, et y ajouter cette note : « Le titre seul est en rouge et tout le reste en noir. L'encadrement représente des fleurs multicolores, de même la ligne ornementée qui sépare les deux colonnes. »

Les reliques énumérées sont au nombre de soixante-dix-sept. Le rédacteur du catalogue semblait devoir observer entre elles l'ordre hiérarchique, mais il a bientôt abandonné sa méthode rigoureuse. J'observerai ici la division par groupes, afin d'établir plus de clarté.

Il y a trois reliques de Notre-Seigneur : de sa *croix* (nº 1), de son *vêtement de pourpre* (nº 2), des *verges de sa flagellation* [1] (nº 3); une seule de la Vierge : de sa *chemise* (nº 4).

Les apôtres et évangélistes sont représentés par S. Pierre et S. Paul (nᵒˢ 5, 10); S. André, dont on a une *dent* [2] (nº 6); S. Barthélemy (nº 7), S. Luc (nº 8); S. Mathieu, de sa *mâchoire* [3] (nº 9); sous le nº 43, les apôtres ne sont désignés que d'une manière générale.

Quatre papes figurent sur la liste : S. Clément, *mâchoire entière*,

---

1. En 1105, date de la dédicace d'un oratoire à l'abbaye de Gorse, le consécrateur plaça dans l'autel : « de virga qua flagellatus est Dominus. »

2. Le chef est à S.-Pierre du Vatican. Piazza (*Emerologio di Roma*, p. 710) signalait, en 1713, « a S. Tomaso degl'Inglesi, de suoi denti. »

3. « Una mascella, al Salvatore a *Sancta sanctorum* » (Piazza, p. 593).

ayant conservé *quatre dents* [1] (n⁰ 22) ; S. Fabien (n⁰ 34), S. Sixte (n⁰ 36) et S. Léon (n⁰ 37). Ces deux derniers laissent subsister le doute sur l'identité, car plusieurs saints portent le même nom et rien ne spécifie S. Sixte I et S. Léon le Grand.

Voici un docteur de l'église grecque, S. Jean Chrysostome, dont le corps repose dans la basilique de S.-Pierre (n° 38).

On compte sept évêques : S. Martin, de Tours [2] (n⁰ 32); S. Denis, de Paris [3] (n⁰ 39); S. Charles Borromée, de Milan (n⁰ 40); S. Julien, du Mans (n⁰ 69); S. Nicolas, de Myre (n⁰ 70); S. Louis, de Toulouse [4] (n⁰ 71); S. François de Sales, de Genève, *cendres* (n⁰ 77).

Les martyrs, au nombre de vingt-trois, sont : Sts Innocents (n⁰ 12); S. Etienne, diacre, du *bras* [5] et d'une *pierre de sa lapidation* [6] (n⁰ 13); S. Laurent, diacre, des *os* et des *charbons* sur lesquels il fut grillé [7] (n⁰ 14); un des soldats de S. Géréon [8], *chef* (n⁰ 10); un

---

1. « Qui (à S. Clément) conservasi sotto l'altar maggiore il suo vener. corpo, con una sua stola, del pastorale di detto santo, e ne i reliquiarj che si espongono vi è parte della sua testa e d'un suo braccio » (Piazza, p. 700).

2. « A S. Martino né Monti, s'espone parte di una sua costa » (Piazza, p. 673).

3. « Alla chiesa collegiata di S. Maria in Cosmedin, alias *Scola greca*, nella grande urna dell'altar maggiore si conserva l'osso di un braccio di detto santo e de suoi compagni » (Piazza, p. 626).

4. « All'Ara cœli s'espone il cordone e il breviario di detto santo » (Piazza, p. 539).

5. All'Ara cœli e a S. Prassede, sono parte d'un braccio » (Piazza, p. 745).

6. « A S. Maria della Consolazione, vi sono dé sassi con i quali fu lapidato » (*Ibid.*). L'inscription de dédicace de l'église S. Tryphon à Rome, en 1113, enregistre : « Lapis ex illis quibus est Stephanus lapidatus. » En 1123 fut consacré le maître-autel de Ste Marie *in Cosmedin*, dans la même ville; l'inscription commémorative énumère entr'autres reliques : « De lapidibus sancti Stephani. »

Un sacramentaire du x⁰ siècle, à la bibliothèque de Zurich, indique, parmi les reliques de l'église de Reichnaw: « De lapide sancti Stephani » (Delisle, *Mém. sur d'anc. sacrament.*, p. 169).

Une des pierres de la lapidation, rapportée de Constantinople par un croisé en 1229 et conservée à S. Étienne de Mayence, « n'est autre que le fragment d'une tuile, dont la substance rappelle beaucoup les tuiles romaines; elle est traversée sur le côté par une rainure assez profonde, laquelle paraît produite par le frottement d'un corps dur » (*Rev. de l'art chrét.*, 1888, p. 171). Il est possible que les Juifs aient pris tout ce qui leur tomba sous la main.

7. « A S. Lorenzo in Lucina, si venera parte della sua carne arrostita e grasso mescolato con carboni, co'quali fu cruciato. Alla capella del *Sancta sanctorum* alle scale sante nel Laterano, ov'è una spalla del detto santo e carboni che servirono al suo martirio. A S. Pietro, una costa, insieme con carboni con i quali fu arrostito e del grasso del suo corpo. All'oratorio della compagnia del Santissimo sacramento di S. Lorenzo in Lucina, vi sono altri carboni » (Piazza, p. 519, 520). L'inscription de S. Chrysogone, en 1123, enregistre : « De sanguine et ossibus beati Laurentii et carbonibus. »

8. « A S. Maria Maggiore si espone un braccio di S. Gerione, il cui capo, dice

des soldats de la légion Thébéenne, *chef* [1] (n° 16); des dix mille martyrs, *reliques* et un *chef* (n°ˢ 17, 45); S. Arthémise, du *chef* (n° 27); S. Eustache, *mâchoire* et *dent* (n° 23); S. Christophe, de l'*épaule* [2] (n° 24); S. Juste, un *bras* (n° 26); S. Cassien, *phalange* d'un doigt (n° 28); S. Sébastien (n° 33); Sᵗˢ Jean et Paul (n° 35); S. Longin, qui perça de sa lance le côté de Notre-Seigneur sur la croix (n° 65); Sᵗˢ Pierre et Marcellin (n° 66).

Quoique la qualification de *martyr* ne soit pas attribuée aux suivants, il me semble plus probable qu'ils la méritent : S. Gorgon (n° 31), S. Faustin (n° 41), S. Sabin (n° 42), S. Simplice (n° 67), S. Josué (n° 25), S. Félicien, une *côte* (n° 29), S. Marian, une *côte* (n° 30). Les sept Dormants sont aussi considérés comme martyrs (n° 44).

Nous avons douze vierges martyres : Sᵗˢ Cordula, *chef* [3] (n° 18); deux autres compagnes de Sᵗˢ Ursule, *chefs* [4] (n° 19); onze mille

---

il Severani, fu comprato con tant'oro quanto pesava. Con esso pure si espone sul medesimo altare il capo di S. Vittore e di S. Floriano, dell' istessa beata Legione » (Piazza, p. 629).

1. « A S. Maria Maggiore, si espone un braccio di S. Maurizio, e un' altro di uno de'soldati compagni; nella cappella Paolina, un capo parimente di un'altro della medesima santa Legione. A S. Iguazio, una testa di essi, sotto nome di S. Zenone. Alla Madonna del popolo e della Vittoria sono altre loro reliquie » (Piazza, p. 597).

2. « Alla basilica di S. Pietro, si conserva la spalla di questo santo » (Piazza, p. 490).

3. « Ste Cordula, vierge et martyre, compagne de Ste Ursule, épouvantée des tourments et du massacre de ses compagnes, se cacha; mais après s'en étant repentie et ayant repris courage, le jour suivant, elle se montra et s'offrit généreusement au glaive; elle reçut ainsi la dernière la couronne du martyre. Et comme on ne faisait pas mémoire d'elle avec les autres dans l'Église, elle apparut en Saxe à une religieuse qui en avisa Cologne, où l'on célébrait solennellement la fête de ses compagnes. A S.-Louis-des-Français, on expose la tête de cette sainte. Il y a de ses reliques à Ste Croix en Jérusalem et à Ste-Marie au Transtévère » (Piazza, 22 octobre, p. 643).

4. « Alla Chiesa nuova de' PP. dell' Oratorio, si venera il corpo di una di queste sante. Alla chiesa antichissima parrochiale di SS. Simone e Giuda, si espone parte della testa di S. Orsola. Al Giesù, in nobil reliquiario si espone la testa di S. Seconda, compagna di S. Orsola. A S. Alo, vicina alla Consolazione, da quella pia universita de' calderari et altre arti, si espone parte della testa di S. Orsola in ricco busto di argento. A S. Luigi de Francesi, è una testa delle compagne di essa. A S. Caterina a Monte magna Napoli, sono tre altre loro teste. A S. Maria Maggiore, si espone la testa di S. Crinnia, una di quella beata comitiva. A S. Maria delle Vergini, sono reliquie di queste sante compagne. A i cappuccini, si espongono due teste di esse. A S. Ignazio, si espone una reliquia di S. Orsola. Alle monache di S. Sisto, si espongono le teste delle SS. Candida e Vittoria dello stesso numero » (Piazza, 21 oct., p. 642).

vierges, des *côtes* (n° 54); S'e Cécile, du *bras* [1] et des os (n°⁵ 47, 74);
S'e Lucie, du *bras* [2] et une *côte* (n°⁵ 48, 49); S'e Bibiane, du chef [3]
(n° 50); S'e Julienne, d'une *côte* (n° 52); S'e Catherine d'Alexandrie,
d'une *côte* et de la *ceinture* [4] (n° 53); S'e Sabine (n° 57); S'e Agnès
(n° 62); S'e Barbe, du *voile* [5] et des *os* (n° 64).

Les vierges sont : S'e Pudentienne (n° 46), S'e Praxède (n° 55),
S'e Speciosa (n° 56) et les saintes femmes : S'e Elisabeth de Hongrie
(n° 56); S'e Madeleine, de sa *chemise* [6] (n° 61), S'e Blanche (n° 75) et
S'e Jeanne de Valois (n° 76).

Le groupe des confesseurs compte : S. Alexis, du *bras* [7] (n° 27);
S. Benoît, du *vétement* [8] (n° 59); S. François d'Assise, du *vêtement* [9] (n° 60); S. Philippe Néri, des *entrailles* [10] et de la toile

---

1. « La relique de Ste Cécile est un fragment d'os, long d'un centimètre environ
et large de 3 à 4 millimètres. Il est fixé avec de la colle sur un carton blanc, découpé en écusson. Ce carton est placé dans un reliquaire de métal doré. Au-dessous
est un autre carton, de forme un peu différente et portant cette étiquette, en rouge
et noir : *Ex ossibus S. CÆCILIAE Virg. mar.* Le reliquaire est enfermé dans une
boîte de fer-blanc, munie de cinq cachets. Au dos de cette boîte on lit : *Stæ Cæciliæ mart. S' Blanche et B. Jeanne de Valois.* Au commencement de ce siècle, on
a retiré les deux dernières reliques » (*Note de M. Lury*).

2. « Alla basilica Vaticana eravi un suo altare consecrato da S. Gregorio, e
secondo l'Ugonio, v'è un braccio di detta santa » (Piazza, p. 729).

3. « Alla basilica di S. Maria Maggiore s'espone il venerabil capo e le cervella
di questa santa » (Piazza, p. 714).

4. « A S. Marta, della sua cinta » (Piazza, p. 704).

5. « Alla sua chiesa di S. Barbara ne' giubbonari, ov'è parte del suo corpo, e suo
velo che ricopriva la di lei tomba, che fù gia miracoloso » (Piazza, p. 716).
Deux inscriptions indiquent de son voile, à S. Chrysogone, en 1123 : « De
peplo S. Barbare tincto sanguine » et à Ste Barbe, en 1306 : « De capite et velu
S. Barbare. »

6. « Alla basilica di S. Gio. Laterano, s'espone parte del suo cilizio, altra parte
si conserva alla Consolazione. A S. Maria in Trastevere, dove sono suoi capelli e
del suo velo. A S. Pietro in Vaticano, ove è del suo velo » (Piazza, p. 484).

7. « Fu poi trovato il detto corpo nell'anno 1217, sott' Onorio III, il quale con-
cesse parte del braccio di detto santo al cardinal Guido Pierleoni, diacono di
S. Nicolo in carcere. A S. Paolo fuor delle mura, ove si venera un braccio. A S. Nicolo in carcere, ove se ne conserva un' altro » (Piazza, p. 476).

8. « A S. Luigi de' Francesi, ove sono delle sue vesti » (Piazza, p. 202).

9. « Alla basilica Vaticana, alla sua capella, ov'è parte del cilizio, della tonica
e del sangue delle stimmate. A S. Lorenzo in Lucina, ove si espone un pezzo
della tonica del santo. A S. Giovanni de' Fiorentini, ove alla sua capella s'espone
in un busto del suo cilizio » (Piazza, p. 612, 620).

10. « A S. Carlo al Corso, dove sono de' suoi precordj, de' quali pure se ne con-
servano a S. Pietro » (Piazza, p. 358).

imbibée de son *sang* [1] (n° 73); S. Louis, roi de France [2] (n° 72).

Sont rangés parmi les saints *inconnus, huit chefs* (n° 20), une *main* (n° 51) et quantité d'ossements.

Comme on vient de le voir par ce sommaire, le catalogue contient trois catégories de renseignements : il appelle *reliquiæ*, d'un terme générique, toute relique, quelle que soit sa nature; il nomme *ossa* les ossements, et enfin donne un nom spécial aux ossements ou autres objets qu'il est facile de spécifier, comme *caput, costa, manus*, etc., *camisia, velum, vestis*, etc.

Quand la relique est entière, on l'inscrit comme telle, *mandibula integra* (n° 22); si, au contraire, elle n'est que parcellaire, on ajoute la préposition *de*, qui indique un fragment détaché : *de mandibula* (n° 23), *de scapula* (n° 24), *de brachio* (n° 25).

Pour compléter ces renseignements lipsanographiques, je donnerai la liste des reliques insérées dans le maître-autel, lors de la consécration de l'église, le 8 octobre 1589, par le cardinal de Joyeuse, archevêque de Toulouse. Le procès-verbal, publié en entier par Mgr La Croix, *Mémoire historique sur les institutions de France à Rome*, p. 213, porte : « Illustrissimus et Reverendissimus Dominus D. Franciscus tituli Smæ Trinitatis sanctæ Romanæ Ecclesiæ presbyter cardinalis de Joyeuse..... dedicavit ecclesiam et altare hoc ad honorem sanctorum Dionysii martyris et Ludovici confessoris et reliquias sanctorum apostolorum Petri, Simonis, sancti Lucæ evangelistæ, sanctorum martyrum Xisti pp., Donati epi., Hirenei episcopi, Laurentii, Sebastiani, Cosmæ, Damiani, Ciriaci, Hippolyti, Adriani, Faustini, Cassiani et sanctarum Beatricis et Columbæ virginis et aliorum sanctorum martyrum, confessorum et virginum sine nomine in eo inclusit. »

Ste Béatrice, sœur des Sts Simplice et Faustin, est inscrite au 29 juillet [3].

---

1. « A la *Chiesa nuova*, de son sang, ... une éponge, du coton et un linge imbibés de son sang » (X. Barbier de Montault, l'*Année liturgique à Rome*, 2e édit., p. 53).

2. « Al Giesù, ove nel giorno sequente (26 août) s'expone un braccio di detto santo in un nobile busto d'argento all' altar di S. Ignazio » (Piazza, p. 218). — Il y a dans le maître-autel, à S.-Louis, de ses reliques, déposées par le cardinal de Joyeuse, lors de sa consécration, en 1589 (La Croix, Mem., p. 213).

3. « A S. Andrea della valle, ove s'espone un' insigne reliquia di S. Beatrice » (Piazza, p. 498).

II

Reliquiæ · Sanctæ · quæ · Reperiuntur in · Ecclesia · Sancti ·
Ludovici · Nationis Gallicanæ.

1. De Ligno Sanctissimæ Crucis.
2. De Vestimento purpureo Christi Domini.
3. De Virgis quibus fuit flagellatus Christus Dominus.
4. De camisia Beatæ Mariæ Virginis.
5. De ossibus sanctorum Apostolorum Petri et Pauli.
6. Dens Sancti Andreæ Apostoli.
7. De ossibus sancti Bartholomæi.
8. De ossibus sancti Lucæ Evangelistæ.
9. De macella sancti Matthæi Apostoli Evangelistæ.
10. De reliquiis sanctorum Apostolorum Petri et Pauli.
11. De reliquiis sancti Bartholomæi Apostoli.
12. De ossibus sanctorum Innocentium.
13. De brachio sancti Stephani et de lapide quo fuit lapidatus.
14. De ossibus et carbonibus sancti Laurentii.
15. Caput unius ex militibus sancti Gereonis.
16. Caput unius ex Legione Thebæorum.
17. Caput unius ex decem millibus Martyrum.
18. Caput sanctæ Cordulæ, Virginis et Martyris.
19. Duo capita sanctarum Virginum et Mart., sociarum sanctæ Ursulæ.
20. Octo capita sanctorum et sanctarum Virginum et Martyrum, quorum nomina ignorantur in terris.
21. De capite sancti Arthemesii Martyris.
22. Mandibula integra S. Clementis, Pont. et Mart., cum quatuor dentibus ejus.
23. De mandibula sancti Eustachii, cum uno dente.
24. De scapula sancti Christophori Martyris.
25. De brachio S. Josue militis, qui comitabatur sanctam Ursulam.
26. De brachio sancti Justi Martyris.
27. De brachio sancti Alexii Confessoris.
28. Articulus digiti sancti Cassiani Martyris.
29. Costa sancti Feliciani.
30. Costa sancti Mariani.
31. De ossibus sancti Gorgonii.
32. De ossibus sancti Martini.
33. De ossibus sancti Sebastiani.
34. De ossibus sancti Fabiani.
35. De ossibus sanctorum Joannis et Pauli.

36. De ossibus sancti Sixti.

37. De reliquiis sancti Leonis Papæ.

38. De reliquiis sancti Joannis Chrysostomi.

39. De ossibus sancti Dionysii, Archiepiscopi Parisiensis.

40. De ossibus sancti Caroli Borromæi, Card. Archiep. Mediolanensis.

41. De reliquiis sancti Faustini.

42. De reliquiis sancti Sabini.

43. De reliquiis multorum sanctorum Apostolorum, Evangelistarum, Martyrum, Confessorum, Virginum atque electorum Dei.

44. De reliquiis sanctorum septem Dormientium.

45. De reliquiis decem millium Martyrum.

46. De brachio sanctæ Potentianæ Virginis.

47. De brachio sanctæ Cæciliæ, Virginis et Martyris.

48. De brachio sanctæ Luciæ, Virginis et Martyris.

49. Costa sanctæ Luciæ, Virginis et Martyris.

50. De capite sanctæ Bibianæ, Virginis et Martyris.

51. Manus unius Sanctæ, cujus nomen ignoratur.

52. De costa sanctæ Julianæ, Virginis et Martyris.

53. De costa et cingulo sanctæ Catharinæ, Virginis et Martyris.

54. De costis undecim millium Virginum et Martyrum.

55. De ossibus sanctæ Praxedis, Virginis.

56. De ossibus sanctæ Speciosæ.

57. De reliquiis sanctæ Sabinæ, Virginis et Martyris.

58. De reliquiis sanctæ Elizabethæ, Filiæ Regis Ungariæ.

59. De veste sancti Benedicti.

60. De veste sancti Francisci.

61. De camisia sanctæ Mariæ Magdalenæ.

62. De veste sanctæ Agnetis, Virginis et Martyris.

63. Arca repleta multis reliquiis Sanctorum et Sanctarum.

64. De velo et ossibus sanctæ Barbaræ.

65. De reliquiis sancti Longini, qui aperuit latus Christi Dni Nostri.

66. De reliquiis sanctorum Petri et Marcellini.

67. De reliquiis sancti Simplicis.

68. De reliquiis sancti Simpliciani.

69. De costa sancti Juliani, Epi Cænoman.

70. De ossibus sancti Nicolai Barensis, Episcopi.

71. De ossibus sancti Ludovici, Archiepisc. Tolosani.

72. De ossibus sancti Ludovici, Galliarum Regis.

73. De præcord. et tela imbuta sanguine S. Filippi Nerii, Cong. Or. Fundatoris.

74. De ossibus sanctæ Cæciliæ, Virginis et Martyris.

75. De ossibus sanctæ Blanchæ, Galliarum Reginæ.

76. De ossibus beatæ Joannæ, Galliarum Reginæ.

77. De cineribus sancti Francisci Salesii, Epi Genov.

III [1]

L'évêché de Poitiers a soumis à mon examen, en 1886, une boîte pleine de reliques, depuis longtemps oubliée au secrétariat et *ni* fermée ni scellée.

En l'ouvrant, voici ce que j'y ai constaté. Tout d'abord, c'est une lettre qu'il importe de reproduire :

A Rome, ce 15 8bre 1770.

J'ai l'honneur, Mon cher Seigneur, de vous addresser une Boëte de Reliques avec l'attestation d'authenticité. Vous me trouverés toujours empressé à faire ce qui peut vous être agréable et vous prouver, Mon cher Seigneur, la fidélité de mon respectueux attachement.

Le Card. DE BERNIS.

M. l'Evêque de Poitiers.

L'Evêque de Poitiers qui recevait ce don était alors Mgr Martial Louis de Beaupoil de Saint-Aulaire. Lui fut-il *agréable?* On serait tenté de croire que non, car les reliques sont restées dans la boîte, telles qu'elles vinrent de Rome. On les a trouvées au secrétariat parmi les rebuts et inutilités. Pourtant, elles n'étaient pas faites pour y rester, surtout la principale, qui est une relique notable et dans son intégrité première.

Le donateur était le célèbre cardinal de Bernis, ambassadeur du roi près le Saint-Siège. Il résidait à Saint-Louis-des-Français, qui a gardé son portrait en pied. C'est là, dans notre établissement national, riche, en effet, en reliques, qu'il a dû prendre celles qu'il distribuait ainsi généreusement.

La signature seule est de sa main. Elle est formulée à la française, sans nom de baptême, ce qui est une faute relativement à la tradition romaine qu'il n'avait point acceptée. Sous le rapport graphologique, elle peint fidèlement le personnage, grand seigneur, aux manières aristocratiques, sans haute portée d'intelligence, mettant fidèlement à exécution les ordres reçus, un peu trop préoccupé des choses de la terre.

1. *Un don du cardinal de Bernis à l'évêque de Poitiers, en 1770; Albi, 1886.* Cuillière, in-12 de 4 pages. Extr. de la *Semaine religieuse du diocèse d'Albi*, tir. à part à 50 ex.

L'*attestation* annoncée a disparu. Peu importe, les reliques n'en sont pas moins authentiques, vu cette lettre et l'étiquette propre attachée à chacune.

La lettre est écrite sur papier vergé, façon de Hollande. Le filigrane porte, en effet, le mot OLANDA et le lion néerlandais.

La boîte mesure 0,21 c. de longueur sur 0,13 c. de largeur et 0,04 c. de hauteur. Elle est en bois de chêne, avec deux charnières et un crochet de fil de fer à la couverture, qui portait collée une étiquette découpée en cœur : l'étiquette s'est détachée, mais comme le papier était très mince, l'encre l'a percé et s'est imprimée sur le bois, où je lis facilement en majuscules :

RELIQVIÆ
SANCTORVM

L'intérieur est doublé de papier marbré, rouge, bleu, blanc, jaune, contourné d'un bandeau doré. La cassette est divisée en trois compartiments inégaux par des feuilles de carton recouvert du même papier de couleur. On distingue la trace de deux autres séparations, ce qui aurait fait cinq casiers allongés de mêmes dimensions.

Des traces de colle attestent que les reliques adhéraient au papier : il y en avait cinq ou six superposées. L'étiquette était au-dessous, une seule est restée en place : *S. Rogerii.* C'est donc une relique de saint Roger qu'elle indiquait : ce Roger est sans doute l'évêque de Cannes.

La boîte formait ainsi elle-même un reliquaire, que recouvrait une vitre glissant dans une rainure.

Le locule central est diminué par deux cartons arrondis qui lui donnent la forme d'une ellipse, c'est-à-dire que l'espace a été restreint en raison de l'ossement, qui a une longueur de six centimètres et demi. M. le docteur Faure, qui a bien voulu l'examiner, le déclare : « Le troisième os métacarpien de la main gauche, appartenant à un sujet adulte et de grande taille. »

Deux étiquettes de papier renseignent sur l'identité. L'une, qui devait être collée dans la boîte, porte *S. Ludouici* ; l'autre, fixée sur l'os même par un ruban rouge, est plus explicite, *S^{ti} Ludouici Regis.* La relique est donc bien du roi de France saint Louis et, en raison de son intérêt propre non moins que de sa rareté, je propose qu'elle soit conservée et exposée à la cathédrale de Poitiers dans un reliquaire fait exprès pour la contenir, en style du XIII° siècle et en forme de main, suivant la tradition du moyen âge.

Le nom même de l'évêque de Poitiers a motivé le choix de cette belle relique.

Les compartiments étaient remplis de sachets de taffetas rose, doublé de taffetas blanc, au nombre de neuf, et fermés sur trois côtés. L'un était vide, ce qui montre que l'on avait déjà fait une inspection et que les paquets n'ont pas été remis en place. L'enveloppe est en papier, avec le nom de la relique inscrit dessus; les reliques sont des parcelles d'ossements.

Pour distinguer les autres, j'emploierai les lettres de l'alphabet et des numéros.

Dans le sachet A, deux petits paquets en papier, avec étiquette, contenant des parcelles de crâne :

N° 1. *S^ti Juliani.*

N° 2. *S^ti Mauri abbatis.*

L'écriture est la même que précédemment. Ce doit être saint Julien, évêque du Mans, et saint Maur, fondateur de la célèbre abbaye qui prit depuis son nom : Saint-Maur-sur-Loire, en Anjou.

B. N° 3. Dans un fragment de lettre écrite en français et sans étiquette, un petit morceau de toile épaisse et un os spongieux.

C. N° 4. Dans un papier, où il ne reste rien, une étiquette ainsi conçue :

De Sanctis Sauiniano et leonardo

et sur l'enveloppe *S^tis Lur..... philis.*

Saint Savinien fut évêque de Sens et saint Léonard, solitaire en Limousin. Je ne parviens pas à rétablir les deux autres noms.

N° 5. Large morceau de crâne; sur le papier, *Ste Berge,* et à l'intérieur, *Ste Berge, St Bernard;* saint Bernard est notre immortel abbé de Clairvaux.

Il faut lire *Begghe* ou *Bègue,* au lieu de *Berge,* car il s'agit évidemment de la fille de Pépin de Landen, sœur de sainte Gertrude de Nivelle, bru de saint Arnoul de Metz et mère de Pépin d'Héristal.

D. Trois étiquettes, sans reliques.

S. innocentium — S. Leonardi — ...aloire

Plusieurs corps des saints Innocents étaient conservés à Rome, dans les basiliques de Sainte-Marie-Majeure et Saint-Paul-hors-les-Murs.

E. Dans des papiers, petits ossements étiquetés.

Nº 6. *S⁰ Hugonis.*

Nº 7. *de sancto Vincentio* sur une étiquette et au dos de l'enveloppe, *Vincentii :* une minime parcelle d'ossements et un fragment de suaire de soie rouge.

Nº 8. *S⁰ Sulpitii,* trois petits fragments de crâne.

Nº 9. Fragment d'os, *S⁺ hiacinte mar* (tyr).

Saint Hugues est l'évêque de Grenoble, saint Vincent le diacre illustre de Saragosse, saint Sulpice l'évêque de Bourges et saint Hyacinthe le compagnon de saint Prote, tous les deux martyrisés à Rome.

F. Nº 9. *S⁰ theodori.*

Nº 10. *S⁰ roberti Abbatis.*

Nº 11. En dedans et en dehors, *S⁺ᵉ Luce.*

Nº 12. *De Capite S⁰ hubertj confessoris.*

Nº 13. *Pains sacrés,* deux petits morceaux d'Agnus.

Nº 14. Sur le papier, *S⁺ᵒʳᵘᵐ Reliquiæ* et à l'intérieur, sur un ossement, l'étiquette *S. Girouïs.*

Saint Théodore a une église sous son vocable à Rome. Saint Robert est l'abbé de la Chaise-Dieu, sainte *Luce* ou Lucie la vierge martyre de Sicile, saint Hubert l'évêque de Liège. Saint *Girouïs* doit être saint Giroux ou Géronce de Gascogne.

G. Nº 15. *S⁺ quilitin.*

Nº 16. *S⁺ Gordon mar.*

Nº 17. *faria martir.*

Saint *Quilitin* pourrait peut-être s'identifier avec saint Quillein de l'Artois, Saint *Gordon* avec le martyr saint Gordius. Sainte *Faria* ne peut être l'abbesse sainte Fare, qui ne fut pas martyre.

Nº 18. *S⁺ tiburce martir.* Saint Tiburce était frère de saint Valérien et beau-frère de sainte Cécile.

H. Quatre gros morceaux d'ossements, sans étiquette, enveloppés dans un papier écrit, qui semble extrait du cahier d'un élève résumant un cours.

Je rencontre encore quelques morceaux d'Agnus dont l'empreinte mutilée ne suffit pas à déterminer la date. Je les mets dans le sachet vide.

L'écriture, en général, est celle du xvii⁰ siècle ; d'où je conclus que l'on a gardé les anciennes étiquettes avec les reliques elles-mêmes, lorsqu'elles furent changées de reliquaire.

L'authentique n'existant plus, il est nécessaire d'en reconstituer un autre, en suivant les règles établies par Benoît XIV pour les récognitions de reliques.

La lettre du cardinal équivaut à l'authentique, puisqu'elle annonce « une boëte de reliques ».

Or, cette boîte, d'après sa conformation, est bien une boîte romaine et du temps du donateur.

Non seulement elle est pleine de « reliques », mais elle a été faite évidemment pour les contenir, vu ses divisions intérieures ou casiers.

La boîte est étiquetée d'une manière générale : *Reliquiæ Sanctorum;* en outre, au-dedans, chaque relique a son étiquette propre.

Que disent ces étiquettes? Que plusieurs saints sont de Rome même, soit par leur martyre, soit par la conservation de leurs ossements; que quatorze sont français d'origine. Donc, il y a sur ce point concordance avec la lettre d'envoi. Certaines reliques ont pu être prises dans les églises de Rome, mais assurément celles des saints de notre pays, entre autres la phalange du doigt de saint Louis, ne peuvent provenir que de notre église nationale de Saint-Louis-des-Français.

Les étiquettes sont contemporaines de la boîte pour la plupart, et aucune n'est plus moderne.

Enfin, les ossements sont renfermés dans des sachets de soie, afin qu'on puisse les changer à volonté et transférer ailleurs. Peut-être l'évêque de Poitiers le fit-il, détachant des parcelles et laissant dans l'enveloppe les fragments qui lui serviraient ultérieurement.

Tous ces arguments réunis forment une preuve imposante pour établir la *certitude morale*, la seule requise dans l'espèce.

S.-SAUVEUR IN THERMIS [1]

(1649)

L'inventaire de la petite église de S.-Sauveur n'a évidemment qu'une importance secondaire, quand on le compare aux trois de S.-Louis. Toutefois, il montrera la richesse mobilière d'une simple chapelle, aujourd'hui si pauvre et si délaissée [2].

En 1525, date du premier inventaire de notre église nationale, la liturgie se maintenait avec les traditions du Moyen Age ; en 1649, date de cet inventaire, elle avait subi des modifications radicales, par suite de la bulle de saint Pie V et des décrets de la Congrégation des Rites. C'est à ce double point de vue qu'il faut se placer, pour constater, d'une part, la tradition sans règles fixes, de l'autre, une règle invariable, uniforme et absolue.

On sait que les couleurs liturgiques sont, selon le Missel, le blanc, le rouge, le violet, le vert et le noir.

Les étoffes sont variées. Voici leurs noms : *damas, damas à ondes, petit damas, damasquin* ou *doublet, camelot, camelot à ondes, ormezin* ou *armesin à ondes, satin, durante, catalouffe, moire, taffetas, brocatelle de Venise, raseuil de fil* ou *point froncé, brocatelle* et *toile d'argent.*

INVENTAIRE DES ORNEMENTS ET MEUBLES DE LA CHAPELLE
DE SAINCT-SAUVEUR. 1649 [3].

1. Quatre Pavillons [4]. Le premier est de damas blanc vieil, avec passement d'or et soye rouge. Le second est de damas vert, avec passement et frange

1. Extr. de la brochure *Anciens inventaires inédits*, p. 27-32.
2. *Voir* sur S.-Sauveur Mgr La Croix, *Mém. hist.*, p. 61.
3. Cet *Inventaire* n'occupe que quelques feuilles à la suite du *Calendrier des bienfaiteurs de l'église et de l'hospice de Saint-Louis.* Son format est in-8° carré ; l'écriture en est soignée et parfaitement lisible.
4. Le *pavillon* est une espèce de housse dont on couvre le tabernacle où repose le Saint-Sacrement. Sa couleur varie, suivant les fêtes, et est toujours analogue à la couleur de la chasuble et du parement, excepté aux offices des morts, où le *violet* seul est usité. — Nous ignorons pourquoi les *Cérémoniaux* modernes s'obstinent à nommer *conopée*, d'un nom que personne ne comprend et qui n'appartient pas à notre langue, un ornement liturgique pour lequel la langue française a

d'or. Le troisième est de camelot violet, avec passement et frange de soye. Le quatrième est de satin à fond rouge, fleurs de lys jaulnes, la frange d'or et soye.

2. « Osté le pavillon de damas blanc pour ne pouvoir plus servir. Le passem^t a servy à un autre [1]. »

3. Plus un calice dont la couppe et patène sont d'argent et le pied de cuivre.

« On y en tient encore un autre, depuis plus de 2 ans, de ceux de St Louys, fait ce 9 jan. 1675, au despart de Laurens Fournier. »

4. Plus plusieurs petits vœux [2] d'argent, qui sont attachez sur des tables noires.

5. « Plus un pavillon de damas blanc, garny de passement d'or et frange d'or et soye blanche, fait en l'an 1656. 18 novemb. 1659. Vinet [3]. »

6. « Plus un pavillon rouge d'ormezin à onde, aveq galon et petite frange d'or, treuvé en la vizite de l'an 1667. Vinet, J. Brunet. »

Chasubles.

7. Une chasuble de damas vert, avec la frise [4] rouge.

8. Plus une chasuble de damas violet, avec la frise de brocatel.

9. « Plus une chasuble de damas violet à onde, garnie de frange de soye violette, jaune et blanche. »

10. Plus une chasuble de damas rouge, avec passement d'or, où sont les armes du Sr Marcello di S^cta Croce [5].

11. « Plus une chasuble noire de durante [6], avec le passement jeaune et turquin [7]. »

---

trouvé le terme fort convenable et expressif de *pavillon*. — V., sur l'origine et l'emploi du pavillon au Moyen Age, le *Dictionnaire raisonné du mobilier*, par Viollet-Le-Duc, qui, au mot *Tabernacle*, a élucidé son texte de curieuses vignettes.

1. Tout ce qui est ainsi mis entre guillemets appartient à une autre main que celle qui fit l'inventaire. Ces additions semblent se rapporter à l'année 1675, époque à laquelle Laurent Fournier quitta la sacristie. Or, à chaque muance de sacriste, se faisait un nouvel inventaire. Cependant on trouve des additions qui datent de 1656, 1659 et 1667.

2. *Ex-voto* disposés, comme encore de nos jours, à Rome, sur des tablettes noires que l'on append aux murs.

3. Nom d'un sacriste que l'on rencontre souvent dans les notes de l'Inventaire de 1618, avec son collègue Brunet.

4. Orfroi, de l'italien *frisio*.

5. Les armes des Santacroce se blasonnent : *parti d'or et de gueules, à la croix pattée et alésée de l'un en l'autre*. A cette époque, l'écusson se plaçait au bas du dos de la chasuble, sur l'orfroi.

6. Ce mot n'est pas dans le *Glossaire archéologique*.

7. De l'italien *turchino*, bleu. Faible souvenir de la couleur précédemment en usage avec le rouge pour le deuil. Quant au jaune, sa présence s'explique par l'absence complète de blanc sur les ornements funèbres, à Rome, conformément à un décret de la S. Congrégation des Rites.

12. Plus une chasuble de damas blanc, garnie de passements d'or et soye rouge.

13. « Plus une chasuble de cataloufe à fleurs et fond rouge, garnye de frange de soye. »

14. « Plus une autre de petit damas vert, aveq le galon d'or et petite dantelle au tour, treuvé en la visite de l'an 1667. Vinet, J. Brunet.

15. « Plus une chasuble de durante blanc. »

16. « Plus une autre chasuble de mouere en fleurs, avec la frise de toile d'argent et galon d'or. En tout numéro 10. »

Bourses.

17. Une bourse de damas blanc, garnie de passement d'or et soye rouge.

18. Plus un'autre de doublet blanc.

19. Plus une bourse rouge, garnie de clinquan [1] d'or et soye.

20. Plus un'autre de camelot rouge, « questa manca [2]. »

21. Plus une verde de damas, garnie de passement d'or.

22. Plus un'autre de doublet [3] vert.

23. Plus une autre bourse de damas violet, garnie d'un petit clinquant d'or et soye : « questa manca. »

24. Plus un'autre de satin violet.

25. Plus une bourse noire de camelot à ondes, fort vieille.

26. « Plus une autre de mouere en fleurs, avec le passement d'or ; numéro 8. »

Voiles [4].

27. Deux voiles de taffetas blanc avec la dentelle d'or.

28. Plus un'autre de raseuil de fil, « c'est à dire de poiu froncé, avec la deutelle d'or. »

29. « Questa manca. » Plus un voile de taffetas rouge, avec sa dentelle d'or.

30. Plus un'autre rouge de frange de soye.

31. Un violet de taffetas, avec sa frange de soye.

32. Plus un autre de taffetas violet, frangé de soye.

33. Plus un voile de taffetas noir, garny d'un passement blanc de soye.

---

1. « Or clinquant, or faux, clinquant de léthon » (*Dict. des rimes*, 1680).

2. Ce qui signifie : *elle manque.*

3. *Le Glossaire archéologique*, qui se contente de me citer sans me nommer, ne définit pas cette expression, dont l'*Inventaire de St-Louis* (1618) dit : « taffetas rayé, *sive* doublette » et le n° 36 : « damasquin ou doublet ».

4. On remarquera qu'il n'est question ni de croix ni de broderies sur ces voiles, dont on couvre, à Rome, le calice, et que l'on n'étale pas, comme en France, seulement à la partie antérieure. Or, pour que le voile soit souple et retombe également de chaque côté, on le fait le plus simple possible, même sans doublure.

34. « Plus un voile de taffetas vert, garny d'une petite frange d'or, treuvé en la vizite de l'année 1667. Vinet, J. Brunet, numero octo. »

Devant d'autels.

35. Un devant d'autel de damas blanc, garny de passement et frange d'or, fort usé.

36. Plus un autre de damasquin ou doublet, garny de vieux passements et frange de soye.

37. Plus un parement ou devant d'autel de damas rouge, garny de passement d'or et soye rouge.

38. Plus un parement de damas vert, garny de passement et frange d'or et soye.

39. « Plus un parement d'autel d'armesin violet à onde, garny de passement et frange de soye verte, jeaune et violete. »

40. Plus un autre parement de damas violet, garny de passemen et frange d'or.

41. Plus un petit pulpite de bois peint [1].

42. Plus un petit sceau de cuivre pour laver les mains.

43. « Un devant d'autel de satin blanc, couvert de petites fleurs verdes et rouges, garni de clinquant d'or, avec frange d'or et soye. »

44. Plus trois vieux torchers de fer, quj servent pour les chandellettes qu'on allume [2]. « De ces torchiers il ne s'en treuve que deux. »

45. Plus un bocal de fer blanc pour mettre l'huille.

46. Plus quatre agenouilloirs de bois [3].

47. Plus un lampadaire de fer doré et au dessus une couronne impériale aussy dorée, avec trois petites lampes de cuivre.

48. Plus trois coppole [4] pour mettre devant l'image de la Vierge, l'une est de satin rouge, l'autre d'estoffe violette. Et l'autre de toille d'argent blanche.

49. Plus un tableau, fort vieux, de Nostre-Seigneur pourtant sa croix.

50. Plus un crucifix de bois, avec son voille fort vieux et usé.

51. Plus un tableau de la sainte Vierge, quy est à la chappelle de la sainte Vierge.

52. Plus trois clochettes, une grosse qui sert pour sonner la Messe et les autres deux petites, une desqlles est attachée à la chapelle de Nostre-Dame.

53. Plus une grande armoire, avec quatre serrures et clefs.

54. Plus une caisse, longue et estroitte, pour mettre les devant d'autels.

1. Servant sans doute d'appui au Missel.

2. Chandelettes allumées par la dévotion des fidèles devant l'image du saint Sauveur, autrefois en grande vénération.

3. A Rome, il n'y a pas de chaises dans les églises, mais simplement quelques agenouilloirs de bois devant les autels ou les images qui attirent le plus les fidèles.

4. Voiles. On couvre ainsi une grande partie de l'année les images les plus vénérées pour ne les montrer qu'à certains jours et certaines fêtes.

55. Plus un vieux coffre de noyer, avec sa serrure et clef.

56. Plus un petit oratoire [1] de bois, à la sacristie.

57. Plus un tableau de sainct Isidore, avec sa cornice dorée.

58. Plus un petit vieux tableau de sainct François.

59. Plus trois cassettes de bois à mettre les aumosnes.

60. Plus un petit tableau carré de Nostre-Dame, sur de bois, tenant Nostre-Seigneur.

61. Plus une pradelle [2] de bois, dorée en quelques endroits, avec fleurs de lys, sur quoy on pose le tabernacle et les chandelliers.

62. Plus un marche pied devant le maître autel.

63. Plus une carta gloria [3] pour le grand autel.

64. Plus une grande table à la sacristie pour habiller les presbtres.

65. Plus deulx grands tableaux, aux deux costez du grand autel, un est de sainct Louis et l'autre de Clovis [4].

66. Plus un tableau, dans la sacristie, de Nostre-Dame et des deux saincts Jeans, avec sa cournice couverte de fleurs de lys.

67. Plus trois petits palliottes [5] blancs pour le petit autel de Nostre-Dame.

68. Plus deux crédences [6], une blanche de satin et l'autre bleue. « Cette bleue manque, 9 jan. 1675. »

69. Plus deux rideaux de toile devant le trelis de fer pour entrer dans la sacristie.

70. « Un devant d'autel d'armesin ondé violet et garni de passement et frange de soie blanche et violette et rouge, avec une chasuble de mesme, donné par un Lorrain [7] en l'an 1633. »

71. Plus une chasuble rouge brocatelle de Venise, garnie de passement de soie de plusieurs couleurs; novemb. 1650, Vinet.

72. « Cette chasuble ne se trouve : fait au despart de Laurent Fournier, 9 jan. 1675. Il y a encore une chasuble de satin en fleurs, laissée par feu frère Jacques [8], avec la bourse de mesme. »

73. « De plus, un voile de la sacristie de Sainct-Louys, en façon de tapisserie, tout de soye de diverses couleurs, servant pour la couleur blanche; ce 9 janvier 1675. »

---

1. Agenouilloir, où le prêtre fait sa préparation à la messe et son action de grâce.

2. De l'italien *predella*, gradin.

3. Carton unique, que l'on plaçait sur l'autel pendant le temps de la messe et qui renfermait le *Gloria*, le *Credo* et les paroles de la consécration.

4. Ces deux grands tableaux, peints sur toile, sont maintenant dans la galerie de Saint-Louis-des-Français.

5. Parements, en italien *palliotti*.

6. Couverture ou parement du meuble appelé *crédence*.

7. Les *Lorrains* possèdent à Rome une charmante église, dont Mgr Lacroix a publié l'histoire et la description, en 1854.

8. Frère Jacques était sous-sacriste, à l'époque où la *Congrégation de l'Oratoire* desservait Saint-Louis-des-Français.

LA CHAPELLE PAPALE

(1547)[1]

I [2]

Il y a quelques années, lorsqu'à Rome on voulut créer un dépôt central des archives d'État, tous les papiers appartenant aux diverses administrations pontificales dont le siège se trouvait hors du Vatican furent rassemblés dans l'ancien couvent des bénédictines dit *de la Conception au Champ de Mars*. Dans ce nombre figuraient les inventaires du garde-meuble [3], qui formaient, au ministère des finances, à Saint-Michel, des registres spéciaux.

Celui que nous publions fait partie d'un gros volume in-folio dont il occupe les premières pages. A la suite, viennent, sans ordre, huit autres inventaires espacés de 1550 à 1558. En outre, çà et là, sont intercalés divers reçus pour objets entrés ou sortis.

Voici quelques exemples de ces derniers qui peuvent intéresser la France :

Esito delle robbe della guardaroba di N. Signore sotto il pontificato di Papa Paolo III al governo delle quali io Bernardino Gavello da Pesaro fui deputato da S. Sta, incominciato sotto il di xxv d'aprile del 1556.

1. *Inventaire de la chapelle papale sous Paul III, en 1547;* Tours, Bouserez, 1878, in-8°, de 63-68 pages. Extr. du *Bulletin monumental*, t. XLV; tir. à part à 100 ex. Compte rendu dans la *Revue des Sociétés savantes* (7° sér., t. V, p. 409) par M. Robert de Lasteyrie : « C'est encore à Rome que nous ramènent les travaux de M. Barbier de Montault, écrivain d'une fécondité intarissable. L'important inventaire de la chapelle papale sous Paul III ne compte pas moins de 553 articles; l'éditeur l'a accompagné de nombreuses notes dans lesquelles il a déployé toute son érudition. »

2. Le travail de M. Bertolotti comprend deux parties, l'une et l'autre en italien : une introduction et un texte. J'ai cru devoir laisser l'inventaire dans la langue même où il a été rédigé, à cause du sens obscur ou douteux que présentent certains termes. Quant à l'introduction, M. Léon Palustre a bien voulu se charger de la traduire : tous mes lecteurs l'en remercieront.

3. Le garde-meuble occupait alors, comme de nos jours, les soubassements du Vatican. Au-dessus de la porte d'entrée on lit ces mots en capitales du xvi° siècle : *Foreria apostolica*, littéralement *fourrière apostolique*, suivant une expression encore en usage à la cour sous Louis XIV. L'intendant du garde-meuble, qui a son logement à l'entre-sol, porte toujours le titre de *fourrier, foriere maggiore*.

La spada benedetta [1] nell' anno 1555 con il cappello alla ducale, dati da S. S.ta al cardinale Caraffa che andava legato in Francia, che la donasse alla Maestà del re.

La rosa d'oro [2] benedetta la quarta domenica di quadragesima nel 1° anno del pontificato di Papa Paolo III; data dal Papa a predetto cardinale Caraffa per donarla come supra.

La croce di cristallo, tutta guarnita d'oro, intagliatovi dentro con Cristo piccolo et i quattro Evangelisti con lettere nel bottone che dicono *Leo X*, con il piede quadrangolo fatto a monte, sopra il quale vi è la Madonna e san Giovanni smaltati, data come sopra per donarla alla maestà della Regina di Francia.

Des notes du temps de Jules III accompagnent notre inventaire, écrit, comme dans le volume, en petits caractères cursifs du xvi° siècle, presque sans abréviations, par une seule main. Un peu de confusion règne seulement dans l'ordre des matières, parce que tantôt le numérotage des objets est le même que celui des armoires et s'élève progressivement, tantôt au contraire il varie ou manque tout à fait.

La langue et l'orthographe laissent beaucoup à désirer. Par exemple nous rencontrons *piovinale*, *pluviale* pour *piviale*; *gremiale*, *gramiale* pour *grembiale*; *zannali*, *zandali* pour *sandali*; *almatica* pour *dalmatica*, *cossino* pour *cuscino*, *frescio* pour *fregio*, *camisce* pour *camice*, *fibria* pour *fibbia*, *cocchio* pour *cocca* ou *coccia*; *archimia* pour *alchimia*, composition métallique.

Enfin lorsque le copiste veut parler des prédécesseurs de Paul III, il dit familièrement Nicolas, Alexandre, ce qui pour nous signifie Nicolas V, Alexandre VI. Quant aux cardinaux, il ne les désigne que par le nom de la ville dont ils sont titulaires.

Cet inventaire, d'ailleurs, n'est pas seulement important au point

1. L'épée est de grande dimension, ce que les Italiens appellent en conséquence *spadone*. La poignée est en argent doré et ciselé, le fourreau en velours rouge garni de vermeil. Le chapeau est en forme de toque, à double visière, en velours rouge brodé d'or à l'image du Saint-Esprit et fourré d'hermine.

L'épée et le chapeau sont bénits par le pape, dans la salle des parements, la veille de Noël, avant matines. Pendant la messe de minuit et celle du jour, un officier de la cour, debout du côté de l'évangile, tient à la main l'épée sur laquelle est posé le chapeau.

2. La rose d'or ressemble plutôt à un rosier. Le pape la bénit, avant la messe, dans la salle des parements, le dimanche de *Lætare*, et insère, dans la rose supérieure qui domine l'arbuste, du musc et du baume. Le rosier est planté dans un vase ciselé et doré.

de vue liturgique, — ce dont nous ne nous occuperons pas; — il a encore une haute valeur historique et artistique. On y voit figurer les noms des cardinaux les plus célèbres, tels que Moroni, Sadolet, Bembo et Trivulzio; les blasons de l'Angleterre et du Portugal, sur les meubles et les étoffes, attestent les sentiments de déférence et de soumission de ces deux pays envers le souverain pontificat, tandis que les questions d'origine sont tranchées par d'autres armoiries rappelant des papes, des cardinaux ou d'autres personnages d'illustres familles. De plus il ne faut pas oublier que notre inventaire a été fait au milieu du XVI° siècle, que par conséquent tous les objets dont il parle, miniatures, pierres gravées, pièces d'orfévrerie, broderies, appartiennent à la meilleure époque de la renaissance des arts.

Les peintres les plus célèbres, nous ne saurions en douter, sans même en excepter le divin Raphaël, ont travaillé aux miniatures; les mîtres et autres riches joyaux sont l'œuvre de Gaio et de Gallo; les chandeliers, les croix, les paix, les calices, les burettes sortent de la main de Benvenuto Cellini, car la description de ces divers objets concorde avec celle donnée par l'artiste dans ses *Mémoires*. Quant aux émaux et anneaux, nous les attribuerions volontiers à Caradosso et à Lautizio, comme il est indispensable de faire honneur des cristaux taillés à Valerio Belli, de Vicence.

Il est d'autant plus difficile d'indiquer le véritable auteur de chaque objet, que souvent, à la mort d'un pape, son nom et ses armes étaient remplacés par ceux de son successeur. Les comptes de la trésorerie pontificale, de l'avènement de Martin V à la mort de Paul III, nous font cependant connaître tous les artistes qui furent employés durant ce long espace de temps. Mais leurs noms n'en sont pas moins demeurés jusqu'à nous injustement dans l'oubli; c'est donc faire œuvre excellente que de mettre en lumière les principaux d'entre eux, en suivant l'ordre chronologique dicté par les payements de leurs travaux.

De 1417 à 1421, nous rencontrons M° Luca de Capellis, sellier; Nello di Paolo, Collino Vassali et Benedetto degli Schiudalotti, orfèvres; Reginald de Cologne et Jean de France, brodeurs.

De 1426 à 1430, M° Gentile da Fabriano, peintre.

De 1430 à 1434, Pisanello, peintre.

De 1439 à 1443, Raimondo Girio, orfèvre.

De 1443 à 1447, Andrea Vecchio.

De 1447 à 1451, Pietro Gentile da Forli, l'Angelico, Benozzo di Lese de Florence [1], Gian d'Antonio delle Checcha et autres peintres.

De 1452 à 1454, Giuliano di Giacomo da Todi, miniaturiste; Bartolomeo da Foligno, Giacomo Antonio de Rome, Paolo di Giordano, orfèvres; Simone Caldera, Génois, joaillier; Gabriele Romano, fondeur; Giacomo di Rinaldo, brodeur.

De 1454 à 1456, Simone Onorato, Français, miniaturiste; Gauthier de la Mollette, Français, brodeur; Denis Roscals, Allemand et son frère Jean; Giusto di Pietro d'Aversa et autres brodeurs; les orfèvres Orlando di Carlo, Français, Meo et les deux Catelani; enfin le peintre Salvatore, de Valence.

De 1457 à 1458, Giacomo d'Argentia, fondeur.

De 1458 à 1462, deux Bizieri, Florentins, orfèvres; Walter Lunelet, de Brabant, brodeur; le prêtre Nicolo, miniaturiste; Girolamo Bellavilla, auteur d'une mappemonde; Pietro Giuvenale, peintre; Taddeo di Giovanni, peintre romain.

De 1462 à 1464, Pietro di Pietra, de Sienne, orfèvre; Paolo di Giordano, orfèvre; Antoniazzo Romano [2] et son compagnon Andrea di Nicolao, de Viterbe, peintres; Giacomo da Fabriano, miniaturiste; le prêtre Nicolo, miniaturiste de Sa Sainteté; Andrea da Firenze, miniaturiste; Austino Patrizio, miniaturiste.

De 1467 à 1468, Michele, de Bologne, orfèvre; M° Simone, de Florence, graveur de sceaux; Alessandro de Ratis, brodeur.

De 1469 à 1470, Frère Giovanni da Fiorenza, peintre.

De 1471 à 1477, Pietro Bealsio, Girolamo da Sutrio, orfèvres; Antonio Sasso et Alberto da Novara, brodeurs; Antonio Minale, marchand de soie; Paolo di Giordano et ses associés, Andrea de Viterbe, orfèvres; M° Simone, auteur d'une mitre; Cristoforo Villa et ses associés, peintres; frère Giovanni, mineur de la stricte observance, miniaturiste; Melozzo, da Forli, peintre [3].

De 1479 à 1486, Pietro da Siena, Pietro da Milano, Nardo Giacomo,

---

1. Connu sous le nom de Benozzo Gozzoli.
2. Il existe de lui un grand et beau tableau signé, au musée de Capoue.
3. Voyez sur les travaux de ce peintre une récente brochure de M. Eugène Müntz.

orfèvres; Antoniazzo, de Rome, Pietro da Perugia, Berardo da Siena, peintres; Andrea, brodeur.

De 1487 à 1494, Giacomo Magnolini, Angelino da Sutrio, Gian-Maria da Ferrara, orfèvres; Pietro, brodeur; Antoniazzo, peintre.

De 1519 à 1521, Caradosso, Santi, Gaio, Bernardo Fortini, Miche-langiolo et Lautizio, orfèvres; Valerio Belli et Francesco Veneziani, graveurs en cristaux et en pierres fines; Raffaello d'Urbino, peintre; Adriano, Flamand, brodeur.

De 1523 à 1527, Bastiano del Piombo, Giovanni d'Udine, peintres; Domenico Malleto, miniaturiste de Sa Sainteté; Pompeo de Capita-neis, orfèvre.

De 1527 à 1537, Benvenuto, Bastiano, orfèvres; Pietro Vanacht, tapissier de Sa Sainteté; frère Giustino, graveur en pierres fines.

De 1537 à 1541, Gian Pietro *alias* Gaio di Marliano, Milanais, To-bia da Camerino, orfèvres; Biagio de Bernabei, miniaturiste.

De 1541 à 1550, Gaspard Gallo, Gian Cimino, Francesco Balerini, Vénitien, Gian Pellegrino, de Modène, Giacomo Gianotti, Pietro Crivelli, orfèvres; Michele Greco, Pierino del Vaga, Francesco Sal-viati, Pietro da Imola, 'peintres; Vincenzo Raimondi et Federico, miniaturistes; Lodovico, Milanais, relieur et ordonnateur des livres de la chapelle et de la sacristie pontificales.

Tels sont les noms qui se présentent le plus fréquemment dans les divers comptes de la trésorerie pontificale et peuvent, avec quel-que probabilité, nous servir à retrouver les auteurs des objets in-diqués dans l'inventaire.

Du reste, je suis heureux d'annoncer que mon ami M. Eugène Müntz ne tardera pas à mettre au jour un ouvrage destiné à faire connaître clairement tous les artistes qui travaillèrent pour les papes de 1419 à 1450. Déjà même il a publié une partie de ses intéres-santes recherches opérées dans les registres dont j'ai parlé, que j'ai mis avec empressement à sa disposition.

Il resterait encore à vérifier le sort qui a été réservé aux livres enluminés et aux objets d'orfèvrerie; mais une pareille enquête ne saurait être en notre pouvoir, et peut-être n'existe-t-il personne qui soit à même de fournir des renseignements sur ce point. Quant aux divers ornements dont se revêtaient les papes, ils les ont suivis dans la tombe, ainsi que plusieurs notes de l'inventaire lui-même en font foi [1].

Et maintenant deux mots seulement sur la règle que je me suis imposée dans la transcription. J'ai reproduit en son entier tout ce qui pouvait intéresser la liturgie, l'histoire et l'art, me contentant pour le reste de désigner nominativement les objets entre parenthèses. De cette manière, il sera facile de se faire une idée complète des richesses de la chapelle pontificale, de constater combien elle possédait de chapes, de calices, etc.

Enfin, le rédacteur de l'inventaire, lorsqu'il a à parler de plusieurs objets semblables, après avoir décrit le premier, se contente de faire suivre les autres de la mention *ut suprà*; je n'ai pas cru devoir agir autrement en semblable occasion [2].

Rome, 1er octobre 1887.

A. BERTOLOTTI,
Archiviste de l'État.

II

Y H S. Inventarium sachrarii S[mi] D. N., in quo fideliter descripta sunt omnia et singula, quæ ad sachrarium et capellam Sue Santitalis attinent usque ad minima fragmenta ac postremo descripte sunt additiones et diminutiones quæ pro tempore fieri contingent S[mi] D. N. PAULI III pontificatus tempore, ac R[mi] D. Jo : Jacobi Barbe, Neapolitani. episcopi Aprutini [3], et Sue Santitatis sachriste. Anno D[t] MDXLVIJ DIE NOV. XV.

PRIMO ARMARIO DELLA PRIMA STANZA [4]

1. J'aurai soin d'indiquer ce qui peut subsister encore. Toute l'orfévrerie et la joaillerie fut sacrifiée pour la dure rançon de Tolentino.

2. M. Bertolotti m'ayant invité avec beaucoup de courtoisie à compléter sa transcription par quelques notes relatives à l'usage liturgique des objets énumérés, je me suis empressé de déférer à son désir, de manière à mettre en relief l'importance de tout ce qui sort de l'ordinaire, ou à faire remarquer les usages propres de la chapelle pontificale.

3. Jacques Barbe, originaire de Naples, évêque dans les Abruzzes (Deux-Siciles), peut-être à Aquila.

4. La salle des parements, où s'habille le pape et qui fait suite à la chapelle Sixtine, est surmontée d'un étage consacré au trésor de la chapelle papale. Dans l'antichambre sont disposées les caisses, recouvertes de maroquin rouge, qui servent à transporter les objets nécessaires aux fonctions qui se font en dehors du palais apostolique. Dans la seconde pièce on voit, renfermés dans des armoires, les ornements, les linges et les coussins. La pièce suivante est affectée aux livres, aux

18

1. Un piviale [1] riccamato di perle et granatetti [2], figurato col suo cappuccio del medesimo, dove sono le figure de l'Assumptione della Madonna con quattro angioli e con un fiocco d'oro, et raccamo di perle e granate, nel qual piviale e cappuccio mancano delle pietre e di molte perle.

2. Una pianeta [3] del riccamo medesimo di perle e granatetti et con figure come sono nel piviale.

3. Una dalmatica et tunicella del medesimo raccamo e lavoro.

4. Doi fornimenti d'amitti del medesimo raccamo e lavoro di perle [4] et tutti questi paramenti sono con l'armi [5] et impresa del re di Portugallo [6], fodrate di taffettà verde.

mitres, aux tiares, ainsi qu'à l'orfévrerie, à l'argenterie et aux bijoux. Dans la dernière pièce sont suspendus les manteaux du pape, l'ornement de Clément VIII et celui qu'a donné récemment l'empereur d'Autriche. Ce trésor a été reconstitué et mis en meilleur ordre par le dernier sacriste, Mgr Marinelli. Les armoires, qui dataient du temps de Paul III, ont été remplacées par des armoires neuves. Je ne me souviens pas que celles-là eussent quelque chose de remarquable sous le rapport de la menuiserie. Quant à la sculpture, elles en étaient complètement depourvues. Leur nudité, qui n'admettait même pas les armoiries papales, n'était déguisée que par l'inscription suivante qui courait à la frise :

QVISQVIS. OCVLOS. IN. VESTES. PONTIFICVM. SACRAS. CONICIS. PAV. III. PONT. MAX. BENE. AVGVRARE : CVIVS. IMPENSIS. LAETARI. VIDENTVR. M.D. XXX. VIII. PONT. SVI. ANNO. QVARTO.

Je l'ai copiée en 1853, et depuis lors je n'ai pu en retrouver la trace.

1. *Piviale*, traduction littérale du latin *pluviale*. Nous disons en français *chape*, qui dérive de *capa*.

2. *Granatetti* peut s'entendre ou de *petites grenades*, ou mieux de *semences de perles*, comme disent nos inventaires français.

3. Calqué sur le latin *planeta*. Nous disons en français *chasuble*, qui traduit exactement *casula*.

4. Au Musée des arts décoratifs, dans le palais des Tuileries, j'ai remarqué un tableau de la fin du xv° siècle, attribué à Borgognone et appartenant au baron de Beurnonville, où est représenté le diacre saint Étienne. L'amict, rabattu sur la dalmatique verte, est garni d'un orfroi rouge, bordé de perles en haut et en bas et bordé d'or; au milieu, une croix inscrite dans un cercle ; puis, à droite, le nom de Jésus-Christ, YESVS CR (istus), ce qui permet de supposer, à gauche, celui de Marie, MARIA.

5. Il est curieux de constater des armoiries, non seulement sur la chasuble, la dalmatique, la tunique et le pluvial offerts par le roi de Portugal, mais aussi sur les orfrois des amicts : je ne connais pas d'autre exemple d'amict armorié.

6. Paris de Grassis a donné, dans son journal, en 1504, « la liste des souverains de l'Europe, rangés selon l'ordre de préséance observé pour lors entre eux. Ces sortes de listes sont d'autant plus utiles qu'elles conservent le souvenir des prétentions et des possessions. Souvent, dans les disputes de préséance, on a eu recours aux témoignages que fournissait à cet égard l'étiquette de la cour de Rome... Dans la liste dont il s'agit, le roi de France est placé immédiatement après l'empereur et le roi des Romains; le roi d'Angleterre disputait alors la préséance aux rois d'Espagne, d'Aragon et de Portugal; le roi de Sicile la disputait à ce dernier, et les rois d'Écosse et de Hongrie se la disputaient entre eux. » (*Not. des mss. de la bibl. du Roi*, t. II, p. 553.)

SECONDO ARMARIO.

5. Un piviale riccamato et figurato di seta e d'oro, dove é il miracolo dell' acqua fatta vino, la resurrettion di Lazaro et multa alia misteria e nel basso l'armi della Chiesa et rose, senza cappuccio, fodrato di taffettà cremesino.

6. Una pianeta, figurata tutta e riccamata d'oro, dove Xpo dà le chiave a san Pietro, con l'arme del re d'Inghilterra.

7. Quattro tunicelle, tre con le maniche larghe e una con le maniche strette, di broccato in velluto cremesino con figure di S. Thomaso che tocca il lato a X°, doi con le diademe circondate di perle e doi senza. [In nota posteriore si fa conoscere che tali arredi furono passati alla chiesa di Terni [1].]

8. Un piviale di broccato in campo di velluto cremesino, con un fregio figurato di riccamo d'oro con rosette di perle, con un cappuccio di riccamo con la Resurrettione, dal quale se son levate certe rosette di perle e posti di gigli.

9. Una pianeta de broccato in campo de velluto cremesino, con figure del Xpo aiutante Pietro quando sommerge, con fregio raccamato di perle. [Id. fu guasto il fregio per adornare il piviale bianco di Giulio III.]

10. Tre tunicelle del medesimo drappo con figure *ut suprà*, senza alcun riccamo di perle.

TERZO ARMARIO.

11. Un piviale [2] di raso cremesino, con fregi et cappuccio d'oro tirato [3], con l'armi di Sisto (IV) [4], qual adopra N. Signore al mandato il giovedi santo.

---

1. Je mets entre crochets la révision de l'inventaire, faite probablement sous Jules III. De semblables annotations ne devaient pas être omises, pour montrer la disparition successive de certains objets et les cadeaux qui étaient faits par les papes. On voit bien que la chapelle s'appauvrit, mais il est regrettable qu'on ne rencontre jamais la mention de dons nouveaux.

2. Actuellement, le *pluvial* du pape se nomme *manteau*, à cause de son ampleur et de sa queue. C'est l'expression ancienne qui revit : « In die apostolorum Petri et Pauli domnus papa (Innocent III) manto suo proprio ac infula ipsum (l'évêque d'Halberstadt) ornans. » (*Exuviæ sac. Constantinop.*, t. II, p. 19.)

3. Ce qu'on nommait autrefois *or trait*. M. de Laborde le définit dans son *Glossaire* : « Or ou argent doré, étiré et d'une grande ténuité. Cette expression est encore en usage et cet or servait à la passementerie... Cet or, trait ou étiré dans les trous de la filière, forme une petite lame quand on le fait passer sous la pression d'un cylindre, et il sert en cet état dans la broderie et le tissage des étoffes dites lamées. » Le *lamé d'or* est encore très usité à Rome.

4. Les papes qui figurent dans cet inventaire sont : Nicolas V (1447-1455), Paul II (1464-1471), Sixte IV (1471-1484), Innocent VIII (1484-1492), Alexandre VI (1492-1503), Jules II (1503-1513), Léon X (1513-1521), Clément VII (1523-1534), Jules III (1550-1555).

12. Un piviale di velluto [1] nero [2] usato, con fregi di tela d'oro con figure della pietà [3] et il cappuccio di raccamo con figure della Nunziata, fodrato di tela.

13. Tre piviali di velluto nero, con cappuccio et fregio d'oro tirato, vecchi.

14. Tre pianete di velluto nero, con fregi d'oro tirato.

15. Dalmatica et tunicella di velluto nero, con l'armi d'Innocentio (VIII), usate et vecchie.

16. Un piviale di velluto nero, con fregi et cappuccio di tela d'oro, con l'armi de' Santi Quattro [4].

17. Dalmatica e tunicella di velluto nero, con fetuccie d'oro [5] e fiochi di seta [6] et oro, con l'armi di Santi Quattro.

18. Una pianeta id., con le armi stesse.

19. Due pianete id., con l'arme di Clemente (VII), con fregi di tela d'oro.

20. Id.

1. En droit, le velours est propre au pape et, par extension, à la chapelle papale, ainsi qu'aux basiliques majeures.

2. Les ornements noirs ne pouvant servir personnellement au pape étaient affectés à l'usage de ceux qui officiaient en sa présence.

3. Notre-Dame de Pitié ou la Vierge, assise au pied de la croix et tenant le cadavre de son fils sur ses genoux.

4. Il faut rétablir ainsi la fin de cet article : *avec les armes* (du cardinal du titre) *des quatre saints couronnés.* L'église de ce nom était, en effet, un titre cardinalice. Robert Pucci, de Florence, évêque de Pistoie, fut créé cardinal du titre des Quatre-Saints couronnés par Paul III, le 2 juillet 1542. Il mourut en 1547, après avoir exercé la charge de grand pénitencier, et fut inhumé à Sainte-Marie sur Minerve. Ses armes se blasonnent : *d'argent, à une tête de Maure de sable.* — Les cardinaux, à leur mort, léguaient leur chapelle particulière, ornements et vases sacrés, à la chapelle papale.

5. Orfrois et galons étaient d'or sur le noir : telle est encore la tradition romaine, qui exclut formellement le blanc ou l'argent.

6. On voit, sur les anciens tableaux, des glands, en avant et en arrière, aux épaules des dalmatiques et tuniques. Actuellement, à Rome, on n'en met plus à la partie antérieure.

Dans la chapelle de Nicolas V, au Vatican, peinte par fra Angelico, la dalmatique est ornée de glands pendants en avant et en arrière; c'est une simple houppe.

Aux belles faïences de Luca della Robbia, qui décorent la façade de l'hôpital de Pistoia, les glands qui pendent en avant affectent la forme des houppes héraldiques, c'est-à-dire qu'ils sont disposés sur trois rangs, un, deux et trois, avec cette différence toutefois qu'il n'y a que des *boutons* aux deux rangs supérieurs et des effilés simplement au rang inférieur.

L'inventaire de la cathédrale de Bourges (1537) mentionne aux tuniques, c'est-à-dire à *la tunique de diacre* et à *la tunique de soubz-diacre*, quatre cordons, portant quatre houppes, le tout or et blanc : « Plus y a deulx aultres tuniques, et y a à chacune des quatre tuniques dessus dictes quatre cordons, quatre houppons, et six boutons, tous de fin or de Chippre et de soie blanche. » (Baron de Girardot, *Histoire du trésor de la cathédrale de Bourges*, p. 28.)

Dans l'*Inventaire de la duchesse de Valentinois*, en 1514, les *cortiboz* ont des « pendans à trois rangs de houppes de soye blanche. » (Édit. Bonnaffé, p. 91, n° 475.)

« Plus deux tuniques de damas blanc, garnies de galons d'or servant d'offroys, avec ses houpes et franges d'or, le tout très-usé, servant les samedys des *Beatæ.* » (*Invent. de la cath. de Lyon*, 1724, n° 97.) — « Les tuniques garnies de leurs

21. Un piviale di broccato in campo di velluto cremesino [1], con fregio e cappuccio riccamato di perle, con l'armi di Papa Nicola (V) [2]. [In nota posteriore si fa conoscere che il fregio fu preso per far il piviale rosso di Giulio III.]

QUARTO ARMARIO.

22. Un piviale di seta cremesina con soli [3] e partamenti [4] et raggi [5] d'oro, con fregio et cappuccio riccamato di perle con lettere che dicono IHS, con l'armi di Sisto (IV), fodrato di taffetta cremesino.

23. Una pianeta del medesimo *id*.

24. Un piviale di raso cremesino, qual già fu di Alessandro (VI), con fregio e cappuccio di tela d'oro riccamato.

25. Dalmatica e tunicella di broccato, con fili pavonazzi [6], del cardinale de Balu [7], vecchie et rotte. [Furono poi fatti 4 cuscini per altare [8] e lanterne [9].]

houpes de soye blanche et or. — Deux tuniques, garnies de cordons et houpes de soye bleu, les crepelines des houpes d'or. » (*Ibid.*, nos 113, 116.)

1. Le velours rouge n'est plus usité à la chapelle papale; il a été remplacé, pour les solennités, par le lamé d'or, qui est plus riche et plus léger.

2. Je crois inutile de reproduire ici les armes pontificales chaque fois qu'elles sont signalées, ayant déjà publié une brochure spéciale, *l'Armorial des Papes*, à laquelle on peut recourir.

3. Les papes, outre leurs armoiries, avaient aussi des emblèmes. Le *soleil*, pris plus tard par Urbain VIII, peut avoir été l'emblème de Sixte IV; j'avoue n'en pas connaître d'autre exemple.

4. Divisions, compartiments, croissants?

5. Le rayonnement est fréquent à cette époque parmi les emblèmes. J'ai déjà signalé au Vatican les *couronnes rayonnantes* d'Alexandre VI (*Les Musées et les galeries de Rome*, p. 107). On voit aussi des *rais* flamboyants à un tombeau de la Renaissance, à Sainte-Marie-du-Peuple.

6. Ce brocard était à fond violet.

7. Le célèbre cardinal Balue mourut à Rome, évêque d'Albano, en 1491 : il fut inhumé à Sainte-Praxède, où son monument funèbre n'existe plus.

Son portrait est peint à fresque, dans le cloître de Saint-Marcel : je l'ai fait copier pour compléter la série des évêques d'Angers et placer dans la salle synodale de l'évêché.

Le sacriste, en écrivant à l'Italienne *Balu*, prouve péremptoirement que l'on a tort, de nos jours, de modifier l'orthographe du nom, qui n'admet pas l'article : il ne faut donc plus dire *la Balue*.

M. Müntz (*Les Arts à la cour des Papes*, t. II, p. 146) cite, dans la galerie Manfrin, à Venise, une couverture d'évangéliaire qui provient du cardinal Jean Balue, évêque d'Albano. Cette plaque niellée, enlevée en 1798 au trésor de la Sixtine, représente, aux angles, les quatre docteurs de l'Église et, au milieu, le baptême du Christ, la dernière Cène et la résurrection de Lazare, le tout encadré d'arabesques où se jouent des enfants faisant de la musique. Au revers, on voit, aux angles, les quatre évangélistes et, au milieu, la naissance du Sauveur, l'Annonciation avec les prophètes et l'adoration des Mages. Des deux côtés sont figurées les armes du cardinal : « Veggonsi ripetuti gli stemmi del cardinale Giovanni Balvo, vescovo di Albano, che nel 1467 ricevette il capello da Paolo II. »

8. Les coussins d'autel étaient destinés au missel, comme il se pratique encore à la chapelle papale.

9. Pour poser la *lanterne* qui se portait devant le saint Sacrement.

26. Il piviale e la pianeta del medesimo drappo, dato ad un arcivescovo di Armenia per commissione di Sua Santità.

27. Un piviale di broccato a fioron d'oro in seta cremesina, con fregi di riccamo a figure d'oro con qualche perletta et con rosette di perle, con l'arme di Sisto (IV), fodrato di taffetta cremesino.

28. Una pianeta di broccato in fili rossi a perlette d'oro con rose e ghiande [1], con fregio riccamato e figurato dove è la Visitatione davanti nel primo quadro. [La tiene il cardinale di Messina [2] in prestito.]

29. Un piviale di broccato a fioroni d'oro in campo di velluto. con fregio riccamato a fogliami, con suo cappuccio del medesimo ricamo. [Il fregio fu di Alessandro VI, il cappuccio di Clemente VII; passati alla chiesa di Terni.]

30. Altro piviale di broccato in campo di velluto cremesino, con figure di S. Tomaso che tocca il lato a Xpo, con il cappuccio.

31. Tre piviali antichi di broccato figurato d'oro et perle, doi in campo rosso e uno in broccato bianco, con i suoi cappuccini piccolini [3]. [Uno rosso dato al patriarca di Antiochia.]

32. Una pianeta di velluto con cordone d'oro intorni al fregio [4].

33. Una pianeta di broccatello a fioroni in seta cremesina, con fregio a modo di riccamo, da capo in dietro l'Assunzione della Madonna, con l'armi del cardinale Medici [5]. [Data alla signora Jacoma Monte per ordine di Giulio III [6].]

34. Un leggio, coperto di velluto pavonazzo, con frange d'oro et capitelli di ottone, con molti gigli et rosette d'ottone indorate, qual serve al mandato il sabbato santo [7].

QUINTO ARMARIO.

35. Un piviale di broccato riccio [8] figurato, con S. Giovanni quando bat-

1. Ces glands font sans doute allusion aux armes de Sixte IV ou de quelqu'un de sa famille, les de la Rovère ayant un *chêne fruité d'or*.

2. Jean-André Mercuri, archevêque de Messine, créé cardinal par Jules III, en 1551. Il eut successivement les titres de Sainte-Barbe, de Saint-Cyriaque aux Thermes et des Saints-Cyr-et-Julitte. Il mourut à Rome, en 1561.

3. Il est utile d'insister sur cette expression *capuccini piccolini*, pour montrer qu'à cette époque le chaperon était *bien petit* ou peu développé.

4. On remarquera ce *cordonnet d'or* qui contourne l'orfroi, au lieu de galon, *fettucie*, comme nous avons vu plus haut.

5. Jean-Ange Médicis, de Milan, archevêque de Raguse, cardinal-prêtre du titre de Sainte-Pudentienne, puis de Saint-Étienne au Cœlius, et qui devint pape sous le nom de Pie IV.

6. Sans doute une de ses parentes, puisque le nom de famille est le même. On verra par les cadeaux que Jules III pratiquait le népotisme au détriment de la chapelle de son palais.

7. Rectifiez : *au mandatum du Jeudi saint*. Ce pupitre ou analogie avait un doublier de velours violet, frangé d'or, et à ses quatre pointes, des chapiteaux de cuivre doré, semés de lis et de roses.

8. *Riccio* signifie *frisé* et *riccio sopra riccio*, *frisé sur frisé*. Mgr Bock possède

tezza Xpo con diademe di perle, con fregio et cappuccio di perle, con arme et imprese d'Innocenzio (VIII), mancante molte perle.

36. Un pianeta del medesimo, *id.*, *id.*

37. Dalmatica del medesimo, *id.*, *id.*

38. Un piviale di broccato riccio, in campo bianco, con figure di San Giovanni Battista che battezza Xpo, con cappuccio et fregio di perle, con l'armi et imprese di Innocenzio ottavo.

39. Una pianeta *ut supra*.

40. Una dalmatica et tunicella *ut supra*.

41. Doi pianete violate, con fiori d'oro rari, delli paramenti di Leone (X), poveri, con l'arme di Leone (X).

42. Una tunicella del medesimo colore.

43. Doi pianete violate a fioron d'oro rari, una con l'armi de Paolo III.

SESTO ARMARIO.

44. Un piviale di broccato in campo bianco, con fregio di perle et imprese di Julio (II), con cappuccio racconcio, con l'armi di Papa Paolo III.

45. Un piviale, pianeta, dalmatica e tunicella di broccato con fili rosei [1], de Balu, vecchie et rotte. [Dati al Patriarca di Soria [2].]

46. Una pianeta lavorata alla moresca [3], con fregio figurato et riccamato d'oro et perle con l'armi d'Innocentio (VIII).

47. Un piviale di broccato in fili bianchi di riccio sopra riccio, con freg di perle et cappuccio, con l'arme di Alessandro (VI) [4].

de riches ornements du xv⁰ siècle, qui sont rehaussés d'or frisé, c'est-à-dire tissé dans l'étoffe, de façon à faire de petits crochets. M. Bertolotti définit ainsi ce procédé : « *Riccio è anello di filo che in tessendo rileva e fa il drappo broccato.* »
Du Bellay, racontant l'entrevue du camp du drap d'or, en 1520, entre François Iᵉʳ et Henri VIII, dit : « Le roy devait festoyer le roy d'Angleterre près d'Ardres, où il avait fait dresser un pavillon ayant 60 pieds en quarré ; le dessus de drap d'or frisé et le dedans doublé de velours bleu, tout semé de fleurs de lis de broderie d'or de Chypre. »
« Un siel de drap d'or frisé. » (*Inv. de Fr. de la Trémoille*, 1542.)
« Le parement de drap d'or frizé du grand autel. — Item, ung aultre parement de drap d'or frizé, bourdé de velours noir avec des franges bleues et jaulnes, servant à la table dessus pour les trespassez. — Item, ung parement de table d'autel de drap d'or frizé. » (*Inv. de la Sainte-Chapelle de Dijon*, 1563, nᵒˢ 58, 60, 63.)
« Deux chappes de velours vert, velours sur velours figuré, les orfrois estant de drap d'or frisé sur velours cramoisi. » (*Inv. des Célestins d'Éclimont*, 1546.)
Au Musée des arts décoratifs, on voit trois spécimens d'or frisé ou bouclé : une dalmatique italienne, de la fin du xv⁰ siècle; une pièce de brocatelle espagnole, de même date, et un velours florentin, du xvii⁰.

1. Les ornements roses sont affectés au 3⁰ dimanche d'Avent et au 4⁰ de Carême.
2. Un patriarche de Syrie ou du rit syrien.
3. « A la morisque, c'est-à-dire dans le style arabe » (De Laborde, *Glossaire*).
4. On pourrait croire, d'après certaines descriptions, que les armes étaient apposées au chaperon : j'en connais un exemple du xvi⁰ siècle au musée de Cluny. On verra plus bas qu'elles sont sur l'orfroi, comme maintenant.

48. Dalmatica e tunicella, lavorata alla moresca, con fetuccie d'oro et seta de la sopra scritta pianeta.

49. Una pianeta del broccato del piviale *ut suprà*.

50. Dalmatica e tunicella *ut suprà*.

51. Dalmatica e tunicella di damasco rosso, a fioron d'oro, senza fodera.

SETTIMO ARMARIO.

52. Un piviale di broccato a fioron d'oro, con ghiande in campo rosso, con fregi di perle, fatto da Leone (X); il suo cappuccio è al piviale de Julio (II) di broccato nel VJ armario, con armi di Paolo III.

53. Una pianeta, con fregi di perle et armi di Leone (X), dalmatica e tunicella, *id.*

54. Una pianeta, dalmatica e tunicella di broccato, delli paramenti di Leone (X), vecchi. [La pianeta fu data a Monsignor Chaterino.] Il piviale del medesimo è in una delle casse d'abete, senza fregio per esser tutto rotto. Fu guasto per far un paliotto avanti l'armario delli libri ed il suo fregio messo al piviale con le figure di S. Thomaso che tocca il lato a Xpo.

55. Un piviale di broccato riccio sopra riccio, con arme e impresa di Leone (X), con fregi di perle riccamato. [Il fregio fu posto ad una pianeta di Giulio III.]

56. Una pianeta *ut suprà*.

57. Dalmatica e tunicella *ut suprà*.

58. Una pianeta, dalmatica e tunicella di damasco bianco a fioron d'oro, con l'armi di Leone (X) et con figure nel fregio. Et sono li paramenti di S. Francesco di Paola, quando fu canonizzato [1].

59. Un altra pianeta del medesimo, con fregio e tela d'oro e l'armi di Paolo III.

60. Un pianeta di damasco bianco, con l'armi del cardinale Santa Croce, spagnolo [2]. [Data al signor Baldovino (dal Monte).]

1. Il est de règle qu'à chaque canonisation le pape se serve d'ornements neufs. Benoît XIV les a réservés pour la basilique de Saint-Pierre.

2. Il faut lire : *Du cardinal* (du titre de) *Sainte-Croix, Espagnol* (d'origine). Bernardin Caravagial, créé cardinal par Alexandre VI, le 20 septembre 1493, mourut en 1522 et fut enseveli dans son église titulaire de Sainte-Croix de Jérusalem, pleine des dons dus à sa munificence : on y voit encore son portrait en mosaïque et en peinture à fresque. J'en ai parlé longuement dans mes *Églises de Rome*, à l'article de *Sainte-Croix*. Il avait pour armes : *d'argent à la bande de sable*.

Le rédacteur de l'inventaire écrivait *cardinal de Sainte-Croix*, pour se conformer à l'usage établi par une ordonnance pontificale.

Paris de Grassis, relatant une nomination de cardinaux dans laquelle son frère Achille avait été compris, dit que Jules II, « quelques jours après, distribuant les titres aux cardinaux, leur enjoignit de quitter leurs noms de famille, et de n'employer dans leurs signatures que celui de leur titre, ce qui paraît n'avoir pas été observé. » (*Not. des mss.*, tome II, page 567.)

Au XVIᵉ siècle, nous voyons les cardinaux prendre aussi le nom du lieu de leur

OTTAVO ARMARIO.

61. Un piviale di broccato in campo rosso, con fregio et cappuccio riccamato di perle, con arme et impresa di Clemente VII.

62. Un altro di broccato, figurato d'oro e seta, con arme di Medici cardinale, con cappuccio riccamato, figurato con la Madonna che tiene il figliuolo in braccio.

63. Una pianeta del medesimo. Dalmatica e tunicella del medesimo.

64. Una pianeta di broccato, con l'armi di Santi Quattro.

65. Una pianeta violacea con fioron d'oro, con l'arme di Santi Quattro, quale s'ebbe alla morte del R^mo Pucci.

66. Un piviale di broccato in campo bianco, con fregio e cappuccio di perle, con l'arme et impresa [1] di Clemente VII.

67. Un piviale di broccato, con fregio figurato di seta, che fu del cardinale Medici, con un fregio con l'Annuntiata.

68. Una pianeta del medesimo broccato *ut suprà*, con arme dei Medici.

69. Dalmatica et tunicella del medesimo *ut suprà*.

NONO ARMARIO.

70. Un piviale di broccato di rosa secca [2], tessuto con l'impresa di Leone (X), con fregio figurato di ricamo seta e oro con alcune perlette. Il cappuccio e quello sopra il piviale di Sisto (IV) nell'armario quarto.

71. Un piviale di damasco pavonazzo, con l'arme di Leone (X), con cappuccio del medesimo.

72. Tre pianete *ut suprà*.

naissance : de là l'appellation de *cardinale Alessandrino* pour saint Pie V et son neveu.

Corneille Firmano, maître des cérémonies de Pie IV, Pie V et Grégoire XIII, raconte que Michel Ghislieri « avait été fait cardinal par Paul IV, qui l'avait nommé le *cardinal d'Alexandrie*, parce qu'il était né dans le territoire d'Alexandrie de la Paille ; et qu'enfin étant devenu pape, il prit le nom de Pie V... Tous les cardinaux l'ayant vivement pressé de créer cardinal le fils de sa sœur, Michel Bonalto, et de lui accorder la permission de porter la barrette rouge, quoiqu'il fût religieux dominicain, il céda à leurs instances quant à la nomination de son neveu au cardinalat, mais refusa absolument de lui permettre de porter la barrette rouge, voulant qu'il observât ce qui se pratiquait à cet égard par rapport aux cardinaux des ordres religieux. Il fit au nouveau cardinal un long discours sur les obligations que lui imposait cette nouvelle dignité, et lui donna la barrette noire. Il voulut qu'il portât le nom de *cardinal d'Alexandrie*, qu'il avait lui-même porté avant d'être pape. » (*Not. des mss.*, t. II, p. 652-653.)

1. Les devises et emblèmes de Clément VII sont, au Vatican, dans la salle de Constantin : un *joug*, SVAVE; un anneau à pointe de diamant et un épervier, SEMPER; le soleil mettant le feu à un arbre en passant à travers un globe de cristal, CANDOR ILLAESVS (*Mus. et gal. de Rome*, p. 140).

2 *Rose sèche* est la couleur propre des ornements roses.

73. Dalmatica et tunicella *ut suprà*.

74. Una pianeta di pavonazzo a fioroni d'oro, con fregio figurato et riccamato d'oro, con l'arme del cardinale Hincourt[1].

75. Una pianeta di broccato in fili bianchi, con fregio figurato e riccamato d'oro, con arme del predetto cardinale. [La stola et manipolo del medesimo ebbe in prestito il R^{mo} cardinale Morone [2] del sacrista Alfonso.]

76. Un piviale di raso cremesino, col fregio riccamato di seta ed oro, con l'impresa [3] ed arme di Paolo III, e suo cappuccio.

77. Un piviale di raso cremesino, con fregio riccamato d'oro et seta, con impresa ed arme di Clemente (VII), col cappuccio racconcio. [Fu accomodato in due altri piviali per prelati.]

78. Un piviale violaceo con fioron d'oro, con imprese et arme di Paolo III.

79. Una pianeta del medesimo *ut suprà*.

80. Due pianete del medesimo *ut suprà*.

81. Dalmatica e tunicella del medesimo *ut suprà*.

DECIMO ARMARIO.

82. Un piviale di broccato in filo rosso a lettere, con un fregio figurato con li miracoli di san Paolo, riccamato di perle, con cappuccio del medesimo riccamo di figure della conversione di san Paolo, fatto da Paolo III.

83. Un piviale di damasco in fili rossi a fioron d'oro, con gigli d'oro nel drappo, con fregi figurati, col suo cappuccio riccamato dove è un san Paolo.

84. Una pianeta del medesimo drappo, con fregio riccamato e figurato, con arme di Paolo III. Dalmatica, *id.*, *id.*

85. Un piviale di broccato d'oro in fili bianchi, con un fregio figurato et riccamato di perle, con l'historia di san Pietro e l'arme *ut suprà* [4].

86. Un piviale di damasco bianco a fioroni, con fregio riccamato et

1. *Le nom est évidemment altéré. Il s'agit de Guillaume Enckenvort, natif d'U-trecht, dataire d'Adrien VI et seul cardinal créé par ce pape, en 1523. Il mourut à Rome et fut inhumé à Sainte-Marie dell' Anima, où l'on voit son tombeau. Ciacconio lui donne pour armes : d'or, à trois aiglettes de sable, 2 et 1.*

2. *Jean Moroni, né à Milan en 1509, fut créé cardinal par Paul III en 1542. Il mourut à Rome, en 1580, évêque d'Ostie, de Porto et de Sainte-Rufine et doyen du Sacré-Collège. Ciacconio, qui dit qu'il reçut la sépulture à Sainte-Marie sur Minerve, lui donne pour armoiries : d'argent à un arbre (un mûrier ?) de sinople.*

3. *Les emblèmes de Paul III sont : une branche de lis, un caméléon et un dauphin enlacés par la queue, FESTINA LENTE; un lis, surmonté d'un arc-en-ciel, DIKHSKPHNON. (Mus. et gal., p. 87.)*

4. *« Perino del Vaga, nous dit Vasari, dessine huit sujets de la vie de S. Pierre pour être brodés sur une chape de Paul III. » (Lefébure, Broderie, p. 114.)*

figurato di seta et oro, col cappuccio con l'Assuntione, con l'arme nel fregio di Paolo III.

87. Una pianeta, *id.*, *id.*

88. Dalmatica et tunicella, *id.*, *id.*

89. Una pianeta di seta bianca con soli et stelle e giri d'oro, con un fregio riccamato di perle, con doi arme di Paolo II.

PRIMA CASSA DEL CASSON GRANDE DI MEZZO.

90. Una dalmatica, tunicella legiera, con fetuccie e bottoni[1] d'oro.

91. Un gremial di velluto, con una croce ed una fetuccia d'oro.

92. La coperta del faldisterio[2], di velluto negro, con frangie di seta negra et oro.

93. Tre coperte de'libri di velluto negro.

94. Tre stole di velluto negro con suoi fiocchi d'oro[3], con cinque crocette d'oro.

95. Tre manipoli di velluto negro, con suoi fiocchi d'oro, con tre croci d'oro.

96. Tre stole di velluto negro, fiocchi e crocette.

97. Un manipolo di velluto negro, coi suoi cordoni e bottoni d'oro, vecchio[4]. [Non si adopra più, posto nelle cose vecchie.]

98. Una stola di velluto negro, con tre croci d'oro, fiocchi e bottoni d'oro.

99. Un manipolo del medesimo *ut suprà*.

100. Un manipolo di velluto negro *ut suprà*.

101. Un cordon di seta negra[5], con bottoni d'oro e seta negra.

1. La qualification *légère* indique que ces tunicelles devaient servir exclusivement à l'officiant et non à ses ministres. Les boutons d'or pouvaient remplacer aux épaules les rubans que l'on y met actuellement pour serrer l'élargissure.

2. Le *faldistorium* ou pliant sur lequel s'assied l'officiant à la chapelle papale, qu'il soit cardinal ou évêque. La housse varie de couleur selon la fonction.

« 1470, 28 avril. Infrascriptis duabus personis pro manifactura et deauratura faldistorii per eas facti et deaurati ex ordinatione nostra, pro persona S⁻ᵗ domini nostri papæ, et primo videlicet religioso viro fratri Johanni (Juliano ?) de Florentia, pictori, florenos auri de camera 7 et bon 3 pro ejus salario deauraturæ dicti faldistorii. — Magistro Johannino Bartholomey de Florentia lignario, flor. similes 5 pro manifactura dicti faldistorii. — Eidem Johannino de Florentia flor. similes 1 et bon. 36 pro valore..... seu pellis per eum empti et a nobis habiti pro dicto faldistorio. (Müntz, *Les Arts à la cour des papes*, t. II, p 109.)

Ce faldistoire était en bois doré et la peau tendue formait le siège.

3. Les ornements de Clément VIII, conservés à la Sixtine, ont des houppes, au lieu de franges, au manipule et à l'étole.

4 Les cordons servaient, comme maintenant à Rome, à fixer le manipule au bras, et les boutons d'or reliaient les deux pendants, ou mieux remplaçaient la frange.

Une statue d'évêque, de la fin du xvᵉ siècle, au musée de Cluny, montre la disposition du cordon au manipule : il ne reliait pas les deux pendants comme de nos jours par le bord extérieur, mais, fixé sur la doublure d'un des pendants, il traversait l'autre pendant et venait former une boucle en dehors.

5. A Rome, le cordon d'aube, pour plus de solennité, se fait en soie et est de la

102. Altro di seta negra, con bottoni di seta et oro.

103. Un coscinetto di velluto negro pel messale, con la fetuccia d'oro.

104. Il basto [1] di velluto nero, con tela d'oro e passamano d'oro per fregio.

SECONDA CASSA DEL CASSON DI MEZZO.

105. Dalmatica et tunicella di taffetta pavonazzo con fetuccie e frangie d'oro.

106. Due stole e tre manipoli di damasco pavonazzo, con fioroni d'oro, con impresa di Paolo III, con fiocco e cordon d'oro [2].

107. La coperta del faldisterio del medesimo drappo.

108. Il basto del medesimo drappo.

109. Il gremiale del medesimo drappo a fioroni, con la croce in mezzo di fetuccia d'oro.

110. Un cordon di seta pavonazza, con fiocchi e bottoni d'oro.

111. Un cordone di seta pavonazza, con li suoi fiocchi d'oro e seta quasi novi.

112. Un par de sandali del medesimo drappo, con fioroni e imprese di Paolo III.

113. Tre coperte di libri di damasco pavonazzo.

114. Tre stole et quattro manipoli di damasco *ut suprà*, con imprese di Paolo III, con fiocchi d'oro.

115. Altro manipolo del medesimo.

116. Altro manipolo *ut suprà*.

117. Dalmatica e tunicella di taffetà pavonazzo, con fetuccie d'oro e

couleur du jour. Les boutons de soie et or devaient y être enfilés pour imiter des nœuds de passementerie. On les rencontre dans l'inventaire de la cathédrale de Vannes, en 1555 : « Un cordon de soie rouge, ayant ouit (huit) touffes pendantes aux bords ; avecques deux boutons d'or au milieu dudict cordon. »

L'inventaire de la cathédrale de Bourges (1537) distingue nettement les houppes et les boutons : le *bouton*, uni à la *houppe*, forme ce que nous nommons actuellement *gland*. Le bouton est la tête ronde du gland, dont la houppe est l'effilé.

La représentation de Grégoire IX, peint par Raphaël au Vatican, montre de quelle façon se faisait et se posait le cordon. Il est noué en avant, les deux bouts pendants sur les genoux. Les houppes, nombreuses et allongées, s'étalent à peu près comme sur les chapeaux cardinalices, presque à partir de la taille.

1. *Basto* signifie littéralement *bat*. Serait-il ici question du drap mortuaire qu'on mettait sur le catafalque ou représentation, qui ressemble effectivement à un bât de bête de somme, c'est-à-dire à deux pentes ? Les draps mortuaires sont encore en drap d'or, encadré de velours noir ; mais plus loin il est question de *basto* violet. M. Bertolotti estime, au contraire, qu'il s'agit du *bât* destiné à la haquenée. Soit ; alors, en raison de la couleur, ce ne serait pas la haquenée du saint Sacrement, mais bien celle du camérier porte-croix. Voir plus loin des bâts violets, tandis que les housses sont blanche ou rouge, ce qui convient mieux au saint Sacrement, mais ne s'accorde pas avec un bât noir ou violet.

2. Le cordon d'or reliait, comme de nos jours, les côtés de l'étole et aussi du manipule : il se terminait par un gland.

frangie intorno di seta et oro, suoi bottoni e fiocchi grandi d'oro.

118. Coperta del faldisterio, di damasco pavonazzo a fioroni d'oro, con frangie intorno di seta et oro, del drappo de' paramenti di Leone (X) ricchi, foderate di tela azurra.

119. Gremiale del medesimo.

120. Il basto del medesimo.

121. Doi stole e tre manipoli del medesimo.

122. Un cordone di seta pavonazza, con li fiocchi d'oro.

123. Sandali, un paro, di damasco pavonazzo, con l'imprese di Clemente VII.

124. Tre coperte de' libri, di damasco con fioroni d'oro.

125. Una coperta di faldisterio di damasco pavonazzo, del drappo povero de Leone (X), con sue arme vecchie.

126. Il basto del medesimo.

127. Doi stole del medesimo, sono delli paramenti ricchi di Leone (X).

128. Doi altre stole del medesimo, con le croci di fetuccie d'oro.

129. Doi manipoli *ut suprà*.

130. Una stola di raso pavonazzo, con le croci a reticella d'oro [1], con suoi fiocchi a seta et oro, foderato di taffetta pavonazzo. [Portata nell'armario delli papi per S. Sta.]

CASSA TERZA.

131. Un gremiale di broccato con li fili rossi, con una croce in mezzo di fetuccia d'oro. [Serve per il Papa.]

132. Un cordon di seta rossa, con bottoni e fiocchi di seta rossa et oro.

133. Un rotolo di broccato [2].

134. Un manipolo di tabbi d'oro, con tre croci e due *agnus Dei* di perle, con suoi bottoni e fiocchi d'oro. [Levate le croci e gli *agnus Dei* e poste ad un manipolo di armesino rosso di Giulio III.]

135. Tre stole di tabbi d'oro in una, et una croce de fetuccia d'oro. [Levati li cordoni e fiochi per mettere ad una stola d'armesino rosso di Giulio III.]

136. Tre manipoli del medesimo.

137. Un par di zannali di broccato d'oro in fili rossi, con croce d'oro tirato sopra, con passamani di seta rossa et oro in luogo di laccio. [Posti a Papa Giulio quando mori.]

138. Un altro par di zannali, di broccato d'oro.

139. Una coperta di faldisterio di velluto rosso, con le frangie d'oro.

140. Tre coperte de libri [3] di damasco rosso, con fioroni d'oro.

---

1. Ces croix en *filet d'or* nous donnent l'origine de la dentelle.

2. Serait-ce du brocard en pièce ? M. Bertolotti traduit par *rouleau : panno o stoffa qualunque avvolta sopra se stesso.*

3. Les housses des livres se conforment pour la couleur à celle de la fête.

141. Un cordon di seta rossa, con suoi fiocchi d'oro e seta.

142. Un par di zandali di damasco rosso a fioron d'oro, con suoi fiocchi [1]. [Destinati per Paolo III.]

143. Doi stole e tre manipoli di broccato, delli paramenti di Clemente (VII).

144. Dalmatica et tunicella leggiera, di taffettà rosso.

145. Un cordon di seta rossa, con bottoni et fiocchi di seta rossa et oro. [Usati per seppellir Paolo III [2].]

146. Un gremiale di broccato in fili rossi, con una frangia intorno d'oro. [Sopra la cassa del *Corpus Domini* [3].]

147. Un par di zandali di damasco rosso, che furono del cardinale Hincourt.

148. Una coperta di faldisterio, di damasco rosso, con imprese di Paolo III.

149. Dalmatica e tunicella di taffetta rosso, con fetuccia d'oro e frange d'oro et seta intorno, sopra la spalla cordoncini di seta e oro. [Furono usate per seppelir Papa Paolo III.]

150. Doi stole e tre manipoli del medesimo drappo, con fiocchi e cordoni d'oro.

151. Il gremiale del medesimo.

152. Un paro di zandali del medesimo.

153. Un cordon di seta rossa, con fiocchi d'oro.

154. Due coperte di libri del medesimo drappo.

QUARTA CASSA.

155. Par di zandali di broccato in fili bianchi, con croce d'oro [4].

156. Tre stole di broccato riccio sopra riccio e tre croci d'oro.

157. Tre manipoli del medesimo broccato, doi de' paramenti di Leone (X) et uno di Alessandro (VI).

158. Un manipolo del medesimo.

159. Un cordon di seta bianca, con suoi fiocchi d'oro e seta.

160. Un gremiale del medesimo, de paramenti di Leone (X), con sue imprese.

161. Un gremiale de riccio sopra riccio, con frangia di seta bianca e oro, con arme di Alessandro (VI), con perle.

---

1. Les sandales étaient fixées aux pieds par des lacets ou passemeuts, comme le représentent les anciennes mosaïques : ces lacets se terminaient par des houppes.

2. On trouvera les détails les plus curieux sur les enterrements des papes dans un ouvrage spécial de Gattico, 2 vol. in-folio.

3. La caisse ou chàsse où se mettait le saint Sacrement quand le pape voyageait.

4. Le pape est le seul qui ait droit à des croix brodées sur les sandales, parce qu'il est le seul à qui ou baise les pieds. Avis à nos évêques contemporains, qui usurpent si facilement ce privilège papal.

162. Doi stole di broccato et tre manipoli con perle, mancante di varie di queste.

163. La copertina del faldisterio, di damasco bianco a fioroni d'oro, con l'arme di Clemente (VII) quando cardinale.

164. Un gremiale di broccato, con lettere che dicono PP 8° [1], a penne di pavone [2].

165. Dalmatica et tunicella, di taffeta bianco et fetuccia d'oro.

166. Dalmatica et tunicella di damasco bianco.

167. Dalmatica et tunicella di damasco vecchio.

168. Un cordon di seta bianca, con suoi fiocchi d'oro et seta bianca.

169. Cordone di seta bianca, con un fiocco per testa di seta e oro, della capella del R^mo Sadoleto [3].

170. Doi stole et tre manipoli, delli paramenti di S. Francesco de Paolo [4].

1. Innocent VIII.

2. Ce dessin en plumes de paon est à noter. J'ai vu à Rome, dans la collection de M. Spithover, une mitre de ce genre, mais plus récente d'un siècle; elle avait été découverte dans une tombe.

« Item, une autre chapelle de velu au vermeil, brodée à mochettes de plumes de paon. » (*Inven. de Charles V*, 1379, n° 1081.)

M. Bertolotti a relevé la mention suivante dans les registres de dépenses de Paul III : « 4 juin 1545. A maître Baccio de la Croce, tapissier florentin, pour prix de trois chapeaux en plumes de paon, garnis de taffetas double cramoisi et de galons d'or, avec leurs caisses, pour servir à Notre-Seigneur, treize écus, deux bolonais. »

3. Jacques Sadolet, évêque de Carpentras, fut cardinal prêtre du titre de Saint-Calixte, puis de Saint-Pierre-ès-Liens. Créé par Paul III, le 22 décembre 1536, dans sa quatrième création de cardinaux, il mourut en 1547 et reçut la sépulture à Saint-Pierre-ès-Liens, où il n'y a plus trace de tombe.

4. Lire, comme précédemment, *qui ont servi à la canonisation de saint François de Paule*, laquelle fut faite par Léon X, en 1519 (*Della canonizazione dei santi* p. 62).

Paris de Grassis, qui fut maître des cérémonies de Léon X, nous a laissé de curieux détails sur cette canonisation. A défaut de l'original, qui n'a pas encore été publié intégralement, nous les empruntons à une analyse du savant de Brequigny, insérée dans les *Notices des manuscrits de la bibliothèque du Roi* (Paris, 1789, t. II, p. 592-595 :

« Le pape consulta Paris de Grassis sur ce qu'il avait à faire : celui-ci, qu s'y attendait, avait voulu se préparer d'avance et recourir à un traité qu'il avait composé sur la canonisation des saints; mais ce traité avait disparu : il lui avait été volé, et il ne put jamais le recouvrer.

« Pour première question, le pape lui ayant demandé quels étaient les frais d'une canonisation, il lui répondit qu'ils passaient toute croyance; qu'il se souvenait que la canonisation de saint Bonaventure, sous Sixte IV, avait coûté 27.000 ducats; que celle de saint Léopold, sous Innocent VIII, en avait coûté 25,000. Le pape se mit à rire, en lui disant que cela était impossible. Paris de Grassis fit une longue énumération des divers objets de dépenses: il fit même apporter sous les yeux du pape les ornements les plus précieux qu'on avait fournis pour pareilles cérémonies. L'Église, ajouta-t-il, souffre ces dépenses énormes, et n'est pas fâchée de les voir portées à cet excès, dans l'espérance qu'elles dégoûteront des canonisations, souvent accordées moins aux mérites de celui qu'on canonise, qu'aux sollicitations des

171. Un par de sandali di damasco bianco.

172. Un cordon di seta bianca, con suoi fiocchi d'oro e seta. [Al vescovo di Castro [1].]

princes, des villes, des nations qui s'y intéressent. Actuellement, dit-il encore, la ville de Florence poursuit la canonisation d'un de ses archevêques ; l'Allemagne, celle de Benon ; le doge de Venise et le roi de Hongrie, celle de Ladislas. Il aurait pu y joindre les rois d'Espagne, d'Angleterre et de Portugal, qui, dans ce temps, voulaient aussi, à l'envi du roi de France, faire chacun canoniser un saint. Si on les écoutait, conclut-il, on verrait bientôt tomber dans le mépris ces saintetés ainsi multipliées.

« Mais le pape, qui avait résolu d'accorder au roi de France la canonisation de François de Paule, ordonna à Paris de Grassis de lui donner un mémoire sur ce qu'il fallait faire pour y procéder. Il lui fut remis le 1er mai 1519.

« Le 4 avril suivant, on tint le premier consistoire public, où la canonisation fut requise selon les formes ordinaires. Le pape répondit à l'avocat qui la requérait, et fut fort applaudi ; c'était Paris de Grassis qui avait composé le discours du pape : celui-ci riant des applaudissements qu'on lui prodiguait, et se tournant vers Paris de Grassis : « Mon maître, lui dit-il, tout cela vous regarde, et vous « voyez que votre disciple vous fait honneur ; préparez-moi un autre discours « pour le consistoire demi-secret où assisteront les cardinaux et les prélats. » Paris de Grassis obéit et composa un second discours, qu'il a inséré dans son journal ; il est court, d'une grande simplicité ; et si nous jugeons du premier par celui-ci, il n'y avait pas à se récrier sur l'éloquence de l'auteur. Le pape y disait en assez mauvais latin que, pour satisfaire aux vœux du Roi très chrétien, de sa mère, de sa femme, des grands sujets de son royaume, et de ses sujets en général, il allait prendre les avis des cardinaux et des prélats qu'il avait convoqués, et qu'il espérait qu'ils auraient égard aux mérites de François de Paule.

« Ce fut le 13 avril que ce discours fut prononcé ; mais, par la faute des courriers, plusieurs prélats ne furent point avertis, spécialement l'évêque de Saint-Malo, ambassadeur de France. On avait su que l'évêque de Saint-Malo disait qu'à la vérité il poursuivait la canonisation comme ambassadeur, et par ordre du roi son maître ; mais que, comme évêque, il ne l'approuvait pas, parce qu'il ne trouvait pas que François de Paule, soit durant sa vie, soit après sa mort, eût fait aucun de ces miracles par lesquels on mérite d'être mis au rang des saints ; que son avis était donc que la canonisation fût différée jusqu'à quatre-vingts ou cent ans ; et plusieurs pensaient de même. (Il était mort en 1507, il n'y avait donc que douze ans.)

« Quand le pape avait appris cela, il avait été fort embarrassé, car il voulait complaire au roi de France. Paris de Grassis lui conseilla, pour éluder le projet de l'évêque de Saint-Malo, de prendre les avis sur la canonisation par *oui* ou par *non* ; ce moyen réussit. Cependant, comme l'évêque de Saint-Malo, mais beaucoup d'autres ne s'étaient pas trouvés au consistoire, le pape les convoqua deux jours après, sans appeler ceux qui avaient déjà voté : ils s'assemblèrent au nombre de plus de trente. Alors le pape leur dit que tous les cardinaux et les prélats qui s'étaient trouvés au consistoire précédent avaient déjà donné leur voix pour la canonisation, mais qu'il voulait achever de les prendre toutes, conformément à la bulle qu'il avait préparée et qu'il allait publier.

« L'évêque de Saint-Malo parla le premier et assez longtemps : il conclut pour canoniser, et l'avis passa à l'unanimité. La cérémonie fut fixée au 1er mai : Paris de Grassis allégua, pour la hâter, qu'on avait déjà dépensé plus de 1,000 ducats ; mais la vraie raison de cette précipitation était que le pape voulait prévenir les demandes que les ambassadeurs d'Espagne, d'Angleterre et de Portugal devaient lui faire, comme je l'ai dit, pour obtenir des canonisations pareilles, qu'il ne se souciait pas de leur accorder : ainsi se termina cette affaire. »

1. Castro, dans l'ancien duché de Parme ? En 1646, l'évêché a été transféré à

173. Un paro de sandali, di damasco bianco vecchio.

174. Due stole di broccato, con fiocchi d'oro.

175. Una coperta di faldisterio di damasco, con l'arme di Leone (X).

176. Dalmatica e tunicella leggiere, di taffeta bianco.

177. Doi stole et tre manipoli di damasco bianco con fiocchi d'oro.

178. Il gremiale di damasco bianco, con frangie d'oro.

179. Tre coperte de libri, di damasco bianco con fioroni d'oro, quasi vecchie.

180. Un cordon di seta bianca, con fiocchi d'oro.

181. Doi para di sandali novi, di damasco, con fioron d'oro, ma poveri.

LI COSSINI [1].

182. Un cossino grande da faldisterio [2], di broccato in campo velluto cremesino riccamato di perle, con arme di Paulo III pieno, con fiocchi e bottoni d'oro [3]. [Le perle furno levate per racconciar altri paramenti di sacrestia.]

183. Un cossino di broccato riccio sopra riccio da faldisterio, in campo bianco, con l'arme di Leone (X), con quattro fiocchi d'oro.

184. Un cossino grande per faldisterio, di broccato riccio in fili rossi, con l'arme di Leone (X) da una parte et dall'altra [4] con fiocchi d'oro.

185. Un cossino grande di broccato, con l'imprese di Clemente (VII), con un armetta di Paulo III in mezzo e fiocchi d'oro.

186. Un cossino grande di damasco rosso a fioron d'oro, con l'arme di Paolo III, con fiocchi d'oro.

187. Il cossinetto pello scabello [5], del medesimo drappo, con arme ut suprà.

Aquapendente. Il existe un autre siège épiscopal à Castro, dans les Deux-Siciles, il est suffragant d'Otrante.

1. « Duos orelieros panni rubei, cum quatuor grossis nodis seu botonibus de cirico, quos dedit Dom. de Mendes. — Duos aurilieros magnos de pluma, copertos panni aurei sub campo rubeo, cum botonibus ciriceis in angulo cujuslibet. » (Invent. de la cath. de Lyon, 1448, n° 344, 346.)

La distinction que j'ai établie page 284 relativement au bouton (gland) et à la houppe (effilé) se confirme par ce texte du XVI° siècle : « Cinq houppes et plusieurs boutons. » (Invent. de la duchesse de Valentinois, 1514, p. 100, n° 507.)

2. Paris de Grassis indique un coussin pour les genoux du pape : Ingressus igitur papa, genuflexit super parvo cusino, in gradu ante altare posito.

3. Chaque faldistoire est muni de son coussin, pour s'asseoir. Les armes se brodent au milieu et les glands se placent aux angles. Je ne saisis pas bien la destination de ces boutons d'or, inusités actuellement, à moins que ce ne soit pour fixer le coussin au faldistoire et l'empêcher d'être mobile.

4. Il y a ici évidemment une omission dans le texte, qui doit être ainsi suppléé : et de l'autre côté, avec les armes de..., comme le témoigne l'article suivant, qui montre un coussin armorié sur les deux faces.

5. Ce coussinet n'est plus usité : on se contente de poser sous les pieds du pape un petit escabeau recouvert de velours rouge.

188. Doi cossinetti di broccato riccio sopra riccio, qual broccato fu levato dalla pianeta di Leone (X).

189. Un cossinetto vecchio et rotto di broccato e velluto, con l'imprese ed arme di Giulio (II), con quatro fiocchi d'oro. [Per esser in cattivo stato non più in uso].

190. Un cossinetto per lo scabello del faldisterio di broccato riccio, con l'imprese et arme di Leone (X) e fiocchi d'oro.

191. Tre cossinetti di broccato, in uno v'è l'Annuntiata ed in altro S. Tomasso che tocca il lato a Xpo, con fiocchi d'oro.

192. Un cossinetto di broccato, con fiocchi di seta rossa e d'oro: fu del Rᵐᵒ Sadoletto.

193. Due cossinetti di broccato, quali s'adoprano per la lanterna e per il celebrante, dove sono figure tessute di S. Tommaso che tocca il lato a Xpo, con fetuccie d'oro.

194. Due cossinetti di broccato in campo di velluto pavonazzo, servivano per l'advento alla lanterna et per l'altare, con fiocchi di seta et oro.

195. Un cossino grande vecchio pel faldisterio [1], di damasco violato, con l'arme di Leone (X), dal quale e stata cavata un poco di piuma [2] per mettere nel cossino rosso di Paolo III. [E in cattivo stato.]

196. Un cossino grande di damasco violaceo, con fioroni d'oro e l'arme di Leone (X), pieno ma vecchio.

197. Altro grande id., con l'arme di Paolo III. [Fu levata l'arme per porre (ad) un palio di damasco alla chiesa di Canino per ordine di Paolo III.]

198. Altro di damasco pavonazzo con fioron d'oro, con arme ut suprà. [Levata l'arme di Paolo (III) e posta quella di Giulio III.]

199. Altro id. (con l'arme di Giulio III.)

200. Un cossinetto del medesimo pel scabello del faldisterio, l'imprese e arme e fiocchi (con l'arme di Giulio III).

201. Altro id. id.

202. Altro id., con arme di Paolo III non mutata.

203. Una coperta di cossino riccio sopra riccio [3], di brocato in fili rossi, con l'arme et imprese di Giulio (II), vecchissima.

1. Paris de Grassis nous fait comprendre un des usages du faldistoire, qui servait au pape à s'accouder pendant qu'il était à genoux devant l'autel : *Finitâ epistolâ, fecit per clericos capellæ portari ante altare faldistorium pro papa, et reverso papa ad solium, iterum fecit illud reponi ad partem, donec esset tempus descendendi ad Corpus Christi. Papa igitur reverso de faldistorio ad solium illius.*

2. Ces coussins, pour être plus moelleux, étaient donc rembourrés de plume.

3. Le mot *riccio*, en latin *ricius*, ne se trouvant pas expliqué par le Glossaire de du Cange, il est nécessaire de joindre ici ces trois textes : « Item caput senis, non parvum, cum capillis riciis, in corniola ; est valoris 3 ducatorum. — Item caput senis cum capillis riciis, in jaspide rubeo, valoris 1 ducati. — Item caput juvenis, parvum, cum capellis riciis, in prasmate, valoris 5 carlenorum » (*Inv. de Paul II, 1457.*)

204. Un mezzo cossino di broccato riccio, con imprese et arme di Sisto (IV).

205. Un cossinetto, coperto di damasco bianco, serve pel messale.

206. Altro coperto di moccaiata, vecchissimo, tarlato.

207. Altro di velluto, che serve pel messale nell'altare.

FALDISTORIJ DEL PAPA.

208. Un faldistorio dorato, col suo fondo di velluto cremesino, con imprese dell'alicorno [1], fatto nel tempo di Paolo III.

209. Un altro faldisterio dorato, con gigli, con el fondo di velluto cremesino, con teste di donzelle in capo.

210. Un faldisterio dorato, vecchio, con l'arme di Leone (X), in capo teste di leone.

211. Tre scabelletti del faldisterio, coperti di cremesino, doi vecchi, uno quasi novo.

212. Tre altri coperti di panno rossi, doi tarlati [2] et uno quasi nuovo.

213. Due faldisteri de prelati de ferro [3], con suoi fornimenti di rame indorato, vecchio, di Clemente (VII), e l'altro novo di Paolo III, con l'arme dell'uno et dell'altro.

214. Quattro cossini di corame per detto faldistorio, doi vecchi et doi novi.

215. Un cossino di velluto pavonazzo, tutto consumato.

216. Altro di damasco bianco, qual serve sotto il cossin grande del faldisterio del papa.

217. Una coperta di tela rossa pel faldisterio del papa, quando se va fuora.

218. Doi lanterne, una piccola e l'altra grande, de legname depinte, con l'arme di Paolo III, con sue coperte, quali servono appresso la sedia di N. Signore nelle messe pontificali [4].

219. Doi canestri di vimine [5], quali servono quando N. S. dice messa privatamente.

---

1. La licorne fut donc un des emblèmes adoptés par Paul III.

2. Si les teignes s'y sont mises, c'est que l'étoffe était en laine. De pareilles tentures plus modestes devaient être réservées aux grands jours de deuil, comme le vendredi saint et peut-être aussi le mercredi des Cendres.

3. La charpente du *faldistorium* se fait encore en fer, seulement les montants sont rehaussés de cuivre doré.

4. Ces deux lanternes, recouvertes de housses, ne sont plus en usage aux pontificaux du pape. Chaque fois qu'il officie ou assiste à une chapelle, près du trône, à gauche, est une espèce de prie-Dieu en bois, dans lequel on entretient une lumière, laquelle sert à allumer la bougie de cire que tient un évêque assistant au trône, quand il lit ou chante; cette bougie s'éteint aussitôt après.

5. Les corbeilles d'osier servent à transporter les ornements pour une cérémonie. Elles sont allongées, peu profondes et recouvertes de soie, de la couleur du jour, et galonnées d'or.

UNA CASSA D'ABETO NELLA PRIMA STANZA.

220. Piviale [1] di damasco e cappucio d'oro e seta tessuta a molo di gelosia.

221. Otto camici di zenzile di N. S., dismessi per vecchiezza. [Uno al cardinal de Ghisa, altro per seppellire Paolo III, altro al Patriarca d'Armenia, altro al cardinale d'Augusta [2], altro per seppellir Giulio III, altro per papa Marcello II.]

222. Due amitti di zenzile, con fiocchi et cordoni doppi di seta e oro [3].

223. Un par di pianelle [4] di velluto cremesino, quale sono state del papa.

224. Sei amitti senza cordoni, dismessi, guasti tre per far corporali.

225. Quatro cotte: tre di cortina [5] ed una di filo in dente [6], de le quali una e a uso di sagrista.

226. Una borsa di corporale di damasco bianco a fioroni e andare d'oro.

227. Doi mitre di damasco bianco con fioroni d'oro, che servono per N. S. ne' dì feriali. [Al patriarca d'Armenia.]

228. Un paro di fimbrie di camiscio da mani di telletta d'oro.

229. Un pettoralino [7] di piviale di N. S., di tela d'oro con passamano attorno, vecchio.

230. Scattola, con fetuccie d'oro abbrucciato, piena, con arme di Alessandro (VI), di sopra quattro chiavi e doi regni [8].

---

1. Une statue d'évêque, du xv° siècle, au musée de Cluny, 'a, au pourtour inférieur du pluvial, une frange que je retrouve, rouge et or, au même musée, au bas d'un pluvial de la fin du xvi° siècle et de provenance italienne.

2. *Augusta* est le nom italien d'Augsbourg, en Bavière. Othon Trusches, évêque d'Augsbourg, fut crée cardinal par Paul III, en 1544. Il mourut à Rome en 1573 et reçut la sépulture dans l'église nationale des Allemands, à Sainte-Marie de l'*Anima*. Voir son épitaphe et sa vie dans le *Giornale araldico*, t. II, p. 132. Les historiens en ont « fait les plus grands éloges. Ils le représentent comme un modèle de piété, d'amabilité, de bienfaisance et de toutes les vertus; ils louent surtout sa libéralité : il avait fait bâtir deux maisons pour les jésuites, une chapelle à Lorette, etc. Firmano ne dit rien de cela, mais il dit qu'il mourut accablé de dettes, et parle d'un moyen assez singulier qu'il imagina pour apaiser sans doute ses créanciers en grand nombre, il les instiua ses héritiers. » (*Not. des mss.*, t. II, p. 663.)

3. Le double cordon de soie et or servait à attacher l'amict sur la poitrine; les cordons étaient terminés par des *fiocchi* ou houppettes d'or.

4. Les *mules* ou pantoufles de velours rouge sont propres au pape.

5. La *cortina* ou courtine était une toile fine. Il en est question dans un iuventaire de Boniface VIII : *Item 4 camisias de cortina, cum pectoralibus et gramiciis de opere cyprensi. Item tria superpellicia de vimpa et cortina.*

6. « Le fil en dent » doit signifier un tissu chevronné.

7. Le *pettorale* était une agrafe de métal, et le *pettoralino* « la patte de toile d'or, bordée de passementerie », sur laquelle s'appliquait le fermail.

8. L'ornementation de cette boîte, qui devait servir à renfermer le pallium, se

231. Una cassettina di cipresso.

232. Una reticella d'oro.

233. Il palio qual adopra N. S. ch'é di lana [1] non nata, tessuto, involto in un pezzo di taffetta. [2] [Posto a papa Julio III.]

234. Un ampolina di balsamo.

235. Un altra cassettina longa, coperta di velluto cremesino, con un palio di lana non nata, tessuto, qual adopra N. S. quando celebra pontificalmente. [Posto a papa Marcello.)

236. El calamo d'oro, col quale se purifica N. S^re quando celebra pontificalmente [3], dove sono lettre che dicono *Clem. Vij Pon. Maxi.* [4], nel quale sono tre pietre preziose.

237. Un cocchiaro piccolino d'oro, con una pietra preziosa in capo [5].

238. Una scattolina piciola di cipresso, senza coperchio, con tre spille gemmate che se mettono nel pallio quando N. Signore celebra pontificalmente [6].

composait de quatre clefs et de deux tiares, pour signifier à la fois le double pouvoir spirituel et temporel.

1. Le *pallium* est enveloppé par respect dans la soie. Il était alors tissé de laine d'agneaux *non nés*. La cassette signalée plus haut comme *pleine* n'aurait-elle pas été destinée à contenir le pallium du pape ? Le *Cérémonial des évêques* fait cette recommandation : *Curent archiepiscopi ut pallium, in quo est tanta antiquitatis veneratio et auctoritas, digne et honorifice asservetur, puta serico involutum, ac in capsula intus et extra pulchre ornata, vel serico obducta inclusum.* (Lib. I, cap. XVI, n° 7.)

2. Dans la relation du supplice de Béatrix Cenci, exécutée en 1599, un contemporain rapporte qu'elle commanda pour la circonstance un vêtement « di taffetà berrettino con una grossa corda per cinta ».

3. Le chalumeau d'or sert au pape pour prendre dans le calice le précieux sang. Cet usage lui est propre, quand il officie pontificalement.

4. Régulièrement, l'inscription devrait se lire : *Clemens VII, pontifex maximus.*

5. Cette cuiller était destinée à mesurer l'eau que le sous-diacre verse dans le calice à l'offertoire.

6. Le pallium se fixe à la chasuble avec trois épingles d'or dont la tête est gemmée.

Comme il y a peu de bijoux dans cet inventaire, j'estime qu'ils devaient être renfermés à part et probablement au château Saint-Ange.

Les joailliers au service de Paul III sont ainsi spécifiés dans la brochure souvent citée ici de M. Bertolotti :

« 1539, 1er février. A maître Caïus, de Marliano, joaillier secret de Sa Sainteté, pour la subvention ordinaire du présent mois, 10 ducats. » Benvenuto Cellini en parle dans son *Trattato di orificeria.* — « 1545, 8 janvier. Sa Sainteté a donné au trésorier secret 600 écus en or, pour payer un rubis et un diamant montés en anneau, achetés de maître Caïus, joaillier. Le rubis avait été acheté 400 écus et le diamant 200. — 1542, 25 septembre. A maître Pélerin (son nom est écrit indifféremment *Peregrino* ou *Pellegrino*), joaillier, pour deux figurines de bronze et autres choses remises à Sa Sainteté les mois passés, 21 écus. — 1543, 18 juillet. A maître Pélerin, joaillier, pour ses frais de voyage de Fano à Plaisance pour le service de Sa Sainteté, et trois écus pour une lampe antique donnée à sa Béatitude, 10 écus, 70 bolonais. — 1546, 25 juin. A maître Pélerin, joaillier, à Modène,

239. Sette uncinelle d'oro, quali uncini s'adoprano quando N. S. ha veli intorno [1] o quando celebra pontificalmente. (Ne fu perso uno sotto Giulio III.)

240. Doi spillette d'argento [2], quali altre volte servivano per la mitra.

NELLA CASSA D'ABETO NELLA 1ª STANZA.

241. Un piviale di damasco pavonazzo, con fioroni et andare d'oro, con fregio e cappucio d'oro et seta rossa tessuta a modo di gelosie [3].

242. Otto camisci di zenzile di N. S., dismessi per vecchiezza.

243. Doi amitti di zenzile, con fiocchi et cordoni doppij di seta et oro.

244. Un par de pianelle di velluto cremesino, quale son state del P. P. [4]

pour acheter un Cupidon antique en marbre pour Sa Sainteté, 27 écus. 50 bol. — 1543, 8 février. A maître J. Cimino, joaillier, pour trente et un carats et demi de poudre d'émeraude (a), qu'il remit à Sa Sainteté pour l'usage du marquis. de bonne mémoire, quand il était malade, 12 écus, 60 bol. » Ce joaillier était de Gênes. — « 1546. A maître Jean Cimino, joaillier de Notre-Seigneur, à compte sur les frais de son voyage à Venise pour faire arranger les bijoux achetés par la princesse de Salerne, 22 écus — 1541, 18 mars. A maître Baptiste Confaloniere, joaillier, à compte sur le calice de plasme (d'émeraude), orné de pierres précieuses achetées par lui, par ordre de Sa Sainteté, 2100 écus, à compte sur 4000 qu'il a coûté. » Cet artiste, surnommé *Rossino*, était originaire de Milan. — « 1543, 10 juin. A maître Rodolpho di Vittorio Landi, Florentin, pour le prix d'un gros diamant carré, taillé en table, fixé à un anneau, acheté par lui pour donner à l'empereur, 3300 écus. — 1543, 28 novembre. A maître Valère de Belli, de Vicence, graveur en cristaux, pour partie de 1200 écus qu'il devait avoir pour prix d'une croix et de deux chandeliers et d'une paix de cristal taillé, qu'il a vendus à Notre Seigneur, 155 écus. » — Vasari a loué les cristaux travaillés par Valère de Belli. « 1546, 3 janvier. A maître Léonard, joaillier napolitain et à maître Vincent Suarello, pour travaux d'or faits à Lyon et achetés par tous les deux par commission de Notre Seigneur pour donner en étrennes à Madame; en tout 176 écus, 5 bolonais. »

1. Crochets d'or destinés à attacher les *voiles* ou écharpes qui servent au pape à son trône, quand il officie, et dont il est encore question dans un article spécial.

2. Ces épingles d'argent étaient employées à attacher les fanons de la mitre, qui étaient alors mobiles. Leur usage s'explique parfaitement par les nᵒˢ 286 et 287.

3. « En manière de jalousies » signifie un tissu rayé horizontalement: on en voit un bel exemple dans la dalmatique de saint Vincent, rayée gris, jaune et vert, sur fond blanc, à la façon des étoffes vénitiennes, dans la belle mosaïque absidale de l'église Sainte-Marie *Scala Cœli*, à Rome, qui date de 1534 et a été exécutée par François Zucca, sur les dessins de Jean de Vecchi.

4. Mules de velours cramoisi, à l'usage du pape. PP est toujours l'abréviation de *papa*, tant en latin qu'en italien.

(a) « Ces bocaux (de l'apothicairerie) étaient les uns très petits et les autres très grands. L'un d'eux était étiqueté : Fragments précieux, et contenait des grenats, des émeraudes, des topazes, le tout en fragments assez petits pour ne pas être employés en bijouterie. Ces substances entraient dans la composition d'un fameux électuaire qui, si notre mémoire est fidèle, s'appelait : *Electuaire d'Hyacinthe*. Il est encore employé aujourd'hui, mais réformé. » (*Magasin pittoresque*, an 1839, p. 248.)

245. Cinque para de maniche de zenzile, levate da li camici di N. S. [1].

246. Sei amitti senza cordoni, dismessi, guasti tre per far corporali [2].

247. Un fiocco a modo di breve, in una fodretta de pannolini [3] di poco valore.

248. Quattro cotte, tre di cortina et una di filo in dente; de le quali una è a uso del sagrista [4].

249. Una tovaglietta turchesca, con liste da tutte due le parti di seta bianca, rossa e verde [5].

250. Un altra tovaglietta di seta, con liste d'oro di mezzo filo, cinque per banda et altre liste di seta di diversi colori.

251. Una stola di broccato in campo di seta bianca, con l'arme de Julio (II), senza cordoni et fiocchi, con france da piede sole [6].

252. Una borscia di corporale di damasco a fioroni et andare d'oro.

253. Doi mitre di damasco bianco, con fioroni et andar d'oro, quale servivano per N. S. ne' di feriali.

254. Un paro de fimbre di camiscio da mani di teletta d'oro [7].

255. Sei arme quale vanno alla coperta del *Corpus Domini*, cioe alla cassa, piccole, quale sono di Clemente VIJ.

256. Cinque altre arme dalla medema coperta di Paulo p. p. III.

257. Una armettina in tela d'oro di Leone (X).

258. XIJ berette senza pelle, di damasco bianco, dismesse [8].

1. Manches enlevées aux aubes du pape, ou plutôt parements des manches. Ils étaient mobiles et on pouvait ainsi les transporter d'une aube à l'autre.

2. Voici six amicts dont on a fait des corporaux.

3. Sac de toile, dans lequel était une houppe, faite, non en effilé, mais par le simple repli du ruban, ainsi qu'on le pratique encore au Vatican.

4. Ces *cotta* ou surplis sont à noter, une d'elles servait au sacriste. On voit de ces « fils en dent » aux dentelles des rochets dans les tableaux du xvi° siècle, surtout aux portraits de Grégoire XIII.

5. Les trois couleurs des Médicis, qui sont devenues les couleurs italiennes.

6. Étole de Jules II, sans cordons ni glands pour relier les côtés en avant et frangée aux extrémités. A l'ornement de Clément VIII, qui est à la Sixtine, la frange est remplacée par des houppes, comme dans ce texte du xv° siècle : « Quedam casula…, una cum stola, manipulo aureo percusso, cum frangiis siricis nodatis nodis aureis. » (*Invent. de la cath. de Lyon*, 1448, n° 99.)

7. Voici d'autres manches garnies de toile d'or.

8. Calottes du pape, en damas blanc, sans bordure d'hermine. L'absence de l'hermine indique la saison d'été et, au n° suivant, sa présence spécifie la saison d'hiver. La calotte blanche était portée pendant l'octave de Pâques et, aux pontificaux, sous la mitre ou la tiare.

Un compte du 2 juin 1419 nous montre le pape Martin V, portant sous la mitre précieuse une calotte d'écarlate : « Lucæ de Capellis flor. auri de camera 6 pro una mitra pretiosa prefati domini nostri papæ et pro forma interiori ipsius mitræ et pro birreta granæ quæ tenetur subtus eamdem mitram. » (Müntz, *Les Arts à la cour des papes*, t. I, p. 27.)

Le compte du couronnement de Pie II, en 1458, mentionne deux calottes de damas blanc, qui furent doublées de taffetas blanc : « Item flor. 1, bol. 36, pro palmis 2 de damasquino albo pro 2 birectis pro S²° domino nostro papa et onz. 1 de tafetano albo. » (Müntz, *Les Arts à la cour des papes*, t. I, p. 334.)

259. XiiJ berrette di damasco bianco, con pelle, dismesse.

260. Un pettoralino di piviale di N. S. di tela d'oro, con passamano attorno, vecchio [1].

261. Una reticella d'oro et d'argento [2], quale altre volte stava attorno a un camice del N. Signore.

IN UN ALTRA CASSA D'ABETO LE SEGUENTI ROBBE.

261 bis. Sei para di fimbrie di camiscio [3], con quattro para de mostre alle maniche di damasco pavonazzo, parte con fioroni e andare d'oro [4], parte non sono vecchie e dismesse.

262. Una fimbria sol con l'arme di Giulio (II).

263. Due fimbrie di ricamo in campi turchini, figurato in una l'*Assuntione*, nell'altra la *Coronatione* della Madonna, con le diademe [5] di perle.

1. *Patte* de drap d'or, bordée de passementerie. Il y avait donc certains jours où le pape ne prenait pas le formal.

2. Résille ou filet d'or, provenant d'une aube; elle remplaçait nos dentelles modernes.

3. Ces *fimbrie* sont des plaques brodées qui se plaçaient aux manches de l'aube, comme nous mettons actuellement des dentelles : on en voit de ce genre dans les anciens tableaux, entre autres au célèbre S. Étienne de la galerie Borghèse, peint par Francia.

4. *Andare* signifie littéralement *aller*, *marcher*. Cette broderie en *fioroni* (fleurons) et *andare* (courants) doit donc s'entendre de larges fleurs ou rosettes, reliées ensemble par des rinceaux. Nous dirions en français *feuillages courants*.

5. *Diadème* se dit en italien du nimbe, comme on peut voir dans Benvenuto Cellini.

Il résulte d'un document français de l'an 1411 que le *diadème* n'est pas la même chose que la *couronne* : « Est eciam conventum quod ego habeo et debeo facere les diadèmes et les corones de les ymages quj seran en lo dit drap, e les fresades de les vestedures de aquelles, e les mans el peus de Jhesus et de la Maria de bono auro bene et notabiliter. » (*Rev. des Soc. sav.*, 6e sér., t. VII, p. 473.)

« Une autre chappe de brodure d'or, façon d'Engleterre, à plusieurs histoires de Notre-Dame et anges et autres ymages..., garnie d'un orfroi d'icelle façon, faict à apostres, desquels. . leurs diadesmes pourphilez de perles. » (*Inv. de Philippe le Bon*, 1420, n° 4097.)

« Item, ymaginem sancti Mauricij argenteam, cum lancea, deaurata per totum corpus et diadema. Item, ung Saint-Mouris ..., une diadème en sa teste. Item, une Notre-Dame d'argent doré, tenant Notre-Seigneur, à ung manteau doré, à tout une couronne et le petit fils une diadème. Item, ung sainct Jehan Baptiste, d'argent doré et sa diadème de mesmes. Item, une Notre-Dame d'argent dorée, à une diadème en soleil et coronée de fleurs de lis, estellée, tenant un petit Dieu aiant diadème de mesmes. » (*Inventaire du château de Chambéry*, 1498, n°s 699, 946, 948, 949, 951).

Le crucifix d'or de l'Hôtel-Dieu de Beaune, donné au xve siècle par la fondatrice Guigone de Salins, avait le « chaspeaul d'espine et le diadaime d'or fin. » (*Inv. de l'Hôtel-Dieu de Beaune*, 1501). — « Un grand chef de Saint-Yves, tout d'argent blanc avec son diadème en rayons. » (*Inv. de la Sainte-Chapelle de Dijon*, 1732, n° 27).

A Rome, on disait également *diadème* pour *nimbe*, en 1461 : « M° Meo orefice..... per parte di lavoro fatto per la spada e diadema e chiavi per san Piero e san Paulo. » (Müntz, *Les Arts à la cour des papes*, t. I, p. 316.)

264. Due fimbrie di damasco rosso, con tre mostre di maniche, con l'impresa d'oro di Clemente VII.

265. Un pannetto di arazzo [1] di seta et oro, vecchio, con le figure della Passione, longo et stretto [2].

266. Una stola et un manipolo riccamato d'oro con figure, con i suoi bottoni et fiocchi d'oro et seta rossa nel manipolo, li diademi con perle.

267. Un collaro d'una pianeta raccamato, vecchissimo et di poco valore [3].

---

1. Les tapisseries se disent encore en italien *arazzi*, parce qu'elles se fabriquaient à Arras. A la procession de la Fête-Dieu, d'après le journal de Pàris de Grassis, les cardinaux devaient tendre de tapisseries six cent soixante-cinq aunes de murailles, du palais du Vatican à l'extrémité du bourg Saint-Pierre :

« Dixi magistro domûs ut mandet floreriis quod mensurent quot cannæ sint totâ viâ per quam appendendi sunt panni de rassa, ut unusquisque cardinalis sciat quot cannas debeat parare; et mensuravit quot essent cannæ in totum ab ecclesiâ S. Catharinæ usque ad finem burgi 665..... Item ut iidem florerii mensurarent quot cannæ essent totâ viâ processionis, quæ per cardinales deberet ornari cum pannis de rassia, a domo cardinalis Agrigenti et S. Catharinæ usque ad scalas Sancti Petri, faciendo diversionem ante domum cardinalis Helmensis. Et illico affuerunt ipsi florerii qui dixerunt esse cannas 665, videlicet computando ab omni pariete ubi panni affigendi sunt..... Quæ via sic fuit distributa omnibus et singulis cardinalibus præsentibus..... Ista autem assignatio cannarum facta cardinalibus ideo sic fuit, considerata conditione et qualitate ac divitiis cardinalium, quia pauperibus parum datum fuit, divitibus vero plus..... Item quod idem capitaneus afferri faciat frondes per terram prosternendas a fine scalarum palatii... Vicus paratus fuit hoc modo..... extra palatium, in plano, cum arboribus in muro et parietibus appositis ac etiam cum pannis circa portam palatii interius; exterius autem... cum pannis super lignis longis altis affixis...; usque ad sanctam Catharinam, cum arboribus plantatis hinc inde in terra et pannis frascis et floribus prostratis per terram; sed a S. Catharina usque ad scalas S. Petri per gyrum, omnia de pannis ornata, ut supra dixi. »

2. Long et étroit, ce morceau de tapisserie formait parement à l'autel, ce qui est indiqué plus clairement dans les articles postérieurs. La chapelle Sixtine possède encore un beau parement en tapisserie du XVIe siècle, qui représente le Christ mort : on n'en fait usage que le jeudi saint.

3. Notons ce *collier de chasuble*, « brodé, très vieux et de peu de valeur. » Quand l'amict était *paré*, on rabattait sur la chasuble l'*orfroi* d'étoffe, qui prenait alors l'aspect d'un *collier*. Plus tard, lorsqu'on eût cessé de parer l'amict, on n'en continua pas moins de laisser subsister le *col* en manière de bandeau circulaire. Actuellement, la chasuble romaine porte la trace de ces usages dans le double galon qui contourne l'échancrure du cou et qui forme comme un orfroi.

« Colliers à prélat. Premièrement : Ung collier à mectre à prélat, brodé sur champ d'or traict, à *Agnus Dei* de perles et à maçonnerie, et y pend un las de soye à deux gros boutons de perles. Item, deux autres colliers, pour diacre et soubz-diacre, sur champ d'or traict comme dessus, brodez à testes d'appostres dedens compas de perles et à doublaiz et d'esmaulx d'argent. » (*Inventaire de Charles V*, 1379, n° 1059 et 1060.) — « A Jehan de Paris, chasublier, pour demi aulne d'orfrois d'or, pour faire le colet d'une chasuble de satin noir. » (*Compt. de Guy de la Trémoille*, 1395.)

« Soixante-treize collets. » (*Inv. de la cath. de Lyon*, 1793.)

Sur une fresque du château de Parsac (Haute-Vienne), exécutée au XIVe siècle, on

268. La campanella col collare di velluto, quale porta la chinea del *Corpus Domini* [1].

269. Una pianeta di broccato in campo di velluto cremesino senza fregio, fodrata di taffeta rosso, con figure di S. Tommaso che tocca il lato à Xpo. Il suo fregio fu guasto a tempo di Clemente per li fregi del suo piviale, che fu rifatto. (Donato alla chiesa di Terni.)

270. Un pallio d'altare dé paramenti di Portugallo, tutto riccamato di perle et granatelle, con l'arme del re di Portogallo [2].

271. Un palliotto di damasco bianco a fioron d'oro et seta rossa rari, fodrato di tela bianca, vecchio et usato.

272. Un pallioto tutto di ricamo d'oro, con fregio d'oro et con frangetta, con l'arme di Clemente VIJ.

273. Una coperta [3] di broccato d'oro in fili de seta bianca, per la chinea del *Corpus Domini*, con le frange intorno di seta bianca e oro, fodrata di bambacina [4].

274. Una coperta di velluto cremesino con le frangie de seta rossa e oro, fodrata di tela rossa.

275. Il rotulo dell' absoluzione alli esequii [5], di velluto nero, con una croce d'oro.

276. Un palliotto piccolo d'altare, di raso pavonazzo, con una frangetta da capo, in luogo di fregio, di seta pavonazza e oro, fodrato di tela azzura.

277. Un palliotto de velluto negro, con frange di seta negra et oro, fodrato di tela negra, con una tovaglia vecchia per attaccare [6].

voit, sur une chasuble et une dalmatique, un collet rabattu, à fond jaune gemmé, maintenu par une agrafe circulaire. — Dans la collection Courajod, à une statue de donateur, la chasuble porte un collet droit sur lequel, en arrière, passe l'amict en manière de petit capuchon.

1. Cette clochette se suspendait au cou de la haquenée pour avertir les fidèles du passage du Saint-Sacrement.

2. Parement ou devant d'autel. On les fait encore avec armoiries.

Après la prise de Bologne, dit Paris de Grassis, Jules II, ayant forcé les Français à évacuer l'Italie, « fit présent à l'église de Saint-Pierre à Rome d'un parement d'autel, sur lequel on lisait cette inscription : *Julius II, pontifex maximus, Italia liberata.* » (*Not. des mss.*, t. II. p. 569.) Le nom de Jules II se lit sur le parement bleu, fleuronné d'or, de l'autel de la *dispute du Saint-Sacrement*, dans la célèbre fresque de Raphaël, au Vatican.

3. La housse de la haquenée.

4. Étoffe de coton, cotonnade.

5. Ce « rouleau pour l'absoute aux funérailles » ne serait-il pas un drap mortuaire ? Nous avons déjà vu un « rouleau de brocart » au n° 133. Ce qui m'étonne ici, c'est la présence d'une seule croix d'or, les draps mortuaires romains en ayant deux et quelquefois quatre à la bordure.

6. Il est d'usage, à Rome, de recouvrir d'une toile les parements de valeur, quand on les rentre à la sacristie, afin de les préserver de la poussière. Cette toile est clouée par derrière au châssis sur lequel on tend le parement.

278. Un palliotto di velluto violato, con un crocifisso in mezzo de quattro figure, senza fregio [1], fodrato di tela negra.

279. Un palliotto di veluto bianco, con il fregio de velluto rosso e la frangia de seta rossa, fodrato de tela azzurra.

280. Un palliotto di damasco rosso, con una frangia de seta rossa et oro in luogo di fregio, fodrato di tela rossa.

281. Un palliotto de tela rossa et oro, lavorata alla moresca [2], con un fregio de broccato rosso in filo rosso, còn una frange di seta verde e oro.

282. Un palliotto de broccato in fili bianchi, con l'arme de Medici [3], con una frangia di seta bianca et oro in luogo di fregio, fodrato di fustagno [4] bianco.

283. Un pallioto de damasco bianco con andare, con una frangia di seta bianca e oro, fodrato di tela bianca.

PRIMO ARMARIO DELLA 2 STANZA.

284. Una mitra, quale fu del cardinale Hincuort, con suoi pendenti, riccamata con aquile [5] e fogliame e certe perlette, delle quali ve ne mancano in molti luoghi, con sua cassa vecchia [6].

285. Una mitra di damasco bianco, qual fu del cardinale Fregoso [7], con una berrettina rossa [8], con sua cassa e armi.

286. Una mitra di tela d'oro, riccamata tutta di perle grosse et piciole, dove sono 36 pietre preziose, legate in oro, con quattro evangelisti d'oro, con passamano intorno d'oro, pendenti della medesima tela riccamati de perle, con tre gioie per una legate in oro, con suoi pendenti sopra e sotto

---

1. L'*orfroi* du parement forme une bande horizontale à la partie supérieure, il est souvent accompagné d'une frange. Parfois la frange, mise à sa place habituelle, simule un orfroi qui n'existe pas, comme aux n°° 278, 280 et 282.

2. « Ung harnois d'homme d'armes complect, gravé et doré à moresque » (*Journal de Henri III*). — Voir n° 46.

3. Armes de Léon X ou de Clément VII, peut-être aussi d'un cardinal de cette maison.

4. Futaine.

5. Ces *aigles* font allusion aux armoiries du cardinal Hollandais.

6. Les mitres se renferment encore de nos jours dans une boîte spéciale qu'au moyen âge on nommait *mitrale*.

7. Frédéric Fregosi, de Gênes, archevêque de Salerne, fut créé cardinal-prêtre par Paul III, en 1539; il mourut à Gubbio, en 1541. Ses armes se blasonnent: *d'argent, à la bande dentelée d'azur.*
Voir sur le cardinal Fregosi, abbé commendataire de Saint-Bénigne de Dijon, la *Revue des Sociétés savantes*, 4° série, t. IV, p. 426-435.

8. Les cardinaux, comme les évêques, portent toujours la calotte sous la mitre. Cette calotte était même spéciale pour cet usage, aussi reste-t-elle ici avec l'insigne cardinalice. Sur les tombeaux de la renaissance, on remarque parfaitement, à Rome, une calotte à oreilles, de la forme dite postérieurement *clémentine.*

d'argento indorato, con cinque campanelle per uno d'argento indorato [1], et in uno de' quei pendenti ve sono lettere che dicono *VIJ Clem. Anno nono* e *VJ* sonvi ¦passamani d'oro intorno con doi stiletti d'argento [2] per att accarci. (Guastatasi fu rifatta nel pontificato di Giulio III e perche troppo grave ne furono fatte due.)

287. Una mitra riccamata tutta di perle mediocre et piccole, con 4 fogliami d'oro battuto [3], con vent' otto pietre di poca valuta, legate in oro,

1. Les « clochettes d'argent doré » qui terminaient les « pendants » ou fanons tenaient lieu de franges. C'est un souvenir du moyen âge, qui aimait ce genre d'ornementation.

« Item unam mitram magnam cum uno cameo in medio in quo est imago mulieris et hominis, et II grossis zaffiris, et II aliis cameis, uno scilicet cum capite albo et alio cum duabus imaginibus, et in ipso circulo anteriori et liliis et titulo sunt XX sus et longus et XI smaragldi, et XXXI perla (*sic*) grossa, a latere vero sunt duo grossi zaffiri et II parvi balassi et X perlæ, et in rosis anterioribus sunt duo camei cum II capitibus et VI zaffiri et VI granati; in circulo vero posteriori sunt tres camei, II cum capitibus et unus cum equis, et in ipso circulo et liliis sunt XX zaffiri et XVIII balassi, et unus smaragldus magnus, et X parvi et XXXII perlæ et in rosis duabus..... et in una de caudis sunt VI balassi..... et V campanellæ et in alia cauda sunt VI zaffiri..... et V campanellæ. Item, unam mitram de perlis..... in caudis autem sunt..... xij campanelle. Item, unam aliam mitram....., in caudis autem habet xvj esmalta....., cum xi campanellis. Item, unam mitram....., caude vero sunt contexte per totum de exmaltis diversarum formarum cum multis zaffirellis, granatis et perlis et campanellis. Item, unam aliam mitram....., in caudis vero sunt xviij esmalta....., cum xij campanellis. » (*Inv. du S. Siège*, 1295, n°° 668, 670, 671, 673, 675.)

« Item, una mitra solemnis, gemmis tam preciosis quam aliis ornata, cum quinque campullulis argentis deauratis, super campum album. in qua deficiunt xxxvi lapides et in pendentibus xxii. » (*Inv. de la cath. de Châlons-sur-Marne*, 1410, n° 170.)

« Item, une mitre belle et grande, toute couverte de menues perles..... et y a deux grands pandans garny aussi de perles..... et au bout desdits pendans a en chacun deux mordans d'or, en chacun vj petites clochettes d'or. » (*Inv. du chât. de Turin*, 1487, n° 1079).

« Item une mictre de broderie, où il y a d'ung cousté sct. Pierre en habit de perles fort serrées et deulx imaiges, dont l'une est Nostre Dame tenant son enfant, les d. 'imaiges semées de perles, et de l'autre cousté deulx imaiges en fasson de saincts habillés en diacres et martirisation d'ung evesque et les boards d'icelle mictre d'orfaivrerie et les deulx fanons à chascun d'eulx pendans cinq clochettes. » (*Inv. de la cathédrale de Bourges*, 1537.)

On trouve également des clochettes ou des grelots, au lieu de houppes, aux étoles et aux manipules : « Item tria paria stolarum de pretextibus deauratis et de serico cum campanis impendentibus. » (*Invent. du dôme d'Hildesheim*, 1409.) — « Primo due stole et duo manipula cum aurifresiis. una cum parvis cimbalis argenteis antiquis. » (*Invent. de la cath. de Lyon*, 1548, n° 293.)

J'ai signalé des clochettes au bas d'un pluvial du xiv° siècle dans le trésor d'Aix-la-Chapelle : j'en ai parlé encore, au début du même siècle, dans l'inventaire de la cathédrale d'Anagni, qui les ajoute en manière de frange à une nappe d'autel : « Una tobalea..... cum viginti novem cocculis argenteis deauratis. » Peut-être faudrait-il lire *clocculis*, *cloccula* étant le diminutif logique de *clocca*.

2. Voir au n° 240 deux épingles analogues.

3. « Or battu », c'est-à-dire aplati au marteau ou au cylindre, étiré en lame. « Quedam casula, tunica et dalmatica alba de panno aureo percusso. » (*Invent. de*

con suoi pendenti di tela d'oro riccamati de perle con pietre n° 41 di poco prezzo, legate in oro [1], con un passamano intorno di tela d'oro, con suoi pendenti sotto e sopra e 10 campanelle d'argento indorate, con sue spine d'attaccare, fodrato di taffetta [2].

288. Una mitra, con suoi pendenti di raso [3], riccamata di perle, con quattro rose sopra il raso de perle e sei rosette nei pendenti ;di perle con doi *Agnus Dei* [4].

la cath. de Lyon, 1448, n° 55; voir aussi les n°° 57, 63, 69, 99, 115, 138.) Plus anciennement encore, l'inventaire de Boniface VIII enregistre : « Unum pluviale... laborato ad acum de auro battuto. » On consultera avec fruit sur l'« or batteure », ou « plaques très minces battues au marteau, appliquées sur l'étoffe même et fixées par la broderie ou par une sorte de gaufrage », le *Glossaire* de M. de Laborde, mais surtout un article de M. Brossard, intitulé : *Observations sur la nature et l'emploi des fils d'or dans les soieries du moyen âge*, et inséré dans la *Revue du Lyonnais*, 4° série, t. VII, p. 135 et suiv.

1. Le 6 juin 1454, il fut payé « 363 ducats à Justin di Andora, de Gênes, pour sept saphirs montés en or et pour faire les orfrois d'une mitre de Notre-Seigneur ». (Bertolotti, *Artisti subalpini in Roma, appendice*, page 7.)

2. Au Louvre, un magnifique tableau, signé du nom d'Albertinelli et daté de 1506, donne le détail d'une mitre en soie rouge, brodée en soie de couleur et rehaussée d'orfévrerie. Sur les orfrois, l'un vertical et l'autre horizontal, on voit la Trinité, saint Augustin, un évêque et deux cardinaux : dans les deux médaillons du champ, l'ange et la Vierge de l'Annonciation. Aux rampants, des courants d'orfèvrerie supportent de petites têtes d'anges ailées et, à la pointe, une autre tête d'ange soutient un plateau d'où jaillissent des flammes. Les fanons, à fond rouge, offrent des gemmes serties d'or et, à l'extrémité, des plaques d'orfévrerie émaillée, auxquelles pendent cinq grelots d'or allongés en poire.

3. Le *raso* est le satin.

4. Empruntons à M. Bertolotti les noms de deux brodeurs, l'un vénitien et l'autre français. Je traduis sur la brochure *Speserie... di Paolo III* :

« 1546, 28 avril. A maître Agnolo, brodeur, pour les armes de Notre-Seigneur, faites à ses frais pour la litière et pour la couverture del *Gabasso*, 11 écus.» (Le nom de famille d'Agnolo était *Madonna* : il naquit à Venise.) — « 1548, 27 janvier. A maître Agnolo, brodeur, pour 10 onces d'or filé, pour broder la housse, le collier et le reste du harnais de velours violet, pour le cheval turc que Sa Sainteté a donné à l'excellentissime dame la duchesse d'Urbino, 41 écus, 80 bol. — 1545, 4 juin. A maître Baccio de la Croce, tapissier (*banderaro*) florentin, pour prix de trois chapeaux en plumes de paon (a), garnis de taffetas double cramoisi de galons d'or, avec leur caisse, pour servir à Notre Seigneur, 13 écus, 2 bol. — 1546, 15 novembre. A maître Thomas Omestre, brodeur français, pour le prix d'un Christ portant la croix sur l'épaule, tout brodé d'or, avec ses orfrois travaillés de même; acheté pour le service de Notre Seigneur, 22 écus. »

Parmi les brodeurs employés à Rome, M. Bertolotti, dans ses *Artisti subalpini in Roma*, p. 30, cite encore « Maître Antoine, da Racconigi, tué en 1550 dans une querelle par un brodeur français nommé Bernard; en 1552, maître Jules de Carrariis, de Tortone, qui habitait à Saint-Sauveur *in Lauro* et, en 1594, maître Joseph Rodoano, de Gênes, qui travaillait en société avec Dominique Pinaccio, de Ferrare ».

Le même auteur, dans l'appendice de la susdite brochure, p. 36-37, nous révèle le nom d'un brodeur de Casale de Montferrat, nommé Flaminius de Gatis :

« Numeres magistro Flaminio de Gatis, de Casali Montisferrati, sacristie S° Do-

(a.) « Quedam capa de panno aureo de Luca rubeo ad finos deauratos, cum plumis de pavone.» (*Invent. de la cath. de Lyon*, 1448, n° 22.)

289. Una croce d'oro, col piede d'argento et smalto, con figurette che fanno piede d'argento dorato, con **22** gioie nella cornice del piede ligato in oro con un monte [1] de smalto e sopra vi é la figura della Madonna e di s. Giovanni, di smalto bianco e nella croce d'oro vi é il crocifisso di smalto con li chiodi di diamante, con perle grossette 36 e gioie legate in oro 35, con l'arme nel piede di Papa Paolo II, quando cardinale. Il piede della croce grande d'argento indorato, ove sono nel piede 4 cristalli intagliati [2] et in un tabernacolo in mezzo del piede otto cristalli con l'armi di Clemente VII.

290. Doi candelieri [3] d'argento indorati, con l'arme et imprese di Clemente (VII).

291. Due altri candelieri piu piccoli [4] d'argento indorato, con l'arme di Clemente VIJ.

292. Il candeliere settimo maggior de tutti [5], d'argento indorato, con l'arme ed imprese di Paolo III.

293. Il formale d'oro e de perle e di smalto [6].

294. Quattro casse per mitre, coperte di corame, con l'arme di Paolo III [7].

---

mini et Palatii apostolici raccamatori, per motum proprium die 30 8 bris p. p. deputato, ducata sex auri in auro pro sua presentis mensis aprilis ordinaria provisione (4 aprilis 1567)... Numeres m⁾ Flaminio de Gatis, ejusdem D. N. raccamatori, scuta 63 auri pro conficiendo pileum per eumdem SSᵐ in festo Nativitatis D. N. (4 decembris 1567)... Numeres M⁾ Flaminio Gatto raccamatori scuta viginti quatuor monete... pro pretio sex insignium... videlicet duorum Sue Sanctitatis, aliorum duorum populi romani et reliquorum duorum per eumdem Sᵐ D. N. Basilicæ Sti Johannis Laterauensis et B. M. Majoris de Urbe, ut moris est, de presenti anno donatis appositis (7 octobris 1568). »

En 1569, il recevait 36 écus d'or pour les perles qu'il avait mises au chapeau que le pape devait bénir à Noël.

1. Un calvaire.

2. La garniture d'autel (une croix et deux chandeliers) qui sert, à Saint-Pierre, aux pontificaux du Pape, et est attribuée à Michel-Ange, est également ornée de plaques de cristal de roche gravé et historié.

3. Le cérémonial n'exigeait alors, sous le pontificat de Clément VII, que deux chandeliers sur l'autel.

4. Ces chandeliers « plus petits » devaient être affectés aux fêtes moins solennelles.

5. Ce septième chandelier, qui appartient comme signe distinctif à l'évêque célébrant pontificalement la messe, nous révèle que déjà, sous Paul III, le maitre-autel avait, à l'habitude, six chandeliers. Clément VIII, dans le *Cérémonial des évêques*, en a fait une règle obligatoire.

6. *Formale*, agrafe, fermail, pectoral pour le manteau papal. Au Louvre, un émail, daté de 1534, représente le pape Clément VII. Son pluvial a des orfrois bleus, bordés de perles et de pierres précieuses : après une série de quatre ou cinq perles, vient une gemme alternativement carrée et verte, ou bleue et ronde. Le formal est une émeraude taillée en losange; les quatre pointes sont terminées chacune par une perle.

7. « 1544, 5 février. — Pour une courroie pour la caisse de la mitre précieuse et

295. Una mitra di tela d'oro, con frange d'oro, quale é a uso di S. S. per legiera [1] nelle festività. (Posta a Papa Giulio (II) quando mori).

296. Altra mitra di broccatello, con cordoncini d'oro, quale adopera S. S. per leggiera nell' advento e quadragesima [2].

SECONDO ARMARIO.

297. Un cordon de seta rossa secca, con bottoni et fiocchi d'oro et seta della medesima di Paolo III.

298. Un cordon de seta bianca et oro, con soi fiochi et bottoni de seta et oro, quasi nuovo, di Paolo III.

299. Un cordon de seta rossa, con suoi fiocchi et bottoni d'oro, *ut suprà*.

300. Un cordone de seta rossa, con bottoni e fiocchi d'oro e della medesima seta, vecchio, di Leone (X).

301. Un cordon di seta bianca, con bottoni e fiocchi di seta e oro, della medesima; fu di Clemente (VII).

302. Un cordon di seta rossa e oro, con suoi bottoni e fiocchi d'oro et seta della medesima, usato, di Clemente (VII).

303. Un cordon di seta rossa et oro, con suoi bottoni et fiocchi, della medesima seta et oro, novo, di Paolo (III).

304. Un cordon di seta pavonazza *ut suprà*, ma vecchio, di Leone (X).

305. Due cordoni di seta bianca et oro, con suoi fiocchi et bottoni d'oro et seta bianca, vecchia.

306. Due cordoni, uno de seta bianca e oro e l'altro de seta rossa, con suoi fiocchi et bottoni della medesima (seta) e oro, pelle messe private [3].

pour quatre boîtes pour y mettre les choses retrouvées dans un tombeau à Saint-Pierre, 48 bolonais. » (Bertolotti, *Speserie*, page 24.)
Les armoiries se gaufrent encore en or sur les caisses et boîtes à mitres.

1. La « légèreté » de la « toile » ou drap d'or a fait adopter presque constamment par le cérémonial moderne les mitres ainsi confectionnées, malgré leur trop grande simplicité, qui contraste avec la richesse des autres ornements. Pàris de Grassis parle de deux mitres à l'usage du pape, pour la procession de la Fête-Dieu, une légère et l'autre précieuse : « Ipse papa aptatur in sede, et sic sedens capit illud (sacramentum), deinde mitram levem... Quando papa per scalas descendit, habuit mitram preciosam; cum autem fuit inferius sub baldachino, accepit leviorem mitram de purpura. »

2. Le pape se sert, en avent et en carême, d'une mitre de drap d'argent, bordée d'un galon d'or : cet insigne appartient à lui seul dans l'Église.

3. Messes basses ou privées : les cordons étaient les mêmes qu'aux chapelles, c'est-à-dire or et soie, de la couleur du jour. Rome a conservé l'usage de ces cordons en soie de couleur, qui s'assortissent aux ornements. — En France, les cordons d'aube se confectionnaient de la même façon. « Item III ceintures à ceindre les prestres, faictes d'or et de soye et les quatre boutons de perles. » (*Invent. de la chapelle de Charles VI*, en 1424.) — « ...Una corrigia aurea et ciricea alba cum amicto parvo et aurifresio aureo et in alba non est pannetum. Corrigia rubea de cirico. Quinque corrigie albe, tam de filo quam cirico, operate pro dictis changes.

307. Quattordici stole, di cui una si nota posteriormente esser stata posta alle *orfanelle spiritate* [1] ed una rossa col manipolo fu messa al cadavere di Paolo III. Sono quasi tutte ornate di croci ed *Agnus Dei*, di perle, con armi di Paolo III, riccamate in oro.

VELI [2] CHE SONO NEL MEZZO DEL DETTO ARMARIO.

308. Doi veli da subdiacono, di seta bianca et con lavori d'oro a piede, son vecchi e rotti.

309. Un velo de zenzile, con dodeci liste, lavorato d'oro et argento, con una fetuccia bianca, da le bande il tremolante [3].

310. Un velo di seta bianca, vecchio e rotto, con le teste raccamate d'oro a grifoni [4], con le sue france de filo d'oro et doi lavori d'oro sopra le dette teste, con una frangetta da le bande d'oro.

311. Un velo grande de tela di Cambraia [5], tutto raccamato d'oro et

Corrigia brodata cum parvis perliis cum duabus pulcris paramentis cum botonis argenteis. Una corrigia de cirico cum duobus pendeis largis, operatis de auro et serico. Corrigia cirici viridis et rubei coloris. Una pulcra corrigia cirici. » (*Invent. de la cath. de Lyon*, 1448, nᵒˢ 99, 121, 313, 316, 319, 330.) A Pérouse, un tableau de Boccati de Camerino, peintre du xvᵉ siècle, montre un évêque dont le cordon, terminé par une houppette, est noué et retombe en avant.

1. On nommait *Orphelines du Saint-Esprit* les enfants trouvées, actuellement *le bastarde*, que l'on recueillait à l'archi-hôpital du Saint-Esprit.

2. Pàris de Grassis donne au mot *velum*, à l'occasion de la procession de la Fête-Dieu, le sens d'écharpe : « Vidi an ibi essent necessaria ad processionem, videlicet tabernaculum, velum cum spilettis, duo candelabra, duo thuribula, una navicella super altare..... Ego accepi velum sive tobalæam que erat superposita et extensa super tabernaculo, et illam dedi cardinalibus duobus diaconis assistentibus, qui, me adjuvante, composuerunt humeris Papæ, ita ut limbus sive fetucia quæ est ex auro rugoso, non posset tangere collum Papæ, sed esset reinversa. » Nous avons ici la même signification, seulement l'écharpe servait encore au sous-diacre, à la messe, pour tenir la patène, de l'offertoire au *Pater*. L'inventaire de Pie II, en 1464, enregistre deux voiles blancs que l'on employait lorsque le pape donnait la bénédiction solennelle : « Duo vela alba quibus utuntur in benedictione publica Sᵐⁱ domini nostri. » (Müntz. *Les Arts à la Cour des papes*, t. I, p. 325.) Le mot *velum* est pris ici dans le sens de *tenture*. Cependant il ne faudrait pas y voir l'idée de rideaux, que le même inventaire dénomme *cortinæ* et qu'il enregistre toujours par *paires*.

3. Notons l'ornementation de ces voiles : aux « têtes », ce que nous nommerions les deux bouts, des armes et des sujets brodés; en haut, ce galon qui gênait Jules II et obligeait à retourner ou plutôt à rabattre le voile, parce que l'or lui grattait le cou; une frange à la partie inférieure et des « lettres » ou devises pieuses tout autour.

4. Ces griffons, brodés en or aux deux bouts, sont peut-être là par allusion à quelque blason.

5. Pompéo, joaillier de Milan, d'après les comptes de la trésorerie secrète, de 1531 à 1534, fournit pour la garde-robe de Sa Sainteté des toiles, *telerie*, dont il avait un magasin. (*Archivio storico*, t. I, p. 80.) — « Deulx aulmonières et une cinture d'orfaverye pour les mariées, avecques deux gorgerettes de toille de Cambray, frangé de fil d'or et soye verte. » (*Invent. de la duchesse de Valentinois*, 1514, page 96, nᵒ 543.) — « Item quatre aulbes de toille de Cambray, avec leurs amicts et

seta azurra a fogliami da una testa, con due arme de sette sbarre, quattro d'oro e tre de seta verde; in l'altra testa vi sono due torre d'oro et uno animale e in mezzo l'arme di Clemente (VII).

312. Un velo di cortina, con doi fregi alle teste, raccamato d'oro con l'arme de Papa Julio (II), con le frange alle teste de fili d'oro.

313. Un velo de zenzile, rotto, con doi fregi grandetti verso le teste di raccamo d'oro: in uno vi é la Natività del Signore, nell' altro l'adoratione de' tre re Maggi et intorno un lavoro di raccamo d'oro, con le frange alle teste de seta bianca.

314. Un velo sfilato, con un fregio in mezzo lavorato et raccamato d'oro et seta, detto il velo de l'ambasciadori [1].

cordons, l'une desquelles a son amict d'autre toille. » (*Invent. de Saint-Louis-des-Français, à Rome*, 1618.) — « Dix-sept aubes de Cambray, assez bonnes. Quarante-huit aubes de clergeons, dont il y en a six de Cambray et douze de toille de Rouen. » (*Invent. de la cath. de Lyon*, 1724, n°ˢ 199 et 201.)

1. Ce voile, dit *des ambassadeurs*, pouvait être affecté à ceux-ci, lorsqu'ils donnaient à laver au pape, fonction réservée, à la chapelle, aux plus nobles d'entre les laïques présents. On le leur met sur les épaules et ils en couvrent l'aiguière et son bassin. Nous savons aussi par Pâris de Grassis que les ambassadeurs tenaient les bâtons du dais qui abritait le pape aux processions.

Rien n'empêche non plus que ce voile soit une nappe de communion, spécialement destinée aux ambassadeurs. Cette interprétation m'est suggérée à la fois par un autre article du même inventaire et par le trait suivant:

On lit dans l'abrégé du journal de Burcard, que, sous le pontificat de Sixte IV, en 1487, eut lieu une discussion, le jour de Pâques, au sujet de la préséance « entre les ambassadeurs de Maximilien, roi des Romains, et les ambassadeurs d'Espagne. Le Pape donnait en grande cérémonie la communion, et Burcard appelait, selon leur rang, ceux qui devaient la recevoir : il appela les ambassadeurs de Maximilien avant l'ambassadeur espagnol. Celui-ci réclama, et, après quelques discussions, refusa de recevoir la communion, dès qu'on ne la lui donnait pas selon le rang qu'il prétendait lui être dû. » (*Not. des man. du roi*, tom. I, pag. 90.)

Nous savons par le journal de Pâris de Grassis quel rang tenaient entre eux, à la chapelle papale, les ambassadeurs des puissances catholiques (il s'agit des premières vêpres de la Pentecôte, en 1505) : « Oratores interfuerunt, videlicet regis Francie II, Scotie I et Venetorum VIII. Et tunc intellexi a peritioribus, quod si oratores regis Francie essent plures quam tres, et oratores alterius regis, ut Hispaniæ totidem ac alterius regis, ut Angliæ aut Ungariæ aut Poloniæ, similiter essent plures quam tres, tunc et eo casu ipsi oratores dimidiari debent, et inter se inseri hoc modo videlicet : primum caput tenebit primus solus ex oratoribus regis Francie, et secundum locum primus solus ex oratoribus regis Hispaniæ, et tertium locum primus solus ex oratoribus regis Angliæ, ac quartum locum primus solus ex oratoribus regis Ungariæ et quintum locum primus solus ex oratoribus regis Poloniæ. Et sic deinceps regii oratores, inter se hoc ordine dimidiati erunt primi eorum, post quorum primos incipient secundi ut primi fuerunt, et similiter tertii interim se dimidiantes. Si autem erunt oratores communitatum aut ducum aut principum et aliorum, tunc tales non se intromittent cum regiis, sed ipsi si erunt oratores ducum, ut ducis Venetiarum, ducis Mediolani, ducis Januensium et similium, in hoc casu similiter inter se dimidiabuntur. Et sic communitatum oratores, ut Florentini, Senenses, et alii oratores rerumpublicarum ; et hæc divisio tam in capella quam in consistorio publico et aliis actibus observatur. »

Les ambassadeurs se succédaient donc dans cet ordre : d'abord les grandes

315. Velo de zenzile con due liste grandette, raccamato et lavorato d'oro et argento ad animaletti, a quattro liste piccole raccamate, con una frangetta dalle bande con le lettere ; detto il velo de Vespri [1].

316. Un velo de zenzile, lavorato de seta e oro, con lettere intorno *Veni Creator sps*, con l'arme in mezzo di Papa Clemente (VII), detto il velo della patena [2].

317. Un fanone, tessuto a liste d'oro e seta bianca [3] al *modo antico* (fu usato nella tumulazione di Paolo III).

GUANTI E SIGNACOLI E BORSE NEL MEDESIMO ARMARIO.

318. Un par de guanti bianchi, con un fregio di tela d'oro, riccamati con un giro nel mezzo de perle, con lettere di YHS [4], con una lista de perle, ne mancano.

319. Un par de guanti bianchi, col fregio d'oro di riccamo, con due liste di perle, con un giro in mezzo riccamato de perle, ne mancano, e vi é l'immagine della Madonna con la Natività del Signore.

320. Un par de guanti bianchi, con fregi riccamati di perle, con un giro in mezzo, sopra lavori d'oro, con lettere in mezzo che dicono YHS, di Paolo III.

---

puissances, France, Espagne, Angleterre, Hongrie et Pologne ; puis Venise, Milan, Gênes et autres duchés ; enfin Florence, Sienne et autres républiques.

1. Il est certain que nous avons ici une housse, pour couvrir l'autel en dehors du temps de la messe. La housse d'apparat, que l'on voit aux vêpres des fêtes, à la Sixtine, est encore en toile fine, avec galons d'or transversaux. La qualification de *voile des vêpres* ne laisse pas de doute sur son attribution spéciale : il s'agit bien d'une housse réservée pour cette seule fonction, en remplacement de la housse ordinaire, plus simple et non brodée. Celle-là, au contraire, est rehaussée de galons d'or, brodée d'animaux, frangée et *inscrite*.

2. Voici un autre voile en linge, brodé soie et or, affecté au service de la *patène*, comme le porte sa dénomination. Actuellement, on ne le fait plus qu'en soie, de la couleur des autres ornements.

On remarquera que la plupart de ces voiles sont armoriés, usage tombé depuis longtemps en désuétude.

3. Le *fanon*, insigne papal, est une double pélerine de soie blanche, rayée verticalement or et amarante. Comme il est dit fait « à la mode ancienne », il n'a que deux couleurs, blanc et or : au tombeau de Martin V, je n'ai pas constaté de rayures. Au n° 551, on voit qu'il s'enveloppait dans un voile, « il velo del fanone ».

4. La même décoration se retrouve dans un inventaire de l'an 1537, cité par M. de Girardot dans son *Histoire du trésor de la cathédrale de Bourges*, p. 22 : « Item une paire de gans de soye rouge faicte à l'esguille, garnye de broderie ; au milieu de la couverture de la main y a ung soleil d'or et au milieu d'icelluy a un *Jésus* fait à l'aiguille, et au dextre y a treize boutons pendans et à senestre deulx boutons tant seulement. » Ces *boutons pendans* sont des houppes ou glands.

Au Louvre, le grand tableau de Mariotto Albertinelli, daté de 1503, se fait remarquer par un curieux spécimen de gants rouges, assortis à la chasuble, qui est également rouge, car il s'agit d'un évêque martyr. La plaque est ronde ; sur le champ bleu se détache un nom de Jésus, YHS, brodé en or et entouré d'une auréole d'or à rayons espacés et flamboyants : les armoiries des jésuites sont aussi

321. Altro paro di seta rossa [1], ornati *ut supra*.

322. Una borsa piccola [2] da corporali, de paramenti di Portogallo, con una frangetta intorno di seta rossa e la detta borsa é riccamata di perle e granalette, con l'arme e imprese del re di Portogallo.

323. Tre para de signacoli [3], di seta violacea, rossa e bianca, con oro, con suoi fiocchetti, di Paolo III.

324. Tre para de signacoli di seta rossa et oro, al medesimo modo.

325. Quattro para de signacoli d'oro, vecchi, con seta bianca, per uso di Nostro Signore.

326. Un paro de signacoli de seta violata et oro, con fiocchetti da piede, di Clemente (VII).

327. Tre para di seta violacea, rossa e bianca con oro, con suoi fiocchetti, de Paolo III.

327 *bis*. Sei para de signacoli, de seta rossa, bianca e violacea, con fiocchettini, con un giro d'oro, servono per cardinali.

328. Una borsa piccola da corporale, de paramenti de Portogallo, con una frangetta intorno de seta rossa, et la detta borsa e riccamata de perle et granatelle, con l'arme et imprese del re di Portogallo.

sur fond d'azur. La manchette est longue et droite, un cordonnet d'or la contourne et fait suite à un filet également d'or : quatre boutons de perles s'alignent verticalement sur le profil. Servaient-ils à boutonner le poignet ? Je ne le pense pas, je présume plutôt que ce doit être un simple décor fait pour augmenter la richesse du gant. Sur la manche courent des lettres en gothique carrée dont on ne distingue que la fin... IS (martyris ?) Le gland, rouge et or, se compose d'un cordon dans lequel est enfilée une perle et qui se termine par un gros nœud, d'où s'échappent trois effilés au bout desquels sont fixées deux perles, une grosse et une petite.

1. Ainsi une seule paire de gants rouges contre trois blanches ; pas une seule ni violette ni verte. C'est parce qu'ils ne servaient qu'au pape, qui n'admet, en effet, aux chapelles et aux pontificaux, que le blanc et le rouge.

2. Quand la bourse est qualifiée « petite », il faut l'entendre de la bourse du calice. Il est intéressant de noter, à cette bourse de corporal, « une frange » qui en fait le tour et des « armoiries et emblèmes » qui y sont brodés.

3. Ces *signets*, en soie de diverses couleurs, étaient destinés à marquer à l'intérieur des livres liturgiques. Ils se terminaient par une houppette d'or et devaient s'harmoniser avec les ornements, car ils sont blancs, rouges, violets, souvent entremêlés d'or. L'inventaire les décrit par « paires » et le n° 327 *bis* est réservé aux cardinaux.

Les signets sont exactement décrits dans l'inventaire de Paul II (1457) : « Item unum signale pro libro de carmezino, ornatum auro cum duodecim pendentibus rubeis, valoris unius ducati. — Item unum aliud signale pro libris, de serico viridi, albo, celestri et rubeo, valoris medii ducati. — Item unum aliud signale pro libris de serico rubeo, celestri et viridi, ornatum de auro et perlis multis, et duabus granatis in capitibus ; est valoris 2 ducatorum. » (Müntz, *Les Arts à la Cour des Papes*, t. II, p. 206.)

D'après ce texte, les signets se composaient de deux parties, comme ceux qui sont encore employés de nos jours : une *tête* richement ornée, en soie de diverses couleurs ou en or perlé et gemmé ; des *pendants* en soie rouge, au nombre de douze. Actuellement, à la chapelle du pape, les rubans des livres se font encore en soie rouge, qui est la couleur papale.

329. Una borsa de corporale con le figure della Natività di Xpo, riccamata di perle et seta, con l'arme della Chiesa, con fiocchi [1] d'oro e perle.

330. Una borsa de corporali di raso cremesino, con un sole con raggi d'oro con le lettere del YHS [2] in mezzo, con un lavoro intorno d'oro, con alcune perluzze e quattro bottoni, fodrate di tabbi turchio, con una croce d'oro in mezzo.

TERZO ARMARIO.

331. Due lanterne di cristallo, con guarnimenti e ligatura d'argento indorato [3].

332. Tre vasi di cristallo con suoi coperchi e ligature e guarnimento d'argento indorato intorno, a modo di fiasco [4].

333. Due vasi del medesimo, senza coperchio.

334. Una cassetta de cristalli [5], con guarnimenti e ligatura d'argento indorato, sostenuta da quatro leoni d'argento indorato, con la sua serratura d'argento indorato e 10 coralli grossetti e certe gioie.

335. Un vaso di cristallo con suoi piedi dorati e ligature, id.

336. Due cucchiari di cristallo, con li manichi d'argento, tutto lavorato, con sua cassa di corame rosso.

337. Un paro d'ampolline di cristallo senza piede et certi altri pezzidi cristallo.

338. Un pace d'argento, che fu del Rᵐᵒ Bembo [6], con le figure [7] della Pietà.

339. Una croce d'argento, che si ebbe per morte del Rᵐᵒ Bembo.

340. Una lanterna, che si porta avanti al *Corpus Domini*, per viaggio, finita d'argento, con arme di Clemente (VII).

341. Una cassetta con guarnimenti d'argento, con liste de diaspri et

---

1. Les *fiocchi* garnissent les quatre coins, ce qui donne aux bourses romaines beaucoup d'élégance.

2. Ce « soleil à rayons d'or » forme l'auréole du nom de Jésus, écrit, comme sur les monuments, avec l'Y.

3. Pour accompagner le Saint-Sacrement, à la procession de la Fête-Dieu.

4. Le *fiasco* italien est une bouteille ventrue, à col long et étroit. Ces trois vases de cristal, montés en argent doré, devaient être affectés aux saintes huiles.

5. Le musée Bourbon, à Naples, possède une cassette de ce genre. Elle est en cristal de roche, monté en argent doré, et provient de la succession des Farnèse. Ce ne peut être celle de Paul III, car elle n'a ni coraux ni pierreries pour décoration.

6. Pierre Bembo, de Venise, évêque de Bergame, créé cardinal-prêtre par Paul III, du titre de Saint-Chrysogone; plus tard, il prit celui de Saint-Clément. Mort en 1547, il fut inhumé à Sainte-Marie-sur-Minerve.

7. *Figure* est au pluriel, parce qu'une *Pietà* comporte au moins deux personnages, la Vierge assise au pied de la croix et le Christ étendu mort sur les genoux de sa mère. Quelquefois les artistes y ont ajouté un ou plusieurs anges.

cristallo sopra certe pitture [1], tanto d'intorno come nel corperchio, fatte a scacchi [2].

QUARTO ARMARIO.

342. Otto candelieri d'argento non indorati; i due grandi con l'arme di Clemente (VII). Furono del Salamanca e sei hanno l'arme di Paolo III [3].

[1]. Peintures recouvertes d'un cristal pour les protéger. Ce système se rencontre en Italie dès le XIIIᵉ siècle.

[2]. *Echiquier*, à cause des armoiries du donateur.

[3]. Je citerai ici les noms des orfèvres qui ont travaillé sous Paul III et probablement pour la chapelle papale. J'emprunte les documents à la remarquable brochure de M. Bertolotti, *Speserie segrete e pubbliche di Papa Paolo III.*

« 1542, 9 avril. A maître Gaspard, orfèvre, pour avoir taillé la perle en poire (*busato la perla a pero*) qui fut donnée à Sa Sainteté par le révérend Sylverio, protonotaire, 3 écus. » (Gaspard Gallo, orfèvre de Rome, est mentionné par Cellini dans son *Traité d'orfèvrerie*.) — « 1545, 5 janvier. A maître Gaspard, orfèvre, pour avoir monté deux rubis et un saphir pour Sa Sainteté et pour l'or qu'il y a mis, 8 écus, 30 bolonais. — 1545, 14 juillet. A maître Jean Pierre Crivello, orfèvre (milanais), pour diverses façons et dorure d'argenteries qui ont été faites dans sa boutique pour l'usage de Notre Seigneur, 136 écus, 80 bolonais. — 1548, 12 mai. A Jean Pierre Crivello et par lui, à maître Jean Todesco, orfèvre, pour le service de Notre Seigneur, 162 écus, 86 bolonais. — 1546, 6 mai. A maître Jean Jacques, orfèvre, pour dorure des fermoirs du livre pontifical de Notre Seigneur, 50 bolonais. — 1549. A maître Jean Jacques de Parme, orfèvre, pour avoir doré et mis en œuvre les lettres de la cheminée (a) qui sont en métal (au palais Farnèse), 4 écus. — 1547, 4 janvier. A Jean-Baptiste d'Imola, fondeur, pour le prix de 200 médailles de cuivre, fondues à l'effigie de Notre Seigneur et remises à maître Jean Jacques, orfèvre, pour les frapper. On doit les mettre dans diverses constructions que Sa Sainteté fait présentement à Rome. 10 écus. — 1546, 24 octobre. A maître Jacques, orfèvre de Rome, *al Pellegrino* (b), pour façon d'un pendant d'or avec trois figures en relief, où il y a une grande émeraude en table, un rubis *brezza* (bréché) et trois perles en poires pendantes, fait par Notre Seigneur, 47 écus. — 1547, 4 juillet. A maître Jacques, orfèvre, pour l'or qu'il a employé à monter deux balais et deux perles à la ceinture de l'illustrissime dame Victoire, duchesse d'Urbino, et pour façon, 19 écus, 25 bolonais — 1545, 14 février. A maître Baptiste, orfèvre, *alla Chiaviga* (c), pour monture d'un rubis en anneau, lequel anneau Notre Seigneur donna à maître Jean Barbiere, quand il prit femme, 2 écus, 70 bol. — 1547, 10 janvier A Baptiste Condioni, orfèvre, pour prix de plusieurs choses, destinées comme étrennes à Madame, à la dernière fête de Noël, 227 écus, 95 bol. — 1547, 28 janvier. A maître Baptiste de Côme, orfèvre, pour façon de quatre pendants, qui furent donnés à Madame en étrennes avec d'autres choses à la fête de Noël, 6 écus. — 1543, 30 mai. A maître François Barberini, orfèvre de Venise, pour un anneau d'or avec une nativité du Christ sculptée en relief, qu'il a donné à Sa Sainteté, 110 écus. — 1545, 3 mars. A Jean-Baptiste, de Toffia, pour une chaîne d'or donnée à l'ambassadeur du roi de Pologne en le faisant chevalier de l'Éperon d'or, 110 écus. — 1545,

(a) Le nom s'inscrivait d'habitude, à Rome, au XVIᵉ siècle, au linteau des portes et au manteau des cheminées.

(b) La rue du *Pèlerin*, ainsi nommée sans doute à cause d'une enseigne représentant un pèlerin, est encore habitée par les orfèvres, aux montres desquels se voient surtout, parmi des objets de toilette, de luxe ou d'église, les médailles destinées à être portées au cou en souvenir du pèlerinage de Rome.

(c) Lieu de sa demeure. Il y a encore à Rome une rue dénommée *la Chiavica del bufalo*, ce qui signifie l'égout de la rue dans laquelle est situé le palais de la noble maison de Bufalo.

343. Il baston pastorale d'argento, qual fu di Paolo II, quando cardinale, con la sua armetta piccola[1].

344. Altro pastorale piccolo d'ottone argentato ed in capo dorato.

345. Un turribol con la sua navicella, et cucchiaro indorato ed arme di Sisto (IV) sopra la navicella [2].

346. Una immagine del crocifisso d'argento grande, con la croce d'argento e la immagine della Madonna e di s. Giovanni pur d'argento, lavorata alla tedesca, d'una medesima grandezza.

347. Una borsa de corporali grande de broccato in filo pavonazzo, con una croce in mezzo di passamano d'oro [3], con una frangetta intorno de seta rossa et oro [4].

6 juin. A maître Alonse, orfèvre espagnol, *al Pelegrino*, pour une chaîne d'or (a) du poids de vingt écus d'or, que Sa Sainteté donna à un ambassadeur des Grisons, quand elle le fit chevalier, 24 écus, 20 bol. — 1545, 20 octobre. A maître Pierre, de Lavaccio, orfèvre, pour façon de la *tiretta* (b) de bijoux, faite pour Madame Victoire Farnèse, et pour le nettoyage des rubis et des feuilles qui sont sous les bijoux de ladite *tiretta*, 22 écus. — 1545, 4 septembre. A maître Jean Marie, de Camerino, orfèvre, pour fin de paiement de la façon de l'aiguière et du bassin d'or qu'il a refaits, 4 écus, 73 bol. — 1545, à maître Barthélemy, de Côme, orfèvre, pour une chaîne d'or et dix douzaines de petites roses d'or que Notre Seigneur donna avec d'autres choses à Madame, 47 écus, 80 bol. — 1543, 25 février. A maître François, orfèvre romain, pour la façon de trois chandeliers d'argent travaillé, à l'usage de la chambre de Sa Sainteté et pour émail et arrangement (*tornitura*) de l'épée de Noël pendant trois années, quarante écus. »

1. Le pape ne se sert jamais de la crosse, mais exclusivement de la férule en certaines circonstances déterminées.

2. Rome possède encore trois navettes du xv° siècle : elles sont en forme de barque et appartiennent à l'église Saint-Marc, au prince Borghèse et au musée Kircher.

3. Voici un des plus anciens exemples de la croix exigée par le Pontifical sur les bourses : voir aussi le n° 330.

4. Le qualificatif *grande* attribué à plusieurs bourses les différencie des bourses précédemment dénommées *piccole* (Voir les n° 322 et 328, ainsi que la note 2, p. 308), à moins qu'on ne veuille y voir la désignation de la dimension extraordinaire des bourses qui servent aux pontificaux du pape. Elles sont, en effet, telles qu'on peut y mettre un corporal entier, sans le plier. Cependant il est un autre sens qu'on peut appliquer à cette épithète. Généralement, la « borsa piccola » est « da corporale ». quoique, aux n° 322, 351, 352 et 366, elle soit « da corporali ». L'emploi du pluriel ou du singulier n'est pas absolument indifférent, car la petite bourse était faite ordinairement pour un seul corporal, rarement pour plusieurs, et la grande bourse, au contraire, en contenait toujours une certaine quantité. S'il y avait le moindre doute sur cette double expression, il se dissiperait aussitôt par la lecture des n° 353, 367 et 400, qui déclarent que deux « bourses de corporaux », l'une et l'autre « petites », sont « en manière de cassette », la troisième étant qualifiée « petite cassette » tout court. Les corporaux s'y tenaient donc pliés, mais en nombre. Peut-être ne paraissaient-elles pas à la crédence, et ne sortaient-elles pas de la sacristie. L'épaisseur de la cassette indique clairement que la boîte n'était pas faite pour un seul corporal, comme la bourse du calice, que celle-ci

(a) « 1546, 28 janvier. Pour une chaîne donnée au grand écuyer du roi très-chrétien, 110 écus. » (Bertolotti, *Speserie*.)
(b) Chaîne qui pendait à la ceinture.

348. Una borsa di corporali grande, riccamata et figurata d'oro, con la decollazione di S. Giovanni Battista, con frange de seta rossa et oro; vecchia.

349. Una borsa da corporali grande de velluto negro, col roverso de taffeta negro, con un passamano d'oro intorno, dentro una fodretta di fustagno.

fût grande ou petite. En résumé, la *bourse* est surtout *grande* si le corporal y entre non plié; elle est *petite* s'il y est mis plié; elle est *épaisse* ou *cassette* si plusieurs corporaux pliés y sont empilés. J'insiste à dessein sur ce détail, parce que, que je sache, aucun liturgiste ou archéologue n'a encore élucidé la question des *corporaliers* (a).

Il importe de distinguer la *bourse* de calice, qui ne contient qu'un seul corporal, du *corporalier* ou boîte à corporaux, destiné à en renfermer plusieurs.

Le musée de Cluny possède un corporalier du XVI° siècle, recouvert de velours rouge et brodé or et soie. Sa forme est carrée. Au couvercle ou plat supérieur, la crucifixion, à laquelle assistent la Vierge et saint Jean, se détache sur un fond semé de perles et de larmes. On lit sur la tranche ou épaisseur de la boîte, en lettres d'or, ce *salut* à la croix du Sauveur :

SALVE . CRVX . PRE
CIORA (b) . QVE . IN .
SANGVINE . CXPI
DEDICATA . ES.

L'abréviation *cxpi* pour *Christi* mérite d'être signalée, car elle est insolite et précise une époque de transition où l'on commence d'abandonner la forme traditionnelle et grecque XPI pour adopter la forme latine avec l'initiale c, laquelle ici constitue une redondance avec l'autre initiale x.

C'est bien un corporalier, et non une *boîte à hosties*, dont M. Biais a donné la gravure dans sa brochure : L'*Exposition de broderies à Londres*, et qu'il décrit ainsi, pages 13-14 : « N° 182. Une boîte à hosties. — Dimension, environ 25 centimètres de long sur 20 centimètres de large et 4 centimètres d'épaisseur. Ces épaisseurs sont richement brodées. Cette boîte, dont la destination n'est pas douteuse, est en velours rouge. Toute la broderie est en brochure d'or et d'argent. Au centre est un calice duquel partent des rinceaux remplissant tout le fond. Ce travail italien du XVI° siècle appartient à M. le baron Davillier, qui a bien voulu nous communiquer cette pièce intéressante et nous faciliter les moyens de l'étudier. »

Citons maintenant quelques textes d'inventaires pour montrer en France l'usage du corporalier persistant jusqu'au siècle dernier.

« Item une bource à corporeaux, toute couverte de perles, où il y a au milieu un Dieu en maisté et IIII évangile, IIII boutons de perles dont l'un a perdu la moitié, et au dos un escu de France couronné, et au devant est tout autour brodé d'argent doré et de perles, avec l'estui de cuir. » (*Inv. de la chap. de Charles VI*, en 1424.)

« Item unam cohoperturam sanctorum corporalium. » (*Inv. de Montpezat*, 1436.)

« Unum recetaculum argenteum et deauratum et quadratum, ad tenendum corporalia, cum armis Ecclesie et Dom. A. de Talaru. » (*Inv. de la cath. de Lyon*, 1448, édit. de Valous, n° 236.) « Primo duos estuyes pro tenendo infra corporalia, de panno brodato cum parvis perliis in certis locis, una cum ymagine crucifixi ab una parte est de annunciatione dominica, foratos de cindali rubeo et aliud est brodatura ad duas ymagines de quodam rege et de quodam episcopo, forratas de bocassino jam antiquo; in quibus sunt tria corporalia tam bona quam antiqua. » (*Ibidem*, n° 314.)

« Unum corporale cum veste antiqua. — Item una custodia corporalium de cendalo rubeo, cum cruce deaurata, et Agnus Dei et certis perlis, cum corporali intus. »

(a) Le corporalier n'a pas complètement disparu de nos sacristies, mais il n'a plus ni la forme riche d'autrefois, ni une affectation exclusive. C'est une boîte en carton, carrée, dans laquelle chaque prêtre met les linges usuels qui sont à son service personnel, le corporal, le purificatoire et l'amict.

(b) *Sic* pour *preciosa*.

350. Una borsa vecchia de corporali di ricamo d'oro con figure quando Xpo fu levato de croce, con l'arme d'Innocentio (VIII), dall' altra banda la Resurrettione et altre istorie.

351. Una borsa piccola de corporali, de raso rosso, ricamata de seta et oro, con una figura di santa Chiara et intorno con un lavoro di cordoncino d'oro, con 4 fiocchi et bottoni di seta.

352. Una borsa de corporali piccola, a modo di cassetta, coperta de broccato figurata in fili violacei, con un passamano de seta rossa attorno. Fu avuta dalla cappella del Rᵐᵒ Sadoleto.

353. Torribulo e navicella col cucchiaro d'argento indorato, con l'arme de Clemente (VII).

354. Un vaso d'acqua santa, col suo manico et aspersorio d'argento indorato.

355. Una pietra sacrata in legname semplice [1]. (Al cardinale di Marsiglia [2].)

(*Inv. de Calixte III*, 1458, édit. Müntz.) Le même inventaire distingue le corporalier de la bourse, qu'il nomme *Bursa.*

« Item thecas corporalium duas, una in qua est nomen Jesu cum perlis, et unam alliam de veluto rubeo cum corporalibus suis. » (*Testament du card. Bessarion*, 1464.)

L'inventaire de saint Maximin (Var), rédigé en 1504, enregistre une bourse, au revers de laquelle sont les armoiries de la maison de Foix :

« Item, custodia corporalium, ex panno aureo, habens ymaginem beate Marie Magdalenes, circumdatam fere margaritis parvis, ab una parte, et ab alia sunt arma de Fuxo, cum corporalibus. »

« Un étuy et corporalier d'argent, marqué aux armes de Mons. l'archevêque de Talaru et du chapitre, pezant 6 marcs 5 onces, ledit étui étoit émaillé et doré. Un étui de (*a*) corporalier, avec un grand voile, de l'ornement de Mons. de Marquemont, chargé d'une croix en broderie d'or, bordé d'or et doublé d'un taffetas rouge, le tout très usé. Un étuy de bois, couvert de camelot violet, pour fermer les corporaliers. Plus un corporalier fait en forme de poële, garny d'une dantelle d'Angleterre à bride foncée (*b*) tout autour, pour mettre dans la niche sur le petit autel, avec un étuy de carton pour le couvrir. » (*Inv. de la cath. de Lyon*, 1724, n°⁸ 16, 155, 173, 188.)

1. Cette pierre sacrée était entourée de bois, peut-être avait-elle même un fond. Le bois est dit *simple*, c'est-à-dire uni et sans ornements. J'ai trouvé en Anjou des pierres d'autel ainsi enchâssés aux xvᵉ et xviᵉ siècles.

Le bois dont on entourait les pierres sacrées avait pour but de les préserver de toute cassure ou écornement occasionnés par un choc violent. L'inventaire de Paul II (1517) mentionne cette particularité, en ajoutant que l'encadrement était en marqueterie : « Item unum altare portatille, cum lapide serpentino in medio, cum pulcherrima tarxia in circuitu ipsius lapidis; est valoris 6 ducatorum. — Item aliud altare portatille, cum lapide albo in medio, cum tarxia etiam in circuitu, non ita pulcra; est valoris 3 ducatorum. — Item unum aliud altare portatille, cum lapide rubeo in medio, et in circuitu cum pulcherrima tarxia. Ipsum altare portatille est valoris 5 ducatorum. » (Müntz, *Les Arts à la cour des papes*, t. II, p. 202.)

Il en était de même en France plus anciennement : « Item, ung petit autel benoist de jaspre, bordé d'argent doré, enchassillé en cyprès. » (*Inv. de Charles V*, 1380, n° 2436.)

2. Cristophe del Monte, cousin de Jules III, évêque de Marseille, patriarche d'Alexandrie, cardinal-prêtre du titre de Sainte-Praxède et de la création de Jules III en 1551, mort en 1564 à Sant'Angelo in Vado, près Urbino, où il est inhumé.

(*a*) *Sic :* il faudrait restituer *ou, si*, à Lyon, *corporalier* n'était pas synonyme de *corporal.*
(*b*) *Sic* pour *froncée.*

356. Doi candelieri d'argento dorato senza punto, già del Rᵐᵒ Bembo.

357. La cassetta degli olii d'argento indorato, le cornici con l'arme della Chiesa col suo manico.

358. Una pietra de diaspro [1].

359. Due anelli pontificali [2] legati in oro; uno ha cinque pietre e quattro perle e fu del Paris [3], l'altro é una granata con sette perle. (L'anello del Paris fu posto a pp. Julio III quando morse.)

360. Una croce pettorale d'argento indorato, con 14 perle.

361. Due croci pettorali d'argento indorato, senza perle. (Una poi posta a Paolo III, altra a Giulio III quando morti.)

362. Quattro cordoni, per le crocette, de seta e oro, due pavonazzi, un rosso ed un bianco [4].

363. Sei para di guanti pontificali : due bianchi, due rossi e due pavonazzi. (Un paio di rossi dati alla chiesa di Terni [5], altro all' arcivescovo di Armenia.

364. Le carte dove Papa Leone (X) soleva dir la messa pontificalmente, ristrette in due tavole coperte di raso cremesino [6].

365. Quattro cassettine per tener guanti, in uno si tengono li purificatori.

366. Una borsa de corporali piccola, a modo de cassetta [7], coperta de broccato figurato in fili violacei, con un passamano de seta rossa attorno. Si ebbe dalla cappella del Rᵐᵒ Sadoleto.

QUINTO ARMARIO.

367. La croce de cristallo grande, legata in argento indorato, con un pezzo d'argento che entra nel piede [7], con la sua cassa coperta di cuoio e l'arme di Clemente (VII) [8].

1. Probablement cette « pierre de jaspe » était une pierre d'autel, peut-être non encore consacrée. On avait toujours soin jadis de choisir pour cet usage des marbres non vulgaires.

2. Les « anneaux pontificaux » étaient réservés aux messes pontificales célébrées par le pape : ils se prenaient par-dessus les gants et étaient beaucoup plus gros que les anneaux ordinaires.

3. Ce Paris serait-il l'évêque de Rimini, mentionné nᵒˢ 539 et suiv., ou bien Pierre Paul Parisio, créé cardinal par Paul III, en 1539, du titre de Sainte-Balbine ? Ou encore, selon l'opinion la plus probable, Pâris de Grassis, maître des cérémonies de Jules II et Léon X, puis évêque de Pesaro, en 1513 ?

4. Ce détail des couleurs nous révèle que le cordon auquel pendait la croix pectorale variait selon la fête, car nous en avons ici un blanc, un rouge et deux violets.

5. Plus haut, nᵒˢ 318-321, nous avons vu des gants blancs et rouges. Le violet indiqué dans cet article ferait croire que ceux de cette couleur étaient réservés aux cardinaux et évêques célébrant pendant l'avent et le carême.

6. Il est probable que ces « cartes » correspondent à nos cartons d'autel ou au canon des évêques. On observera qu'elles forment deux « tables », à la manière des livres qui se plient en deux, et qu'elles sont recouvertes de velours cramoisi. Le livre dans lequel le pape chante la bénédiction papale a exactement le même aspect.

7. Cette fiche se remarque, en Italie, à toutes les croix d'autel et de procession.

8. Cet objet n'existe plus, mais je puis signaler deux croix analogues, contenant

368. Quattro candelieri d'argento indorati, con l'arme et imprese di Paolo III.

369. Un turribolo d'argento piccolo indorato, con la sua cassa coperta di cuolo pavonazzo e l'arme di Paolo III.

370. Un calice di cristallo col piede d'argento indorato e legato, rotto il cristallo, d'argento indorato, in cassa [1].

371. Un tabernacolo di cristallo, col piede d'argento indorato e sei figure nel piede ed altre sei nel nodo di mezzo e di sopra la Resurretione de Xpo, con due campanili dai lati [2].

372. Un tabernacolo piccoletto di cristallo, ligato in argento indorato, con piede smaltato e la croce di sopra dove sono due crocifissi [3].

toutes deux de la vraie croix. L'une, provenant de la succession de saint Charles Borromée, est à Joué (Maine-et-Loire); l'autre, propriété du palais apostolique, n'est exposée à Saint-Pierre de Rome que pour les stations des vendredis de mars. Cette dernière a une monture fort élégante qu'on attribue à Benvenuto Cellini; la date d'exécution serait le pontificat de Clément VII. Il en a été fait à Rome une bonne gravure au trait, de format in-folio.

1. La chapelle Sixtine a conservé deux calices en cristal, qui remontent au XVIᵉ siècle. La monture est en vermeil, avec émaux translucides. L'un d'eux sert à la réserve du jeudi saint.

2. Ce *tabernacle* est un ostensoir. On paraît encore affectionner à Rome les ostensoirs de cristal de roche. La chapelle Sixtine en possède un fort élégant, qui peut presque remonter à l'époque de Paul III. Le soleil dans l'inventaire est en cristal, le pied d'argent doré est historié, ainsi que le nœud. Probablement ces douze « figures » représentent les douze apôtres. Au sommet, paraît le Christ ressuscitant. Les deux clochetons latéraux dénotent que la forme générale est plutôt en monstrance qu'en ostensoir moderne, à l'instar de la monstrance eucharistique, dite de Charles-Quint, que l'on admire au trésor d'Aix-la-Chapelle.

Cet ostensoir fut l'œuvre de l'orfèvre Thobia, dont les registres de dépenses de Paul III parlent en ces termes, d'après M. Bertolotti :

1541, 14 décembre. « A maître Thobia, orfèvre, pour or et façon d'un petit tableau (*tavoletta*) de corail, pour suspendre à une petite chaîne pour Sa Sainteté, 2 écus, 30 bol (a). — 1543, 9 janvier. A maître Thobia, orfèvre, en paiement de deux cristaux ronds qu'il a fait venir de Milan pour faire un tabernacle pour porter en procession le *Corpus Domini* et en plus en à-compte sur l'or et la façon du susdit tabernacle, 33 écus. »

Dans les mêmes comptes de Paul III, publiés par le savant archiviste de Rome, il est question d'un autre *tabernacle*, destiné à la réserve eucharistique :

« 1545, 7 décembre. A maître G. B., sculpteur, pour la dépense des objets qui lui étaient nécessaires pour faire le tabernacle en bronze pour le *Corpus Domini* dans la chapelle Pauline (b). 10 écus.— 1545, 11 février. A maître Marius Campanaro (c), à compte sur la fonte du tabernacle de bronze du *Corpus Domini* de la chapelle Pauline, 11 écus. — 1547, 11 décembre. A maître Dominique fondeur, à compte sur les pilastres du tabernacle de métal qu'il fond, 6 écus (d). »

3. Pourquoi deux *crucifix* à cette croix qui termine ce « petit tabernacle » ?

(a) Benvenuto Cellini rapporte que ce Thobia fut arrêté à Parme comme faux-monnayeur, mais que le pape lui fit grâce de la potence à cause de son talent.
(b) Le Saint-Sacrement est conservé à la chapelle Pauline, desservie par le sous-sacriste faisant fonction de curé pour le palais apostolique.
(c) Il est probable que *campanaro*, qui signifie *fondeur de cloches*, est un nom de profession plutôt qu'un nom propre.
(d) On le surnommait *Bonetto* et il était natif de Bergame.

373. Un tabernacolo [1] d'argento, in modo de tempio (fu guasto per l'apostoli) [2].

Évidemment, chaque face de la croix portait son Christ. Ce système est si rare à Rome que je serais embarrassé d'en citer un autre exemple.

1. Je ne puis omettre les détails donnés, en 1505, par Páris de Grassis sur la procession du Saint-Sacrement par le pape Jules II :

« Ingressus igitur papa genuflexit super parvo cusino, in gradu ante altare posito, et facta oratione, surrexit papa cum suis assistentibus, et illico affuit cardinalis Sanctæ Praxedis, episcopus cardinalis assistens, et eo tenente naviculam, papa imposuit incensum in duo thuribula, et papa deinde genuflexit. Tunc cardinalis prædictus S. Praxedis, cum uno thuribulo, genuflexus ad dexteram papæ, sicut erat quasi apud cornu epistole, incensavit Sacramentum in medio altaris positum. Quo facto, ego accepi velum sive tobaleam quæ erat superposita et extensa super tabernaculo, et illam dedi cardinalibus duobus diaconis assistentibus, qui, me adjuvante, composuerunt humeris papæ, ita ut limbus sive fetucia quæ est ex auro rugosa, non posset tangere collum papæ, sed esset reinversa. Quo facto, priusquam papa caperet Sacramentum, sedit in sede sua, et cum fuit bene dispositus, diaconus a dextris contulit ei sedenti Sacramentum (a). Hoc autem sic factum fuit, quia papa erat semidolens ex podagro, cum ordinarie papa debet Sacramentum pedes portare extra capellam et nudo capite et ibi dato Sacramento diacono, ipse papa aptatur in sede, et sic sedens capit illud, deinde sibi datur mitra levem; et cantores illico cantarunt hymnum, etc. Scutiferi XXIII (b) erant cum tortiis 24 accensis in aula, et ibi genuflexi expectabant papam cum Sacramento; quo veniente, ipsi scutiferi bini descenderunt per scalas antecedentes, hinc inde bini. Baldacchinum non potuit super caput papæ deferri per scalam, sed prius feci per parafrenarios inferius deferri, et ibi præfectus, senator, nepotes aliqui papæ, et oratores regii acceperunt et portarunt usque ad S. Catherinam; inde alii usque ad scalas S. Petri; et ultimo priores iterum portarunt usque ad cancellos S. Petri, id est præfectus, senator, nepotes et oratores qui prima vice portarunt.

« Quando papa per scalas descendit, habuit mitram preciosam; cum autem fuit inferius sub baldacchino, accepit leviorem mitram de purpura.

« Cum autem papa reversus fuit sub porticu S. Petri ante portam majorem, sibi obviavit cardinalis S. Petri ad Vincula celebraturus, indutus pluviali et mitra, et deposita mitra genuflexit, quoad papa esset sibi daturus Sacramentum. Et sic sede papæ per cubicularios dimissa in qua papa protabatur, erigens se papa de sede, dedit Sacramentum cardinali eidem stanti alias genuflexo, qui illud reverenter accepit et surrexit; et postea nulla per cardinalem facta reverentia papæ, abiit papa sine mitra, et cum fuit ingressus ecclesiam, assumpsit mitram. Papa propter podagras non genuflexit, sed inclinavit profunde sine mitra, et cum suis sequacibus abiit ad palatium, id est ambo equaliter hinc inde abierunt. Cardinalis sub baldachino cum mitra fuit, cujus assistens ac diaconus capellæ portabant fimbrias pluvialis. Crucem portavit subdiaconus capellæ indutus, duo capellani, duo candelabra, et duo alii duo thuribula incensantia. Prelati omnes, depositis pluvialibus, illico acceperunt capas cum quibus ingressi sunt capellam itidem fecerunt.

« Celebrans ingressus reposuit tabernaculum super altari, et antequam faceret genuflexionem, posuit incensum; tum deposita mitra, incensavit genuflexus, dum sine mitra reversus ad faldistorium, accepit paramenta, et cum mitra veniens ad altare, ibi eam deposuit et confessionem ac alia fecit prout in libro. »

2. C'est-à-dire que le métal fut employé à faire des statues d'apôtres, peut-être

(a) On avait cru, sur la foi d'une médaille mal interprétée, qu'Alexandre VII était le premier pape qui se soit fait porter à la procession de la Fête-Dieu. Voici un texte qui déclare positivement le contraire. Rétablissons donc l'ordre et la vérité des faits. Les papes ne montaient sur la *sedia* qu'en dehors de la chapelle Sixtine. L'innovation de Jules II consista à monter dans la chapelle même, parce que, étant goutteux, il avait peine à marcher. La *sedia* n'était pas différente de celle qui servait aux pontificaux et aux consistoires : le pape y était assis et tenait l'ostensoir posé sur une traverse qui s'appuyait sur les bras du fauteuil. Alexandre VII perfectionna le système : il fit faire un plancher, nommé *talamo*, que devaient porter ses palefreniers et où furent disposés un siège à dossier bas et un prie-Dieu. Le *talamo* est encore usité. Sur le siège s'assied le pape qui l'enveloppe de sa large écharpe; l'ostensoir est fixé sur le prie-Dieu, que recouvrent entièrement les deux extrémités de l'écharpe. Le pape paraît ainsi, non pas complètement assis, mais légèrement incliné, parce qu'il est obligé de se pencher pour atteindre l'ostensoir : aussi on le dirait agenouillé.

(b) Rectifiez XXIIII ou 24, puisqu'il y a 24 torches; ce doit être une erreur typographique.

374. Una nave di cristallo, con quattro rote del medesimo, ligato d'argento dorato [1].

celles de saint Pierre et de saint Paul qui, selon la tradition, flanquent la croix, à l'autel papal, quand le souverain pontife célèbre la messe solennelle. Mais un autre texte nous autorise à y voir les douze apôtres.

Ces statuettes, modelées par Raphaël de Monte-Lupo, furent exécutées en argent par plusieurs orfèvres, comme il résulte de la docte brochure consacrée par M. Bertolotti aux dépenses de Paul III (a).

« 5 octobre. A maître Raphaël de Monte-Lupo, sculpteur, à compte sur les modèles qu'il fait des apôtres que Notre Seigneur veut qu'il exécute en argent, 11 écus. — 1545, 4 novembre. A maître François, orfèvre de Faenza, donné en à-compte, pour les mois de novembre et de décembre, d'un apôtre d'argent qu'il fait pour la chapelle de Notre Seigneur, 10 écus. — 1545, 13 novembre. A maître Octavien, d'Orvieto, orfèvre, à compte sur la façon d'un apôtre d'argent qu'il fait pour Notre Seigneur, à raison de 5 écus par mois, en commençant le premier de celui-ci et le payant jusqu'à ce que l'ouvrage soit terminé, 10 écus. — 1546, 12 mai. A maître Thobia, de Camerino, orfèvre, à compte sur l'apôtre d'argent qu'il fait pour Notre Seigneur, 5 écus. — 1586, 5 juin. A maître Manno, orfèvre, à compte sur l'apôtre d'argent qu'il fait pour la chapelle de Notre-Seigneur, le modèle a été fait par maître Raphaël Monte-Lupo, 5 écus, 50 bolonais. — 1547, 9 janvier. A maître François, orfèvre, à compte sur l'apôtre d'argent qu'il fait pour Notre Seigneur, 5 écus. — 1547, 20 mai. A maître Manno, orfèvre, pour le reste de la façon de l'apôtre S. Mathieu qu'il a fait faire à maître Robert, Allemand, et qui fut estimé 140 écus; 90 écus, 10 bol — 1547, 24 mai. A maître Thobia, orfèvre, pour reste de 420 écus, pour la façon de trois apôtres qu'il a fait faire à différentes personnes et qui sont estimés ainsi : Saint Jacques majeur, 150 écus; Saint André, non achevé et sans base, 130 écus; Saint Jacques mineur, 140 écus; 20 écus — 1547, 11 août. A maître Jean, orfèvre, pour façon et argent employé à l'apôtre Saint Thomas, exécuté en argent pour la grande chapelle (b) de Notre Seigneur, 240 écus, 76 bol. »

Ces apôtres durent remplacer ceux dont parle Vasari et qui auraient été fondus au xv° siècle par Filarète, aidé de ses deux élèves Nicolo della Guardia et Pietro Paolo. Les statuettes d'argent, qui ornaient la chapelle pontificale, disparurent au sac de Rome par les troupes du connétable de Bourbon. (Gazette des Beaux-Arts, 1878, tom. XVIII, pag. 93.)

Je saisis cette occasion pour parler d'autres statuettes d'argent, exécutées pour le palais apostolique.

En 1586, Jean-Jacques dal Piombo reçut 50 écus « pour le reste et entier paiement de toutes les journées employées pour le sépulcre de la chapelle Pauline. » (Bertolotti, Guglielmo della Porta, p. 28.)

Dans un procès intenté par Théodore della Porta au sujet de la succession de son père, figure l'orfèvre Baldo Vazzano, de Cortone, élève de Pierre de Prato, qui affirme avoir vu dans l'atelier de Guillaume della Porta « des modèles d'empereurs et d'apôtres, de chandeliers et d'autres choses. Il déclare en outre que son maître Pierre avait « des Christ d'argent, des chandeliers et autres choses ». (Page 24.)

1. Voilà une « nef » montée sur « quatre roues ». Je pense tout d'abord aux nefs qui furent adoptées au moyen âge et à la renaissance pour le service de table. Peut-être celle-ci ornait-elle la table des apôtres, le jeudi saint. Peut-être aussi n'était-ce qu'une salière destinée à contenir le sel qui est requis pour la bénédiction de l'eau. Benvenuto Cellini a donné la forme d'une « nef » à la fameuse salière qui enrichit le musée de Vienne en Autriche.

« Item una alia saleria argentea deaurata, cum equis albis et rotis deauratis, et

375. Una pace piccola tonda di smalto, con figure in mezzo della coronazione della Madonna, ligata in argento dorato, col suo velo divisato [1] (Al cardinale di Marsiglia.)

376. Una pietra d'amatista, ligata in argento dorato, con due immagine grande e sei teste.

377. Una tavola di legname, coperta d'argento et smalti, di dentro e intorno con reliquie [2].

378. Uno scabello di mitra, fodrato di velluto cremesino [3].

379. Doi succentorij de seta rossa, con fiocchi d'oro e seta [4]. (Uno alla chiesa di Terni e l'altro per seppellir Papa Marcello II.)

380. Una cassettina dove sono molti purificatori.

381. Purificatoi numero ottanta fra zensile Cambraia [5], et cortina, de

ad formam navis, in pupi vero est casula totaliter deaurata, in cujus sommitate est una perla, cum armis poncionatis : totum simul ponderat lib. O, unc. 9. Ipsa saleria est valoris 9 ducatorum ». (Invent. de Paul II, 1457.)

D'après Grimaldi, décrivant le trésor de la basilique Vaticane, ce serait une nef symbolique, la barque même de Pierre, c'est-à-dire l'Église : « Naviculam chrystallinam beati Petri, ab Eugenio quarto donatam, habentem vexilla quatuor, insignia Eugenii, saphiros, balassos et alios pretiosos lapides. » (Müntz, Les Arts à la cour des papes, t. I, p. 55, note 1.)

Il est encore une autre interprétation également probable. Les comptes de Pie III, à la date de 1461, parlent d'une nef accompagnée de deux flacons, sans détermination d'usage : « Spectabili viro Petro Archangelo de Urbino florenos auri de camera 1009 pro valore duorum flasconum de cristallo et unius navis de argento et auro ab eo emptorum pro Sᵐᵒ domino nostro papa. » (Müntz, Les Arts à la cour des papes, t. I, p. 316.)

Cette nef a pu servir à l'essai de l'eau et du vin, selon qu'il se pratique aux offices pontificaux et que le prescrit le Cérémonial des évêques : « Sequitur acolythus, urceolos vini et aquæ portans, sumptos ex eodem abaco, et prægustatos a credentiariis..... Interim diaconus parum vini et aquæ ex ampullis, quas ibidem acolythus tenet, in aliquem cyathum infundit, ex quo Sacrista illud bibit. » (Cær. Ep., lib. II, cap. VIII, nᵒˢ 60, 62.)

1. Cette paix, suivant la rubrique romaine, était recouverte d'un « voile partagé », c'est-à-dire coupé en deux, de manière à s'enlever facilement, et non en forme de housse.

2. Ce reliquaire « en tableau » pouvait ressembler à celui dit de saint Grégoire le Grand, qui est à Sainte-Croix-de-Jérusalem : il est monté en argent doré et émaillé et date seulement du XIVᵉ siècle.

3. Les mitres et tiares du pape (ce qui n'appartient qu'à lui seul) sont portées aux processions et placées à l'autel sur des formes recouvertes de velours rouge. Du pied carré saillit une poupée sur laquelle s'implante l'insigne papal.

Du document suivant il résulte que les mitres, en 1457, se plaçaient sur un coussin ; « Ducati 6 di camera paghamo a maestro Ghualtiri recamatore per parte di una mitara, e 1° chusino rifa per la santita di Nostro Signore. » (Müntz, Les Arts à la cour des papes, t. I, p. 322.)

4. Le succinctorium, que le pape est le seul dans l'Eglise à porter, lors des pontificaux, est une ceinture ou cordon, à laquelle pend une aumônière. Saint Thomas d'Aquin en décrit ainsi le symbolisme : « Per succinctorium, quo stola cum alba ligatur, amor (significatur) honestatis. » (Suppl., 3ª pars, quest. 40. art. 7.)

5. Cette désignation prouve que le zensile se fabriquait à Cambrai. Ce doit être une espèce de batiste : les batistes de cette contrée sont, en effet, très renommées.

quali una parte ne sono nella sopradetta cassettina et una parte in un altra nel quarto armario.

SESTO ARMARIO.

382. Una croce di cristallo, ligata in argento dorato, con un crocifisso in mezzo, col pie di rame e l'arme di Paolo III cardinale.

383. Sei immagini d'apostoli, tutte d'argento [1], cioè di S. Tommaso, S. Jacomo maggiore, S. Jacomo minore, S. Filippo e S. Matteo e S. Andrea, con arme de Paolo III.

384. Una cassettina, coperta di damasco bianco a fioroni d'oro, dove vi è la cenere benedetta [2].

385. Doi calici, uno d'argento indorato e l'altro tutto d'oro, con sue patene d'argento dorato. Il primo e l'altro con patena tutta d'oro [3]. Il primo con arme de Paolo III. Il secondo con l'arme di Adriano VI, col piede e bottone [4] tutto lavorato di smalto, con sua cassa coperta di velluto.

386. Due para d'ampolline d'argento : un paro dorate e l'altro una dorata e l'altro non [5]. Fu del Bembo.

387. Una baccinetta d'argento col giro indorato, con arme del Bembo nel mezzo.

388. Due borse di corporali, l'una riccamata con la decollazione di S. Giovanni Battista e l'altra di broccato, i fili pavonazzi, con frangie di seta rossa.

389. Una scattola da ostie d'argento smaltato e figurato.

390. Un vaso d'osso d'avorio [6], ligato in argento per il muschio.

391. Un calicetto di cristallo, ligato in argento indorato pel balsamo, con un cucchiaretto d'argento indorato, con una pietra da capo [7].

---

1. La table de la Cène, le jeudi saint, est ornée de statuettes représentant les apôtres. Peut-être celles-ci eurent-elles une destination analogue. Les armes de Paul III devaient être sur le piédestal.

2. Actuellement, pour les cendres, la chapelle papale emploie un bassin d'argent, recouvert de soie violette à l'intérieur.

3. Il y ici contradiction dans le texte, puisque d'abord les deux patènes sont dites « d'argent doré » et ensuite « toutes d'or ».

4. *Bouton* ou nœud.

5. La burette dorée était affectée au vin et l'autre sans dorure, à l'eau ; excellent procédé pour aider à distinguer les deux liquides.

6. Venant après la « boîte à hosties », ce « vase d'os d'ivoire » semblerait avoir eu la même destination ; mais la suite de l'article indique qu'on y tenait le musc que le pape déposait dans la rose d'or.

7. Le baume, qui sert à la confection du saint chrême, se mettait donc dans un « petit calice » : actuellement, on emploie pour cela un plateau ou une espèce de patène.

Avec la cuiller, l'officiant prenait le baume et le mélangeait avec l'huile. « Une petite cuiller d'argent doré pour faire le saint cresme, le jeudi saint. » (*Invent. de la cath. de Toul*, 1575.) — « Un petit vase d'argent servant à mettre le baume le jeudi saint. » (*Invent. de la même cath.*, 1792.)

392. Una crocetta d'argento indorato, con l'immagine del Crucefisso, pella cassetta del *Corpus Domini.*

393. Una pace d'argento con le figure della Natività di Cristo, con manico, cornice [1] d'argento dorato. (Al cardinale di Perugia.)

394. Una scattola col suo coperchio, col manico [2], tutta d'argento, per l'ostie.

395. Un calice con la patena [3] d'argento non dorato, eccetto dentro la coppa et in mezzo la patena, con una cornice dorata nel piede.   ♦

396. Un calice, con la patena *ut suprà*, in la cornice del piede il bottone lavorato di smalto e la patena dorata nel mezzo con una mano che dà la beneditione.

397. Un calice piccolo d'argento dorato, lavorato nel piede alla damaschina [4], senza patena.

398. Un calice d'argento tutto dorato, con la sua patena, quale se havuto dal vescovo di Carpentras per la morte del R^mo Sadoletto [5].

399. Due para d'ampolline d'argento.

400. Una cassettina dove sono corporali.

401. Corporali sei di zensile, con e senza palle [6], per N. Signore e cardinali.

402. Un cucchiaro d'argento grande, col manico in punto [7] a frondi di cercua, mezzo dorato.

403. Quattro para de guanti, tre bianchi et uno rosso. (Quei bianchi dati al vescovo di Catania.)

404. Altre robe come appare sotto il titulo *additiones.*

LA PRIMA CASSA [8] SOTTO L'ALTARE A MANO DESTRA NELLA 2ª STANZA.

405. 12 camici, 21 amitti con fiocchi d'oro e seta.

---

1. La « corniche », expression italienne, est le cadre qui entoure le petit tableau formant paix.

2. « Manche », poignée, anse pour enlever la boîte.

3. M. Bertolotti cite cet article des comptes de Paul III :

« 1546, 3 juin. — A maître François, orfèvre, aux images du pont (Saint-Ange), pour le reste du calice qu'il a refait pour la chapelle du château (Saint-Ange), 2 écus. »

4. Le pied de ce calice était travaillé d'après le procédé usité à Damas, ou damasquiné.

5. Les cardinaux étaient rarement désignés par leur nom de famille. S'ils habitaient Rome, on les qualifiait par leur titre presbytéral ; s'ils avaient un évêché, on les nommait par celui de leur siège.

6. « Avec ou sans pales. » La pale n'est que l'extension du corporal, qui primitivement se repliait par un coin sur le calice, quand il n'y avait pas le voile.

7. Il importe de rapprocher cet article d'un autre cité plus haut. D'une part, nous constatons deux chandeliers d'argent « doré senza punjo » ; de l'autre, la cuiller a le manche « in punto ». Serait-ce un pointillé, fait au poinçon comme ornementation ? Les « feuilles de chêne » font songer aux armoiries de Sixte IV et de Jules II. — Cette grande cuiller a pu servir pour la bénédiction des *Agnus Dei.*

8. Burcard rapporte qu'après la mort d'Alexandre VI, le palais du Vatican fut

406. Due tovaglie [1] di seta bianca d'altare [2]; una con verghe d'argento, con listine de seta turchina et oro per traverso della tovaglia, quasi nova, con reticelle d'oro e frange d'oro e argento.

407. Una tovaglietta alla moresca.

408. Altra lavorata alla damaschina, vecchia, stracciata, in campo liste d'oro et seta cremesina et altri colori di seta.

409. Dieci tovaglie d'altare di cortina, sei con frage e 4 senza.

410. Due tovagliette de renza, qual servono per l'altare in sacristia.

411. Tre tovagliette de renza grosso con frange, che furno del cardinale N.

412. Una tovaglietta de cortina, qual serve per la comunione della famiglia del Papa il di della resurrezione, con frange nelli capi bianche e negre.

NELLA SECONDA CASSA.

412 bis. Sei lenzuola da letto [3].

413. Sette ammitti de zensile con cordoni e fiochi d'oro et seta.

414. Una coperta [4] de damasco rosso, nova, con fioroni et andare d'oro, delli paramenti di Paolo III.

pillé par ses domestiques, qui « n'y laissèrent que les tapisseries, les sièges et quelques coussins. Mais lorsqu'on fit l'inventaire, on trouva dans les autres pièces de son palais beaucoup de bijoux et d'argenterie. La chapelle seule remplissait huit grands coffres; et une petite cassette de cyprès renfermait des bagues et des pierreries, qu'on évaluait à 25.000 ducats. » (*Note des man. du Roi*, tom. I, p. 130.)

1. *Touailles*, comme on disait au moyen âge, ou nappes d'autel. Elles sont en toile ou en soie, galonnées, damasquinées, frangées et bordées. L'une est destinée à la communion, le jour de Pâques, de la maison du Pape ou de sa famille, comme on dit encore à Rome.

L'inventaire de Paul II (1457) consacre un long article aux touailles. Il me suffira d'en indiquer le titre : « Hic inferius describuntur toballie pro altari, de serico et deaurate, et cujuscumque alterius generis. » (Müntz, *Les Arts à la cour des papes*, t. II, p. 194.)

2. Ces « touailles de soie blanche pour autel » sont des housses qui se mettent sur la nappe, en dehors du temps de la messe. La décoration de l'une d'elles est curieuse à observer : elle est rayée en travers argent et bleu, avec une résille d'or et des franges d'or et d'argent. La couverture actuelle, à la Sixtine, est en lin rayé d'or. Quand le pape officie à Saint-Pierre, les deux extrémités pendantes de la nappe sont rehaussées d'une résille et d'une dentelle d'or.

3. Pourquoi ces « draps de lit »? Servaient-ils à la confection des *Agnus Dei?* Je ne vois pas d'autre attribution probable, car on les étend encore sur des draps pour les faire sécher, après leur infusion dans l'eau bénite. Je serais autorisé à cette interprétation par l'article suivant que M. Bertolotti a tiré des comptes de Paul III : « 1547, 7 avril. — A maitre François Tizon, de Caravaggio, menuisier, pour avoir posé la conque d'argent pour les *Agnus Dei*, 12 écus. »

4. En France, aux XIVe et XVe siècles, on nommait *couverture* ce qui est l'équivalent de l'italien *coperta*, le voile du calice. « Item, une couverture de calice aux armes de France et de Navarre et une croix ou mylieu. » (*Invent. de Charles V*, 1379, nº 1179.) — « Une couverture de calice aux armes de France et de Navarre, et une croix au milieu. » (*Invent. de la Chapelle de Charles VI*, en 1424.) — « Item de panniculis pulcris ornatis serico pro cooperiendo calices duos. » (*Testament du cardinal Bessarion*, 1464.)

415. Altra coperta di broccato in fili bianchi, con letere cbe dicono *semper* [1], fodrato di taffetà rosso.

NELLA TERZA CASSA.

416. Doi coperti di libri del Papa [2].

417. Sei altre.

418. Quattro fodrette per la mitra, che porta al lotto de paramenti [3], di cortina.

419. Quattro altre fodrette [4], dove si porta il camice di S. Sta.

420. Undici panni da inviluppo di cortina.

QUARTA CASSA.

421. Quattro rotoli di broccato e di damasco, due con l'arme di Sisto (IV) [5].

422. Due tovaglie.

423. Due pezzi di velo per coprire crocifissi [6].

NELLA PRIMA CASSA A LATO MANCO.

424. Quindici camici con 15 amitti da cardinali e prelati. (Uno al vescovo cieco) (*sic*).

SECONDA CASSA.

425. Diciasette altre tovaglie.

TERZA CASSA.

426. 18 camici da ministri con fimbrie di damasco [7].

QUARTA CASSA.

427. Dieci cordoni.

428. Otto camici.

429. 17 amitti.

430. Un gremiale de velluto.

---

1. Devise de Clément VII.

2. On continue, à la chapelle Sixtine, à couvrir les livres liturgiques de housses de la couleur du jour.

3. Le « lit des parements » est une grande table couverte de toutes parts de damas de soie rouge et où le pape s'habille et se déshabille.

4. Il faudrait traduire par *pochettes* ou *sacs*. C'est encore dans un grand sac que l'on met la *falda* du pape et l'étole consistoriale.

5. La chaire de saint Pierre, dans la basilique Vaticane, est ainsi enveloppée dans un brocart aux armes de Sixte IV.

6. Pendant le temps de la Passion, les crucifix des autels et des croix de procession s'enveloppent dans un voile violet, que l'officiant enlève solennellement, le vendredi saint, avant l'adoration de la Croix, sur celle que baisent le clergé et les fidèles.

7. « Unum change (aube), paratum panni albi brodati cum griffonibus et avibus, et in pectore est Majestas Domini Nostri, una cum suis aurifresiis in mangiis et in scapulis. » (*Invent. de la cath. de Lyon*, 1448, n° 315.)

ALTRE COSE CHE SONO FUORA DEGLI ARMARI IN SACRESTIA.

431. Due candelieri d'ottone, con diverse figure, mostri con l'arme di Paolo III, l'uno de quali serve pel cirio pasquale [1], et l'altro per Giuda nella settimana santa [2].

432. La cassa del *Corpus Domini* pel viaggio.

433. Un pannetto di arrazo avanti l'altare, con la figura della Madonna in mezzo e con molte altre figure appresso, intessuto con alcuni fili d'oro [3].

434. Altro pannetto d'arazzo, attacato sopra la casseta del *Corpus Domini*, col crocefisso e molte altre figure, con alcuni fili d'oro intessuto.

435. Due faldistorii da prelati, uno con l'arme di Clemente (VII), vecchio, l'altro novo con l'arme di Paolo III [4].

436. Un panno lavorato a seta e oro, con la figura di N. S. in mezzo, con ai lati due figure, una della Madonna e l'altra di S. Giovanni, lavorato alla moresca.

437. Un corame rosso figurato con fregio indorato [5].

438. Altro nero.

MESSALI QUALI SI ADOPERANO IN CAPELLA [6].

439. Un messale grande di Leone (X), dove è una messa della Natività

1. « 1547, 31 mars. A maître Pierre Venale, peintre, pour l'or qu'il a mis au triangle qui soutient le chandelier du cierge pascal, 550 écus. » (Bertolotti, *Speserie.*)

2. Le *Judas* ou herse des ténèbres. Ce nom lui vient de ce que les cierges y sont éteints successivement et peu à peu, non tous à la fois, pour mieux exprimer l'abandon du Sauveur par ses disciples, qui le quittèrent les uns après les autres.

3. Les célèbres tapisseries de la Sixtine, dessinées par Raphaël, sont également tissées soie et or.

4. « 1547, 7 décembre. — A maître Louis de Ferrare, pour le faldistoire qu'il a fait en cuivre fondu pour la chapelle de Notre-Seigneur, 24 écus, 50 bolonais. » (Bertolotti, *Speserie.*)

5. Le bureau du pape est encore tendu de cuir rouge, gaufré d'or, à la partie supérieure. Ici était-ce une couverture pour le lit des parements?

« 1541, 20 juin. — Pour payer une couverture de cuir rouge que le pape a fait faire pour couvrir la table d'ébène et d'ivoire qu'a donnée maître Bindo Altoviti à Sa Sainteté, 5 écus, 87 bolonais 1/2. » (*Ibidem.*)

L'expression « cuir rouge figuré, avec orfroi doré » peut s'entendre d'un véritable tableau dont l'orfroi en bordure serait le cadre. M. Bonnaffé possède un très beau spécimen de ces sortes de cuirs historiés : le sien n'est qu'un fragment, mais il a pour nous ce double intérêt qu'il représente la Vierge et date de la Renaissance.

Peut-être « figuré » signifie-t-il simplement « ornementé » de dessins quelconques, rinceaux, fleurs, fruits, oiseaux, et alors les deux cuirs « rouge et noir » de l'inventaire de Paul III rentreraient dans la catégorie des cuirs de tenture, comme le suivant : « 1542, 9 janvier. A Nicolas Greco, pour le prix d'un parement de cuir travaillé, donné pour l'autel de la chapelle secrète de Sa Sainteté, 5 écus, 60 bol. » (Bertolotti, *Speserie*, p. 17.)

L'inventaire de Pie II (1464) a un article spécial sur les cuirs : « Coria. Quatuor coria magna satis bona. — Septem coria parva antiqua parvi valoris. — Duo coria nova de imbroccato magna. » (Müntz, *Les Arts à la cour des papes*, t. I, p. 327.)

6. M. Bertolotti, dans son intéressante brochure *Dépenses publiques et secrètes*

del Signore [1], coperto di broccato in fili bianchi con quattro scudetti

du pape Paul III, nous révèle les noms de trois artistes qui ont travaillé pour la chapelle Sixtine, le relieur Fausto, le calligraphe Federico et le miniaturiste Vincent Raymondo. Voici les notes qui les concernent :

« 1541, 29 janvier. A maître Fausto, gardien de la librairie apostolique (a), pour payer quatre volumes écrits à la main, par ordre de Sa Sainteté, 33 écus. — 1541, 24 décembre. A Frédéric, écrivain de la chapelle, pour acheter quatre cahiers (*quinterni*) (b) de parchemin, pour écrire le psautier (c) (*lo salmista*) de Sa Sainteté et pour acheter de l'or moulu pour faire les lettres majuscules audit psautier, 10 écus. — 1545, 19 novembre. A maître Frédéric, écrivain de la chapelle de Notre Seigneur, pour un carton du *Gloria* (d) qu'il a écrit pour la chapelle secrète de Notre Seigneur, 1 écu, 10 bolonais (e). — 1542, 1 avril. A maître Vincent, miniaturiste, à compte sur les miniatures qu'il fait pour les livres de la chapelle de Sa Sainteté, 106 écus. — 1542, 16 décembre. A maître Vincent, miniaturiste, pour son salaire de diverses miniatures qu'il a faites dans les livres de la chapelle, 300 écus. — 1543, 10 octobre. A maître Vincent, miniaturiste, à compte sur les miniatures de livres de plain-chant qui doivent servir à la chapelle de Sa Sainteté, 115 écus. » (Le 15 mai 1543, Paul III, par *motu proprio*, avait assigné à Vincent Raymondi le même traitement qu'aux chantres de la chapelle.) — « 1545, 7 avril. A maître Vincent, miniaturiste, à compte sur les miniatures qu'il fait des livres de la chapelle, 55 écus. — 1546, 24 janvier. A maître Vincent, miniaturiste, à compte sur les miniatures des livres qu'il a faits pour la chapelle de Notre Seigneur, 220 écus. — 1546, 24 mars. A Vincent, miniaturiste de la chapelle et sacristie de Notre Seigneur, à compte sur les miniatures d'un missel du jeudi saint pour l'usage particulier de Sa Sainteté et autres ouvrages qu'il fait actuellement pour ladite sacristie, 110 écus. — 1546, 2 mai. A maître Vincent, miniaturiste des livres de la chapelle et sacristie de Notre Seigneur, à compte sur ce que lui doit Sa Béatitude, 110 écus. — 1546, 22 juin. A maître Vincent Raymondo, miniaturiste de la chapelle et sacriste (f) de Notre Seigneur, pour le reste de la somme de 457 écus qui lui sont dus pour tous les livres à miniatures qui lui ont été estimés par Fra Bastiano piombatore et maître Perino del Vaga (g), peintres, en présence du révérend monseigneur d'Assise (h), maître de la chapelle (i), 187 écus.

1. A la chapelle papale, chaque messe a son missel propre.

« Burcard, dans son journal, au moins sous Innocent VIII, fixait au jour de Noël le premier jour de l'an. Pâris de Grassis le suppose fixé au 1er jour de janvier de l'an 1505, lorsqu'en parlant de l'office qui devait se célébrer cette année, le 1er janvier, il dit que ce devait être une messe épiscopale, *puisque c'était celle du 1er jour de l'année*. Il changea ensuite l'époque, et en 1512, il fait commencer l'année la veille de Noël; mais en 1514, il recommence à dater du 1er janvier le renouvellement de l'an. Au reste, les variations à ce sujet étaient alors si étranges, qu'on a remarqué, sur la fin du xvᵉ siècle, une bulle dont la date supposait le commencement de l'année à Noël, tandis que l'acte de publication de la même bulle, dans la Chambre apostolique, le supposait au 25 mars. » (*Notices des man.*

(a) Les gardiens de la Bibliothèque vaticane sont chargés de la reliure des livres. Sa qualité de mandataire prouve qu'il n'était pas calligraphe.

(b) Cahiers de cinq feuilles.

(c) Bréviaire ?

(d) C'est un des plus anciens textes relatifs aux cartons d'autels. Le *canon* était déjà en usage, comme il résulte du n° 364.

(e) Menue monnaie frappée à Bologne.

(f) *Sic*, pour *sacristie*.

(g) Fra Sébastien del Piombo et Piérin del Vaga, peintres estimés du xvıᵉ siècle : Rome est pleine de leurs œuvres.

(h) L'évêque d'Assise.

(i) Intendant (?). Cette fonction est actuellement confiée au majordome de Sa Sainteté et au trésorier du palais apostolique, parce que les deux charges sont distinctes, ce qui n'avait pas lieu autrefois.

d'argento indorati con l'arme dentro, intagliato di lavoro basso [1], con 4 fibbie d'argento indorato.

410. Un altro messale de Leone (X), dove è una messa *ad longum* della Resurrectione, coperto di broccato in filo bianco, con quatro arme d'argento indorato con figure de rilievo, cioè con due angeli per arme [2], con le sue fibbie d'argento indorato.

441. Un messal grande, dove è una messa *ad longum* [3] dei S. S. Pietro e Paolo, coperto di broccato in filo rosso, con 4 scudi d'argento indorato, dove son rilievi et intagli, cioè quattro teste de leone con 4 diamanti con lettere *Suave gloriis* [4], con 4 fibbie d'argento indorate.

442. Un messale dove è una messa della Natività del Signore, coperto di damasco bianco a fioron d'oro ; con tre scudi d'argento indorato, con l'arme di Alessandro (VI), con 3 fibie d'argento.

443. Un messale, con la messa della Resurretione, coperto di damasco a fioron d'oro, con le scudi con l'arme di Alessandro (VI) ed una fibbia d'argento indorato.

444. Un messale, che serve alla sedia del Papa [5], di tutte la messe della capella, diviso in due volumi, l'uno dell'altro [6] coperto de velluto cremesino, di Clemente VIJ, con due cocchij [7] e due fibbie d'argento indorato per uno.

445. Un libro de parare [8] per uso del Papa, coperto di broccato in

de la bibl. du roi, t. II, p. 554.) La formule de la chancellerie variait selon l'époque de l'année que l'on adoptait pour la date. Si c'était le 25 mars, on écrivait *Anno ab Incarnatione*; si le point de départ était Noël, il y avait *Anno a Nativitate*.

1. M. Bertolotti interprète : « travail de peu d'importance ou d'un artiste médiocre. » Je suis plutôt porté à croire qu'il s'agit d'une ciselure de peu de relief, autrement, que les armoiries renfermées dans les quatre médaillons d'argent doré n'avaient guère de saillie. Le vrai sens est indiqué clairement par l'article suivant, où les « figures » sont dites au contraire « en relief ».

2. Les écussons étaient tenus par des anges, ainsi que Michel-Ange l'a si magistralement sculpté à l'intérieur de la porte Pie.

3. *Ad longum* signifie que la messe y est tout au long, telle qu'elle se dit, sans renvois, par exemple, pour la préface et le canon.

4. Dans les loges du Vatican, je trouve bien le diamant comme emblème de Léon X, mais la devise n'a qu'un mot : *Suave*.

5. Ce missel en deux volumes est propre au « siège du pape », c'est-à-dire aux messes que le pape ne célèbre pas, mais auxquelles il assiste à son trône et où la rubrique lui fait lire certaines parties de la messe.

6. Restituez *l'uno e l'altro*.

7. M. Bertolotti traduit par « clous proéminents qui empêchent le déchirement de la couverture » ou par « coins » aux angles. Les *cocchi* ne peuvent être des *coins*, parce qu'il en faudrait ici plus de deux; au n° 450, ils sont expressément nommés *otto cantoni*. Ne seraient-ce pas plutôt les *clous* auxquels s'attachent les boucles ou *fibbie*, puisque ces deux objets semblent corrélatifs ? Toutefois, tous les fermoirs ne sont pas mentionnés avec le complément des *cocchii*.

8. Livre de parade pour orner la crédence (?). Le sens est plus clairement exprimé au n° 488. Il en est encore question aux n° 464, 465, 466, 471, 473, 482, 488.

Ce « livre de parement » est le livre dans lequel le pape et les cardinaux récitent

fili bianchi, con l'arme di Leone (X), miniato e con fetuccie bianche per ligare [1].

446. Un libretto per le secrete [2], per uso de N. Signore, di raso rosso.

447. Un messale, con 16 messe, miniato tutto con arme ed imprese de Leone (X), coperto de velluto cremesino, senza serratura e fetuccie.

448. Un libro de vesperi per uso del Papa, con la beneditione de Natale [3], coperto de raso rosso, con 4 cocchie e fibbie da serrare d'alchimia [4].

449. Un libro delle benedizioni, coperto di veluto verde, nelle miniature l'arme d'Innocentio ottavo, con quattro scutetti d'argento e quattro fibbie d'argento.

450. Un messale miniato, diviso in tre pezzi, in uno sono le messe, in uno li Evangelii et in uno le Epistole [5], coperto il messale e l'Evangelistario d'argento lavorato a historie, tutti doi. Il messale ha solo una fibbia e mancano tutte le fibbie all'Evangelistario; l'epistolario è sol con una fibbia, con otto cantoni e scuti in mezzo; è figurato ed indorato con 6 scutetti e con arme del cardinale Balu.

451. Un libro delle benedizioni, miniato con l'imprese di Clemente (VII), coperto di corame rosso, con scutetti d'ottone e fibbie d'archimia e le lettere *Clemente VIJ*.

452. Un libro del venerdi santo, con tutto l'officio et l'adorazione della croce e la messa; in fine del libro vi è la messa de morti *ad longum;* coperto de velluto nero con 4 scutetti e 4 serrature d'argento.

453. Un libro, dove è la messa de' morti per il papa et per l'anniversario del papa, de' cardinali e vescovi, coperto di velluto nero, nuovo, con due cochii et due fibbie d'archimia, con l'arme miniate de Sisto (IV) P. P.

454. Un libro, dove è la messa de' morti *ad longum* pel papa e per li cardinali e vescovi, coperto de velluto nero, nuovo, con due cocchii d'ar-

---

les prières prescrites pendant la vestition des ornements sacrés, tandis que le chœur chante tierce, lors des pontificaux, c'est-à-dire pendant qu'ils se *parent*, suivant l'expression liturgique. Cependant cette interprétation semblerait presque contredite par les nᵒˢ 471, 473 et 483, si on ne pouvait croire que ces trois livres contenaient, outre les prières de la vestition, différentes prières telles que la bénédiction solennelle, l'Absolution, l'Extrême-Onction, le Baptême et l'Absoute pour les papes et les cardinaux.

1. Pas de fermoirs, mais une ligature en ruban de soie blanche.

2. « Un livre pour les secrètes », contenant tout ce qui se récite à voix basse; serait-ce le *canon* moderne? Le nom seul aurait changé.

3. Ce livre pour les « vêpres » contenait en outre la bénédiction de l'épée et du chapeau ducal, qui se fait par le pape avant les matines de Noël, à la sacristie; épée et chapeau envoyés par le souverain pontife aux souverains et aux personnages qui ont bien mérité de l'Église.

4. *Alchimie*, composition métallique.

5. Pour la messe pontificale, trois livres sont absolument nécessaires : le *missel*, pour le célébrant; l'*évangéliaire*, pour le diacre qui lit l'évangile; l'*épistolier*, pour le sous-diacre à qui incombe la lecture de l'épitre.

chimia et serrature; miniato, con un arme d'un cardinale, che ha un bove rosso [1].

455. Il messal dell' Armellino [2] con 5 messe, coperto de corame rosso con 4 serrature d'ottone e le messe di Pentecoste, tutti santi, S. ap. Pietro e Paolo, Corpo di Cristo e prima della Natività di N. S. [3].

456. Il messale del vescovo Salamanca, dove son tutte le messe delli assistenti [4], coperto de velluto violato, con 4 scutetti d'argento, con le fibbie del medesimo.

457. Un messale del cardinale Palavicino, con le messe di Resurrezione, Spirito Santo e S. S. Pietro e Paolo, coperto de corame rosso, con 4 serrature e l'arme di detto cardinale [5].

458. Il messale, con otto messe, miniato con l'arme de Papa Paolo III, coperto de corame rosso, con 4 fibbiette d'ottone.

459. Un messale del cardinale Reghino [6], con 4 messe [7], coperto do velluto pavonazzo, con 4 cocchie d'archimia senza fibbie.

460. Un messal del cardinale del bue rosso, coperto di velluto pavonazzo, con fibbie 4 e cocchie d'ottone.

461. Un altro messale del predetto cardinale, coperto di damasco bianco e rotto, con 4 serrature di rame, con due messe.

462. Un messale vecchio, dove son tutte le messe degli assistenti e del giovedi santo e sabbato santo, in albis [8] e della Ascenzione, religato di nuovo e coperto de corame rosso [9], con l'arme di Paolo III, con 4 fibbie d'ottone.

1. Ce cardinal, dont le *meuble* d'écusson est « un bœuf rouge », ne peut être autre qu'un Borgia. Comme il y en a eu une certaine quantité du même nom, il est impossible de dire quel est celui désigné par cet article et plusieurs articles subséquents. Les Borgia sont, en effet, les seuls, parmi les cardinaux de ce temps, qui aient eu dans leurs armoiries « une vache passante de gueules ».

2. François Armellini Médicis, évêque de Pérouse, créé cardinal par Léon X, en 1515, à Bologne, avec le titre de Saint-Calixte : il prit ensuite celui de Sainte-Marie au Transtévère, et mourut en 1527. Probablement il est le même que celui qui, plus haut, est désigné sous le nom de *cardinal de Pérouse*.

3. La « première » messe de Noël, qui est la messe de minuit.

4. Certaines messes, en avent et carême, sont réservées aux évêques « assistants » au trône pontifical. Les assistants prennent place à la gauche du pape, au bas des marches, et, chaque fois qu'il doit lire, l'un d'eux tient le livre et un autre la bougie.

5. Les armes du cardinal Pallavicini, sont : *Cinq points d'or équipollés à quatre d'azur; au chef d'or, chargé d'une fasce alesée et bretessée de sable.* Il fut créé par Léon X, en 1517, et mourut en 1524.

6. Pierre Isvalles, de Messine, archevêque de Reggio, gouverneur, créé cardinal par Alexandre VI, en 1500, avec le titre de Saint-Cyriaque-aux-Thermes.

7. Ces quatre messes, avec la couverture violette, indiquent un missel spécialement destiné aux quatre dimanches d'avent.

8. Le samedi qui suit la fête de Pâques, nommé *in albis*, le pape tient chapelle à la Sixtine. C'est ce jour là qu'il fait à sa cour la distribution des *Agnus Dei*, quand il y a lieu.

9. Tous les livres de la chapelle, qui servent au pape et aux cardinaux, sont toujours reliés en cuir rouge.

463. Due libretti degl'Evangelisti e epistole greche [1], l'uno coperto di raso cremesino e l'altro di corame nero, con 3 scutelli d'ottone. Ha l'epistolario dorati.

464. Un libro de parare con l'arme del vescovo dal bue rosso sopra un prato [2], coperto di corame rosso, con le fetuccie verdi.

465. Un libro d'apparare, con l'arme dell'arcivescovo Borgia, coperto di raso rosso, con le fetuccie verdi.

466. Un libro d'apparare piccolo, con l'arme de Salamanca, coperto di raso violato, con 4 scutetti e 4 serrature d'argento.

467. Un libretto del capitolo e antiphone del vespro, coperto di corame rosso, vecchio, con doi rosette a triangoli [3] già dorate.

468. Un libro, dove nel principio sono alcune antiphone ed alcune epistola notate, coperto de corame rosso, miniato con l'arme de Clemente (VII); nella coperta l'arme di Paolo III, dove sono sei messe.

469. Un libro delle benedittioni del Natale, coperto di broccato in campo de velluto cremesino, con la figura della Madona da una parte.

470. Un messal di Paolo II, dove son tutte le messe della Madonna [4]. coperto di damasco bianco.

471. Un libro piccolo da parare, in principio vi è la benedittione solenne [5], in ultimo l'assolutione [6] et estrema untione; coperto di corame rosso vecchio, con l'arme di Paolo II, quando era cardinale.

1. Cette mention d'un épistolier et d'un évangéliaire grecs prouve que, sous le pontificat de Paul III, aux messes pontificales, l'épître et l'évangile se répétaient en grec, pour exprimer la parfaite union dans la foi des deux Églises d'Occident et d'Orient. C'est donc à tort que, il y a quelques années, un journal religieux de Paris attribuait à Benoît XIII cet usage liturgique, qui n'a pas cessé aux pontificaux du souverain pontife.

2. Cet écusson au « bœuf rouge sur un pré » pourrait s'appliquer à César Borgia, archevêque de Valence et créé cardinal par Alexandre VI, en 1493.

3. En blason, on dirait que ces roses sont posées une et deux.

4. Le pape tient chapelle seulement aux quatre fêtes principales de la Vierge, qui sont la Nativité, l'Annonciation, la Purification et l'Assomption.

5. Cette « bénédiction solennelle » s'entend exclusivement de la bénédiction qui termine la messe et les vêpres. La bénédiction que le pape donne du haut du balcon extérieur des basiliques, quatre fois par an, est tout à fait moderne. Au temps de Paul III, il n'y en avait pas d'autre que celle du jeudi saint, qui avait la forme de l'absolution et exprimait la réconciliation des pénitents avec l'Église, parce qu'elle suivait immédiatement la lecture solennelle de la bulle In cœna Domini, laquelle contenait toutes les censures portées par le Saint-Siège.
Pàris de Grassis raconte l'anecdote suivante au sujet de Jules II : « Un secrétaire des ambassadeurs de la ville de Parme désirait d'obtenir du pape le titre et les honneurs de poète lauréat. Pour mériter ce prix, il avait récité devant lui des vers qui n'étaient pas sans agréments ; mais malheureusement le poète y louait Jupiter Capitolin, Diane d'Ephèse, Apollon et quelques autres divinités du paganisme. Pàris de Grassis ne crut pas que le pape dût accorder solennellement le laurier poétique à l'auteur d'un pareil ouvrage. Les fictions adoptées dans ce poème étaient réprouvées par la XXXVI° distinction du décret ; d'ailleurs il aurait fallu bénir le laurier, et Pàris de Grassis ne trouva dans tous les cérémoniaux aucune formule de bénédiction pour cet objet ; enfin, on se rappela que Pétrarque, ayant sollicité la même grâce auprès de Benoît XI, avait été renvoyé au sénat et aux conservateurs; et le secrétaire de l'ambassade de Parme y fut renvoyé de même. » (Not. des mss., t. II, p. 471.)

(6) Cette « absolution » s'entend de l'absolution finale que le cardinal grand-

472. Un libro de Paolo II, quando era cardinale, con ornamenti.

473. Un altro piccolo da parare : in principio vi è la benedizione solenne, in ultimo l'assolutione [1] ed il modo del battezzare, adottato per li figli del Ill. Duca Ottavio Farnese [2], coperto di corame.

474. Il libro delle antifone et capitolo [3] di vespro, con l'epistole in fine, coperto di corame, con una fibbia d'argento e 2 taccaglie [4].

475. Un messale, con l'arme del cardinale de Medici, coperto di corame rosso, senza fibbie, con due cocchie d'archimia, dove sono sei messe.

476. Il libro del juramento [5], coperto di corame rosso e serratura di rame.

477. Il messale, con l'arme d'Innocentio (VIII), dove sono 10 messe, coperto di broccato in fili bianchi [6], con cocchie d'archimia indorata e due fibbie indorate.

478. Il libro, dove è la messa del giovedì santo *ad longum* per leggerla, con l'arme et imprese di Paolo III, coperto di velluto cremesino, con fibbie e cocchie d'argento indorato.

---

pénitencier donne au pape mourant. Le sens en est déterminé par les mots « extrême-onction », qui viennent à la suite.

1. Ici ce mot peut s'entendre de l'absolution. « Pàris de Grassis, chargé de faire des recherches à l'occasion de l'absolution promise (par Jules II) aux Vénitiens, rapporte quatre formes différentes : les deux premières pratiquées sous Sixte IV, oncle de Jules II; la troisième sous Innocent VIII et la quatrième, sous Alexandre VI. Il s'agissait, dans le premier cas, de quelques barons espagnols qui avaient tué un évèque; dans le second, des Florentins qui avaient fait pendre un archevêque de Pise; dans le troisième, des magistrats de Castello qui avaient fait subir le même supplice à un prêtre et à un moine; dans le quatrième, de quelques rebelles qui s'étaient emparés d'une citadelle du domaine du Saint-Siège. Tous avaient été frappés de verges, les uns nus, les autres sur leurs habits, quelques-uns assez rigoureusement. Pàris de Grassis crut donc ne pouvoir épargner aux Vénitiens cette humiliante cérémonie; mais il conclut qu'il suffirait qu'ils reçussent quelques coups de verges donnés très doucement de la main du pape et des cardinaux. Jules II, qui avait besoin des Vénitiens, et qui ne croyait pas cette formalité essentielle, les en affranchit absolument. » (*Not. des mss.*, p. 564.)

2. Firmano, maître des cérémonies de Paul III. « raconte ce qui se passa au baptême de deux fils jumeaux d'Octave Farnèse, neveu du pape, et l'un des principaux objets de ses complaisances; il avait épousé la veuve d'Alexandre de Médicis en 1548. Les deux enfants jumeaux furent baptisés le 3 novembre 1545 par le doyen du sacré-collège, et la pompe fut magnifique. » (*Not. des mss.*, t. II, p. 635.)

3. Aux vêpres solennelles, le capitule est chanté par le sous-diacre apostolique; aux vêpres ordinaires, par un soprano de la chapelle.

4. Ces deux « attaches » devaient servir à fermer le livre.

5. Livre contenant la formule pour la prestation du serment, soit par les cardinaux, soit par les évêques et les prélats.

6. Chaque fois que l'inventaire parle du brocart, il n'indique qu'en second lieu le fond de l'étoffe, qui, en effet, n'a qu'une importance tout à fait accessoire. Les brocarts italiens se distinguent par beaucoup d'or et peu de couleur. A Saint-Pierre, on se sert pour les offices funèbres d'un brocart que l'on dit avoir été fait avec une robe de la princesse Albani; on n'y voit guère que de larges fleurons d'or, sous lesquels disparaît presque complètement le fond noir.

479. Il messale, con l'arme del cardinale Reghino, coperto di broccato in fili bianchi, con cocchie e fibbie d'archimia indorate, con sei giglietti d'ottone dorato [1], con messe otto.

480. Un messaletto [2] a stampa, coperto di corame rosso, qual serve in capella per l'Epistola e l'Evangelio, con l'arme di Paolo III.

481. Un Pontificale, scritto a mano, con molte miniature [3], con l'arme d'un abate, che teneva li 3 gigli della corona di Francia ed una sbarra rossa per arme [4], con due taccaglie d'argento indorate.

482. Un libro da parare, con l'arme del Cardinale Racanatense, e in ultimo l'officio, dopo la messa del di della sepultura del papa o cardinale.

483. Un messaletto a stampa, qual già fu del R^mo de Medici.

484. Un altro messale a stampa, qual già fu del R^mo Cardinale di Acquaviva (spartito in due parti per uso di cappella per l'Epistola et Evangelio), coperto di cuoio con l'arme di Giulio III [5].

485. Un pontificale a stampa, coperto di corame leonato [6].

486. Un altro pur vecchio, che fu del l'Anconitano [7]. (L'ebbe Bernardino Gavello.)

487. Le otto lezioni della notte de Natale, quale se danno alli reverendissimi [8], volendo intervenire a mattutino con N. Signore.

SOPRA GLI ARMARI.

488. Un libro de carta pecora, dove è primo la preparatione delle orazioni, che se dicono da S. Santità avanti la messa con li prefazi [9].

1. L'*ottone* est le cuivre jaune ou laiton, par opposition au *rame*, cuivre rouge. — Les six fleurs de lis, 3, 2, 1, sont les armes des Farnèse.

2. « Petit missel, » ne donnant du missel que des extraits, comme les épitres et évangiles, ou encore ce que lit le pape aux chapelles où il assiste, mais n'officie pas.

3. Les livres de la chapelle papale sont presque tous rehaussés de miniatures. La bibliothèque Vaticane possède un très beau pontifical de ce genre.

4. S'il ne s'agissait pas d'un « abbé », ce pontifical portant les armes de France brisées pourrait se rapporter à l'archevêque de Toulouse, Jean d'Orléans, des princes de Dunois, créé cardinal en 1533 par Clément VII. En fait « d'abbé », je ne connais que l'abbé de Saint-Denis, qui ait fait quelque figure à Rome. Il fut ambassadeur de France et fit don à la basilique Vaticane de la célèbre statue de Notre-Dame de Pitié, sculptée par Michel Ange.
Les armes ne laissent pas de doute sur l'identité du personnage, qui fut le Charles X de la Ligue, Charles Bourbon de Vendôme, abbé de Saint-Germain-des-Prés, à Paris, et créé cardinal par Paul III, en 1545; il mourut à Fontenay-le-Comte, en 1590.

5. Aquaviva fut créé cardinal en 1542, avec le titre de Saint-Martin-des-Monts : il devint commandant du château Saint-Ange, et mourut en 1546.

6. La couleur qualifiée ici *lionnée* est une couleur fauve, semblable au pelage du lion.

7. Pierre de Accoltis, archevêque d'Ancône, puis de Ravenne, plus tard évêque-suburbicaire d'Albano, Tivoli et Sabine, créé cardinal par Jules II, à Ravenne, en 1511.

8. Actuellement les cardinaux, aux matines de Noël, ne chantent plus que les trois leçons du dernier nocturne.

9. Les canons modernes contiennent en plus le canon, la bénédiction et l'action de grâces.

489. Un messale antico, con miniatura ad ogni carta; in principio con letere che dicono *Incipit ordo missalis* con lettere rosse [1]. In fine con due armi, una de Eugenio (IV) e l'altra de papa Paolo (II), quando cardinale.

490. Un libro, qual incomincia *Inductus Dominus* p. p. in lettere rosse, con certe miniature antiche, in fine *Alleluia*, con una fibbia all' antica.

491. Un libro, dove sono le messe della Trinità, dell' Eucaristia, della Nieve [2] et de S^to Matthia et della Conceptione.

492. Un libro, con la messa dell' Aurora [3] e la maggiore della Natività del Signore, S. Stefano et S. Joanni, con arme de un leone bianco in campo turchino [4].

493. Un messale vecchio, in principio con un arme della Chiesa, cioè di Nicola [5], con due arme de cardinali, con quattro bovi rossi per arme [6].

494. Sei libri di messe, di cui uno fu di Nicola V.

495. Tre messali, di cui uno con l'arme dello stesso.

496. Sette libri diversi di messe, antifone ecc., di cui uno con l'arme di Paolo III ed altro fu del cardinale de Turre [7].

SOPRA GLI ARMARI A MANO DRITTA.

497. Un messal, con arme de Paolo (II).

498. (Sei libri diversi con armi dello stesso.)

499. Un messal, che comincia *Orate fratres*, finisce per *Xpm Dominum nostrum*, con certe figure e miniature antiche, coperto in corame rosso, con una fibbia sola.

500. Tre libri diversi, con armi di Paolo (II).

501. Tre messali *id.*

ALTRE ROBE SOPRA IL DETTO ARMARIO.

502. Uno scabelletto, qual si copre di broccato, quando il Papa celebra pontificalmente [8].

---

1. Les rubriques s'écrivent en rouge, d'où est venu ce dicton populaire : *Si vis intelligere nigrum, lege rubrum.*

2. Cette messe « de la neige » est celle de la fête de Notre-Dame-des-Neiges, qui se célèbre le 6 août, en mémoire du prodige qui eut lieu, à Rome, pour l'érection de la basilique de Sainte-Marie-Majeure. Notons aussi la messe de la « Conception », fête mise en grand honneur par Sixte IV.

3. La messe de l'aurore se chantait alors dans l'église de Sainte-Anastasie; la « grand'messe » est celle du jour.

4. Ces armes me paraissent se référer à Paul II.

5. Nicolas V avait, en effet, adopté pour armoiries les deux clefs en sautoir, qui meublent l'écusson de la Sainte-Église.

6. Je ne connais pas de cardinal qui ait eu pour armes « quatre bœufs rouges ». Peut-être est-ce simplement la « vache » des Borgia répétée quatre fois. M. Palustre a songé au cardinal de Foix, ce qui n'est admissible qu'en répétant les deux bœufs rouges en écartelé.

7. Jean de Turre Cremata, Espagnol, créé cardinal par Eugène IV, en 1431, et décédé à Rome, en 1468.

8. Actuellement, le pape appuie ses pieds au trône, sur un « petit escabeau », recouvert de velours rouge.

503. Il triangolo di legno, qual s'adopra nella settimana sancta [1].

504. Due valigie, nelle quale si mettono i cuscini e le robbe, quando il Papa se veste nell' intrata pontificale.

505. Tre casse, coperte di cuoio, una pel crocefisso e l'altra per la Madonna e S. Johanni, con lavori tedeschi [2].

SOPRA ALTRO ARMARIO.

506. (Due valigie grandi, due casse per cuscini e per contener croci e piedi di esse.)

507. Il piede del cereo pascale, con l'arme de Paolo (II).

508. Un bastone, qual porta il sacrista per viaggio [3].

ALTRI LIBRI CHE SONO NELLA PRIMA STANZA SOPRA GLI ARMARI.

509. Un breviario in quarto foglio; nella prima miniatura vi è David che suona la citara.

510. (Due parti di breviario, 14 pezzi di altro, e un pezzo di libro con certe messe votive del comune).

511. Un libretto con Evangeli.

512. 16 forzieri [4] con stracci.

513. Una cassettina, coperta di velluto rosso, con certe reliquie [5].

514. Altra grande dove stavano le camicie del Papa.

515. Una valigietta dove se portano le robe per N. Signor, quando entra pontificalmente [6].

FINIS. LAUS DEO.

Ego frater Cherubinus Lavosa de Cassia, ordinis eremitarum S. Augustini [7], Sacræ Theologiæ professor minimus, manu propria scripsi que-

---

1. La herse des ténèbres, nommée plus haut *judas*, ce qui me ferait supposer qu'il s'agit ici du *tricerio* du samedi saint.

2. De travaux, « façon d'Allemagne », sont mentionnés par l'inventaire de Boniface VIII : « Unum dossale ad aurum cum arbore vite cum mantili de opere theotonico. — Una tobalea de opere theotonico. »

3. Ce bâton, insigne de la dignité du sacriste et qu'il ne portait qu'en voyage, prend ailleurs le nom de *férule*. Il est d'usage qu'en voyage, les cardinaux prennent une canne à pomme d'or; celle des évêques et prélats n'a qu'une pomme d'argent.

4. Ces « seize coffres-forts » étaient remplis de vieux « débris ».

5. J'ai rapporté de Rome une « petite cassette » de velours rouge, galonnée d'or, qui contient des reliques : elle a l'aspect d'un livre qui s'ouvre et se ferme à volonté.

6. Quand le pape doit officier pontificalement ou tenir chapelle dans quelque église, tout ce qui lui est nécessaire est porté dans une ou plusieurs malles recouvertes de cuir rouge.

7. La sacristie de la chapelle papale est confiée à la garde et aux soins de trois religieux de l'ordre des Augustins : l'un a le titre d'évêque *in partibus* et de sacriste; l'autre, nommé sous-sacriste, remplit les fonctions de curé dans les palais apostoliques; le troisième, qui n'est que frère lai, sert d'aide pour la sacristie.

cumque superius continentur in presenti Inventario, singulasque particulas
in margine numeris annotavi et finem cuius-vis particule parafo transverso
conclusi, ne aliquid addi vel diminui possit : quæ omnia per R^m D. D-
Episcopum Aprutinum Jo. Jaco. Barbam Neapolitanum, S^{mi} D. N. Sa-
christam, mihi uti eius substituto, consignata fuere in eius recessu, dum
Bononias [1] ad generale concilium, de mandato S^{mi} Dⁿⁱ N^{ri} profectus fuit ;
ac mox sigillatum revisa per magnificum D. Bernardinum Gavellum,
canonicum Pisaurensem et parafrenarium S^{mi} Corporis Xpi [2] et per
D. Benedictum Rachanatensem, familiares domesticos prefati R^{mi}
Sachriste. Iccirco fateor me predicta singula habuisse et recepisse in
sacrario S^{mi} D. N. duabus ×lavibus concluso. In quorum fidem **presens**
inventarium manu p. p. scripsi et subscripsi, presentibus et se in testimo-
nium veritatis subscribentibus prefatis Domino Bernardo et Dno Benedicto, die viij 9 ^{bris} MDXLVIJ.

Et ne ob aliquas lituras vel rasuras que propter rerum varietatem
contingerunt, fraus aliqua suspicari valeat, singulas particulas suspectas
hic inferius annotavi, reliquis remanentibus sine cancellatura vel rasura
aliqua. . . . .

Ita est. Ego fr. Cherubinus, quod supra confirmo manu propria.

Et ego Bernardinus Gavellus qui supra attestor omnia superius **contenta**
in singulis particulis n° rubeo annotatis ac parafo transverso conclusis,
predicto R^{d°} Magistro Cherubino me consignasse et sigillatim, presente
Domino Bene licto Cathaldo Racanatense. demonstrasse. In quorum fidem
manu propria me subscripsi de mandato predicti R^{mi} [3] D. Sacriste episcopi Aprutini, die et anno ut supra.

Et ego Benedictus Cataldus, etc., etc.

Ego frater Antonius de Aquapendente, ordinis eremitarum S^{ti} Agostini,
sacre theologie professor, fateor hec omnia contenta in presenti inventario consignata mihi fuisse in sacrario S. D. N. Pauli pap. III, etc., etc., die
20 mensis aprilis 1549.

Ita est. Ego fr. Antonius, etc.

Ego Nicolaus Farneanus, clericus Ferraria [4] de Mellaria, fateor hæc
omnia contenta in presenti inventario sacrarii D. N. P. P., sub pontificatu
Julii papæ III, anno 4, consignata et demonstrata mihi fuisse a R^{do}P. D. Jo.
Jacomo Barba, etc.; manu propria scripsi et subscripsi, presentibus D.

1. En 1547, la ville de Trente ayant été menacée d'une maladie contagieuse, on
lut, dans la huitième session du concile, le décret qui ordonnait la translation à
Bologne.

2. Comme le Saint-Sacrement était porté en voyage, sur le dos d'une ou deux
mules du palais, ces mules avaient chacune pour les conduire leur palefrenier
spécial.

3. On voit que le sacriste, en sa qualité d'évêque, jouissait du titre de *révéren-*
dissime comme les cardinaux.

4. *Sic*, pour *Ferrariensis* ou *de Ferraria*.

Benedicto Cataldo, capellæ S. S^{tis} clerico et Bernardino, etc., parafrenario supra scripto, die 20 mensis X^{bris} 1553.

Ita est. Nicolaus qui supra manu propria.

Die 24 marty 1556, fuit revisum denuo inventarium supradictum et per Bernardum Gavellum, canonicum Pisaurensem, cujus cure una cum D. Nicolao supradicto erant cuncta scripta commissa fuerunt, assignata et singillatim cuncta... Cum ipse dictus Bernardus curam sacristiæ dimittens ad Thesaurarium sive guarda-robbam [1] S. D. N. Pauli pape iiij esset assumptus atque promotus et in presentia mei Jo. Jacobi, Sachristæ S^{mi} D. N. et episcopi Interamnensi [2], fuerunt accepta et in se accepta, collata supradicto D. Nicolao sicut ipse manu propria testatur cum testimonio etc.

Ita est. Nicolaus qui supra manu propria.

Ego Hieronimus Bonus interfui et testificor ut supra.

Ita est. Jo. Jacobus episcopus Interam., sacrista D. N.

ADDITIONES OMNIUM EORUM QUE RECIPIUNT [3] AD USUM SACHRISTIE EX OBITU R^{orum} CARDINALIUM QUAM PROPTER ALIAS CAUSAS.

Die mensis 8^{bris} 1547, obiit R^{us} Cardinalis Sadoletus, ex cuius capella recepimus infrascripta bona, videlicet :

516. Un calice, con la patena, tutto d'argento dorato, col bottone in mezzo scritto.

517. Una borsa da corporali, coperta di broccato figurato in fili violacei, con un passamano de seta rossa attorno.

518. Un cordon de seta bianca, con un botton per testa d'oro et seta bianca.

519. Un paliotto d'altar, di damasco rosso, con fioron d'oro, con l'arme in mezzo del R^{mo} Trivulzi sopra, fodrata de seta rossa.

520. Un paliotto de velluto cremesino, con frangia attorno, da porre avanti l'altar, quando se celebra, con uno crocefisso in mezzo di ricamo di seta et oro et due figure del med° ricamo, fodrato di tela rossa.

ROBBE DELLA CAPPELLA DEL R^{mo} CARDINALE TRIVVLZI CONSIGNATE... 4 DE MAGGIO 1548.

521. Due pianete, tonicelle, una stola.

522. Due candelieri d'argento dorato, con l'arme del R^{mo} Trivulzio e sua impresa, cioè il sole et una testa con tre faccie [4] con sue casse.

---

1. La garde-robe du pape est confiée à la vigilance de deux prélats, dont l'un prend le titre de *garde-robe* et l'autre de *sous-garde-robe*.

2. Terni, ville de l'État pontifical.

3. *Respiciunt* ou *recipiuntur*.

4. Augustin Trivulce, originaire de Milan, fut créé cardinal par Léon X, en qualité de diacre de la diaconie de Saint-Adrien; il mourut en 1548. Outre ses armoiries, il avait pour emblème, par allusion à son nom, une tête à « trois faces ». Son écusson se blasonne : *Palé d'or et de sinople de six pièces.*

523. Una pace d'argento smaltata, con l'immagine di Christo e diverse altre figure, con un arme e una sbarra rossa in campo bianco [1], con sua cassa di corame. (All' Ill° Sig. Balduino.)

524. Due ampolline et un bacinetto all'antica, d'argento lavorate (Il bacinetto al Cardinale di Perugia [2].

525. Una cassa, con dentro una mitra.

AMMITTI NUOVI ED ALTRO.

526. Quattro ammiti novi de Cambrai, con suoi cordoni de seta bianca, con fiochi d'oro, per i cardinali [3].)

527. Un velo de Cambrai vecchio, detto il *Tremollante* [4], con l'arme del papa.

528. Un velo de seta bianca, tessute da una banda solo fatto a uccelli d'oro nelle bande verso li capi, con certi festughi d'arbori di seta verde et rossa presso detti uccelli. S'adopra per coprire li paramenti di S. Sta nel publico. Ha intorno una trinetta d'oro et frangi d'oro [5].

529. Due veletti lunghi di zenzile, con l'arme di Paolo III in mezzo, con lavori d'oro tessuti alle teste et trinetta d'oro intorno : s'adopra per coprire li paramenti nelle messe private di N. S.

530. Un velo nuovo, di seta bianca, tessuto con lavori da una banda e

---

1. Au lieu *d'argent à une barre de gueules*, je trouve *d'argent à la fasce d'azur* comme armes de Barthélemy Guidiccioni, créé cardinal par Paul III, en 1539 : il fut vicaire, puis grand-pénitencier, et mourut en 1549.

2. Lequel de ces deux cardinaux : Jean Lopez, Espagnol, dataire, évêque de Pérouse, créé cardinal-prêtre du titre de Saint-Calixte par Alexandre VI, en 1495, ou Augustin Spinola, évêque de Pérouse, cardinal-prêtre du titre de Saint-Cyriaque-aux-Thermes, créé par Clément VII, en 1527 et décédé en 1535 ? Le n° 423 nous a offert un autre cardinal de Pérouse. Il est plus probable toutefois qu'il s'agit ici de Fulvio Cornei, évêque de Pérouse, fils de la sœur de Jules III, et par lui créé cardinal-prêtre du titre de Sainte-Marie *in via*. Il mourut en 1583, avec le titre de Saint-Étienne-in-Cœlius.

3. Ici la toile fine avec laquelle furent confectionnés ces « quatre amicts », est simplement désignée par son lieu de fabrication. Probablement, c'est celle même qui, précédemment, était qualifiée *zensile*.
M. Finot, « passant en revue, d'après le terrier dressé en 1275, les *tonlieux*, établis sur les diverses marchandises et denrées fabriquées et vendues à Cambrai, fait remarquer que le commerce et la fabrication des toiles fines, dites *mulequins*, étaient déjà très importants à cette époque.» (*Bull. hist. du Com. des trav. hist.*, 1887, p. 155.)

4. Ce « voile » en « Cambrai » servait à mettre sur les genoux du pape pour la distribution des cierges, des cendres et des rameaux, comme il se pratique encore. L'épithète *tremblante* signifierait-elle un damassé en forme d'ondes, d'où le tissu serait dit *tremblant* ou ondé? — « Item, une aultre coulte-pointe ouvrée à euvres ondoyans. » (*Inv. de Charles V*, 1380, n° 3875.)

5. Au lit des parements, les ornements du pape sont toujours recouverts d'un grand voile brodé. Celui de l'article 492 est en soie blanche, rehaussée d'oiseaux d'or et de branches d'arbres vertes et rouges. A l'article 493, sont décrits deux autres voiles plus simples, qui sont affectés aux messes basse;.

nel medesimo modo del velo di sopra, che s'adopra per coprire li paramenti di S. Sta nel pubblico; in questo alli capi le frangie d'oro et argento.

531. Due apostoli Pietro et Paolo d'argento [1].

532. La crocetta a troncone d'argento si riebbe per la morte del R^{mo} Gambara [2], che fu del R^{mo} Santa Croce.

533. La crocetta pettorale d'argento, in modo d'un breve [3] con lettere greche di sopra.

ROBBE DELLA CAPPELLA DEL R^{mo} CARD^{le} GAMBARA.

534. Un calice d'argento, con tre smalti al piede, con un crocefisso di drento ad uno e altri leoni, con sua patena d'argento.

535. Una pace d'argento : una Madonna col suo figliolo in braccio, con parole dissoto che dicono *Exoret pacem*, etc. [4].

536. Un par d'ampolle d'argento grande, con due conchiglie alla bocca di ciascuna e li manichi in forma di serpe.

537. Una croce e due candelieri di rame smaltato, con una bacinetta del med°, la croce è fatta a troncone [5] con il crocefisso indorato.

538. (Un pontificale, una pietra sacrata, un paliotto e tre pezzi di tovaglie.)

ROBBE DELLA CAPPELLA DEL R° CARD^{le} DI RIMINI [6] CONSEGNATE IL 28 AP^{le}
1549.

539. Un calice d'argento dorato, con sua patena, con due smalti consumati nel piede e sei nel bottone.

1. Ce sont probablement les deux statues des apôtres Pierre et Paul dont on orne l'autel papal chaque fois que le souverain pontife officie : les statues actuelles datent du règne d'Urbain VIII.

2. Le cardinal Hubert Gambara fut créé par Paul III, en 1539, avec le titre de Saint-Sylvestre, et mourut en 1549. François Firmano, maître des cérémonies de Paul III, cite, dans son journal, le témoignage de ce cardinal relativement à une question de préséance. (*Notices*, t. II, p. 635.)

3. « En manière de bref » veut dire semblable à un billet, un phylactère. « Item unus alius pannus valde antiquus, pro muro, cum brevibus et tribus griffonibus, qui alias fuit incisus, et est valoris 3 ducatorum. » (*Inv. de Paul II*, 1457.) Le mot *breve* n'est pas dans du Cange avec la signification qui lui est donnée dans les deux textes des xve et xvie siècles reproduits ici.

4. Cette devise est très bien choisie pour interpréter le sujet représenté sur l'instrument de paix : c'est, en effet, la Vierge qui, servant d'intermédiaire, demande à son fils qu'il accorde la paix au monde.

5. Cette croix, en forme de tronc d'arbre, simplement ébranché, se retrouve dès le xiiie siècle, à Anagni, sur un ornement de Boniface VIII. On la voit aussi sur la croix stationale de Saint-Jean-de-Latran, au xve, et, au siècle suivant, sur une croix faite en cep de vigne et qui appartient au prince Borghèse. Il en est question plusieurs fois dans l'Inventaire de Charles V.

6. Ascagne Parisiano, de Tolentino, évêque de Rimini, cardinal-prêtre du titre de Sainte-Pudentienne, créé par Paul III, en 1539. Son écusson se blasonne : *Écartelé : aux 1 et 4, d'or à une montagne à six côteaux de gueules; aux 2 et 3, fascé d'argent et d'azur.*

540. (Una pianeta di tela d'oro, dalmatica, tunicella, stola, manipolo, cordon di seta, camicetto, amitto, tre para di scarpe di damasco.)

541. Un corpo di tutte le messe che se dicono tutto l'anno in cappella, in tre volumi scritti in carta pecora, in una v'è l'arme del detto cardinale.

542. (Tre coperte di libri, due *asperges* [1], una mitra).

ROBE DELLA CAPPELLA DEL R^{mo} CARDINALE D'INVREA, CONSEGNATE IL **22** DI 7bre 1549.

543. Un calice con la sua patena d'argento, il piede del quale è fatto a fogliame, con tre figure smaltate della Pietà e due della Madonna, con un arme ducale, per insegna tre pignate [2].

544. (Due candelieri d'argento, due ampolline d'oro, un crocefisso d'argento.)

Suprascriptum inventarium, Apostolica Sede per obitum fe. re. Pauli ij pastore carente, per R. D. Cameræ apostolicæ clericos cum bonis in sachristia Pontificia tunc existentibus inventarisatorum et concordatim per me notarium infrascriptum de mandato predictorum, exceptis quibusvis diminutionibus libro tertio diversorum eiusdem camere et mei notarii registratum extitit.

Ita est. Attavantis, predictæ cameræ notarius.

DIMINUTIONES.

545. A di 1° X^{bre} 1547, furono date a Messer Pier Giovanni, guardaroba, per commissione di Sua Santità, una croce d'argento, un par d'ampolline d'argento, una bacinetta [3], una pace d'argento [4], un par di candelieri d'argento, due pianete, una stola col manipolo, le quali cose tutte furono del defunto R^{mo} Bembo.

546. Addi 28 X^{bre} 1548, furono dati al R^{mo} Cardinale di Guiza per portar in Francia per mostra [5] un camice di zenzile e un amitto di zenzile.

1. L'aspersoir ou goupillon est ainsi nommé du premier mot de l'antienne que l'on chante à l'aspersion.

2. Je ne connais que les princes Pignatelli qui aient pour armes parlantes les « trois marmites » indiquées ici.

3. « 1541, 1er octobre. — Pour deux bourses de cuir pour mettre dedans le bassin et l'aiguière d'or qui ont été donnés présentement à Sa Sainteté par la ville de Bologne, 1 écu, 30 bol. » (Bertolotti, *Spescrie segrete e publiche di papa Paolo III*, pag. 15.)

4. M. Bertolotti, dans la brochure déjà citée, indique, au 3 février 1541 : « A maître Louis del Palagio, dépositaire des objets ayant appartenu au cardinal Borgia, d'heureuse mémoire, en paiement d'une grande paix d'argent dorée et émaillée, pour la tenir dans la chambre de Sa Sainteté, 12 écus. »

5. Il est très curieux de voir le cardinal de Guise porter en France, comme échantillon ou « montre », une aube et un amict de la chapelle papale. La même chose est consignée au n° 552, mais pour l'Allemagne. Nous devrions en faire autant pour être assurés d'avoir toujours des modèles corrects. — Charles de Guise, créé cardinal par Paul III, mourut à Avignon, et fut inhumé à Reims. En 1547, il recevait le chapeau et l'anneau cardinalices, comme il résulte de ce compte :

« 1547, 23 octobre.-- Pour prix d'un saphir en anneau que Notre Seigneur donne

547. A di 3 di marzo 1549, fu revisto il supradetto inventario e si ritrovo mancare solo un amitto ed una fodretta; certa fetuccia d'oro abrugiato, qual altre volte serviva d'intorno ad un camice di S. Sta [1], fu venduto al Crivello per far le cornice sopra gli armari ed un corame sopra le casse. Furono dati a Monsignor di Castro per commissione di S. S. un par di sandali bianchi.

548. A li 24 agosto 1549, per commissione di N. S. Paolo III, furono consignati l'infrascritti paramenti a M. Belisario, cappellano del Rmo Farnese, de quali S. Sta ne fece presente alla chiesa di Canino, terra dello stato Farnese : un piviale, una pianeta, dalmatica, e tunicella, due stole, tre manipoli, un pallio.

549. A li 13 giugno 1549, al Rmo Patriarcha d'Armenia, per commissione di N. Signore, furono dati una pianeta, stola e manipolo, cordone, camice e amitto, mitra, due berrette.

550. (Tre amitti, due lenzuoli adoperati per far altro.)

ROBE PRESE DI SACHRISTIA ALLA MORTE DI PAPA PAOLO III, PER SEPPELLIRLO ALLI 10 DI 9bre 1549.

551. Una pianeta del Rmo Trivulzio, stola e manipolo, un cordone, una beretta, un camice ed amitto, una crocetta pettorale, due tunicelle, il velo del fanone, una mitra di tela d'oro, un par di guanti, un par di sandali.

552. Al Rmo Cardinale d'Augusta, un camice di zenzile con suo amitto, di quelli dismessi di N. Signore che porto in Germania per mostra da farne degli altri.

553. Alli 7 di maggio del 1550 fu preso il fregio del piviale di broccato in campo de velluto cremesino di Papa Nicola (V) per fare il fregio del piviale rosso di Giulio III, per commissione di S. Sta.

au rèvérendissime cardinal de Guise, Français, nouvellement arrivé à Rome pour recevoir le chapeau, 165 écus. »

Des mentions analogues ont été extraites, par M. Bertolotti, des registres de dépenses de Paul III :

« 1545, 13 janvier. A Jérôme Cieuli, pour prix de trois saphirs, montés en anneaux, aux armes de Sa Sainteté, achetés pour donner aux cardinaux nouvellement créés, 99 écus. — 14 janvier. A maître Jean Semino, pour prix d'un saphir monté en anneau, aux armes de Sa Sainteté, donné par Sa Béatitude au révérendissime (évêque) de Trente, 110 écus. — 1546, 30 avril. A maître Lazare de Allegri, pour le prix d'un saphir en table, monté en anneau, aux armes de Notre Seigneur, acheté pour donner à un des révérendissimes cardinaux nouvellement créés, 33 écus. »

1. Ce « ruban » d'or « contournait l'aube de Sa Sainteté », peut-être à la partie inférieure, là où nous mettons une dentelle.

III [1]

C'est un ancien usage de l'Église romaine [2] que, quand le Pape prend possession à S.-Jean de Latran, ou entreprend un voyage de quelque durée, surtout dans ses États [3], il se fait précéder, à quelque distance [4], du Saint-Sacrement, porté sur le dos d'une ou deux mules blanches du palais apostolique [5].

1. *Le transport solennel du Saint-Sacrement, quand le pape voyage;* Tours, Bouserez, 1879, in-8° de 97 pag., avec deux héliograv. et une vignette. Extr. du *Bulletin monumental*, t. XLV; tir. à part à 100 ex. Comptes rendus : Robert de Lasteyrie, *Rev. des Soc. sav.*, 1882, 7ᵉ sér., t. V, p. 409; Martigny, *Bull. d'arch. chrét.*, t. II, 1878, 3ᵉ sér., p. 146; Corblet, *Rev. de l'Art chrét.*, t. XXVIII, p. 264; di Crollalanza, *Giornale araldico*, t. VI, n° 10 : « E questo un lavoro di storia e di liturgia molto interessante per l'argomento poco conosciuto e quasi obliato. L'autore coll'usata sua perizia e diligenza espone l'origine di quest'uso, i papi che lo introdussero e lo mantennero, quelli che ultimi lo praticarono, i riti ad esso inerenti, i corteggi che lo accompagnavano, ecc. Ed anche questa è una bella pagina di storia rituale, di cui dobbiamo essere riconoscenti all'illustre archeologo francese. » Ern. Faligan, *L'Étoile*, 1881, n° 3923 : « Mᵍʳ Barbier de Montault vient de publier sur ce sujet un des plus curieux et des plus intéressants mémoires qui soient sortis de sa plume savante et féconde..... Mᵍʳ Barbier de Montault a découvert un certain nombre de documents rarissimes qui le (Angelo Rocca) complètent ou l'éclairent d'un jour nouveau, en fournissant maint détail ignoré. »

2. Le premier pape qui se fit ainsi précéder du Saint-Sacrement fut, selon les historiens ecclésiastiques, Étienne II (ou III), à l'occasion de son voyage en France, l'an 753. Cependant il est des auteurs qui retardent l'introduction de ce rite jusqu'au pape Etienne III (ou IV), et à l'an 768. Lorsque l'antipape Félix V eut donné sa démission dans la cathédrale de Lausanne, le 15 mai 1449, il fut convenu qu'il garderait tous les insignes du pontificat, moins l'anneau du pêcheur, le baisement des pieds et le privilège de faire porter devant lui le S.-Sacrement.

3. On cite Grégoire XI allant à Anagni, en 1377, et Alexandre VI à Vicovaro, à la fin du xvᵉ siècle.

4. « Jusserunt ut sacrarii apostolii præfectus, cui ex officio cura societatis sanctissimi Sacramenti demandatur, cum honestissimo et amplissimo comitatu sacrosanctum Christi corpus, itinere unius diei et quidem brevissimo, ante Romanum Pontificem Eucharistiam deportandam curaret; sin secus absque sacratissimi corporis necnon summi Pontificis indignitate, multa incommoda evitari haudquaquam possunt. » (Rocca.)

5. Je ne puis me dispenser de dire un mot des haquenées blanches offertes, chaque année, en redevance par les rois de Naples au Saint-Siège, de qui ils tenaient directement leur royaume : elles étaient affectées aux fonctions d'apparat. On lit, dans l'analyse du journal du maître des cérémonies Burcard, cette anecdote : « Jules II, dans les commencements de son pontificat, ménageait les puissances, et n'en voulait blesser aucune. Le roi de France et le roi de Naples prétendaient alors tous deux être rois de Naples; et à ce titre ils firent tous deux présenter au Pape (le 29 juin 1504) la haquenée que les rois de Naples devaient lui offrir, en

Il est certain que ce cérémonial pompeux n'a pas été suivi après le pontificat de Benoît XIII, qui se rendit ainsi à son archevêché de Bénévent, puis revint à Rome avec le même appareil, mais seulement à son premier voyage, qui eut lieu en 1727.

Il s'est maintenu quelque chose de ce rite ancien dans les usages modernes, mais sous une autre forme. Ainsi, lorsque Pie VI fut violemment arraché de Rome, pour être emmené captif en France, il eut soin de placer sur sa poitrine, pour tout le temps du voyage, une custode en argent dans laquelle était renfermée une hostie. Cette custode a été offerte, de nos jours, à Sa Sainteté Pie IX par l'évêque de Valence. Ce même Pape, en 1849, lorsqu'il dut fuir du Quirinal pour se réfugier à Gaëte, porta de la même manière sur lui-même une hostie consacrée [1].

Je n'ai point à approfondir ici un pareil sujet, qui a été magistralement traité, à la fin du XVIᵉ siècle, par le docte Angelo Rocca, évêque et sacriste de Clément VIII, dans une importante dissertation historique et liturgique qui a pour titre : *De sacrosancto Christi*

signe d'hommage, le jour de la fête de saint Pierre. L'ambassadeur de France offrit la sienne le premier; l'ambassadeur d'Espagne en présenta une ensuite, et lut une longue protestation qu'il avait préparée, contre ce que l'ambassadeur de France venait de faire. Le pape accepta les deux haquenées, sauf, dit-il, ses propres droits, et ceux d'autrui. » (*Not. des man. du roi*, tome I, p. 125.)

Louis XII, en 1505, offrit comme roi de Naples la haquenée d'usage. « L'ambassadeur d'Espagne en offrit aussi une le même jour, et au même titre, comme il avait fait l'année précédente. Cet ambassadeur, dit Burcard avec sa franchise ordinaire, était très hardi, très indiscret, et peu mesuré dans ses propos. Les contestations de l'année dernière faisant craindre de sa part quelque voie de fait, on avait eu la précaution de défendre que les ambassadeurs vinssent avec d'autre suite que quatre personnes à pied et sans armes. Le pape même ne voulut pas recevoir l'hommage en personne. Tout se passa cependant fort tranquillement. L'ambassadeur de France s'expliqua en très peu de mots, celui d'Espagne lut une longue protestation; et les deux haquenées furent reçues comme l'année précédente, mais seulement par un cardinal, au nom du pape. » (*Not. des man. du roi*, t. I, p. 126.)

Jean-Paul Mucanti, maître des cérémonies, rapportant la prise de possession de Léon XI, dit que « pour augmenter la pompe, on conduisait douze haquenées superbement caparaçonnées, du nombre de celles que les papes avaient reçues des rois d'Espagne, comme relevant du Saint-Siège, à cause du royaume de Naples. » (*Not. des man.*, t. II, p. 681.)

1. M. Muntz (*Sources de l'arch. chrét., dans les biblioth. de Rome, de Florence et de Milan*, p. 64) a signalé, dans le Grimaldi de la bibliothèque Barberini, p. 472, le dessin de la capse dans laquelle Sixte IV portait à son cou le S.-Sacrement : « Capsæ argenteæ rotundæ exemplum, qua utebatur Sixtus IIII ad portandum sanctissimum Eucharistiæ sacramentum ad collum, ut notat luna dentata, ubi includebatur vasculum rotundum planum cum hostia, et hæc luna in dicta capsa asservatur. »

corpore romanis Pontificibus iter conficientibus præferendo commentarium (Rome, 1599, in-4, avec planches). Sans doute ce mémoire, où brille tant d'érudition, est assez rare en librairie, mais il n'est pas introuvable : il y a donc lieu de passer outre.

Je veux seulement, à l'occasion de l'inventaire de Paul III [1], fournir quelques détails très peu connus, et pour cela, au lieu d'expliquer chaque article en particulier, j'ai préféré grouper ensemble toutes mes observations, de manière à leur donner plus de suite et d'attrait.

J'ai à mettre en relief : des faits historiques qui ont pu échapper aux chroniqueurs, des articles spéciaux d'un manuscrit édité pour la première fois par M. Bertolotti, un rarissime imprimé, deux gravures qui ne m'ont passé qu'une fois par les mains et dont la rareté n'est pas douteuse, quelques comptes oubliés jusqu'ici, et enfin l'entrée solennelle de Clément VII à Bologne.

Il serait à souhaiter que les Journaux des maîtres des cérémonies de la chapelle papale, qui existent en manuscrit, soit à la Bibliothèque nationale de Paris, soit dans les archives de Rome, aient enfin les honneurs de l'impression, tant ils abondent en renseignements précieux au triple point de vue de l'histoire, de la liturgie et de l'archéologie. Malheureusement, on ne les connaît que par quelques extraits ou des analyses trop sommaires. Voici ce que nous savons par eux du transport du Saint-Sacrement aux temps d'Innocent VIII, d'Alexandre VI et de Jules II.

Burcard, dans son *Diarium*, t. I, p. 76, 77, 78, 83, 84, 87, 102, parle ainsi du possesso d'Innocent VIII, en 1484 :

Baldachinum brocati albi pro corpore Christi, quod habere debet drapelonos similes cum armis corporis Christi, videlicet calice et hostia, Pape et Ecclesiæ.

Equus albus pro corpore Christi, veluto cremesino coopertus, cum freno de veluto auro ornato.

Duo baculi inaurati pro lauternis que ante corpus Cristi portantur.

De capsa pro corpore Christi et ductore equi.

De duabus lanternis et candelis et portitoribus.

Subdiaconus cum cruce, duodecim familiares pape cum totidem intorti-

---

1. On trouve des extraits des voyages de Paul III dans Gattico, *Acta cæremonialia*, t. II, p. 176-188.

ciis albis, duo clerici superpelliciis induti cum duabus lanternis et lumi-
naribus, equus cum sacramento sub baldachino incedens, sacrista, duo
prefecti navales, cantores capelle pape.

Deputent (conservatores camere Urbis) centum et quatuor cives pro baldacchino corporis Christi, pro tredecim mutis et cuilibet suam consignent,
et sunt octo pro qualibet vice.

Subdiaconus cum cruce. . . .

Duodecim familiares pape, vestibus rosaceis induti, qui XII magna intor-
ticia alba accensa ante corpus Christi ferebant pedestres.

Unus familiaris sacriste equester, superpellicio indutus, qui super baculo
inaurato lanternam ferebat cum candela accensa pro corpore Christi.

Equus albus, bene domitus et placabilis, velluto cremesino coopertus,
cum freno et sella inauratis, quem ducebat familiaris sacriste, veste rosa-
cea indutus, alia manu baculum rubeum ut ceteri XII portans, cum corpore
Christi in capsa damascho seu brucchato albo coperta.

Sacrista, pluviali albo paratus et mitra simplici, equum boccasino albo
sive fustagno coopertum sub se habens, baculum album longitudinis
circiter quatuor palmorum manu dextra portabat.

Le mardi 5 décembre 1503, eut lieu le *possesso* de Jules II à
S.-Jean de Latran. On porta le S.-Sacrement dans le cortège, ce que
Burcard dit incidemment (*Diarium*, t. III, p. 313, 314) : « Prelati
quatuor servitores, diverso modo vestitos et major pars sine baculis,
excepto sacrista qui habuit sex servitores juxta se in vestibus
rosaceis, et ambo clerici capelle equitaverunt in cotta ante sacramentum, Elsinus a dextris cum lanterna et Federicus a sinistris ejus
vicinus. . . . . Papa descendit de equo quem et baldachinum rece-
perunt Romani portantes pacifice et quiete, quia fuit cum eis ita
conventum ut retinerent et papa esset eis aliquid donaturus pro
baldachino sacramenti, quod vix potui salvare sed salvavi. »

Pâris de Grassis raconte que Jules II, partant en 1506 pour Bologne,
qu'il voulait soumettre, bouleversa tout le cérémonial établi : « Le
pape était à cheval en simple rochet ; devant lui on portait une
petite croix ; un évêque, dont le cheval était conduit par un palefrenier à pied, devait aussi porter le Saint-Sacrement ; mais, dès le
premier jour, le pape, sous prétexte qu'il avait des bois à traverser,
l'envoya en avant par une autre route, pour éviter, disait-il, un
accident pareil à celui qui était arrivé sous Alexandre VI, le Saint-
Sacrement ayant été culbuté par des chasseurs en traversant une
forêt. Au fond, tout cet appareil le gênait beaucoup, et il tâchait

d'éviter tout ce qui pouvait embarrasser sa marche : elle était si rapide, que des palefreniers de quelques cardinaux qui l'accompagnaient, ayant voulu le suivre à pied, moururent de fatigue. » (*Not. des man. de la bibl. du roi*, t. II, p. 558.)

Pàris de Grassis rapporte encore que quand Jules II fit son entrée à Bologne, en 1511, le peuple fut heureux « de voir ce pape, vénérable par son âge et par sa longue barbe, monté sur un cheval fringant comme un jeune militaire : *Quasi juvenis bellicosus equo desultorio veheretur.* Il était en simple rochet, sans étole, sans qu'on portât devant lui le Saint-Sacrement; cet air guerrier le flattait davantage que tout le faste pontifical. » (*Not. des mss.*, t. II, p. 567.)

Jules II faisait, en effet, peu de cas du cérémonial. « En 1506, il voulut bénir la rose d'or avec des cérémonies fort différentes de celles qui avaient eu lieu l'année précédente. Pàris de Grassis demanda la raison de ce changement : on lui répondit qu'il n'y en avait point d'autre que la volonté du Pape, qui jugeait à propos qu'on en usât ainsi par la suite. Il fut obligé de s'y conformer; mais, après avoir décrit ce cérémonial nouveau, il se permet d'adresser à Dieu cette singulière prière : « Bon Jésus, en l'honneur de qui se font les cérémonies, dirigez-les en inspirant des idées plus saines à ceux qui les pratiquent, de sorte qu'elles ne dégénèrent point en erreurs, en vanités et en ridicules. » (*Not. des mss.*, t. II, p. 555.)

L'inventaire de Paul III contient vingt articles relatifs au transport solennel du Saint-Sacrement. Il mentionne une clochette attachée au cou de la haquenée [1], à l'aide d'un collier de velours, afin d'avertir les passants d'avoir à s'arrêter et à se prosterner devant l'Eucharistie; plusieurs couvertures en brocart et en velours, pour parer la haquenée, et plusieurs écussons aux armes du pontife régnant; quatre bâts recouverts de velours ou de damas et sur l'un desquels se posait la caisse où était renfermée la sainte hostie; un grémial ou couverture en brocart ou en tapisserie, pour couvrir cette caisse armoriée et surmontée d'un crucifix; des coussins sur

---

1. Guillaume Durant atteste l'existence de cette clochette au XIIIᵉ siècle : « Mula etiam capellam domini papæ bajulans squillam fert ob reverentiam reliquiarum quas portat ». (*Rat. div. offic.*, cap. XLI, § 53.)

lesquels se posait la lanterne allumée, pour honorer le Saint-Sacrement; le bâton ou férule que tenait à la main le sacriste, comme insigne de ses fonctions. Enfin un chanoine est spécialement désigné comme palefrenier du Saint-Sacrement, c'est-à-dire que sa fonction principale était de tenir par la bride la mule sur laquelle était posée la caisse eucharistique.

Je donne ici textuellement, mais en les traduisant, les articles si curieux de l'inventaire du xvi⁰ siècle.

1. Une « dalmatique » et une « tunique, en brocart violet », qui furent du « cardinal Balue », ne pouvant plus servir parce qu'elles sont « vieilles et déchirées », sont transformées en « quatre coussins pour l'autel », c'est-à-dire pour poser le missel et la « lanterne ».

2. « Le bât de velours noir, avec toile d'or et passement d'or pour orfroi ».

3. « Le bât de la même étoffe, » c'est-à-dire en « damas violet, à fleurons d'or. »

4. « Le bât de même étoffe, » ou de « damas violet à fleurons d'or », des parements de Léon X. »

5. Même mention, seulement le « damas violet » n'a pas de fleurons.

6. « Un grémial de brocart à fils rouges, avec une frange d'or autour, sur la caisse du *Corpus Domini.* »

7. « Deux coussinets de brocart avec galons d'or, qui servent pour la lanterne et pour le célébrant, où est figuré et tissu saint Thomas qui touche le côté du Seigneur. »

8. « Deux coussinets de brocart en champ de velours violet, avec houppes de soie et d'or, qui servent pour l'avent à la lanterne et pour l'autel. »

9. « La clochette, avec collier de velours, que porte la haquenée du *Corpus Domini.* »

10. « Une couverture de brocart d'or en fils de soie, blanche, pour la haquenée du *Corpus Domini*, avec des franges tout autour en soie blanche et or, doublée de cotonnade. »

11. « Une couverture de velours cramoisi, avec les franges de soie rouge et or, doublée de toile rouge. »

12. « Une lanterne qui se porte devant le *Corpus Domini* en voyage, garnie d'argent et aux armes de Clément (VII) [1]. »

1. Le 1ᵉʳ octobre 1530, Pietro Giacomo, orfèvre de Pérouse, était payé 29 ducats « per una lucerna *Corporis Christi* fatta per conto del papa ». (Bertolotti, *Artisti Bolognesi*, p. 99; *Arch. stor. di Roma*, t. I, p. 97.)

Le 22 octobre de la même année, Pier Taddeo, qui ne doit pas être différent du précédent, recevait quarante-trois florins « pro residuo et complemento manifacture et argenti in lucerna Corporis Christi. » (*Ibid.*, p. 96.)

13. « Une petite croix d'argent doré, avec l'image du crucifix, pour la cassette du *Corpus Domini*. »

14. « La caisse du *Corpus Domini* pour le voyage. »

15. « Autre petit panneau de tapisserie, attaché sur la cassette du *Corpus Domini*, avec le crucifix et plusieurs autres figures et quelques fils d'or dans le tissu. »

16. « Un bâton que porte le sacriste en voyage. »

17. « Six petits écussons, qui vont à la housse du *Corpus Domini*, c'est-à-dire à la caisse; ils sont de Clément VII. »

18. « Cinq autres écussons de la même housse, de Paul III. »

19. « Un petit écusson en toile d'or, de Léon X. »

20. A la fin, « Magnifique seigneur Bernardin Gavello, chanoine de Pesaro et palefrenier du *Sanctissimum Corpus Christi*. »

IV

Le troisième document consiste en une plaquette imprimée, mais rarissime. Je n'en connais qu'un seul exemplaire, celui que je possède : à Rome, où cependant il doit en exister quelque autre, il m'a constamment échappé. J'ai eu la bonne fortune de le rencontrer à Paris, à la librairie ancienne de Detaille, en 1876.

Ce livret officiel, imprimé en italien, pour l'usage spécial de la cour romaine, et beaucoup plus explicite que le cérémonial de la chapelle papale [1], est un petit in-4° d'une feuille. Mon exemplaire est une réimpression. Il serait fort inutile d'en donner une troisième édition. Je préfère en publier une traduction, aussi littérale que possible, qu'a bien voulu me faire mon frère Charles.

---

1. « Ordo quomodo papa equitat in pontificalibus..... Ante crucem, duo magistri ostiarii cum suis virgis sericeis. Immediate incedent post crucem duodecim pedites, clerici vel laici, accensa funalia deferentes, et juxta eos equitabunt duo clerici capellæ laternas duas argenteas præferentes, in quibus candelæ perpetuo lucent. Ducitur post equus albus phaleratus, mansuetus et pulcher, cum tintinnabulo ad collum bene sonante, qui capsulam vehit cum sacratissimo Christi corpore, supra quod cives nobiles portabunt baldachinum. Funalia condecenter deferentur per clericos cum superpelliciis. Post sacramentum sacrista apostolici palatii cum suo habitu et baculo in manu equitabit. » (*Cærem. pap.*)

Ordre et cérémonies observés pour le départ du Très-Saint-Sacrement de Rome et son entrée sur les terres, lieux et villes où il doit s'arrêter et demeurer la nuit.

Écusson aux armes de Clément VIII, surmonté de deux anges assis, qui soutiennent la tiare sur les clefs en sautoir. Il se blasonne : *d'azur, à une bande bretessée et contrebretessée, accompagnée de six étoiles, 3 et 3, dans le sens de la bande, le tout d'or,* qui est ALDOBRANDINI.

Imprimé à Bologne, avec autorisation des supérieurs, et réimprimé à Florence, à l'escalier de l'abbaye, 1598.

Commencement de l'ordre et des cérémonies pour le Très-Saint-Sacrement et le voyage de Sa Sainteté.

S'il plaît à la Sainteté de Notre Seigneur, il pourra lui-même célébrer la messe basse à l'autel majeur de Saint-Pierre, le matin même du départ du Très-Saint-Sacrement, et, pendant la messe, il pourra consacrer l'hostie qui doit être portée pour le voyage [1]; laquelle Sa Sainteté, après la purification et avant l'ablution, mettra dans une custode de cristal qu'Elle placera au milieu de l'autel jusqu'à la fin de la messe.

La messe terminée, Sa Sainteté, après avoir quitté ses ornements et pris la mosette et l'étole, pourra mettre la custode de cristal avec le Très-Saint-Sacrement dans la caisse, qu'Elle fermera et dont Elle donnera la clef au sacriste.

Pendant ce temps-là se mettront en ordre la confrérie du Très-Saint-Sacrement de Saint-Pierre, revêtue du sac [2], et tout le chapitre de Saint-Pierre, et ils pourront aller en procession jusqu'à la porte de la ville dans l'ordre ci-dessous :

La confrérie du Très-Saint-Sacrement ira la première, précédée de son crucifix; ensuite la croix du chapitre, avec les clercs, les bénéficiers et les chanoines, deux à deux, selon leur ordre habituel; quatre ou six chanoines prendront l'étole et porteront à bras la caisse où est le Très-Saint-Sacrement, et huit camériers secrets de Sa Sainteté tiendront les bâtons du dais et le porteront sur la caisse. Devant elle marcheront immédiate-

1. On lit dans les *Cérémonies et coutumes religieuses de tous les peuples du monde*, par Picart (Amsterdam, 1789), tome III, page 32 :

« Lorsque le pape est en voyage, il porte communément avec lui le Saint-Sacrement pour communier ceux des princes et des grands seigneurs qui désirent recevoir l'Eucharistie de sa main. » Cette explication n'est nullement satisfaisante, car, d'abord, il n'y avait qu'une hostie dans la caisse portée par la haquenée, puis le cérémonial ne parle nullement de cette communion spéciale, qui pouvait aussi bien être faite avec les hosties consacrées exprès par le sacriste à la messe qu'il célébrait chaque matin, avant le départ et après la station de la nuit dans le lieu désigné à cet effet.

2. Cette confrérie ou compagnie, comme on dit à Rome, porte un *sac* blanc, qui est la couleur du Saint-Sacrement.

ment au moins vingt bénéficiers et clercs de Saint-Pierre, en *cotta*, et tenant à la main des torches allumées, au cas où tous les clercs, les bénéficiers et les chanoines ne voudraient pas les porter, comme ils ont coutume de faire, ce qui serait décent et convenable.

La croix de Sa Sainteté sera portée immédiatement devant la caisse, que Sa Béatitude pourra accompagner jusqu'à la porte majeure de l'église; là Elle s'agenouillera et fera la révérence, puis s'en retournera avec la croix dans ses appartements.

Tous les autres suivront la procession dans l'ordre ci-dessus décrit jusqu'à la porte *Angelica* [1]. Au pied des escaliers de Saint-Pierre, les quatre ou six chanoines susnommés, après avoir placé la caisse sur la haquenée, comme elle restera pendant le voyage, enlèveront leur étole et iront avec les autres jusqu'à la porte, où, étant arrivés, ils s'arrêteront tous à l'intérieur et se mettront de chaque côté pour laisser passer le Très-Saint-Sacrement, qui jusqu'à cet endroit devra être porté sous le dais, et, sitôt sorti hors de la porte, tous ceux qui l'auront accompagné à pied pourront s'en retourner à leurs affaires. Et le Très-Saint-Sacrement sera accompagné pendant tout le voyage par les autres personnes à cheval qui l'attendront, en dehors de la porte, dans l'ordre ci-dessous :

1. En tête marchera un escadron de cavalerie;
2. Puis tous les mulets, chariots et chevaux de somme, avec les conducteurs [2];
3. Tous les serviteurs des gentilshommes ou prélats à cheval;
4. Le cuisinier, le dépensier et celui chargé de l'office;
5. La haquenée qui portera la petite échelle pour le service du Très-Saint-Sacrement [3], tenue en main par un palefrenier vêtu de rouge [4];
6. Deux curseurs [5];
7. Deux officiers de la verge rouge [6];
8. Deux substituts du diacre et sous-diacre de la chapelle;
9. Vingt chantres;
10. Le diacre et sous-diacre grecs;
11. Le diacre et sous-diacre latins;

1. Cette porte, qui date du pontificat de Pie IV, est ainsi nommée parce qu'elle est flanquée de deux anges, motivés par ce verset du psaume qui est inscrit à la frise : « Angelis suis mandavit de te ut custodiant te in omnibus viis tuis. »

2. A propos du voyage d'Alexandre III à Venise, en 1177, il est dit : « Ante corpus Christi præcedebant umbella et sex equi albi ». (*Chronic. Forolivien.*, ap. Muratori, *Rer. Italic. script.*, t. XIX, p. 888.)

3. Cette échelle (*scaletta*) ou escabeau servait à monter le Saint-Sacrement sur le dos de la haquenée et à l'en descendre.

4. Les palefreniers du palais ou *sediarii* sont entièrement vêtus de rouge, bas, culotte, gilet et casaque.

5. Les courriers chargés de faire les intimations à domicile.

6. Ainsi nommés, parce qu'alors leur signe distinctif était une verge, recouverte de velours rouge, qu'ils tenaient à la main pendant leur service aux

12. Deux massiers [1] et le maître des cérémonies au milieu d'eux.

13. Deux clercs avec les lanternes [2];

14. Le Très-Saint-Sacrement sur la haquenée, avec deux palefreniers qui la mènent par la bride, un de chaque côté, et tout autour la garde suisse;

15. Derrière le Très-Saint-Sacrement ira monseigneur sacriste avec sa férule;

16. Ensuite les prélats évêques [3];

17. Les sous-diacres apostoliques [4], s'il s'en trouve.

18. Les auditeurs de rote, s'il y en a, avec le maître du sacré palais. Dans le cas où il n'y aurait pas d'auditeurs, celui-ci ira à la droite d'un acolyte, et, s'il n'y en a pas, il se placera entre les deux premiers camériers secrets qui accompagneront le Très-Saint-Sacrement.

19. Deux autres camériers secrets;

20. Quatre chapelains et les autres en toge, s'il y en a.

C'est dans cet ordre que devra toujours aller le Très-Saint-Sacrement pendant tout le voyage, et si on ne peut l'exécuter partout ponctuellement, qu'au moins il soit observé en entrant dans les villes, terres ou lieux habités, surtout où il doit s'arrêter ou passer la nuit, et aussi au sortir des villes, terres et lieux, au moins pendant l'espace d'un mille.

Lorsque le Très-Saint-Sacrement sera proche du lieu où il doit s'arrêter le soir, on pourra faire partir devant un ou deux curseurs ou officiers de la verge rouge, afin d'aviser le clergé et les habitants de son arrivée, et d'afficher à la porte de l'église ou dans les autres lieux accoutumés de la

portes intérieures du palais ou auprès de la croix papale, qu'ils escortent toujours.

1. Les massiers doivent ce nom à la masse d'argent, aux armes du pape, qu'ils appuient sur l'épaule droite.

2. Ces lanternes sont allumées par respect pour le Saint-Sacrement.

3. Páris de Grassis, parlant de la procession faite par Jules II à Saint-Jean de Latran, soulève dans son journal une question d'étiquette relative aux chevaux des cardinaux, ce qui s'applique également aux évêques, ainsi que l'a déclaré la congrégation des Rites.

« Les cérémoniaux semblaient dire que les cardinaux devaient assister à la procession dont il s'agit montés sur des chevaux blancs, *in albis equitarent*. On agita s'ils pouvaient y aller sur des mules, et si ces mules devaient être blanches. Páris de Grassis décida, par de bonnes raisons, que les chevaux pouvaient être remplacés par des mules, et qu'il suffisait qu'elles fussent couvertes de housses blanches. Cependant il y eut des cardinaux, esclaves de la lettre, qui voulurent monter des chevaux; mais quelques-uns d'entre eux, assez mauvais écuyers, eurent lieu de s'en repentir, quand leurs chevaux entendirent le bruit du canon. Pour le Pape, il montait un cheval, le même dont il se servait lorsqu'il avait été fait prisonnier à la bataille de Ravenne. Ce fut le dernier service qu'il en exigea, il défendit que personne ne montât désormais ce cheval, et ordonna qu'on en prît soin jusqu'à sa mort. » (*Not. des man.*, t. II, p. 580.)

4. Les auditeurs de rote prennent le titre de sous-diacre apostolique, parce qu'ils en remplissent les fonctions quand le pape officie pontificalement, et qu'ils ont mission de porter devant lui la croix d'or aux chapelles papales.

ville une copie imprimée de l'indulgence que Sa Sainteté accordera à tous ceux qui honoreront et accompagneront le Très-Saint-Sacrement, comme j'ai déjà dit plus haut [1].

Si, par hasard, quelqu'un de la compagnie qui escorte le Saint-Sacrement arrive en avant, qu'il n'entre pas dans la ville, mais qu'il attende le reste de la compagnie en dehors de la porte, afin d'entrer ensuite avec le Très-Saint-Sacrement dans la ville, selon l'ordre ci-dessus décrit.

Le clergé de l'église cathédrale ou principale de la ville ou terre où devra être porté le Très-Saint-Sacrement, ou en entier ou en partie, avec quelques-uns des habitants nobles, se réunira à la porte de la ville ou de la terre avec le dais ordinaire de l'église. Et qu'il se trouve au moins huit ou dix torches de cire blanche, portées par huit ou dix prêtres ou clercs, en *cotta*, devant le Très-Saint-Sacrement.

Dès que le Très-Saint-Sacrement sera à la porte de la ville, la cavalcade et la compagnie iront dans l'ordre indiqué jusqu'à l'église cathédrale ou principale, et à la porte même on élèvera sur le Très-Saint-Sacrement le dais, dont les bâtons seront tenus jusqu'à l'église soit par des prêtres de l'église, en *cotta*, s'il y en a un nombre suffisant, soit par les citoyens les plus nobles. Et les prêtres ou clercs, qui porteront à pied les torches, marcheront immédiatement devant le Très-Saint-Sacrement, derrière les deux clercs avec les lanternes.

S'il se trouve un évêque dans la ville ou terre où doit arriver le Très-Saint-Sacrement, il pourra attendre à la porte de l'église dans son costume ordinaire avec l'étole, et lorsque le Très-Saint-Sacrement sera arrivé à la porte de l'église, monseigneur sacriste, avec l'aide des quatre camériers d'honneur, s'ils sont prêtres, ou des quatre chapelains, enlèvera la caisse où est le Très-Saint-Sacrement : l'évêque s'agenouillera avant qu'elle soit déposée, et une fois enlevée, il s'en approchera et la baisera, le genou en terre. Alors elle sera prise par quatre dignités ou premiers chanoines, revêtus de la *cotta* et de l'étole, qui la porteront et poseront sur le grand autel. Là, étant déposée, on enlèvera l'ornement qui est dessus et on la couvrira d'un voile d'or qui, à cet effet, se portera toujours dans la caisse même. Monseigneur sacriste aura soin d'ouvrir la caisse pour voir si le Très-Saint-Sacrement est en bon état, et ensuite il la couvrira avec ledit voile; et après avoir fait avec tous les autres une courte prière, il pourra se rendre au logement qui lui est destiné.

Le lendemain matin, monseigneur sacriste célébrera la messe pour la famille [2] pontificale qui accompagne le Très-Saint-Sacrement; tous devront y assister. Pourront aussi célébrer les prélats et autres prélats qui

1. C'est-à-dire en faisant cortège ou tenant des cierges allumés, comme il est prescrit par le rituel pour le saint viatique.
2. Famille, en italien *famiglia*, s'entend de la maison du pape; de là l'expression *familiers* pour désigner ceux qui composent la cour et sont plus spécialement attachés à la personne du souverain pontife.

seront dans la compagnie. Et monseigneur sacriste est prévenu de renouveler tous les quatre jours au moins le Très-Saint-Sacrement et de voir,
tous les matins avant le départ, s'il est bien arrangé.

Quand il sera temps de partir, le Très-Saint-Sacrement sera accompagné
sous le dais par le même clergé et le peuple, depuis l'église jusqu'à la
haquenée qui attendait à la porte de l'église, et ensuite jusqu'à la porte de
la ville dans l'ordre ci-dessus désigné. Cet ordre sera observé dans toutes
les terres [1], lieux, châteaux [2] et villes où s'arrêtera le soir le Très-
Saint-Sacrement, excepté dans les villes où Notre Seigneur voudrait entrer
solennellement ou pontificalement, parce qu'alors on observerait l'ordre
que nous allons décrire.

Du départ de Notre Seigneur [3] de Rome et de l'entrée simple que fera Sa
Sainteté, pendant tout le voyage, dans les terres, lieux, châteaux ou villes
où Elle s'arrêtera, soit la matinée pour dîner, soit le soir pour coucher.

Toutes les choses nécessaires pour le voyage étant commandées et pré-
parées, la Sainteté de Notre Seigneur [4] pourra se préparer le matin même
de son départ, qui devra être le jour qui suivra immédiatement le départ
du Très-Saint-Sacrement, en célébrant la messe à l'autel majeur des saints
apôtres Pierre et Paul. La messe terminée, les ornements quittés, revêtu
de la mosette et de l'étole, il s'agenouillera au fauteuil devant l'autel et récitera à haute voix l'Itinéraire [5], c'est-à-dire l'antienne *In viam pacis*,
etc., avec le cantique *Benedictus*, etc., puis les versets et oraisons qui y
sont joints. Et les cardinaux, spécialement ceux qui accompagneront
Sa Sainteté pendant le voyage, pourront s'approcher d'Elle et répondre
aux versets dudit Itinéraire. Et ceci pourra s'observer chaque matin, pendant tout le voyage, après que Sa Sainteté aura célébré la messe.

Sa Sainteté, ayant terminé la récitation de l'Itinéraire, quittera Saint-
Pierre et, au pied de l'escalier, montera à cheval ou en litière, pour commencer au nom de Dieu le voyage. Et la cavalcade sera comme à l'ordinaire, quand Sa Sainteté chevauche simplement hors de Rome.

Tous les cardinaux qui se trouveront à Rome, excepté les infirmes, accompagneront Sa Sainteté, cette matinée-là, jusqu'au delà de la porte, c'est-
à-dire ceux qui accompagneront Sa Sainteté, en habit de cheval, et les

1. Terres, en italien *terre*, s'entend des terres seigneuriales ou fiefs de
l'État.

2. On nomme châteaux, en italien *castelli*, les bourgs fortifiés.

3. Italianisme : on dit, en parlant du pape, *Nostro Signore*, comme du Christ,
dont il est le représentant ici-bas.

4. Autre italianisme, *la Santità di Nostro Signore*.

5. Je possède un des exemplaires de l'Itinéraire que Pie VI fit imprimer et dis-
tribuer à sa maison, lorsqu'il se mit en route pour Vienne.

autres en habit de ville, c'est-à-dire, rochet, *mantelletta* et mosette. Et ceux qui auront l'habit avec le rochet viendront les premiers après le pape, bien que quelques-uns d'entre eux soient de promotion inférieure à ceux du voyage.

Un demi-mille en dehors de la porte, ou quand il conviendra à Sa Sainteté, Elle pourra renvoyer les cardinaux qui doivent demeurer à Rome, en se tournant vers eux et leur donnant la bénédiction.

Toutes les communautés [1] des terres, lieux et villes, par où doit passer le pape, devront d'abord faire arranger les routes dans tout leur territoire et députer au moins deux citoyens maîtres des routes, lesquels devront se trouver aux confins de leur territoire, pour conduire la cavalcade de Sa Sainteté par le bon chemin. Et en dehors de la porte de la ville, se tiendra à pied le magistrat [2], qui pourra présenter les clefs à Sa Sainteté et, s'approchant de son cheval, lui baiser les pieds, puis aller à pied devant le cheval de Sa Béatitude, et l'accompagner jusqu'à l'église et ensuite à son logement. Et semblablement, au départ de Sa Sainteté de ce lieu, le même magistrat l'accompagnera jusqu'en dehors de la porte, et ceux qui ont la charge des chemins jusqu'aux confins de leur territoire, où les autres se succéderont de main en main.

Arrivé à l'endroit où Elle doit s'arrêter, Sa Sainteté, sans changer de costume, avec l'étole qu'elle portera toujours, entrera dans la ville ou la terre et ira directement descendre à l'église cathédrale ou principale.

S'il se trouve dans la ville ou la terre un évêque, il se parera du pluvial et de la mitre, et, entouré de ses chanoines et prêtres, revêtus du costume ecclésiastique, il attendra le pape à la porte de l'église. Sa Sainteté, à son entrée dans l'église, s'agenouillera à la porte sur un tapis et un coussin, baisera la croix que lui présentera l'évêque, puis prenant l'aspersoir des mains du même évêque paré, Elle s'aspergera elle-même, puis ceux qui l'entourent, et, s'étant couverte, Elle mettra l'encens dans l'encensoir, et finalement, étant debout sur le seuil de la porte, Elle sera encensée trois fois par le même évêque paré. Ceci terminé, l'évêque entonnera le *Te Deum laudamus*, que continueront de chanter les chanoines ou les chantres de l'église, et Sa Sainteté se rendra à l'autel majeur et s'agenouillera au fauteuil préparé pour Elle. Le *Te Deum* achevé, le même évêque chantera, au coin de l'épître, les versets *Protector noster*, etc., avec l'oraison *Deus fidelium pastor et rector;* après quoi, Sa Sainteté se lèvera et, montant à l'autel, le baisera au milieu, puis donnera la bénédiction solennelle au peuple, disant: *Sit nomen Domini*, etc. Enfin, le même évêque publiera l'indulgence qu'il conviendra à Sa Sainteté d'accorder au peuple.

Dans les châteaux, lieux, terres, où il n'y aura pas d'évêque, Sa Sainteté pourra se dispenser de baiser la croix à la porte de l'église, et sans

1. Italianisme : *Communità* signifie la municipalité, les fonctionnaires de la *Commune.*

2. *Magistrato*, le premier dignitaire de la ville, ce qui répond à notre *Maire*.

encens prendre seulement l'aspersoir de la main du plus ancien cardinal-prêtre qu'il aura avec lui ; et, s'il y a des chantres et un clergé suffisant, l'on pourra chanter le *Te Deum laudamus*, et Sa Sainteté pourra donner la bénédiction et faire publier l'indulgence, comme il est dit ci-dessus ; à moins que Sa Sainteté ne veuille renvoyer la bénédiction solennelle et la publication de l'indulgence au lendemain matin, à la fin de la messe.

Le lendemain matin, Sa Sainteté, après avoir célébré ou entendu la messe et récité l'Itinéraire, pourra, quand il lui plaira, partir et continuer le voyage, comme il est dit ci-dessus. Et cet ordre pourra s'observer toujours, en tout lieu où Sa Sainteté voudra entrer simplement ; mais si elle voulait faire une entrée solennelle ou pontificale, Elle pourrait [1] observer un autre ordre.

V

Le quatrième document n'est pas le moins intéressant, car si jusqu'ici nous n'avons été renseignés que par les textes, maintenant nous allons l'être plus explicitement par deux gravures, exécutées à Rome en 1722, c'est-à-dire sous le pontificat d'Innocent XIII, probablement à l'occasion d'un voyage de ce genre qu'a dû faire ce pape. Ont-elles fait partie de quelque ouvrage qu'elles illustraient ? Je l'ignore. Toujours est-il que je ne les ai rencontrées qu'une fois et isolées ; mais elles figurent dans le grand ouvrage de Picart.

Il ne suffit pas de les reproduire ici, comme si on avait l'original sous les yeux. Il faut encore les décrire, pour bien faire comprendre ce qu'elles enseignent.

La première gravure nous montre d'abord deux personnes à cheval, coiffées d'un chapeau pointu, vêtues d'une soutane et d'un *mantellone*, et tenant en dehors, comme le prescrit la rubrique, une lanterne allumée, élevée sur une hampe. Ce sont les clercs de service. La lanterne eucharistique n'a pas varié de forme de nos jours ; seulement nous savons par l'inventaire de Paul III qu'on la tenait anciennement à la main, mais posée sur un coussin. Aussi la forme devait-elle en être légèrement différente, et probablement celle d'une

---

1. On remarquera cette précaution du rubriciste, qui n'affirme pas explicitement ce que le pape doit faire, mais se contente de le lui suggérer, tout en ayant l'air de le laisser libre de faire autrement.

lanterne ronde à poignée. Ensuite vient le Saint-Sacrement, porté sur un cheval, car ses oreilles courtes indiquent le genre de la monture, qui n'est pas une mule [1], comme il est figuré en avant et en arrière de la caisse, sur la seconde gravure. La housse, pointillée d'or, pend de chaque côté et est bordée d'un large galon. Par-dessus est posée une caisse quadrangulaire, dont la housse, découpée en lambrequins que terminent des glands, porte l'indication exacte de ce qu'elle recouvre, en montrant sur une de ses faces un calice au-dessus duquel s'élève une hostie.

Ainsi la housse du cheval n'a plus l'écusson papal, et le pavillon de la caisse porte seulement un emblème.

La caisse s'arrondit au sommet en coupole, sur laquelle est planté un crucifix.

Des quatre angles de cette caisse partent les quatre hampes d'un dais carré, dont le ciel se découpe en lambrequins et qui est surmonté, à chaque angle, d'un meuble héraldique, qui consiste en une *montagne à trois coteaux*, au-dessus de laquelle brille une *étoile* [2]. Ces armes ne peuvent convenir qu'à Sixte-Quint, qui en

1. Dans les *Dépenses secrètes et publiques de Paul III*, éditées par M. Bertolotti, il est question plusieurs fois de mules et deux fois de mules françaises.

« 1540. A compte pour faire les clous des harnais de la mule Borgia et du cheval Fossombrono, qui fut donné par l'évêque de Fossombrone, douze écus.

« 1545, 26 mars. Au maître d'écurie du révérendissime cardinal de Gambara pour étrennes que lui donne Sa Sainteté, à l'occasion d'une mule qu'il a présentée à Sa Béatitude.

« 1545, 15 mai. A Benoît, muletier français, pour étrennes à l'occasion d'une mule pour litière, qu'il a présentée à Sa Sainteté, au nom du cardinal d'Armagnac, trois écus trente bolonais.

« 1546, 4 février. A maître Grégoire, fondeur, pour le prix d'un harnais nouveau pour la mule française de Notre Seigneur et pour redorer une paire d'étriers et une bride pour ladite mule, vingt et un écus.

« 1546, 17 août. A maître Grégoire, fondeur, pour les clous dorés des harnais de la mule Falbetta de Notre Seigneur..... et pour redorer une paire d'étriers et une paire d'éperons pour Sa Sainteté, vingt et un écus vingt bolonais. »

2. Rocca (*Thes. pontif. antiq.*, t. I, p. 50) décrit ainsi la cassette eucharistique et son dais, du voyage de Clément VIII à Ferrare, en 1598 : « Capsula lignea est, longitudine palmorum circiter quatuor, latitudine duorum, altitudine autem unius palmi et amplius, holoserico rubri coloris panno, intus forisque conglutinato, cooperta. Ejus operculum habet foris in medio basem quamdam ex ære aurato, intra quam statuitur crucis æreæ pes auratus, cum sacra Christi imagine unius palmi et eo amplius, eidem cruci erectæ super illam basem affixa. Hæc interea capsula habet intus in fundi medio sericeum rubri coloris sacculum desuper contrahendum et funiculis sericeis constringendum, in quo vasculum illud crys-

Bulletin Monumental 1879.

Roma 1722.

charge la bande de son écusson, meublé toutefois d'autres pièces [1],
ou encore à Clément XI, mais alors il faudrait compléter par la *fasce*
intermédiaire entre la montagne et l'étoile [2].

Derrière le Saint-Sacrement chevauche Mgr sacriste, coiffé du chapeau ordinaire, ce qui le distingue du chapeau pontifical ou solennel,
auquel il faudrait des glands retombant sur la poitrine et qui, en plus,
est plat, large et rond [3]. Il porte la mosette sur le mantelet, et la mosette
remplace ici le rochet auquel il n'a pas droit, parce qu'il est régulier et
de l'ordre des Augustins. De la main droite, il tient une férule, si mal
dessinée qu'on pourrait la prendre pour une torche allumée. Derrière lui viennent sept camériers ou chapelains, également à cheval,
coiffés et vêtus du *mantellone* sur la soutane. Ce *mantellone* n'a pas
d'ailes, comme celui que porte encore un seul prélat à la cour, qui

tallinum sive hostiaria vel, ut aiunt, custodia cum sacratissima hostia, a sacrista
de septimo in septimum diem mutanda, reconditur et custoditur.

« Extat etiam super capsulam opertorium de tela aurea seu potius ex serico et
auro contexta, in quatuor partes divisum atque hinc inde pendens; partium vero
extremitates laciniis item sericeis et aureis distinctae et ornatae sunt, necnon
Ecclesiae sanctae, Summi Pontificis et Societatis Corporis Christi insignibus deco-
ratae. Ad quatuor capsulae angulos quatuor virgae ferreae et auratae, palmorum
circiter quatuor, columellarum instar, ad tres et amplius palmos super capsulae
operculum eminentes, aptatae cernuntur; super quarum summitatibus umbella,
quam vulgo baldachinum appellant, ex serico item et auro contexta sustentatur,
hinc inde pendens, laciniis et lemniscis seu flocculis, tum sericeis tum aureis,
distincta et ornata : in cujus vertice, ad quatuor angulos, totidem stellulae ex aere
inaurato super glandes item aereas et auratas, ac satis quidem grandes, collocatae,
magnam efficiunt venustatem. »

Un compte du 29 mars 1599 nous apprend que le cardinal de S. Georges fit
peindre par « maestro Riccardo Sasso » dans son « camerone et alle scale nuove »,
au Vatican, « quattro istorie, la prima quando N. S. da la legatione all'Illmo Aldo-
brandino, presentando la cappella; la seconda, quando il SS. Sacramento si
porto per Ferrara, presentando tutte le fabriche si vedano nella piazza di San
Pietro, accompagnati da tutto il popolo; la terza, quando N. S. fa l'entrata in
Ferrara, presentando la citta e accompagnato da tutti li principi e popolo. »
(Bertolotti, *Artisti Bolognesi in Roma*, p. 49; *Art. subalpini in Roma*, p. 87.)

1. Voir mon *Armorial des papes* (Arras, 1867, in-8°), p. 21. — Les obélisques
érigés à Rome par Sixte V sont terminés par une montagne et une étoile, meubles
héraldiques très fréquemment reproduits sur les églises et monuments construits ou
restaurés sous son pontificat.

2. *Armorial des papes*, p. 25.

3. « Omnes autem, tam saeculares quam religiosi, episcopi galero utuntur, a parte
exteriori nigro, cui ab interiori sericum coloris viridis suffulciatur, cordulis pariter
et floccis sericis viridibus ab eo pendentibus. Galerus quoque duplicis formae ha-
bendus est : alter quo in solemnioribus equitationibus utuntur ejusdem formae
(praeter colorem) quo Eminentissimi cardinales pontificaliter equitantes uti consueverunt, alter simplicior, uterque ex lana ac serico viridi exornati. » (*Caerem. Episcop.*, lib. I, cap. III, n. 5.)

est l'avocat des pauvres. Est-ce un oubli du dessinateur ou bien ce vêtement était-il réellement ainsi ? L'une et l'autre hypothèses peuvent également se faire. Les ailes n'auraient pu qu'incommoder en route, quoique cependant le Cérémonial des évêques les prescrive pour les évêques en voyage [1]. L'emmanchure, nettement profilée, indique nécessairement un vêtement de dessus ou *soprana*. D'ailleurs, l'échancrure en avant est très visible sur les deux premiers cavaliers du second plan.

Ces cavaliers sont des camériers ou chapelains, groupés deux à deux, excepté à la queue, où ils sont trois de rang. La housse qui recouvre les mules est uniforme pour tous, c'est-à-dire en étoffe de laine, souple et n'ayant pas la raideur qu'offre ailleurs la soie ou le brocart [2]. On voit très distinctement leurs pieds passés dans l'étrier et leur main droite se porter à la bride de leur monture pour la diriger.

Tout ce personnel a la barbe longue, ce qui ferait remonter le dessin original à la fin du XVIe siècle, car, en 1722, toute la cour se rasait. Il est donc certain que la gravure ne représente pas exactement ce qui se faisait au XVIIIe siècle, mais bien ce qui avait lieu à une époque antérieure. C'est ainsi que, de nos jours, on vend encore à Rome des gravures qui ont la prétention de figurer la cour de Pie IX, tandis que les usages changés et les vêtements démodés reportent indubitablement au pontificat de Pie VII et à celui de Grégoire XVI.

La haquenée du Saint-Sacrement est tenue à la main par un pale-

---

1. « Dum iter agunt (episcopi) utuntur brevioribus vestibus cum manicis sub genu per palmam, vel ultra protensis. » (*Cær. Episc.*, lib. 1, cap. III, n. 6.) — « Habitus viatorius est vestis talaris, quæ ultra genu descendit, sine syrma, cui imponitur mantelum cum manicis sive alis quæ descendant æque ac vestis. » (Martinucci, *Man. sac. cærem.*, lib. V, p. 10, n. 20.)

2. Cette housse doit être violette pour le sacriste, noire pour les autres prélats. Le *Cérémonial des Évêques* distingue trois espèces de housses : la première est blanche et sert quand l'évêque est vêtu pontificalement ; la seconde, qui est violette, se prend en temps ordinaire, tandis que la troisième, qui est noire, est réservée aux temps de pénitence et de deuil, comme avent, carême, quatre-temps, vigiles-jeûnes, c'est-à-dire aux jours où l'évêque quitte le violet pour le noir. « Equorum autem, seu mularum stragulæ et phaleræ et ornamenta, episcopo equitante, ex panno laneo coloris nigri seu violacei, ut supra, plus minusve composita erunt, prout ipse episcopus solemnius aut simplicius equitabit, nisi paratus pontificaliter equitaverit. (*Cær. Episc.*, lib. I, cap. IV, n. 7.)

frenier, qui n'est rien moins qu'un chanoine. Son costume dénote un employé de la cour, mais de rang inférieur. Il est barbu et a la tête nue. Sa casaque sans manches est liée par une ceinture à la taille. Il a des hauts-de-chausses attachés au-dessous du genou et qui laissent voir ses bas ; ses souliers sont à languettes. Somme toute, c'est encore à peu près le costume actuel des palefreniers du palais, tout habillés de rouge ; seulement leur casaque admet des ailes et la ceinture a été supprimée, car elle devient inutile, dès lors que la casaque a été raccourcie.

La seconde gravure offre un intérêt particulier, car elle insinue un autre mode de transport, et accentue quelques détails. Deux haquenées, richement caparaçonnées d'une étoffe brodée et frangée, sont attelées à un double brancard, sur lequel est établi le tabernacle portatif. Une housse, bordée d'un large galon et frangée à ses extrémités, forme tapis au-dessus de la caisse rectangulaire, qui reproduit à peu de chose près le petit monument que nous avons déjà décrit. Il n'y a d'autre différence que dans l'ornementation du pavillon, où l'emblème eucharistique est répété sur chaque face et aussi aux armoiries qui timbrent les lambrequins. Le lambrequin du milieu présente un écusson papal, que l'on reconnaît à la tiare et aux clefs qui l'accompagnent, mais il est impossible de distinguer de quelle pièce il est meublé. Si les montagnes qui prolongent les angles du baldaquin font songer à Sixte-Quint, comme c'est plus probable, rien dans l'écusson ne rappelle ce pontife, et pas davantage Clément XI. On dirait une fourmi ou une abeille, mais ce détail n'a aucune importance, puisque ces armoiries ne peuvent être blasonnées. Les deux lambrequins de droite et de gauche exhibent les armes de l'État pontifical, qui sont un *pavillon posé en pal avec deux clefs en sautoir.*

Trois serviteurs, tête nue et vêtus en palefreniers, conduisent la haquenée de devant. Le premier montre le chemin, c'est le courrier ; le second tient la bride et le troisième fait escorte à gauche. Je ne dirai qu'un mot des casaques, qui sont boutonnées droit ; en cela elles se distinguent des casaques modernes, qui restent ouvertes et laissent voir le gilet. Par derrière, un palefrenier tient encore la bride ; un second fait escorte à la gauche, et la marche est fermée par trois autres serviteurs, dont un récite dévotement son chapelet qu'il égrène de la main droite, tout en donnant un avis à celui qui le précède.

Ces deux gravures se complètent mutuellement. La première montre l'escorte au complet, tout en ne mettant le Saint-Sacrement que sur le dos d'un seul cheval. Dans la seconde, le cortège a été supprimé, pour donner un plus grand développement au tabernacle, traîné par deux mules. Ce dernier système de transport dénote un mode plus solennel. Quant aux mules attelées devant et derrière, c'est un usage de la cour papale qui s'est toujours pratiqué lors de l'enterrement du pape, lorsqu'on le transporte à découvert sur une litière, du palais du Quirinal, s'il y est mort, au palais du Vatican, où il va être solennellement exposé.

Quoique ces gravures ne soient pas anciennes, j'espère qu'on ne me reprochera pas de les avoir reproduites et décrites, en raison de l'intérêt vraiment exceptionnel qu'elles présentent. Si elles ne sont pas, quant au dessin, de l'époque indiquée par la signature : *Romæ* **1722**, elles offrent du moins l'avantage de bien préciser un usage ancien, disparu de nos jours et actuellement connu des seuls érudits.

VI

Sous Benoît XIII, le cérémonial fut bien simplifié. Ainsi plus de double haquenée, de dais ni de cortège. Un des chapelains du pape, monté sur une mule blanche, était chargé du Saint-Sacrement; il avait devant lui la cassette, qui était fixée sur le pommeau de sa selle. Son costume consistait en une soutane violette, une *cotta*, qui est le diminutif du surplis, et, par-dessus, un *mantellone* violet, dont il devait rabattre le capuchon sur sa tête en cas de pluie. Il tenait à la main, par respect pour la sainte hostie, un *ombrellino* de soie blanche, recouvert de toile cirée en prévision du mauvais temps.

Le pape suivait dans son carrosse, à peu de distance.

Tous ces détails nous sont fournis, au mot *cappellano*, par l'important *Dictionnaire d'érudition historico-ecclésiastique* de Moroni, que j'ai cru inutile de traduire parce qu'il ne dit

pas citer à ce propos un texte ancien; il suffit d'en donner la substance [1].

Le cinquième document nous est fourni par M. Bertolotti. Le savant archiviste de Rome l'a tiré des archives de la Révérende Chambre apostolique, section des finances.

Cet extrait des comptes de la cour se réfère aux deux voyages que fit Benoît XIII à Bénévent. Le pape était parti, une première fois, le 12 mars 1727. La dépense totale fut de vingt et un mille six cent dix écus [2].

Le 7 mai, Michel Calici, argentier, recevait vingt-quatre écus pour une boite d'argent doré, dans laquelle avait été déposé le Saint-Sacrement.

Le même jour, soixante-trois écus étaient payés à un fabricant d'ornements, pour franges de soie, cordons et houppes d'or qui avaient été employés à l'étole du prêtre qui portait la sainte hostie et à l'ombrelle qui le couvrait pendant le voyage. Le rite usité antérieurement avait donc cessé. L'hostie n'était plus portée par une mule, mais, ce qui était plus révérencieux, par un prêtre, monté probablement sur une des mules blanches du palais. Il devait alors tenir la cassette dorée, appuyée sur le pommeau de la selle, entre ses mains, comme le rituel l'indique pour la communion des infirmes : « Quod si longius aut difficilius iter obeundum sit, et fortasse etiam equitandum, necesse erit vas, in quo sacramentum defertur, bursa decenter ornata et ad collum appensa, apte includere, et ita ad pectus alligare atque obstringere, ut neque decidere, neque pyxide excuti sacramentum queat. »

Le 2 juillet, Jean-Thomas Corsini, sculpteur, percevait la somme de deux cent dix-huit écus pour divers embellissements faits au

1. Le même auteur, au mot *Benevento*, s'exprime beaucoup trop brièvement : « Benoît XIII, s'étant rendu à Bénévent, fit déposer dans le couvent des pères Servites la sainte Eucharistie, qui l'avait précédé pendant le voyage. »

2. Le second voyage de Benoît XIII fut moins solennel. Parti de Rome le 28 mars 1729, le pape n'arriva à Bénévent que le 5 avril : il y resta jusqu'au 23 mai et rentra à Rome le 10 juin. Les dépenses faites à cette occasion s'élevèrent à deux mille cinq cent cinquante-huit écus. Mgr Santa-Maria, familier et confident du pape, rapporte que la plus grande partie des frais furent supportés par le pape, qui avait une fortune considérable. En effet, d'après ce prélat, Benoît XIII lui aurait dit qu'il était bien content d'avoir fait ce voyage sans qu'il en eût résulté une charge pour la Chambre, « che era ben contento di aver fatto quel viaggio senza incommodo della Camera. »

carrosse du pape. Le cardinal Orsini, pendant qu'il était archevêque de Bénévent, ne faisait pas difficulté de monter à cheval, comme le prouvent les comptes des Archives métropolitaines [1]. Rompant donc à la fois avec ses propres habitudes et l'usage constant de la cour papale, il préféra se rendre en berline à Bénévent.

Le 5 juillet, Albert Devoti touchait soixante-sept écus pour la batiste, garnie de dentelles de Flandre, dont le pape s'était muni pour le lavement des pieds qu'il fit à la cathédrale, le Jeudi saint.

La copie porte *finaloni*. Je crois que c'est *sinaloni* qu'il faut lire. Ces deux pièces de toile auraient alors servi au pape de *grémial* ou de *tablier*, car telle est, dans le langage populaire, la signification du mot *sinale*, dont nous avons ici l'augmentatif, c'est-à-dire, un tablier de grande dimension.

Le 12 août, il était payé sept cent dix-neuf écus au célèbre graveur Erménégilde Hamerani, pour les diverses médailles d'or et d'argent que Benoît XIII, toujours généreux, offrit en cadeau à l'escorte du vice-roi de Naples [2].

Enfin, le 24 août, François Banchieri et Paul Gui, brodeurs, étaient payés de leurs travaux spéciaux par une somme de trente-huit écus.

Voici le texte même de ces comptes :

A di 7 maggio 1727, scudi 30 moneta, a Michele Calici, argentiere, per soldo di un conto delli 20 marzo passato, di una scatola d'argento, con altri lavori e dorature, fatti per porre in esso il santissimo Sagramento per servizio di Nostro Signore nel viaggio.   24 sc. 30 b.

1. X. Barbier de Montault, *les Gants pontificaux*, p. 78-84.
2. A cette date voici les trois médailles dont les coins sont à la *zecca* pontificale, mais qui ne se rapportent à ce voyage d'aucune façon.

Face : *Bened. XIII. p. m. a.* IV. Buste du pape bénissant, avec le *camauro* et la *mosette*. — Revers : *Cor nostrum dilatatum est. S. Mariæ et S. Gallicani nosocomium* 1727. Vue de l'hôpital de S. Gallican, à Rome.

Face : *Benedictus XIII pont. max.* Buste du pape comme ci-dessus. — Revers : *Corpore. S. Flavii. Clementis. exconsulis. et martyris elevato. mdccxxvii* Signé : *Hedlinger.* Au milieu, les armes du cardinal camerlingue Albani.

Médaille du lavement des pieds, année IV.

Moroni, au mot *Benedetto XIII*, ajoute en racontant sommairement le voyage de l'an 1729 : « Ayant passé le Garigliano, il (le pape) rencontra les envoyés du vice-roi de Naples, qui le complimentèrent de sa part et lui offrirent une compagnie de cent grenadiers pour le servir pendant la route. Benoît les remercia et refusa un tel honneur, parce qu'il voyageait sans avoir en avant le Saint-Sacrement. »

A di detto scud. 63 : 17 di moneta a detto trinarolo per soldo di un conto di frangie di seta, cordoni, fiocchi d'oro, ed altro, dato per guarnire la stola ed ombrello del sacerdote, che porta il Venerabile ed altre robe date per guarnire per uso e comodo del med° viaggio.   63 sc. 17 b.

A di 2 luglio scud. 68 di moneta a Giovanni Tommaso Corsini, scultore, per lavori fatti al carro e cassa della berlina fatti per il medesimo viaggio.
218 sc. 88 b.

A di 5 luglio, sc. 67, 65 b. moneta ad Alberto Devoti, mercante, per prezzo di due finaloni di tela battista con merletti di Fiandra, ed altro fatto fare per servizio di N. S. per la Lavanda degli Apostoli fatta nel Giovedì santo in Benevento.   67 sc. 65 b.

A di 12 agosto, sc. 719, 86 b. di moneta ad Ermenegildo Hamerani, incisore di medaglie, per diverse medaglie d'oro e d'argento, date per servizio di Sua Santità per regalare la famiglia del S. vice-re di Napoli in occasione di detto viaggio.   719 sc. 86 b.

A di 24 agosto, sc. 38 di moneta, a Francesco Banchieri et Paolo Gui e compagni, ricamatori, per lavori fatti a tutto li 20 marzo passato per l'andata di N. S. a Benevento.   38 sc. »

VII

Dominique Ricci peignit dans le palais Ridolfi, à Vérone, la cavalcade qui fut faite à Bologne, le 24 février 1530, à l'occasion du couronnement de Charles Quint, lorsque le pape et l'empereur se rendirent à l'église de S. Pétrone. Cette fresque, qui n'existe plus, ne nous est connue que par une belle et rare gravure de Filidoni, longue de 2 m. 47, dont il existe deux exemplaires parfaitement conservés dans une des salles du chapitre de Monza. L'ordre du cortège est celui-ci :

Trois bannières, aux armes de Bologne, portées par des vexillifères à pied.

Les trois gonfaloniers de la ville, à cheval.

Le podestat de Bologne, à cheval.

Le grand étendard de Bologne, tenu par le gonfalonier de justice, aussi à cheval.

Les étendards du Peuple Romain, de la Sainte Église, de l'Empereur et du pape Clément VII.

Deux haquenées conduites en main par des palefreniers.

Quatre camériers, en chape et la barrette sur la tête, portant sur des bâtons rouges les quatre chapeaux pontificaux.

Quatre trompettes, dont les pennons sont aux armes impériales.

Le sous-diacre apostolique, en pluvial et chapeau bleu, élevant la croix papale à triple croisillon.

Trois clercs de la chapelle, en pluvial et chapeau, celui du milieu tenant une tiare et les deux autres des lanternes en forme de tourelles, élevées sur des hastes.

Une haquenée blanche, couverte d'un brocart d'or et tenue en main par un palefrenier vêtu de rouge. Sur son dos est posé un ostensoir ou monstrance circulaire, sur laquelle quatre bourgeois de Bologne, tête nue, portent un dais rectangulaire, à lambrequins et en brocart et qu'escortent plusieurs gentilshommes avec des torches allumées.

Le sacriste, en rochet et pluvial, tête nue.

Le majordome de l'empereur, entre deux familiers, armés tous les trois du bâton de commandement.

Un héraut d'armes, jetant à la foule des monnaies d'or et d'argent.

Les cardinaux, en *cappa* et chapeau rouge.

Quatre princes, couronne en tête, tenant les insignes impériaux : glaive, épée, couronne et globe du monde.

Le pape Clément VII, vêtu du pluvial et coiffé de la tiare[1], à la droite de Charles-Quint, couronné et revêtu du manteau impérial, l'un et l'autre sous un dais rectangulaire à lambrequins, que soutiennent les sénateurs de Bologne, et entourés d'une escorte de hallebardiers à pied.

Le porte-mitre, entre deux camériers à pied.

Archevêques et évêques, en *cappa* et chapeau pontifical, suivis de plusieurs prélats.

Tambours et trompettes.

Troupes espagnoles.

Une gravure sur bois, exécutée, d'après une gravure sur cuivre qui est l'œuvre de Jean Hogenberg, et dont M. Ruggieri, à

---

1. « Sanctissimus pater Clemens, ejus nominis papa septimus, pontificio ornatu, triplici diademate coronatus, in aurea pontificali cathedra ab octo purpuratis stipatoribus sub aureo umbraculo sublimis ferebatur. » (*Relat. de l'archiviste impérial*, ap. Jean Wolf, *Lect. memorabil. et recond.*, Laufen, in-f°, 1600, t. II. p. 121.)

Paris, possède un exemplaire, aussi curieux par sa rareté que par sa parfaite conservation, pour l'ouvrage de Paul Lacroix, *Vie militaire et religieuse au moyen âge*, page 290, figure 214, donne l'*Entrée solennelle de l'empereur Charles-Quint et du pape Clément VII à Bologne, le 5 novembre 1529.*

En tête du cortège, un prélat portant la triple croix ; un autre prélat avec la tiare, puis deux autres élevant des fanaux allumés en forme de tourelles, tous les quatre sur des mules richement harnachées et portant le rochet, la chape et le chapeau. Suivent à pied neuf gentilshommes avec des torches. Le Saint-Sacrement, placé sur le dos d'un cheval blanc, est escorté des praticiens et des docteurs en médecine de Bologne, vêtus de la toge. Un dais carré, à lambrequins et fronton triangulaire sur les grandes faces, est tenu par quatre palefreniers. L'ostensoir est en forme de clocheton pyramidal. Derrière vient l'empereur, une verge à la main : il précède un groupe de princes, ducs et comtes [1].

---

[1]. Le P. Berthier, dans la continuation de l'*Histoire de l'Église gallicane* du P. de Longueval, raconte ainsi l'entrée solennelle de Clément VII à Marseille, en 1533, lors de sa rencontre avec François Ier :

« Les rues étaient ornées de riches tapisseries. . Venoit le Saint-Sacrement, porté sur un cheval blanc, que deux hommes magnifiquement vêtus conduisaient par des rênes de soye. On voyoit immédiatement après le Pape, dans une chaise ouverte, revêtu de tous les ornements pontificaux, hors la tiare, qu'il n'avoit point en tête à cause de la sainte Eucharistie... Après, se tint un consistoire. Le pape y donna au roi une corne de rhinocéros, qui était montée sur un pied d'or et qu'on disoit être un excellent préservatif contre toute sorte de poisons. »

SAINTE-MARIE-MAJEURE [1]

Il sera toujours utile et profitable pour l'histoire de l'art et de la liturgie de consulter les anciens inventaires. J'ai fait imprimer, à Oxford, ceux que contient le *Liber Pontificalis* [2], et j'espère pouvoir les illustrer bientôt par un commentaire complet. D'autre part, le docte chanoine du dôme d'Aix-la-Chapelle, Mgr Bock, a colligé tout ce qu'il a pu rencontrer, dans ses voyages, de textes du Moyen-Age, et M. Victor Gay, de son côté, a réuni de nombreux dessins pour les mettre en regard des descriptions que les archives ecclésiastiques nous ont conservées. C'est là une vaste entreprise qui ne peut manquer d'avoir de fructueux résultats et qui équivaudra certainement à une monographie sur la matière.

En attendant ces travaux de premier ordre, qui demandent beaucoup de temps et de recherches pour n'être pas au-dessous de leur réputation anticipée, je signalerai l'inventaire de Sainte-Marie-Majeure, dont je vais donner ici des extraits, en les accompagnant de la glose qu'ils comportent.

Je dois à l'obligeance de mon savant ami Mgr Pila, des comtes Carocci, d'avoir pénétré dans les archives de l'illustre basilique romaine, extrêmement riche en documents de toutes sortes.

J'en ai tiré le testament du cardinal Capocci, un inventaire du xve siècle et le catalogue de la bibliothèque capitulaire.

1. *Inventaire de la basilique de Sainte-Marie-Majeure, à Rome* ; Arras, Planque. 1873, in-8º de 30 pag., avec une planche. Extr. de la *Rev. de l'Art chrét.* t. XVI ; tir. à part à 25 ex.

2. Inventaria Ecclesiarum Urbis Romæ. ab Anastasio, S. R. E. bibliothecario, sæculo IX, collecta et Libro pontificali inserta ; Londres et Oxford, Parker. 1867. in-8º de 96 pages.

I

Le cardinal Nicolas Capocci, mort le 26 juillet 1368, fut un insigne bienfaiteur de la basilique Libérienne, où il fonda la chapelle de Saint-Laurent avec un service de douze chapelains.

In nomine Domini, Amen. Anno Domini 1373, die verò undecima mensis novembris, Ego, Joannes Ferandi, executor bonæ memoriæ D. Nicolai Cardinalis Capoccij, hic inventarium de infrascriptis paramentis et alijs ornamentis, quæ sunt deputata ad servitium divini cultus cappellæ constructæ sive dotatæ in hac sacra basilica Sanctæ Mariæ Majoris, sub vocabulo saucti Laurentij, per prefatum bonæ memoriæ cardinalem supradictum, scribi feci, ad perpetuam rei memoriam. (De Angelis, p. 55.)

Voici la traduction de son testament, que j'avais faite à la demande du chevalier Parker, pour la collection projetée d'inventaires romains.

1. Item je lègue à l'église de Valence, dont j'ai la prévôté, mon meilleur pluvial en ouvrage anglais [1], avec diverses figures d'or sur champ d'azur, pour être conservé à perpétuité dans la sacristie de ladite église ; qu'on ne le prête ni à l'évêque ni à un autre hors de l'église.

2. Item je lègue à la même église une petite croix d'or assez belle, où il y a du bois de la croix, que j'ai apportée d'Angleterre.

3. Item à l'église d'Herbipolis [2], dont j'ai l'archidiaconé, mon pluvial blanc de drap d'or, avec pièces d'or toutes prêtes et qui n'y sont pas encore cousues.

4. Item je lègue à l'église de Sainte-Marie-Majeure, à Rome, que j'y sois enseveli ou non, un pluvial, une chasuble avec orfrois figurés, une dalmatique et une tunique d'étoffe blanc et or.

5. Item je lègue à la même église un *borsale* [3] d'or ou orfroi pour le maître autel, si je l'ai au moment de ma mort, sinon qu'on en achète un convenable avec mes biens et qu'on le donne à ladite église.

6. Item je lègue à l'église *Educensi*, où j'ai un archidiaconé, mon pluvial de couleur violette, avec un orfroi d'or sans figures, et mon reliquaire que j'ai apporté d'Angleterre.

---

1. *Opus anglicanum.* Voir dans le *Glossaire archéologique* le mot *Angleterre*.
2. Wurtzbourg (Bavière).
3. *Borsale* n'est pas dans du Cange. D'après le contexte, qui en fait le synonyme d'*orfroi*, il s'agit d'un *frontale* ou orfroi horizontal, placé en tête du parement. dorsale.

7. Item je lège à l'église du Mans, où j'ai un archidiaconé, une chasuble de couleur violette, avec un orfroi d'or sans figures.

8. Item à l'église *Bariandrensi*, au diocèse de Troyes, où j'ai une prévôté, et à qui j'ai déjà laissé un pluvial, je lègue une chasuble de couleur violette, comme le pluvial laissé à l'église *Educensi*.

9. Et je veux que mes exécuteurs testamentaires achètent et fassent faire pour ladite église une dalmatique et une tunicelle de la même couleur.

10. Item je lègue à l'église de Saint-Vital, à Rome, qui fut mon titre de cardinal, un pluvial, une chasuble, et une tunicelle de *catasanto* [1], que j'ai à la maison.

11. Item un vase d'argent doré, du poids de trois marcs, à conserver non dans cette église à cause de son mauvais état, mais ailleurs, selon que les exécuteurs de mon testament l'ordonneront. Il sera livré en bonne garde aux chanoines de ladite église de Saint-Vital, pour servir aux fêtes où il sera nécessaire.

12. Item je lègue à l'église de Saint-Omer, au diocèse des Morins, où j'ai été prévôt, un pluvial, une chasuble, une dalmatique et une tunicelle d'étamine rouge [2].

13. Item je lègue à ladite église quatre touailles pour l'autel, les plus belles que j'aurai lors de ma mort.

14. Item je lègue à la même église ma grande croix et une châsse d'argent avec des reliques.

15. Item je lègue au prieuré de Saint-Quinan, au diocèse de *Bauchinen* [3], une autre chasuble avec une dalmatique et une tunicelle, à conserver comme ci-dessus, et au cas où la dalmatique et la tunicelle de ma chapelle ne seraient pas décentes, je veux qu'on en achète et qu'on en fasse de nouvelles, de la même couleur que la chasuble.

II

L'inventaire suivant date de la fin du xve siècle, mais il a été revu au xviie, époque à laquelle ont été faites, soit des additions toujours indiquées par le mot *nunc*, soit des intercalations que j'aurai soin de constater chaque fois.

Faute d'avoir pu tout copier, j'ai dû me borner aux articles principaux, que je divise, pour plus de commodité, avec numéros d'ordre, en trois catégories distinctes : les ornements et tentures,

1. Il faut rétablir *catasamito*, mot qui n'est pas dans les *Glossaires* de Du Cange et de Gay.
2. *Stameto*. Le terme manque dans Gay. On peut y suppléer à l'aide de Du Cange : « *Stumeta*, panni species, idem quod *staminea*, gallis *étamine*, italis *stametto*. »
3. Peut-être pour *Barcinonen*. Barcelone.

les vases sacrés et ustensiles religieux, les reliques et reliquaires.

1. Je compte cinq *pluviaux* (pluvialia) ou chapes, répartis sous les numéros 16, 49, 53, 57, 58. Le premier est en soie noire, avec des orfrois d'or historiés et armoriés. Le *Cérémonial des Évêques* défend, en effet, de mêler la couleur blanche aux ornements funèbres [1], et l'usage romain est encore, quand on veut des orfrois distincts du fond, d'employer pour cela le drap d'or. Les armoiries du donateur sont brodées au bas du chaperon, comme on peut en voir un exemple de la même époque au musée de Cluny, à Paris.

La famille Planca est une des plus anciennes de Rome. Elle a droit de patronage sur l'église de Saint-Nicolas, *via Giulia*, qui a été surnommée, à cause d'elle, *degl' Incoronati*. Je trouve, à Sainte-Marie-Majeure, trois chanoines de ce nom : Marcel de Planca, qui mourut le 14 juin 1487 ; Paul Coronati de Planca, avocat consistorial, qui, à la même date, se démit en faveur d'Antoine Coronati de Planca.

Le second pluvial est en soie rouge figurée [2], ce qui signifie probablement du *damas*, avec une doublure en bocacin de même couleur. Les orfrois brodés représentent, à gauche, la Passion, à droite, la Résurrection, et sur le chaperon, le Sauveur tenant en main le globe du monde.

Au n° 53, voici un autre pluvial en soie figurée et violette, avec des orfrois brodés aux images des Apôtres et un capuchon où se trouve la Vierge tenant son Fils et accompagnée de deux Anges : la doublure est en bocacin bleu, qui s'assortit assez bien pour la nuance avec le violet. On remarquera, conformément à une tradition reculée et bien des fois appliquée, que saint Paul occupe la droite et saint Pierre la gauche [3].

Le pluvial (n° 57) offert par le cardinal Philippe d'Alençon est un brocart vert, doublé de soie jaune, dont les orfrois représentent les douze Apôtres et quatre Anges. Au chaperon sont les armoiries du

---

1. « Omnia paramenta tam altaris quam celebrantis et ministrorum, librorum et faldistorii, sint nigra et in his nullæ imagines mortuorum, vel cruces albæ ponantur. » (*Cærem. Episc.*, lib. II, cap. II.)

2. *Figuré* n'est pas dans le *Glossaire archéologique*.

3. V. mon *Octave des SS. Apôtres Pierre et Paul, à Rome* (Rome, 1866), pag. 175.

donateur, dont on admire le tombeau sculpté dans l'église de Sainte
Marie au Transtevère, à Rome.

L'évêque de Carpentras donna à Sainte-Marie-Majeure un pluvial
(n° 58) de soie rouge, doublé de bocacin blanc, avec des orfrois où
se détachent quelques figures en broderies vert et or, ainsi que les
armoiries. C'est encore l'usage à Rome de placer les écussons au bas
des deux orfrois. Au xv° siècle, dans la Ville-Éternelle, le blason
épiscopal était timbré ou d'une croix, ou d'une mitre précieuse [1].

2. J'ai noté deux chasubles : une en soie violette figurée, doublée
en bocacin bleu, avec des orfrois brodés de la vie de Notre-Seigneur
et de la Vierge, et aux effigies des saints apôtres Pierre et Paul
(n° 54); l'autre, en soie rouge figurée, doublée de bocacin de même
couleur et brodée des scènes de la Nativité et de l'Assomption, ainsi
qu'aux images de la Vierge et de saint Jean (n° 50). Ces deux chasubles sont un don de François Lando, plus connu sous le nom de
cardinal de Venise.

3. Au n° 47 est enregistrée une chapelle en bourre de soie noire,
qui se compose d'une chasuble, de deux dalmatiques et de deux tuniques. Elle servit aux obsèques du frère de Paul V, Jean-Baptiste
Borghèse, et ne date que du xvii° siècle.

4. Pour assortir à la chasuble du n° 50, le cardinal de Venise
fit également cadeau d'une dalmatique et d'une tunique de soie
rouge, dont les galons étaient d'or, mêlé de soie de diverses couleurs.

5. Les aubes n'avaient pas encore de dentelles, mais on les ornait
avec des plaques d'étoffe, que l'on nommait généralement, dans les
inventaires, les *cinq pièces*, parce qu'elles se plaçaient ainsi : deux
aux manches, deux aux extrémités inférieures et une sur la poitrine. Celle que légua, en 1473, Catherine Bezozzi, avait, aux
manches, des parures de soie rouge, tandis que les autres étaient
violettes.

Les Italiens ont deux noms pour désigner les deux nuances différentes du violet : le violet foncé, tirant sur le bleu, répond au

1. Tombeaux à Sainte-Marie *in Ara-Cœli*, sous le porche latéral, et à Sainte-
Marie de la Paix, dans le cloitre. — Le Pontifical s'exprime ainsi à propos de la
consécration d'un évêque : « Panes et barilla ornentur .. hinc inde insignia conse-
cratoris et Electi habentia, cum capello, vel cruce, vel mitra pro cujusque gradu
et dignitate. »

violatum de l'Inventaire et au *violaceo* moderne; le *pavonazzo* est un violet clair teinté de rouge, un violet lilas.

6. De la même bienfaitrice proviennent un amict, avec son orfroi de soie rouge brodée d'or, six manipules de soie et un cordon en fil d'Amalfi (n° 60).

7. Les *pailles* ou *poëles* (draps mortuaires) abondent, puisque j'en compte jusqu'à huit. Celui du n° 17 est en soie bleue, brochée de feuillages et de lions d'or, avec une bordure de soie noire, aux armes de la famille Anguillara. Or il y a eu, à Sainte-Marie-Majeure, deux chanoines de ce nom : Pierre, qui prit possession en 1432, et Jean-Paul, qui mourut en 1516. Le meuble parlant de leurs armoiries était deux *anguilles en sautoir* [1]. La forme des draps mortuaires n'a pas varié; seulement le bleu, qui était la couleur du deuil liturgique au Moyen-Age, a été remplacé par le drap d'or ou la soie jaune.

Plus tard, ce poële prit une bordure rouge et devint une tenture d'apparat, comme on en met encore aux solennités dans l'intérieur de la Basilique [2].

Le poële donné par le cardinal d'Estouteville, archevêque de Rouen et archiprêtre de Sainte-Marie-Majeure, pour servir aux enterrements, était en soie rouge, brochée de lions d'or, avec une bordure de satin bleu et une doublure de bocacin de même couleur (n° 18).

Voici cinq autres poëles : un en soie, blanc et or, avec l'image de la Mort au milieu (n° 41); un autre en soie noire, avec une bordure et des galons d'or (n° 42); un troisième en camelot noir, marqué d'une croix et aux armes des Colonna, qui portent une *colonne* (n° 43); un autre aux armes des Cesi (n° 44), et un dernier marqué également d'une croix avec les armoiries des Borghèse (n° 45), qui ont droit de patronage sur la chapelle bâtie par Paul V [3]. Ce dernier poële n'est pas antérieur au xviie siècle. Enfin, le cardinal Lando fit don d'un poële d'or, bordé de soie, à ses armes, et doublé de bocacin rouge (n° 55). Cette couleur est restée comme la couleur du deuil du

1. C. Massimo, *Cenni storici sulla torre Anguillara in Trastevere* ; Rome, 1847, in-8°, pag. 11.
2. V. mon opuscule : *Les Fêtes de Pâques à Rome* (Rome, 1866), p. 18-19.
3. Ce pape a fait bâtir, à la gauche du maître-autel, la splendide chapelle Borghèse, où il déposa la Madone dite de S. Luc.

pape dans les chapelles qu'il tient pour les enterrements et les anniversaires, où il ne porte qu'une chape de satin rouge.

François Lando était originaire d'une très illustre famille de Venise. Docteur en l'un et l'autre droit, il fut d'abord honoré dans la magistrature et devint patriarche de Grado. Créé cardinal, il eut le titre de Sainte-Croix de Jérusalem, fut envoyé comme légat au concile de Pise, et était évêque suburbicaire de Sabine quand il mourut. On voyait autrefois son épitaphe en vers à Sainte-Marie-Majeure, où il avait fondé une chapelle et deux chapellenies, sous le vocable de l'Assomption et de saint François.

Lavdibvs æternvm senior celebrandvs in ævvm
Hic Franciscvs habet cineres, qvem clara creavit
Landa domvs, Venetæ grandissima gentis.
Ætherea virtvte nitens, jvs nactvs vtrvmqve,
Doctor erat clari lvminis, gravis avthor honesti,
Ivstitiae svblimis apex expertvs honores,
Ecclesiae meritos Gradi sibi merita sedis
Hinc Constantiae patriarchae appositvs vrbi
Hiervsalem sacri titvlvm post cardinis altvm
Crvx dedit : hic svmma Pisani lavde peregit
Concilii foedvs, Gradi tvnc sceptrvm tenebat.
Fervida constanti lenivit corda fvrentis
Hic popvli, monvitqve abiens mortiqve paratvs
Inde Sabinensem titvlvm dvm praesvl agebat,
Spiritvs aeternvm clarvs migravit in orbem.
Sepvltvs in Ecclesia Sanctae Mariae Maioris [1].

8. Jusqu'à l'invasion du choléra en 1832, les morts étaient portés et exposés à l'église à découvert, usage qui ne s'est maintenu que dans les couvents ; mais il en reste un souvenir dans le coussin placé encore au sommet du cercueil. C'est que ce coussin servait à relever la tête du défunt ; de là le nom de *cervicalia* ou d'*oreillers* employé par l'Inventaire de Sainte-Marie-Majeure, qui en énumère six : deux en drap d'or, qui provinrent des funérailles du cardinal de Venise et furent plus tard transformés en orfrois de chape et quatre autres noirs, en velours ou cannat (nos 19, 20, 21).

9. Aux nos 22 et 23 sont inscrites deux bourses, nommées *couvertures du corporal*. Elles ont deux faces semblables, en sorte qu'on

1. De Angelis, *Delineatio basil. S. Mar. Major.*, pag. 163.

peut les retourner à volonté. Comme le prescrit le Pontifical romain [1], elles portent une croix au milieu ; de plus, elles sont armoriées, ce dont je n'ai trouvé nulle part un spécimen encore existant. Je suppose, en raison même de ces armoiries, qu'elles devaient être de très grande dimension, à l'instar de celles dont on fait usage aux pontificaux du pape, où le corporal entre tout entier, non plié. La première a une frange en soie de diverses couleurs, que j'interprète dans le sens de *floquets*, houppes que l'on voit encore aux quatre coins des bourses romaines. La seconde, également noire, a un revers de soie rouge. Elle porte les armoiries des Arcioni, qui ont donné leur nom à l'église de Saint-Nicolas *in Arcione*. C'est une ancienne famille qui, au xvᵉ siècle, a fourni à Sainte-Marie-Majeure deux chanoines nommés *Angelo* et *Alto*.

10. Le mot *amict* s'entend actuellement d'un linge bénit qui se porte au cou. L'inventaire du xvᵉ siècle lui donne la signification de *tenture* et le nᵒ 24 ne doit pas être autre chose que cette *pièce de fond* que l'on n'oublie jamais à Rome comme dossier de l'autel aux offices funèbres. Elle était en soie noire, avec une croix d'argent ; maintenant, à Rome, la croix est toujours d'or.

11. Du nᵒ 25 au nᵒ 35, puis sous les nᵒˢ 40, 56 et 61, il est question des *touailles*. Le terme est susceptible ici de deux acceptions diverses : la touaille de lin est une nappe d'autel, tandis que celle en soie doit en être la housse.

Le grand nombre de nappes prouve qu'on en changeait souvent ; en effet, la propreté exige qu'on les renouvelle fréquemment. Il y en a pour le grand autel et pour ceux de la Vierge et de Saint-Jérôme. Elles pendent de chaque côté ; il en est même une qui se trouve si longue qu'elle traîne à terre en manière de queue, *falda*. Elles sont brodées en soie de couleur et en coton noir [2]. On y voit

---

1. « Bursa desuper (velum) ejusdem coloris, habens crucem in medio et intus corporale. » (*De ordinat. subdiac.*)

2. Je dois à l'obligeance de Mgr Bock le dessin d'une de ces nappes brodées si communes au Moyen-Age. Je ne crois pas celle-ci antérieure au xvᵉ siècle. On y remarque un dessin en feuilles de fougère avec quelques oiseaux affrontés et posés devant des grappes, par allusion peut-être au banquet eucharistique. La broderie en est simple, légère et d'un bon effet.

Puisque l'occasion se présente, je montrerai l'origine de ces nappes de lin, brodées à l'aiguille ou tissées en couleur, dans un texte de Ælius Lampridius qui raconte le même luxe de l'empereur Héliogabale : « Linteamen lotum nunquam attigit, mendicos dicens qui linteis lotis uterentur... Exhibuit parasitis cœnas et de vitreis

24

des croix, des fleurs, des danses, des lions, des châteaux, des oiseaux, des licornes, des fontaines, des cerfs, des couronnes et autres figures, ainsi que l'Agneau pascal, qui, au n° 31, a pour légende une des prières de la messe. On y observe également les armoiries des donateurs. En Allemagne, on a cherché à rétablir ces sortes de broderies dont on ne trouve plus un seul exemple à Rome, où l'on se contente maintenant de plisser à la main les nappes d'autel et d'y figurer avec les doigts, soit des dessins géométriques, soit même des fleurs, des oiseaux, des croix ou autres agréments fantaisistes.

On remarquera au n° 33 les touailles qui servent le Vendredi Saint et qui sont ornementées de raies noires. En Anjou, j'ai rencontré plusieurs fois, dans les miniatures des manuscrits, et même en nature, des nappes dont les extrémités présentaient des raies bleues ou rouges.

Une Hongroise donna en 1484 une touaille *longue*, ce qui prouve que toutes ne tombaient peut-être pas à terre, comme le prescrit la rubrique du missel romain [1]. Il y a même un nom spécial, *tobaliolus*, pour les touailles de petites dimensions (n° 39), qui se plaçaient sous la nappe supérieure.

Je dois signaler ici les *boutons* et les *boutonnières*, qui laissent entendre qu'on attachait les touailles ou qu'on les repliait. L'une, n° 35, a des franges de soie noire aux extrémités. Elle est le don de la sœur du chanoine Belli de Caranzoni, qui prit possession en 1472 et mourut prieur des chanoines ou vicaire de la basilique en 1493.

Les quatre touailles inscrites au n° 40 sont rayées : deux en noir

---

et nonnumquam tot picta mantilia in mensam mittebat his edulibus, puta quæ apponerentur quotquot missus esset habiturus : ita ut de acu aut de textili pictura exhiberentur. »

Je crois qu'il faut voir un fragment de nappe du Moyen-Age dans le suaire, tissu en couleur, qui fut trouvé, en 1857, à la métropole d'Auch, dans le sarcophage de S. Léothade, et que décrit ainsi M. le vicaire-général Cauéto : « Le corps avait été déposé sur un suaire de lin à fond blanc, traversé, perpendiculairement à sa longueur, de bandes bleues de diverses largeurs. Ces bandes sont ornées de dessins de même couleur, dont les contours se rapportent aux figures les plus simples de la géométrie élémentaire : des séries de courbes à plein cintre y figurent, par exemple, de petites galeries; mais aucun détail ne rappelle les formes qui, dans les étoffes mauresques de ces temps reculés, caractérisent les êtres organisés. » (*Ste-Marie d'Auch*, pag. 38.)

1. « Hoc altare operiatur tribus mappis seu tobaleis mundis... superiori saltem oblonga quæ usque ad terram pertingat. » (*Rubric. gener.*, xx.)

et deux en or. Cette tradition s'est en partie maintenue, lorsque le pape officie pontificalement aux vêpres. En effet, on étend alors sur la nappe de l'autel une couverture en toile très fine que traversent, dans le sens de la largeur, des bandes ou galons d'or.

12. Le n° 30 décrit une petite tenture de satin, *raso*, où se détache au milieu une croix en soie, mi-partie rouge et noire. C'est le don d'un *mansionnaire*. On appelle ainsi les clercs attachés au service des basiliques romaines.

13. Je ne puis déterminer l'usage du *mouchoir* de velours noir, semé de grenades d'or (n° 36), à moins qu'il n'ait servi, comme le numéro suivant, qui est en soie blanche galonnée d'or et frangée de noir, à couvrir le visage des morts, si, lors de l'exposition, il était trop défiguré. Il est d'usage encore à Rome, chaque fois que l'on dépose dans le cercueil un cardinal ou un évêque, de lui voiler la face d'un carré de soie violette [1]. Le n° 38 pourrait avoir eu la même destination que les deux précédents : c'est un morceau de toile *velue*, tissée tout autour en rouge ou en noir, deux couleurs de deuil.

14. Le terme latin *apparatus* s'est conservé dans la langue italienne avec l'expression *parato*, qui indique une chapelle complète. Celle du n° 46 est en bourre de soie noire.

15. Au numéro 48 sont portées deux couvertures en brocart bordé de noir, qui servirent aux anniversaires de S. Pie V et de Sixte-Quint, l'un et l'autre inhumés au xvi° siècle dans la chapelle de la Crèche, à Sainte-Marie-Majeure. C'est le drap mortuaire actuel, mais avec une dénomination différente, correspondant du reste exactement à la *coltre* romaine.

Voyons maintenant le texte même que je viens d'analyser et de commenter.

16. Unum pluviale de serico nigro, cum frisio aurato, in quo est historia beatæ Mariæ Virginis; in caputio est imago sancti Nicolai, cum armis domini Pauli di Planca, qui illud donavit Ecclesiæ; nunc habet imaginem sancti Nicolai.

17. Item unum pallium de serico azurro cum folijs et leonibus deaura-

---

1. « Moriturus ipse suis manibus linteum dedit, quod ex more morientium sibi contra faciem tenderetur, quo tenso spiritum emisit. » (S. Gregor., *Homil.* xxxvii *in Evangel.*) — Piazza (*Efemeride Vaticana*, p. 34) opine que le linge dont les prêtres mourants se voilaient la figure était, suivant l'antique usage des églises d'Orient et d'Occident, un voile de calice.

tis, ornatum de serico nigro, cum armis de Anguillaria, disfoderatum: nunc est ornatum de serico rubeo, sine armis, quasi consumptum.

18. Item unum pallium de serico rubeo cum leonibus aureis et cum fimbrijs de serico azurro raso, totum foderatum de boccaccino azurro, quod donavit R. D. Rothomagensis, ut eo in mortuarijs uteremur ; nunc non invenitur

19. Cervicalia duo de auro, quæ habuimus in exequijs D. Francisci cardinalis Venetiarum, fuerunt posita in pluviali.

20. Item duo alia de cannato nigro [1], quæ habuimus in dictis exequijs ; non inveniuntur.

21. Item duo alia cervicalia de velluto nigro, quæ habuimus in exequiis D. Normandi ; sunt consumpta.

22. Item unum coopertorium corporalis de velluto nigro, cum cruce aurea in medio, et cum armis de Cerronibus, cum francia de serico diversorum colorum; ab alio latere est similiter de velluto nigro cum cruce ; est consumptum.

23. Item unum coopertorium de serico nigro, cum quinque armis de Archionibus, et duobus lilijs deauratis; ab alio latere est de serico rubeo, cum aliquibus lilijs et stellis aureis ; non invenitur.

24. Item unus amictus de serico nigro, cum una cruce argentea in medio.

25. Item una tobalea magna pro altari magno, cum cruce una in medio de serico paonatio, laborata cum bombice nigra ad cervos, quam donavit Catherina Bisochia.

26. Item una tobalea magna pro altari magno, laborata cum bombice nigra, cum una cruce in medio de serico rubeo, et cum armis dominæ Sabæ de Peticolis, quæ eam donavit Ecclesiæ.

27. Item una tobalea pro altari sancti Hieronymi, cum una falda, quia erat nimis longa, cum duobus crucibus rubeis, laborata cum bombice nigra ad Agnus Dei, et homines chorizantes, quam donavit eadem Catherina Bisocha.

28. Item una tobalea pro altari Beatæ Mariæ, cum duabus crucibus, rubea et paonatia, laborata cum bombice nigra, laborata ad Agnus Dei, et leones et castra ; in medio est una lista cum crucibus et avibus, quam donavit etiam dicta Bizocha, die ultima mensis decemb. 1472.

29. Item una tobalea laborata ad flores de serico nigro.

30. Item unus pannicellus de panno razo, et habet crucem de serico in medio, cujus medietas est rubea et medietas est nigra; donavit Franciscus de Fundes, mansionarius hujus basilicæ.

31. Item una tobalea pro altari magno, cum Agnus Dei et cervis de serico nigro et cum aliquibus litteris, quæ dicunt : *Agnus Dei, qui tollis peccata*

1. Du Cange n'a pas *cannatum* avec le sens d'étoffe. Gay n'offre comme équivalent que *cannequin*, qu'il dit « toile de la Chine ou des Indes. faite de coton ». Peut-être faudrait-il lire *sennato*.

mundi, miserere nobis; donavit Catherina Bizocha, die 7 decembris 1475.

32. Tobaleæ magnæ et novæ pro altari majori, cum listis nigris de bombice, cum leonibus, alicornis et fontibus, et aliis diversis signis, num. 18.

33. Item tobaleæ magnæ, et quasi consumptæ, pro usu quotidiano, cum listis nigris, quæ ponuntur in die Veneris sancti.

34. Item una tobalea longa, cum octo ordinibus listarum nigrarum per totam tobaleam, quæ fuit donata, die 6 Aprilis 1484, a quadam muliere Ungara, quæ vocatur Anna.

35. Item una tobalea de cortina, quadrata, unius cannæ vel circa, cum fimbriis nigris sericis a duobus lateribus, et cum tribus crucibus parvis et nigris, quam donavit domina Paulina, soror domini Belli de Caranzonibus nostri canonici, die ultima mensis Julij, anno 1478.

36. Item unum nasitergium frustrum de velluto nigro, cum aliquibus pomis granatis de auro.

37. Item unus pannus pro vultu de serico albo, cum listis aureis ab una parte, cum fimbriis nigris.

38. Item unus pannus lineus, totus quasi pilosus seu vilosus [1], circumcirca laboratus ex rubeo et nigro.

39. Item unus tobaliolus laboratus, a lateribus ex serico nigro, cum bottonibus et traforibus.

40. Item quatuor tobaleæ de serico, quarum duæ habent listas nigras, aliæ habent listas aureas.

41. Pallium sericum album et aureatum (cum) sericis tænijs, in medio mortis figuram gestans.

42. Pallium sericum villosum nigrum, fasciis aureis atque tænijs ornatum.

43. Pallium ex camelotto [2] nigro; in medio crucis signum, una cum in signibus familiæ Columneusis, gestat.

1. En laissant le poil au tissu, on lui donnait l'aspect du velours. Virgile, au livre premier de l'Enéide, parle de nappes de lin qui ont été tondues :

Tonsisque ferunt mantilia villis.

Chez les anciens, si le poil n'était que d'un côté, l'étoffe prenait le nom de *gausapa* et celui d'*amphimalla*, quand on le voyait de part et d'autre. (Rosa, *Delle porpore e delle materie vestiarie presso gli antichi,* Modène. 1786. in-8°, pag. 112, 239.) « Gausapæ patris mei memoria cæpere, amphimalla nostra, sicut villosa etiam ventralia. » (Plin., lib. VIII, cap. XLVIII.)

2. Le Cérémonial des Évêques autorise la *cappa* de camelot pour les fêtes de première classe : « Quoad cappas vero quibus episcopi in propriis ecclesiis utuntur, id erit observandum ut regulariter sint laneæ et violaceæ et non alterius coloris. In solemnioribus tamen festis, quæ in rubricis Breviarii primæ classis vocantur, dempto triduo ante Pascha, poterit episcopus uti etiam cappa ex camelotto coloris violacei, nullatenus alterius coloris. » (*Cæremon. Episcop.*, lib. I, cap. III.) — Ce texte condamne donc formellement les *cappa* de soie, qui appartiennent aux seuls cardinaux, et *a fortiori* celles de velours, que le pape a seul droit de porter.

44. Pallium sericum villosum nigrum, fascijs et tænijs sericis et aureis ornatum, in medio insignia familiæ de Cæsis gestans.

45. Pallium sericum villosum nigrum; in medio crucis signum, cum insignibus familiæ Burghesiæ, gestat.

46. Apparatus ex serico villoso nigro, id est planeta, dalmatica et tunicellæ.

47. Vestis ex serico villoso nigro, planeta, duæ dalmaticæ et duæ tunicellæ, id est binæ ex serico villoso, et binæ ex serico ermessino in exequijs Joannis Baptistæ Burghesij, Pauli Quinti Papæ germani fratris, donatæ. Atque aliæ ex ejusdem coloris serico.

48. Duo stragula ex serico, auro intermixto, cum fascijs nigris [1], unum pro exequijs Pii Quinti, alterum vero pariter pro Sixti V Pontificum exequiis deservientia.

49. Unum pluviale rubeum figuratum de serico, foderatum de boccaccino rubeo, cum optimo frisio, cujus a sinistris est passio Domini, a dextris vero est resurrectio, retro in caputio est imago Salvatoris tenentis orbem in manu.

50. Una planeta rubea, figurata, de serico, foderata de boccaccino rubeo, cum optimo frisio, cujus in pectore in medio est Assumptio B. Virg., a dextris eadem B. Virgo, a sinistris est S. Joannes, retro vero est Nativitas B. Virginis.

51. Una dalmatica rubea figurata, de serico, foderata de boccaccino rubeo, cum fimbrijs aureis diversorum colorum.

52. Una tunicella rubea, de serico, foderata de boccaccino rubeo, cum fimbrijs aureis diversorum colorum.

53. Unum pluviale violatum, figuratum, de serico, foderatum de boccaccino azurro, cum optimo frisio, cujus a dextris est sanctus Paulus, cum duabus alijs figuris apostolorum; a sinistris est sanctus Petrus cum duabus alijs figuris, retro vero in capputio est Beata Virgo cum filio et duobus angelis.

54. Una planeta violata figurata de serico, foderata de boccaccino azurro, optimo frisio, cujus in pectore in medio est Annuntiatio Beatæ Virginis; a dextris est sanctus Petrus, a sinistris est sanctus Paulus cum nonnullis aliis figuris, et historiis Domini nostri et Beatæ Virginis, retro et ante.

Quæ omnia supradicta paramenta reliquit Ecclesiæ olim bonæ memoriæ D. Franciscus Cardin. Venetiarum, fundator capellæ S. Francisci, quæ est sub organis.

55. Pallium unum de auro, ornatum de serico, cum armis D. Francisci

---

1. Suétone (in Neron., cap. xx) rapporte que Néron, à ses funérailles, était recouvert de draps mortuaires blancs tissus d'or. « Funeratus est impensa ducentorum millium, stragulis albis auro intextis, quibus usus calendis januarii fuerat. » L'Inventaire de la chapelle d'Édouard III, roi d'Angleterre, rédigé de 1345 à 1369 (Archeologia, tom. xxxi), enregistre un drap mortuaire en drap d'or : « Ad faciendam sepulturam Willelmi, filii regis, apud Westimonasterium, quinto die, septimo anno Regis. qui habuit super corpus pannum ad aurum rakematizatum. »

Card. Venet., foderatum de boccaccino rubeo[1], quod reliquit Eccles. dictus D. Card.

56. Item duæ tobaleæ simul de serico, contextæ floribus deauratis et avibus rubeis et azurris, bonæ memoriæ domini Francisci card. Venetiarum, quas donavit Ecclesiæ dictus D. card.; quarum non inveniuntur nisi una.

57. Unum pluviale de serico viridi, cum diversis figuris aureis et in parte deauratis, foderatum serico crocei coloris, cum frisio, in quo sunt XVI figuræ, videlicet apostolorum et angelorum, quod donavit Ecclesiæ olim bonæ memoriæ D. Philippus Card. de Laconio, vulgariter de Francia, et caputio est arma dicti D. Card.; nunc est foderatum de tela rubea, et habet alium frisium, et in caputio habet aliqua lilia.

58. Unum pluviale de serico rubeo, foderatum de boccaccino albo, figuratum nonnullis figuris aureis viridibus de serico, cum frisio aureo cum armis D. Jacobi Carpenctoratens. et in caputio est contexta solemnitas Pentecostes, quod reliquit Ecclesiæ dictus Episcopus; nunc est aliqualiter laceratum.

59. Item una camisia, quæ a parte ante et post ad fimbrias habet sericum paonatium, et circa manus sericum rubeum, cum uno amictu cum serico rubeo et cum cruce deaurata, et cum cingulo longo; quæ omnia donavit Catherina Bizocha, die 16 januarii 1473. Nunc loco serici paonatij est positum cœlestinum sericum.

60. Item unum cinctorium de filo malfetano, cum sex manipulis sericis, donavit Catherina Bizocha.

61. Item una tobalea linea, cum una cruce nigra in medio, laborata cum serico magno ad coronas, et ad fontes et aves, quam donavit Catherina Bizocha.

III

L'orfévrerie serait longue à détailler si on voulait s'y arrêter. Je n'ai copié que les articles suivants : trois calices, une boule à chauffer les mains, une navette et un encensoir ; ces deux derniers ustensiles sont un legs du cardinal de Rouen dont ils portent les armes[2].

Le calice de Paul de Planca est en argent doré, avec un nœud émaillé et ses armoiries trois fois répétées sur le pied. C'est, en effet, à cette place et non sous le pied, que se gravent encore à Rome les écussons des donateurs. Chaque année, quand la magistrature romaine offre à quelques églises un calice d'argent d'une valeur

---

1. Le *boucassin* ou *bocacin* est une sorte de futaine, étoffe de coton.
2. V. mon *Armorial des Évêques et administrateurs de l'insigne Église d'Angers* (Angers, 1863), pag. 28.

déterminée, le vase sacré n'a d'autre ornement que l'écusson même du Sénat, mis en évidence sur la partie bombée du pied.

Les armoiries reparaissent également sur les calices d'argent doré, donnés par l'évêque de Carpentras et le cardinal de Venise.

Le nœud, dont parle la rubrique du Missel[1], est ici nommé *pomme*, parce qu'il affecte la forme de ce fruit.

Le quatrième calice, d'une valeur de douze ducats d'or, a été fait avec l'argent reçu en aumône.

Il faut voir dans les deux tables d'ivoire ornées d'un grand nombre de figures un de ces diptyques du Moyen-Age si communs au musée chrétien du Vatican[2].

La navette émaillée du cardinal de Rouen, avec sa cuillère d'argent, me rappelle une navette analogue et de la même époque, en forme de nacelle, que possède le prince Borghèse.

L'article capital (n° 68) est celui qui mentionne une boule de cuivre doré, destinée à réchauffer, à l'autel, pendant l'hiver, les mains du prélat célébrant. J'insisterai à dessein sur ces deux derniers mots, car ils semblent limiter aux seuls évêques ou chanoines l'usage de cet ustensile. En effet, les chanoines de Sainte-Marie-Majeure, comme ceux de Saint-Jean-de-Latran et de Saint-Pierre, sont de droit protonotaires apostoliques et, par conséquent, se placent à la tête de la prélature romaine.

Deux de ces boules se conservent dans le trésor de la basilique Vaticane. Je les ai signalées, en 1866, dans une brochure spéciale intitulée : *Les Souterrains et le Trésor de Saint-Pierre à Rome*, page 54. La première, que M. Simelli a photographiée sous deux aspects différents, est une œuvre remarquable de la fin du xiii° siècle. Les figures qui l'historient représentent le Christ, la Vierge et les quatre évangélistes. La seconde date du xv° siècle et est semée de fleurons à lobes aigus qui ressortent sur un fond pointillé. L'une et l'autre sont en cuivre doré et d'un diamètre de *dix centimètres environ*. A l'intérieur, on remarque un système fort ingénieux qui maintient constamment en équilibre, dans quelque sens qu'on

---

1. « Ambabus manibus accipiens calicem juxta nodum infra cuppam.» (*Rit. serv. in celebr. Missæ*, viii, 7.)

2. V. ma *Bibliothèque Vaticane* (Rome, 1867), pag. 66 et suiv.

tourne la boule, le charbon ardent que l'on y mettait. C'est ce système même qui m'oblige à rejeter l'opinion de Mgr Bock, qui voit dans la plus ancienne, le *globe*, un des insignes du couronnement des empereurs qui se faisait par les papes. S'il en était ainsi, pourquoi la boule aurait-elle été primitivement coupée par le milieu, sinon qu'il était indispensable de l'ouvrir et de la fermer? Puis elle est percée d'ajours qui ne sont pas faits pour en diminuer le poids, mais uniquement pour aviver le charbon qui sans cela s'éteindrait promptement.

62. Unus calix argenteus deauratus cum smaltis in pomo et cum tribus armis D. Pauli de Planca in pede, et cum patena sua, ponderis unciarum decem et octo, minus quarta una.

63. Calix unus argenteus deauratus, qui in pede habet arma Episcopi Carpentoracten., cum patena sua, ponderis unciarum 13.

64. Unus calix argenti deaurati, cum rosis in pomo, et in pede habet arma Reverendiss. Dom. Card. Venetiarum, cum patena sua, ponderis unciarum 13 cum dimidia.

65. Memoriam facio ego Bellus de Caranzonibus, Prior canonicorum Ecclesiæ Sanctæ Mariæ Majoris, qualiter Dominus Franciscus de Matuzis præsentavit Dominis de Capitulo XXVIII Martij unum calicem valoris XII duc. aur. quos receperat per eleemosynam.

66. Duæ tabulæ eburneæ cum multis figuris.

67. Una pila rotunda de ære deaurato ad calefaciendum manibus Prælati celebrantis[1].

1. Les trois indications suivantes sont extraites des inventaires de la cathédrale d'Angers, qui appartiennent à la fabrique et proviennent de la succession du chanoine Joubert :
· « Item duo poma deaurata pro manibus sacerdotis in yeme calefaciendis. » (*Invent. de* 1207.) « Item duo poma erea deaurata perforata ad calefaciendum manus sacerdotis missam celebrantis in yeme. » (*Invent. de* 1391 *et* 1418.) « Item duo poma erea perforata, scupha dicta, ad calefaciendum manus in hyeme. » (*Invent. de* 1539.)
Scupha, d'après le *Glossaire* de Du Cange, indique la forme ronde; aussi traduit-il par le synonyme *cucurbitæ*.
« Une pomme de cuivre ouvrée par dessus en façon d'estuve. » (*Invent. de Gaillon*, 1550, publié par M. Deville, pag. 552 de son bel ouvrage sur ce château.) — Le mot *étuve* indique nettement qu'on mettait de l'eau chaude dans cette boule.
« Pomum argenteum deauratum, foratum in plerisque locis, habens receptaculum etiam argenteum, in quo solet poni ferrum candens, ad calefaciendum manus sacerdotis celebrantis tempore hyemali. » (*Invent. de la cath. de Laon*, 1502.)
« Une pomme d'argent sur l'autel, servant à eschaufer les mains. » (*Inv. de l'abbaye de la Couronne*, 1610.) — « Une pomme d'argent, grosse comme deux poincts, servant à mettre sur l'autel pour eschaufer les mains. » (*Idem*, 1562.)
Voir aussi le *Glossaire* du comte de Laborde, pag. 456.

68. Una navicula cum B. Virgine smaltata, cum armis Reverendiss. D. Card. Rothomagen., ponderis unc. 19, cum cocleari argenteo.

69. Unum turribulum argenteum, pond. libr. 5, id est quinque cum dimidia, cum armis Reverendissimi D. Rothomagensis, qui illud fieri fecit et donavit Ecclesiæ.

IV

Nous allons étudier maintenant les reliques et les reliquaires qui les contiennent. On paraît affectionner les deux formes de *tabernacle* ou monstrance, de *tableau* et de *chef*.

Le premier tabernacle est en cristal, de forme oblongue, c'est-à-dire, comme le témoignent de nombreux monuments, qu'il se compose d'un cylindre allongé, monté en argent et rehaussé de pierres précieuses et de perles. Sa base carrée, soutenue par quatre dragons ailés, porte des statuettes d'argent doré, travaillées au repoussé, la Vierge, saint Mathieu, saint Luc et saint Jérôme, particulièrement vénérés dans la basilique à cause de leurs reliques insignes [1]. Le tout s'abrite sous un ciborium, également d'argent doré. Les reliques, visibles derrière le cristal, sont du linceul de N.-S., du suaire qui enveloppa sa tête dans le sépulcre, et de l'éponge imbibée de fiel et de vinaigre qui lui fut présentée sur la croix [2].

Le second tabernacle est en ambre jaune, monté en argent et sculpté aux effigies de la Vierge couronnée par le Christ et de la Sainte-Face du Sauveur. Dans le pied sont incrustés du bois de la croix et des reliques de sainte Brigitte, qui mourut, à peu de distance de la basilique, dans le monastère de Saint-Laurent *in Pane Perna*. Au revers, sont les armes du donateur, l'évêque de Carpentras, tant de fois nommé.

Le tableau classé sous le n° 72 contient une relique de la Nativité de N.-S. Au revers, d'argent, est ciselée une croix; sur une base, en cuivre doré et armorié, s'élèvent deux anges qui soutiennent un tableau en or, argent et émail, historié, gemmé et où se lisent quel-

1. Sainte-Marie-Majeure possède, dans la chapelle Borghèse, un tableau de la Vierge peint, dit-on, par S. Luc; le bras de cet évangéliste, celui de S. Mathieu et le corps de S. Jérôme, dans la confession de la chapelle de la Crèche.

2. Il existe également un morceau de cette éponge à Saint-Sylves tre *in Capite*.

ques lettres grecques, ce qui me fait croire à un travail byzantin, analogue au triptyque d'or que l'on conserve à Saint-Pierre du Vatican. Il y eut, au xv° siècle, parmi les chanoines, trois membres de la famille Cancellieri del Bufalo, qui porte une tête de *buffle* dans son écusson : Paul, mentionné en 1403; Antoine, qui mourut en 1482, et Baptiste-François, qui décéda le 19 septembre 1488.

Le second petit tableau (n° 77), cadeau du cardinal de Venise dont il porte les armes au revers, repose sur un pied et une base de bois. Tout autour sont des reliques de saints et au milieu est peinte sur verre, par le procédé du fixé, la Crucifixion de N.-S., à laquelle assistent sa mère et saint Jean. Aux xv° et xvi° siècles, on travaillait volontiers ce genre de peinture dont il existe un très beau spécimen, or sur fond bleu, au musée chrétien du Vatican [1].

Rien n'est plus louable que de donner au reliquaire la forme de la relique qu'il contient. Ainsi, partant de ce principe pratiqué par le Moyen-Age et les temps modernes, on a des chefs, des bras et des pieds qui renferment les membres correspondants des Saints.

Le chef en argent du pape saint Marcel [2] est coiffé de la tiare pontificale (*regnum*), que sa triple couronne a fait désigner en italien par le mot *triregno*. Celui de sainte Bibiane, élevé sur quatre pieds de bronze doré, a une couronne de lys qui convient parfaitement à une vierge martyre.

La cassette de cristal contient : un crucifix gemmé, du lait de la Vierge, de son lit, de son sépulcre et du foin de la crèche (n° 80), ainsi que le constataient les étiquettes.

70. Tabernaculum unum crystallinum oblongum, ornatum argento, lapidibus pretiosis et pernis, cum parvo ciborio argenteo deaurato, et cum lapidibus pretiosis et pernis, cum pede seu basi quadrata et aliqualiter elevata, cum figuris quatuor elevatis ex argento deaurato; videlicet sanctæ Mariæ, sancti Matthæi, sancti Lucæ et sancti Hieronymi ab unoquoque latere, et sustentatur a quatuor draconibus alatis. In quo tabernaculo servatur de sindone qua fuit advolutum corpus D. N. Jesu Christi;

1. V. ma *Bibliothèque Vaticane*, pag. 77.
2. J'ai noté dans mon *Année liturgique à Rome* (Leipzig, 1870, 5° édit.), pag. 164, parmi les reliques montrées aux fidèles le jour de Pàques, les chefs de Ste Bibiane et de S. Marcellin, pape. Y aurait-il par hasard erreur dans l'inventaire du xv° siècle, qui écrit *Marcel* au lieu de *Marcellin* ?

et de sudario, quo fuit coopertum caput ejusdem in monumento; et de spongia, qua bibit fel et acetum, pendens in cruce. Ponderat libras quinque, unciam unam.

71. Tabernaculum unum de argento, ubi est Christus coronans Beatam Virginem ex ambra coloris crocei, et supra est facies Salvatoris, ejusdem materiæ et coloris : et ad pedes de ligno crucis, et de reliquijs sanctæ Brigidæ, et retro stant arma Episcopi Carpentoraten., ponderis unciarum viginti quinque cum dimidia.

72. Tabula una, laborata ex auro et argento, et aliquibus smaltis, cum imaginibus et litteris græcis, ac lapidibus pretiosis, ubi reconditum est Puerperium [1] Domini Nostri Jesu Christi; a parte vero posteriori est argentea cum signo crucis : quæ tabula sustentatur a duobus angelis argenteis, qui stant supra quodam solo æreo, seu rameo deaurato, cum armis familiæ de Cancellarijs seu del Bufalo [2].

73. Quinque asseres seu tabulæ oblongæ, ad mensuram unius brachii et plus, structæ ad mensuram quatuor digitorum, quæ sunt de cunabulis D. N. Jesu Christi, positæ in quadam capsula oblonga et stricta, cooperta argento cum historia Beatæ Virginis ex figuris deauratis, et ab alio latere quæ dicunt : *Anno Domini M.CCLXXXIX. D. Jacobus de Columna Cardinalis fecit fieri hoc opus*, et arma ejusdem sine pileo. Hodie vero in alijs cunabulis sunt inclusæ ex argento deaurato, annis præteritis a Catharina Hispaniarum Regina dono datis.

74. Tunicella de serico albo sancti Thomæ martyris, Archiepiscopi Cantuariensis, suo sanguine aspersa.

75. Brachium sancti Thomæ, Archiepiscopi Cantuariensis, ornatum brachio argenteo cum chiroteca argentea, tenente unum monile cum aliquibus lapidibus pretiosis ab uno latere, ab alio stant litteræ significantes reliquias ibi existentes, cum basi etiam argentea, in qua stant litteræ dicentes : *Brachium sancti Thomæ martyris, Archiepiscopi Cantuariensis*.

76. Quoddam vasculum crystallinum parvum, ornatum argento deaurato cum lapidibus pretiosis, ubi est de cerebro, sanguine, cuculla et cilicio sancti Thomæ martyris, Archiepiscopi Cantuariensis.

77. Tabula una parva cum quodam pede, positum in quadam basi lignea, quæ habet figuram Crucifixi et sanctæ Mariæ et S. Joannis in vitro

---

1. L'abbé Milochau, cité par M. Rohault de Fleury (*Mémoire sur les Instruments de la Passion*, p. 279), se trompe évidemment quand il traduit *puerperium* par *crèche* (la *santa culla* des Italiens), car les cinq planches du berceau sont enregistrées à l'article suivant d'une manière tout à fait distincte. Je crois qu'il s'agit ici des *langes* de l'enfant Jésus.

2. Le ms. nº 3536 du Vatican, décrivant les reliques de Ste-Marie-Majeure, au xvᵉ siècle, dit :

« Item una cas-a argentea longa, in qua sunt quinque petii ligni de cunabulo D. N. J. C. in quo jacuit in sua pueritia.

« Item una tabula argentea et smaltata ac pulchre ornata cum figuris sanctorum et græcis litteris, in qua est puerperium quo Dominus noster Jesus Christus venit involutus tempore Nativitatis. »

et est circundata reliquiis sanctis; retro habet arma Domini cardinalis Venetiarum.

78. Caput S. Marcellini, Papæ et martyris, positum in ære, nunc vero in argento cum regno Pontificali.

79. Caput sanctæ Bibianæ, Virginis et martyris, ornatum argento pro parte deaurato, cum corona argentea deaurata, quæ stat ex quinque liliis et sustentatur a quatuor pedibus æreis deauratis.

80. Capsula una crystallina cum coopertorio crystallino, et cum quatuor parvis pedibus, quorum duo deficiunt : in qua capsula est quædam crux de argento niellato cum Imagine Beatæ Virginis et aliquorum Angelorum, et habet coopertorium de auro puro, in quo est Imago Crucifixi integra cum novem lapidibus pretiosis parvis et cum aliquibus pernis; et intus in cruce, quæ est vacua, stant aliquæ sanctorum reliquiæ.

81. In eadem capsa est unus canulus de ære cum cooperculo, quod intra se habet canulum aureum cum lacte Beatæ Virginis.

82. Et in eadem capsa est unum vasculum quadrum de lapide pretioso, cum coopertorio æreo vel argento deaurato, et una parva charta, quæ habet litteras : *De sepulchro Beatæ Virginis Mariæ ;* et una charta maiuscula cum uno frusto ligni nigri, et litteræ dicunt : *De lecto Beatæ Virginis ;* et unum frustum de sindone pavonatia, quæ habet inclusum quoddam frustum antiquissimi serici : et unum frustum de serico laboratum ad listas rubras et aureas, quæ habet in se de fœno Præsepis, quod est ad modum cartichæ.

83. Et in alia ampulla est de lacte Beatæ Virginis Mariæ.

V

La sainte Crèche de N.-S. mérite une mention à part. Au xv° siècle, il en restait encore cinq planches, de la longueur d'un bras et de la largeur de quatre doigts, renfermées dans une cassette longue et étroite, dont le dessus représentait en relief d'argent doré la vie de la Vierge. Une inscription placée par derrière indiquait la date (1289) et le donateur, Jacques, cardinal Colonna, dont on y voyait les armes, sans le chapeau rouge, insigne de sa haute dignité [1].

Cette châsse fut renouvelée par la reine d'Espagne [2], les souverains de ce royaume ayant toujours été considérés comme bienfaiteurs de

1. C'est ce même cardinal qui fit exécuter à ses frais les admirab'es mosaïques de la façade et de l'abside. On y voit ses armoiries, timbrées d'une mitre précieuse et sans chapeau; je ne connais pas d'exemple de chapeau rouge sur les écussons antérieurement au xiv° siècle.

2. Ce doit être la reine Catherine, qui commença à régner en 1483 (Lenglet du Fresnoy, *Tablettes chronologiques,* tom. ii, pag. 604).

la basilique, qui accorda par reconnaissance à Philippe IV[1] et à ses successeurs le titre de chanoines.

La châsse actuelle, du poids de 160 livres d'argent, est un don fait, en 1802, par D. Emmanuela, duchesse de Villahermosa.

Je dois au moins quelques mots au ciborium qui, près de l'autel papal, renfermait la sainte relique, parce qu'il consacre le souvenir de l'archevêque de Rouen qui fut un bienfaiteur insigne de Sainte-Marie-Majeure. J'ai décrit deux fragments de ce ciborium qui, avec quelques écussons, ont été sauvés de la destruction, et j'en ai donné d'excellentes gravures dans les *Chefs-d'œuvre de la sculpture religieuse à Rome, à l'époque de la Renaissance.* (Rome, in-f°.)

Les reliques de la Nativité de N.-S. que possède actuellement Sainte-Marie-Majeure sont les suivantes :

1° Du foin et des pierres de l'étable, le tout renfermé dans une châsse de plomb et déposé dans l'autel de la crypte de la chapelle du Saint-Sacrement.

2° Dans l'urne de porphyre de l'autel papal :

Des fragments du bois de la crèche,

Des pierres de l'étable [2],

Du foin sur lequel reposa l'Enfant-Jésus,

Des linges dont il fut recouvert,

Des bandelettes qui le lièrent.

Ces diverses reliques furent remises, sous Benoît XIV, dans les

---

1. Sa statue de bronze a été dressée sous le portique, à cette occasion.

2. Le cardinal Bartolini écrivait en 1872, dans la *Revue de l'Art chrétien,* p. 461-462 : « Les quartiers de roche enlevés à la voûte de la grotte (de Bethléem) furent soigneusement conservés dans un des couloirs de cette grotte : transportés à Rome, ils furent déposés avec les bois du râtelier de la crèche dans la basilique Libérienne. C'est ainsi que ce temple auguste fut aussi appelé *Ste Marie à la crèche,* à cause des premières reliques qu'il aurait reçues dans son sanctuaire. Sixte V, en réparant avec une grande magnificence la chapelle de la Crèche, retrouva aussi dans l'ancien autel les quartiers de roche de la grotte de Bethléem; il les déposa ensuite sous la table de l'autel dans une boîte de métal. Lorsque Benoît XIV faisait élever le nouvel autel majeur de cette basilique, en démolissant l'ancien qu'avait conservé S. Pascal I, il retrouva quelques-uns des quartiers de roche de la grotte de Bethléem, ainsi que des langes qui avaient servi à emmailloter le divin enfant, comme il conste des documents des archives de la basilique Libérienne... La crèche creusée dans le rocher même, comme les autres crèches de la Palestine, est restée dans la grotte de Bethléem; les bois du râtelier qui contenaient la paille au-dessus de la crèche sont ceux que l'on vénère dans la basilique Libérienne : on peut les appeler *la crèche* dans un sens large, attendu qu'ils en forment une partie principale. »

deux urnes de marbre où les avait déposées, croit-on, le pape Pascal, au IXᵉ siècle.

3° Des bandelettes et des langes de l'Enfant-Jésus ,
Du foin de l'étable.

Ces deux reliques sont renfermées dans des vases en cristal, de chaque côté de la crèche.

4° Un morceau des langes, d'une longueur de sept doigts sur cinq de large. Il provient de l'église de Raguse et a été donné par Sa Sainteté Pie IX. Il est conservé dans une urne de bronze doré, sur-montée de l'image de la Vierge avec son enfant.

5° Six planches de bois de sapin, hautes de 0,82 centimètres, larges de 0,12 cent. et épaisses de 0,02 cent.

La première est mutilée à l'extérieur et porte la trace de nom-breuses coupures faites au couteau, pour se procurer des reliques. A la seconde, on remarque une mortaise et un fragment de penture fleurdelisée qui dénote que les planches étaient assemblées en po-lyptyque ou en coffret. La troisième est très petite. La quatrième présente une mortaise, un trou rond au milieu, la même fleur de lis qui se reproduit de l'autre côté et deux anneaux en corde. La cin-quième est fendillée au milieu et la dernière porte l'inscription, dis-posée sur quatre lignes et écrite en cursive.

Bianchini, qui obtint du pape Benoît XIV, en 1750, de les exami-ner de près, constata que « les cinq planches de la crèche et une autre étaient recouvertes d'une ancienne toile tissue d'or, placée dessus d'une manière barbare de façon à recouvrir toute l'inscrip-tion grecque (que Bianchini avait remarquée sur l'une d'elles). La colle et les teignes avaient rongé la toile juste à l'endroit où l'on voyait une seule lettre. Je pris donc, dit-il, une éponge mouillée, j'en baignai exactement la toile, qui peu à peu se détacha de la planche, et alors apparut une inscription grecque ».

Cette inscription mutilée, que l'on attribue au VIIᵉ siècle [1], peut ainsi se traduire en latin, d'après les différentes versions qui en ont été données et que je cherche à concilier ici pour leur attribuer un sens : « Inter duos angelos parvis in manibus ipsorum coronam ac-cepisti... Sanctus Demetrius Thessalonniæ infra, sanctus Eustathius

---

1. Garrucci, *Stor. dell' arte crist.*, t. I, p. 579.

et Christus in medio cornuum cervæ, sanctus Eustathius prope
sanctus Sisinnius martyr et sint cum ipsis quinque illorum martyrum qui ascenderunt equos. Christus propitius sit tibi et fiat ima-
gini huic pulchræ aurum [1]. »

VI

L'inventaire du xv⁰ siècle consacre trois articles aux reliques de
saint Thomas de Cantorbéry. La basilique de Sainte-Marie-Majeure
possédait sa tunique de soie blanche, encore couverte de son sang
(n⁰ 74); de son cerveau, de son sang, de sa coule ou capuchon et de
son cilice, dans un vase de cristal monté en argent doré et gemmé;
enfin un de ses bras renfermé dans un bras d'argent, ganté d'or, avec
un bracelet gemmé, où une inscription désignait la relique; et,
comme on ne saurait prendre trop de précautions pour authentiquer
les précieux restes des saints, sur la base d'argent était gravée une
deuxième épigraphe portant en latin ces mots : *Bras de saint Thomas
martyr, archevêque de Cantorbéry.*

La mort tragique de l'archevêque anglais eut un grand retentisse-
ment dans le monde entier, mais surtout à Rome où l'illustre et
ferme défenseur des droits de l'Église était venu porter plainte au
Saint-Siège contre les envahissements sacrilèges et les prétentions
immodérées du roi d'Angleterre. Ce fut à Anagni que le Pape le
reçut, et l'on montre encore dans un oratoire de la crypte l'autel sur
lequel il célébra.

Trois ans après qu'il eut été assassiné cruellement, dans sa cathédrale, au pied des saints autels, saint Thomas fut solennellement
canonisé par le pape Alexandre III, qui l'inscrivit au nombre des
martyrs et célébra la première messe en son honneur, l'an 1172,
dans la cathédrale de Segni, ainsi que le rapporte Benoît XIV, sur
la foi d'un manuscrit du Vatican : « In die Purificationis B. Mariæ,
convocatis episcopis et abbatibus Campaniæ, apud Signiam ad honorem ipsius specialiter missarum solemnia celebravit [2]. » Et le Pape

---

1. V. sur les reliques de Sainte-Marie-Majeure le bel ouvrage de Mgr Liverani,
chanoine de cette basilique, auquel j'ai emprunté les extraits précédents : *Commen-
tario del nome di S. Maria ad Præsepe e delle Reliquie dell'1 Natività ed Infanzia
del Salvatore nella Basilica Liberiana*, Roma, 1854, in-4⁰, avec planches.
2. *De Serv. Dei beatific. et beator canonizat.*, lib. I, cap. XXXVI, n⁰ 25.

ajoute dans la bulle de canonisation qu'il l'inscrivit au rang des martyrs : « Præfatum archiepiscopum in capite jejunii, multitudine clericorum et laïcorum presente in ecclesia, deliberato cum fratribus nostris consilio, solemniter canonizavimus eumque decrevimus SS. Martyrum collegio annumerandum. »

Des reliques nombreuses du saint Martyr se répandirent aussitôt dans le monde entier. J'en prends à témoin cette inscription en mosaïque du xiiie siècle, qui se lit à Sainte-Marie-Majeure et qui mentionne dans le trésor de la basilique : du bras, du crâne et de la cervelle de S. Thomas :

DE. BRACHIO. CRANEO. ET. CEREBRO. S.
THOME. CANTVARIEN.

Anagni obtint également des reliques, ainsi que l'atteste une inscription datée de 1315 et qui s'exprime ainsi :

: IBI. SVNT. DE. RELIQVIIS. SCORVM. THOME. ARCHIEPI.
CANT. THOME. DE. AQVINO.........

Maintenant encore la même basilique possède et expose au public *des ossements de S. Thomas, archevêque de Cantorbéry*, tandis qu'elle montre sa *Passion* brodée en soie sur une dalmatique, offerte par la munificence du plus illustre de ses bienfaiteurs et de ses chanoines, le pape Boniface VIII.

On a ajouté dans le reliquaire de S. Grégoire le Grand, qui est à Sainte-Croix-de-Jérusalem, une relique de S. Thomas, ainsi désignée : *R. sancti Thome archiepiscopi Cant.*

La multiplicité des reliques provoqua la grande quantité de châsses qui se rencontrent encore dans les églises et les collections, soit publiques, soit privées.

Limoges, dont les émaux avaient un renom prodigieux, se chargea de répondre aux demandes et de suffire aux besoins.

Anagni possède une de ces châsses d'émail, dont le motif est à peu près le même partout. Voici comment je l'ai décrite dans ma *Monographie de la basilique* :

« Châsse en cuivre, avec émaux limousins champlevés (xiiie siècle). S. Pierre, sa croix sur les épaules, veille à la porte de l'occident et S. Paul se tient debout au chevet de la petite basilique. Sur

la paroi nord, où souffle le vent des frimas et de la mort, deux soldats fondent, le glaive levé, sur S. Thomas de Cantorbéry. Le saint
Archevêque, vêtu pontificalement, célèbre à un autel : son calice
est posé devant une croix à trois pieds. La main de Dieu le bénit.
Au lit, enveloppé d'un drap mortuaire bleu, il reçoit la dernière
bénédiction d'un évêque. Le revers de la châsse est réticulé et semé
de quatre-feuilles [1]. »

VII [2]

Je dois à la bienveillance de Mgr Pentini, chanoine de la basilique
de Sainte-Marie-Majeure, à Rome, la connaissance du précieux document qui va suivre, et au R. P. dom de la Chèze, camaldule, la
copie exacte et collationnée qui en a été faite, sur l'original.

Je donne le texte *in extenso*, me permettant toutefois d'en modifier
l'orthographe et d'y ajouter quelques notes afin d'en rendre la lecture plus facile et plus intéressante.

L'inventaire, d'où est extrait le *Catalogue des livres canoniaux de
Sainte-Marie-Majeure*, fait partie des archives du chapitre de la basilique. Il ne porte point de date, mais par le nom du chanoine
Robin qui y est mentionné pour un legs, nous sommes reportés à
la seconde moitié du xvıᵉ siècle. Tous les livres catalogués étaient
manuscrits. J'ignore s'il en est resté un seul, je ne le pense pas, car
les siècles qui ont suivi le xvıᵉ ont renchéri sur lui et déclaré presque partout l'*inutilité* de livres qui gênaient, parce qu'ils occupaient
encore une place, et n'avaient aucun intérêt, puisqu'on ne pouvait
pas les lire.

Voici maintenant le texte de ce *Catalogue* qui donne, sans beaucoup d'ordre, les titres de 103 volumes de formats et de caractères
divers.

1. J'ai vu deux châsses analogues et remontant également au xıııᵉ siècle,
dans le trésor de Saint-Jean de Latran et au musée de Clermont-Ferrand. — Carlo
Simelli a donné au public de bonnes photographies de la châsse d'Anagni, classées
dans mon *Catalogue des antiquités chrétiennes* (Rome, 1870), sous les nᵒˢ 115, 116,
117 et 118.

2. *Une bibliothèque canoniale au XVIᵉ siècle*, dans *Le plain-chant*, Paris, 1860.
p. 153-158.

1. Missale unum conventuale [1], in charta pergamena [2] et bona littera et incipit *Vere dignum et iustum est* [3].

2. Item unum Missale antiquum, de littera antiqua [4].

3. Item octo quaterni [5] magni, in quibus sunt scriptæ passiones Martyrum [6].

4. Item aliud volumen magnum, ubi sunt scriptæ passiones Martyrum.

5. Item unus liber altus [7] in charta pergamena, sermones Sanctorum et Prophetæ.

6. Item unus liber in pergameno, ubi sunt sermones dominicales et passiones Sanctorum, et alii sermones, et est ligatus assibus [8].

7. Item unum volumen cum assibus, ubi sunt expositiones Evangeliorum et aliquæ homiliæ Sanctorum.

8. Item aliud volumen cum assibus, ubi sunt passiones Sanctorum et aliæ homiliæ, et sermones.

9. Item unum volumen cum assibus, ubi est liber Job, et seq. [9] usque ab librum Macchabæorum.

10. Item unum pastorale sancti Gregorii, cum assibus.

11. Item unus liber in pergameno, ubi sunt orationes totius anni [10].

12. Item unus liber homiliarum, qui inscribitur *Visio quam vidit*.

13. Item dialogus S. Gregorii in antiquissima et grossa littera [11].

14. Item quædam piissima volumina, ubi sunt capitula et orationes totius anni [12].

15. Item unum Graduale in parvo volumine, cum antiquissimis notis [13].

1. Missel *conventuel*, ne servant qu'aux messes *conventuelles* ou du chapitre, aux seules messes où les chanoines assistent en corps.

2. Parchemin, nommé encore en Italie *carta pecora*.

3. Ce mi-sel commence par les *Préfaces*.

4. Cette *lettre antique* ne signifiait-elle pas l'écriture gothique dont l'usage avait cessé en Italie dès le deuxième tiers du xv° siècle ?

5. *Quaterni, cahiers, ubi quatuor quartæ seu collectæ.* (Gloss. de Du Cange.)

6. *Passionnaux*, où se prenaient les *légendes des martyrs*, aux matines de leurs fêtes.

7. Haut, allongé, plus long que large.

8. Relié avec des *ais*, une *couverture de bois*.

9. *Sequitur* ou *sequentia*.

10. Ce livre était nommé au Moyen âge *Collectarius, collectaire*. M. Léopold Delisle a cité, à S. Gall, un sacramentaire du viii° siècle, auquel le xv° avait donné ce titre : « Collectarium vetustum » (*Mém. sur d'anc. sacrament.*, p. 85.) Le sacramentaire de Paris, écrit au x° siècle, était qualifié par le xii° : « Collectarium. » (*Ibid.*, p. 187.) En effet, les sacramentaires renfermaient surtout les oraisons, auxquelles s'ajoutaient les préfaces et le canon.

11. Peut-être la lettre, plus ancienne et plus grosse que la gothique, répond-elle à ce que nous nommons l'*onciale* et les Romains la *lombarde*.

12. Les *capitules* et les *oraisons*, que le célébrant chantait à sa stalle ou à son banc formaient donc un volume à part, distinct du Bréviaire.

13. La *notation neumatique*, qui a précédé la notation carrée, seule usitée dans la transcription des livres d'église depuis le xiii° siècle.

16. Item aliud Grad. in bona charta [1], quod incipit *Ad te Domine levavi* [2].

17. Item quoddam parvum volumen, ubi sunt Epistolæ et Evangelia, et incipit *Fratres scientes* [3].

18. Item quoddam parvum Grad. antiquum, quod incipit *Ad te levavi*, in littera minuta [4].

19. Item quidam parvus libellus, ubi sunt quædam expositiones Evangeliorum et Epist. et in fine quidam tractatus *de affinitate*.

20. Item parvus libellus, ubi sunt lectiones, responsoria et orationes [5], et est sine assibus.

21. Item quoddam Psalterium antiquum, in cujus principio est Kalendarium [6] et in fine est quoddam officium Beatæ Virginis.

22. Item unus liber sine assibus, in bona littera antiqua, ubi sunt lectiones, et responsoria notata, et homiliæ super Evangeliis [7].

23. Item unum Antiphonarium, notatum nota antiqua.

24. Item unus liber antiquus, sine assibus, ubi sunt expositiones Evangeliorum.

25. Item unus liber magnus in pergameno, ubi sunt sermones sanctorum. et primus est sermo S. Augustini *de repræsentatione*.

26. Item 12 quaterni magni, ubi sunt passiones Sanctorum, et prima est *passio S. Juliani* [8].

27. Item quidam libellus, sine assibus, ubi sunt orationes et capitula.

28. Item quidam libellus, qui incipit *Ad te levavi*, ad modum Gradualis, cum nonnullis antiquis [9].

29. Item quidam alius libellus sine assibus, ubi est quædam expositio super quarto sententiarum [10], et incipit *Qui producit ventos*.

30. Item quoddam Graduale valde parvum et cum litteris valde minutis [11].

1. *Charta*, papier, en italien *carta*.

2. Introït du premier dimanche de l'Avent.

3. Il n'y avait en conséquence qu'un seul volume qui servait d'*Epistolier* et d'*Evangéliaire*. *Fratres scientes* sont les deux premiers mots de l'Epître du premier dimanche de l'Avent.

4. Lettre *minuscule*, ou lettre finement, *minutieusement* écrite.

5. Voici un livre qui en réunit trois autres ordinairement bien distincts : le *Lectionnaire*, le *Responsoral* et le *Collectaire*.

6. Il est assez rare que les livres servant au clergé ne soient pas précédés d'un *calendrier*. Les *livres d'heures* surtout, plus spécialement consacrés à l'*Office de la sainte Vierge*, en sont habituellement munis aux premiers feuillets.

7. Les *leçons*, les *homélies* et les *répons* devaient sans doute se chanter au même pupitre, ou, pour parler le langage liturgique d'alors, à la même *analogie*, placée au milieu du chœur, puisque ces trois choses sont rangées dans le même livre.

8. On appelait *passion* le *martyre* d'un saint.

9. Il y a sous-entendu *notis* ?

10. Le quatrième livre des *Sentences* de Pierre Lombard.

11. Nulle époque n'a peut-être écrit ses manuscrits avec plus de finesse et de goût que le XIII° siècle, ni trouvé le moyen de mettre le plus de texte possible dans un espace d'ailleurs assez étroit et resserré.

31. Item quoddam Antiphonarium, valde antiquum, sine assibus.

32. Item aliqui quaterni antiqui, ubi sunt aliquæ homiliæ.

33. Item quidam libellus sine assibus, ubi sunt homiliæ et Evangelia in bona [1] littera antiqua.

34. Item quidam libellus, in quo sunt antiphonæ et responsoria, ita consumpta quod non possint legi.

35. Item quidam libellus sine assibus, in quo sunt quædam Missæ votivæ, et incipit *Rorate cœli* [2].

36. Item regula S. Augustini, quæ incipit *Ante omnia sorores*, in parvo volumine [3].

37. Item quidam libellus sine assibus, ubi est tractatus Isidori *de dignitate Ecclesiæ*.

38. Item unum Antiphonarium valde antiquum.

39. Item quoddam annarium [4] antiquum.

40. Item aliud annarium antiquum.

41. Item aliqui quaterni, ubi sunt aliqui tituli decretalium [5].

42. Item unum digestum novum, cum assibus fractis [6].

43. Item quædam lectura super Infortiatum, et incipit *Et ita supra tractatum nostrum* [7].

44. Item aliud novum cum una tabula [8].

45. Item liber codicis sine assibus.

46. Suprascripti libri sunt valde antiqui et reconditi in sacristia [9], et raro sunt in usu.

47. Infrascripti libri quinque, et xi rotuli sunt, quos habuit Ecclesia ex hæreditate Magistri Robini de Francia, cantoris eximii et canonici istius Basilicæ [10].

1. Je ne doute point que l'écriture *bonne* ne fût celle que l'auteur de cet *Inventaire* déchiffrait facilement.

2. Introït de la messe du quatrième dimanche de l'Avent.

3. Volume d'un petit format.

4. *Annarium* pour *annuarium*, livre d'anniversaires.

5. *Décrétales* des Papes (V. *Corpus juris canonici*, publié sous le pontificat de Grégoire XIII).

6. Ais brisés, couverture en mauvais état.

7. Ces gloses sur l'*Infortiat* et le *Digeste* prouveraient que les chanoines s'occupaient de droit canonique et de droit civil et étaient compétents *in utroque jure*, si quelques lignes plus bas nous ne rencontrions cet aveu naïf : *suprascripti libri raro sunt in usu*. La raison en serait-elle dans cet autre passage *valde antiqui*, qui impliquerait presque que leur antiquité les avait mis hors d'*usage*, en vieillissant trop une écriture par là même *illisible* sans étude préalable ?

8. *Tableau*, table, index.

9. Constatons cette destination de la *sacristie*, qui ajoutait à sa destination habituelle celle de *bibliothèque*.

10. Robin, compositeur français, fut attaché, de 1540 à 1545, comme *maître* des enfants de chœur, à la *chapelle Julie*, érigée par le pape Jules II dans la basilique de S.-Pierre au Vatican. Ses appointements étaient de cinq écus par mois. Il passa à la basilique de S.-Jean de Latran, où il eut le même emploi et resta jusqu'en

48. In primis, liber unus de papiro [1], cum assibus, in magno volumine; dicitur esse *Speculum musicæ*, incipit *Angelorum distinctionem*,
quamvis sit in principio videlicet quaternus inscriptus.

49. Item alius liber in musicis in volumine magno in papiro, cum assibus rubeis, incipit *Kyrie, de primo tono* ; est quasi consumptus, et modici
valoris.

50. Item unus libellus parvus in perg., cum assibus rubeis, in quo est *Beth
de musica* [2], et sunt aliquæ cantilenæ notatæ, incipit *Omnium.*

51. Item unus liber mediocris, in pergameno, sine assibus, dictus
Boetius de Musica, incipit *In dandis accipiendisque muneribus.*

52. Item liber unus de papiro antiquus, sine assibus, de cantu, ubi sunt
multa accumulata in musicis.

53. Item xi rotuli in pergameno advoluti cum diversis hymnis, quibus
utuntur pueri [3] cum pergunt cantando processionaliter.

54. Et Missale unum novum, quod incipit *Annus habet menses* [4] cum
signo x [5].

55. Item unum Evangelistarium eisdem litteris, quod incipit *Liber
Evangeliorum.*

56. Item unum Missale, quod incipit *Missale continuum* [6], cum signo
B.

57. Item unum Epist. eisdem litteris, quod incipit *Liber Epistolarum.*

1549, au témoignage de Pitoni qui assure avoir vu son nom sur les livres des charges
de la basilique. Réclamé à la basilique vaticane, le 10 janvier 1550, il continua à
y *faire l'école* aux petits enfants jusqu'en août 1551, époque à laquelle il entra à
S. Laurent in Damaso; Pitoni dit avoir vu quelques-uns de ses motets dans les
archives de cette collégiale (*Notizie manoscritte de contrapuntisti*). En 1553, il obtint un canonicat à Ste-Marie-Majeure et fit à cette basilique plusieurs legs, entre
autres celui *de deux oreillers de satin, doublés de cuir rouge.*

« Item duo (cervicalia) ex panno de rassa, in quibus est una avis cum aliquibus
foliis, foderata de corio rubeo, quæ fuerunt magistri Rubini, canonici hujus Basilicæ. »

Je dois à l'obligeance d'un célèbre maëstro de Rome, Mgr Pierre Alfieri, la communication des documents qui forment le fond de cette note. Voir aussi Bertolotti,
Artisti francesi in Roma, p. 76.

1. Il y a une salle au Vatican que l'on nomme *salle des papyrus*, à cause des
bulles et des diplômes écrits sur papyrus qui y sont conservés. — Il s'agit ici probablement de *papier.*

2. Ce *Beth* semblerait indiquer une phrase des *Lamentations* qui se chantent à
l'office des ténèbres pendant les trois derniers jours de la semaine sainte.

3. Le fait consigné dans cet article est triplement curieux : l'emploi des *rouleaux*
pour les processions, la partie de *soprano* confiée à des enfants, — le temps des
soprani *artificiels* n'était pas encore venu, mais il approchait, — et le chant des
Hymnes pendant la procession.

4. Ainsi commencent tous les calendriers.

5. Marque, numéro d'ordre et de classement du volume.

6. Missel *continu* ou plénier, contenant, comme nos missels modernes, la messe
toute entière, sans en excepter ce que chante le chœur.

58. Item unum Evangelistarium, quod incipit *Evangelistarium* [1] *per ann circulum.*

59. Item unum Missale, cum prima littera aurea, quod incipit *Annus habet menses* XII, quod fuit Reverendiss. D. Card. S. Marcelli [2], cum armis scil. 6 stellis, quadam cruce, cum littera C.

60. Item unum Evangelistarium, coopertum argento, cum crucifixo ab uno latere, alio latere est annuntiatio [3], quod incipit in festo S. Matthiæ Apost., quod positum est in capsa ubi stant calices.

61. Item unum Missale, quod incipit *Ianuarius habet dies* 31. Habent illi de societate [4]; non invenitur : loco illius dederunt illud quod habemus.

62. Item unum Missale, quod incipit *Ianuarius habet dies* 31, signatum D.

63. Item unum Missale, quod incipit *Incipit ordo Missalis* et ante habet Kal. [5], cum signo E.

64. Item unum Psalterium, cum commune sanctorum.

65. Item unum Psalterium, quod incipit *Beatus vir* [6], in parvo volumine, sine assibus; in ult. carta habet *Nunc dimittis* [7], et post, unam orationem.

66. Item unum Psalterium, quod incipit *Hymnus* vel *Primo dierum* [8].

67. Item unum psalterium, quod incipit *Beatus vir;* habet Dom. Iacobus Capoccius [9].

68. Item unum Capitulare cum Martyrologio.

69. Item unum Hymnarium notum [10], quod incipit *Conditor alme syderum* [11], ubi est officium Corporis Christi.

---

1. L'*Évangéliaire* renfermait les *Évangiles* et servait au diacre.

2. Le cardinal du titre de S.-Marcel a laissé à la basilique de Ste-Marie-Majeure un calice armorié, une mitre, un anneau et une croix pectorale, aux termes de l'*Inventaire* de la basilique :

« Unus calix argenteus deauratus, cum pomo smaltato, cum armis Reverendissimi D. Cardinalis S. Marcelli in pede, cum patena sua, cujus in medio est crucifixus, cum stellis azurris, pond. unc. viginti cum dimidia.

« Mitria relicta per Reverendiss. D. Card. Sancti Marcelli, cum capsa sua, quæ est ornata pernis et lapidibus, et est annulus ornatus pernis et lapide rubeo, quem donavit R. D..... et est una crux parva, cum novem lapidibus, ad usum Antistitis celebrantis; nunc est alia, nunc ponderat crux unc. 3 cum annulo.»

3. Cette couverture, ciselée aux représentations de la Crucifixion et de l'Annonciation, valut à l'évangéliaire d'être renfermé dans le *trésor* avec les calices.

4. La *Confrérie* du S.-Sacrement et de N.-D. des Neiges, annexée à la basilique.

5. *Kalendarium.*

6. Premier psaume.

7. Dernier des cantiques évangéliques.

8. Hymne de Matines.

9. Au moment de l'inventaire, ce *Psautier* était entre les mains de Jacques Capocci.

10. *Notatum ?*

11. Hymne des vêpres du premier dimanche de l'Avent.

70. Item unum **Homiliarium** parvum, quod incipit *Dominica prima de Adventu.*

71. Item unum **Homil.**, quod incipit *Liber Basilicæ Sanctæ Mariæ Majoris*, magnum.

72. Item una **Biblia** cum duobus voluminibus [1].

73. Item unum **Passionarium**, quod incipit mense Julii.

74. Item unum **Passionarium**, quod incipit pridie Kalendas decembris [2].

75. Item unum **Annarium**, quod incipit *Rorate cœli desuper.*

76. Item unum **Antiphonarium**, quod incipit *Incipit officium novæ solemnitatis.*

77. Item unum **Graduale** magnum, quod incipit *Ad te levavi animam meam.*

78. Item unum **Graduale** magnum, quod incipit *Dominus*, in littera magna; in parva vero incipit *Rorate cœli.*

79. Item unum **Graduale** parvum, quod incipit *Asperges me Domine* [3], est indutum albo, habent cantores.

80. Item unum **Breviarium**, quod incipit *Annus habet menses xij* et est *Oculi omnium in te sperant Domine* [4].

81. Item unus liber, in quo est officium, annus et officia Conceptionis et Visitationis, cum rubricis novis.

82. Item una alia **Biblia** in duobus voluminibus.

83. Item **Epistolæ B. Pauli** in magno volumine, cum glossis, cooperto corio albo.

84. Item **liber Institutionum** cum glossis.

85. Item una **Summa super Infortiato**, aliás lectura antiqua.

86. Item unus liber **Chronicarum**, qui incipit *Sanctissimo Patri.*

87. Item quartus liber **Sententiarum**, cum certis sermonibus in fine, coopertus cum assibus rubeis.

88. Item quarta pars **Moralium** sancti Gregorii super Iob.

89. Item unum **Psalterium**, quod donavit Ecclesiæ Honorius Papa Tertius [5].

90. Item quædam parva **expositio** super 4 libris Sententiarum.

91. Item unum **Breviarium** : finit in una oratione, quæ incipit *Beatorum Martyrum.*

92. Item unum volumen **Bibliæ**, quod continet totum Esdræ, magnum in pergameno, quod reliquit Dominus Donatus Zuccarelli, canonicus Ter-

1. Deux volumes, un pour chaque testament.
2. Ces *passionnaires* remplissaient à eux deux le cycle festival de l'année : l'un commençait à l'Avent, à la fête de S. André, et l'autre reprenait où le premier s'était arrêté, au mois de juillet.
3. Antienne de l'Aspersion.
4. Prières de la bénédiction de la table, qui se trouvent parfois dans les bréviaires.
5. Honorius III siégea de 1216 à 1227.

visanus [1], qui iacet in navi Altaris sancti Hieronymi [2], in cappella Apostolorum Petri et Pauli.

93. Item unum Missale, quod ante se habet kalendarium, et incipit *In nomine Domini nostri Jesu Christi* [3], quod dicitur Missale de societate quod habuerunt illi de societate, signatum F.

94. Item unum Missale, quod stat in ecclesia sanctæ Vivianæ [4], signatum G, et incipit *Ordo Missarum*, cum oratione, in fine *Confiteor*.

95. Item unum Missale, quod incipit *Ordo Missalis*, et retro se habet kalendarium, signatum H.

96. Item unum Missale, quod incipit *Ordo Missalis*, et ante habet unam cartam cum *Gloria in 'excelsis* et *Credo*, et retro se habet kalendarium, ante quod est *Benedictio aquæ* [5], signatum I.

97. Item unum Missale parvum, quod habet kalendarium, et in fine habet quandam orationem quæ incipit *Confiteor te Domine omnipotens et misericors Dominus* [6], signatum K.

98. Item unus liber, in quo est officium Nivis notum [7], quod donavit Reverendissimus Dominus Rothomagensis.

1 Trévi, petite ville de l'État du Pape.

2. L'*Inventaire* de Ste-Marie-Majeure mentionne les reliques suivantes de S. Jérôme :

« Planeta, stola, et manipulus de serico, quibus celebrare solebat sanctus Hieronymus Doctor in cappella Præsepis, cum in Bethlehem moraretur. »

Consulter, pour les reliques actuellement existantes du saint docteur, mon *Année liturgique à Rome*, p. 102, 103.

3. Ainsi commençaient jadis les Missels; de même les inscriptions et les alphabets, encore de nos jours, avaient et ont en tête *la croix de par Dieu*.

4. Le pape Eugène IV unit l'église, le monastère et les biens de Ste-Bibiane, l'an 1439, à la basilique de Ste-Marie-Majeure. C'est ainsi qu'elle fut mise en possession du chef de la sainte. V. *Année liturgique à Rome*, p. 122.

5. Bénédiction de l'eau pour l'aspersion.

6. Prières récitées par le prêtre au bas de l'autel, avant l'Introït. Ou le premier feuillet manquait, ou le psaume *Judica me* ne se récitait pas.

7. L'office actuel de N.-D. des Neiges (V. *Année liturgique à Rome*, p. 84) diffère essentiellement de l'ancien. Il est très regrettable que le chapitre de Ste-Marie-Majeure ne l'ait pas conservé dans son *Propre*. Je suis heureux d'avoir eu la facilité d'extraire de celui qui n'a cessé d'être en usage que vers la fin du siècle dernier, la *Séquence* de la messe qui rappelle en vers fort gracieux le *Miracle des Neiges*.

SEQUENTIA.

Ad honorem matris Dei,
Quæ est salus nostræ spei,
In hac hora nunc diei
Hymnum demus dulciter.

Vere mater veneranda,
Super nivem dealbanda,
Invocanda, collaudanda,
Citanda humiliter.

Ecce sibi Virgo clemens
In hac die mare splendens,
Templum jam fieri volens
Intrà urbis mœnia.

Miro modo et stupendo,
Contrà tempus peragendo,
Solum ædis dealbando
Nive candidissima.

99. Item unum Psalterium, quod incipit *Primo dierum omnium*, et in fine habet kalendarium cum una imagine Beate Virginis.

100. Item unum Capitularium novum, quod incipit *In nomine Domini*, et ante se habet kalendarium, retro habet *Te Deum laudamus*, quod donavit Reverendissimus Dominus Rothomagen. [1]

101. Et Psalteria duo nova et magna in pergameno, cum kalendario ante, et cum *Beatus vir*, et cum multis floribus miniatis de auro et azurro [2], et cum armis in quibus est depictus uhus scorpio.

102. Item unum Missale, quod incipit *Ordo Missalis*, cum kalen. post se, signatum L.

103. Item liber Job, Tobiæ, Esther, Judith, Ninivæ et Machabæorum, in uno volumine ; est antiquus et pro parte consumptus.

VIII

Dès 1153, le clergé de Sainte-Marie-Majeure eut à sa tête un archiprêtre, choisi par le pape parmi les cardinaux. Je vais citer ici les plus illustres avec leur numéro d'ordre.

3. Paul Solaro, chanoine de la basilique, puis cardinal-évêque de Palestrina (1166), depuis pape sous le nom de Clément III.

4. Roland de Rennes, moine cistercien, du couvent des saints Côme et Damien, à Rome ; abbé de Sainte-Marie-d'Olonne, en France ; sous-diacre apostolique de l'église de Pise, ce qui lui valut le surnom de *Pisan* ; cardinal-diacre de Sainte-Marie *in porticu* (1150).

7. Pierre Capocci, cardinal-diacre de Saint-Georges *in velabro*.

8. Ottoboni ou *Othon le Bon*, cardinal-diacre de Saint-Adrien, devenu le pape Adrien V.

9. Jacques Colonna, cardinal-diacre de Sainte-Marie *in via lata* (1278), donateur des mosaïques de l'abside et de la façade.

10. Pierre Colonna, cardinal-diacre de Saint-Ange : il suivit le pape Jean XXII à Avignon.

Adfuit in visu Virgo
Sacerdoti summo viro.
Tu, inquit, cum cuncto clero
Una cum Patritio,

Rem mirandam patefeci ;
Vade, vide, ego gessi
Ædificia quod expressi
More quadratario.

Ità Virgo more miro
Ædifica nos in giro
Quadro lapide porphiryo
Cum candore niveo.

Ad te, alma Virgo mater,
Suspiramus incessanter,
Nos commenda condignanter
Christo tuo filio. Amen.

1. Guillaume d'Estouteville, archevêque de Rouen et cardinal-évêque d'Ostie.
2. Orné en *miniature* de fleurs d'or et d'azur.

11. Roger de Maumont, du Limousin, cardinal-diacre de Sainte-Marie-Nouvelle (1365), pape sous le nom de Grégoire XI.

14. Jean de Rochetaillée, archevêque de Rouen, cardinal-prêtre de Saint-Laurent *in Lucina*, nommé archiprêtre en 1428.

18. Guillaume d'Estouteville, archevêque de Rouen.

19. Rodrigue Lenzuoli Borgia, neveu de Calixte III, cardinal-diacre de Saint-Nicolas *in carcere* (1456), vice-chancelier et évêque de Porto, devenu le pape Alexandre VI.

29. Alexandre Farnèse, neveu de Paul III, cardinal-diacre de Saint-Ange (1534), puis prêtre de Saint-Laurent *in Damaso* et vice-chancelier, légat d'Avignon.

32. Saint Charles Borromée, archevêque de Milan, cardinal-diacre des SS. Guy et Modeste, puis succcessivement prêtre de Saint-Martin-des-Monts et de Sainte-Praxède, nommé archiprêtre en 1564.

36. Dominique Pinelli, cardinal-prêtre de Saint-Laurent *in pane perna* ; nommé archiprêtre en 1587, il restaura la basilique.

IX

Les portraits des cardinaux-archiprêtres ont été transportés de la sacristie à la salle des archives, où j'ai noté :

Un manuscrit sur papier, du xve siècle, qui se termine ainsi : « Expliciunt ea Ausonij fragmenta, quæ invida cuncta corrodens vetustas ad manus nostras venire permisit » ;

L'antiphonaire du cardinal Léonard de la Rovère, orné de belles miniatures (xvie siècle) ;

Une lettre de S. Charles Borromée (1573) ;

Deux morceaux d'une bannière turque, prise à la bataille de Lépante (1571) : elle est en soie rouge, avec rondelles et bordures vertes.

LE LATRAN [1]

« Priora quæ fuerunt nuntiate. »

(ISAIAS, XLI, 23.)

Rome a le culte des souvenirs. Fière de son passé, elle tient à le faire connaître et pour cela emploie les moyens les plus persistants et efficaces. Elle ne se contente pas de l'histoire et de la tradition, car ce sont généralement des documents muets pour le public.

D'ailleurs, l'histoire n'est pas toujours complète et exacte et les traditions s'altèrent facilement. On peut encore accumuler dans les archives les titres les plus précieux ; peu de personnes en ont connaissance, et l'incendie, cette plaie incurable de tous nos grands édifices, les détruit promptement et sans retour.

Il faut donc s'aviser de moyens meilleurs, moins fragiles et plus durables. Voilà pourquoi, à Rome, l'histoire a été gravée sur le marbre et bâtie en monuments de brique et de pierre. Qui constaterait la prééminence de la basilique de Latran sur toutes les églises de Rome et du monde, si Grégoire XI [2] et saint Pie V [3] n'avaient pas fait graver les bulles qu'ils donnèrent à ce sujet dans la sacristie et aux portes même de l'édifice, chartes monumentales qui ne périront qu'avec les murs auxquels elles adhèrent? Qui pourrait préciser actuellement l'endroit où l'apôtre saint Jean fut plongé dans une chaudière d'huile bouillante, en face de la porte Latine, si un petit oratoire, de forme octogone, n'avait été élevé au même emplacement?

Je ne veux parler ici que du Latran, pour montrer ce qu'est l'his-

---

1. *La grande pancarte de la basilique de Latran*, Lille, Desclée, 1887, in-4° de 37 pages à deux colonnes. Extrait de la *Revue de l'Art chrétien*, 2ᵉ sér., t. IV et V; tiré à part à 100 exemplaires.

2. Rohault de Fleury n'en donne qu'un extrait en français, p. 227.

3. La bulle de S. Pie V est imprimée dans Rohault de Fleury, p. 522-523.

toire et ce qu'elle apprend, quand des soins pieux et intelligents se préoccupent de la transmettre à la postérité. D'ailleurs, son origine et ses privilèges lui méritent cette distinction et cet honneur de préférence à toute autre.

Le groupe du Latran est très étendu, car il comprend une série d'édifices distincts, qui sont : la basilique, le collège des pénitenciers, le baptistère, l'hôpital, le patriarcat, et la *Scala santa*, où l'on trouve, outre l'Escalier saint, le Saint des Saints, l'Oratoire de la confrérie du Saint-Sacrement et le *Triclinium*. Je ne dois négliger aucun de ces monuments.

Saint-Jean de Latran est, à la lettre, couvert d'inscriptions qui en racontent les phases diverses et les gloires, depuis son érection par l'empereur Constantin et sa première consécration par saint Sylvestre, jusqu'à sa rénovation par Innocent X et sa dernière consécration par Benoît XIII.

Toutes ces inscriptions ont été publiées plusieurs fois et la *basilique constantinienne* [1], ainsi que la nomme le *Liber pontificalis*, a eu ses savants historiens, tels que Alemanni, le cardinal Rasponi, et en dernier lieu Valentini et surtout Rohault de Fleury [2], qui n'ont laissé de côté aucune période de ses fastes.

Il est cependant un document qui, jusqu'à ce jour, n'a pas été mis en lumière. Je tiens particulièrement à appeler l'attention sur lui, à cause de son importance historique et archéologique. C'est la grande pancarte du Latran, comme la désigne son titre, *Tabula magna Lateranensis.*

---

1. « Hujus (S. Sylvestri) temporibus, fecit Constantinus Augustus basilicas istas, quas et ornavit : Basilicam Constantinianam, ubi posuit ista dona. »
Clément XII, en 1737, a confirmé cette tradition quand il a transporté du Capitole sous le portique du Latran une statue antique de Constantin, à titre de *fondateur,* comme porte l'inscription commémorative :

CLEMENS XII . PONT . MAX .
POSITAE . SIBI . STATUAE . LOCO
VETUSTUM . SIMULACRUM . CONSTANTINI . MAGNI
MAGIS . OB . CHRISTIANAM . RELIGIONEM . SUSCEPTAM
QUAM . VICTORIIS . ILLUSTRIS
E . CAPITOLINIS . AEDIBUS . TRANSLATUM
IN . HAC . LATERANENSI . BASILICA
AB . EODEM . IMPERATORE . CONDITA
NOVA . PORTICU . MERITO . COLLOCAVIT
A . S . MDCCXXXVII . PONT . VII .

2. *Le Latran au moyen âge,* Paris, 1877, in-8°, avec album.

Le XVIe siècle fut le siècle des érudits. On le sent aux recherches fécondes de Panvinio, qui, mieux que tous autres, a connu et dévoilé les sources où il puisait avec tant d'ardeur. La grande pancarte du Latran est l'œuvre d'un érudit de cette trempe qui a fouillé dans les archives de la basilique, pour leur faire dire tous leurs secrets. Il a condensé ses observations et il en est résulté un document précieux, qui lui vaut toute notre reconnaissance [1].

Une fois rédigée, la pancarte a été copiée, en belle écriture ronde, sur une grande feuille de parchemin, mesurant plus d'un mètre en élévation. Par précaution, on l'a collée sur un panneau de bois et entourée de moulures qui en forment le cadre. Puis, elle a été accrochée derrière l'abside, au côté gauche du déambulatoire, par où l'on va à la sacristie. Quoique placée bien haut, si haut qu'il faut de bons yeux et de la patience pour la lire, elle n'est pas, à sa partie inférieure, hors de la portée de la main, quand on se dresse sur la pointe des pieds. Aussi a-t-elle été lacérée par la brutale convoitise de quelques visiteurs. Elle présente donc de regrettables lacunes.

La grande pancarte se divise en trois parties : l'*inventaire*, le *baptistère* et les *indulgences*.

Je donnerai d'abord le texte de la *Tabula*, puis ferai suivre chacun des articles du commentaire qu'il comporte, heureux si le lecteur se complaît à cette étude, destinée à faire revivre des souvenirs effacés et à fournir d'utiles aperçus à l'ecclésiologie contemporaine.

Son opportunité résulte de l'agrandissement récent de la basilique et de la restauration de sa mosaïque, l'inauguration du nouveau chœur ayant eu lieu, cette année même, 1886, le jour de l'Ascension.

---

1. M. le comte Riant, de l'Institut, me signale la *Descriptio sanctuarii Lateranensis*, dans des manuscrits du XIIe siècle, à Rome, Bruxelles, Paris, Reims, Douai et Cambrai. Il ajoute : « C'est l'original auquel Jean Diacre (Mabillon, *Mus. italic.*, t. II, page 566) a emprunté ce qu'il dit des reliques de Latran, mais cet original est bien plus complet. La provenance que Jean Diacre donne aux reliques juives est inadmissible, car elles ne peuvent avoir été apportées à Rome par Titus. On sait qu'elles furent transférées par les Vandales à Carthage, reprises par Bélisaire et rendues à Jérusalem par Justinien. »

On peut consulter sur la *Tabula magna*, Rasponi, *Stor. della basilica*, lib. I, cap. 10, et Crescimbeni, *Stor. di S. Giovanni ante portam latinam*, lib. II, cap. 8.

Son but pratique est attesté par cette note d'Alfarani, à propos de la basilique de S.-Pierre : « Instructio pro peregrinis ad limina apostolorum confluentibus, ad instar magnæ tabulæ Lateranensis. » (Muntz, *Les sources de l'archéolog. chrét.*, p. 16.)

I

TABULA MAGNA LATERANENSIS.

1. In tribuna a Nicolao iiij instaurata est primo imago Salvatoris, parietibus depicta, quæ visibilis apparuit Populo Romano, cum S. Sylvester dedicavit Ecclesiam : quæ imago nec comburi potuit nec violari, quando Ecclesia ab hereticis septies combusta fuit et transivit per portam sanctam, quæ est in porticu sita ; per quam si quis introierit in anno Jubilei, remissionem omnium peccatorum, per papam Clementem concessam, in forma Ecclesiæ consueta consequetur.

2. Quatuor columnæ ex metallo deauratæ, quæ erant in porticu Salomonis, quas Titus et Vespasianus a Judeis ex Hierusalem asportari jusserunt, una cum reliquiis et rebus mirabilibus hic annotatis.

3. In altari beatorum Philippi et Jacobi, quod *mortuorum* dicitur, si quis devote celebraverit vel celebrari fecerit, cum jejunio et elemosina, in forma Ecclesiæ, animam e purgatorio extrahit.

4. In sacristia vero nova, ab Eugenio papa IIII instaurata, sunt duæ magnæ cruces ex argento deauratæ, in quarum medio est de ligno veræ crucis, quæ depictæ et ornatæ sunt figuris novi et veteris testamenti.

5. Item tres aliæ parvæ cruces de argento deauratæ et unionibus ac gemmis ornatæ et una de auro puro, quam rex Lusitaniæ ad Julium II concessit ; in cujus medio est parva crux de ligno quam gestabat S. Joannes in deserto, prædicans baptismum pœnitentiæ.

6. Item caput Sancti Zachariæ prophetæ.

7. In una parva capsula ex cristallo elaborata sunt de reliquijs plurimarum vir (*ginum*).

8. In capsula ex cristallo de reliquijs Sancti Lini, papæ et martyris ; S. Barbare, virginis et martyris, cum velo S. Barnabe apostoli ; S. Stephani protomartyris ; S. Pancratij, papæ et martyris et sociorum ; Sancti Sylvestri, papæ confessoris ; S. Sebastiani, martyris ; Sanctæ Luciæ, virginis et martyris ; S. Stephani, papæ et martyris ; Sanctæ Dimitillæ, virg. et martyris.

9. Item ampulla cum (*reliquiis*) sine nomine.

10. Pars lapidis supra quem dicitur cecidisse sanguinis gutta et pinguedinis Sancti Laurentij, dum in craticula combureretur.

11. In capsula de ebore sunt de reliquiis sanctorum Marcelli (*ni*) et Petri et aliorum sanctorum.

12. In tabernaculo ex octone deaurato sunt chirothecæ et sandalia Sancti Leonis, papæ et martyris.....

13. Item de oratoriis ad fontes et de sanctuariis et donis eorum.

14. Retro basilicam Salvatoris quatuor sunt oratoria. Unum est quod habet absides duas. (*Sub*) una est altare S. mart. virg. Rufinæ et Secun-

dæ, sub quo recondita sunt præciosa membra earumdem virginum. Sub alia absida est altare Sancti Andreæ apostoli et S. Luciæ virg., quod Anastasius papa IIII consecravit et in eo recondidit de reliquiis utriusque, scilicet Andreæ apostoli et S. Luciæ virg.

15. In festivitate S. Cipriani, episcopi et mart. et S. Justine virg., quorum corpora in tumba marmorea posita locavit et recondidit sub eodem altari quæ invenerat in altari supradictarum virginum Rufinæ et Secundæ, dum pro inveniendis corporibus earum quærere et fodere præcepisset.

16. Aliud vero et oratorium, huic predicto contiguum, quod unam sub abside tantummodo habet aram, sub quo sunt recondita præciosa sanctorum corpora ; illa sunt nomina : S. Venantius, S. Domnius, S. Anastasius, S. Maurus, S. Allerius, S. Septimius, S. Thebius, S. Antiochianus, S. Paulincanus, S. Gazanius.

17. Tertium vero est oratorium postea, ubi fontes sunt, inter duo altaria. Unum est S. Joannis Baptistæ, aliud S. Joannis Evangelistæ. Fontes sunt rotundi, inter columnas porphireticas positi, in medio Ecclesiæ, quæ pulchra est et rotunda, ubi Constantini Imperatoris sunt cuncta.

18. Oratoria vero ipsa, videlicet beati Joannis Baptistæ et B. Joannis Evangelistæ, e regione hinc inde disposita, construxit Hilarius Papa, quæ omnia ex auro, argento, lapidibus preciosis aliisque ornamentis et jocalibus sumptuosis mirifice decoravit.

19. Fecit itidem S. Stephanum *(sic)* monasterium ; in baptisterio Lateran. bibliothecas duas.

20. Item in capella S^{cti} Stephani prothomart., quæ est versus Septentrio-*(nem)*, in supradictis oratoriis separata, ad altare repertæ sunt columnæ *(cum)* ligneis tabulis, quæ erant in cantica *(sic)* beatæ Virginis Mariæ.

21. Item in porticu ejusdem capellæ duæ sunt aliæ columnæ marmoreæ, quæ erant ante domum Pilati, ubi pendebant vexilla quæ se inclinaverunt Christo transeunte.

22. Hæ sunt indulgentiæ Sacro-Sanctæ Lateran. Ecclesiæ. Primo. Ad altare majus sunt Indulgentiæ quadraginta octo annorum et totidem XL : et tertiæ partis omnium peccatorum remissio.

23. Item Constantinus Imperator, postquam mundatus fuit a lepra per sacri baptismatis susceptionem, dixit beato Sylvestro : « Pater, ecce domum meam in ecclesiam ordinavi, infunde in eam tuam largam benedictionem venientibus ad eam. » Et ait ad eum beatus Sylvester : « Dominus meus, qui te mundavit a lepra et purificavit te fontis baptismo, per suam misericordiam mundet simul omnes hic venientes sine peccato mortali. Et auctoritate apostolorum Petri et Pauli atque nostra sit eis remissio omnium peccatorum quocumque tempore. Amen. »

24. Item S. Gregorius Papa, qui hanc ecclesiam consecravit post destructionem ejusdem factam per hæreticos, consummavit indulgentiam positam per beatum Sylvestrum papam antedictum.

25. Item papa Bonifacius dixit : « Indulgentiæ Ecclesiæ Lateranensis

« numerari non possunt, nisi a solo Deo et omnes indulgentias con-
« firmo. »

26. Item papa Bonifacius dixit : « Si quis ad sedem nostram Lateranen-
« sem, causa devotionis, orationis, peregrinationis, accesserit, ab omni
« peccato sit mundatus totus. »

27. Item in ecclesia prædicta, in capella S^ti Joannis Bap^te, in qua mulieres non intrant, ibidem ad fontes, est remissio omnium peccatorum.

28. Item in capella S^ti Laurentij, in qua mulieres non intrant, quæ dicitur *Sancta Sanctorum*, est remissio omnium peccatorum [1].

II

1. Les italiens nomment *tribuna*, dans une église, la partie postérieure, que nous sommes convenus en France d'appeler *abside*. Elle
doit ce nom à son usage, car c'est de là que les *tribuns* ou les ora-
teurs parlaient au peuple dans les basiliques romaines et aussi parce
que cet endroit est élevé de plusieurs marches au-dessus du sol de
la nef. C'est dans ce dernier sens que le préfet des cérémonies apostoliques emploie le mot *podium*, quand il fait une intimation aux
cardinaux pour les réunir en chapelle papale à Saint-Jean de Latran.

De *tribuna* est venu le terme latin et français *tribunal*. En effet,
dans les basiliques anciennes se jugeaient les causes civiles et crimi-
nelles, et les juges se tenaient dans l'hémicycle du fond.

Au moyen âge, *tribuna* et *tribunal* ont été confondus dans une
seule et même signification, pour indiquer une *abside*. Antoine de
Yepez, dans le tome IV de la *Chronique de l'Ordre de Saint-Benoît*,
page 352, dit que le corps du comte Wifroid repose sous l'abside :
« Sub hac *tribuna* jacet corpus quondam Vuifredi comitis. » Les
actes de saint Bertrand, reproduits par les Bollandistes au tome II
du mois de juin, page 802, parlent du grand autel comme étant situé dans la tribune et à côté le monument du prélat : « Apud *tribu-
nam* majoris aræ et penes monumentum, in quo præfati corpus
præsulis in pace quiescit. » Jacques de Voragine, dans sa *Chronique
de Gênes*, citée par Muratori, tome IX, colonne 36, mentionne une

1. M. Robault de Fleury a réimprimé la *Tabula* d'après ma copie (*Le Latran*.
p. 504-507).

26

belle image qui fut détachée intacte de la tribune et placée dans les fondements : « Cum vero in *tribuna* imago pulcherrima deberet destrui, taliter sunt ingeniati, quod illam trofimam salvam et integram cum illa imagine per brachia XXV traxerunt, et eam in fundamento, ubi modo est, stabiliter collocarunt. »

Le grammairien Uguccio avait donc raison d'écrire que la *tribune* chez les Latins répondait à *l'abside* des Grecs et qu'à cause des fenêtres dont elle était percée, c'était l'endroit le plus clair de l'édifice : « *Absida* est græcum et interpretatur *lucida*, id est latus ædificii vel *tribuna*. »

L'*Ordre romain*, publié par Mabillon au tome II, page 56, de son *Museum italicum*, fait siéger le pontife au tribunal, d'où il incline la tête contre l'autel qui est en face de lui, ainsi que cela se pratique encore dans les anciennes églises de Rome, telles que Sainte-Cécile, Sainte-Agnès-hors-les-murs, Saint-Pierre ès liens, etc. : « In hoc honorabili ministerio debet Pontifex venire in *tribunal* ecclesiæ et inclinare caput contra altare. »

La vie de saint Denis de Milan a été imprimée par les Bollandistes au tome VI du mois de mai ; page 46, on y lit que les Ariens se précipitèrent dans l'église et que leurs évêques montèrent jusqu'au tribunal : « Et cœperunt se Ariani intra ecclesiam cum catholicis miscere, ita ut episcopi illorum *tribunal* conscenderent. » Enfin Mabillon, racontant au V⁰ siècle bénédictin, dans les *Acta Sanctorum ordinis S. Benedicti*, la translation de sainte Hunégonde, rapporte que le corps de cette sainte fut déposé dans la crypte contiguë au tribunal de l'église monastique : « Feruntur beata pignora in cryptam, sanctæ et individuæ Trinitatis in honore dedicatam, retro ejusdem ipsius monasterii *tribunal* fabricatam atque contiguam. »

Je me suis étendu à dessein sur l'origine et la signification du mot *tribuna* (n° 1) ; pour faire voir que c'est un mot essentiellement ecclésiastique et ancien, en même temps que pour répondre à l'étonnement qu'il cause aux étrangers quand ils arrivent à Rome.

2. La basilique fondée par l'empereur Constantin n'est plus qu'un mythe. Vainement l'archéologue en chercherait-il quelque trace dans la basilique actuelle, qui est en partie gothique ou en partie moderne.

La tribune datait de la fin du XIII° siècle, de l'an 1291, troisième année du pontificat de Nicolas IV (n° 1) : elle a été récemment détruite de fond en comble, pour en faire une plus spacieuse. Nul doute n'est possible à cet égard, car le pontife lui-même a pris soin de l'attester par une inscription placée à la base de la mosaïque absidale, par son portrait relevé de son nom dans la même mosaïque [1] et enfin par sa statue de marbre, qui a été déplacée depuis et reportée dans le déambulatoire, où elle n'a plus aucune signification.

Voici l'inscription commémorative : « Partem posteriorem et anteriorem ruinosas huius sancti templi a fundamentis reedificari fecit et ornari opere musaico Nicolaus Papa IIII, S. Francisci filius : et sacrum Vultum Salvatoris integrum reponi fecit in loco, ubi primo miraculose populo Romano apparuit, quando fuit ista ecclesia consecrata, anno Domini MCC° nonagesimo. »

Il existe une autre inscription qui cite le même fait, mais avec plus de détails. Il est donc utile de la consigner ici.

Dieu se sert fréquemment du sommeil et des songes qui l'accompagnent pour révéler ses desseins et prédisposer l'esprit à leur prompte réalisation. François d'Assise avait inutilement supplié le pape de vouloir bien approuver l'Ordre nouveau qu'il désirait fonder dans l'Église. Repoussé, mais non découragé, il se tenait humblement sous les galeries du palais de Latran, attendant une occasion favorable pour reparaître devant Sa Sainteté. Mais Innocent III, ayant aperçu en songe François qui soutenait sur ses épaules la basilique voisine, prête à s'écrouler, comprit de quel secours serait pour l'Église un auxiliaire si puissant.

Or, Nicolas IV, sorti des rangs des Frères-Mineurs, entreprit la reconstruction de la basilique de Latran. Il data son œuvre et motiva la rénovation entreprise sur le signe donné au commencement du siècle. La basilique allait crouler, si les épaules et les mains de François ne l'eussent soutenue. Innocent III prit le côté moral du songe et fonda l'ordre des Frères-Mineurs. Nicolas IV en envisagea le côté matériel et restaura, en reprenant, aux fondements. l'église mère et maîtresse de toutes les églises. François avait édifié un

---

1. Voir sur cette mosaïque l'ouvrage de Gerspach, intitulé *la Mosaïque*, p. 130 116. et mon article dans la *Revue de l'Art chrétien*, 1884, p. 198-206.

temple spirituel à Dieu; un de ses disciples, franciscain, consommait le projet en élevant l'édifice matériel.

Nicolas IV, pour perpétuer le souvenir do cette double entreprise, fixa sur le mur de clôture du chœur, en cubes d'émail doré, se détachant sur un fond d'azur, cette charte en vers latins :

✠ Tertius Ecclesie pater Innocentius, hora
Qua sese dederat sompno, nutare ruina
Hanc videt ecclesiam : mox vir pannosus et asper
Despectusque, humerum supponens, sustinet illam.
At pater evigilans Franciscum prospicit atque :
Vere est hic, inquit, quem vidimus ; iste ruentem
Ecclesiamque fidemque feret. Sic ille, petitis
Cunctis concessis, liber letusque recessit.
Francisci proles, primus de sorte Minorum
Hieronymus, quarti Nicolai nomine surgens,
Romanus presul, partes circumspicit hujus
Ecclesie certa jam dependere ruina.
Ante retroque levat, destructa reformat et ornat
Et fundamentis partem componit ab ymis.
Postremo, quæ prima Dei veneranda refulsit
Visibus humanis facies, hec integra sistens,
Quo fuerat steteratque situ relocatur eodem.
Presulis ecce tui, Deus, hec amplectere vota,
Que tibi persolvit, domus hujus amando decorem.
Serva, vivifica, celo terraque beatum :
Effice nec manibus tradas hunc hostis iniqui.
Ingrediens populus devotus munera sumat
Que bonus hic pastor dedit indulgendo benigne
Et larga pietate pater peccata remittens.
Anno ab incarnatione Domini Nostri
Ihesu Xpisti M. CC. XCI, pontificatus ejusdem Domini Nicolai pp IIII, anno III [1].

3. La fin de l'inscription constate plusieurs faits qu'il est important de recueillir. D'abord, Nicolas IV replaça, à la voûte de l'abside, l'image miraculeuse du Sauveur (n° 1), puis accorda des indulgences aux fidèles; enfin, les travaux de restauration furent terminés en 1291, la troisième année de son pontificat.

---

1. J'ai donné et commenté cette inscription, à propos de la vie de S. François, dans la *Revue de l'Art chrétien*, t. IV, p. 316-317, et, à l'occasion de S. Jean de Latran, dans mes *Stations et dimanches de Carême*, Rome, 1863, p. 33-34.

Nicolas IV a, en effet, replacé au centre de l'abside de la nouvelle basilique la figure du Christ qui, suivant la tradition et le bréviaire romain, aurait une origine miraculeuse : « Cujus consecrationis (de Saint-Sauveur) celebratur hodierno die (9 novembre), quo primum Romæ publice ecclesia consecrata est et imago Salvatoris in pariete depicta populo Romano apparuit [1]. » (Breviar. Rom.) Malgré ce triple témoignage, il m'est impossible de voir autre chose, dans la tête nimbée du Sauveur, dite achérotype, que la figure qui ornait jadis l'abside de Saint-Jean de Latran, que façonna grossièrement en mosaïque un artiste du v° ou vi° siècle et que par respect conserva le pape Nicolas IV [2].

L'apparition du Sauveur, pendant la cérémonie de dédicace (n° 1), frappa tellement les esprits qu'elle devint comme le signe caractéristique de la basilique, dont elle est en quelque sorte le blason. Au moyen âge et de nos jours encore, le Chapitre de Latran, la confrérie du Saint-des-Saints et l'archi-hôpital du Saint-Sauveur s'en servent, en forme d'armoiries, et, par respect pour l'image vénérée, l'accompagnent de deux cierges allumés. Le fait lui-même a été magistralement représenté en peinture dans le transept de la basilique, sous le pontificat de Clément VIII.

1. Dans la réforme du Bréviaire romain, projetée par Benoît XIV, la cinquième leçon de la *Dedicatio basilicæ Salvatoris*, au 9 novembre, porte : « In suo Lateranensi palatio (Constantinus) ecclesiam Salvatori dedicavit et ei contingentem basilicam nomine sancti Joannis Baptistæ condidit, eo loco quo ipse baptizatus est a sancto Silvestro, quam idem pontifex consecravit quinto idus novembris. Cujus consecrationis memoria celebratur hodierno die, quo primum Romæ publice ecclesia consecrata est et imaginem Salvatoris in pariete depictam populus Romanus aspexit. »

Jean Diacre parle en ces termes de la dédicace : « Ecclesiam postea ædificatam et consummatam beatus Silvester publice (quod non fiebat antea) solemniter consecravit quinto idus novembris. Et est illa usque hodie celeberrima festivitas in Urbe, in qua prima ecclesia publice consecrata est, et imago Salvatoris, infixa parietibus, primum visibilis omni populo apparuit. Inscribitur enim *Dedicatio basilicæ Salvatoris*. » (Lib. de Eccl. Lateran.)

Voir Du Cange au mot *Basilica aurea*; le card. Baronio, *Martyrol. Rom.*; *Glos. in Decret.*, II, c. XII, q. I, c. XV.

2. Le P. Garucci (*Stor. dell' arte crist.*, t. I, p. 445), pour mettre d'accord le « Imago Salvatoris depicta » des leçons de l'office avec le « Sacrum vultum Salvatoris integrum » de l'inscription de Nicolas IV, dit que la première représentation, contemporaine de S. Sylvestre, fut une *peinture*, traduite ultérieurement en une mosaïque, que conserva le pape restaurateur de l'abside; il rejette l'opinion que cette mosaïque soit l'œuvre du consul Flavius Constance, en 414, parce que l'inscription qui le nomme était gravée sur le siège épiscopal et non faite en mosaïque. Ce n'est pas absolument rigoureux, car l'inscription peut se rapporter en même temps à l'abside tout entière, marbres et mosaïques.

4. Il me serait difficile de justifier l'affirmation de la grande pancarte qui prétend que Saint-Jean de Latran fut brûlé sept fois par les hérétiques (n° 1). L'histoire ne mentionne que l'incendie de 1308 [1], arrivé pendant que Clément V résidait en France, au mois de juin et à l'heure des vépres, par la négligence des plombiers.

5. Les trois basiliques patriarcales de Saint-Jean de Latran, de Saint-Pierre du Vatican et de Sainte-Marie-Majeure, ont le privilège de la *porte sainte*, qui, dans le principe, ne s'ouvrait qu'à l'occasion des jubilés séculaires. Lorsque le pape Boniface VIII institua le jubilé en l'an 1300, il le fit exclusivement à l'avantage de Saint-Pierre. La grande pancarte nous apprend que son successeur Clément (V ou VI) voulut également en faire profiter sa cathédrale (n° 1). Depuis lors, il y eut une porte sainte à Saint-Jean de Latran. C'est, à main droite quand on entre, la dernière des cinq portes, percées sous le portique et donnant accès aux cinq nefs. Pour gagner l'indulgence plénière du jubilé, autrement dit la rémission de tous ses péchés, il faut nécessairement passer par cette porte, ouverte à cet effet pendant une année entière et murée ensuite. Afin de la distinguer des autres, à l'extérieur est appliquée une croix de cuivre doré, que les fidèles baisent dévotement [2].

6. Il y a trois opinions sur les colonnes de bronze doré, qui forment actuellement le baldaquin de l'autel du Saint-Sacrement dans la basilique de Latran. La grande pancarte affirme qu'elles proviennent du portique de Salomon et qu'elles ont été transportées à Rome par Titus et Vespasien, lors de la prise de Jérusalem (n° 2). Je me range volontiers à ce sentiment. Les antiquaires modernes et les auteurs de *Guides* affirment, au contraire, qu'elles ont été empruntées aux ruines du temple de Jupiter Capitolin, où Auguste les avait offertes, après y avoir employé le bronze enlevé par lui aux rostres des navires vaincus, après la célèbre bataille d'Actium. (VISCONTI, *Roma antica*, tome III, p. 150.)

Onuphre Panvinio a une opinion qui mérite d'être rapportée :

1. V. sur cet incendie Rohault de Fleury, p. 482, et, sur celui de 1361, p. 489.
2. Quatre inscriptions latines rappellent que la porte sainte fut ouverte et fermée, sous Benoît XIII, en 1725, par le cardinal Pamphili; sous Benoît XIV, en 1750, par le cardinal Corsini; sous Pie VI, en 1775, par le cardinal Marefoschi; sous Léon XII, en 1825, par le cardinal della Somaglia; tous ces cardinaux étaient archiprêtres de la basilique.

« A main droite et à main gauche du maître-autel, dit ce savant, on voit des colonnes d'un merveilleux travail, faites en métal de Corinthe et à la corinthienne, auxquelles, paraît-il, Virgile fait allusion au troisième livre des Géorgiques, quand il dit :

Atque hic undantem bello magnumque fluentem
Nilum, et navali surgentes ære columnas.

« Elles sont placées ici comme ornement. On dit qu'elles furent autrefois dans le temple de Némésis, et de ce temple, suivant la tradition, viennent encore les portes et les serrures que l'on voit aujourd'hui, à Saint-Jean-de-Latran, au-dessus du chœur des chanoines et dans la rotonde où elles servent de portes. Ces colonnes n'étaient pas anciennement où elles sont maintenant, mais peu éloignées de la tribune et vers l'autel du Saint-Sacrement. Sur leurs chapiteaux de bronze étaient des statues de saints d'or et d'argent, d'un travail merveilleux, et aussi quelques lampes dans lesquelles, à certaines fêtes principales, on brûlait, au lieu d'huile, du baume que les Orientaux payaient en redevance à l'Église romaine. » (*Le sette chiese principali di Roma*, Rome, 1570, pages 152-153.)

7. La grande pancarte ajoute que ces colonnes vinrent à Rome avec des *reliques* et des choses *admirables* (n° 25). Pour suppléer à l'énumération qui manque, je n'ai qu'à copier la liste exécutée en mosaïque, à l'instigation de Nicolas IV, et placée dans le déambulatoire. Or, ce trésor, dispersé en partie par la soldatesque du connétable de Bourbon, consiste en dix-huit objets précieux dont voici e détail :

1. L'autel de bois sur lequel célébra saint Pierre dans la maison du sénateur Pudens, et dont firent également usage les pontifes ses successeurs pendant la persécution.

2. La table de bois sur laquelle Jésus-Christ fit la dernière cène avec ses disciples.

3. Deux fioles, pleines du sang et de l'eau qui coulèrent du côté du Sauveur, percé par la lance de saint Longin.

4. De l'auge de bois qui servit de berceau à l'enfant Jésus dans l'étable.

5. De la tunique sans couture que tissa la Sainte Vierge pour son divin Fils.

6. Le vêtement de pourpre qui fut jeté dérisoirement sur les épaules du Sauveur à sa passion.

7. Le suaire qui enveloppa sa tête dans le sépulcre.

8. Le linge avec lequel il essuya les pieds de ses apôtres, après les avoir lavés, lors de la dernière cène.

9. Des cinq pains d'orge que Jésus-Christ multiplia dans le désert pour rassasier la foule.

10. Du sang de saint Jean-Baptiste, recueilli à sa décollation et de ses cendres, seul reste de ses ossements, après qu'ils eurent été brûlés à Sébaste.

11. Son cilice en poils de chameau, dont parle l'Écriture : « Ipse autem Johaunes habebat vestimentum de pilis camelorum. » (S. Matth., III, 4.)

12. De la manne qui coule du tombeau de saint Jean évangéliste. Sa tunique et une partie de la chaîne dont il fut lié quand on l'amena d'Éphèse à Rome [1].

13. Les ciseaux avec lesquels il eut les cheveux coupés, par ordre de Domitien, pendant son martyre à la Porte Latine.

14. L'arche d'alliance, avec les deux tables de la loi et les verges de Moïse et d'Aaron.

15. Le chandelier d'or à sept branches, que Titus fit sculpter en bas-relief sur un arc de triomphe qui subsiste encore, au point culminant du Forum, sur la Voie Sacrée [2].

16. L'encensoir d'or, plein d'encens, qui servait au grand-prêtre.

17. Une urne d'or, remplie de la manne qui tomba dans le désert.

18. Des pains de proposition offerts au Seigneur dans le temple.

Nous dirons plus loin ce qui reste actuellement de ces insignes reliques. Notons seulement le maître-autel et la table de la dernière cène, exposée au-dessus de l'autel du Saint-Sacrement.

8. Panvinio en a vu, de son temps encore, quelques autres dont il parle en ces termes :

« Un des oratoires du midi, dans la tribune, a son autel dédié à saint Jean-Baptiste, où l'on conserve beaucoup de saintes reliques, et entre autres l'*arca fœderis*, la table de J.-C., la verge d'Aaron et de Moïse et de nombreux ossements de saints. Les femmes n'y entrent que le jour de saint Thomas, apôtre. »

L'inscription qui détaille de telles reliques ne peut être passée sous silence. Panvinio et Severano ne la reproduisent pas ; il est à propos d'en donner ici le texte même, copié sur l'original :

✠ Hec basilica Salvatoris Domini Nostri Jesu Xpristi
sanctique Johannis Baptiste atque beati Joannis Evangeliste, hiis sacrosanctis
ac venerabilibus sanctuariis insignita, consistit in primis hoc altare ligneo

---

1. Voir sur cette chaîne Giampaoli, *Memor. delle sacre catene di S. Pietro apost.*, p. 154. Pennoto (*Stor. trip. dell' ordine dei canonici regol.*, cap. 3, n° 3, p. 559) rapporte l'inscription du Latran, qui la mentionne.

2. Ce bas-relief est reproduit dans *les Saints Évangiles*, par H. Lasserre. p. 130.

quod sancti Dei pontifices et martires ab apostolorum tempore habuerunt, in quo per crip-
tas et diversa latibula missas celebra-
bant, persecutionis rabie imminente; super quo
desuper est mensa Domini, in quo Christus cena-
vit cum discipulis in die Cœne. In hoc autem
altari sunt de sanguine et aqua
de latere Xpristi ampulle due. Item est ibi de
cuna Xpristi, tunica inconsutili et purpureum vestimentum ejus. Item sunt ibi sudarium quod fuit super caput ejus et linteum
unde pedes discipulorum lavit. Item de quinque
panibus ordeaciis. Item de cineribus et sanguine sancti Johannis Baptiste et cilicium ejus de pilis camelorum ; de manna sepulchri sancti Johannis evangeliste et tunica ejus et etiam pars catene cum
qua ligatus venit ab Efeso ; forcipes cum quibus
tonsus fuit de mandato Cesaris Domitiani. Sub
isto nempe altari est arca federis, in qua sunt
due tabule Testamenti, virga Moysis et virga Aaron. Est ibi candelabrum aureum et thuribulum
aureum thymiamate plenum et urna aurea plena manna et de panibus propositionum. Hanc
autem arcam cum candelabro et hiis que dicta
sunt, cum quatuor presentibus columpnis, Titus et Vespasianus a Judeis asportari fecerunt de Herusolima ad Urbem, sicut usque hodie cernitur in triumphali forni-
ce qui est juxta ecclesiam sancte Marie Nove, ob victoriam et perpetuum
monumentum eorum a Senatu Populoque
Romano positum.

Deux archéologues anglais, MM. Mason Neale et Benjamin Webb, de l'Université de Cambridge, ont ajouté à leur ouvrage *du Symbolisme dans les églises du moyen âge*, un passage du *Rational* de Guillaume Durant, qui confirme pleinement les assertions précédentes : « Notez que, dans le temps du pape saint Silvestre, l'empereur Constantin bâtit l'église du Latran, dans laquelle il plaça l'arche de l'Alliance, que l'empereur Tite avait apportée de Jérusalem, ainsi que le chandelier d'or à sept branches. Dans cette arche étaient les anneaux et les bâtons d'or, les tables du témoignage, la verge d'Aaron, la manne, les pains d'orge, le vase d'or, la robe sans couture du Sauveur, le roseau de sa passion, une tunique de saint Jean-Baptiste et les ciseaux qui avaient servi à couper les cheveux de saint Jean l'Évangéliste. »

Le chanoine Bourassé, dans l'édition française du traité anglais (Tours, 1847, in-8°), a accolé à cet endroit une note explicative qu'il est opportun de citer : « Il est très remarquable que Ciampini, dans les détails minutieux qu'il donne de la basilique de Latran, ne fait aucunement allusion à ces reliques, quoique, dans la description qu'il fait de cette église, ainsi que des autres églises basilicales bâties par Constantin, il copie mot à mot la liste des donations faites par cet empereur, qui se trouve dans la *Vie du pape saint Sylvestre*, écrite par un bibliothécaire du Vatican dont le nom est inconnu. De deux choses l'une : ou Durand de Mende fut mal informé, ou le passage en question est controuvé. Il n'est pas vraisemblable que la tunique de saint Jean ou que les ciseaux de saint Jean l'Évangéliste eussent été gardés dans l'arche avec les choses qui n'étaient propres qu'à cette dernière. Il est cependant indubitable que Durand pouvait s'appuyer de quelques faits, puisque l'église du Latran, qui avait été autrefois dédiée au Sauveur, était alors sous l'invocation des deux saints Jean, et que les souffrances de ces deux martyrs se trouvent dépeintes sur une très ancienne mosaïque (lisez du XIII⁰ siècle). Dans la représentation des épreuves de l'évangéliste, on voit au-dessus l'inscription suivante, que nous offrons à nos lecteurs parce qu'elle est peu connue :

Martyrii calicem bibit hic athleta Johannes
Principium Verbi [1] cernere qui meruit.
Verberat hunc [2] fuste proconsul, forfice tondet
Quem fervens oleum lædere non valuit.
Conditus [3] hic oleum, dolium, cruor, atque capilli
Quæ consecrantur, libera [4] Roma, tibi.

Je regrette d'avoir à combattre le savant chanoine de Tours, mais laisser passer sans contrôle ou réplique les erreurs qu'il a involon-

1. L'original porte *Principii Verbum*.
2. Lisez *hic*, qui précise l'endroit de la fustigation.
3. Avec l'original substituer *potuit* et *conditur*.
4. J'ai lu à Rome *inclita*.

tairement commises serait s'en porter pour ainsi dire garant, tellement il s'est acquis par ses travaux une notoriété justement méritée. Le silence de Ciampini ne contredit pas notre thèse. Le texte de Guillaume Durant n'est pas controuvé et ce célèbre liturgiste et canoniste du XIII° siècle n'a pas été mal informé, car il a habité Rome et y est mort. On peut donc admettre vraisemblablement qu'il parle *de visu*. Tout au plus, devrait-on lui reprocher quelque confusion, en renfermant dans l'arche des reliques qui lui étaient étrangères. Toujours est-il que cette arche et ses reliques avaient la même châsse de marbre, qui était l'autel papal. La basilique de Latran n'a pas perdu son vocable primitif, mais il s'y en est adjoint un autre qui, dans l'opinion publique, a fini par prévaloir. La mosaïque du martyre des deux saints Jean ornait l'extérieur du portique [1], mais l'inscription relative à saint Jean l'Évangéliste n'était pas plus en mosaïque qu'on ne la voyait au Latran. Elle est gravée sur marbre, en caractères du XII° siècle et plaquée au-dessus de la porte d'entrée, à l'intérieur du petit oratoire de saint Jean *in olio* [2].

Puisque ces reliques vraiment extraordinaires ont pu être l'objet d'un doute, j'accumulerai ici les preuves de leur existence et de leur authenticité. C'est encore l'érudit Panvinio qui va me fournir la matière de nouvelles citations :

Jean diacre (il écrivait dans la seconde moitié du XII° siècle) raconte expressément, au quatrième chapitre du livre qu'il écrivit, il y a plus de quatre cents ans, en parlant de l'église de Latran, de cette sorte : « Les « reliques qui sont dans l'église du Latran, ainsi que dans le palais, sont « nombreuses et un peu moins qu'infinies. Dans l'église entr'autres les « principales sont : l'arche d'alliance, le chandelier, la table, les pains de

1. M. Muntz a relevé, dans les dessins de la Barberine, les sujets suivants, qu'il ajoute « gravés dans Ciampini » : « Dessin colorié, représentant un pape qui remet un morceau d'étoffe (pallium?) à deux hommes (portraits de S. Pierre et S. Paul) en costume civil : *in Ecclesiæ Lateranensis porticus epistilio opere musivo.* — Suite du précédent : baptême (de Constantin) : cinq figures. — Même suite : Décollation d'un saint (Jean-Baptiste); à droite le bourreau le frappe, à gauche il emporte sa tête. — Même suite : S. Sylvestre et le dragon, derrière le pape un diacre. — Id., à gauche, un saint nimbé (S. Jean l'évangéliste), les mains liées, auquel on paraît couper les cheveux. A droite, le même saint entre deux hommes. — Id. Le Christ s'avançant vers un personnage à moitié nu qui lui tend les bras et qui paraît sortir des flammes. Toutes ces mosaïques ont un fond bleu; les papes y portent, non la tiare, mais un bonnet formant dans sa partie supérieure un angle rentrant. » (*Les sources de l'arch. chrét.*, p. 37.)

2. *Revue de l'Art chrétien*, t. XXI, p. 121; *Stat. et dim. de Carême*. p. 114.

« proposition, l'encensoir d'or, une urne pleine de manne, la verge
« d'Aaron qui fleurit, les tables de la loi, la verge de Moïse avec laquelle
« il frappa le rocher d'où sortit l'eau.

« Au maître-autel, placé entre quatre colonnes de porphyre, sous un
« beau tabernacle nommé anciennement *ciborium*, sont les reliques : du
« berceau de notre Seigneur, des cinq pains d'orge et des deux poissons,
« de la table de notre Seigneur, le linge avec lequel il essuya les pieds de
« ses disciples, la tunique sans couture que tissa de ses mains la sainte
« Vierge Marie pour Jésus-Christ, le vêtement d'écarlate de Notre Seigneur,
« le voile qui lui fut mis sur la tête, du lieu où le Christ monta au ciel,
« du sang de saint Jean-Baptiste, de la cendre de son corps brûlé, son
« cilice en poil de chameau, une fiole pleine de la manne du tombeau de
« saint Jean évangéliste [1], sa tunique et son vêtement qui, placés sur trois
« jeunes gens morts, les firent ressusciter. » Ainsi écrivait Jean diacre.

Onuphre Panvinio, non content de ce témoignage le plus ancien
de tous, reproduit encore une inscription en vers latins, dont la
contexture permet de l'attribuer sans crainte au XIIIᵉ siècle et probablement au pontificat de Nicolas IV ou de Boniface VIII. C'est la seconde inscription de ce genre, car nous en avons vu précédemment
une autre, mais en prose, qui existe toujours, tandis que celle-ci a
disparu :

> Et sacra sanctarum si nomina reliquiarum,
> Lector, scire velis, docet hoc te carta fidelis.
> De Christi cuna, quæ virga refloruit una,
> Cœlo manna datum, paranymphi manna beatum,
> Mensa gerens cænam turbamque cibans duodenam;
> Unda, sacer sanguis, quem fudit mysticus anguis;
> His bissenorum conjungitur arca virorum,
> Arca tenens pactum, septem candelabra, tactum
> Quæ silicem fregit et aquas dare coegit,
> Vas auri pui i, præstans incendia thuri;
> Gausape quod sacris aderat tingendo lavacris
> Clauditur, et cista clamys inconsutilis ista
> Vestis purpurea, textrice manu pharisæa,
> Hac latet in capsa de cœli culmine lapsa;
> Cumque tot his donis panes propositionis,
> Et panis frangenti (fragmenti ?) quæ turbæ mansit edenti;
> Sanguine Baptistæ pariter locis omnibus iste

---

1. Il y en avait aussi à S.-Sauveur *delle coppelle*, « de manna sancti Joannis
evangelista » (inscript. de 1195) et à S.-Adrien. « de manna beati Jo. evangeliste »
(inscr. de 1228).

Est sacer, et magni sudaria continet Agni,
Præconisque dati pars corporis incinerati
Deque pilis tunica, pretiosæ carnis amica,
A longis annis paranymphi sacra Joannis
Vestis servata juvenum tuaque reparata
Membra dedit vitæ; jacet insuper abdita rite
Ejusdem plena signorum sacra catena.

La tradition a laissé ses traces lumineuses aux xiie et xiiie siècles. Au xive siècle, Pétrarque rappelle au pape Clément VI, en le pressant de reporter le Saint-Siège à Rome, l'image miraculeuse du Sauveur, les planches de la crèche ; le lait, les vêtements et les cheveux de la Vierge ; le prépuce de l'enfant Jésus ; le doigt et l'anneau de sainte Agnès, la retraite de saint Sylvestre, la vision et guérison de Constantin, la verge d'Aaron et l'arche d'alliance, les reliques de l'Ancien et du Nouveau Testament, tous objets et souvenirs pieux, abandonnés et délaissés, mais que sa présence remettra en honneur.

Nonne... juvat. . . . .
. . . . faciem que agnoscere Christi ?

. . . .
Vel populo quæ visa olim sub vertice templi
Emicuit, perstatque minax horrore verendo ?

. . . .
Et sacros postes, ubi rerum conditor ingens
Conticuit, somnos blande suadente Maria ?
Lac quoque vel puero optatum, vel Virginis almæ
Leve puerperium, puraque carne recisam
Particulam infanti, preciosaque fragmina vestis,
Et custoditos in sæcula nostra capillos ?
Quid digitum Agnetis et nunc quoque fulgidus ornet
Annulus imposuit cupida quem mente minister
Prorsus inardescens sacroque assenserit illo
Conjugio ac tali placarit fœdere flammas ?

. . . .
. . . . quo Sylvester latitarit in antro :
Quæ Constantino species oblata deorum
In somnis, niveo quas idem marmore crustas
Liquerit, infamem monstrato gurgite morbum
Propellens, ut cœpta Deo lis teste quiescit,
Quod magnus infando maculavit corpore saxum,
Fluxerit offenso ? . . . .
Non ergo nunc Aron virgam, nec fœderis arcam,

Nec testamenti veteris mea pignora quot sint
Quotque novi monumenta sequor, prius astra serenæ
Noctis et oceani numero stringentur arenæ [1].

Au xvᵉ siècle, nous rencontrons un nouveau jalon, qui précède, à peine d'un demi-siècle, l'historien Panvinio. Écoutons donc ce qu'en 1487, Jean de Tournai, dont le manuscrit est conservé à la bibliothèque de Valenciennes, écrivait de Saint-Jean de Latran et de ses reliques, aussi nombreuses que considérables :

On y voit, dans une vieille cappelle, l'autel, sur lequel Monseigneur S. Jehan-Baptiste, luy estant au désert, faisoit sa prière et oroison; la table, sur quoy Nostre-Seigneur Jésu-Crist fit la cène le jour du blanc jeudy, avecq ses disciples; deux tablettes de Moyse, là où est escript le viel Testament, la verge du dict Moyse et de Aaron. Et touttes ches choses ont apporté Tittus et Vespasien de la sainte Cité de Hiérusalem; avec ce IIII colonnes touttes creuses, plaines de la terre sainte de lad. cité. On y voit aussi une partye de la Porte Dorée. Sur lesd. IIII colonnes y a ung autel, sur quoy sont repozants les chiefs de saint Pierre et saint Pol, et, ung peu devant ce qu'on les doibt monstrer, on sonne une grosse cloche et, en les monstrant, on sonne des petites clochettes. Et, quand l'évesque et ceulx quy les doibvent monstrer sont montez à mont, on tire l'eschele et le pend-on en l'air l'espace qu'on les monstre. En lad. église y a deux ampolles, plaines d'eaue et de sang, yssus du costé de nostre Sauveur, le saint suaire; la blanche cotte, en laquelle Hérode le renvoia à Pilate; le linceux, de quoy il ressua aux aposteles les piedz, en faisant la cène; des V pains d'orge, de quoy yl réfectionna V mil hommes; de la circoncision de J.-C.; ung coeuvre chief de la Vierge Marie, le chief de saint Zacharie, des cheveulx et du sang de saint Jehan-Baptiste, la robe laquelle estoit faicte de poilles de chameaux; de la manne, laquelle cheit, quand on trouva la sépulture saint Jehan l'évangéliste; la robe du dict saint en laquelle furent affublées deux créatures mortes, lesquelles ressuscitèrent; le vaisseau, auquel yl but le venin; le chief de saint Pancras. (*Annales archéologiques*, t. XXII, p. 90.)

Ce texte offre quelques divergences avec les inscriptions officielles du Latran, non pas qu'il les contredise ou démente, mais il donne en plus quelques indications sur lesquelles elles se taisent. Moins authentique, il est plus complet. Jean de Tournai, à Rome comme dans toute l'Italie, a observé toutes choses avec une certaine sagacité et soigneusement annoté tout ce qui l'avait intéressé en qualité de touriste et de chrétien. Le relevé qu'il nous transmet a donc une

1. *Analecta juris pontificii*, t. XIII, col. 629-630.

importance réelle et une valeur indéniable dans la question hagiologique qui nous occupe.

9. Chaque année, le jour de Pâques, avant et après vêpres, a lieu l'ostension solennelle des reliques de la basilique. Un échafaudage est dressé autour du maître-autel et garni de tentures de damas rouge. Un évêque, chanoine de Saint-Jean, assisté de deux autres chanoines, présente successivement ces reliques à la vénération des fidèles, en trois endroits différents. Il porte le costume canonial et des gants de soie rouge, par respect pour ce que contiennent les reliquaires. Pendant ce temps, un chantre nomme à haute voix, sur le ton de la psalmodie, en latin d'abord, puis en italien, la relique présentée, indiquant en quoi elle consiste et son historique, s'il y a lieu. Cette cérémonie se fait avec beaucoup de solennité et est très émouvante.

Le catalogue des reliques se trouve imprimé à la fin de l'*Ordo* de la basilique. Il ne sera pas inutile de le rééditer pour l'édification et l'instruction de tous.

SOLEMNIS OSTENSIO RELIQUIARUM.

In Dominica Resurrectionis D. N. J. C., ante et post vesperas, insigniores reliquiæ clero et populo venerandæ exhibentur.

1. Pars ossium S. Joannis de Deo, confessoris.

2. De præcordiis B. Gregorii Barbadici, cardinalis, episcopi, confessoris.

3. Pars brachii S. Helenæ, matris Constantini Imperatoris, nostræ sacros. Ecclesiæ Fundatoris.

4. Pars ossium S. Mariæ Salome, matris S. Joanis Apost. et Evang.

5. Digitus S. Catharinæ, virg. et ex ossibus SS. Mariæ Magdalenæ, et Mariæ Ægyptiacæ pœnitentis.

6. De ossibus et velo S. Barbaræ, virg. mart..

7. Pars digiti S. Josephi a Liouissa conf., in nostra sacrosancta Ecclesia inter Beatos adscripti.

8. Pars cerebri S. Vincentii a Paulo, et pars ossium S. Francisci Regis conf., qui in nostra sacro-sancta Ecclesia inter Sanctos fuerunt relati.

9. De sanguine et præcordiis S. Philippi Nerii, conf.

10. Caput S. Zachariæ Prophetæ, Patris S. Joannis Baptistæ Præcursoris.

11. De sanguine S. Caroli Borromæi, cardinalis, episcopi, conf.

12. Caput S. Pancratii mart., e quo tribus diebus totidemque noctibus sanguis abunde manavit, dum nostra sacrosancta Lateran. Ecclesia conflagraret

13. Pars ossium S. Silvestri pont. conf., qui nostram sacros. Ecclesiam consecravit.

14. Ex ossibus SS. Alexandri papæ, Eventii, Theoduli, Sabinæ et Serapiæ martyrum.

15. Pars humeri S. Laurentii levitæ et mart.

16. Calix, in quo S. Joannes apost. et evang., Domitiani jussu, innocuus ebibit venenum, quod Imperatoris ministri cum degustassent, repente mortui corruerunt.

17. Tunica ejusdem S. Joannis, qua superimposita iis qui veneno perierant, subito revixerunt.

18. Pars catenæ, qua idem S. Joannes ligatus Epheso Romam venit.

19. Pars ossium S. Andreæ apostoli.

20. Pars menti S. Joannis Baptistæ, Præcursoris D. N. J. C.

21. De capillis et vestimentis SS. Genitricis Dei Mariæ.

22. De ligno ex incunabulis D. N. J. C.

23. De manutergio, quo D. N. J. C., peracta ultima Cœna, suas sanctissimas manus abstersit.

24. De linteo, quo D. N. J. C. discipulorum pedes detersit.

25. Pars columnæ, in qua D. N. J. C. in Prætorio Pilati crudeliter cæsus fuit.

26. Spina coronæ impositæ adorando Capiti D. N. J. C.

27. Purpureum vestimentum, quo D. N. J. C., ut contemptui haberetur, indutus fuit, nonnullis adhuc guttis sanguinis conspersum.

28. Spongiæ pars, quam unus militum, felle et aceto imbutam, J. C. D. N. in cruce degustandam obtulit.

29. Velum, quod proprio detractum capiti Beatissima Virgo, ad tegendam nuditatem Unigeniti Filii sui D. N. J. C. in cruce pendentis, vix impetravit ut adhiberetur; sanguineis guttis conspersum.

30. Sudarium, quod fuit super Caput D. N. J. C. in sepulcro jacentis; nonnullis guttis sanguineis adspersum.

31. Pars sanctissimæ crucis D. N. J. C., et tituli ejusdem.

32. Sanguis et Aqua, quæ ex aperto D. N. J. C. in cruce jam mortui latere profluxerunt[1].

10. La basilique de Latran avait un autel privilégié pour les défunts. Quoique dédié aux saints apôtres Philippe et Jacques Mineur, le peuple l'avait surnommé *autel des morts*, à cause de son affectation spéciale. Il suffisait d'y célébrer ou d'y faire célébrer pour dé-

1. La traduction de ce document se trouve dans mon *Année liturgique à Rome*, 2ᵉ édit., Rome, 1862, p. 200-201. — *Voir* sur les reliques de la basilique, *ibidem*, p. 181, et *Stations de Carême*, p. 52-53.
Un reliquaire en forme de livre porte ces inscriptions :
MEDIO EST FRAGMENTVM CRVCIS DOMINI
MARTIRVM COMPACTA

livrer du purgatoire l'âme à laquelle s'appliquaient les suffrages. Il fallait de plus ajouter le jeûne et l'aumône (n° 3), formalité que l'Église ne prescrit plus, comme on peut s'en convaincre en lisant mon *Traité de l'autel privilégié* (*Analecta juris pontificii*, 1866, 73ᵉ livr.) C'est un des plus anciens textes relatifs aux indulgences plénières gagnées pour les défunts sur un autel déterminé. Bien que la délivrance de l'âme soit ici très catégoriquement affirmée, l'on sait positivement à quoi s'en tenir, depuis le décret rendu en 1840 par la Sacrée Congrégation des Indulgences pour le diocèse de Saint-Flour. Il faut entendre ceci dans le sens de la concession la plus large, qui suffirait à elle seule pour la purification absolue de l'âme, si le pape avait autorité sur elle, mais son pouvoir ne s'étend qu'indirectement et médiatement sur l'Église souffrante.

11. Panvinio décrit ainsi la nouvelle sacristie construite par Eugène IV (n° 4) :

A la droite de la tribune, au commencement du portique (lisez *déambulatoire*), est la nouvelle sacristie, fabriquée par Eugène IIII. Divisée en deux voûtes (lisez *travées*), elle occupe l'emplacement de l'oratoire de la sainte Vierge et de saint Pancrace, dont Innocent II consacra l'autel.... Aujourd'hui cet oratoire est devenu la sacristie. On y conserve les parements, vases et autres ornements semblables à l'usage des mystères sacrés. Là, s'habillent les prêtres quand ils veulent célébrer. Également, pendant l'hiver, les chanoines et les autres prêtres y célèbrent les offices. Là, outre quelques croix d'argent, sont deux cassettes ; l'une de cristal, dans laquelle est la tête de saint Zacharie prophète, et l'autre d'ivoire, avec un couvercle de cuivre doré, pleine de reliques. (*Le sette chiese*, pages 159-160.)

12. Les deux grandes croix d'argent doré mentionnées par la *Tabula magna* pourraient bien être les croix stationnales que l'on porte aux processions. La plus ancienne, qui date du XIIIᵉ siècle, oppose, en effet, en manière de concordance, l'Ancien au Nouveau Testament. Elle a été décrite et gravée dans les *Annales archéologiques*, tome XV, pages 232, 436.

L'autre, plus intéressante comme œuvre d'art, contient au milieu un morceau de la vraie croix. Elle est datée de 1451 et signée du nom de l'orfèvre Nicolas de Guardia Grelis : *Opus Nicolai de Guardia Grelis. MCCCCLI*. Je me répéterais si je donnais de plus amples détails sur ces deux croix, auxquelles j'ai consacré un paragraphe

27

dans mon compte rendu de l'Exposition Romaine (*Revue du Monde catholique*, 1870, n° 49, pages 113-114) et [dans la *Revue de l'Art chrétien*. J'y reviendrai, dans un autre volume, en parlant de l'*orfévrerie romaine*.

Les trois autres croix sont également d'argent doré, mais de petite dimension. Elles sont ornées de *gemmes* et d'*unions* (n° 4). Les *gemmes*, suivant Isidore de Séville, se nomment ainsi parce qu'elles sont translucides comme la gomme, et leur rareté, unie à leur valeur, les fait surnommer *pierres précieuses* :

Gemmæ vocatæ quod instar gummi transluceant. Pretiosi lapides ideo, quia care valent, sive ut a vilibus discerni possint, seu quod rari sint. Omne enim quod rarum est magnum et pretiosum vocatur. (*Origin.*, lib. XVI, cap. 6.)

Pline et Trebellius ont connu l'*union*, grosse perle, toujours isolée et unique dans sa coquille, et qu'Isidore définit ainsi :

« *Margarita* prima candidarum gemmarum, quam inde margaritam aiunt vocatam, quod in conchulis maris hoc genus lapidum inveniatur. Inest enim in carne cochleæ calculus natus, sicut in cerebro piscis lapillus. Gignitur autem de cœlesti rore, quem certo anni tempore conchulæ hauriunt. Ex quibus margaritis quædam *uniones* vocantur, aptum nomen habentes, quod tantum unus, numquam duo aut plures simul reperiantur. »

(Isidor. Hispalen., *Origin. seu etymologiar.*, lib. XVI, cap. 10.)

13. La grande pancarte pourrait être datée par certains passages de Panvinio, qui y sont insérés textuellement. Voici un don, fait par le roi de Portugal à Jules II (n° 4), qui nous reporte au commencement du XVIᵉ siècle. La croix est en or pur et renferme au milieu deux morceaux crucifères de la croix que saint Jean-Baptiste porta dans le désert, lorsqu'il y prêcha la pénitence. Cette relique n'est pas seulement précieuse en ce qu'elle nous montre le mode de prédication du Précurseur, mais elle justifie encore l'iconographie du moyen âge et les artistes de ce temps. En effet, depuis le XIVᵉ siècle, la croix est l'attribut ordinaire de saint Jean. Dans le principe, on la fait à haute tige, comme une croix de procession ; plus tard, ce sont des branchages entre-croisés, ou enfin des roseaux, ainsi que l'a jugé le Guerchin dans un de ses plus célèbres tableaux. La véritable croix de Saint-Jean était en bois, *crux de ligno;* c'est un fait maintenant acquis à la science, qui doit en faire son profit.

14. *Capsula* est le diminutif de *capsa*, qui signifie *châsse*. On peut donc traduire par *petite châsse* ou mieux encore par *cassette*, qui répond d'une manière plus exacte au latin. Saint-Jean de Latran a perdu ses deux cassettes de cristal (n° 7), les seules du genre, car je n'en connais pas d'autres à Rome. Bien plus, le cristal en était travaillé, c'est-à-dire orné de dessins gravés à la meule, dans le genre des célèbres burettes que possède la chapelle Sixtine. Quoique profane, je citerai, pour donner une idée de ces sortes de cassettes, le splendide coffret en cristal gravé, que Jean de Bernardi exécuta pour le cardinal Alexandre Farnèse et qui est un des plus précieux bijoux du Musée national à Naples [1]; ainsi que la cassette en filigrane doré et gemmé (XIII° siècle), avec plaques de cristal gravé (IX° siècle), que j'ai découverte à Moutiers (Savoie) en 1875 [2].

15. Je soupçonne quelques inexactitudes de copiste dans la transcription de la grande pancarte. Ainsi je ne puis m'expliquer ce voile de l'apôtre saint Barnabé, quand, dans la liste moderne dressée par le chapitre pour l'ostension, il est attribué à sainte Barbe. Je lirais donc : « De reliquiis...... sancte Barbare, virginis et martyris, cum velo ejusdem; sancti Barnabe apostoli (n° 8). »

Plus loin, saint Pancrace est donné comme pape et martyr, avec addition de compagnons (n° 8). Il y a ici évidemment une lacune par l'omission d'un nom. Ne faudrait-il pas plutôt lire avec le catalogue moderne : « De reliquiis sancti Pancratii [3], sancti Alexandri papæ et martyris et sociorum? » Or les compagnons du pape saint Alexandre sont très connus et ils partagent sa sépulture dans l'église de Sainte-Sabine; ils se nomment Eventius et Théodule.

16. Voici une relique sans nom, renfermée dans une ampoule ou vase à long col et panse pyriforme, posée sur un pied (n° 9). Le moyen âge avait une charmante formule dans ses inscriptions pour qualifier les reliques qu'il ne pouvait attribuer à aucun saint en

1. Il est signé IOANNES . DE . BERNARDI .
2. *Bull. mon.*, t. XLV, p. 555-562.
3. Le chef de saint Pancrace est renfermé dans un buste, or et argent, du XVI° siècle.
Les autres objets précieux du trésor sont actuellement : une cassette en ivoire historiée de personnages debout, de l'époque romane; une cassette en cuivre doré, avec médaillons en relief, relatifs à la Passion, de style byzantin (XII° siècle); un reliquaire pyramidal en cuivre doré, de style flamboyant (XV° siècle); un reliquaire donné par Pie VII pour la vraie croix.

particulier. Une inscription de l'an 867, à S.-Martin-des-Monts, après avoir énuméré les corps des martyrs tirés du cimetière de Priscille qui reposent dans la confession, ajoute : *cum aliis multis quorum nomina Deo soli sunt cognita.*

L'inscription de dédicace de l'autel de la basilique de Ste-Marie *in Cosmedin*, par le pape Calixte II, en 1123, constate, à la suite de l'énumération des reliques, des reliques sans nom : « et aliorum plurimorum sanctorum quorum nomina Deus scit. »

17. Le diacre saint Laurent fut grillé au sommet du Viminal, là où depuis a été élevé le titre cardinalice de Saint-Laurent *in Pane Perna*. Une goutte de son sang [1] et de sa chair fondue [2] est tombée sur une pierre que conservait autrefois la basilique de Latran (n° 10). A défaut de cette relique qui n'existe plus, signalons ailleurs les quatre belles reliques du jeune lévite que Rome conserve avec une vénération profonde : son chef recouvert de sa peau brûlée, autrefois dans la chapelle de Mgr Sacriste, au Quirinal, et maintenant dans l'oratoire privé du pape au Vatican ; son corps, dans un sarcophage de marbre, au-dessous du maître autel de la basilique patriarcale de Saint-Laurent-hors-les-murs ; la plaque de marbre sur laquelle, après le supplice, fut déposé son cadavre et qui en a gardé l'empreinte, dans la même basilique ; enfin, à Saint-Laurent *in Lucina*, les chaînes qui le lièrent et le gril de fer sur lequel il fut étendu pour être brûlé vif.

18. Si j'en crois Panvinio, le coffret d'ivoire avait une couverture de cuivre doré. Il ne s'agit donc pas ici de celui que possède actuellement la basilique et qui n'est autre qu'un coffret de mariage, comme on en trouve assez fréquemment en Italie. Il date du XVe siècle et est décoré au pourtour de personnages en relief, dont la mise en scène a été inspirée par quelque roman de chevalerie. Tel était l'usage du temps pour ces petits meubles, délicatement traités par l'artiste et qui s'offraient d'ordinaire en cadeau.

19. Ne nous étonnons pas si la basilique possédait des reliques des

---

1. L'inscription de dédicace de Ste Marie *in Cosmedin* enregistre, en 1123, parmi les reliques, « de craticula et sanguine S. Laurentii » ; celle de S.-Chrysogone, la même année, porte « de sanguine et ossibus beati Laurentii et carbonibus ».

2. Les inscriptions de dédicace en mentionnent ailleurs : ainsi, à S. Thomas *ai Cenci*, en 1354, « pinguedo sancti Laurentii » ; à S.-Laurent *in Lucina*, en 1130, « due ampulle vitree cum sanguine et adipe beatissimi atque gloriosissimi martiris Laurentii » ; *ibidem*, en 1196, « vas plenum de cremata carne beati Laurentii. »

saints Pierre et Marcellin (n° 11), car l'église élevée en leur honneur sur la voie Labicane, au troisième mille de Rome, est *filiale* de Saint-Jean de Latran, et pour cela le curé assiste en étole aux processions extérieures que fait le chapitre.

20. Il est dans le déambulatoire de Saint-Jean un tabernacle de marbre, à volets de cuivre doré parsemé de gros clous, qui intrigue beaucoup les archéologues à cause de la présence du pape saint Léon. Un article de la grande pancarte en donne l'explication de la manière la plus satisfaisante. Là se conservaient autrefois les *gants* et les *sandales* de saint Léon le Grand, dont on fait à tort un martyr (n° 12). Combien ces insignes pontificaux, s'ils avaient été conservés, seraient précieux à étudier, dans la pénurie où nous sommes d'ornements semblables!

Le tabernacle a dû primitivement servir pour la réserve eucharistique, car des anges adorateurs sont rangés de chaque côté de la porte. La destination première est encore suffisamment indiquée par le Christ, couronné d'épines et demi-nu, qui, comme au tabernacle de Sainte-Marie au Transtévère et des Quatre saints couronnés, versait son sang dans un calice. Ce n'est qu'à une époque relativement récente qu'on l'a transformé en armoire aux saintes Huiles. Saint Léon, nommé par une inscription, est à genoux, tête nue et chapé, aux pieds de saint Jean, évangéliste, qui tient dans la main gauche un calice surmonté d'un serpent, par allusion à un trait de sa vie que rapporte l'archevêque de Gênes, Jacques de Voragine, dans sa *Légende d'or*. Domitien, voulant se défaire de l'apôtre, lui fit présenter un breuvage empoisonné, dans une coupe que conserve précieusement l'archibasilique de Latran. Dieu préserva son serviteur de toute atteinte et, pour montrer l'efficacité de ce poison, permit que les ministres de l'empereur qui le burent mourussent instantanément. Au moyen âge, le poison est symbolisé par le reptile qui le produit.

J'ai donné de ce curieux petit monument de la fin du xv° siècle une belle gravure dans l'ouvrage intitulé : *Les chefs-d'œuvre de la sculpture religieuse à l'époque de la Renaissance à Rome* (Rome, 1870, in-folio, planche LXV); je l'ai aussi décrit dans la *Revue de l'Art chrétien*, t. XXVII, p. 275, 276.)

21. Ce tabernacle est dit fabriqué *ex octone deaurato* (n° 12). En

italien, on dit encore *ottone*, pour exprimer le *laiton*, qui est du cuivre jaune avec alliage d'étain. *Otto* est un mot de la basse latinité que les Bollandistes ont cité au tome IV du mois de mai, p. 623, dans la vie du B. Augustin Novelli. Il s'agit d'un livre à ais de bois, recouvert de parchemin, avec des appliques de laiton pour en protéger les angles et les bords : « Vidi duos libros in quarto folio, alterum in charta pecudina, cum coopertis ligneis et suis fimbriis de *ottune*. »

22. Quel est ce saint Léon, pape et martyr ? Le Martyrologe Romain compte cinq papes du même nom : saint Léon I, saint Léon II, saint Léon III, saint Léon IV et saint Léon IX. Aucun n'est qualifié du titre de martyr, tous sont rangés parmi les confesseurs. Comment donc expliquer cette dénomination singulière ?

Je crois qu'il s'agit de saint Léon III, qui siégea de 795 à 816 et souffrit effectivement le martyre, sans succomber cependant. Le Martyrologe l'enregistre en ces termes, au 12 juin : « Romæ, in basilica Vaticana, S. Leonis papæ tertii, cui erutos ab impiis oculos et præcisam linguam Deus mirabiliter restituit. » Voici ce que raconte l'histoire : En 799, pendant une procession qu'il faisait près du monastère de Saint-Sylvestre *in capite*, ce pape fut assailli par les conjurés romains qui lui crevèrent les yeux et lui coupèrent la langue. Quelques serviteurs fidèles le transportèrent dans le monastère voisin, où il recouvra par miracle la vue et la parole. Aidé du duc de Spolète, qui vint à son secours, il partit pour la France. Un an après, le 24 novembre 800, Charlemagne arrivait à Rome et, dans la basilique Vaticane, recevait des mains de Léon III la couronne impériale, comme défenseur de la foi catholique.

La chronique du moine d'Angoulême ajoute :

Post dies autem paucos jussit (Carolus) eos qui papam anno superiori dehonestaverunt exhiberi ; et habita de eis quæstione secundum legem romanam, ut majestatis rei capite damnati sunt. Pro quibus tamen papa pro affectu apud imperatorem intercessit, et vita et membra eis concessa sunt, sed pro facinoris magnitudine exilio deportati sunt.

Saint Léon III repose à Saint-Pierre, dans la chapelle des Saints-Léon, à l'autel de la Vierge dite *de la Colonne*.

III

1. La basilique de Latran est dédiée au Sauveur, roi immortel des siècles. Ce n'est qu'ultérieurement qu'on lui adjoignit le vocable des deux saints Jean, qu'elle a conservé dans la désignation publique. La meilleure preuve est l'inscription placée à la frise de l'ancienne façade par Eugène III, au XII° siècle, et conservée par Clément XII, dans l'érection de la nouvelle :

Dogmate papali datur ac simul imperiali
Quod sim cunctarum mater, caput ecclesiarum.
Hinc Salvatoris cœlestia regna datoris
Nomine sanxerunt, cum cuncta peracta fuerunt.
Sic vos ex toto conversi supplice voto :
Nostra quod hæc ædes tibi, Christe, sit inclyta sedes.

2. Derrière la basilique du Saint-Sauveur, un peu à droite du chevet, Constantin construisit un baptistère qui est entièrement isolé. Sa date d'origine est attestée en ces termes par le *Liber pontificalis* :

Hujus (Sylvestri) temporibus, fecit Constantinus Augustus......... fontem sanctum, ubi baptisatus est Augustus Constantinus ab eodem Episcopo Sylvestro.

3. Le baptistère n'est pas rond, comme celui de Pise, mais bâti sur un plan octogone[1]. Ainsi l'exigeait le symbolisme dès les hautes époques. Le nombre sept étant affecté à la création, le nombre huit désigne la régénération, la création de l'homme nouveau opérée par le baptême. C'est aussi le nombre significatif du salut et de la béatitude éternelle qui en est la conséquence. Saint Ambroise exprima cette noble pensée en deux distiques, qu'il grava autour du baptistère de Sainte-Thècle, à Milan :

Octagonum sanctos templum surrexit in usus.
Octagonus fons est munere dignus eo.
Hoc numero decuit sacri baptismatis aulam
Surgere, quo populis vera salus rediit.

Saint Charles Borromée, dans ses instructions sur la construction des édifices, recommande la forme octogonale, la plus généralement

1. *Rev. de l'Art chrétien*, t. XXI, p. 118-119.

adoptée dans les baptistères d'Italie, tant anciens que modernes.

4. Que nous sommes loin du temps où l'on pouvait dire avec la grande pancarte : dans le baptistère tout est constantinien, *ubi Constantini imperatoris cuncta !* On ne peut même pas attribuer à cette époque les huit colonnes de porphyre qui circonscrivent la piscine. Le baron Visconti, après Panvinio, les reporte au pontificat de Sixte III, c'est-à-dire cent ans plus tard (*Roma antica*, page 154). Le portique a bien conservé ses colonnes de porphyre, mais dans quel état !

Le *Liber pontificalis* donne, en effet, Sixte III comme le continuateur de l'œuvre laissée inachevée par l'empereur. Le pape dressa les colonnes et les relia à la partie supérieure par des architraves de marbre, où il fit graver des vers appropriés à la destination du lieu.

Fecit (**Sixtus**) in Basilica Constantiniana ornamentum super fontem, quod ante ibi non erat!, id est, epistylia marmorea et 'columnas porphyreticas erexit, quas Constantinus Augustus congregatas dimisit et jussit ut erigerentur, quas et versibus exornavit.

5. Voici ces vers qui expriment noblement l'enseignement de l'Église sur la vertu du baptême. Les eaux fécondées par l'esprit de Dieu gardent la semence d'où naîtra l'homme nouveau, qui se prépare ainsi à l'héritage du ciel. Les enfants que l'Église, vierge et mère à la fois, a conçus sous le souffle de Dieu, elle les met au monde dans un bain salutaire. La vie heureuse n'est pas faite pour ceux qui ne sont nés qu'une fois, mais renaître dans le baptême donne espoir de posséder le royaume des cieux. Là est la vie qui prend sa source dans le sang versé par le Christ, et qui s'étend sur tout l'univers pour en laver les souillures. L'homme entre pécheur dans l'onde sacrée et il en sort renouvelé. Ce bain le purifie du péché d'origine et de ses propres fautes, lui rendant l'innocence première. L'égalité parfaite s'établit entre tous les régénérés et, de même qu'ils ont été plongés dans une source unique, ils n'ont plus qu'un seul esprit et qu'une seule foi. Que le nombre et l'énormité des fautes n'effraie donc personne, car naître dans ce fleuve, c'est se sanctifier :

Gens sacranda polis hic semine nascitur almo[1],

1. Le P. Garrucci, dans la *Storia dell' arte cristiana*, rompant avec la tradition acceptée, propose de commencer ce long texte par un autre vers que celui-ci, de manière à correspondre à l'entrée primitive.

Quam fecundatis spiritus edit aquis.
Virgineo fetu genitrix Ecclesia natos,
Quos, spirante Deo, concipit, amne parit.
Cœlorum regnum sperate, hoc fonte renati.
Non recipit felix vita semel genitos;
Fons hic est vitæ, qui totum diluit orbem,
Sumens de Christi vulnere principium.
Mergere, peccator, sacro purgande fluento;
Quem veterem accipiet, proferet unda novum.
Insons esse volens, isto mundare lavacro,
Seu patrio premeris crimine, seu proprio.
Nulla renascentum est distantia, quos facit unum,
Unus fons, unus spiritus, una fides.
Neque numerus quemquam scelerum, nec forma suorum
Terreat. Hoc natus flumine, sanctus erit [1].

6. Panvinio a noté quelles restaurations subit le baptistère de Latran à diverses époques :

Adrien IV, dit-il, éleva de trois côtés le mur du baptistère et couvrit la nef dont le toit menaçait ruine. Léon X, Pie III et enfin Paul IV le couvrirent de lames de plomb et embellirent le plafond de bois. Paul III restaura la coupole et refit les poutres qui la soutenaient.

Dans les temps modernes, nous constatons qu'une porte a été ouverte sous Grégoire XIII pour communiquer avec la place, à l'opposé du portique, et que tout l'intérieur, peint, doré, sculpté et marbré, par ordre d'Urbain VIII, fut de nouveau rafraîchi et peint à fresque sous les papes Innocent X et Clément XIII. J'ose à peine parler de l'extérieur, désagréablement badigeonné à la chaux, au temps d'Alexandre VII, dont on y voit le nom et les armes, maladroitement posés en cet endroit pour dater une restauration trop économique.

7. Chaque siècle a donc mis la main au baptistère de Latran, au point d'en altérer la physionomie première et de ne plus conserver le type original de l'architecture des ive et ve siècles. Entre toutes ces œuvres postiches, il en est une qui mérite plus particulièrement de fixer l'attention, je veux dire l'introduction de l'*Aqua Claudia*, ordonnée au viiie siècle par le pape Adrien I. On a pu trouver exagérée la formule de Sixte III, lorsqu'il inscrivit au baptistère que les

1. A la fin du xviie siècle, le cardinal Orsini, archevêque de Bénévent, fit graver ces vers dans le baptistère de sa cathédrale.

fidèles y sont plongés dans un fleuve, *hoc natus flumine*. De nos jours, Chateaubriand a employé avec beaucoup de pompe la même expression, quand, à la vue des magnifiques restes des aqueducs romains, il s'écriait : « Des fleuves arrivaient à Rome, portés sur des arcs de triomphe. »

Le baptême se donnant par immersion et la piscine baptismale étant très grande, puisqu'elle comprenait tout l'espace circonscrit par les huit colonnes de porphyre, il fallait une grande quantité d'eau, aux fêtes de Pâques et de la Pentecôte. Les aqueducs seuls pouvaient la fournir. Adrien I rétablit l'aqueduc de Claude, qui amenait à Rome l'*Aqua Claudia*, et il la répandit dans le baptistère de Latran et plusieurs autres églises, où s'administrait le baptême. C'est ainsi que le baptistère de Saint-Pierre était alimenté par une source spéciale, qui devait son nom à saint Damase, parce que ce pape avait été la chercher dans les flancs de la colline Vaticane [1].

Le *Liber pontificalis* parle ainsi de l'œuvre ingénieuse du pape Adrien :

Dum vero forma, quæ *Claudia* vocatur, per annorum spatia demolita esse videbatur, unde et balneis Lateranensibus de ipsa aqua lavari solebat et in baptisterio ecclesiæ Salvatoris Domini nostri Jesu Christi, et in plures ecclesias in die sancto Paschæ decurrere solebat... Qui etiam noviter eam renovavit atque restauravit, et confestim ex eadem forma aquæ in præfata balnea etiam et intus civitatem, sicut antiquitus, abundanter decurrere fecit... Immo et basilicam Salvatoris, quæ et Constantiniana vocatur, juxta Lateranense patriarchium, in ruinis positam, una cum quadriporticis suis atriisque et fontes noviter, sicut ecclesias B. Principum Petri et Pauli, renovavit, in qua et mutavit trabes majores numero quindecim. »

8. Chaque fois que le *Liber pontificalis* parle de la basilique et du palais de Latran, il les qualifie par les noms de *basilica* et *patriarchium*. Dans le texte précédent, faisant allusion aux bains de Latran, il n'en précise pas l'emplacement. On est déjà tenté d'en conclure qu'ils n'étaient pas annexés au patriarcat et le contexte laisse entendre qu'ils formaient un édifice distinct et séparé des autres, mais

---

1. Dans la crypte de Saint-Pierre existe une inscription en vers latins et du iv⁰ siècle, qui fut primitivement placée dans l'ancien baptistère par les soins du diacre Mercure. Il y est fait allusion aux recherches de saint Damase pour retrouver la source qui avait servi à saint Pierre à baptiser les premiers chrétiens et qui, par la suite des temps, avait inondé la catacombe. Ce pape en régla le cours qu'il conduisit aux fonts de la basilique. (*Revue de l'Art chrétien*, t. XXII, p. 359.)

à proximité du baptistère. Pourquoi ce voisinage et dans quel but ces bains avaient-ils été établis? Qu'on me permette une hypothèse.

Le matin du Jeudi-Saint, les prêtres désignés pour remplir l'office des apôtres au lavement des pieds et à la cène, une fois arrivés au Vatican, sont conduits par le fourrier du palais dans la salle des bains, où ils se lavent complètement. N'en était-il pas de même autrefois et l'usage actuel ne remonterait-il pas à une époque reculée?

Le baptême s'administrait généralement à des adultes, gens de toutes conditions, riches et pauvres. Par respect pour le saint baptême et pour ne pas offenser les regards des ministres sacrés, n'est-il pas infiniment probable que les néophytes se lavaient préalablement le corps pour en écarter toute souillure, et dès lors un édifice affecté aux bains n'était plus seulement une nécessité, mais témoignait encore de la sollicitude des Pontifes[1].

9. La piscine du baptistère existe encore, mais légèrement modifiée, et au milieu s'élève une urne en basalte, qui a dû servir de baignoire au temps des Romains. Panvinio va nous dire ce qu'était cette piscine au XVIe siècle : « Le baptistère est fait tout entier de forme octogonale. Au milieu est le font, creusé en terre, à peu près à cinq pieds de profondeur. Il est tout entier garni de tables de marbre, excepté la partie plane, qui est en chaux (lisez *béton*, pour empêcher l'infiltration des eaux). On y descend par trois degrés, et d'un côté est un petit pilier en marbre de Lydie, que l'on nomme *pierre de touche*, qui sert à l'usage du baptême et porte l'image de saint Sylvestre. Le mur d'enceinte du baptistère est couvert à l'intérieur de tables de porphyre et de marbre blanc, longues et carrées,

1. Je crois retrouver la tradition du bain avant le baptême dans ce qui est rapporté par le *Nouveau voyage d'Italie* (La Haye, 1702, 4e édit., t. II, p. 225) : « L'Auteur de la *Roma santa* dit que les Juifs puent, mais qu'après qu'ils ont été baptisez, ils n'ont plus de mauvaise odeur, *cosa maravigliosa che ricevuto il santo battesimo non puzzano piu*. Il n'y a rien de merveilleux en cela; car on lave, et on nettoye si bien ceux qui doivent être baptisez, que quand ils auroient eu quelque mauvaise odeur, il faudrait nécessairement qu'elle s'en allât. Mais c'est une folie de dire que les Juifs ayent une odeur particulière. Ceux de Rome sont fort pauvres, et tous ceux qui sont pauvres sont toujours malpropres; et il arrive souvent que les gens malpropres sentent mauvais ; voilà tout le mystère. »
Voir aussi l'ouvrage de Paciaudi, *De sacris christianorum balneis*, Rome, 1758, in-4o : il a été analysé par M. de Longuemar dans les *Bulletins de la Société des Antiquaires de l'Ouest*, 2e sér., t. I, p. 342-345

mises en rang et très bien travaillées, avec différents dessins et incrustations. »

10. Le plan primitif du baptistère a été défiguré par l'addition de plusieurs oratoires (n° 13).

Le premier oratoire occupe l'emplacement du portique, qui précédait autrefois le baptistère. L'intervalle des colonnes a été rempli par un mur de briques, revêtu de dalles de marbre, et deux absides, mises en regard l'une de l'autre, s'arrondissent aux extrémités. L'une d'elles a sa voûte tapissée de mosaïques, que l'on a fait remonter à l'an 1153 et au pontificat d'Anastase IV, mais que M. de Rossi attribue avec plus de raison au v° siècle [1]. D'une part, est l'autel des saintes Rufine et Seconde (n° 14), et de l'autre, celui de saint Cyprien et de sainte Justine, tous les deux enrichis des reliques de ces saints martyrs (n° 15).

11. Sainte Rufine et sainte Seconde étaient de nobles vierges romaines. Leurs parents les avaient destinées au mariage, mais leur constance dans la foi leur valut une persécution acharnée. Fouettées d'abord, elles furent ensuite jetées dans une prison obscure, où on essaya de les suffoquer en y faisant brûler de la litière. Elles sortirent ensuite saines et sauves de la chaudière d'huile bouillante dans laquelle on les plongea, puis elles furent jetées dans le Tibre, avec une grosse pierre au cou. Elles surnagèrent; le juge irrité les fit conduire à dix milles hors de Rome, sur la voie Cornélia, dans un lieu qui changea plus tard son nom de *Forêt noire* en celui de *Forêt blanche*, à cause de leur glorieux martyre, arrivé l'an 262. Sainte Rufine eut la tête tranchée, tandis que sainte Seconde expira, brisée par la fatigue. A cet endroit fut élevée une cathédrale, unie mainte-

---

1. « Ce monument (le baptistère), dans son état actuel, est l'œuvre du pape Xystus III, mais seulement pour sa partie inférieure..... Cependant, il est probable que les deux mosaïques absidales du portique, c'est-à-dire de la chapelle actuelle des saintes Rufine et Seconde, aient été exécutées avant Xystus III et remontent par conséquent à l'édifice que ce pape fit compléter, comme il est marqué dans sa notice, mais non pas construire pour la première fois. L'une de ces mosaïques est détruite; mais, outre qu'elle a été décrite par Panvinio (*De SS. basilica, baptisterio et patriarchio Lateranensi*, III, 5), il en reste un dessin dans un manuscrit de Ciacconio : elle représentait des bergers au milieu de leurs troupeaux. L'autre est encore conservée : elle figure une vigne mystique, accompagnée d'un certain nombre de croix.... La forme même de ces croix interdit de remonter plus haut que la fin du iv° siècle. » (Duchesne. *Lib. pont.*, t. I, p. 192.)

nant à celle de Porto et qui était anciennement le second des évêchés suburbicaires [1].

12. Saint Cyprien n'est pas le célèbre évêque d'Afrique, mais un nécromancien qui, étant amoureux de sainte Justine, chercha par toutes sortes d'inventions magiques à la faire apostasier. La force, la patience et les raisonnements de la jeune vierge furent cause de sa conversion. Ils souffrirent ensemble le martyre, l'an 272. Leurs corps, jetés aux bêtes, furent recueillis la nuit par des mariniers chrétiens et portés à Rome [2].

Ils ont été déposés par le pape Anastase IV dans une tombe de marbre, *in tumba marmorea*. Ces tombes, comme on peut en voir au Musée chrétien du Latran et ailleurs, sont des sarcophages de marbre blanc, taillés dans un seul bloc et de forme rectangulaire [3]. Souvent leurs parois extérieures sont ornées de bas-reliefs, représentant des sujets profanes, si dans le principe ils ont servi de sépulture à des païens. Les sujets, au contraire, sont empruntés, à partir du ive siècle, aux faits de l'Ancien et du Nouveau Testament. Là commence, à proprement parler, l'iconographie chrétienne, traitée à la manière antique quant à l'exécution, mais avec des idées essentiellement nouvelles, comme celles du symbolisme et de la corrélation entre la loi de Moïse et la loi du Christ.

13. Le deuxième oratoire, contigu au précédent, porte le vocable de Saint-Venance (n° 16). Le *Liber pontificalis* le qualifie d'église.

Fecit ecclesiam beatis martyribus Venantio, Anastasio, Mauro et aliis multis martyribus, quorum reliquias de Dalmatia et Istria adduci præceperat, et recondidit eas in ecclesia suprascripta, juxta fontem Lateranensem juxta oratorium beati Joannis evangelistæ, quam ornavit.

Ce texte, qui se réfère à l'an 639, est fécond en enseignements, car il en résulte que Jean IV fit venir de Dalmatie et d'Istrie les corps de plusieurs saints martyrs; qu'il construisit une église en leur honneur, près du baptistère du Latran et de l'oratoire de Saint-Jean évangéliste; enfin, qu'il la décora.

1. Piazza. *Emerologio di Roma,* Rome, 1713, p. 465.
2. Piazza, p. 601.
3. J'ai fait photographier les principaux et les ai décrits dans la *Revue de l'Art chrétien,* t. XVIII, p. 203-207. *Voir* aussi mes *Musées et galeries de Rome,* p. 60-67.

Saint Venance, le premier et le plus illustre de ces martyrs, a donné son nom à l'église de Jean IV, et la présence de leurs reliques en cet endroit a motivé leur représentation, soit à l'abside, soit à l'arc triomphal.

Le *Liber pontificalis* ne dit pas quel genre de décoration fut adapté à cette église, mais son silence n'infirme pas l'attribution qui est faite à Jean IV de la mosaïque, en raison surtout de son portrait qui y figure comme donateur et de la dédicace qui le nomme expressément.

Tels sont les noms de ces martyrs, d'après les inscriptions qui accompagnent leur effigie : *S. Venantius, S. Domnio, S. Anastasius, S. Asterius, S. Tilius, S. Paulinianus, S. Maurus, S. Septimius, S. Antiochianus* et *S. Gaianus* [1].

14. Les deux oratoires des deux saints Jean sont en face l'un de l'autre, au milieu du baptistère (n° 17). Grâce au texte du *Liber pontificalis*, on peut les dater sûrement et avoir l'énumération des objets précieux qu'ils contenaient : « Hic fecit Hilarius oratoria tria in baptisterio basilicæ Constantinianæ, S. Joannis Baptistæ et S. Joannis Evangelistæ et S. Crucis, omnia ex argento et lapidibus pretiosis. Confessionem S. Joannis Baptistæ fecit ex argento, quæ pensabat libras centum, et crucem auream. Et confessionem S. Joannis Evangelistæ fecit ex argento, quæ pensabat libras centum et crucem auream et in ambobus oratoriis januas æreas et argento clusas. »

De ces deux portes de bronze, damasquinées d'argent, une seule est encore en place ; elle clôt l'oratoire de Saint-Jean-Baptiste et répond parfaitement au texte précité. La partie supérieure est ornée d'écailles renfermant des croix [2] et, à la partie inférieure, on lit cette inscription en lettres d'argent que le temps a noircies :

IN HONOREM BEATI IOHANNIS BAPTISTAE
HILARVS EPISCOPVS DĪ FAMVLVS [3] OFFERT

---

1. *Voir* mon article sur la mosaïque de saint Venance dans la *Revue de l'Art chrétien*, 1886, p. 400-403.

2. Elle est gravée dans *le Latran* de M. Rohault de Fleury.

3. On lisait à la frise du *triporticus* du *nymphœum* : « Hic locus olim sordentis cumuli squalore congestus, sumptu et studio Christi famuli Hilari episcopi, iuvante Domino, tanta ruderum mole sublata quantum culminis nunc videtur ad offerendum Christo munus, ornatus atque dedicatus est »

Le même nom se répète au linteau de marbre de la porte [1], s'adressant au peuple de Dieu :

    + HILARVS EPISCOPVS + SANCTAE PLEBI DEI +

L'oratoire de Saint-Jean l'Évangéliste, quoique restauré par Clément VIII, conserve encore sa mosaïque du v° siècle et sur son linteau l'hommage de saint Hilaire :

LIBERATORI SVO BEATO IOHANNI EVANGELISTAE
HILARVS EPISCOPVS FAMVLVS XPI.

Le mot *liberatori* exprime sa reconnaissance de ce que, envoyé par le pape S. Léon au second concile d'Éphèse, il échappa au danger de ce qu'on a si bien qualifié le *latrocinium*.

15. La grande pancarte cite, en le tronquant (n° 19), un texte du *Liber pontificalis* qui a besoin d'être restitué ainsi : « Fecit autem oratorium sancti Stephani in baptisterio Lateranensi. Fecit autem et bibliothecas duas in eodem loco. »

16. A l'époque où écrivait Panvinio, il n'existait plus *aucun vestige* de l'oratoire de Saint-Étienne. Cet oratoire était surtout célèbre par ses reliques, dont deux sont mentionnées ici. Ce sont des colonnes recouvertes de bois, sans doute pour les protéger, et qui provenaient de la *Chambre* de la sainte Vierge (n° 20). Elles ont disparu. Un auteur ancien en parle en ces termes :

Nella prima entrata verso l'hospedale è la cappella della santa Croce... ove due altre (colonne) ve ne sono piccole, assai rozze, dentro a certe cassette di ligno, le quali dicono essere state in Giudea nella camera di **Maria Vergine**, l'una delle quali fa sempre odore di viole. (Andrea Palladio, *Antichita dell' alma citta di Roma*, 1629.)

Les deux autres se voient encore dans le cloître de Latran. Elles sont en marbre et taillées à pans, avec un anneau de fer au milieu, destiné à passer la hampe du drapeau qui s'inclina devant le Christ, lorsqu'il entra dans la maison de Pilate (n° 21). Un voyageur du xv° siècle dit les avoir vues, mais il ne parle pas de cette particularité de l'étendard abaissé qui remonte jusqu'aux évangiles apo-

---

1. La porte est flanquée de deux colonnes de porphyre violet, à bases et chapiteaux de serpentin vert, qui soutiennent une architrave en *panovazzo*, où est écrit : ERVNT ASPERNA IN VIAS PLANAS.

cryphes : « On y voit aussy deux pilliers auxquelz, quand Nostre-Seigneur fut condamné à mort, en la maison de Pilate, on mit à chascun ung estandart et les baise-on en très grande révérence. »

M. Gustave Brunet, dans sa traduction des *Évangiles apocryphes* (Paris, 1848, in-12), pages 233 et 234, donne ainsi la justification de ce passage, d'après l'*Évangile de Nicodème*, qui a été publié en latin d'abord par Fabricius, puis par Thilo :

Le gouverneur (Pilate) dit au messager (qu'il avait envoyé vers Notre-Seigneur pour l'amener au prétoire) : Sors et introduis-le. Et le messager alla vers Jésus et lui dit : Seigneur, entre, car le gouverneur t'appelle. Jésus étant entré, les images que les porte-drapeaux portaient au-dessus de leurs enseignes s'inclinèrent d'elles-mêmes et elles adorèrent Jésus. Les Juifs, voyant que les images s'étaient inclinées d'elles-mêmes pour adorer Jésus, crièrent fortement contre les porte-drapeaux. Alors Pilate dit aux Juifs : Vous ne rendez pas hommage à Jésus, devant lequel les images se sont inclinées pour le saluer, mais vous criez contre les porte-enseignes, comme s'ils avaient eux-mêmes incliné leurs drapeaux et adoré Jésus. Et les Juifs dirent : Nous les avons vus agir de la sorte. Le gouverneur, appelant à lui les porte-drapeaux, leur demanda : Pourquoi avez-vous fait cela? Ils répondirent à Pilate : Nous sommes des païens et les esclaves des temples; comment aurions-nous voulu l'adorer? Les enseignes que nous tenions se sont courbées d'elles-mêmes pour l'adorer. Pilate dit aux chefs de la Synagogue et aux anciens du peuple : Choisissez vous-mêmes des hommes forts et robustes et ils tiendront les enseignes et nous verrons si elles se courberont d'elles-mêmes. Les anciens des Juifs prirent douze hommes très robustes et leur mirent les enseignes dans les mains et les rangèrent en présence du gouverneur. Pilate dit au messager : Conduis Jésus hors du prétoire et introduis-le ensuite. Et Jésus sortit du prétoire avec le messager. Et Pilate, s'adressant à ceux qui tenaient les enseignes, leur dit en faisant serment par le salut de César : Si les enseignes s'inclinent quand il entrera, je vous ferai couper la tête. Et le gouverneur ordonna de faire entrer Jésus une seconde fois. Et le messager pria de rechef Jésus d'entrer, en passant sur le manteau qu'il avait étendu par terre. Jésus le fit et, lorsqu'il entra, les enseignes s'inclinèrent et l'adorèrent. Pilate voyant cela, la frayeur s'empara de lui et il commença à se lever de dessus son siège.

Dans les belles planches du P. Natalis, reproduites par l'abbé Brispot et photographiées à Poitiers par Fellot, aux scènes de la comparution de Jésus et de l'*Ecce homo*, on voit, de chaque côté de la porte du palais de Pilate, deux colonnes auxquelles sont fixées, dans un double anneau de fer, les hampes de deux étendards flottants.

Il est à remarquer que ces hampes sont courbées : c'est le dernier écho de la tradition à la fin du xvi° siècle. Dans les scènes suivantes, les mêmes drapeaux sont répétés, mais droits et non courbés [1].

17. Benoît XIV a fait une épuration, je ne dirai pas de ces reliques, mais de ces souvenirs que les pèlerins aimaient à visiter. Heureusement, il ne les a pas fait disparaître. Il s'est contenté de les enlever des chapelles et de les reléguer dans le cloître, sans étiquettes. Là se retrouvent encore : le puits de la Samaritaine, dont la margelle de marbre a été sculptée au ix° siècle; la table de porphyre sur laquelle les soldats tirèrent au sort la robe sans couture de Notre-Seigneur; la colonne sur laquelle perchait le coq qui chanta trois fois lors du reniement de saint Pierre, tradition qui a passé dans l'iconographie des catacombes; enfin la hauteur de la taille de N.-S., qui mesure un mètre quatre-vingt-cinq centimètres [2]. Ce dernier monument est encore tel que l'a décrit le voyageur du xv° siècle :

Pour sortir hors de ladite église et du mesme pourpris, à la main gaulche il y a ung huis à III ou IIII degrés, et puis une salle, en laquelle y a ung grand marbre sur IIII colonnes, qu'y sont du dit marbre, et samble assez estre ung autel; mais on dict que c'est la hauteur de Nostre-Seigneur Jésuchrist, et va-on dessoubz, en allant à procession. (*Annales archéologiques*, tome XXII, page 91.)

IV

1. Je ne me porte pas garant des anciennes indulgences, que l'on prétend avoir été accordées par les papes à la basilique de Latran (n°° 22-27). Panvinio en fait ainsi l'énumération : « De grandes indulgences et rémissions de péchés furent accordées par les pontifes romains aux fidèles contrits et confessés. Chaque année, le jour de la consécration, l'indulgence est de mille ans pour les Romains et les habitants des pays voisins; de deux mille ans pour les Toscans et

---

1. L'auteur de l'*Opus imperfectum* (*In Matth. hom. LIV*, in cap. 15) nous apprend que le juge, à son tribunal, arborait les étendards royaux : « Criminosas personas judex auditurus in publico tribunal suum collocat in excelso, circa se constituit vexilla regalia »; ce que dut faire Pilate.
2. *Voir* mon article sur les *Mesures de dévotion* dans la *Revue de l'Art chrétien*, t. XXXII, p. 368.

les habitants d'au delà du Pô; de trois mille ans, pour les ultramontains et la même indulgence se gagne encore le Jeudi-Saint. Et toutes ces indulgences furent confirmées et amplifiées par Alexandre IV, en 1260, et Boniface VIII, en 1300. » C'est-à-dire que l'indulgence augmente en raison de l'éloignement.

2. La grande pancarte parle de *rémission de tous les péchés*, ce qui indiquerait une indulgence plénière. Ailleurs, l'indulgence est du *tiers des péchés*, puis de *quarante-huit ans et autant de quarantaines*. La plus ancienne remonterait à saint Sylvestre, ce qui contredit l'opinion reçue qui admet que les trois indulgences plénières dont on soit certain sont celles des Croisades, de la Portioncule et du Jubilé. Les autres auraient été octroyées par saint Grégoire le Grand et Boniface VIII.

3. Les originaux des bulles pontificales avaient disparu par suite des vicissitudes auxquelles avait été exposée la basilique de Latran. Dans l'impossibilité de recourir aux titres primitifs, on soumit les doutes à la sacrée Congrégation des Indulgences qui ne se prononça pas. Benoît XIV, pour sortir de cette indécision, le 6 mai 1751, donna la bulle *Assiduæ sollicitudinis*, par laquelle il coupait court à toute difficulté ultérieure, en confirmant, en vertu de son autorité apostolique, toutes les indulgences et rémissions de péchés accordées par ses prédécesseurs.

Le pape, par ce *Motu proprio*, peut satisfaire la dévotion des fidèles; mais pour le savant la question n'est pas plus claire que précédemment, c'est-à-dire que nous ignorons quelles sont les indulgences que l'on peut gagner en visitant Saint-Jean de Latran, quoique nous sachions positivement désormais que ces indulgences existent réellement.

V

1. Deux chapelles sont indiquées comme *fermées aux femmes* (nos 27, 28). Ce sont celles de Saint-Jean-Baptiste, au baptistère, et de Saint-Laurent, au Saint des Saints. Cette exclusion est ordinairement portée sous peine d'excommunication, et elle subsiste encore pour certaines chapelles, comme celle de la Sainte-Colonne, à Sainte-

Praxède, et de Sainte-Hélène, à Sainte-Croix de Jérusalem[1], qui ne s'ouvrent pour les femmes qu'à des jours rares et déterminés.

2. Le *Saint des Saints*[2] était la chapelle du patriarcat de Latran, et les papes seuls ont conservé le droit de célébrer sur son autel. Constamment fermé au public, les fidèles ne peuvent y entrer qu'à la suite de la procession du chapitre, qui s'y rend six fois par an pour ouvrir ou fermer les volets qui dérobent aux regards l'image achérotype du Sauveur; image d'autant plus précieuse et vénérée qu'elle est attribuée généralement à la main des anges, d'où lui vient son nom, qui indique de prime abord qu'elle n'est pas l'œuvre de la main des hommes. Elle seule suffirait peut-être à sanctifier ce sanctuaire d'élite, mais il possédait encore autrefois des reliques non moins insignes, telles que le saint prépuce de N.-S.[3], les sandales qu'il portait aux pieds, le lit où il fut couché pendant la dernière cène, les chefs des saints apôtres Pierre et Paul, etc. En sorte que Nicolas IV put écrire avec vérité, au-dessus de l'autel, ce vers latin qui justifie pleinement le nom exceptionnel de Saint des Saints donné à ce petit oratoire :

> Non est in toto sanctior orbe locus[4].

Essayons maintenant de justifier, par des témoignages authentiques, cette qualification méritée, qui a été si prétentieusement usurpée par l'église de Saint-Sernin, de Toulouse.

Muratori, au tome XI, page 1181 des *Rerum italicarum scriptores*, s'exprime ainsi sur le patriarcat de Latran et les reliques qu'il contenait :

1. On lit à l'entrée cette inscription qui date de la fin du xve siècle :

IN HANC CAPELLAM SACTAM
HIERVSALEM NON POSSVNT
IN TRARE MVLIERES SVB PENA
EXCOMVNICATIONIS NISI TACTVM
SEMEL IN ANNO SCILICET IN
DIE DEDICATIONIS EIVSDEM
QVE EST XX MARTI

2. Mgr Chaillot me signale, dans la bibliothèque Corsini, un manuscrit (34 B, 11), qui contient, p. 40-70, une notice en latin sur le *Sancta Sanctorum*; p. 63, est racontée la vision d'un saint homme.

3. Cette relique célèbre provenait de l'abbaye de Charroux et fut donnée par Charlemagne.

4. Il existe une variante de cette formule, à Tulle, dans la chapelle de Notre-Dame du Chapitre, où l'on inscrivit au xviie siècle, NON EST IN TOTA SANCTIOR URBE LOCUS (*Bull. de la Soc. des lettres de la Corrèze*, 1887, p. 514).

Hic etiam (Nicolaus III), anno 1280, palatium Lateranense, quod de novo Hadrianus V incœperat, fecit perfeci, nec non et S. Basilicam ad Sancta Sanctorum evidentius ruinosam, a solo terræ. opere perpetuo, intusque ipsam per latera vestita marmore, ac in superiori parte testudinis picturis pulcherrimis ornata, fundari jussit, capitibus Apostolorum, cum carne circumcisionis D. N. J.-C., capillis quoque B. Virginis, et capite B. Agnetis seorsim positis, quarum reliquiarum pars quælibet in propria capsa erat; et exinde manu ejus propria in palatium ipsum novum de nocte translatis, et custoditis ibidem per religiosas personas et fide etiam dignas, donec basilica fuit completa, commisit. Demum autem Romano populo utriusque sexus generaliter cum multis prælatis et aliis innumeris gentibus concurrentibus, personaliter argenteas capsas ipsas reduxit in altare ejusdem basilicæ, quam pridie nonas junii consecravit.

Le cardinal Jacques Stefaneschi, racontant la prise de possession de Boniface VIII, qui eut lieu le 2 janvier 1295, relate en vers latins la visite que ce pape fit à l'oratoire du Saint des Saints :

.... Post hæc sub imagine ductus
Quæ mare per liquidum, nullo ductore, sub Urbem
Pervenit, sublimis apex Laurentia templa
Ingreditur, quæ jure sibi meruere capellæ
Præcipuum nomen, cleri populique relatu,
Sancta Sanctorum. Quidni? sandalia Christi,
Et caput ætherei Petri Paulique celebris,
Christiferæque crucis, maculas ubi sanguine tersit,
Et scelus humani generis Salvator et Auctor,
Reliquiæque aliæ celebri conduntur in arca.

3. Si l'on veut avoir des notions plus précises encore sur tant de reliques insignes, c'est au docte Panvinio qu'il faut avoir recours de nouveau :

1. Dans l'oratoire de Saint-Laurent, écrit Jean diacre, il y a trois autels très saints. Sur le premier est une armoire de cyprès, faite par ordre de Léon III, où sont trois châsses. Dans l'une d'elles est une croix d'or, garnie de joyaux et pierres précieuses, saphirs et émeraudes, et au milieu de la croix est le nombril de Notre-Seigneur Jésus-Christ, oint de baume à l'extérieur, et cette onction se renouvelle tous les ans quand le pape, avec les cardinaux, fait la procession de la Sainte Croix de l'église de Saint-Laurent à la basilique de Latran.

2. Dans une autre cassette d'argent doré et historié est une croix en émail de couleur, dans laquelle il y a de la croix du Sauveur.

3. Dans la troisième châsse d'argent sont les sandales de Notre-Seigneur Jésus-Christ.

4. Il y a encore une autre châsse dorée, dans laquelle est du bois de la Sainte Croix qu'Héraclius, empereur, après la victoire remportée sur Chosroës, roi des Perses, rapporta de ce pays avec le corps de saint Anastase, martyr. Cette cassette est dans l'autel de marbre de l'église dédiée à saint Laurent, où sont encore les reliques suivantes : Un bras de saint Césaire, martyr. — Deux ossements de saint Jean-Baptiste et un de saint Jérôme, prêtre-cardinal. — Une épaule de saint Denis l'Aréopagite. — L'os d'une jambe de saint Étienne, pape et martyr. — Les reliques de saint Damase, pape, de saint Félicien ; des saintes Anastasie, Agape, Chionie, Irène, Pistis et Helpis, vierges ; des saints Nérée et Achillée ; des saintes Prisque et Aquila. — La tête de sainte Praxède, et du genou de saint Tiburce, fils de Cromatius, martyr.

5. Dans cette même armoire de cyprès est un pain de la cène de Notre-Seigneur et treize grains de lentille de la même cène. — Du roseau et de l'éponge qui fut présentée à Notre-Seigneur imbibée de vinaigre. — Une branche du sycomore sur lequel était monté Zachée.

6. Sur cet autel est l'image du saint Sauveur, merveilleusement peinte sur une planche. Saint Luc la dessina ; mais la main des anges la termina.

7. Au-dessus est une bande de pierres précieuses avec beaucoup de reliques, dont voici les noms : De la pierre où s'assit la sainte Vierge. — De la pierre sur laquelle s'appuya le Christ pendant son baptême dans le Jourdain. — D'une pierre de Bethléem. — Du rocher du mont des Oliviers où le Seigneur fit sa prière à son Père. — De la pierre sur laquelle se tenait l'ange près du sépulcre. — De la colonne de la flagellation. — Du sépulcre du Christ. — De la lance dont il fut transpercé. — Du bois de la croix. — De la terre du lieu nommé *Lithostrotos*. — De la terre du Calvaire. — Du rocher où le Christ fut enseveli. — Du rocher de la montagne de Sion. — Du rocher sur lequel le Christ se transfigura. — Un morceau de bois de la sainte crèche, où le Christ fut déposé après sa naissance. — Du rocher du mont Sinaï où fut donnée la loi. — De la pierre du tombeau de la Vierge.

8. Dans le second autel sont les têtes de sainte Agnès et de sainte Euphémie. Dans le troisième sont quelques-uns des charbons, recouverts de graisse, provenant du martyre de saint Laurent.

9. Il y a encore dans le même oratoire des reliques des quarante saints martyrs et de plusieurs autres. Ce sont les reliques que, il y a plus de quatre cents ans, Jean diacre, chanoine de Latran, trouva dans l'oratoire du Saint des Saints, et dont il fit le dénombrement pour Alexandre III. La liste de celles qui sont actuellement dans l'oratoire est extraite d'une grande table, fixée à l'autel-majeur de Saint-Jean de Latran.

10. Dans la chapelle du Saint des Saints, dite de Saint-Laurent, où les femmes n'entrent jamais, il y a une infinité de reliques qui ont été vues par Léon X et par plusieurs autres personnes présentes. Elles ont été extraites de deux fenêtres, montrées, puis replacées au même endroit.

11. Dans la première, à main droite, sont beaucoup de reliques dans des vases de cristal et de verre, et à main gauche est une tête humaine tout entière, avec beaucoup de reliques inconnues. Sur l'autel est la très belle image du saint Sauveur, qui n'a pas été faite de main d'homme, dans un tabernacle plein de riches ornements de métal, d'argent, de joyaux et de perles, avec des courtines d'or et de soie, faites par divers Pontifes pour l'ornement de ce lieu. Le 14 août, cette image se place au milieu de l'église de Latran, pour y être vénérée par le peuple, et, quand on fait la procession solennelle à Rome, on la porte en grande pompe à Sainte-Marie-Majeure.

12. Sous l'autel est la châsse de cyprès de Léon III, fermée de plusieurs clefs et où est écrit en lettres d'or : *Sancta Sanctorum*. A l'intérieur sont plusieurs autres cassettes et tabernacles pleins de reliques. Parmi elles une petite cassette d'argent doré en forme de croix et au milieu est une croix d'or. De plus, une autre cassette d'argent doré avec une croix d'or pur. Une autre d'argent doré. Une autre cassette d'argent, avec un morceau du bois de la croix.

13. Sous le même autel est la tête de saint Anastase, avec beaucoup d'autres ossements de saints. Une autre cassette d'ivoire, de forme allongée. Un vase de cristal avec une petite cassette. Une autre châsse d'ivoire, pleine d'ossements de saints. — Une autre cassette d'argent, ciselée à la grecque, faite par Nicolas III, où est la tête entière de sainte Praxède, avec beaucoup d'ossements de saints. Elle est liée d'une corde blanche avec un sceau qui représente un enfant pêchant à la ligne.

14. Une cassette d'argent, faite par Honorius III, contenant le chef de sainte Agnès.

15. Une autre cassette semblable, avec une ampoule pleine du sang des saints martyrs.

16. Une autre cassette faite en forme de croix et pleine de reliques.

17. Un vase de métal, rempli de reliques.

18. Une cassette d'ébène et deux petits vases de bois.

19. Une boîte de bois et beaucoup d'autres vases et cassettes de bois, et plusieurs autres tabernacles, vases, boîtes et petites châsses, pleines d'un grand nombre de reliques.

20. Plusieurs suaires en étoffe de soie, pleins de reliques.

21. Deux très anciens tableaux, avec les figures des saints Apôtres Pierre et Paul.

22. Plusieurs linges teints du sang des martyrs.

23. Une cassette de bois, dans laquelle sont trois *Agnus Dei* de cire et grand nombre de reliques sans nom.

24. Trois linges blancs avec des ossements de saints.

25. Une étoffe de coton rouge, scellée avec une croix.

26. Plusieurs sachets, cassettes, vases et boîtes, pleins de reliques dont on ignore les noms.

Voici tout ce que j'ai trouvé dans la chapelle du Saint des Saints. (Panvinio, p. 243-249.)

4. Jean Diacre, chanoine de Latran, a laissé, au XIIe siècle, dans son livre intitulé *De Ecclesia Lateranensi*, un catalogue très précis des reliques du Saint des Saints : il le dédia au pape Alexandre III. Mabillon l'a publié au tome II, page 560, du *Museum italicum* ; il est plus court que celui de Panvinio, qui en a reproduit la moitié, mais simplement en traduction.

De ecclesia S. Laurentii in palatio.

1. In sacro namque palatio est quoddam S. Laurentii oratorium, in quo tria sanctissima computantur altaria. Primum in arca cypressina, quam Leo papa III condidit, tres capsæ sunt. In una est crux de auro, adornata gemmis et lapidibus pretiosis, id est hyacinthinis et smaragdis et prasinis. In media cruce est umbilicus D. N. J. C. et desuper est inuncta balsamo, et singulis annis eadem unctio renovatur, quando dominus papa cum cardinalibus facit processionem in Exaltatione S. Crucis ab ipsa ecclesia S. Laurentii in basilicam Salvatoris, quæ appellatur Constantiniana.

2. Et in alia capsa argentea et deaurata cum historiis est crux de smalto depicto et infra capsa argentea et deaurata cum historiis est crux Domini N. J. C.

3. Et in tertia capsa, quæ est argentea, sunt sandalia, id est calceamenta D. N. J. C.

4. Est iterum ibi alia capsa deaurata, ubi est de ligno illo S. Crucis, quam Eraclius, devicto Chosroe, secum tulit de Perside, una cum corpore S. Anastasii martyris, et est in altare, quod ibi est, S. Laurentii de marmore.

5. Ibi est etiam brachium S. Cæsarii martyris, ossa duo S. Johannis Baptistæ, et os unum S. Hieronymi et scapula S. Dionysii Areopagitæ et os de crure S. Stephani papæ, et S. Damasi reliquiæ et SS. Primi et Feliciani, et caput S. Praxedis, et S. Anastasiæ reliquiæ cum aliis multis et SS. Agapæ, Chioniæ et Hirenæ, Pistis et Helpis virginum, Nerei et Achilei, Priscæ et Aquilæ.

6. Item sunt ibi reliquiæ de genu S. Tiburtii, filii Chromatii.

7. In hac eadem arca cypressina est panis unus Cœnæ Domini et tredecim de lenticulis ejusdem Cœnæ et de arundine et de spongia cum aceto ad os Domini posita et lignum de sycomoro, ubi Zachæus ascendit.

8. Et super hoc altare est imago Salvatoris mirabiliter depicta in quadam tabula, quam Lucas evangelista designavit, sed virtus Domini angelico perfecit officio.

9. Sub cujus pedibus, in quadam preciosorum lapidum linea, pignora hujus sanctuarii sunt recondita, quorum ista sunt nomina: Lapis in quo consedit S. Maria. Lapis de sancto Jordane, ubi sedit Dominus cum bapti-

zaretur. Lapis de sancta Bethleem. Lapis de monte Oliveti, ubi Dominus oravit ad Patrem. Sancta petra in qua sedit angelus ad sepulcrum. De sancta columna, ubi Dominus fuit ligatus et flagellatus. De sepulcro Domini, ubi corpore mortuus requievit. De lancea qua fuit latus Domini perforatum. De ligno crucis Domini. De loco qui dicitur lithostrotos. De Calvariæ loco. Sancta silex ubi Dominus conditus est. Lapis de monte Sion. Lapis in quo Dominus transfiguratus est in monte. Lignum de sancto præsepe Domini, in quo puer natus fuit positus. Lapis de monte Sina, ubi lex fuit data. Lapis de sepulcro S. Mariæ.

10. In alio vero altari ejusdem oratorii sunt capita SS. Apostolorum Petri et Pauli et capita SS. Agnetis et Euphemiæ virginum.

11. In tertio vero sunt carbones aspersi de sanguine S. Laurentii et de arvina corporis ejus.

12. Sunt etiam in eodem oratorio reliquiæ SS. XL martyrum multorumque aliorum.

VI [1]

Chaque église paroissiale, à Rome, est pourvue d'une confrérie du Saint-Sacrement, qui sert à rehausser le culte eucharistique, surtout aux quarante-heures, aux processions intérieures et extérieures, lors de l'administration du saint Viatique.

L'archiconfrérie est établie à Sainte-Marie-sur-Minerve, où elle fut fondée au XVI⁰ siècle, et enrichie d'indulgences spéciales que peuvent gagner les confréries affiliées.

Chaque confrérie a son *oratoire* [1], où les membres s'assemblent, les dimanches et les jours de fêtes : le matin, pour chanter l'office et assister à la messe et à l'instruction ; le soir, pour un pieux exercice, chemin de la croix ou bénédiction du Saint-Sacrement.

A la confrérie sont attachés un *chapelain*, qui remplit les fonctions ecclésiastiques ; un *prélat*, qui a le titre de primicier, et un *cardinal protecteur*, qui veille aux intérêts spirituels et temporels.

Les confrères sont *vêtus*, c'est-à-dire qu'ils ont un costume propre, ce qui leur permet de prendre rang, avant le clergé régulier et séculier, aux cérémonies de l'Église. Ce costume comprend : des *souliers* à boucles, des *bas* noirs ; un *sac*, fixé à la taille par un

1. *L'oratoire de la Confrérie du Saint-Sacrement, au Latran,* dans la *Revue de l'Art chrétien,* 1889, p. 86-90.

cordon ; une *pèlerine,* munie d'une *large* où est représenté le patron de la confrérie ; un *domino* pour couvrir la figure, et un *chapeau* plat à larges bords. Le chapeau est toujours blanc, si le sac est blanc ; noir, pour les autres couleurs. Quant au sac, au cordon, à la pèlerine et au domino, la couleur varie suivant les confréries. En général, celles du Saint-Sacrement sont en blanc, qui est la couleur liturgique.

La confrérie annexée à l'archibasilique de Latran a son siège dans une de ses dépendances, un de ces bâtiments qui forment le groupe qu'on appelle la *Scala santa,* près de l'oratoire du *Sancta Sanctorum.* Son oratoire ouvre de plain-pied sur la place, à droite de la façade, un peu en retrait, et s'étend derrière l'abside mosaïquée du *Triclinium.* J'en ai dit quelques mots dans la *Revue de l'Art chrétien,* t. XX, p. 248; mais ce n'est pas suffisant, car il y a là un véritable musée à peu près inconnu, même des amateurs. La raison en est bien simple : la basilique absorbe l'attention et on en sort fatigué, la *Scala santa* attire surtout la dévotion ; au dehors, rien ne fait soupçonner les richesses qui se dérobent à l'intérieur, enfin la porte est presque constamment fermée, puisqu'on ne peut entrer que le dimanche, de bonne heure, pendant que les confrères font leurs exercices de piété, ce qui est fort incommode pour visiter et prendre des notes : grâce au sacristain, j'ai saisi un moment favorable, et voici, selon l'ordre chronologique, ce que j'ai vu et qui mérite au moins une mention.

L'édifice, en lui-même, est absolument insignifiant : il ressemble à une grande salle longue, sans caractère saillant. L'art n'entre pour rien dans sa construction et sa décoration, mais il a conservé de précieux souvenirs des autres âges ; Rome avait autrefois ce bon goût de ne rien laisser périr et on incrustait dans les murs ce qui était hors d'usage. Malheureusement on ne prend plus guère cette sage précaution et trop souvent, dans ces derniers temps, certaines églises ont été littéralement dépouillées et dévastées pour faire *neuf,* ce qui ne veut pas dire mieux; en tout cas, l'intérêt s'en va grand train de cette façon.

Le xiii⁰ siècle a été, à Rome, une ère de renouveau et de fécondité. Le mouvement imprimé à toute l'Europe s'y est manifesté par des œuvres excellentes, dues à la célèbre école des Cosmati, qui furent tout à la fois architectes, marbriers, sculpteurs et mosaïstes. Leur style se reconnaît à l'emploi constant de la mosaïque d'émail, rouge et or pour l'ordinaire, qui forme les fonds ou les bandeaux.

L'oratoire conserve deux spécimens de ce genre, qui ont surtout un intérêt iconographique. Un aigle, en marbre blanc, se détache en fort relief sur une mosaïque à compartiments géométriques, recti-lignes, qui ont pour cadre une ogive. Nous avons là un débris d'ambon ou d'autel, dont le devant se découpe en une série d'arcades, enclavant des symboles eucharistiques. Après l'aigle venait l'agneau et, pour compléter, peut-être le phénix, qui se voit à l'autel élevé pour le Saint-Sacrement par Clément VIII au fond du transept gauche de l'archibasilique, et encore le pélican, qui fut très populaire au moyen âge [1].

L'aigle symbolise habituellement l'évangéliste saint Jean : ici, il figure directement le Christ, à cause de son ascension triomphante et, pour qu'il n'y ait pas de doute sur sa signification intentionnelle, l'artiste, fait rare, a entouré sa tête du nimbe crucifère, qui ne convient qu'à Dieu. Parmi les animaux l'agneau a le privilège du nimbe croisé : aussi le nomme-t-on *Agneau de Dieu*. Quand on nimbe les autres, c'est seulement du nimbe uni et encore réserve-t-on cette faveur aux quatre animaux évangélistiques et à la colombe. Je ne me souviens pas avoir rencontré le signe de la sainteté ailleurs dans le *bestiaire*, quoique le *cerf*, entre autres, pût y prétendre avec les mêmes droits.

Chose bizarre, l'Agneau divin, qui se reconnaît à son nimbe crucifère, n'a pas la croix qui le distingue des autres agneaux, chargés de figurer les apôtres. Pourtant, c'est bien son type habituel ! Il détourne la tête et regarde en arrière, pour appeler à sa suite : cette caractéristique est très expressive, mais l'autre l'est encore plus, car il est debout sur un autel, couvert d'une nappe, où il s'immole sans cesse pour le rachat des péchés du monde. On a là comme la traduction de la vision apocalyptique où l'Agneau paraît mort et cependant est vivant [2].

---

1. Le pélican et le phénix sont brodés, près du chaperon, sur la chape de S.-Jean de Latran, qui date du commencement du xiv° siècle. (*Rev. de l'Art chrét.*, 1888, p. 441.)

2. « Et vidi..... agnum stantem tamquam occisum ». (*Apoc.*, v, 6.)

Le fond d'émail brillant fait ressortir ce charmant sujet, que couronne une ogive servant de point de repère pour l'associer au bas-relief précédent.

Voici maintenant cinq fresques de la même époque. Le moyen âge aimait la couleur et il la prodigua à Rome sur les murs, comme on en rencontre encore quelques traces, par ci par là, assez pour pouvoir écrire à grands traits l'histoire de la peinture murale du XIIe au XVe siècle. Le byzantinisme y est quelque peu accusé, non pas que les artistes vinssent de l'orient, mais les occidentaux s'étaient formés à leur école et avaient adopté leurs modèles. Le style en est dur, raide, sec : le trait noir, qui relève les teintes plates, rappelle les plombs des vitraux qui accentuent les contours. Cet art, sévère et austère, n'est pas déplacé dans le lieu saint et produit son effet à distance

Au grand autel, la Madone, en style traditionnel, présente son Fils à l'adoration des fidèles et semble dire, avec l'Église : *Redemptorem sæculorum, ipsum regem Angelorum, venite adoremus.* Leurs nimbes établissent la différence hiérarchique, uni pour la mère, croisé pour l'enfant. Le petit Jésus, à figure sérieuse, est vraiment roi du ciel et de la terre : comme tel, il tient un sceptre, qui exprime sa puissance et il bénit, parce qu'il est miséricordieux. On s'arrête volontiers devant cette belle et intelligente composition du XIIIe siècle.

Une fresque de grande dimension revêt le Christ d'un manteau et d'une robe rouges, qui ne veulent pas dire seulement qu'il versa son sang sur le Calvaire, mais aussi rendent témoignage à sa royauté. Les bras de la croix à son nimbe sont droits, caractère manifeste d'antiquité; plus tard, on les fera *pattés* ou *courbes.* La bénédiction est à la grecque, le pouce appuyé sur l'annulaire fléchi.

Suivent sur des piliers quelques saints que le défaut d'attributs ne permet pas de désigner nominativement. Un pape, coiffé de la tiare conique, vêtu d'une chasuble rouge sur laquelle le pallium se détache en blanc, un livre à la main comme docteur de l'Église, bénit à trois doigts, à la manière latine.

Un autre pape, mais sans tiare, bénit la donatrice, agenouillée à ses pieds et représentée dans de minimes proportions, pour laisser au saint tout l'honneur. C'est dans ces conditions seulement que les vivants sont acceptables dans les églises, où on les a parfois grandis inconsidérément jusqu'à la taille naturelle.

A deux saints, sans qualificatif possible, succèdent deux autres saints, nimbés, bien entendu, mais couronnés. La couronne symbolise plutôt le martyre que l'admission au séjour des élus, comme chante l'Église parlant de la récompense décernée à leur héroïsme : « Coronas decoris meruerunt de manu Domini. » (*Ant. du commun des martyrs.*)

Le XIV⁰ siècle n'est représenté que par deux monuments : c'est peu, mais ils témoignent hautement que l'art reprit dans la ville des papes, après le retour du Saint-Siège.

Dans un coin on a placé, après l'avoir transformé en tronc, un clocheton ; sa base est emprisonnée entre quatre colonnettes, dont les chapiteaux sont feuillagés et qui relient, deux à deux, une ogive à trèfle aigu. Peut-être ce débris appartient-il à un monument funèbre. Le fond est tapissé, comme au XIII⁰ siècle, d'une mosaïque d'émail qui fait valoir le marbre blanc.

Près de la sacristie est peinte à mi-corps une Madone avec son enfant, tous les deux gratifiés du nimbe qui leur convient, mais ces nimbes sont gaufrés, c'est-à-dire qu'ils forment autour de la tête un relief qui a été ensuite travaillé au fer. Ce procédé fut employé à Rome assez fréquemment et son effet est des plus heureux. Le réalisme commence à s'introduire dans l'art ; la Vierge devient moins sérieuse et l'enfant Jésus, plus préoccupé de sa mère que de l'humanité, l'embrasse tendrement. Le XIV⁰ siècle ici touche à son déclin [1].

Le siècle suivant se signale par deux œuvres d'un haut intérêt. Les armes papales, sculptées au *rouvre* ou chêne des de la Rovère et encastrées dans le pavé, équivalent à une date. Elles rappellent que Sixte IV fit restaurer l'oratoire et lui attribua une destination que la chronique n'a pas enregistrée. En tout cas, l'autel majeur, avec son beau retable, remonte à son pontificat.

Un seul autel suffirait dans ce petit oratoire, mais la dévotion en imposa un second, qui rompt la symétrie vers le milieu de la nef.

Le dernier quart du XV⁰ siècle a été vraiment la plus belle période de la renaissance, qui, à son aurore, n'a pas connu les défaillances qu'engendra le naturalisme du XVI⁰. Rome est pleine de monuments peints et sculptés qui glorifient les pontificats d'Innocent VIII, de

1. Parmi les peintres romains du XIV⁰ siècle, il faut citer « Robino di Roma, 1335, 1343 ». (Muntz, *Giovanni di Bartolo*, p. 3.)

Sixte IV et d'Alexandre VI. L'autel prend alors de plus vastes proportions et il se double d'un *retable*, qui se dresse en arrière de la table consacrée. Ce retable comprend trois parties : une *predella* ou soubassement; une *icone*, flanquée de pilastres, et un *fronton*.

Sur le gradin saillissent de petites têtes d'anges, ailées et nimbées, adorateurs du Fils de Dieu qui descend sur l'autel au saint sacrifice.

L'icone représente, en peinture, la crucifixion, parce qu'un crucifix est nécessité par la rubrique. Le Sauveur est percé de trois clous et son nimbe crucifère proclame sa divinité. Le titre porte les quatre initiales traditionnelles. Y. N. R. I.

La partie supérieure s'arrondit en cintre, où est gravé ce texte qui fait allusion à la permanence du sacerdoce : .

.VBI.EGO.SVM.IBI.MINISTER.MEVS.ERIT.

Dans les écoinçons voltigent deux anges nus, qui tiennent d'une main un calice surmonté de l'hostie et de l'autre une palme, pour inviter au combat de la vie, dont l'Eucharistie est le viatique :

Ecce panis angelorum,
Factus cibus viatorum,

et indiquer la récompense finale qu'aura méritée la victoire.

Comme on a su utiliser tout ce qui était beau, on a adapté sous le fronton deux colonnettes torses de marbre blanc, autour desquelles s'enlace un ruban de mosaïque d'émail. Le XIII° siècle a été prodigue de cette décoration et de notables spécimens se voient encore à Saint-Alexis, où des colonnettes analogues entouraient le chœur.

Elles n'ont point empêché les pilastres que requérait l'architecture classique. Ces pilastres portent les instruments de la Passion, sculptés avec une grande finesse. De la sorte, le fidèle avait sous les yeux un ensemble iconographique que mit en vogue, précisément en même temps, un motif connu sous le nom de *messe de saint Grégoire*. Les instruments sont à peu près au complet. Ils se succèdent dans cet ordre un peu bouleversé : le *calice* de la Cène ou plutôt de l'agonie; la *torche,* qui fait allusion à l'invasion par les Juifs du jardin de Gethsémani; la *couronne* d'épines, la *colonne* de la flagellation, l'*éponge* imbibée de fiel et de vinaigre, l'*aiguière* et le bassin pour le lavement des mains de Pilate; deux *torches* en sautoir, parce que la trahison eut lieu la nuit; deux *fouets* dont le corps du Sauveur fut déchiré, l'*échelle* de la mise en croix ou de la déposition, la *lance* qui perça le côté, les *trois clous* du crucifiement, le *marteau* qui les enfonça et les *tenailles* avec lesquelles ils furent arrachés.

Dans la sacristie sont deux toiles peintes au XVIIᵉ siècle, identiques à celles qui sont exposées dans le chœur des chanoines à Saint-Jean de Latran. Elles représentent les chefs de saint Pierre et de saint Paul, tels qu'ils furent exécutés, par ordre d'Urbain V, avec le concours du roi de France, Charles V, dont on y voit les armes. Ces chefs sont plutôt des bustes, d'une très riche orfévrerie. Saint Pierre est costumé en pape, avec la tiare sur la tête. Ces tableaux sont tout ce qui reste de tant de splendeur, car les reliquaires ont été fondus du temps de la révolution. Séroux d'Agincourt en a aussi fixé le souvenir dans l'atlas de son grand ouvrage.

L'histoire des confréries est écrite sur les murs de leurs oratoires, non plus dans la langue officielle de l'Église et des monuments romains, qui est le latin, mais en italien, afin qu'elles soient plus accessibles à tous. Souvent même, elles sont simplement peintes sur la chaux et non gravées sur le marbre, ce qui eût été plus coûteux. La plus curieuse collection de ce genre existe à *Santa Maria dell'orto* et à *Sant'Eligio dé ferrari*. Il y aurait lieu de les recueillir toutes, pour montrer la vitalité et les ressources des confréries romaines, surtout aux deux derniers siècles.

L'oratoire du Latran a aussi son épigraphie propre. Je n'en citerai qu'un exemple :

IL FRATELLO SANTE MEROLLI DEFONTO
IL DI XIII DECEMBRE MDCCLXXVII
HA LASCIATO UNA VESTE ANNUA DI SC (*udi*)
TRE DA DARSI A QVEL FRATELLO CHE
SARA ESTRATTO DAL BUSSOLO DE PIU
FREQUENTANTI IN OCCASIONE DELLA
PROCESSIONE DEL CORPUS DOMINI COME
DAL SUO TESTAMENTO ROGATO DAL
BOTTELLI NOTᵒ DEL GOVERNO
SOTTO IL DI ED ANNO SUDᵒ :
FRANCESCO MEROLLI HEREDE

Un des confrères, Sante Merolli, laissa par testament, après sa mort, arrivée en 1777, une fondation pieuse, que son héritier se chargea de faire connaître à la postérité : je l'en félicite sincèrement. Tous les ans, on devait donner, à la suite de la procession du Saint-Sacrement que fait le chapitre le dimanche dans l'octave de la Fête-Dieu, après les vêpres, un vêtement du prix de trois écus, à celui qui avait été un des plus assidus aux réunions. Le nom du confrère se tirait au sort.

La clause testamentaire peut paraître singulière, cependant elle s'explique facilement. Les membres des confréries appartiennent en général à la classe populaire : c'était donc un secours en nature, agréable et opportun, qui favorisait la présence aux cérémonies de la confrérie. Le procédé ne manque ni de tact ni de délicatesse et il correspond à une des formes usuelles de la charité et de l'aumône qui est la *vestition* : aussi les rosières, dotées par les confréries, ont, elles pris le nom de *mantellate*, qui répond au français *emmantelées*.

VII

1. La grande pancarte, en parlant de la basilique de Latran, met dans la bouche de Boniface VIII cette expression significative *Sedes nostra* (n° 26). Là, en effet, est véritablement le siège du pontife et sa cathédrale. Là encore, il vient prendre possession au début de son pontificat [1]. La tradition tout entière exige cet acte de suprématie. Effectivement, Constantin ayant donné à saint Sylvestre le palais de Latran [2], la basilique qui s'adjoignit à son flanc gauche devint dès lors l'église propre du *pontife*, et il en fut ainsi jusqu'à ce que Clément V transporta la papauté à Avignon. Quand Grégoire XI rentra à Rome, il trouva le patriarcat en ruines et alla se fixer au

---

1. « Plusieurs canonistes, m'observe Mgr Chaillot, n'admettent pas ce principe : ils reconnaissent une seule cathédrale *formelle*, composée de quatre basiliques *matérielles* et distinctes : S.-Jean de Latran, S.-Pierre, S.-Paul et Ste-Marie-Majeure. Le pape prend aussi possession à S. Pierre et y est couronné. » Autrefois, il avait un siège fixe dans chacune des basiliques majeures.

2. « La statue équestre de Marc-Aurèle, qui s'élevait pendant le moyen âge près de la basilique et du baptistère de Latran (nommés *Constantiniens*, à cause de leur fondateur), reçut, grâce à ce voisinage, la dénomination de *caballus Constantini*. » (Duchesne, *Lib. pont.*, t. I, p. CXIII.)

Vatican, donnant ainsi un exemple trop littéralement suivi par ses successeurs.

2. La vraie place du siège est au fond de l'abside, en face de l'autel, isolé en avant du transept. Malheureusement, ce siège a été renversé et remplacé par un autel mobile, qui sert, aux jours de fête, au chapitre de la basilique. Un tel procédé, condamné par la liturgie, est d'autant plus regrettable que le siège de marbre blanc, de forme antique, avec un escabeau pour les pieds, était le même sur lequel s'assit, au iv° siècle, saint Sylvestre. Pour lui donner plus d'apparence, Nicolas IV l'avait orné de clochetons de marbre et égayé de mosaïques d'émail. Tout cela a été enlevé et transporté dans le cloître, comme un objet inutile et sans valeur. Mais toute mutilation porte avec elle sa peine, et l'observateur attentif a bientôt remarqué dans l'abside de Saint-Jean la base et le couronnement de l'édicule, qui demeurent là comme une protestation permanente contre un vandalisme inqualifiable.

Les marches du trône sont devenues les marches de l'autel et ce n'est plus le pontife, mais un simple prêtre qui foule aux pieds les symboles de l'aspic et du basilic, du lion et du dragon, sculptés par une allusion évidente à ce texte de l'Écriture, qui s'entend à la fois du Christ et de son vicaire : « Super aspidem et basiliscum ambulabis et conculcabis leonem et draconem. » (*Psalm.* xc, 13.)

3. Une fière inscription en lettres de mosaïque s'étale au-dessus de la place désormais veuve de son ornement principal. Elle rappelle, avec Nicolas IV, son auteur, que le siège du pontife est aussi celui du pape, qui y préside en qualité de vicaire du Christ. Là est de droit le siège de Rome, sur lequel le pape seul peut s'asseoir, et sa sublimité dénote la sujétion de ceux qui lui obéissent.

> Hæc est papalis sedes et pontificalis.
> Præsidet et Christi de jure vicarius isti :
> Et quia jure datur, Sedes Romana vocatur.
> Nec debet vere nisi solus papa sedere :
> Et qui sublimis, alij subduntur in imis [1].

1. *Revue de l'Art chrétien*, 1884, p. 201.

VIII

Le bréviaire romain, dans les leçons du second Nocturne de la fête du 9 novembre, relate que la basilique de Latran fut consacrée par le pape saint Sylvestre et que le premier il institua les rites sacrés dont se sert encore l'Église romaine pour la consécration des églises et des autels :

« Ritus, quos in consecrandis ecclesiis et altaribus Romana servat Ecclesia, beatus Silvester papa primus instituit..... Nam et in suo Lateranensi palatio ecclesiam Salvatori dedicavit...... : quam idem Pontifex consecravit, quinto idus novembris, cujus consecrationis memoria celebratur hodierno die. »

Avec la grande pancarte nous dirons qu'une seconde consécration fut jugée nécessaire au vi* siècle, sous saint Grégoire le Grand, parce que la basilique avait été envahie et ravagée par des hérétiques. L'histoire se tait sur ce fait, que les archives ont seules enregistré.

Parmi les dessins de la Barberine, M. Muntz signale : « Pictura exolescens fere consecrationis a S. Silvestro papa peracto in altari Lateranensis basilicæ, Urbani II ævo, ut arbitror. E confessione basilicæ suprascriptæ, sub capitibus apostolorum SS. Petri et Pauli, a Gaspare Morono delineata vivisque coloribus expressa. MDCLXXII. En haut, la tête du Christ qui se trouve aujourd'hui encore au Latran, avec deux anges de chaque côté ; plus bas, le pape devant l'autel et une nombreuse troupe de fidèles. » (*Les Sources de l'arch. chrét.*, p. 36.)

La confession offre en plan un carré long; l'intérieur est décoré de stucs et de marbres. A la voûte figurent les armes de Grégoire XVI et du cardinal Lambruschini, qui ont entrepris cette restauration, comme il conste par l'inscription suivante datée de 1844 et plaquée au-dessus de la porte :

GREGORIVS. XVI. PONT. MAX.

S. P. ANNV. XIII.

PER. ALOISIVM. LAMBRVSCHINIVM.

VIRVM. EMINENTISSIMVM.

EP. SABINEN. A. CONS. SANCT.
S. E. R. PRO. CAMERARIVM.
VETVSTATIS. INIVRIA. SVBLATA.
PRO. LOCI. DIGNITATE.
OMNI. CVLTV.
EXORNAVIT.

L'autel est adossé au mur, en face de l'entrée. Le palliotto en marbre porte les armes du Sénat, qui en a fait don. La table est formée par une précieuse plaque de porphyre violet. Sa consécration remonte à l'an 1594.

EX AVTORIT. S. D. N. CLEMENTIS PP. VIII P. M.
DIE X SEPTEMBR. MDXCIV. LVDOVIC. DE TORRES ARCHIEP.
MONT. REGAL.
ALTARE VBI EST CONFESSIO S. IOANNIS EVANG. SVB AL
TARI PAPALI
CONSECRAVIT IN EAQVE MVLTAS SS. RELIQVIAS CONDIDIT

Au-dessus, en manière de retable, se voit une peinture murale, qui date des dernières années du XIVᵉ siècle. En haut, apparaît à mi-corps le Sauveur, que deux anges adorent et qui, du sein des nuages, déverse des rayons de lumière sur les assistants. S. Sylvestre, tête nue, nimbé, vêtu d'une chape rouge sur une dalmatique verte, étend un linge blanc et étroit (un corporal?) sur l'autel carré [1], recouvert d'une nappe blanche. Constantin, couronné, mains jointes, regarde l'apparition ; il a une robe bleue et un manteau rouge ; sa cour l'accompagne à genoux. En face, sont aussi agenouillées des femmes qui prient ou regardent.

IX

Avant le VIᵉ siècle, une restauration importante avait été faite à l'abside. C'est ce qui résulte d'une inscription, antique et primitive, rédigée dans le style des inscriptions romaines :

1. Hic (S. Sylvester) constituit ut sacrificium altaris non in serico neque in panno tincto celebraretur, nisi tantum in linteo ex terreno lino procreato, sicut corpus Domini Nostri Jesu Christi in sindone lintea munda sepultum est, sic missa celebraretur, » (*Lib. pontif.*)

Flavius Constantius, felix, victor, magister utriusque militiæ, patricius
et consul ordinarius et
Padusia, illustris
fœmina, eius
uxor, vo-
ti compotes, [1]
de proprio fecerunt.

M. Chabouillet, dans la *Revue des Sociétés savantes* (5ᵉ série,
t. VI, p. 281-282), a restitué cette inscription dans sa forme vraie, puis
il l'a élucidée par un docte commentaire, que je crois utile de citer
parce qu'il fixe la date de la partie supérieure de la mosaïque
absidale.

On lisait jadis à Rome, dans l'abside de la basilique de Saint-Jean de
Latran, l'inscription suivante :

AVLA DEI HAEC SIMILIS SYNAI SACRA IVRA FERENTI

VT LEX DEMONSTRAT HIC QVAE FVIT EDITA QVONDAM.

LEX HINC EXIVIT MENTES QVAE DVCIT AB IMIS

ET VVLGATA DEDIT LVMEN PER CLIMATA SECLI.

FLAVIVS CONSTANTIVS FELIX V. C. MAGISTER

VTRIVSQVE MILITIAE PATRICIVS ET CON. ORD.

ET PADVSIA EIVS INL. FOEMINA VOTI COMPOTES

DE PROPRIO [2] FECERVNT

C'est Onuphrius Panvinius qui paraît avoir le premier fait connaître ce
texte important, dans son curieux petit livre sur les basiliques de Rome
publié en 1570[3]. Depuis, on l'a publié souvent, presque toujours avec des
inexactitudes et souvent, comme dans les recueils de Gruter [4] et de
Muratori [5], avec la fâcheuse suppression des quatre vers qui précèdent
l'énoncé des noms et titres de Flavius Félix.

Les libéralités de Fl. Constantius Félix et de Padusia, sa femme, auxquelles font allusion l'inscription qu'on vient de lire et d'autres qu'il est inutile de citer ici, sont la décoration, en ouvrage de mosaïque, de l'abside de
Saint-Jean de Latran, peut-être même la construction de cette partie du cé-

1. Un fragment d'inscription votive, du ivᵉ siècle, découvert dans la catacombe
de Ste Agnès, porte : (v) OTVM COMPOS. (Armellini, *Cronachetta*, 1889, p. 11.)
2. M. Rohault de Fleury, p. 415, donne la variante *de suo*.
3. Panvinius, *De præcipuis basilicis urbis Romæ*, in-8°, 1570; voy. p. 109.
4. Gruter, p. MLXXVI, 2 (*Romæ in Laterano*). — *Ex pergamenis antiquis Illustris bibliothecæ Electoralis Palatinæ Gruterus*. On sait que la bibliothèque Pa-
latine est depuis longtemps au Vatican. Dans la transcription de Gruter, le mot
Constantius est omis.
5. Muratori, p. CDIII, 4.

lèbre édifice, et enfin le don d'un trône pontifical qu'on y voyait jadis et sur lequel elle était gravée, si l'on s'en rapporte à la note qui l'accompagne dans les transcriptions manuscrites de Marini, reproduites dans le recueil d'Angelo Mai [1]. J'ai préféré la copie de Marini à celle de Panvinius, qui, malgré toute la gratitude que nous lui devons, ne mérite pas la même confiance que l'illustre auteur des *Atti e monumenti de fratelli Arvali*. Un exemple suffira à justifier ma préférence. Selon Panvinius, que d'autres ont suivi, notamment Muratori, le consul Fl. Félix n'aurait pas eu seulement le *gentilicium* Constancius, omis dans les anciens fastes, comme il arrive souvent, mais que lui donnent ceux de Borghesi et de M. L. Renier; il aurait eu en outre *Victor* pour second surnom; or, ce surnom est né visiblement d'une vicieuse interprétation des sigles V. C., qui signifient *viri clarissimi*. D'ailleurs, quoi qu'il en soit de cette variante,... il est une chose certaine, c'est que le Fl. Constantius Félix de l'inscription de Saint-Jean de Latran fut consul l'an 428 et n'est pas, comme l'ont cru Panvinius et Ciampini [2], le patrice Constantius, qui fut consul en 417 pour la deuxième fois, empereur en 421 et que nous nommons Constance... Fl. Constantius Félix, le mari de Padusia, mourut en 430. Cette date importante nous est révélée par la *Chronique* de Prosper d'Aquitaine qui, en mentionnant la fin tragique d'un patrice qu'il ne nomme que Félix, mais qu'il dit être le mari de Padusia, ne permet pas de douter qu'il n'ait eu en vue le Fl. Constantius Félix de l'inscription de Saint-Jean de Latran.

X

1. Je termine ce long commentaire de la *Tabula Magna* en rapportant les monuments qui attestent que Constantin, étant lépreux, fut guéri par le saint baptême. Il ne s'agit pas de prendre le mot *lèpre* au figuré et de l'interpréter dans le sens de *péche* ou de *crime*, qui est réellement une lèpre morale. Le grand empereur fut affligé dans son corps par cette horrible maladie, dont la guérison lui fit d'autant mieux apprécier les bienfaits, même temporels, du christianisme naissant.

Commençons par l'histoire. Elle répondra à nos investigations,

1. Voy. *Scriptorum veterum nova collectio e Vaticanis codicibus edita ab Angelo Maio, lib. Vatic. præf.*, t. V, p. 82, et *adnotationes*, p. 463. Après avoir reproduit, p. 81, plusieurs autres inscriptions qui se trouvaient, selon Marini, à Rome, *in abside sancti Johannis in Laterano musivo opere*, à la p. 82, l'illustre cardinal donne, sous la rubrique *Ibidem in throno*, le texte que je viens de reproduire.

2. *De sacris ædificiis a Constantino magno constructis synopsis historica*; voy. p. 15 et 16.

en nous fournissant deux textes d'une authenticité non équivoque. Le *Liber pontificalis*[1], compilé par saint Damase, puis recueilli et augmenté au IXe siècle par Anastase le Bibliothécaire, dit expressément que Constantin était lépreux : « Hic (Silvester) in exilio fuit in montem Soractem, persecutione Constantini concussus, et post modum rediens cum gloria, baptizavit Constantinum Augustum, quem curavit Dominus per baptismum a lepra. »

Le Bréviaire romain n'était pas moins explicite, dans la cinquième leçon des matines de la dédicace de la basilique du Sauveur avant la correction de cette leçon par ordre du Léon XIII [2], où la lèpre a été supprimée, mais le baptême maintenu. « Ubi Constantinus imperator, per baptismi sacramentum sanitatem salutemque consecutus est, tum primum lege ab eo lata concessum est toto orbe terrarum christiani ut ecclesias ædificarent : quos ille non solum edicto, sed etiam exemplo ad sacram ædificationem est cohortatus. Nam et in suo Lateranensi palatio ecclesiam Salvatori dedicavit, et ei continentem basilicam nomine sancti Joannis Baptistæ condidit, eo loco quo ipse baptizatus a sancto Silvestro, a lepra mundatus est. »

2. La voix de l'épigraphie mérite aussi d'être entendue sur la question. Les trois inscriptions que nous allons citer n'existent plus et c'est seulement grâce à la copie qu'en a donnée Panvinio, mais controlée par Rasponi et Crescimbeni, que nous pouvons reproduire ici un triple témoignage gravé sur le marbre.

L'an 904, premier de son pontificat, Serge III releva la basilique

---

1. M. Duchesne, dans le *Liber pontificalis*, t. I, p. CXIV-CXX, est absolument contraire à ce qu'il appelle « la légende de Constantin » : lèpre, bain de sang, baptême par S. Silvestre, guérison miraculeuse, etc., et il la dit « imaginée en Orient » au « Ve siècle ». Il ajoute : « Dans la notice de Félix, il est dit que ce pape déclara hérétique Constance, fils de Constantin, et lui reprocha d'avoir été rebaptisé par Eusèbe de Nicomédie. » Voilà un fait vrai, attribué à un autre personnage ; j'estime donc que Constantin fut baptisé deux fois : d'abord par S. Silvestre, puis par Eusèbe. Ainsi se concilient la tradition et l'histoire.

La vie de S. Silvestre, d'après Monbritius, est analysée dans le *Liber pontificalis* de M. Duchesne, p. CX-CXII. Il y est question des trois miracles de la délivrance du dragon, de la guérison de Constantin de la lèpre, et de la résurrection du taureau.

Les *Gesta Liberii*, « apocryphe symmachien de l'an 501 », citent formellement les *Actus beati Silvestri* au sujet du baptême et de la guérison de Constantin : « Hoc cum legisset (Liberius, ex libro antiquo, edoctus a libro Silvestri, episcopi Romanorum, et quod et publice prædicaret quia in nomine Jesu Christi a lepra mundatam fuisse per Silvestrum Constantinum. » (*Ibid.*, p. CXIV.)

2. « Sacro baptismate tinxit et ab infidelitatis lepra mundavit. »

qu'avait ébranlée un tremblement de terre. Une épigraphe en vers, écrite en mosaïque dans la tribune, rappelait cette restauration, en ayant soin de remonter jusqu'au fondateur.

Augustus Cæsar totum quum duceret orbem,
Condidit hanc aulam, Silvestri chrismate sacram ;
Jamque salutifera lepra mundatus ab unda,
Ecclesiæ hic sedem construxit, primus in orbem
Salvatori Deo, qui cuncta salubriter egit :
Custodemque loci pandit te, sancte Joannes.
Inclinata ruit senio, volventibus annis,
Spes dum nulla foret vestigia prisca recondi.
Sergius ad culmen perduxit tertius ima,
Cespite ornavit ingens hæc mœnia Papa.

L'autre inscription en vers latins et à rimes intérieures, est attribuée au pontificat d'Eugène III (xiiᵉ siècle). Elle fait l'éloge de Constantin et invoque le pouvoir des clefs laissé à Pierre et à ses successeurs.

Agnoscant cuncti, sacro baptismate functi,
Quod domus hæc munda nulli sit in orbe secunda,
Nam cum papalis locus hic sit et cathedralis,
Primatum mundi meruit sine lite [1] rotundi,
Contendat nemo secum de jure supremo.
Omnis ei cedit locus, et reverenter obedit.
Hunc Constantinus, in cœlum mente supinus,
Lepra mundatus, intus forisque novatus,
Fundavit primus, factum quod in ordine scimus,
Et series rerum cogit nos scribere verum.
Christi successor primus, fideique professor
Petrus ab hac sede laxavit retia prædæ,
Clave potestatis recludens regna beatis.

Boniface VIII revient sur la même pensée, mais en insistant sur les détails. Ainsi il parle du bain de sang et de l'apparition des saints Apôtres. Les hexamètres suivants se lisaient sur une table de marbre :

Qui (cui?) fœtidam dedit esca lepram, visuque perosam
Et maculata fides multa cum fece lutosam,
Constantinus ait : Pueros pietate trucidam ?
Impia lex, pietate datur mihi subdere terram.

---

1. *Fine*, porte une variante qui ne peut être exacte, vu le sens.

Stans Petrus et Paulus : Sylvestri suscipe normam
Et rectam fidem sanctissimo fonte renatam
Ac per transversos montes collesque fugatam.
Liberat ille cœlis, tenet Urbis papa coronam.
Inde prior generosa mater basilica præsens
Facta fuit stabilis ; quamvis lacerata per hostes,
Tandem convaluit, rusticam relinquendo catervam.
Papa Bonifacius veniens octavus in eam
Auxit, et posuit de multis nobile germen,
Qui nova progenies ipso faciente subacti
Sic fugiant vitium, quod non sciant cavere vetusti.
Hic sunt scriptarum custodes reliquiarum,
Sic sunt missarum factarum a Deo rerum.

3. Invoquons maintenant le témoignage des monuments. J'en compte six.

M. Rohault de Fleury cite, p. 488, la lettre de Clément VI (1347) au légat Bertrand pour condamner la conduite de Colà di Rienzo : « Nec taceatur eisdem qualiter paragonitam pelvim, in qua miserationis divine potentia dive memorie Constantinum per beatum Silvestrum sacri regeneravit unda baptismatis et a lepre contagio miraculose mundavit, queve in sacrario venerabilis Lateranensis basilice velut sacra res venerabiliter conservatur, prefatus Nicolaus, contagiono vitiorum immundus, originarie conditionis oblitus, se in eam, militare cingulum suscepturus, immergens, ausu dampnabili prophanavit. »

Le second document est la baignoire même dans laquelle Constantin devait prendre son bain de sang et que vit, au xvᵉ siècle, le pèlerin flamand, dont le manuscrit est conservé dans la bibliothèque de Valenciennes :

Là tenant et tout du pourpris de la dite église (Saint-Jean de Latran), là y a une cappelle en laquelle est une grande cuve de porphyre, là où on debvoit fayre morir plusieurs ynnocentz et mettre le sang dedans lad. cuve, pour baigner l'empereur Constantin, et disoient les médecins qu'il debvoit estre regary de sa lèpre. (*Annales archéologiques*, tome XXII, page 92.)

Cette baignoire aurait-elle été employée à servir de tombeau à un pape? Les paroles suivantes de Panvinio, page 157, le laisseraient supposer : « Derrière un gros pilastre, dit-il, entre l'autel et la porte sainte, est une très ancienne tombe de porphyre, avec de très belles figures, où est inhumé Anastase IV. »

Le portail de la façade orientale de Saint-Jean de Latran était décoré d'une frise historiée en mosaïque, exécutée sous Alexandre III, à la fin du xiiᵉ siècle, croit M. Frothingham (*Bull. d'arch. chrét.*, 1882, p. 176), qui, d'après un dessin de la bibliothèque Barberini, nous donne le nom de l'artiste : NICOLAUS . ANGELI . FECIT . HOC . OPUS, cité également par Rohault de Fleury, p. 335.

Or, cette mosaïque présentait un intérêt tout local, puisqu'elle figurait le siège de Jérusalem, qui avait enrichi la basilique de ses plus précieux trésors, la donation du Latran par Constantin, le baptême de cet empereur, la légende du fondateur saint Sylvestre, et celle des deux patrons saint Jean-Baptiste et saint Jean évangéliste. Voici d'après Ciampini, qui les a fait graver à la planche 2 du tome III de ses *Vetera monimenta*, l'ordre et le détail de ses huit petits tableaux historiques, qui, faute d'espace, se développaient surtout en largeur [1].

La flotte, composée de quatre navires, vogue vers la Palestine, sous la conduite de Vespasien :

Naves Romani ducis hæ sunt Vespasiani.

Titus a planté ses tentes en face de Jérusalem, ville fortifiée, au donjon élevé :

Regia nobilitas hic obsidet Israelitas.

Constantin octroie au pape saint Sylvestre, mitré et assis à la porte de l'église qu'il a fait construire, la charte qui lui confère la propriété du Latran et le libre exercice du culte public :

Rex in scriptura Sylvestro dat sua jura.

Constantin, plongé dans une cuve pleine d'eau, reçoit de la main de saint Sylvestre le baptême par infusion ; il est aussitôt guéri de la lèpre :

Rex baptizatur et lepræ sorde lavatur.

Saint Jean-Baptiste, à genoux dans sa prison, vient d'être décapité par le glaive d'un soldat : un autre soldat emporte sa tête.

Saint Sylvestre, suivi de son clergé et un bâton en main, chasse par le signe de la croix le dragon qui dévastait le Forum, au lieu

---

1. Voir ce que j'en ai dit, p. 411, et dans la *Revue de l'Art chrétien*, 1884, p. 99-100.

même où s'élève, en mémoire de ce fait, l'église de Sainte-Marie-Libératrice.

Saint Sylvestre, assis et mitré, concède des indulgences ou donne un ordre.

Saint Jean évangéliste, la tête entourée d'un nimbe, est assis, dépouillé de ses vêtements : on le fouette et on lui coupe les cheveux devant la Porte Latine [1].

Cette frise a disparu lors de l'érection de la nouvelle façade de la basilique, en 1735. Il était pourtant si facile et si intéressant de la conserver, puisqu'on a bien sauvé l'inscription gothique qui établit les droits de prééminence de la basilique et le Christ qui surmontait la frise!

J'arrive au dernier monument de Rome. Les fresques si curieuses de l'oratoire de Saint-Sylvestre, aux Quatre-Couronnés [2], qui datent de 1246, vont nous initier à tous les détails de l'apparition des saints apôtres et de la guérison miraculeuse de l'empereur, trop brièvement racontée dans la légende du Bréviaire.

Constantin est infecté de la lèpre. Les médecins ont inutilement essayé tous les remèdes, qui demeurent impuissants. Il s'agit de tenter un moyen énergique, mais féroce, auquel le succès paraît assuré. Constantin doit se baigner dans du sang humain, et, pour l'avoir plus pur, dans du sang d'enfants nouveau-nés. Les mères désolées apportent au palais leurs fils, dont elles ne peuvent refuser le sacrifice. Constantin, qui a compassion de leur infortune et horreur d'un tel remède, les renvoie et déclare qu'il restera plutôt lépreux

---

1. On lit encore ces vers, à l'intérieur, au-dessus de la porte d'entrée de l'oratoire Saint-Jean près la porte Latine : Martyrii calicem, etc. Voir plus haut, page 410.

Ciampini, t. III, p. 13. J'ai reproduit cette inscription, d'après l'original, qui est du XIIe siècle, dans mes *Stations et Dimanches de Carême à Rome*, p. 114, et dans la *Revue de l'Art chrétien*, t. XXI, p. 121.

A l'extérieur, l'inscription qui surmonte la porte donne les armes, le nom du restaurateur de l'édifice, Benoît Adam, auditeur de Rote pour la France, et la date d'exécution, qui est l'an 1509, sous le pontificat de Jules II :

DIVO . EVANGLE . SACELLVM . BENEDICTVS .
ADAM . AVDITOR . GALLIC' . DICAVIT .
IVLIO . II . PONT . MAX . ANO . MO . CCCCCO . VIIII *feuille*

L'écusson, en accolade, porte *trois aigles éployées*, 2 et 1, et est accompagné de cette devise :

AV . PLAISIR . DE . DIEV

2. *Revue de l'Art chrétien*, t. XXIII, p. 288.

que de se faire avec préméditation le meurtrier de ces petits êtres innocents et sans défense.

La nuit suivante, pendant que Constantin est au lit, gardé par un serviteur qui agite à la main un *flabellum* [1], saint Pierre et saint Paul lui apparaissent et le récompensent de son humanité, en lui annonçant le remède souverain qui doit le guérir et lui indiquant le moyen de se le procurer.

Par ses ordres et sur l'avis des saints apôtres, trois cavaliers sont députés vers le mont Soracte. Ils y trouvent le pape saint Sylvestre qui, au fond d'une grotte, se dérobait à la fureur de la persécution suscitée contre les chrétiens. Ils s'agenouillent à ses pieds et le supplient de venir avec eux à Rome.

Entré au palais de Latran, saint Sylvestre remet un tableau à l'effigie de saint Pierre et de saint Paul à l'empereur, qui reconnaît de suite ceux qu'il a vus en songe [2].

Instruit de sa religion, Constantin est baptisé par saint Sylvestre, à l'endroit où s'élève aujourd'hui le baptistère de Latran, et le baptème lui rend à la fois la santé de l'âme et celle du corps.

Lorsque Clément VIII fit décorer de vastes tableaux à fresque le transept de la basilique de Latran, César Nebbia peignit l'apparition des saints apôtres et Pâris Nogari la mission donnée aux officiers de la cour impériale de ramener le pape du Soracte. Enfin le baptème de l'empereur fut confié à Pomarancio.

Citons maintenant deux monuments français :

M. Muntz reproduit ce passage de Jérôme Aleander à Peiresc, sur l'ancienne mosaïque de Riez, où l'on voyait aussi « l'image du grand

---

1. De Linas a oublié ce spécimen dans son article *Les disques crucifères, le flabellum et l'umbella*, où il cite pourtant les fresques de cet oratoire : il reproduit toutefois le pavillon conique porté sur la tête du pape S. Sylvestre, mais il y omet un détail essentiel, qui est le cordon destiné à l'ouvrir et le fermer. (*Rev. de l'Art chrétien*, 1884, p. 24.)

2. Grimaldi, dans ses *Instrumenta autentica translationum sanctorum corporum*, conservés à la Bibliothèque Barberini, à Rome, p. 142-143, a deux chapitres intitulés : « Quomodo Sanctissimi apostoli Petrus et Paulus per quietem apparuerunt Constantino imperatori, ex qua postea visione christianam fidem suscepit. — Quomodo sanctus Silvester papa ostendit yconam apostolorum Petri et Pauli, quæ hodie in Vaticana basilica asservatur et tales fuisse qui sibi apparuerunt imperator Constantinus affirmat. » (Muntz, *Les Sources de l'arch. chrét.*, p. 46.)

On conserve dans la basilique Vaticane un tableau, peint sur bois et en style grec, que l'on dit être celui que Constantin fit exécuter, après l'apparition, pour fixer les portraits des saints apôtres; mais l'archéologie dément cette attribution.

Constantin ..., sur un cheval foulant des pieds la figure d'un homme » : « Un mosaïco che mostrava alla maniera di essere un imperatore a cavallo con inscrittioni attorno CONSTANTINUS LEPROSUS [1]. » (*Études iconogr.*, p. 3.)

Constantin lépreux, avec la scène des enfants égorgés, se voit sur un vitrail du XIII° siècle, à la cathédrale de Chartres. (*Rev. de l'Art chrét.*, 1888, p. 421.)

XI

La grande pancarte me semble exiger un complément que fournissent les bulles pontificales, qui exaltent la primauté de la basilique de Latran au-dessus de toutes les églises de Rome et du monde. On verra dans cette longue série, qui commence au VII° siècle, une tradition constante et non interrompue. Tous ces textes ont été recueillis par Cancellieri dans ses *Memorie storiche delle sacre teste de santi apostoli Pietro e Paolo nella basilica Lateranense*, Rome, 1786, in-4°.

Martin I la nomme *Constantinienne* et la première construite dans le monde :

Privatim mansi in ecclesia Salvatoris nostri Jesu Christi, quæ cognominatur Constantiniana, quæ prima in toto mundo constructa et stabilita est a bonæ memoriæ Constantino imperatore, et est juxta episcopium. (Harduin., *Concil.*, t. III, col. 176.)

Adrien I, en 780, l'appelle mère de toutes les églises : « Mater omnium ecclesiarum. »

Pascal II, en 1106, et Innocent II, en 1138, disent que sa dignité est la plus ample possible, en vertu d'une antique institution : « Lateranensis Ecclesia amplioris dignitatis ex antiqua institutione esse cognoscitur. »

Lucius II, en 1144, la proclame chef et mère de toutes les églises :

---

1. Millin a donné une traduction de cette lettre dans ses *Annales encyclopédiques*, 1817, t. III, p. 197; mais, fait observer M. Muntz, « le copiste ou le traducteur ayant vu dans l'original, écrit en italien et conservé à la Barberine, l'inscription *Constantinus leprosus* qu'il ne comprenait pas, a changé ces mots en *Constantinus imp. aug.* »

« Sacra Lateranensis Ecclesia caput et mater omnium aliarum ecclesiarum esse dignoscitur. »

Eugène III, au xiiᵉ siècle, fait inscrire à la façade que ce sanctuaire n'est inférieur à aucun autre dans l'univers, et qu'en sa qualité de cathédrale du pape, il obtient la primauté dans le monde : *Agnoscant cuncti*, etc. (Voir page 445.)

Elle est la mère et aussi la souveraine, libre et soumise au seul pontife romain, dit Anastase IV, en 1154 :

Licet omnium ecclesiarum nobis sollicitudo et cura immineat, tamen S. Lat. Ecclesia, per quam datur ut invigilare ceteris omnibus debeamus, quæ specialius ac familiarius romani Pontificis ordinationem spectare dignoscitur, ampliori et attentiori nos convenit studio providere...... Ad hæc adjicientes suggestione et voluntate fratrum nostrorum cardinalium episcoporum, sancimus ut eadem Ecclesia, tanquam principalis mater et domina, omnino libera sit, et nulli penitus nisi solo Romano Pontifici sit subjecta.

Urbain III, en 1186, répète les paroles de Pascal II.

Innocent III, en 1201, affirme que son siège est dans l'Église de Latran, et au concile tenu dans le palais voisin, il maintient son principat en tant que mère de tous les fidèles :

Quamvis ex suscepto administrationis officio nobis immineat omnium ecclesiarum sollicitudo continua, quia tamen Lat. Eccl. sedi nostræ sumus specialius debitores....... super alias omnes obtinens principatum, utpote mater universorum Christifidelium.

En 1216, Honorius III met en parallèle la primauté et la maternité :

Principalis excellentia dignitatis, qua Salvator noster sponsam suam Ecclesiam decoravit, circa illam, ecclesiarum omnium primitivam, debet profusius ampliari, in Salvatoris mundi nomine dedicatam, quæ inter alias obtinuit, Domino faciente, primatum.... Multæ congregarunt divitias et auxerunt honores, sed hæc basilica supergressa est universas. Quum enim sit mater omnium, et multas filias habeat de latere consurgentes.

Il ajoute, en 1220, que le pontife romain lui est plus spécialement uni qu'aux autres :

Ecclesia vestra quæ specialius pontifici romano conjungitur, sicut in spe suæ nititur gratiæ, ita ipsius debet protectione muniri.

En 1224 et après lui Grégoire IX, en 1228, la qualifient membre spécial du Siège apostolique :

Quum Lateranensis Ecclesia speciale membrum Apostolicæ Sedis existat, statuimus et sancimus, ut sicut contra Romanam Ecclesiam non nisi centenaria currit præscriptio secundum constitutiones canonicas et legitimas sanctiones, ita quoque ipsi Ecclesiæ minoris temporis præscriptio non obsistat.

Enfin il conclut, dans une autre bulle, que c'est la basilique de Latran qui lui confère le pouvoir de veiller sur les autres églises :

Per quam datur ut omnibus ecclesiis vigilemus.

Grégoire IX, en 1227, répète à peu près dans les mêmes termes que son prédécesseur :

Multo amplius circa Ecclesiæ Lateranensis commodum et profectum curam et vigilantiam adhibere compellimur, per quam datur ut omnibus invigilemus....... Quum Lateranensis Ecclesia speciale membrum Apostolicæ Sedis, et romani pontificis propria sedes existat.

Boniface VIII, en 1299, relève les titres de grande noblesse de la basilique : « Lateranensis Ecclesia multæ nobilitatis titulis insignita.»

Benoît XI, en 1304, mentionne sa construction par Constantin et sa consécration par saint Sylvestre :

Quo pluribus majoribusque prærogativis ornata est hæc Ecclesia, quam construxit piissimus imp. Constantinus, et B. Silvester ad honorem D. N. J.-C. noscitur dedicasse.

Clément V, en 1308, exalte ses prérogatives d'honneur et ses titres de dignité :

Ergo basilica Lateranensis, quam divina clementia prærogativa sublimavit honoris, multisque donavit singularibus titulis dignitatum, inter ceteras majores tenentur (Christifideles) reverentiæ plenitudinem exhibere.

Grégoire XI, en 1373, définit par une bulle la primauté :

Declaramus, decernimus, ac etiam definimus, sacrosanctam Lateranensem Ecclesiam, præcipuam sedem nostram, inter omnes alias Urbis et orbis ecclesias ac basilicas, etiam super ecclesiam seu basilicam principis Apostolorum de Urbe, supremum locum tenere, eamque de jure majorem esse omnibus aliis ecclesiis et basilicis supradictis, ac super omnes et singulas præfatas ecclesias et basilicas prioritatis, dignitatis et præeminentiæ lætari.

Boniface IX, en 1389, s'en réfère aux décrets de ses prédécesseurs :

Plurium rom. Pontificum prædecessorum nostrorum decretis caput est et orbis et Urbis....... eadem Lateranensis Ecclesia super alias obtinet principatum.

Martin V, en 1423, redit que l'église de Latran est le chef de toutes les églises : « Lateranensis Ecclesia, quæ cunctarum ecclesiarum caput esse dignoscitur »; puis, en 1427, il confirme la déclaration de Grégoire XI.

Eugène IV, en 1445, s'en proclame le pasteur :

Ad basilicam Lateranensem, quæ inter ceteras Urbis ecclesias, tam ejus, cujus dedicata est nomine, quam Pontificum dignitate perpetuo decore refulget, tanto ardentius ut in ea vigeat divini cultus amplitudo vigilare nos convenit, quanto ejus Ecclesiæ cura et sollicitudo, nobis, tanquam ejus pastori, specialius est commissa.

Calixte III, en 1455, reconnaît l'éminente dignité de l'église son épouse : « Ad Lateranensem Ecclesiam sponsam nostram, dignitatis excellentia eminentem. »

Paul II, en 1465, confirme les constitutions de Grégoire XI et de Martin V.

Sixte IV, en 1477, 1480 et 1483, dit de la basilique de Latran qu'elle est chef, mère et maîtresse de toutes les églises de Rome et du monde :

Lateranensis Ecclesia, quæ inter ceteras Urbis et orbis ecclesias tam Salvatoris nostri, cujus dedicata est nomini, quam Pontificatus dignitate præcipue refulget...... Circa statum ecclesiarum tam orbis quam Urbis, et præsertim sacrosanctam Lateranensem Ecclesiam, quæ aliarum ecclesiarum totius orbis caput non immerito reputatur........ Plurium Romanorum Pontificum prædecessorum nostrorum decretis aliarum ecclesiarum omnium Urbis et orbis caput, mater est et magistra.

Léon X, en 1517, place la basilique de Latran au-dessus de toutes les églises sans distinction : « Præ ceteris orbis ecclesiis et basilicis universis primum obtinere noscitur fastigium dignitatum. »

Sous le pontificat de Pie IV, le tribunal de la Rote, ayant eu à examiner à quel Chapitre était due la préséance dans les processions, rendit une sentence en faveur de celui du Latran.

Saint Pie V, par la bulle *Infirma ævi*, de 1569, approuva la décision de la Rote et confirma à perpétuité la constitution de Grégoire XI.

Les papes se prononcèrent dans la suite dans le même sens :
« Omnibus aliis ecclesiis Urbis et orbis antefertur » (Sixte V, 1586).
« Inter ceteras Urbis et orbis ecclesias præcipuo honore refulget »
(Paul V, 1600).

Alexandre VII, en 1655, lui attribue les qualifications distinctives
de *sacrosancta* et de *primaria*.

Innocent XI, en 1679, la dit aussi la première des églises : « Quæ
aliarum omnium princeps existit. »

Clément XI, dans le bref à l'archevêque de Salzbourg, s'exprime
ainsi : « In hac ipsa omnium Urbis et orbis ecclesiarum principe
Ecclesia » (13 octobre 1703). Il écrit au roi de Portugal : « In celeberrima universi orbis Ecclesia » (20 octobre 1703) ; à l'évêque de
Wurzbourg : « In celeberrima totius orbis veneratione Ecclesia »
(8 décembre 1703) ; à l'évêque de Paderborn : « Urbis et orbis ecclesiarum caput et principem » (3 mars 1704) ; au cardinal Porto
Carrero : « Basilica Lateranensis omnium Urbis et orbis ecclesiarum
mater et caput » (11 juillet 1708); à l'archevêque de Salzbourg
« Ecclesiæ omnium ecclesiarum matri et magistræ in celeberrima
totius orbis veneratione ecclesia » (15 juin 1709). .

Clément XII fait de cette basilique le plus bel éloge [1], dans un
bref en date du 17 décembre 1734, à l'occasion de l'érection de la
façade et de la chapelle Corsini :

Quum sacros. Bas. nostra Lat. a cl. me. Constantino Imp. imperiali ejus
manu super ethnicæ pravitatis et tyrannidis spolia ad triumphalem evan-
gelicæ veritatis undique publice promulgandæ, christianique nominis
gloriam, in ejus Lateranensi palatio, non sine cœlesti Salvatoris nostri,
qui inibi visibiliter apparuit, et apparendo Ecclesiæ suæ se præsentem
affirmavit, gaudio fundata, annuisque imperialibus dotata redditibus, nec
non copioso meritoque privilegiorum, gratiarum, preeminentiarum et indultorum tam imperiali quam apostolica manu concessorum, ac insignium
sacrarum reliquiarum, inter quas BB. Petri et Pauli apostolorum Dei,
Capitulum locupleta thesauro, jure omnium basilicarum atque ecclesiarum
toto terrarum orbe diffusarum mater et caput existat, ac veluti Romano-

1. C'est ce pape qui a fait graver à la façade sur un cartouche cette inscription
confirmative de la prééminence de la basilique :

SACROS . LATERAN . ECCLES .
OMNIVM VRBIS ET ORBIS
ECCLESIARVM MATER
ET CAPVT

rum Pontificum patriarchium excelsumque divinæ gloriæ solium, necnon venerabilis œcumenicorum conciliorum inibi pluries habitorum aula undique celebratur. Et licet quamplures Rom. Pontifices prædecessores nostri, pensatis tot tantisque ejusdem bas. Lat. meritis, præsertim Clemens Papa XI, expositis in ea sacris, depictis, marmoreisque veteris novique Testamenti BB. præconum, et eorum cujuslibet respective iconibus, debito ejusdem bas. Lat. decori opportune consulere non omiserint; nihilominus ibi Nos, nullis nostris meritis, sed divina sic disponente bonitate, in apostolicæ dignitatis fastigio locati fuimus, illico ob eximium, quem semper corde gessimus et adhuc gerimus erga dictam Lat. bas. illiusque numquam satis congrui decoris augmentum, devotionis affectum, prædecessorum nostrorum præfatorum charismata æmulari cupientes, omnem vigilem desideriorum nostrorum, ad perficiendum tamdiu a nobis populisque concupitum marmoreum et elegantem exterioris dictæ bas. Lat. faciei ornatum direximus curam, ut ecclesiarum mater, tot munerum circumamicta varietate, totam pulchram speciosis quoque suis undique se exhibeat filiabus.

Benoît XIV, dans sa constitution *Assiduæ* du 6 mai 1751, en confirmant les indulgences de la basilique du Latran, dit : « Complures indulgentiæ speciales, quæ ex justa Romanorum Pontificum liberalitate erga basilicam Lateranensem, ob ejus præcellentem in universo catholico orbe dignitatem, ipsi basilicæ concessæ fuerunt. »

Enfin Pie VII, dans son allocution du 26 juin 1805, parle en ces termes de son séjour à Paris :

Neque tot inter curas, patriarchalem nostram basilicam Lateranensem, omnium Urbis et orbis ecclesiarum matrem et caput, oblivisci potuimus, quæ, quum redditus, quos pridem in Gallia possidebat, ob præteritas rerum vicissitudines amisisset, munificentia religiosissimi principis recreatur.

XII

Il est impossible de laisser dans l'oubli la bulle d'Eugène IV, qui résume admirablement tout ce que la grande pancarte nous apprend de l'origine, de la prééminence et de la dignité incontestée de la basilique de Latran. On ne peut parler de ce sujet avec plus d'élévation et de poésie et dans un langage mieux approprié au monument dont le Pontife fait l'éloge, forçant ainsi le lecteur à l'admiration pour un passé si fécond en souvenirs de toute sorte. Une fois de plus, l'apparition du Sauveur, le jour de la consécration, y est attestée comme un miracle frappant.

Eugenius episcopus, servus servorum Dei. Ad perpetuam rei memoriam. Quum ad sacratissimam venerandam Lateranensem basilicam dirigimus oculos mentis nostræ, et inter innumeras curas pro commissi nobis christiani populi salute desuper imminentes, nos ad contemplandam divinæ et admirabilis Ecclesiæ sanctitatem, celebritatem et eminentiam religiosa meditatione convertimus, tanta profecto sacri loci veneratione et devotione movemur ac deducimur, tanta in Deum exultatione perfundimur, et ad ineffabilia sacramenta, et tantarum virtutum admirationem divinorum mysterioru.n stupore afficimur, ut nullum Deo nostro acceptabilius holocaustum, et sanctis Pontificibus ministerium dignius Salvatori mundi credemus afferri, quam cœleste in terris habitaculum, locum sanctuarii, ecclesiarum omnium clarissimum lumen, et speculum singulare quod totus orbis miratur et prædicat, studiosius exornare et colere, et omni cura et pietate decorare, honoris titulis singulariter sublimare, ac, ut in ea majestas Altissimi, diebus ac noctibus, puris mentibus ac devotis obsequiis collaudetur, ac spirituali et temporali ornatu præclare refulgeat, indefessam diligentiam adhibere, et quicquid virtutum, Domino largiente, donatur in illius venerationem consumare. Recolimus namque gloriosam hujus S. basilicæ constructionem, quando a christianissimo inclytæ recordationis Constantino magno in honorem Salvatoris nostri, miræ pulchritudinis extructam et fundatam, et suis opibus ac privilegiis ditatam legimus, postquam per bo. me. Silvestrum papam, sicut per sanctos apostolos, Domino revelante, cognovit, renatus fuerat fonte baptismali, ex quo Constantiniana extitit appellata. In mentem venit sacrati temporis grande privilegium, ante omnes christianæ fidei et orthodoxæ religionis ecclesias, et postquam brachio Domini exercituum ex alto, et de persecutoribus parta victoria, et loco primum in sublime se erexit vocabulum christianum, et in sanctis altaribus, lætantibus populis, splendens vexillum crucis effulsit. Et profecto non immerito ex illius temporis memoria et salutari infusione lætitiæ in ecclesiis, victoriis et tranquillitate gloriantibus devotis, lacrymæ nobis per ora distillant, et corporis et spiritus lætitia, in suavi gaudio cor nostrum et caro nostra exultant in Deum vivum. Ponimus ante oculos Salvatoris nostri nomen in eo loco primum publice veneratum, cujus gloria sacra basilica extitit dedicata; quoniam virtutum Domino divinitus operante, libere datum est catholicas ecclesias construi, quod imperialis jussio inhibuerat. Inspicimus divinum locum, apud sacrum patriarchium nostrum et celeberrimum Laterani palatium, ubi et orbis princeps, et jugis sanctorum Pontificum columnarum Christi successio habitavit; quo ex loco fidei orthodoxæ et christianæ dignatis veritas a sanctis Pontificibus, veris Spiritus Sancti organis, toto orbe personuit, quæ in hoc extitit fundata principio ac solidissimo et sublimi fundamento. Contemplamur

30

mirabilia opera Dei, et sanctificatum miraculis locum, quem S. Silvester, Christi sacerdos, novo sanctificationis et chrismationis oleo, ante omnes ecclesias divino nomini dedicavit, quando imago Salvatoris nostri, cunctis cernentibus, visibiliter legitur apparuisse ; quam deinde sacram basilicam beatissimum Pontificem Gregorium multa operositate et diligentia reformasse, et sacratis manibus consecrasse traditum est. In mentem subit, quot martyres, quot pontifices, quot sancti Dei, quot Christiani principes, sacrum locum castæ mentis intentione calcaverint, quantos locus ipse genuerit, et non indigne ; quanto ecclesiæ Dei locis aliis præstantiores existunt, tanto hæc sacrosanta Ecclesia illis omnibus est sublimior, et quidquid est in aliis sanctitatis refertur ad caput, ad cujus dignitatem et merita parum putamus omne quod dicitur. Cernimus fidelium populorum ad hunc locum superna illustratione concursum, et ingentem charitatis et devotionis ardorem, quo de toto orbe conveniunt, et locum celebrant innumeræ christianorum turbæ, sola illis fama cognitum, et venerabilem sanctitate et puritate fidei, et religione christiana, se fere minus religionis habere existimant, nisi Salvatorem mundi in illo adorassent loco, ubi primum glorificatum ejus nomen et sacra catholica religio existit exaltata, et unde, cooperante Domino, ad eorum pervenit auditum, ubi Dei et Christi Ecclesia nata est, et adulta, martyriis coronata, et per religiosissimos principes divina clementia, potentia et divitiis major effecta, et ubi Romanum Imperium sub jugo Christi subactum est ; in eo sacratissimo orbis loco apostolorum capita nunc cum Christo regnantium, venerabiliter requiescunt ; ubi sanctitatis et religionis est caput ; ubi Salvator in apostolis mirabilis prædicatur, quorum alteri cœlorum claves, alteri magisterium ecclesiasticæ eruditionis injunxit ; ubi christiani duces exercitus et populi Dei per Evangelium genitores, in præstantiori sanctorum corporum parte, divina mysteria et habitaculum Salvatoris venerantur, et ornantur, sanctissimas et venerandas basilicas, et christiani triumphi trophæa fulgentia, et præclara monumenta in eadem Urbe, veluti pretiosa sacraria, quasi ex lateribus assistere voluerunt ; loca gloriosa, ubi sanguinem fudere pro Christo, quæ residuo sacrorum corporum decore illustrantur, ipsos profecto parietes hujus sacræ basilicæ, sanctorum merita, et hujusmodi martyrum Christi pie credimus spiritualiter emanare cruorem, et sanctorum Christi sacris refectam esse cineribus, et ad locum sacrum dæmones contremiscere. Hic angelorum præsidia, sanctorum orationes, gratiam Salvatoris abundantius impartiri, et peculiarius Spiritus S. adesse præsentiam, minime dubitandum est, et locum illum esse quem de toto orbe Salvator elegerit. Sanctificavit enim tabernaculum suum Altissimus, ubi munda sacrificia, devotarum mentium orationes, sanctas laudes ac sanctorum suorum triumphos in odorem suavitatis acciperet. Decet igitur, ubi totius sanctitatis est caput, ubi hærent terrena cœlestibus, ubi est gratiæ magnitudo, sacratissima holocausta et immaculata obsequia divinæ majestati cum omni sanctitate persolvi, et munda sacrificia offerri divino conspectui. Hac igitur pia et sancta inspiratione ducti et domus Dei zelo solliciti, sacratissimi Pontifices, prædecessores nostri, illius sequuti vestigia, cujus perfecta et ordinata sunt opera, postquam venerabilem locum pro populi Dei salute et summi Regis gloria decoraverunt, et ex thesauro Christi sacratissimo, inenarrabilibus et incomprehensibilibus indulgentiis, et divinæ gratiæ largitate et remissionum exuberantia ornaverunt, honorum privilegiis sublimarunt et decorarunt titulis dignitatum, divinam in terris familiam clericorum, qui religiosam vitam ducerent et ad exemplum nascentis Ecclesiæ sanctam institutionem servarent, quos canonicos regulares appellamus; et sacrum inter clericos et ministros Christi vivendi modum in sacrata basilica instituerunt, firmarunt, erexerunt et perpetuo deputarunt, ut hi primæ in terris Ecclesiæ et matris, sanctorum apostolorum providentia, curam gererent, qui primorum christianæ religionis clericorum normam, traditiones et instituta sectantur.....

Datum Romæ apud S. Petrum anno Incarn. Dominicæ 1446, Kal. Januar., Pont. nostri anno sexto-decimo.

XIII

1. La basilique de Latran porte dans toutes ses parties la trace ineffaçable de la sollicitude et de la munificence des papes [1]. Dès l'entrée, l'on est frappé par la majestueuse façade de Clément XII [2], qui, tout à côté, a élevé à grands frais la chapelle Corsini, dédiée à un de ses ancêtres et léguée avec droit de patronage à sa famille. La grande porte de bronze, enlevée à un temple païen, a été mise à sa place actuelle par Alexandre VII, dont le nom se retrouve à l'arc triomphal qu'il a consolidé. Les archéologues attribuent le beau pavé en mosaïque de pierres dures à Martin V, qui repose sous une dalle de bronze à son effigie, au haut de la grande nef. Le plafond

1. *Rev. de l'Art chrétien*, t. XXI, p. 113-118.
2. Le Christ de l'ancienne façade du XIIIe siècle occupe maintenant le tympan de la façade de Clément XII. Il est figuré à mi-corps dans un médaillon bleu, de forme circulaire. Son nimbe d'or est partagé par une croix rouge et gemmée. Sa tunique est rouge et son manteau bleu. Il bénit de la main droite, les deux derniers doigts légèrement repliés sur la paume de la main. Sa barbe châtain fait contraste avec ses cheveux dorés.

Le Sauveur a toujours été et est encore le principal titulaire de la basilique. Sa présence en cet endroit a donc pour motif un culte liturgique, qui remonte au IVe siècle. Aussi Clément XII nous a-t-il donné la vraie signification de cette figure isolée, quand il a inscrit, en lettres pédales, au couronnement de son œuvre :

CLEMENS. XII. PONT. MAX. ANNO. V. CHRISTO. SALVATORI. IN. HON. SS. IOANN. BAPT. ET. EVANG. MDCCXXXV.

en bois sculpté, peint et doré, porte les armoiries de Pie IV, qui en a fait don à la basilique, de Pie VI et de Pie IX, qui l'ont restauré. La confession, dans sa forme actuelle, remonte au pontificat de Grégoire XVI et l'autel en marbre blanc à celui de Pie IX, qui a également rajeuni le ciborium élevé par Urbain V. Les armoiries d'Innocent X, gravées sur le pavé ou modelées en relief sur les murs, indiquent la restauration générale de l'intérieur, ordonnée par ce pape à l'architecte Buorromini. Le transept pour la construction remonte à Clément V, tandis que l'ornementation intérieure, placage de marbres, fresques et plafond [1], fait descendre au règne de Clément VIII, à qui la basilique est redevable également de son bel autel du Saint-Sacrement et de la grande sacristie. Pie IX a dallé le chœur, dont Nicolas IV a tapissé la conque de l'abside d'une mosaïque merveilleuse, dans les dernières années du XIIIᵉ siècle. Enfin, Sixte V dressa le portique latéral, à l'usage surtout des bénédictions papales, et Pie IV rehaussa et compléta les deux clochers romans qui flanquent l'extrémité du transept [2].

2. Aucun pape peut-être ne témoigna plus d'affection que Benoît XIII pour sa propre cathédrale. En effet, il y tint un concile, en fit la dédicace solennelle [3], y administra publiquement le Samedi Saint les sacrements de baptême et de confirmation et, fidèle aux souvenirs de l'ordre dans lequel il avait fait profession, il voulut encore y annoncer lui-même la parole de Dieu. Non content d'ériger de nouveaux autels, ce pape, le consécrateur par excellence, dédia de ses propres mains tous les autels de la basilique, dont il confirma et augmenta les indulgences. Il y célébra la canonisation de saint Jean Népomucène et légua des sommes considérables pour un meilleur aménagement de l'édifice, relevant sa toiture délabrée, enrichissant sa sacristie de précieux vêtements. Bien plus, il renouvela et confirma les constitutions des chanoines, ayant soin en même temps d'accroître leurs revenus. Le patriarcat de Latran, depuis longtemps abandonné par les papes qui préféraient le Vatican, devint à cer-

---

1. Le chevalier Bertolotti a publié la *Conventio super indoraturam subfitus S. Joannis Lateranensis, die 28 junii 1594*, dans ses *Artisti Bolognesi in Roma*, p. 64-66.

2. *Annal. arch.*, t. XV, p. 51.

3. L'inscription commémorative est dans la *Revue de l'Art chrétien*, t. XXX, p. 473.

taines époques le séjour momentané de ce pape zélé, qui se faisait un devoir de renouer le présent au passé.

En reconnaissance de tant de bienfaits, un des chanoines de la basilique, Mgr Nobili-Vitelleschi, dédia à la mémoire de Benoît XIII l'inscription suivante, qui se voit encore plaquée le long des murs du cloître attenant à la basilique :

BENEDICTO XIII
ORDINIS PRÆDICATORVM
PONT. OPT. MAX.
QVOD CONSTANTINIANAM BASILICAM
ROMAM CELEBRATO CONCILIO
DEDICATIONE SOLEMNI RITV PERACTA
SACRAMENTIS PVBLICE ADMINISTRATIS
HABITIS EX SVGGESTV CONCIONIBVS
ALTARIBVS NONNVLLIS ERECTIS
OMNIBVS AC SINGVLIS CONSECRATIS
CONFIRMATIS ATQ. AVCTIS INDVLGENTIIS
DIVO IOANNE NEPOMVCENO.
IN SANCTORVM NVMERVM RELATO
INGENTI PECVNIÆ SVMMA
IN VSVM TEMPLI EROGATA
TECTIS COLLABENTIBVS RESTAVRATIS
PRETIOSISSIMIS VESTIBVS
REDDITIBVS AMPLISSIMIS
SACRARIO ATTRIBVTIS AVT REDINTEGRATIS
RENOVATIS AC FIRMATIS CONSTITVTIONIBVS
HIS ÆDIBVS FREQVENTER INHABITATIS
PRISTINÆ MAIESTATI AC PIETATI
PATRIARCHIO RESTITVTO
ORNAVERIT DITAVERIT AMPLIFICAVERIT
GLORIA DIVITIIS SANCTITATE
IOSEPH DE NOBILIBVS VITELLESCHVS
EIVSDEM BASILICÆ CANONICVS
HOSPITI BENEFICENTISSIMO
MEMORIÆ NVMQVAM PERITVRÆ
MONVMENTVM POSVIT

NOVA MVNIFICENTIÆ TESTIMONIA
PRINCIPI DIV SVPERSTITI POSITVRVS
[ANNO DOMINI MDCCXXIX

3. La numismatique papale de Saint-Jean de Latran comprend les médailles suivantes (je ne citerai que les revers, la face étant à l'effigie du pontife qui a fait frapper la médaille) :

1. Portique de la basilique : *Columnæ hujus firma petra*. Martin V (1415-1431).

2. Les quatre obélisques du Vatican, de Saint-Jean de Latran, de la place du Peuple et de Sainte-Marie Majeure : *Cruci felicius consecrata*. Sixte V (1585-1590).

3. Porte sainte ouverte à Saint-Jean de Latran : *Hominibus bonæ voluntatis*. 1624. Urbain VIII.

4. La porte sainte, fermée l'année suivante.

5. Élévation intérieure du baptistère de Constantin. Urbain VIII (1623-1644).

6. Coupe de la basilique. Innocent X (1644-1655).

7. Agneau pascal, prise de possession à Saint-Jean, en 1667. Clément IX.

8. Procession avec l'image achérotype du Saint des Saints : *Portaverunt tabernaculum fœderis*. 1709. Clément XI.

9. Canonisation de saint Jean Népomucène. Benoît XIII (1729) [1].

10. Chapelle de Saint-André Corsini. Clément XII (1730-1740).

11. Coupe de la même chapelle.

12. Façade de la basilique : *Adorate Dominum in atrio sancto ejus*. 1733.

13. Le triclinium de saint Léon III. Benoît XIV (1740-1758).

14. Prise de possession, Léon XII (1823).

15. Prise de possession, Pie VIII (1829).

16. Prise de possession, en 1832. Grégoire XVI.

17. Prise de possession, en 1846. Pie IX.

18. Ciborium et confession de Saint-Jean de Latran. Pie IX.

1. « Expleta est a SS. Decessore nostro Clemente pape XII, anno 1737, in basilica Lateranensi unica actione canonizatio SS. Vincentii a Paulo, Joannis Francisci Regis, Catherinæ Fliscæ Adurnæ et Julianæ de Falconieris, et in eadem basilica paulo post expleta fuerunt solemnia beatificationis S. Joseph de Leonissa. » (Bened. XIV, *De serv. Dei beatif.*, lib. I, cap. XXXVI, n. 3.)

19. Musée de Latran. Pie IX [1].

20. Léon XIII, 9e année du pontificat, 1886, gravure de Bianchi. Reproduction de la fresque qui, dans la nouvelle abside, représente Léon XIII encourageant la commission directrice des travaux. On lit à l'entour cette inscription du P. Tongiorgi, S. J. :

CELLAM · MAXIMAM · BASIL · LATER ·
AMPLIARI · ORNARIQVE · IVBET
AN · MDCCCLXXXVI [2].

XIV

Henri IV ayant fait don au chapitre de l'abbaye de Clarac, les chanoines, par reconnaissance, décernèrent au roi de France et à ses successeurs le titre de chanoine de la basilique, lui assignèrent la première stalle au chœur, célébrèrent chaque année une fête commémorative à laquelle assistait l'ambassadeur à une place d'honneur et enfin dressèrent une statue à leur bienfaiteur. Cette statue, coulée en bronze et modelée par le célèbre sculpteur français Nicolas Cordier, s'élève sur un piédestal, près la porte latérale, à gauche du portique de Sixte V. Le roi est debout, vêtu à l'antique, et tient un sceptre à la main. Sur le mur du fond sont peintes à fresque les vertus de justice et de force. Sur le piédestal est gravée cette inscription :

PAVLO V PONTIFICE MAXIMO SEDENTE
HENRICO IIII FRANCORVM ET NAVARRORVM
REGI CHRISTIANISSIMO
PIETATE ALTERI CLODOVEO
VARIETATE PRAELIORVM CAROLO MAGNO
AMPLIFICANDAE STVDIO RELIGIONIS
SANCTO LVDOVICO GENERIS PROPAGATORI
STATVAM HANC
SACROSANCTAE LATERANENSIS BASILICAE
CAPITVLVM ET CANONICI
GRATI ANIMI MONVMENTVM

1. *Les Musées et galeries de Rome*, p. 288 et suiv.
2. Cet agrandissement a coûté sept millions.

COLLOCANDAM CVRARVNT

CAROLO DE NEUVILLE D . D . HALENCOVRT[1]

REGIO ORATORE ANNO CIƆIƆVIII [2]

Dans la sacristie, au-dessus d'une porte, on remarque un monument votif sculpté en marbre blanc, en l'honneur de Louis XV. Trois anges nus étendent une draperie, au milieu de laquelle vole une renommée, qui de la main droite tient une trompette pour exalter son héros et de la gauche montre son buste dans un médaillon que supportent deux angelots. Le roi est couronné de laurier : son portrait se détache sur un placage en lapis-lazzuli, que contourne un cadre doré. Au-dessous se lit cette inscription :

LVDOVICO XV . GALLIARVM REGI CHRISTIANISSIMO
IN LATERANENSEM ECCLESIAM MAIORVM EXEMPLO LIBERALI
CAPITVLVM ET CANONICI OB EXIMIA IN EOS COLLATA BENEFICIA
PERENNE HOC GRATI ANIMI MONVMENTVM POSVERVNT

XV

Un double souvenir, lipsanographique et français, s'attache au ciborium du maître-autel, appelé *autel papal*, parce que le pape seul, comme dans les basiliques majeures, peut y célébrer.

Dans son emplacement primitif, cet édicule surmontait une confession, petite chambre dans laquelle fut enfermé l'apôtre S. Jean, lorsqu'il revint d'Éphèse pour subir sa condamnation. L'autel de marbre, renouvelé sous Pie IX, quand il fit restaurer le ciborium, contient le coffre de bois sur lequel S. Pierre célébra les saints mystères. Enfin, dans le tabernacle qui le surmonte, sont déposés les chefs de S. Pierre et de S. Paul, qu'on ne montre qu'à certaines solennités.

Le ciborium, supporté par quatre colonnes placées en carré aux

1. La Croix, *Mém. historiq.*, p. 113, fait « Charles de Neuville d'Halencourt, marquis de Villeroy », ambassadeur de 1606 à 1608.
La liste des ambassadeurs, ministres et chargés d'affaires du roi de France auprès du S. Siège, a été publiée en 1848, dans l'*Annuaire de la Société de l'histoire de France*.
2. Rufini, *Indicazione delle immagini di Maria santissima*, Rome, 1853, t. II, p. 148.

quatre coins de l'autel, se compose de deux parties : une large frise peinte, qui sert de piédestal aux bustes des saints apôtres, et un *tabernacle* (pour employer l'expression italienne), dont les côtés sont à jour, avec grilles, derrière lesquelles sont tendus des rideaux de soie rouge, et qui se termine par un toit pyramidal, en style gothique. C'est l'œuvre du pape Urbain V, qui y a fait apposer ses armes en plusieurs endroits. On en voit une gravure dans les ouvrages de Séroux d'Agincourt et de Valentini. A vrai dire, ce n'est pas un modèle du genre et une restauration récente en a encore altéré la physionomie ; mais, après les ciborium de Ste-Cécile, de S.-Paul-hors-lès-murs et de Ste-Marie *in Cosmedin*, qui datent du XIIIᵉ siècle, on est heureux de trouver à Rome, pour combler une lacune dans la série de ces intéressants monuments, le ciborium de S.-Jean de Latran, qui est du XIVᵉ siècle et unique dans la ville éternelle. La partie supérieure prend un développement trop considérable, d'où résulte une disproportion avec la base : de plus, cette exagération d'élancement produit le déplorable effet de masquer l'abside à distance.

Les peintures qui rehaussent la frise sont attribuées à Bernardin de Sienne. Elles étaient sans doute fort endommagées, mais je ne vois pas qu'elles aient gagné à une retouche générale, qui leur a fait perdre leur ton et leur caractère : on sent trop que la main d'un artiste contemporain, peu habitué au moyen âge, a passé par là.

Les quatre faces sont historiées de personnages debout. A l'Orient, sur fond bleu, apparaît le Christ en croix, escorté de quatre apôtres. La crucifixion occupe naturellement le milieu de la composition : son choix est motivé par la destination même de l'autel. Marie et Jean accompagnent, sur le calvaire, le Sauveur mourant, qui a, à sa droite, S. Paul et S. Jacques et, à sa gauche, S. Pierre et S. André. Ainsi que sur nombre de monuments romains de haute époque, l'apôtre des gentils a la préséance sur le chef du collège apostolique. La tradition et le symbolisme l'exigeaient, mais pourquoi S. André, qui doit occuper la troisième place, se voit-il de la sorte relégué à la dernière ? Il y a là une anomalie, ce qui ferait présumer que l'artiste a fort bien pu, tout en se conformant au type admis qu'il ne comprenait pas, donner la préférence à la droite du spectateur, qui est l'inverse de celle du personnage principal, autour duquel gravite toute la composition.

Les apôtres se reconnaissent à leurs attributs : S. Pierre tient les *clefs* de son pouvoir spirituel et le *livre* de la doctrine; S. André a aussi le *livre*, car il a enseigné et prêché et, en plus, la *croix* de son martyre, qui est droite et non en sautoir, sa tête annonce un vieillard blanchi par l'âge; S. Paul méritait le *livre*, pour avoir écrit ses épîtres et le *glaive*, à cause de sa décollation; S. Jacques majeur montre le *livre* de l'enseignement doctrinal et le *bourdon*, dont il est gratifié habituellement en raison des pèlerinages faits à son tombeau.

A l'Occident, le panneau, à fond d'or, se réfère à la Vierge, à Ste Catherine et à S. Antoine, choisis sans doute par suite d'une dévotion particulière du donateur. La vie de Marie se résume dans ses deux extrêmes : l'*Annonciation*, où elle est bénie par le Père Éternel et saluée par l'archange Gabriel; le *Couronnement*, où elle est assise à la droite de son Fils, qui lui met au front la récompense de sa maternité divine. Ste Catherine d'Alexandrie, comme princesse, est parée de la *couronne;* comme martyre, elle a près d'elle la *roue* de son supplice et en main la *palme* que lui vaut son héroïsme. S. Antoine, abbé, se distingue par le *bâton,* insigne de sa dignité sur les religieux qu'il avait groupés autour de lui, et par la *clochette* avec laquelle il les convoquait aux exercices communs.

Sur la face du Nord, dont le champ est bleu, défilent, de gauche à droite, relativement au spectateur : S. Laurent, S. Jean-Baptiste, le donateur, la Vierge, S. Jean évangéliste et S. Étienne, c'est-à-dire que Marie prend sous sa protection l'insigne bienfaiteur de la basilique, qu'assistent les deux titulaires et les deux diacres dont les corps reposent à Rome, dans la basilique patriarcale de S.-Laurent-hors-les-murs. La Ste Vierge tient au bras l'enfant Jésus, presque nu, qui bénit le cardinal donateur, vêtu de la *cappa* rouge et agenouillé à ses pieds. S. Jean-Baptiste porte une *croix*, car il a prêché la pénitence, mais surtout annoncé (aussi est-il considéré comme le dernier des prophètes) Celui qui par sa mort a effacé les péchés du monde. S. Jean évangéliste est *imberbe*, en signe de virginité; évangéliste, il a à la main le *livre* et la *plume* qui attestent qu'il a écrit. S. Étienne, en qualité de diacre, porte la *dalmatique* et l'*évangéliaire ;* martyr, il a sur sur sa tête et son épaule les *pierres* de sa lapidation et, à sa main, la *palme* du triomphe. S. Laurent, en raison de l'ordre reçu, revêt la *dalmatique* des diacres et présente le *livre des évangiles* qu'il

lisait à la messe solennelle; le *gril* dénote le genre de son supplice
et la *palme* sa victoire. Le Nord est donc tout entier affecté à la
souffrance, et Marie y est à sa place comme reine des martyrs.

Au Midi, au contraire, tout est joie et lumière. Les quatre docteurs
de l'Église latine, peints sur fond bleu, continuent la mission du
Christ qui a enseigné et nourri son troupeau. Aussi leur attribut
principal est-il le livre; car ils ont écrit, prêché, enseigné au monde
la doctrine du salut et de la vie éternelle. Ils se rangent dans cet
ordre auprès de leur maître : S. Augustin et S. Grégoire à droite,
S. Jérôme et S. Antoine à gauche.

Le Christ, debout, tend une poignée d'épis à des agneaux, pour
exprimer qu'il les nourrit à la fois de sa parole et de son corps, en
souvenir de l'Eucharistie. Les agneaux sont les fidèles, purifiés par
le baptême et innocents; l'office de Pâques dit des nouveaux baptisés : *Isti sunt agni novelli, modo venerunt ud fontes.* Sur les sarcophages chrétiens des premiers siècles, Dieu remet à Adam, pécheur,
des épis pour lui indiquer qu'il devra sa nourriture à son travail :
l'homme régénéré ne se contente plus du pain vulgaire destiné
à sustenter son corps; il lui faut surtout le pain, plus substantiel et
spirituel, qui assouvit la faim de son âme.

S. Augustin, évêque d'Hippone, n'offre pas d'attribut caractéristique, mais simplement trois des pontificaux : la *mitre*, la *chape* à
fermail et la *crosse*.

S. Grégoire le Grand est costumé en pape, avec la *tiare* à triple
couronne sur la tête, une *chasuble* dont la croix, à la partie antérieure, dessine un T et un *pallium* court. La *colombe* divine lui
souffle à l'oreille l'inspiration et sa droite levée bénit.

S. Ambroise, *mitré* et *chapé*, se reconnaît au *fouet* qui le distingue
de S. Augustin.

Le culte des docteurs commença à Rome sous le pontificat de
Boniface VIII. Pour la première fois, à la fin du xiii⁰ siècle, ils figu-
rent dans la mosaïque absidale de S. Clément; voici, à S. Jean de
Latran, le second exemple de leur représentation, en attendant que
Clément XII leur dresse une statue sur le fronton de la façade.

XVI [1]

De Caumont, dont les nombreux voyages ont tant profité à la science, avait remarqué que la plupart de nos cathédrales de France étaient situées à l'extrémité des cités primitives et adossées presque toujours au mur d'enceinte. Il citait à l'appui Tours, Orléans, Poitiers, Sens, etc. On pourrait remonter à l'origine de ce système, qui a dû avoir un point de départ fixe. Je crois le trouver dans la situation même de Saint-Jean de Latran, près des fortifications et à un des bouts de l'ancienne Rome. L'église-mère avait donné le ton, on le suivit. C'est, à date certaine, puisque sa fondation est constantinienne, le plus vieil exemple de la désignation du lieu pour l'érection de l'église, qui doit occuper le premier rang dans la hiérarchie, parce que là est le siège du pontife.

Didron, dont la sagacité n'était jamais prise en défaut, avait observé de son côté que la cathédrale n'était pas isolée, mais flanquée de ses accessoires obligés, le palais épiscopal et l'Hôtel-Dieu. Ainsi en était-il à Chartres et à Paris entre autres. Le Latran n'aurait-il pas été le prototype? En effet, la place est comme encadrée de la basilique avec son baptistère au fond, du patriarcat à gauche, de l'archi-hôpital à droite; en avant, pour parfaire le carré, il y avait même une *osteria*, où l'on donnait « à boire et à manger », car cette partie de Rome, depuis le transfert de la cour papale au Vatican, était devenue déserte, et ce n'est que de nos jours qu'on a commencé à y bâtir et à l'habiter. Les pèlerins avaient donc droit à ce qu'on songeât un peu à leurs besoins matériels, sans les obliger à retourner à jeun au cœur de la ville. Cette prévoyance n'avait pas encore été signalée, que je sache.

L'archi-hôpital a la prééminence sur tous les autres hôpitaux de la ville : de là le qualificatif qui le distingue.

Son vocable est le même que celui de la basilique, dont il a formé longtemps une des dépendances. Aussi en a-t-il pris, sinon les armes, du moins l'emblème traditionnel, qui est la Face du Sauveur, nimbée du nimbe crucifère, exposée entre deux chandeliers, sur un

1. *Les peintures murales de l'archi-hôpital du Saint-Sauveur, à Rome*, dans la *Revue de l'Art chrétien*, 1889, p. 90-92.

autel recouvert d'une nappe. Cette image se voit souvent dans le quartier [1] et il en est, peintes ou sculptées, qui remontent au xive siècle. Son type est la tête du Sauveur, qui apparut lors de la dédicace par saint Sylvestre et dont le souvenir fut maintenu à la conque absidale par une mosaïque malheureusement restaurée tout récemment de manière à lui enlever son caractère saisissant.

L'hôpital de Saint-Sauveur a été renouvelé sous Urbain VIII, en 1636 [2], mais il reste encore une partie des anciennes constructions : l'église, avec son pavement en mosaïque et son tabernacle de la renaissance; sa porte d'entrée, surmontée de l'Agneau divin et d'une inscription qui la date du xive siècle ; enfin, sa grande salle, transformée, hélas! en *dispensa* ou magasin à provisions.

Cette salle remonte au xiiie siècle. Elle est précédée d'un portique à colonnes et longue de sept travées. Chaque travée est accusée par un arc-doubleau à plein cintre, qui supporte la charpente apparente, comme il fut, pendant tout le moyen âge, dans les basiliques romaines. La retombée se fait sur des pilastres, terminés par une corniche. Sur chacun d'eux a été peinte la Face du Sauveur entre deux chandeliers à cierges allumés ; devant elle sont prosternés des fidèles qui l'invoquent et font brûler des torches de cire en son honneur.

Les formerets complètent, avec des modillons, cette architecture sommaire, qui a visé à l'économie.

Quelques autres peintures dissimulent la nudité des murs. A la dernière travée, voici une Madone, d'un grand style, qui annonce le xive siècle touchant à sa fin. Les nimbes sont gravés : celui de l'enfant Jésus a ses croisillons pattés. Le Fils pose sur le bras de sa Mère et bénit à trois doigts. A droite et à gauche, sont deux saints.

---

1. Rufini, dans son *Indicazione delle immagini*, t. II, p. 143-144, en signale plusieurs, une entr'autres en *majolica*. C'est un signe de propriété sur les maisons qui appartiennent à l'hôpital.

2. Rufini cite l'inscription commémorative, p. 144 :

VRBANO VIII PONT. MAX
REGNANTE
SOCIETAS SANCTISSIMI SALVATORIS
AD SANCTA SANCTORVM
AD MAIOREM ÆGROTANTIVM
COMMODITATEM
ANNO SALVTIS MDCXXXVI

L'un est tellement dégradé qu'il est impossible de donner son signalement ; l'autre est un évêque, mitré, crossé, vêtu de la chasuble et tenant un livre à la main.

Dans une autre salle, j'ai rencontré une autre fresque du xiv° siècle, dont les contours sont arrêtés par un trait en creux, de façon que la couleur ne déborde pas, procédé très apparent sur les fresques commandées par le cardinal Baronio au xvi° siècle, dans son église titulaire des saints Nérée et Achillée. Les nimbes sont en relief et gravés, comme on se plaisait à les faire à l'époque.

La crucifixion y est représentée entre la déposition et la résurrection : le triomphe est ainsi associé à la passion, beau et réconfortant modèle offert aux malades, pour qui la douleur, chrétiennement supportée, est un mérite de plus à la récompense céleste.

La croix est dressée sur une colline. Le Christ a les pieds et les mains percés de trois clous, une large draperie ceint ses reins, un *suppedaneum* soulage le corps qui n'est pas affaissé ; la tête se fait remarquer par la beauté de ses traits. A droite et à gauche sont les témoins ordinaires de la mort de Jésus, Marie et saint Jean, qui, en qualité d'apôtre, a les pieds nus.

Dans le tableau suivant, placé à droite de la Crucifixion, la croix est nue ; l'échelle qui a servi à la déposition est appuyée sur les bras. A gauche, la lance, l'éponge et les clous attestent ce que raconte l'Évangile. En bas, Marie tient sur ses genoux le corps inanimé de son Fils, dont la tête, contrairement aux règles iconographiques, ne porte qu'un nimbe uni. L'omission du croisillon dénote une transformation qui se prépare.

A gauche, le Christ sort glorieux du tombeau ; il enjambe le sarcophage, tenant de la main gauche le globe crucifère, qui affirme qu'il est le maître du monde, et de la droite, la croix avec étendard, qui est le trophée de sa victoire sur la mort.

Ces trois tableaux, formant comme les feuilles d'un triptyque, sont séparés par deux pilastres, à chapiteau feuillagé, dont le fût à trois pans est orné d'une imitation de mosaïque d'émail, suivant la pratique des maîtres italiens qui ne se sont pas fait faute de reproduire des motifs d'architecture.

Dans cette même salle, pour attester le droit de propriété, reparaît, de chaque côté, la Face du Sauveur. Les chandeliers qui l'accostent sont bas, munis d'une large bobèche, avec un nœud à la tige et posés sur des pieds plats. A genoux devant elle sont des femmes et des hommes, dont les torches ont, à la partie supérieure, une rondelle destinée à recevoir les gouttes de cire.

Les sarcophages païens abondent à Rome, où, les os jetés aux vents, ils ont reçu toute sortes de destinations. A l'hôpital du Saint-Sauveur, on en a fait des meubles, à cause de la cavité qui a été utilisée. J'en ai remarqué quatre : un est décoré de strigiles, par allusion à la lutte de la vie sur la terre; un autre a des personnages en relief; sur un troisième est gravée une inscription. Du dernier, on avait fait un autel.

J'ai consigné ici ces détails, d'abord parce que cette partie de l'hôpital était peu visitée et, partant, presque ignorée; puis, parce que l'on m'a assuré que, dans une restauration récente, l'administration avait détruit les vestiges du moyen âge, qui ne revivront plus peut-être que dans cette trop courte description. N'est-il pas fâcheux qu'on n'ait pas songé à faire dessiner [1] ou photographier des fresques qui, bien que dégradées, avaient un intérêt particulier au double point de vue de l'archéologie et de l'histoire de l'art? Par leur disparition, cette histoire demeure privée d'une page fort intéressante, précisément de l'époque qui en a gardé le moins de spécimens, le xive siècle, vu l'état d'abandon où fut trouvée Rome, au témoignage de Pétrarque, pendant l'absence prolongée de la papauté [2].

1. M. Muntz (*Sources de l'arch.*, p. 34) signale, parmi les dessins de la Barberine, les « pitture che stavano fuori dell' hospedale di S. Giovanni Laterano ». Ces peintures, ajoute-t-il, paraissent au plus tôt du xve siècle.

2. Le revenu net de l'hôpital du Saint-Sauveur était, en 1870, de 35,005 écus (187,276 fr. 75 c.). Il en fut dépensé, en 1865, 40,550.

La Chambre apostolique lui faisait une rente de 14,400 écus. Le reste lui provenait de biens-fonds, de legs, de testaments, etc.

La nourriture a coûté, en 1865, 12,996 écus. La dépense de chaque lit a été, pour l'année entière, de 125 écus et chaque journée est revenue en moyenne à trente-quatre baioques (1,85).

Le régime était celui-ci, avec distribution deux fois par jour : *bouillon* : consommé ou une soupe. — *Diète* : soupe, œuf, pain et vin. — *Demi-ration* : deux onces de soupe, trois de pain, trois de viande bouillie, quart de vin. — *Ration complète* : soupe ou un œuf, trois onces de viande ou un œuf, quatre de pain et six de vin.

L'on donnait aux infirmiers une livre et demie de pain, deux feuillettes de vin et la soupe.

Le nombre des malades, en 1865, à été de 2,160 et la mortalité de dix-huit pour cent.

Les maladies que l'on y traite sont les fièvres de toute nature, les inflammations, les irruptions, les rhumatismes, la syphilis tertiaire, la diarrhée, le choléra, le cancer, l'asthme, la bronchite, l'anévrisme, l'apoplexie, etc.

XVII [1]

1. En 1569, saint Pie V établit le collège des Pénitenciers dans la basilique de Latran, et y appela les réformés de l'ordre de Saint-François. Ces religieux ne peuvent posséder aucune propriété, soit personnelle, soit commune, selon la décrétale de Nicolas III : *Exiit qui seminat seminare semen suum*, dans le Sexte, et suivant la décrétale de Clément V, *Exivi de Paradiso*, laquelle se trouve dans les Clémentines ; l'aumône reste par conséquent la seule et unique ressource de ces religieux. Saint Pie V ordonna à la Chambre apostolique de donner au syndic des réformés 348 écus par an, pour leur nourriture et leur habillement ; cela représente environ 9,000 fr. de la monnaie actuelle. On comptait à cette époque douze pénitenciers attachés à la basilique.

Le cardinal Petra, dans son traité *De la Sacrée Pénitencerie romaine*, mentionne la fondation de saint Pie V.

En 1577, Sixte-Quint, voulant exonérer la Chambre apostolique, supprima un canonicat de la basilique et en donna les revenus pour l'entretien des Pénitenciers présents et futurs.

Clément VIII rétablit le canonicat par la bulle *Cum sicut accepimus*, du 28 juillet 1592, mais il imposa au chanoine et à ses successeurs l'obligation de donner, chaque année, 300 écus de la monnaie romaine pour la nourriture des six Pénitenciers, et 50 écus, tous les trois ans, pour l'habillement. En monnaie actuelle, cela ferait environ 700 francs pour chaque Pénitencier ; au XVIe siècle, la valeur de l'argent était trois fois ce qu'elle est aujourd'hui.

En 1734 eut lieu un nouveau changement. Clément XII publia un chirographe, au terme duquel la charge des 300 écus annuels fut mise sur le chanoine théologal et sur le curé de Saint-Jean de Latran, indépendamment des 50 écus pour l'habillement, tous les trois ans.

1. *Les pénitenciers de S.-Jean de Latran*, dans le *Rosier de Marie*, feuilleton du 25 nov. 1876.

Ces modifications n'altérèrent pas la nature de la subvention, qui est toujours une pure aumône, ainsi que Benoit XIV l'a déclaré formellement dans sa bulle *Laborantibus in vinea Domini*, de 1746, et dans le motu proprio : *Decet Romanum Pontificem*, du 26 juin de la même année.

2. Ces assignations étant de vraies aumônes, réservées à la nourriture et aux vêtements, et non une propriété, une rente, ni même une pension dans le sens strict, évidemment, on ne peut pas et on ne doit pas les mettre au rang des biens ecclésiastiques, dont le possesseur est vraiment propriétaire et sur lesquels le gouvernement établit des contributions et des taxes.

C'est ce qui s'est fait pendant trois siècles. Le traitement des Pénitenciers a toujours été exempté de pensions et de taxes, malgré les chanoines qui l'ont tenté plusieurs fois. Le Saint-Siège s'est toujours prononcé en faveur des religieux, dont le revenu annuel, qui est toujours le même, est assez maigre, tout juste suffisant.

En 1639, sous le pontificat d'Urbain VIII, le théologal prétendit faire supporter aux Pénitenciers une taxe qu'on venait d'imposer. La congrégation chargée d'examiner la question décida en leur faveur.

En 1681, sous Innocent XI, le chapitre voulut opérer une retenue, à cause des contributions, sur le traitement des Pénitenciers ; mais ce fut en vain, car la décision prise tourna contre les chanoines.

Sous Alexandre VII, une imposition de 6 pour 100 fut mise par le gouvernement pontifical sur les bénéfices et pensions. Le théologal de Saint-Jean de Latran retint 25 écus, mais la Chambre apostolique fit rendre cette somme aux Pénitenciers, par un jugement du mois d'août 1662.

Si ce traitement était une pension proprement dite et non une aumône, on ne l'aurait pas certainement exempté de la taxe que Clément XI imposa en 1708. Cette taxe comprenait les religieux mendiants eux-mêmes. Le cardinal camerlingue, saisi de la question, décida, le 30 avril 1709, que les Pénitenciers ne devaient pas être frappés de cette contribution, et il leur fit, en conséquence, restituer les 18 écus qui avaient été retenus. Le théologal ayant fait appel, Clément XI remit l'affaire à une commission particulière, qui rendit sa décision, le 20 mars 1716, et déclara les Pénitenciers exempts de l'annate.

31

Benoit XIV permit de donner la confirmation dans la basilique de Saint-Pierre aux habitants de Rome, quelle que fût leur paroisse. Cette disposition occasionna une diminution de casuel pour le curé de Saint-Jean de Latran, qui, auparavant, tenait seul le registre des confirmations de la ville entière et délivrait les certificats. Le curé voulut s'indemniser sur le traitement des Pénitenciers, mais une décision du 24 novembre 1752 l'obligea de solder intégralement le syndic du collège, car les religieux ne pouvant pas posséder eux-mêmes, l'argent qui leur est affecté est remis, suivant leurs constitutions, à un laïque nommé *Syndic*, chargé spécialement de s'occuper de leurs intérêts.

En 1793, Pie VI mit pour douze ans une taxe extraordinaire de 12 pour 100 sur les bénéfices et les pensions alimentaires elles-mêmes. Le supérieur du collège des Pénitenciers présenta une supplique à Mgr le trésorier, le 17 décembre 1794, pour savoir si leur pension sur les prébendes du théologal et du curé étaient comprises dans l'édit. Le registre du syndic pour 1795 et 1796 prouve que les Pénitenciers furent une fois encore exemptés de la taxe.

En 1800, après la Révolution, les Pénitenciers, qui ne recevaient pas leur traitement depuis trois ans, présentèrent une supplique à Pie VII. La question fut remise au cardinal grand pénitencier, qui était en même temps archiprêtre de Latran. Le cardinal, par décision du 24 décembre, ordonna que le traitement fût payé dorénavant par le camerlingue du chapitre sur les revenus du théologal et du curé, sans retenue d'aucune sorte.

Il a toujours été dans l'esprit de l'Église que le clergé vînt en aide au gouvernement. En 1850, au retour de Pie IX de son exil de Gaëte, une circulaire de la Sacrée Congrégation des évêques et réguliers imposa une taxe exceptionnelle de 3 pour 100 sur le clergé et les établissements pies. Le syndic des Pénitenciers fut contraint de payer la taxe pendant deux ans et demi, mais, le 13 septembre 1853, le cardinal présidant la commission fit restituer les 39 écus et 60 baïoques qui avaient été indûment perçus.

Dernièrement, le gouvernement piémontais a grevé d'énormes contributions les propriétés et les revenus ecclésiastiques. Le chapitre de Saint-Jean de Latran a manifesté la prétention de retenir sur le traitement des Pénitenciers la part correspondante de l'impôt.

Ceux-ci ont porté plainte auprès de la Sacrée Pénitencerie pour la préservation de leurs droits, représentant que le revenu qui leur a été concédé par la libéralité des pontifes a les caractères d'une pure aumône, comme l'exige leur profession religieuse. Or, d'après le droit, les aumônes ne sont passibles d'aucune retenue pour les taxes et contributions publiques.

L'affaire a été appelée trois fois, le 6 février et le 28 août 1874, puis le 3 février 1875. La Pénitencerie a maintenu sa première décision, à savoir : *que les choses doivent, attendu les circonstances particulières, rester dans l'état où elles sont* [1].

3. Les Pénitenciers ont été établis dans les trois grandes basiliques de Rome pour entendre les confessions des fidèles. Ces basiliques sont Saint-Jean de Latran , Saint-Pierre et Sainte-Marie-Majeure.

Les Pénitenciers appartiennent à trois ordres différents : à Saint-Jean de Latran, ce sont des Franciscains ; à Saint-Pierre, des Conventuels, que nous nommons en France *Cordeliers,* et à Sainte-Marie-Majeure, des Dominicains.

Ces religieux, réunis dans une maison spéciale, où ils vivent en commun, forment ce qu'on appelle en droit un *collège.* Il y a donc à Rome trois *collèges de Pénitenciers,* avec un *supérieur* à la tête de chacun, mais sous la dépendance du cardinal grand pénitencier.

A l'époque d'Eugène IV et de Léon X, Saint-Jean de Latran et Sainte-Marie-Majeure comptaient onze pénitenciers. Saint Pie V, en réorganisant les Pénitenciers des basiliques, réduisit leur nombre à six, excepté à Saint-Pierre, qui en conserva onze et en eut même par la suite un douzième, adjoint par Urbain VIII pour la langue grecque.

Au temps de Benoit XIV, ils étaient encore au nombre de six, quatre pour l'italien, un pour le français et un pour l'espagnol. Ce pape y ajouta un pénitencier pour l'allemand, mais en réduisant à trois ceux pour l'italien. Le nombre complet est donc de six, comme on le voit encore aujourd'hui.

Ces Pénitenciers portent l'habit de leur ordre, qui est une tunique de grosse laine brune, avec une corde aux reins et des sanda-

1. *Voir* sur cette question de droit un article de Mgr Chaillot, résumé ici, dans les *Analecta juris pontificii,* t. XIV, col. 1111-1120.

— 484 —

les aux pieds. Au confessionnal, ils ajoutent une étole violette.

Leurs confessionnaux sont placés dans le premier bas-côté gauche, adossés aux piliers. Ils s'y tiennent toute la matinée. Les volets ouverts et la baguette dressée indiquent leur présence.

Ces confessionnaux sont en bois de noyer, avec des sujets pieux sculptés, en bas-relief de bronze. Ils ont été renouvelés dans ces dernières années, par suite du legs d'un chanoine. Une inscription indique en quelle langue on y confesse.

Après la confession, le fidèle va s'agenouiller devant le Pénitencier, qui le touche légèrement du bout de sa baguette sur la tête. Cet acte d'humiliation lui vaut une indulgence de vingt jours, que gagne également le confesseur.

A la procession qui a lieu le dimanche dans l'octave de la Fête-Dieu, après les vêpres, interviennent les Pénitenciers de la basilique. Ils prennent rang après les chanoines, parce qu'ils sont *parés*, et marchent immédiatement avant le Saint-Sacrement. Ils sont vêtus de l'aube et de la chasuble de soie blanche unie, à galons d'or ; leur amict rabattu forme capuchon sur les épaules. Deux enfants de chœur, en soutane violette et *cotta*, les précèdent, tenant chacun un énorme bouquet de fleurs, dans lequel est plantée la longue baguette du Pénitencier.

La résidence des Pénitenciers est à la *canonica*, derrière le chevet de la basilique. Là, ils ont pour leurs exercices particuliers une chapelle, où Benoît XIV a fait reproduire la célèbre fresque du XIIᵉ siècle, qui décorait autrefois l'oratoire de Saint-Nicolas, démoli lors de la restauration de la basilique.

XVIII [1]

Le mot *affiliation* signifie proprement *adoption filiale*, en sorte que la personne naturelle ou morale qui a été affiliée est tenue réellement et légalement pour la vraie fille de celui qui l'adopte. Isidore de Séville donne cette définition : « Adfiliatio, adoptio, pene naturæ imitatio », et la glose du code Théodosien n'établit pas de différence

---

1. *Affiliation de la cathédrale de Nevers à la basilique patriarcale de Latran,* dans les *Analecta juris pontificii,* 1873, t. XII, col. 923-936.

entre l'*adoption* et l'*affiliation* : « Adoptivum, id est, gestis ante curiam adfiliatum. » (Auian. ad leg. 2, cod. Theod. *de Legit. hæred.*)

Je n'ai point à parler ici de l'adoption personnelle, dont tous les codes traitent assez longuement. Je veux seulement m'occuper de l'adoption morale, où des corporations sont affiliées à d'autres corporations plus puissantes. L'antiquité en fournit de très curieux exemples.

On a découvert, sous le pavé de l'église d'Aulnay (Charente-Inférieure), en 1859, la tombe d'un soldat romain, nommé Lucius Autius, fils de Lucius, de la tribu de l'Anio, natif de Fréjus, incorporé à la quatorzième légion double et mort après trente-cinq ans de vie et quinze de service militaire. Voici son épitaphe :

> L. AVTIVS. L F
> ANI. FOR. IVLI
> MIL LEG. XIIII
> GEM ANNO
> XXXV STIP XV
> H. S. E.

On peut traduire ainsi : *Lucius Autius, Lucii filius, Aniensis, Fori Julii, miles legionis 14 geminæ, annorum 35, stipendiorum 15, hic situs est.*

Gruter, dans son vaste répertoire d'inscriptions romaines, fournit une vingtaine d'épitaphes analogues, où la tribu de l'Anio se trouve mentionnée deux fois. Sur quoi M. Louis Audiat, dans son *Epigraphie Santone*, page 49, fait les judicieuses réflexions suivantes :

« Les deux expressions *Aniensis* et *Forum Julii* méritent d'être signalées. Elles attestent que Fréjus, fondée par Jules César, d'où son nom *Forum Julii*, avait à Rome le droit de cité. Caius Gracchus avait fait passer une loi qui donnait aux Latins le droit de cité et aux Italiens le droit de suffrages. Le sénat eut l'adresse de tourner cette arme contre lui en accordant de semblables concessions aux alliés. Et quoique, à la mort du tribun, la loi dont il était l'auteur eût été abrogée, cependant certains alliés qui s'étaient glissés dans les tribus romaines y restèrent. Salluste, aux chapitres XLII et XLIII de la *Guerre de Jugurtha*, nous montre les divers partis se servant à Rome des Latins, des alliés italiens et alliés étrusques pour s'y disputer l'influence. Plus tard, le droit de cité fut très facilement accordé. Alors les villes gauloises admises à cet honneur s'affiliaient par une fiction légale à une des trente-deux tribus qui se partageaient la ville de Rome. Fréjus appartenait à la tribu de l'Anio. »

1. En droit canonique, le mot *affiliation*, quoiqu'ayant toujours le même sens, est susceptible de huit applications diverses que nous allons sommairement passer en revue.

a. Qu'un diocèse ait été partagé en plusieurs autres, ceux-ci ne prenaient rang qu'après celui dont ils dérivaient et dont ils reconnaissaient toujours la suprématie, sinon effective, au moins morale.

« C'est sous le gouvernement de Fort d'Aux, en 1317, que le pape Jean XXII, successeur de Clément V, par qui venaient d'être divisés plusieurs des grands diocèses de France, partagea aussi le nôtre (Poitiers) en trois, établissant des sièges épiscopaux à Maillezais et à Luçon, deux des plus importants monastères du bas Poitou. Il était d'usage que de telles émancipations ne se fissent pas sans que les bulles qui érigeaient les diocèses nouveaux conservassent tous les droits et redevances antérieures établies au profit de l'église démembrée. C'était comme un hommage par lequel ils devaient reconnaître à perpétuité leur filiation et une sorte de dépendance spirituelle. Le pape maintint donc à la cathédrale de Poitiers, outre certaines autres prérogatives, un droit de luminaire sur celles de Luçon et de Maillezais, qui devaient lui payer, à cet effet, annuellement une valeur de cent vingt livres chacune. De plus, elles devaient pourvoir à l'entretien continuel de deux cierges brûlant de chaque côté du grand autel, en témoignage de filiale déférence envers l'église-mère. C'est peut-être de cette coutume, suivie dès lors, que vient celle observée dans notre cathédrale de n'allumer pour les offices non solennels que les quatre cierges placés aux quatre coins des degrés de l'autel majeur. » (Auber, *Histoire de la Cathédrale de Poitiers*, tom. I, p. 77.)

b. Certaines églises majeures, ordinairement les plus anciennes par leur fondation, sont considérées comme supérieures aux autres qui lui ont été successivement annexées. Là où n'existait primitivement qu'une seule église, la population venant à augmenter, il a fallu en établir de nouvelles ; mais, en raison même du démembrement du territoire, ces dernières se sont trouvées constituées dans un état d'infériorité, qui les a fait dénommer *églises filiales*. Quant à l'église-mère, elle a été qualifiée église-matrice, *ecclesia matrix*, ou église plébaine, *ecclesia plebana*, termes fréquents, surtout en Italie, où cette dépendance s'est maintenue. De là l'expression commune de *pieve*, donnée à l'église principale et de *pievano*, attribuée au prêtre qui la régit.

A Rome, les exemples d'églises filiales ne sont pas rares et le droit s'atteste au dehors par l'apposition des armoiries de l'église-mère. Saint-Jean de Latran a sous sa dépendance directe Saint-Jean porte-latine, Saint-Sébastien hors-les-murs, et les Saints-Pierre et Marcellin sur la voie Labicane. Les filles de Saint-Pierre au Vatican sont : Saint-Michel et Saint-Magne, Saint-Gilles, Saint-Jacques *scossa cavallo*, Saint-Malo, Saint-François à *Monte Mario*, Saint-Blaise *della Pagnotta*, Sainte-Balbine, Saint-Lazare, Sainte-Marthe [1]. Sainte-Marie au Transtévère jouit du même droit sur Sainte-Brigitte et sur Sainte-Dorothée.

Ceci n'est pas une nouveauté en France. « Les églises de Saint-Merry, du Saint-Sépulcre, de Saint-Benoît et de Saint-Étienne-des-Grès, dit M. Guérard, étaient placées dans la dépendance du chapitre de Notre-Dame de Paris, et elles étaient appelées ses quatre filles.

« L'église de Saint-Merry fut cédée, vers 1005, au chapitre par l'évêque Renaud, qui renonça, tant en son nom qu'au nom de son archidiacre, à toute juridiction sur cette église, et n'exigea plus d'elle aucun service ni d'autre redevance que des eulogies. Sept chanoines y remplirent alternativement les fonctions curiales, jusqu'à ce que le chapitre y eût institué, en 1219, une espèce de curé, sous le nom de *plebanus canonicus*... La juridiction spirituelle du chapitre de Notre-Dame s'étendait aussi sur les églises de Saint-Jean-le-Rond, de Saint-Denis-du-Pas et de Saint-Christophe, sur l'Hôtel-Dieu et sur la chapelle de Saint-Agnau.

« L'église de S.-Jean-le-Rond servait primitivement de baptistère à la cathédrale, près de laquelle elle était située » (Guérard, *Cartulaire de Notre-Dame de Paris*, tom. I, pag. CXXXIII-CXXXV).

---

1. Voir la bulle de Benoît XIV *Ad honorandam*, en date du 27 mars 1752.

c. Les ordres nouveaux n'ont généralement pas manqué de se faire affilier par indult apostolique aux ordres déjà existants, afin de pouvoir participer à leurs privilèges et faveurs spirituelles. Il y a pour eux tout avantage à puiser dans cette grande mer, *mare magnum,* sans crainte que sa prodigieuse fécondité tarisse jamais. C'est ainsi que la Compagnie de Jésus jouit par communication des privilèges propres aux mendiants.

d. L'affiliation concerne aussi les confréries.. Le mot *archiconfrérie* indique par lui-même une prééminence au-dessus des autres confréries et, en France, dans la désignation populaire, on a le tort grave de ne pas assez distinguer deux associations si différentes quant à l'exercice des droits. Il n'est pas rare d'entendre parler *d'archiconfrérie,* lorsque, enquête faite, on découvre tout simplement une *confrérie affiliée,* et tel est le cas ordinaire de l'archiconfrérie de Notre-Dame-des-Victoires de Paris pour ses succursales, qui en usurpent sans difficulté le titre.

Or, l'archiconfrérie a le privilège exclusif de s'affilier des confréries analogues, dans le but de les faire participer aux indulgences dont les Souverains Pontifes l'ont enrichie.

e. Un couvent ressemble à une ruche d'abeilles. Non seulement il se suffit à lui-même, mais encore il se subdivise en nombreux essaims qui se transportent en d'autres lieux. Quand Cîteaux eut été fondé, là fut la pépinière de ces monastères importants qui se déclarèrent issus de cette abbaye chef-d'ordre. Aussi ne les connaissait-on que sous le nom de *filles de Cîteaux* [1]. C'étaient Clairvaux, Pontigny, Morimond et la Ferté. La Charité-sur-Loire était *fille aînée de Cluny.*

La Trappe a conservé cette tradition.

f. Tout religieux, par le fait même de sa profession, devient le fils du couvent où il a été reçu. Mais si, pour des causes justes et avec le consentement du supérieur et des religieux de part et d'autre, il quitte le couvent qui l'avait accueilli, il s'affilie au couvent qui, de son plein gré, va le recevoir : « Affiliatio religiosorum solet frequenter fieri, cum sæpe sæpius reperiantur religiosi, qui justis de caus s, eorum superioribus benevisis, affiliantur conventibus, seu monaste-

---

1. Godescard, *Vies des pères, des martyrs et autres principaux saints,* édit. de Paris, 1828, t. X, pag. 421.

riis, aut provinciis diversis ab illis in quibus professionem emiserunt, quæ professio operatur veram religiosam filiationem. » (Ferraris, *Prompta bibliotheca*, verbo *Affiliatio*.)

g. Des patentes sont délivrées par les généraux d'ordre aux personnes qui, poussées par un pieux motif, leur en font la demande expresse. Elles obtiennent ainsi une part dans les bonnes œuvres des religieux, telles que prières, jeûnes, actes de vertu, etc. Espèce d'indulgence qui profite à leur âme, en raison des dispositions qu'elles apportent à cette communication.

h. Enfin les basiliques patriarcales de Rome, par autorisation des Souverains Pontifes, peuvent s'affilier certaines églises du monde entier, à l'effet seulement de leur communiquer des indulgences déterminées. S.-Jean de Latran, S.-Pierre du Vatican et Ste-Marie-Majeure sont souvent sollicitées dans ce sens. La basilique de Lorette jouit, elle aussi, de la même faculté. Nous allons plus spécialement étudier ici ce qui concerne l'affiliation à S.-Jean de Latran, qui est l'église mère et chef de toutes les églises de Rome et du monde [1], comme elle l'a fait inscrire en deux endroits de sa façade : *Sacrosancta Lateranensis Ecclesia, omnium urbis et orbis ecclesiarum mater et caput* [2].

2. Le 6 mai 1751, Benoît XIV donna, au palais du Quirinal, la bulle *Assiduæ sollicitudinis*, par laquelle il règle l'affiliation pour les temps à venir. Ce pape était essentiellement organisateur. Il n'aime pas voir planer le doute sur un point et il innovera plutôt que de laisser subsister une difficulté.

Sa bulle se partage en vingt paragraphes. Après l'exorde, l'éminent canoniste rappelle la Constitution de Clément VIII *Quæcumque*, qui édicte des lois sur les agrégations et communications d'indulgences. Il cite ensuite l'autorité de Paul V, qui avait déclaré, le 22 novembre 1610, que le chapitre de Latran serait compris dans les formalités à remplir, sans rien changer toutefois à ce qui était déjà fait relativement aux indulgences qui se communiquaient, en

1. L'érudit Cancellieri la qualifie *protobasilique*, « protobasilica Lateranensis », dans un de ses opuscules publié à Pesaro

2. L'oraison que récitent les pèlerins à S.-Jean de Latran, à l'autel de l'abside, débute ainsi : « Omnipotens sempiterne Deus, qui sacratissimam Constantinianam basilicam, in tuo et utriusque Joannis nomine dedicatam, cunctarum Urbis et Orbis Ecclesiarum decorasti primatu, concede... »

vertu d'indults apostoliques, aux églises, chapelles, autels, oratoires
et lieux pies annexés, incorporés et soumis à la dite basilique.

Les originaux des concessions pontificales ont disparu des archives de Latran, par suite des vicissitudes auxquelles cette basilique a
été exposée dans le cours des siècles. Les retrouvera-t-on quelque
jour ? Pourra-t-on mettre du moins la main sur des copies authen-
tiquées et dignes de foi ? Est-il certain que toutes les indulgences
accordées à la basilique puissent être communiquées ? Le défaut de
réponse positive donnait lieu à un doute auquel il fallait obvier et,
pour satisfaire aux instances qui étaient faites au chapitre, on re-
courait chaque fois au Souverain Pontife. Mais on avait remarqué
que certaines indulgences étaient essentiellement locales et n'avaient
été accordées à la basilique de Latran qu'à cause de sa prééminence.
Aussi certains évêques, en vertu du droit que leur conférait le
concile de Trente, se refusaient-ils à publier dans leurs diocèses respectifs ces indulgences qu'ils croyaient incommunicables, et dont la
concession leur paraissait contraire à la Constitution de Clément VIII,
ce qui donna lieu à plusieurs controverses, discutées devant la Sacrée
Congrégation des Indulgences et des Saintes Reliques. La question
n'en restait pas moins sans solution. En conséquence, Benoît XIV,
après avoir entendu les cardinaux de ladite Congrégation et les
chanoines du chapitre de Latran, pour couper court à toute difficulté
ultérieure, adopta une mesure décisive. Il sanctionna et confirma
d'abord toutes les indulgences et grâces spirituelles, tant pour les
vivants que pour les défunts, accordées par ses prédécesseurs à la
basilique du S.-Sauveur, suspendit jusqu'à plus ample informé toutes
celles qui avaient été communiquées par voie d'affiliation et, pour
ne pas laisser les fidèles déshérités d'une telle faveur, dressa un tableau des indulgences qui pourraient être désormais gagnées dans
les lieux affiliés. Ordre fut donné en même temps au chapitre
d'avoir à prévenir de cette suspension les personnes intéressées,
comme recteurs, administrateurs, officiers et ministres des églises,
chapelles, confréries et lieux pies, attribuant aux copies de cette
bulle, signées par le secrétaire du chapitre, la même valeur qu'à
l'original. De plus, le pape enjoignait aux chanoines de se conformer à l'avenir à la Constitution de Clément VIII et à la présente bulle,
voulant entr'autres que l'expédition des lettres faites à ce sujet fût

entièrement gratuite et que chaque ville n'eût qu'une seule église,
chapelle, confrérie ou lieu pie privilégié de la sorte, à moins d'une
dérogation expressément autorisée par la Sacrée Congrégation des
Indulgences.

La bulle, enregistrée au secrétariat des brefs, se termine par les
clauses habituelles, les dérogations générales et spéciales et la sanc-
tion ordinaire, contre ceux qui en enfreignent le contenu. Elle porte
à la fin les signatures du cardinal secrétaire des Brefs, du dataire et
de deux abréviateurs du Parc Majeur. Publiée le 2 juin 1751, elle a
été insérée, sous le n° 45, dans le Bullaire officiel de Benoît XIV,
tome III.

En voici la teneur :

Basilicæ Lateranensis Indulgentiæ confirmantur. Illæ vero, quæ Ecclesiis ipsius Filialibus, seu ipsis agregatis, hactenus communicatæ fuerunt,
suspenduntur ; et interim eisdem aliæ Indulgentiæ et gratiæ spirituales
conceduntur, seu respective communicari permittuntur.

Benedictus episcopus, Servus servorum Dei.
Ad perpetuam rei memoriam.

Assiduæ sollicitudinis debitum Nobis una cum Universæ Ecclesiæ regi-
mine impositum agnoscentes, in id potissimum vigilantiæ nostræ studio
conferimus, ut quæ salubriter a Prædecessoribus nostris Romanis Ponti-
cibus constituta sunt, ab omnibus, præsertim in alma Urbe nostra, et ab
iis, quorum specialis cura nobis imminet, observentur et impleantur,
prout Ecclesiasticæ disciplinæ integritati, ac personarum rerumque ratio-
nibus convenire in Domino judicamus.

1. Dudum siquidem, postquam fel. record. Prædecessor noster Clemens
Papa VIII, die VII sept. anno MDCIV, providam ediderat Constitutionem,
quæ incipit : *Quacumque a Sede Apostolica*, per quam, ad tollendas pravas
quasdam consuetudines, quæ irrepserant in usu facultatum a Sede Apostolica concessarum nonnullis Regularium Ordinibus, ac Sæcularium
Christifidelium Archiconfraternitatibus et Congregationibus, tam in Urbe
prædicta quam in aliis Christiani Orbis partibus institutis, erigendi videlicet, instituendi ac etiam sibi aggregandi confraternitates et congregationes, eisque communicandi privilegia, indulgentias, facultates aliasque
spirituales gratias, et indulta sibi respective concessa, facultates prædictas
moderando, opportunas leges, certamque formam et modum in hujusmodi
erectionibus, institutionibus, seu aggregationibus et respective commu-
nicationibus observanda præscripserat, aliaque decreverat et constituerat,
quæ in ejusdem Clementis litteris prædictis in forma Brevis expeditis
latius continentur.

2. Quum procedentibus annis, recolendæ quoque memoriæ Prædeces-

sor noster Paulus Papa V accepisset, basilicæ Lateranensis capitulum et canonicos, diversas ubique constitutas ecclesias, vel cappellas, seu altaria, vel oratoria, eidem Basilicæ submittere, subjicere, annectere, incorporare, ac in Basilicæ prædictæ membra recipere solere, eisdemque non minus quam aliis ecclesiis, cappellis, altaribus , seu oratoriis et piis locis in solo Lateranensi ædificatis et constructis, varias Indulgentias, Facultates, aliasque spirituales Gratias, Indulta et Privilegia concedere, dictæ Constitutionis a Clemente VIII editæ forma, propterea quod ejusdem Basilicæ jura et privilegia sub illius dispositione minime comprehensa esse contenderent, non servata.

3. Hinc idem Paulus prædecessor, volens hujusmodi Clementis Constitutionem ab eisdem Lateranensis Ecclesiæ Capitulo et Canonicis, non secus ac ab aliis quibuscumque jus et facultatem communicandi Indulgentias habentibus, illisque utentibus, sine discrimine, ut par erat, observari peculiaribus editis Litteris sub Annulo piscatoris die XXII novembris anni MDCX, ipsam prædictam Clementis Constitutionem, cum omnibus ejus clausulis et decretis, ad prædictæ Basilicæ Capitulum et Canonicos, ad effectum videlicet, ut nullas exinde in posterum Indulgentias, nisi ejusdem Constitutionis forma servata, et Apostolica dumtaxat auctoritate, communicare possent, expresse extendit ; et ab ipsis, perinde ac si eorum expressa mentio in dictis Clementis Litteris facta fuisset, perpetuis futuris temporibus sub pœnis in eisdem Litteris contentis, inviolabiliter observari præcepit ; volens nihilominus, ut indulgentiæ, peccatorum remissiones, gratiæ et privilegia per dictum Capitulum et Canonicos, ad eum diem, vigore Indultorum eis a Sede Apostolica concessorum, hujusmodi Ecclesiis, Cappellis, Altaribus, Oratoriis et Locis Piis concessa et communicata, in suo robore permanerent.

4. Quum tamen hujusmodi Indultorum frequens quidem in Litteris Apostolicis mentio et confirmatio appareret, sed de eorumdem vero tenore, ob temporum antiquitatem et varias a dicta Lateranensi Ecclesia ejusque Capitulo passas vicissitudines, certa scientia minime. haberetur, proindeque plenaria dictarum Clementis VIII et Pauli V Litterarum execçutio prævium altioris indaginis judicium requirere videretur ; hinc factum est ut, et veterum concessionum, sive communicationum hujusmodi renovationes a prædictis Capitulo et Canonicis fieri perrexerint juxta formam ab ipsis antiquitus usitatam ; et quum deinceps piarum personarum, sive Universitatum preces eisdem pro novis Ecclesiarum, Altarium. aliorumque Locorum Piorum erectionibus seu submissionibus et incorporationibus oblatæ fuerunt, simul etiam a Romanis pro tempore Pontificibus licentia impetrari consueverit, ut Indulgentiarum communicatio ab ipsis pro ea vice, non obstantibus Clementis et Pauli Prædecessorum præfatorum Constitutionibus hujusmodi, juxta eamdem veterem formam concedi posset.

5. Sed quum in hujusmodi communicationis forma et in subscripto

Indulgentiarum summario, præter alia præfati Clementis VIII Constitutioni parum consentanea, illud etiam animadversum fuerit, quod scilicet complures Indulgentiæ speciales, quæ ex justa Romanorum Pontificum erga præfatam Lateranensem Basilicam liberalitate, ob ejus præcellentem in Universo Catholico Orbe dignitatem, ipsi Basilicæ concessæ fuerunt, ad omnes extenderentur ecclesias, cappellas, altaria, oratoria et loca pia eidem quoque modo subjecta et incorporata, contra præsumptam ipsorum concedentium mentem, et contra probatam Apostolicæ Sedis in Indulgentiarum dispensatione disciplinam ; adeo ut nonnulli etiam Episcopi, procommissa sibi a Concilio Tridentino adversus irregulares indulgentiarum promulgationes inspectione et vigilantia, officii sui debitum reputaverint earum publicationi se opponere ; indeque plures ortæ fuerint lites et controversiæ, quæ Congregationis Venerabilium Fratrum Nostrorum sanctæ Romanæ Ecclesiæ Cardinalium Indulgentiis et sacris Reliquiis præpositæ zelum excitarunt, ut opportuna tandem ratione et apostolica auctoritate hujusmodi deordinationibus remedium afferri debere judicaret :

6. Nos, omnibus visis atque perpensis, quæ coram dicta cardinalium Congregatione, præfatis Capitulo et Canonicis pluries auditis, agitata fuerunt, quum nondum in clara luce positum conspexerimus, an et quæ facultas eisdem Capitulo et Canonicis circa Indulgentiarum hujusmodi communicationem et extensionem ad ecclesias et alia loca pia, quæ inter Basilicæ prædictæ membra connumerantur, a Prædecessoribus Nostris Romanis Pontificibus concessa fuerit ; ad memoratas lites et controversias interea sedandas aliasque opportune præcavendas, utque dictorum Capituli, et Canonicorum, nec non Rectorum, Administratorum ac Officialium dictarum ecclesiarum aliorumque piorum locorum hujusmodi et respective Ordinariorum Locorum et quorumcumque Christifidelium quieti et securitati ac spiritualibus profectibus paterne consulamus, motu proprio et certa scientia, infrascriptas leges et ordinationes circa præmissa, præsentium Litterarum tenore et apostolica auctoritate duximus statuendas.

7. In primis videlicet, omnes et singulas Indulgentias, et peccatorum seu pœnarum remissiones et relaxationes, aliasque gratias spirituales, tam pro vivis quam pro defunctis, dictæ Basilicæ Lateranensi a Prædecessoribus Nostris Romanis Pontificibus concessas, quæ jamdudum, ipsis Romanis Pontificibus scientibus et consentientibus, publice in eadem Basilica proponi consueverunt, etiamsi de illarum primæva concessione certa monumenta nunc non appareant, prædictis motu, scientia, tenore et auctoritate approbamus et confirmamus, eidemque Basilicæ, perinde ac si per præsentes ex integro ipsi concederentur, sine ulla contradictione competere declaramus atque decernimus.

8. Quo vero ad eas Indulgentias et remissiones, seu relaxationes hujusmodi, quæ a prædictis Capitulo et Canonicis hactenus quibuslibet ecclesiis, altaribus, cappellis, oratoriis, confraternitatibus aut locis piis, ejusdem

Basilicæ membris, eidemque subjectis et incorporatis, ubicumque existentibus, quorumlibet Indultorum, Privilegiorum aut Facultatum rigore, sive generaliter et ad instar, sive specialiter et nominatim communicatæ fuerunt, sive etiam ex directa Romanorum Pontificum Prædecessorum Nostrorum concessione ad illas et illa extensa dici possent, quæcumque illæ sint, Nos eas omnes et singulas, simili motu, auctoritate et tenore, interim suspendimus, et tamdiu effectu carere volumus et decernimus, donec, prolatis authenticis indultorum, privilegiorum et facultatum hujusmodi monumentis, de certa prædictorum Romanorum Pontificum prædecessorum Nostrorum voluntate et concessione, quoad communicationes et extensiones hujusmodi, Nobis vel Successoribus Nostris, seu dictæ Congregationi constiterit.

9. Interea tamen, easdem ecclesias, altaria, cappellas, oratoria, confraternitates et loca pia, dictæ Basilicæ membra, hactenus erecta, seu eidem subjecta et incorporata, ubicumque existentia, Nos infrascriptarum Indulgentiarum et gratiarum spiritualium, quæ usque ad statutum suspensionis prædictæ terminum valituræ sint, muneribus ditare decrevimus.

10. Omnibus nimirum utriusque sexus Christifidelibus, qui illas et illa in Ascensionis Domini Nostri Jesu-Christi, Nativitatis S. Joannis Baptistæ, Sanctorum Apostolorum Petri et Pauli, S. Joannis Evangelistæ et Dedicationis ejusdem Lateranensis Basilicæ diebus festis, vere pœnitentes et confessi, ac Sacra Communione refecti, a primis vesperis usque ad occasum solis dierum hujusmodi devote visitaverint, ibique pro Sanctæ Matris Ecclesiæ exaltatione, hæresum extirpatione et Christianorum Principum concordia, pias ad Deum preces effuderint, quolibet ex diebus prædictis Plenariam omnium peccatorum suorum indulgentiam et remissionem misericorditer in Domino concedimus et impertimur.

11. Iis vero, qui in reliquis Sanctorum Apostolorum festis, nimirum Andreæ, Jacobi, Thomæ, Philippi et Jacobi, Bartholomæi, Matthæi, Simonis et Judæ, ac Mathiæ, vere pœnitentes et confessi, præmissa peregerint, septem annos et totidem quadragenas.

12. Qui autem illas et illa a Dominica prima Adventus usque ad festum Nativitatis Domini Nostri Jesu Christi, et a feria IV Cinerum usque ad festum Resurrectionis Dominicæ, vere pœnitentes et cum proposito saltem confitendi, visitaverint, ibique, ut supra, oraverint, singulis diebus quibus id egerint, quatuor annos et totidem quadragenas ; in reliquis autem singulis anni diebus, centum dies de injunctis iis seu alias debitis pœnitentiis, in forma Ecclesiæ consueta relaxamus.

13. Denique ut ii, qui in diebus stationum ejusdem ecclesiæ Lateranensis in Missali romano descriptis, videlicet dominica prima quadragesimæ dominica Palmarum, feria V in cœna Domini, Sabbato sancto, Sabbato in Albis, feria III Rogationum, et sabbato in vigilia Pentecostes, aliquam ex dictis ecclesiis aliisque superius expressis cum dicto pœnitentiæ affectu et confessionis proposito visitaverint ; ibique, ut præfertur, oraverint,

Indulgentias stationales, quas visitantes dictam Ecclesiam Lateranensem iisdem diebus consequuntur, ipsi quoque, perinde ac si eandem Ecclesiam personaliter visitarent, consequi possint et valeant, similiter concedimus et indulgemus.

14. Quocirca dilectis filiis Capitulo et Canonicis prædictæ Ecclesiæ Nostræ Lateranensis per præsentes injungimus et mandamus, ut omnes et singulos dictarum ecclesiarum, altarium, cappellarum, oratoriorum, confraternitatum et locorum piorum ubique existentium respective rectores, sive administratores, aut officiales, sive ministros, de suspensione hujusmodi, simulque de præmissarum indulgentiarum et gratiarum interea, ut præfertur, duratura concessione, per Nos factis, quamprimum instructos reddant per eorum litteras missivas, cum adjunctis præsentium nostrarum litterarum transumptis seu exemplis ; quibus, etiamsi typis descripta fuerint, eorundem sigilli impressione ac Secretarii subscriptione munitis, eandem omnino fidem, quæ ipsis præsentibus haberetur, ubique habendam fore decernimus ; ad hoc ut ipsi rectores, administratores, officiales atque ministri dictas indulgentias et gratias spirituales, servatis omnibus ex Concilii Tridentini et ex prædicti Clementis VIII aliorumque Romanorum Pontificum præscripto in indulgentiarum promulgatione atque etiam in eleemosynarum perceptione earumque erogatione servandis, promulgare et proponere valeant.

15. Iisdemque Capitulo et Canonicis mandamus pariter et injungimus ut renovationum litteras, quas deinde favore hujusmodi ecclesiarum, altarium aliorumque præmissorum, durante suspensione hujusmodi, expedient, ita reforment ac moderentur, ut indulgentias dumtaxat superius a Nobis concessas, et quidem expresse ac nominatim, facultate sibi per præsentes a Nobis impertita, nec ullas alias quomodocumque, eadem suspensione durante, illis communicent.

16. In novis autem aliarum ecclesiarum, cappellarum, altarium, oratoriorum, confraternitatum aliorumque piorum locorum erectionibus, incorporationibus et receptionibus quas in posterum ab ipsis Capitulo et Canonicis fieri contingat, volumus atque præcipimus, ut, juxta memoratam superius Pauli V declarationem, præter alia in hujusmodi actibus observanda, providas quoque leges circa indulgentiarum communicationes a præfato Clemente VIII prædecessore in dicta ipsius Constitutione quæ incipit *Quæcumque*, latas atque sancitas, juxta sequentem modum omnino observent : ut scilicet in singulis civitatibus, oppidis vel locis unam dumtaxat ex hujusmodi ecclesiis seu cappellis, altaribus, oratoriis, confraternitatibus aut locis piis quomodocumque nuncupatis, dictarum indulgentiarum communicationis munere ditare possint, dummodo ecclesia aut oratorium ipsis subjectum, seu illa ecclesia, in qua cappella vel altare prædictum extiterit, regularium aut monialium non sit, nec ecclesia, cappella, altare, oratorium, pius locus aut confraternitas hujusmodi ulli alteri ecclesiæ, aut ulli ordini, religioni, instituto, archiconfraternitati et

congregationi, a qua indulgentiarum communicationem seu participationem obtineat, aggregata sit aut subjecta ; et dummodo ejusdem ecclesiæ,
cappellæ, altaris seu oratorii celebritas, vel confraternitatis aut loci pii
institutum, et christianæ pietatis et charitatis officia, quæ exercere consuevit, ordinarii loci testimonialibus litteris apud eos commendentur.
Facultatem tamen indulgendi, prout alias in certis casibus ab Apostolica
Sede benigne indulgeri consuevit, ut in una eademque civitate aut oppi-
do, duabus ecclesiis seu cappellis vel altaribus, oratoriis, confraternitatibus aut locis piis, ubi speciales id circumstantiæ suadent, hujusmodi indulgentiarum communicatio a dictis Capitulo et Canonicis concedi possit, prædictæ Cardinalium Congregationi per præsentes tribuimus et impertimur.

17. Porro hujusmodi ecclesiis, cappellis, altaribus, oratoriis, confraternitatibus et locis piis, supra expressæ indulgentiæ et gratiæ spirituales tantum, et non aliæ, suspensione hujusmodi durante, a dictis
Capitulo et Canonicis, et quidem nominatim, facultate sibi per præsentes
a Nobis impertita, aliisque servatis, quæ in dicta Clementis prædecessoris
constitutione, præsertim circa gratuitam litterarum expeditionem, atque in
decretis a dicta Congregatione die VI martii anni MDCVIII et die X aprilis
anni MDCCXX editis, statuta sunt, communicari valeant. Ab illarum
vero eorumque rectoribus, administratoribus, officialibus et ministris, in
earumdem indulgentiarum publicatione, nec non eleemosynarum recep-
tione et erogatione, aliæ similiter leges, in Tridentini Concilii decretis et
in supradictis Clementis VIII litteris, aliisque Romanorum Pontificum et
Apostolicæ Sedis constitutionibus atque decretis præscriptæ, sub pœnis
ibidem adversus transgressores respective statutis, inviolabiliter serventur
et impleantur.

18. Præsentes autem litteræ, atque omnia et singula in ipsis contenta
atque statuta, etiam ex eo quod Capitulum et Canonici prædicti, aliique
in præmissis interesse habentes seu habere prætendentes, eisdem non
consenserint, nec ad ea vocati, aut super singulis præmissis forsan auditi
fuerint, aliave qualibet de causa, nullatenus impugnari, seu de voluntatis nostræ aliove quovis defectu redargui possint; sed a prædictis omnibus et aliis quibuscumque, ad quos pertinet seu pro tempore perti-
nebit in posterum, in omnibus et per omnia observentur, et respective
iis, quorum favorem concernunt seu concernent in futurum, plenissime
suffragentur. Sicque et non aliter per quoscumque judices ordinarios et
delegatos, etiam palatii apostolici Auditores et Apostolicæ Sedis nuntios,
seu nostros, ejusdem Sedis, etiam de latere legatos, aliosque S. R. E. Cardinales, eorum Congregationes, in præmissis judicari debeat et interpretari. Nos enim his omnibus et singulis aliter judicandi et interpretandi
facultatem interdicimus et abrogamus per præsentes, atque etiam irri-
tum et inane decernimus, si quid secus circa præmissa per quoscumque,
quavis auctoritate scienter vel ignoranter, fieri vel attentari, aut respective judicari et interpretari contigerit.

19. Non obstantibus præmissis Clementis VIII et Pauli V quatenus præsentes iisdem per omnia conformes non inveniantur, nec non fel. rec. Sixti papæ V, quarum initium est : Si *cunctas*, atque etiam de jure quæsito non tollendo, de indulgentiis non concedendis ad instar, aliisque Apostolicis Constitutionibus et ordinationibus, dictæque Congregationis die XI junii anni MDCLXXIX ac XXVII maji MDCCXXXII et XXIII februarii MDCCXXXIV editis decretis et resolutionibus; privilegiis quoque, indultis et litteris apostolicis dictæ Basilicæ, illiusque Archipresbytero, Capitulo et Canonicis forsan concessis, atque etiam pluries confirmatis et innovatis. Quibus omnibus et singulis, etiamsi pro illorum sufficienti derogatione de illis eorumque totis tenoribus, specialis, specifia, expressa et individua, non autem per clausulas generales, mentio, seu quævis alia expressio habenda, aut aliqua alia exquisita forma ad hoc servanda foret, illorum tenores, ac si de verbo ad verbum exprimerentur et insererentur, præsentibus pro plene et sufficienter expressis et insertis, et formas pro observatis habentes, illis alias in suo robore permansuris, hac vice dumtaxat et ad præmissorum effectum, harum serie specialiter et expresse derogamus, cæterisque contrariis quibuscumque.

20. Nulli ergo omnino hominum liceat hanc paginam nostrarum declarationis, suspensionis, concessionis, impertitionis, relaxationis, indulti, mandati, statuti, decreti, derogationis et voluntatis infringere, vel ei ausu temerario contraire. Si quis autem hoc attentare præsumpserit, indignationem omnipotentis Dei, ac beatorum Petri et Pauli Apostolorum ejus se noverit incursurum.

Datum Romæ apud S. Mariam Majərem anno Incarnationis Dominicæ MDCCLI, pridie Nonas maii, Pontificatus Nostri anno undecimo.

D. Card. Passioneus.

J. Datarius.

Visa de curia

J. C. Boschi.

Loco † plumbi

J. B. Eugenius.

Registrata in secretaria Brevium.

Publicat. die 2 junii ejusdem anni.

3. Rome fait toutes choses avec goût et ses artistes montrent leur talent jusque dans les plus petits détails. Un diplôme imprimé sur papier, quelque beau qu'on le suppose, serait toujours vulgaire et ne répondrait pas à la magnificence bien connue du premier chapitre du monde. On le délivre sur vélin, pour qu'il ait plus de durée, et on appelle à l'écrire un calligraphe et à l'orner un miniaturiste, qui tous les deux mettent leur soin à faire une de ces pages que l'on admire, et que l'on se transmet d'âge en âge, avec vénéra-

tion, comme une pièce curieuse. L'écriture est cette belle bâtarde du dix-septième siècle, que tous pourraient lire couramment si elle n'était surchargée des nombreuses abréviations que requiert le style traditionnel de la chancellerie romaine. Une vignette de feuillages, rinceaux, enroulements, ornements divers, s'étale tout autour et forme une bordure gracieuse. On y mêle des armoiries. Ce sont généralement celles de la basilique, de l'ordinaire du lieu et de l'église ou corporation affiliée.

Les diplômes ne se ressemblent pas tous, car ils ont plus ou moins d'importance en raison de celui auquel ils sont adressés. Quelquefois, ils montrent de véritables œuvres d'art, lorsqu'il s'agit de rendre plus particulièrement honneur à qui le mérite sous plus d'un rapport.

Voilà ce que sont d'ordinaire les diplômes d'affiliation. Étudions maintenant en détail celui de la cathédrale de Nevers, dont je dois la copie à l'obligeance de Mgr Crosnier, protonotaire apostolique et vicaire général de ce diocèse.

L'en-tête du diplôme énumère et affirme les titres de la basilique de Latran. Suit le salut ordinaire, adressé par les chanoines à Mgr Théodore-Augustin-Forcade, évêque de Nevers, qui avait fait la demande d'affiliation pour sa cathédrale, dédiée sous le vocable de saint Cyr et de sainte Julitte, martyrs.

L'exorde expose le fait, c'est-à-dire l'instance auprès des chanoines et la réponse favorable de ceux-ci.

Le chapitre déclare qu'il agit en vertu de la bienveillance du Siège Apostolique, des Indults des Souverains Pontifes et de son autorité ordinaire. La cathédrale de Nevers est en conséquence agrégée, soumise, unie, incorporée à la basilique de Latran, dont elle devient *membre*, mais à l'effet seulement de l'admettre à la participation des indulgences et grâces spirituelles qu'elle peut communiquer.

Or, ces indulgences peuvent être acquises par les fidèles des deux sexes en visitant ladite cathédrale, aussi bien que s'ils allaient prier à Rome dans la basilique de Latran. Comme elles ont été rigoureusement fixées et déterminées par Benoît XIV, dans sa Constitution *Assiduæ sollicitudinis*, l'énumération en est faite suivant la forme prescrite. Ces indulgences sont de deux sortes, plénières ou partielles, et réparties en cinq catégories spéciales.

1. Indulgence plénière, aux conditions ordinaires de confession et de communion, à gagner depuis les premières vêpres et pourvu que l'on prie aux intentions de Sa Sainteté, aux cinq principales solennités de l'année pour la basilique de Latran, qui sont : l'Ascension de N.-S., la Nativité de S. Jean-Baptiste (24 juin), S. Pierre et S. Paul (29 juin), S. Jean Évangéliste (24 décembre) et l'anniversaire de la dédicace du S. Sauveur (9 novembre).

2. Une indulgence de sept ans et sept quarantaines est accordée, après confession préalable, pour les fêtes des Saints Apôtres André (30 novembre), Jacques majeur (25 juillet), Thomas (21 décembre), Philippe et Jacques mineur (1er mai), Barthélemy (24 août), Mathieu (21 septembre), Simon et Jude (28 octobre) et Mathias (24 février).

3. Depuis le premier dimanche d'Avent jusqu'à Noël et du mercredi des cendres à Pâques, l'indulgence est de quatre ans et de quatre quarantaines.

4. Pour tous les autres jours de l'année, elle est réduite à cent jours chaque fois.

5. De plus, aux jours fixés par le Missel romain pour les stations de la basilique de Latran, l'indulgence varie, conformément au décret du 9 juillet 1777[1].

Ainsi, le premier dimanche de carême, dix ans et dix quarantaines ; le dimanche des Rameaux, vingt-cinq ans et vingt-cinq quarantaines ; le jeudi-saint, indulgence plénière ; le samedi-saint, trente ans et trente quarantaines ; le samedi *in albis*, trente ans et trente quarantaines ; le mardi des Rogations, trente ans et trente quarantaines ; la veille de la Pentecôte, dix ans et dix quarantaines.

6. Un rescrit de Pie VI autorise à appliquer toutes ces indulgences aux âmes du Purgatoire.

Un décret, rendu pour le diocèse de Capo d'Istria par la Sacrée Congrégation des Indulgences, le 9 mai 1729, déclare que l'autel privilégié n'est pas compris dans l'affiliation à l'Église de Latran.

« JUSTINOPOLITANA. — An vi aggregationis Ecclesiæ Lateranensi concessum intelligatur privilegium Altaris ?

« Sac. Congregatio diei 9 maii 1729 respondit : Negative. »

1. *Voir* mon édition de la S. C. des Indulgences, pag. 238-240, dans la *Collection des Décrets des Sacrées Congrégations Romaines*.

Les fidèles qui ne savent pas tous par cœur leur tableau d'indulgences ou qui n'assistent pas au prône de la cathédrale où on les promulgue sans doute de temps en temps, sont exposés à perdre l'occasion de gagner quelques-unes de ces faveurs spirituelles. Aussi Rome prend-elle la précaution fort sage d'apposer à l'extérieur des églises une tablette de bois peint, sur laquelle on lit, en italien ou en latin, tantôt *Indulgence plénière*, tantôt *Indulgence stationale*, suivant l'occurrence. Les autres indulgences partielles ne sont pas indiquées.

Trois conditions sont rigoureusement prescrites pour l'exécution de l'affiliation : le consentement de l'Ordinaire, l'absence de toute autre concession analogue dans la ville, et enfin que le lieu affilié ne soit agrégé déjà pour la communication d'indulgences à aucun ordre religieux, institut, archiconfrérie ou congrégation.

Le diplôme d'affiliation ne vaut que pour *quinze ans*, à dater de son expédition. Ce temps écoulé, il doit être représenté au chapitre de Latran, si l'on tient à le renouveler. Sinon, il est déclaré de nulle valeur, déchu de son droit et sans force pour transmettre les indulgences, qui ont cessé avant l'expiration du terme fixé.

L'affiliation se fait avec une certaine solennité. Le chapitre se réunit dans le lieu ordinaire de ses séances, au patriarcat de Latran, sous la présidence du vicaire du cardinal-archiprêtre de la basilique. Or, comme le mentionne le diplôme, l'archiprêtre était, en 1868, Son Éminence le cardinal Constantin Patrizi, évêque de Porto et de Sainte-Rufine, sous-doyen du Sacré-Collège, vicaire général au spirituel de Sa Sainteté pour la ville de Rome, préfet de la Sacrée Congrégation des Rites et de la Sacrée Congrégation de la Visite apostolique, secrétaire de la Sainte et Universelle Inquisition, grand-prieur commendataire de l'ordre militaire de Malte, etc., etc. L'archiprêtre avait pour vicaire Mgr Louis Serafini, auditeur de Rote.

Furent délégués pour signer le diplôme et l'expédier deux des officiers du chapitre, Mgr François Latoni, camerlingue ou administrateur temporel, et Mgr Charles Borgnaua, secrétaire.

Le parchemin a été scellé du grand sceau, marqué de deux clefs en sautoir, surmontées de la tiare, dont on fait usage en pareille circonstance.

La date d'expédition est du 9 février 1868, vingt deuxième année du pontificat de Sa Sainteté Pie IX, dont la basilique de Latran est la cathédrale.

Cette pièce intéressante mérite d'être reproduite *in extenso*, pour donner une idée exacte de ces sortes de diplômes et montrer avec quel soin la formule en est rédigée.

SACROSANCTA LATERANENSIS ECCLESIA
OMNIUM URBIS ET ORBIS ECCLESIARUM MATER ET CAPUT.

Capitulum et canonici Sacro-Sanctæ Lateranensis Ecclesiæ.

Dilecto Nobis in Christo Illustrissimo et Reverendissimo Domino Theodoro Augustino Forcade, Episcopo Nivernen., Salutem in Domino sempiternam.

Singularis devotionis affectus quem erga Sacrosanctam Lateranensem Basilicam gerere comprobas, promeretur ut votis tuis, per quæ divinus cultus suscipit incrementum et animarum salus procuratur, Nobis porrectis, quantum ex benignitate Sedis Apostolicæ possumus, favorabiliter annuamus. Exhibita quidem votorum hujusmodi series continebat, quod tali devotionis affectu ductus erga Salvatorem D. N. Jesum Christum et utrumque Joannem Baptistam scilicet et Evangelistam, eisque dicatam nostram Lateranensem Basilicam, summopere exoptas tuam Cathedralem Ecclesiam sub Titulo SSorum Quirici et Julittæ præfatæ nostræ Lateranensi Basilicæ aggregare, submittere, unire seu incorporare, ad hoc ut omnes Indulgentias et spirituales gratias eidem Basilicæ Pontificia largitione impertitas eidem Ecclesiæ concedamus seu communicemus, nobis humiliter supplicari feceris.

Nos igitur, piam hanc petitionem tuam attendentes, eamque animabus Christi fidelium valde utilem esse fore cognoscentes, supplicationibus hujusmodi inclinati, una cum Illustrissimo ac Reverendis. Domino Aloysio Serafini, Sacræ Romanæ Rotæ Auditore et Eminentis. ac Reverendis. Constantini Patrizi, Episcop. Portuensis et S. Rufinæ, S. R. E. Cardinali, Sanctissimi Domini Nostri in urbe Vicarii et Sanctissimæ Nostræ Lateranensis Ecclesiæ Archipræsbyteri Vicario, in papali Romano Nostro Lateranensi Patriarchio, ut moris est, capitulariter congregati, auctoritate dicta ordinaria qua vigore indultorum ac privilegiorum apostolicorum fungimur, in quorum usus in possessione sumus, ut præsertim vigore facultatis hujusmodi nobis a felicis recordationis Benedicto PP. XIV per specialem suam constitutionem datam apud Sanctam Mariam Majorem, pridie Nonas Maii anni Domini MDCCLI, quæ incipit *Assiduæ sollicitudinis*, confirmatæ, omnique aliove quo possumus modo, prænunciatam aggregationem, submissionem, unionem seu incorporationem, ad effectum præfatum, dictæ cathedralis Ecclesiæ admittimus ad eamdem *in nostræ sanctæ Basilicæ membrum*, juxta facultates a Summis Romanis Pontificibus nobis concessas et juxta sacrosancti Concilii Tridentini decreta et Summorum Pontificum constitutiones recipimus, ita ut omnes utriusque sexus Christi fideles ad præfatam Ecclesiam visitandam confluentes, rite tamen dispositi, infrascriptis indulgentiis, privilegiis et gratiis spiritualibus frui, potiri et gaudere pari modo possint et valeant, ac si eamdem Lateranensem nostram Basilicam personaliter accederent, quarum indulgentias ac spiritualium gratiarum hujusmodi tenor et summarium in quod sequitur easque in Domino acquirent, videlicet :

In Ascensionis D. N. J. C., Nativitatis S. J. Baptistæ, Sanctorum Apostolorum Petri et Pauli, S. Joannis Evangelistæ et dedicationis ejusdem Lateranensis Basilicæ diebus festis, vere pœnitentes et confessi ac sacra communione refecti, a primis vesperis usque ad occasum solis dierum hujusmodi præfatam Ecclesiam visitantes, ibique pro Sanctæ Matris Ecclesiæ exaltatione, hæresum extirpatione et Christianorum principum concordia, pias ad Deum preces effundentes, quolibet ex diebus prædictis plenariam omnium peccatorum suorum Indulgentiam et remissionem.

Iis vero qui in reliquis sanctorum Apostolorum festis minorum Andreæ, Jacobi, Thomæ, Philippi et Jacobi, Bartholomæi, Mathæi, Simonis et Judæ ac Mathiæ, vere pœnitentes et confessi præmissa peregerint, septem annos et totidem quadragenas.

Qui autem a dominica prima Adventus usque ad festum Nativitatis ejusdem D. N. J. C. et a feria IV cinerum usque ad festum Resurrectionis Dominicæ vere pœnitentes et cum proposito saltem confitendi visitationem præfatam peregerint et ut supra oraverint, singulis diebus quibus id egerint, quatuor annos et totidem quadragenas.

In reliquis autem singulis anni diebus centum dierum de injunctis eis seu aliis debitis pœnitentiis relaxationem.

Denique, ii qui in diebus stationum ejusdem Ecclesiæ Lateranensis, in missali Romano descriptis, videlicet, dominica prima Quadragesimæ, dominica Palmarum, feria Vª in cœna Domini, Sabbato sancto, sabbato in albis, feria III Rogationum et sabbato in Vigilia Pentecostes, sæpe dictam Visitationem peregerint et, ut præfertur, oraverint cum dicto pœnitentiæ affectu et confessionis proposito, indulgentias stationales quas visitantes dictam Lateranensem Ecclesiam iisdem diebus consequuntur ipsi, quoque perinde ac si eamdem Ecclesiam personaliter visitarent, consequantur.

Quasquidem Indulgentias cæterasque speciales gratias quibus præfata nostra Lateranensis gaudet Ecclesia in vim supradictarum facultatum, prædictæ cathedrali Ecclesiæ Sanctorum Quirici et Julittæ in Domino concedimus et communicamus, consensu Ordinarii loci accedente et dummodo in præfata Nivernensi civitate alia hujusmodi indulgentiarum participatio a Nobis concessa non reperiatur, quodque præfata Ecclesia nulli ordini, religioni, instituto, archiconfraternitati et congregationi, in qua indulgentiarum communicationem seu participationem obtineat, aggregata sit.

Volumus autem ut perpetuis futuris temporibus, *quovis decimo quinto anno*, a data præsentium computando, litterarum aggregationis, submissionis, unionis seu incorporationis hujusmodi confirmationem a nobis petere ac reportare tenearis successoresque tui teneantur, alias elapso dicto termino, præfataque litterarum hujusmodi renovatione seu confirmatione non petita nec reportata, ab omni jure quod super fruitione supradescriptarum spiritualium gratiarum præfata Ecclesia acquirit illico cadat et præsentes litteræ nullius sint roboris vel momenti.

In quorum omnium et singulorum fidem has Nostras litteras manibus Illustrissimorum et Reverendissimorum DD. Camerarii et Secretarii Canonicorum nomine subscribi, sigilllique nostri capitularis magni quo in talibus utimur, fecimus impressione muniri.

Datum ex Laterano, die IX mensis februarii anni Nativitatis D. N. J. C. MDCCCLXVIII, Pontificatus autem Sanctissimi in Christo Patris et Domini Nostri Pii, divina Providentia PP. iX, anno XXII.

Declaramus insuper omnes ac supradictas Indulgentias animabus in Purgatorio degentibus suffragari ex rescripto Sacræ Memoriæ Pii Papæ VI.

Franciscus Latoni, canonicus Lat., Camerarius.

Carolus Borgnana, canonicus Later., secretarius.

Loco † Sigilli.

XIX

Mes études à Rome me donnent la mission de faire connaître les dévotions romaines, d'aider à leur diffusion et de montrer dans la pratique ce qu'il est utile d'imiter. J'ai déjà parlé, dans les *Analecta*, des *Agnus Dei* [1], des sept basiliques [2] et des sept autels [3], ainsi que des indulgences attachées à la visite de la basilique de St-Pierre [4]. Aujourd'hui, nous entretiendrons nos lecteurs de l'*Escalier saint* [5], que Jésus-Christ monta et descendit lors de sa douloureuse Passion, des prières que l'on récite en le visitant, des indulgences dont l'ont

1. 68ᵉ livraison.
2. 106ᵉ livraison.
3. 102ᵉ livraison.
4. 107ᵉ et 108ᵉ livraisons.
5. J'ai surtout mis à contribution pour ce travail deux opuscules publiés à Rome en italien : *Memorie storiche della Scala Santa e dell' insigne santuario di Sancta Sanctorum*, dal sacerdote Monsignor Leonardo can. Mazzucconi, preposto del. Collegio Sistino della Scala Santa (Rome, 1840, in-8ᵉ de 88 pages). — *Breve notizia delle sacre stazioni e della Scala Santa, estratta dal Mazzolari e dal Piazza* (Rome, 1846, in-32 de 84 pages).

enrichi les souverains pontifes et enfin de ses imitations tant à Rome qu'en dehors de la Ville Éternelle.

1. Nous ne savons rien positivement de la translation de la *Scala santa* de Jérusalem à Rome. Cependant, il est infiniment probable qu'elle vint dans la capitale du monde chrétien au IVe siècle [1], avec les autres monuments de la Passion, dont sainte Hélène chargea cinq navires, ainsi que le rapportent la tradition et la mosaïque de la chapelle souterraine de la basilique romaine de Sainte-Croix de Jérusalem.

Le plus ancien témoignage remonterait au VIIIe siècle, suivant Panvinio [2], qui croit qu'il est question de la *Scala santa* dans ce texte d'Anastase le Bibliothécaire, qui pouvait bien toutefois n'avoir voulu parler que de l'escalier conduisant au patriarcat de Latran : « Decernens ejus ter Beatitudo sub solidissimis obligationum interdictionibus, ut omni die centum pauperes, et si plus fuerint, aggregentur in Lateranensi Patriarchio, et constituantur in porticu, quæ est juxta scalam [3] quæ ascendit in Patriarchio. »

Soresino, dans son livre intitulé *De Scala sancta* (Rome, 1672, page 23), cite un autre texte d'Anastase, relatif au pontificat de Serge II et à l'année 844 : « Et aliud quidem opus ante fores hujus venerandæ Basilicæ valde optimum peregit, quia sacra pridem, quæ latebant populis, limina, summo studio omnibus manifesta constituit, cum pulchre decoros ibidem arcus a fundamentis construeret, quos etiam variis picturis nitide decoravit. » Malheureusement pour l'auteur ecclésiastique, le savant cardinal Baronio dit, à cette date, dans ses *Annales*, que les mots *sacra limina* ne doivent pas s'entendre d'un autre monument que des tombeaux des saints apôtres, et cela de toute antiquité : « Antiquitus nonnisi apostolorum Petri et Pauli limina culta inveniuntur. »

On pourrait encore citer peut-être une bulle de Pascal II. Mais, outre qu'elle ne se trouve pas dans le Bullaire, Benoît XIV la suspecte comme apocryphe, par ce qu'il y remarque ces expressions : *toties quoties*, beaucoup plus récentes [4].

1. « Furono queste venerabilissime scale, secondo il sentimento di gravissimi autori, mandate a Costantino Magno da S. Elena sua madre, altri dicono portata dalla medesima santa imperatrice. » (*Breve notizia*, p. 39.) — Le livret imprimé à Vannes dit que ce fut l'an 326.
2. *De septem Urbis ecclesiis.*
3. Panvinio commente ainsi ce mot : « quam nunc sanctam dicimus. »
4. On verra plus loin que Pie VII s'appuie pourtant sur cette bulle et sur une

Soresino a invoqué de plus une relation de Megisto, contemporain de Serge II et abbé du monastère de S. Grégoire sur le Cœlius *ad clivum Scauri*, et qui devint plus tard évêque d'Ostie et bibliothécaire de la Sainte Église. Cette relation nous a été conservée dans un manuscrit du Vatican, écrit en 1360 par Nicolas Processi, bénéficier de la basilique de Latran. Mais de nombreuses contradictions et des erreurs chronologiques font suspecter ce document qui, du reste, n'ajoute rien à ce que l'on connaît d'Anastase.

Panvinio n'est guère plus concluant lorsqu'il attribue au pape Célestin III, qui siégea de 1191 à 1198, l'établissement de la *Scala santa* en avant du Patriarcat de Latran, au-dessous des portes de bronze qui donnaient entrée au palais. Il emprunte sa citation à Angelo Massarello, secrétaire du concile de Trente, qui écrivait ceci en 1546 : « Celestinus Papa III fecit palatium apud S. Petrum, portas æreas Lateranensis Patriarchii, et ante sacros gradus fecit. » Le texte se lit dans un manuscrit que conservent les archives de la basilique de Saint-Pierre à Rome.

L'antiquité est donc complètement muette au sujet de l'origine, du transport et de l'installation de la *Scala santa*. Le moyen âge est, sinon aussi silencieux, au moins fort obscur à cet endroit, et le premier titre authentique que l'on puisse invoquer ne serait pas antérieur à l'an 1513 [1].

Pâris de Grassis, maître des cérémonies du palais apostolique et depuis évêque de Pesaro, a écrit dans son *Diario* que, le 17 juin

autre analogue de Léon IV, attribuée à l'an 850, lorsqu'il renouvelle les indulgences de la *Scala Santa*, qu'il prend cependant la précaution d'accorder à nouveau, *quatenus opus sit*. — Le *toties quoties* se voit pour la première fois à l'occasion de la Portioncule. Quoi qu'il en soit, actuellement l'indulgence de la *Scala Santa* ne peut se gagner qu'une fois le jour. — Benoît XIV affirme que la bulle de Pascal II est conservée dans les archives du Latran. Nous regrettons qu'il ne nous ait pas fait connaître, avec sa précision accoutumée, où est l'original de celle de Léon IV, qui est plus importante encore, puisqu'elle est de date plus ancienne.

1. Mazzucconi, p. 6. — Pourquoi Benoît XIV n'a-t-il pas cité de preuves à l'appui lorsqu'il montre cette dévotion pratiquée par les prédécesseurs de Léon X, à commencer par Serge I (687-701) et en continuant par Etienne III (752-757), Hadrien I (771-795), Léon III (795-816), Serge II (844-847), Léon IV (847-855), Célestin III (1191-1198), Honorius III (1216-1227) et Grégoire IX (1227-1241)? Nous ne suspectons pas la bonne foi et la science du docte pontife, mais, pour la pleine garantie de cette thèse historique, nous aurions mieux aimé trouver des preuves au lieu de simples affirmations. Le témoignage de Mégiste pourrait, à la rigueur, suffire jusqu'au IXᵉ siècle, mais après? — Benoît XIV invoque l'autorité de Célestin III pour une translation faite au XIIᵉ siècle.

1513, à la suite de la septième session du quatrième concile de Latran, Léon X, après avoir congédié les cardinaux, rentra au palais, non par la basilique, mais par l'escalier saint, qu'il qualifie *Escalier de Pilate*[1]. « Die veneris 17 junii, fuit tenta sessio septima in concilio Lateranensi, ad quam papa heri accessit hora 20, cardinalibus sequentibus, ut alias, et cum fuerit apud Coliseum, remisit cardinales ad Urbem, et ipse apud Lateranum pernoctavit cum suis, non tamen nunc ingressus est ecclesiam, sed per scalas sacras, quæ vulgo Pilati dicuntur, ingressus est palatium. »

Le même cérémoniaire est plus explicite encore dans un autre passage où il a noté la dévotion de Léon X, qui, tête nue et toujours en priant, voulut monter debout l'escalier de Pilate que l'on ne monte qu'à genoux, mais qui, arrivé au sommet, demanda pardon à Dieu de ne s'être pas conformé aux exigences de la pieuse tradition : « Notavi autem devotionem ejus, qui cum scalas sanctas, quæ Pilati vulgo dicuntur, et a mulieribus nonnisi genuflexis ascenduntur, nonnisi discooperto capite ac semper orando ascendit et in summo quasi veniam a Deo petiit, quod non genuflexus ascenderit. »

A partir de ce moment, le doute n'est plus possible sur l'identité de la sainte relique, qui devint l'objet de la dévotion générale des fidèles, comme le témoignent les faits suivants[2]. En effet, il est raconté, dans leurs vies, que la bienheureuse Louise Albertoni, S. Ignace de Loyola, S. François Xavier, S. Philippe Néri, S. Charles Borromée, S. Joseph Calasanz, S. Félix de Cantalice et S. Pie V, visitèrent souvent la *Scala santa* et y versèrent des larmes de componction au souvenir de la douloureuse Passion du Sauveur. Au xvie siècle encore, nous savons que Grégoire XIII, pendant l'année jubilaire de 1575, la monta plusieurs fois à genoux[3].

En 1600, à l'occasion de l'année sainte, le pape Clément VIII s'y

---

1. On montre à Rome, près du pont Sublicius, un édifice en briques que le peuple qualifie, peut-être gratuitement, *maison de Pilate*. Ferraris, dans sa *Prompta bibliotheca*, signale une autre maison à Arezzo. J'en ai vu une troisième dans l'État pontifical, près Velletri, à Cori, qui serait le lieu de sa naissance.

2. Mazzucconi cite encore, comme ayant pratiqué ce pieux exercice, Ste Brigitte et Ste Françoise Romaine, ce qui reculerait de plus d'un siècle les preuves d'authenticité de la *Scala Santa*.

3. *Breve notizia*, p. 40.

rendit jusqu'à soixante-dix fois, au rapport d'Olimpio Ricci, et y pria pour les besoins de l'Église.

Urbain VIII, Innocent X et Clément IX pratiquèrent également à genoux cette dévotion et, parmi les personnages de distinction qui l'eurent à cœur, on nomme au premier rang Laure Mancini d'Este, duchesse de Modène, qui, pendant son séjour à Rome, ne manquait pas, tous les vendredis, de visiter la *Scala santa* et 'd'y faire d'abondantes aumônes aux pauvres qui se pressaient sur son passage.

2. Lors de l'incendie de la basilique Constantinienne sous Clément V, le patriarcat de Latran fut atteint également par le feu et, comme les papes habitèrent longtemps Avignon, son abandon fut tel, qu'à leur retour à Rome, ils durent s'installer au Vatican. Sixte-Quint fut le premier qui songea à relever ces ruines. Il confia donc à l'architecte Fontana le soin de construire le nouveau palais qui existe encore et qui ne fut terminé que sous Clément XII. Comme les dimensions de l'édifice étaient restreintes de beaucoup, puisque la cour pontificale ne devait plus y séjourner, l'oratoire du Saint-des-Saints se trouva isolé et indépendant. Sixte-Quint ne crut pas pouvoir mieux faire que d'adjoindre l'escalier saint à ce lieu vénérable. Les fidèles se trouvaient ainsi plus recueillis, éloignés du bruit et entièrement adonnés à la contemplation des mystères de la Passion. C'est ce qui ressort de la teneur même de la bulle du pontife, donnée à la suite des travaux, l'an 1590 : « Sicque ipsas Scalas Sanctas juxta insignem illam ac præcipua sanctitate, toto terrarum orbe inter omnia Urbis et orbis sanctiora loca celeberrimam capellam, quæ antiquissima et maxima majorum nostrorum veneratione, jam inde, ab ipsa crescentis Ecclesiæ prisca ætate *Sancta Sanctorum* appellatur, et quam, ob loci religionem, prorsus intactam, suaque primæva sede immotam reliquimus, decentiori atque sanctiori, et a multitudinis cursitantis strepitu magis remoto, et ad excitandam devotionem, aptiore loco reponeremus: ubi et qui per ipsas flexis genibus prostrati, ut moris est, pie Deum precantes ascendunt nihil prorsus ante oculos haberent, quod totum eorum animum a devota contemplatione avocet. »

Fontana (*Opera*, lib. II, cap. 2) raconte ainsi la translation qu'il fut chargé d'opérer : « Quand on transporta la *Scala santa*, ce fut l'an 1589, à la nuit, avec l'assistance des chanoines de Saint-Jean de Latran, qui firent de dévotes processions. On observa cet ordre : le degré le plus élevé fut enlevé le premier et on descendit ainsi successivement de haut en bas ; puis on les plaçait au rebours de ce qui se fait actuellement, parce qu'on ne voulait pas marcher dessus, les papes ayant l'habitude de les monter eux-mêmes à genoux. La pose des degrés fut terminée dans une seule nuit. »

L'édifice [1] est précédé d'un ample et majestueux portique, d'ordre dorique, percé au rez-de-chaussée de cinq baies qui correspondent aux cinq nefs de l'intérieur. A la face, on lit cette inscription qui indique que Sixte-Quint fit faire cette construction en l'an 1589 :

SIXTVS. V. FECIT. SANCTIORIQ. LOCO. SCALAM. SANCTAM. POSVIT A(nno) MDLXXXIX. P(ontificatus) IV.

L'escalier saint fait face à l'arcade centrale. Il se compose de vingt-huit marches de marbre blanc, sur lesquelles l'on remarquait autrefois quelques gouttes de sang [2]. On ne peut le monter qu'à genoux, et souvent les fidèles s'arrêtent pour baiser chaque marche. En 1723, le prévôt Marc Gigli suggéra au pape Innocent XIII de le faire recouvrir de bois de noyer, afin de le préserver contre le frottement des pieds et l'indiscrétion des fidèles, qui se permettaient trop facilement d'en dérober des morceaux [3]. D'ailleurs, en certains endroits, le marbre était réellement usé [4].

De chaque côté de l'escalier du prétoire sont deux autres escaliers par lesquels les fidèles descendent et qui conduisent aux deux oratoires de S. Laurent et de S. Sylvestre, érigés par Sixte-Quint, et dont les autels furent consacrés par Benoît XIII, en 1727 [5].

1. La dépense totale fut de vingt-cinq mille écus, soit cent trente-trois mille sept cent cinquante francs de notre monnaie.
2. De distance en distance sont des vitres qui permettent de distinguer le marbre. Benoît XIV dit que, de son temps, ces taches de sang, visibles encore sous le pontificat de Sixte V, avaient disparu.
3. Mazzucconi, p. 25.
4. Mgr Lambertini, alors Promoteur de la foi, fut chargé officiellement de rédiger un *votum* pour discuter la question pendante, savoir s'il valait mieux laisser la *Scala Santa* dans l'état où elle se trouvait ou la recouvrir de bois. Il nous apprend qu'alors on voyait dans le marbre les traces des genoux des fidèles, ce qui rendait l'ascension dangereuse, et que les huitième, neuvième et dizième marches étaient complètement brisées. Ce fut donc dans un intérêt de conservation bien entendue que l'on fit poser ce revêtement de bois.
5. C'est ce qui résulte des inscriptions gravées en cet endroit.

Les jours de grande affluence, l'escalier du milieu étant insuffisant pour satisfaire la dévotion des fidèles qui s'y pressent, Pie IX permit que l'on montât à genoux les escaliers latéraux et que l'on y gagnât les mêmes indulgences que si l'on visitait l'escalier même de Pilate.

Ces cinq escaliers sont abrités par des voûtes cintrées, ornées des armoiries de Sixte-Quint. Les fresques qui tapissent les murs représentent diverses scènes de la Passion et ses figures prophétiques d'après l'ancien Testament.

En haut de la *Scala santa* est un palier sur lequel ouvrent, à droite et à gauche, deux portes de marbre blanc qui viennent du prétoire de Jérusalem. Au fond, une grille dorée, large et étroite, permet de voir l'intérieur du Saint-des-Saints. Au pied est un agenouilloir de marbre, et, sur le mur, est fixée une tablette portant une prière que l'on peut réciter. Au-dessus est peint un grand crucifix, accompagné de la Sainte Vierge et de S. Jean, avec ce verset d'Isaïe : *Vulneratus est propter iniquitates nostras, attritus est propter scelera nostra.* (LIII, 1.)

L'oratoire du Saint-des-Saints a été construit à la fin du XIIIe siècle, pour servir de chapelle domestique au pape dans l'intérieur du patriarcat de Latran. Il a le titre et les privilèges de basilique majeure [1] ou sacrosainte, et Léon X, par la bulle *Ex injunctis nobis*, défend, sous peine d'excommunication, de célébrer à son autel, qui est exclusivement réservé au souverain pontife. Ce sanctuaire était autrefois riche en reliques insignes, parmi lesquelles : le prépuce du Sauveur [2], ses sandales, les chefs de S. Pierre et de S. Paul, les croix stationnales, etc. Il n'y reste plus actuellement qu'un fragment du lit sur lequel Jésus-Christ était couché pour la dernière Cène [3], et

1. Cette basilique a été unie par Martin V à la basilique de Latran. C'est pourquoi aux processions le chapitre est précédé de deux clochettes, de deux pavillons et de deux croix stationnales.

2. Cette précieuse relique de la chair du Sauveur est maintenant à Calcata, à quelques lieues de Rome, comme l'atteste la brochure qui a pour titre : « Narrazione critico-storica della reliquia preziosissima del santissimo Prepuzio di N. S. Gesu Cristo, che si venera nella chiesa parochiale di Calcata, diocesi di Civita Castellana, Orte e Galese, e feudo dell' Eccellentissima casa Sinibaldi, ristampata ed accresciuta per ordine di S. E. il sig. Marchese Cesare Sinibaldi Gambalunga, barone e signore di detta terra. » Rome, 1802, in-18 de 38 pages.

3. Cette relique est renfermée sous vitre dans un cadre de bois, sous lequel on lit :
PARS . LECTVLI . IN . QVO . D . N .
FERIA . V . IN . CŒNA . RECVBVIT

une dent du diacre S. Étienne, cet oratoire ayant été pillé par les soldats du connétable de Bourbon.

Sixte V avait établi à la *Scala santa*, pour la desservir, un clergé spécial, composé d'un prévôt, de quatre chapelains, d'un sacristain, de quatre clercs et d'un portier. Pie IX a remplacé ce personnel par une communauté de Passionnistes, qu'il a logés dans le couvent voisin, bâti à ses frais, et qui font l'office dans la chapelle de Saint-Laurent [1]. A cette occasion, les cinq arcades du portique furent fermées, outre les grilles de bronze, par des portes vitrées, et deux magnifiques groupes en marbre blanc, sculptés par Giacometti et représentant l'*Ecce homo* et le baiser de Judas, furent placés à l'intérieur, au pied même de la *Scala santa*.

3. Afin d'exciter de plus en plus les fidèles à vénérer ce précieux monument de la Passion du Sauveur, Pie VII, le 2 septembre 1817, à la demande du chapitre de la basilique patriarcale de Latran, fit rendre par la Sacrée Congrégation des Indulgences un décret, valable à perpétuité et sans expédition de bref, en vertu duquel est accordée une indulgence spéciale, renouvelée de concessions analogues faites par les papes Léon IV et Pascal II. Cette indulgence, applicable aux âmes du Purgatoire, est de neuf ans pour chaque degré, ce qui fait en tout deux cent cinquante-deux ans, l'exercice achevé.

Les conditions requises sont : monter à genoux, avoir la contrition de ses fautes, faire une prière quelconque ou méditer sur la Passion.

Voici le texte de ce décret, qui a été publié dans la collection officielle de Mgr Prinzivalli [2] :

URBIS. — Inter obsequia, quæ Sacrosanctis Religionis nostræ divinis Mysteriis Christifideles deferre consueverunt, illud potissimum Deo pergratum et iisdem utile accidit, ut Passionis Salvatoris Nostri Jesu Christi Mysteria recolentes, et abstrahantur a noxiis et ad salutaria dirigantur. Qua de re Sanctissimus Dominus Noster Pius PP. VII, ad augendam fidelium devotionem, fovendamque et excitandam memoriam erga Monumenta Passionis Christi, et maxime præclarum illud Schalæ Sanctæ, in qua Redemptor Dominus per singulos illius gradus non semel tantum ascendi

1. Les lettres apostoliques données en 1853 ont été publiées dans la cinquième livraison des *Analecta*.

2. Je l'ai reproduit sous le n° 410 dans ma réimpression des décrets de la S. C. des Indulgences (Paris, un vol. in-12).

et Sanguine Suo pretioso consecravit; volensque ut dignis frequentetur honoribus, et simul fideles ad illud confluentes beneficia majora pertrahant, necnon ad defunctorum fidelium levamen et solatium redundet; reserandos propterea Sibi esse thesauros Ecclesiæ censuit, ac supplicationibus Capituli et Canonicorum Patriarchalis Lateranensis Basilicæ super hoc porrectis, atque inhærendo concessionibus fel. rec. Leonis PP. IV et Paschalis PP. II Prædecessorum suorum, qui singulis utriusque sexus Christifidelibus corde saltem contrito orantibus, vel meditantibus Passionem D. N. Jesu Christi, et prælaudatam Schalam Sanctam flexis genibus ascendentibus Indulgentiam novem annorum pro quolibet gradu concessere; Easdem Indulgentias Idem Sanctissimus non modo perpetuis futuris temporibus et absque ulla Brevis expeditione valituras confirmavit, sed, quatenus opus sit, de novo impertitus est; et ut animabus Christifidelium, quæ Deo in charitate conjunctæ ex hac luce migraverint, per modum suffragii applicari possint in Domino pariter concessit.

Datum Romæ ex Secretaria Sac. Congregationis Indulgentiarum die 2 septembris 1817.

J. Ph. Card. Scotti Pro-Præf.

Angelus Costaguti Secret.

4. Trois formules de prières sont usitées à Rome, pour la visite de la *Scala santa*. J'extrais la première de l'ouvrage de Mgr Léonard Mazzucconi, qui fut prévôt du collège fondé par Sixte V pour la garde de la sainte relique :

Méthode pratique pour visiter avec fruit la Scala santa.

Avant de se rendre à la *Scala santa*, le pieux chrétien entrera dans la basilique voisine de Saint-Jean de Latran et là, prosterné devant le saint Sacrement, il se recueillera en esprit et priera avec ferveur le bon Jésus qu'il lui donne la grâce de bien méditer les peines, les fatigues et les tourments qu'il souffrit pendant le temps de sa douloureuse Passion, surtout lorsqu'il monta et descendit l'escalier du prétoire de Pilate. Il se souviendra que c'est pour les péchés des hommes et, par conséquent, pour les siens, que Jésus supporta tant d'amertumes, et il renouvellera avec sa douleur ses protestations de dévouement. L'esprit ainsi plein de componction, il se rendra en silence à la *Scala santa*.

Prosterné au-dessous du premier degré, il fera de nouveau, comme préparation, des actes de contrition et d'amour pour Jésus-Christ souffrant. Il s'imaginera qu'il est à Jérusalem, au prétoire de Pilate, et qu'il voit Jésus pâle, chancelant, lié de cordes et plutôt traîné que conduit au prétoire.

Il commencera alors à monter les degrés, en pensant aux coups que Jésus reçut pendant le chemin et aux calomnies dont la perfidie des Juifs

l'accabla à la face du président romain. Puis, continuant toujours à
monter doucement, il se représentera vivement à l'esprit les opprobres, les
outrages et les injures que le Sauveur eut à souffrir en présence du superbe Hérode, à qui Pilate le renvoya. Il se représentera ensuite Jésus
flagellé par ordre de Pilate, puis traîné par la soldatesque dans la cour du
prétoire. Continuant toujours à monter, il jettera un regard de compassion
sur la cruelle flagellation et le couronnement d'épines auxquels voulut
bien se soumettre le Sauveur, humble et patient. Il le considérera encore
présenté par Pilate au peuple, qui a la barbarie de crier : *Crucifiex-le*,
quoiqu'il le voie tout couvert de plaies. Enfin, il méditera sur ce point
que Jésus descendit l'escalier de Pilate pour aller au *lithostrotos*, c'est-à-
dire au tribunal où il fut injustement condamné à une mort dure et
ignominieuse. Il fera en sorte que cette dernière partie de sa méditation
concorde avec la fin de la *Scala santa*, de manière qu'en montant avec dévotion, sans se hâter, ni trop s'arrêter à chaque degré, il parcourre successivement les sujets de méditation que nous venons de lui proposer
comme étant les mieux appropriés à la situation présente.

Ah ! si le pieux fidèle visite la *Scala santa* avec de tels sentiments de
compassion pour Jésus souffrant, il sortira de ce lieu sacré, après cette
salutaire méditation, pleinement recueilli et uni à Dieu, le cœur contrit et
enflammé d'amour pour Jésus crucifié.

Après avoir monté la *Scala santa*, il visitera le vénérable sanctuaire du
Saint-des-Saints, pour y recueillir le fruit de sa station et de sa méditation.
Et quel sera ce fruit, sinon un courage intrépide, qui le fera s'écrier avec
l'apôtre des gentils : Dieu me garde de me glorifier jamais en autre chose
que dans la croix de Notre Seigneur Jésus-Christ, en vertu de laquelle il
a été crucifié pour moi, comme je le suis au monde ! Or, cette vertu, dont
a surtout besoin le chrétien, est la patience ou pour mieux dire le courage.
La vie présente, du berceau à la tombe, n'est qu'une souffrance conti-
nuelle que chacun supporte plus ou moins, suivant son âge ou sa condition. Celui qui sait changer l'amertume de la souffrance en douceur par la
considération des angoisses du Sauveur sentira d'autant moins le poids
des afflictions de la vie. Mais l'infortuné qui ne connaît pas cette conso-
lation traîne avec lui une vie ennuyeuse, insupportable, méprisable
même. Pour acquérir le courage nécessaire à supporter les épreuves et les
traverses de la vie, il faut méditer fréquemment, de la manière que nous
venons d'exposer, la Passion de notre adorable Rédempteur et, n'en retirât-
il d'autre bien, il peut considérer que c'est assez [1].

5. La deuxième méthode a été donnée par Severano [2] dans un

---

1. Pages 60-64.
2. Severano, prêtre de l'Oratoire, est auteur d'un ouvrage fort estimé sur les
églises de Rome.

ouvrage aujourd'hui fort rare. C'est ce qui décida Mazzucconi à la rééditer en 1840, p. 65-69 de ses *Memorie storiche* :

A la *Scala santa*, nous devons surtout nous souvenir du Sauveur et nous le figurer montant et descendant les degrés dans les circonstances suivantes : quand il est conduit à Pilate, quand on l'emmène de Pilate chez Hérode, quand on le ramène d'Hérode à Pilate, et enfin quand, couronné d'épines, répandant son sang, il va porter sa croix jusqu'au Calvaire. Pensons alors qu'il nous invite à le suivre et qu'il nous exhorte par ces paroles : *Sequere me* (Math., IX, 49 ; Marc., II, 14 ; Luc., V, 27 ; Joan., I, 43.

Qui vult venire post me, abneget semetipsum, et tollat crucem suam, et) sequatur me. (Math., XVI, 24.)

Attiré par ce doux langage, nous nous prosternerons au pied du Sauveur et nous lui dirons : *Sequar te quocumque ieris* (Math., VIII, 19 ; Luc., IX, 57.)

Mais comme notre faiblesse est grande, nous le prierons de nous attirer à lui et nous répéterons avec le Cantique des Cantiques : *Trahe me post te* (Cantic. Canticor., I, 4), afin qu'il nous donne la grâce de l'accompagner jusqu'à la mort avec notre croix.

Avant de monter la *Scala santa*, on récitera l'oraison suivante :

Benignissime Jesu, qui pietate ineffabili et amore incomprehensibili omnia pro nobis possibilia patiendo tormenta, per hujus scalæ gradus ad amarissimæ Passionis tuæ finem pervenire voluisti : te humiliter deprecamur, ut ejusdem Passionis tuæ meritis per gradus gratiæ ad dulcissimæ gloriæ tuæ terminum ascendere et pervenire valeamus. Qui cum Patre et Spiritu sancto vivis et regnas in sæcula sæculorum. Amen.

En montant à genoux, on peut dire à chaque degré un *Pater* et un *Ave Maria*, que l'on fera suivre de l'une ou l'autre de ces deux oraisons :

Adoramus te, Christe, et benedicimus tibi, quia per crucem et Passionem tuam redemisti mundum : miserere mei, et propitius esto mihi peccatori.

Respice, quæsumus, Domine, super hanc familiam tuam, pro qua Dominus noster Jesus Christus non dubitavit manibus tradi nocentium et crucis subire tormentum.

On pourrait également, si on le préférait, dire une autre antienne et une autre oraison de la Passion.

On pourrait encore méditer à chaque degré sur un des points de la Passion.

On dira devant l'image du saint Sauveur :

33

Salvator mundi, salva nos, qui per crucem et Passionem tuam redemisti nos, auxiliare nobis ; te deprecamur, Deus noster.

℣ Omnis terra adoret te, et psallat tibi.

℟ Psalmum dicat nomini tuo, Domine.

OREMUS. — Excita, quæsumus, Domine, corda nostra ad amorem tuum et fidei fervorem, ut per devotissimam imaginem Salvatoris mundi quam pie veneramur in terris, purificatis tibi mentibus servire valeamus. Per eumdem Christum Dominum nostrum. Amen.

On continue la prière en s'adressant aux saintes reliques :

Sancti Dei omnes, intercedere dignemini pro nostra omniumque salute.

℣ Lætamini in Domino, et exultate justi.

℟ Et gloriamini omnes recti corde.

OREMUS. — Omnes sancti tui, quæsumus, Domine, nos ubique adjuvent, ut dum eorum merita recolimus, patrocinia sentiamus. Per Christum Dominum nostrum. Amen.

Oramus te, Domine, per merita sanctorum tuorum, quorum reliquiæ hic sunt et omnium sanctorum, ut indulgere digneris omnia peccata nostra. Amen.

6. Les deux méthodes précédentes sont forts courtes et bonnes surtout pour les personnes qui visitent isolément la *Scala santa*. La troisième, que j'extrais de la *Breve notizia*, est beaucoup plus complète et principalement employée par les confréries.

PRIÈRES ET PSAUMES A L'USAGE DE CEUX QUI VONT EN PROCESSION VISITER LA SCALA SANTA.

Avant de sortir de l'église ou de la chapelle dans laquelle on s'est réuni, on récite le *Veni Creator*, pour attirer sur ce pieux exercice les grâces de l'Esprit Saint. On ajoute, à volonté, la prose *Veni sancte Spiritus*, pour la récitation de laquelle sont accordées les mêmes indulgences qu'à l'hymne précédente.

On se met en route au chant d'un cantique italien relatif à la Passion, et l'on commence aussitôt la récitation du chapelet ou troisième partie du Rosaire, ce qui vaut une indulgence de cent jours par chaque *Pater* et chaque *Ave*. On médite en même temps sur les mystères.

Mystères joyeux.

1. Le premier mystère joyeux montre la Vierge Marie recevant de l'ar-

change Gabriel l'annonce qu'elle concevra et mettra au monde Notre-Seigneur Jésus-Christ.

2. On contemple comment la Sainte Vierge alla visiter sainte Elisabeth et resta trois mois auprès d'elle.

3. On contemple comment la Sainte Vierge enfanta N.-S. à Bethléem dans une étable, entre deux animaux.

4. On contemple comment la Sainte Vierge présenta le Christ dans le temple et le déposa entre les bras du saint vieillard Siméon.

5. On contemple comment la Sainte Vierge ayant perdu son fils, à l'âge de douze ans, et l'ayant cherché pendant trois jours, le retrouva dans le temple où il discutait avec les docteurs.

Mystères douloureux.

1. On contemple comment Notre-Seigneur eut une sueur de sang au jardin des Oliviers.

2. On contemple comment N.-S. fut attaché à une colonne pour y être flagellé.

3. On contemple comment N.-S. fut couronné d'épines aiguës.

4. On contemple comment N.-S. fut condamné à mort et chargé du bois pesant de la croix.

5. On contemple N.-S. au Calvaire, dépouillé de ses vêtements et cloué sur la croix, en présence de sa mère affligée.

Mystères glorieux.

1. On contemple comment N.-S., le troisième jour après sa mort, ressuscita glorieux et triomphant, pour ne plus jamais mourir.

2. On contemple comment N.-S., quarante jours après sa résurrection, monta au ciel, à la vue de sa sainte mère et de ses disciples.

3. On contemple comment N.-S., assis à la droite de son Père, envoya l'Esprit Saint dans le Cénacle, où Marie et les apôtres étaient réunis.

4. On contemple comment la Sainte Vierge, douze ans après la résurrection de son fils, mourut et fut enlevée au ciel par les anges.

5. On contemple, d'une part, le couronnement de la Sainte Vierge par son fils au ciel et, de l'autre, la gloire de tous les saints.

On récite ensuite les litanies de Lorette.

En passant devant le cimetière de Saint-Jean de Latran, on dit le psaume *De profundis*, avec son oraison :

OREMUS.— Deus, cujus miseratione animæ fidelium requiescunt, omnibus hic in Christo quiescentibus da propitius veniam peccatorum, ut a cunctis reatibus absoluti sine fine lætentur. Per eumdem Christum Dominum nostrum. ℞. Amen.

℣. Requiem æternam dona eis, Domine.

℟. Et lux perpetua luceat eis.

. Requiescant in pace. ℟. Amen

Arrivé à Saint-Jean de Latran, on s'agenouille devant l'autel du Saint-Sacrement, où l'on dit trois *Pater*, puis cette oraison :

Seigneur Jésus, qui, par amour pour les hommes, restez nuit et jour dans ce sacrement de tendresse et d'amour, attendant, appelant, accueillant tous ceux qui viennent vous visiter, je vous crois ici présent dans l'hostie consacrée. Je vous adore dans l'abîme de mon néant et je vous remercie de toutes les grâces que vous m'avez accordées, surtout de vous être donné à moi dans ce sacrement et de m'avoir appelé à vous visiter dans cette église. Je salue aujourd'hui votre cœur plein d'amour et d'amabilité et j'ai l'intention de le saluer principalement pour ces trois motifs : 1° pour vous rendre grâces des dons que vous nous avez faits ; 2° en compensation de toutes les injures que je vous ai faites ou que vous avez reçues dans ce sacrement, de tous les infidèles, hérétiques et mauvais chrétiens ; 3° pour vous adorer dans tous les lieux de la terre où votre auguste sacrement est moins vénéré et plus abandonné. Mon Jésus, je vous aime de tout mon cœur, je me repens d'avoir par le passé tant de fois dédaigné votre bonté divine. Je me propose, avec l'aide de votre grâce, de ne vous offenser plus jamais à l'avenir et, pour le présent, misérable que je suis, je me consacre entièrement à vous. Je vous donne, après y avoir renoncé, ma volonté tout entière, mes affections, mes désirs et tout moi-même. Désormais disposez de moi et de mes biens comme il vous plaira davantage. Je ne cherche plus et ne veux que votre saint amour, la persévérance finale et l'accomplissement entier de votre volonté très sainte. Je vous recommande les âmes du Purgatoire et particulièrement celles qui eurent le plus de dévotion pour votre très saint sacrement et votre chère mère Marie. Je vous recommande aussi tous les pauvres pécheurs. Enfin, mon divin Sauveur, j'unis toutes mes affections aux affections de votre cœur si aimant et je les offre ainsi unies à votre Père éternel et le prie en votre nom que, par amour pour vous, il les accepte et nous exauce.

On va à l'autel de la Sainte Vierge, où l'on récite ces deux oraisons :

Très sainte Vierge Marie, mère de Dieu, quoique je sois indigne d'être votre serviteur, néanmoins, touché par votre piété admirable et désireux de vous servir, je vous choisis aujourd'hui, en présence de mon ange gardien, pour être ma souveraine, mon avocate et ma mère, et je prends la ferme résolution de vous servir toujours et de faire tout ce que je pourrai pour que vous soyez aussi servie par les autres. Je vous en supplie, ô tendre mère, par le sang que votre fils répandit pour moi, recevez-moi à toujours pour votre serviteur, parmi ceux qui vous sont tout dévoués. Favorisez-moi dans mes entreprises et obtenez-moi la grâce de me comporter dans mes pensées, mes paroles et mes actions, de telle sorte que je ne puisse jamais offusquer vos yeux très purs et ceux de votre divin fils. Souvenez-vous de moi et ne m'abandonnez pas maintenant et à l'heure de ma mort. Ainsi soit-il.

Vierge très sainte, mère du Verbe incarné, dispensatrice des grâces et refuge des pécheurs infortunés, nous recourons avec une foi vive à votre amour maternel et nous vous demandons la grâce de faire toujours la volonté de Dieu et la vôtre. Nous remettons nos cœurs entre vos mains très saintes et nous vous demandons le salut de l'âme et du corps. Nous espérons, ô tendre mère, nous avons la certitude que vous nous exaucerez et c'est pourquoi nous dirons avec ferveur trois *Ave Maria*.

Léon XII, le 1 août 1824, a accordé cent jours d'indulgence à ceux qui récitent dévotement et avec un cœur contrit la susdite oraison.

Devant l'autel de la confession, on dit trois *Pater*, en l'honneur des saints Jean-Baptiste et Jean l'évangéliste. Au sortir de la basilique, l'on reprend le cantique italien : *Père céleste qui êtes Dieu, ayez pitié de nous*, etc.

Avant de commencer la visite de la *Scala santa*, on fera un acte de contrition.

Jésus-Christ, mon Seigneur, je me repens et je suis marri de tout mon cœur des péchés que j'ai commis, parce que j'ai perdu le paradis et mérité l'enfer. J'ai surtout un grand repentir d'avoir, par mes fautes, contristé un Dieu si grand et si bon. Je voudrais être mort plutôt mille fois que de vous avoir offensé et, à l'avenir, je préfère mourir plutôt que de vous offenser et je prends la résolution de fuir l'occasion prochaine du péché. *Peccavi, Domine; miserere mei.*

Lors de la visite de la *Scala santa*, il n'est pas nécessaire, pour gagner les indulgences, de rester beaucoup de temps, il suffit de monter les degrés avec dévotion. Excitez en vous ces sentiments et, dans de fréquentes et affectueuses aspirations, témoignez votre ferveur. Vous pouvez dire : *Mon Jésus, je vous aime de tout mon cœur. Mon Jésus, miséricorde !*

Avant de monter le premier degré, on dit la prière suivante :

O mon unique Rédempteur et Sauveur, me voici prosterné au pied de cet escalier douloureux, où vous avez souffert, pour moi ingrat pécheur, que d'impies ministres vous conduisent et vous ramènent plusieurs fois, non vêtu de gloire, mais abreuvé de douleurs et d'opprobres, sur lesquels je viens méditer en toute humilité. Je vous prie tendrement que, ne pouvant rien vous offrir de plus agréable que votre douloureuse Passion, vous daigniez m'accorder, en ce lieu et à cette heure, un véritable repentir de mes péchés, pour lesquels vous avez voulu subir tant de tourments si graves. Faites, ô bon Jésus, qu'à un souvenir si pénible mon cœur de pierre se brise, comme se brisèrent les rochers les plus durs au moment de votre mort lamentable, afin que, pendant cette visite à cet escalier si saint, je vous suive jusqu'au sommet pénible du Calvaire et que là restent crucifiées mes affections désordonnées et mortifiées pour toujours mes mauvaises passions, pour la plus grande gloire de votre miséricorde infinie. Ainsi soit-il.

Les fidèles qui ont le temps de monter plus posément peuvent adopter les prières ci-après :

1er degré. Mon aimable Jésus, je vous considère à la dernière Cène, vous séparant avec bonté de vos disciples, pour commencer par vos souffrances le grand œuvre de notre rédemption [1].

2e degré. Mon doux Jésus, je vous considère agenouillé dans le jardin de Gethsémani, tout baigné d'une sueur de sang et étendu la face contre terre.

3e degré. Mon doux Jésus, je vous considère trahi et baisé par Judas, vendu par lui pour un peu d'argent, à vos ennemis.

4e degré. Mon Jésus bien-aimé, je vous considère pris, lié

---

1. Le livret imprimé à Vannes à l'usage des pèlerins de Ste-Anne d'Auray contient des prières analogues, évidemment calquées sur celles-ci. Elles sont plus développées, portent en tête le texte correspondant de l'évangile et, après la considération du mystère douloureux, terminent par une résolution que motive la méditation qui vient d'être faite. Cette quatrième méthode est excellente; comme on la trouve facilement à Auray, il semble inutile de la reproduire ici.

de cordes, traîné depuis le jardin jusqu'à la ville de Jérusalem et cruellement maltraité.

5° degré. Mon Jésus très clément, je vous considère devant les princes des prêtres, Anne et Caïphe, interrogé par eux avec orgueil et superbe, et outragé par leurs serviteurs qui vous donnèrent des soufflets.

6° degré. Tendre Jésus, je vous considère confié à la garde de soldats impies qui, toute la nuit, vous accablent de mille outrages et offenses.

7° degré. Mon très doux Jésus, je vous considère montant et descendant plusieurs fois ce même escalier du prétoire, que je monte maintenant malgré mon indignité et que j'aperçois, en plusieurs endroits, taché de votre précieux sang.

8° degré. Mon Jésus, je considère votre patience lorsque, au tribunal de Pilate, vous fûtes méchamment accusé par de faux témoins et cependant reconnu innocent par ce même juge.

9° degré. Mon aimable Jésus, je vous considère tourné en dérision et bafoué comme un insensé par l'impie Hérode, puis vêtu d'une robe blanche pour se moquer encore plus de vous.

10° degré. O Jésus innocent, je vous considère dépouillé de vos vêtements, laissé nu en présence de tout le peuple et étroitement lié à une colonne.

11° degré. Mon Jésus, plein de courage, je vous considère abattu et brisé par toutes sortes de mauvais traitements pendant un temps si long, puis tombant à terre tout ruisselant de votre sang sacré.

12° degré. Mon Jésus affligé, je vous considère revêtu par dérision d'une pourpre vile et ignominieuse, puis couronné d'épines aiguës afin d'augmenter vos souffrances.

13° degré. O Jésus, plein de bonté, je vous considère les yeux bandés, frappé par des insensés à coups de poings, souffleté et salué dérisoirement *roi des Juifs*.

14° degré. Mon aimable Jésus, je vous considère montré par le président romain à vos persécuteurs qui, au lieu d'avoir compassion de vous, demandent à grands cris votre mort.

15° degré. Pieux Jésus, je vous considère mis sur le même rang que Barabbas, cet infâme larron qui vous fut préféré, puis condamné injustement à un supplice cruel et honteux.

16° degré. O Jésus très fort, je vous considère chargé d'une croix pesante, montant au Calvaire, gémissant et chancelant, et marquant votre chemin par les gouttes de votre sang.

17° degré. O Jésus, abîmé par la douleur, je vous considère rencontrant dans ce pénible voyage la Vierge, votre mère inconsolable, et les femmes de Jérusalem à qui vous fîtes compassion.

18° degré. Mon Jésus, pénétré de douleur, je vous considère tombant d'épuisement sous le poids de votre lourde croix, brutalement accablé de coups et obligé de continuer votre marche.

19° degré. Mon Jésus, je vous considère au milieu des tourments, languissant, épuisé, à moitié mort, et présentant votre bouche souffrante à un affreux breuvage de vinaigre et de myrrhe.

20° degré. Mon Jésus, plein de compassion, je vous considère arrivé au Calvaire et dépouillé de tous vos vêtements qui étaient collés aux plaies de votre corps.

21° degré. O mon Jésus admirable, je vous considère les mains et les pieds étendus sur le dur lit de la croix, à laquelle vous attachent de durs clous, enfoncés à coups de marteau, puis élevé sur cette même croix en vue de tous.

22° degré. Miséricordieux Jésus, je vous considère dans la plénitude de votre charité, priant votre Père pour vos bourreaux et excusant avec amour leur crime.

23° degré. Mon Jésus, je considère votre générosité lorsque, près de mourir, vous donnâtes au larron repentant le royaume éternel, et que vous confiâtes S. Jean à la bienveillance de la Vierge, votre mère.

24° degré. Mon Jésus, je vous considère dans votre abandon, après tant de sang répandu et d'angoisses souffertes, n'ayant pour étancher votre soif qu'une éponge trempée dans du fiel.

25° degré. Mon Jésus mourant, je vous considère, avant d'expirer sur la croix, recommandant votre esprit très saint à votre Père céleste.

26° degré. Mon Jésus crucifié, je vous considère entre deux larrons, mort, défiguré, le corps déchiré de toutes parts et transpercé au côté gauche par le fer d'une lance.

27° degré. Mon aimable Jésus, je vous considère déposé de la croix dans les bras de votre mère affligée, qui vous arrose avec effusion de ses larmes.

28° degré [1]. Mon adorable Jésus, je vous considère oint de parfums, enveloppé dans un suaire blanc et déposé dans le sépulcre par Joseph d'Arimathie et Nicodème.

Quand on est arrivé au haut de la *Scala santa*, on adresse cette prière au saint Sauveur [2] :

Très doux Sauveur et mon Rédempteur, Jésus-Christ, me voici, par votre grâce, arrivé en votre sainte présence, après avoir gravi cet escalier de douleur. Quoique je l'aie fait avec bien peu de dévotion, j'ai contemplé et adoré votre douloureuse Passion et votre mort, que je vous ai offertes avec mes remerciements. Je vous supplie que vous daigniez me pardonner toutes mes fautes qui me rendent abominable à vos yeux et me donner la grâce qu'à l'avenir je n'abuse plus jamais de l'inestimable trésor de votre très sainte Passion, mais que je la tienne toujours vivante dans mon cœur et sur mes lèvres, afin que, parvenu à cette hauteur par ces saintes pensées et méditations, je ne sois pas exposé à descendre de nouveau et à retomber dans mes mauvaises habitudes et les malheurs de ma vie passée. Aussi je prends la ferme résolution de les éviter et d'en avoir horreur de toutes mes forces. Ainsi, persévérant jusqu'à la mort à votre saint service, qu'il me soit enfin donné de vous voir, de vous remercier et de jouir éternellement de vous dans le ciel.

OREMUS. — Christus factus est pro nobis obediens usque ad mortem, mortem autem crucis; propter quod et Deus exaltavit illum, et dedit illi nomen.

OREMUS. — Respice, quæsumus, Domine, super hanc familiam tuam, pro qua Dominus noster Jesus Christus non dubitavit manibus tradi nocentium et crucis subire tormentum. Qui tecum vivit et regnat in unitate Spiritus Sancti Deus per omnia sæcula sæculorum. ℞. Amen.

---

1. Benoît XIV ne compte aussi que vingt-huit marches (*De serv. Dei beatif.*, t. IV, p. 255.)

2. Cette prière a pour objet l'image achérotype du Sauveur, que l'on vénère derrière l'autel du Saint-des-Saints et que le pape Innocent III a revêtue d'une lame d'argent doré qui la recouvre entièrement, moins la figure. La tradition de Rome rapporte que cette image, commencée par S. Luc, a été terminée par la main des anges.

Prière aux glorieux apôtres Pierre et Paul, principaux protecteurs de Rome [1].

Princes très saints des apôtres, Pierre et Paul, nous, vos humbles serviteurs, nous vous bénissons et vous louons; nous remercions Notre-Seigneur Jésus-Christ de ce qu'il a accordé à toute la sainte Église catholique, et en particulier à cette ville, votre patronage et la dévotion envers vous. Vous fûtes, pour le monde entier, mais d'une manière beaucoup plus spéciale pour Rome, les premiers prédicateurs des vérités évangéliques, les fondateurs de la religion chrétienne, les plus parfaits modèles de toute vertu véritable et les principaux ministres des plus grandes miséricordes de Dieu. O vous, princes très saints des apôtres, vous qui êtes surtout nos maîtres, nos défenseurs et nos pères, du haut de ces trônes glorieux et brillants de lumière, où vous jouissez du souverain bien dans le royaume éternel, regardez toujours avec bonté et faveur la sainte Église tout entière et cette cité qui vous est si dévouée. Que le jour et la nuit vos yeux et vos oreilles restent ouverts sur elles, afin de voir ses besoins, d'entendre ses prières et d'exaucer ses vœux. Vous priez sans cesse et vous demandez à Dieu tous les biens pour toute la chrétienté et pour cette sainte cité. C'est vous qui avez établi en celle-ci et conservé jusqu'à ce jour la chaire infaillible des vérités éternelles que vous y garderez toujours sous votre protection. Étendez votre droite bienfaisante sur le Pontife qui y est assis et qui nous gouverne; donnez-lui cette épée d'or, qui est l'épée du Seigneur, pour exterminer glorieusement tous les ennemis de la vérité. Que par vous règnent, dans le monde entier, la foi, la paix et la charité de Jésus-Christ. Que ces célestes vertus règnent avec plus de plénitude dans cette ville, comme à leur source et à leur principe, afin que, par votre intercession, unis au monde entier, nous accomplissions constamment sur terre les préceptes évangéliques, pour pouvoir jouir avec vous de la béatitude éternelle dans le royaume des cieux. Ainsi soit-il.

On récite trois *Pater* et trois *Ave* pour les besoins de la Sainte Église et aux intentions du Souverain Pontife.

1. Cette prière rappelle qu'autrefois les chefs des saints apôtres étaient conservés au Saint-des-Saints. Ce fut Urbain V qui les transféra dans la basilique de Latran et les plaça dans le ciborium, au-dessus de l'autel papal.

Quand la visite de la *Scala santa* est terminée, on chante quelques-uns des six psaumes suivants, soit à deux chœurs, soit en répétant un verset que l'on intercale à la suite de chaque verset.

Psaume 50 : *Miserere mei, Deus.*

Psaume 148 : *Laudate Dominum de cœlis.*

Psaume 149 : *Cantate Domino canticum novum.*

Psaume 150 : *Laudate Dominum in sanctis ejus.*

Psaume 112 : *Laudate, pueri, Dominum.*

Cantique de Zacharie : *Benedictus Dominus Deus Israël.*

Les psaumes terminés, on dit le *Stabat Mater* en l'honneur de la Vierge des Douleurs et, après chaque strophe, l'on ajoute la strophe *Sancta Mater istud agas.* Innocent XI, le 1er septembre 1681, a accordé une indulgence de cent jours pour la récitation de cette séquence.

℣. Tuam ipsius animam doloris gladius pertransivit.

℟. Ut revelentur ex multis cordibus cogitationes.

ORÆMUS. — Interveniat pro nobis, quæsumus, Domine Jesu Christe, nunc et in hora mortis nostræ apud tuam clementiam Beata Virgo Maria mater tua, cujus sacratissimam animam in hora tuæ passionis doloris gladius pertransivit. Per te, Jesu Christe Salvator mundi, qui cum Patre et Spiritu Sancto vivis et regnas in secula seculorum. ℟. Amen.

Enfin, on termine ce pieux exercice par l'hymne de S. Ambroise : *Te Deum laudamus,* etc.

℣. Benedicamus Patrem et Filium cum Sancto Spiritu.

℟. Laudemus et superexaltemus eum in secula.

℣. Benedictus es, Domine Deus, in firmamento cœli.

℟. Et laudabilis et gloriosus, et superexaltatus in secula.

℣. Domine, exaudi orationem meam.

℟. Et clamor meus ad te veniat.

℣. Dominus vobiscum.

℟. Et cum spiritu tuo.

ORÆMUS. — Deus, cujus misericordiæ non est numerus et bonitatis infinitus est thesaurus, piissimæ majestati tuæ pro collatis donis gratias agimus, tuam semper clementiam exorantes ut qui petentibus postulata concedis, eosdem non deserens, ad præmia futura disponas. Per Christum Dominum nostrum. ℟. Amen [1].

1. *Breve notizia*, p. 43-83.

7. Comme tous les fidèles ne peuvent pas se rendre à Rome pour visiter la *Scala santa*, s'exciter à la contrition de leurs fautes par la vue de ce monument insigne et vénérable de la Passion et acquérir les saintes indulgences qui sont attachées à ce pieux exercice les papes, avec leur bienveillance accoutumée, ont autorisé en certains lieux l'érection d'escaliers analogues, c'est-à-dire également composés de vingt-huit marches, sur lesquelles on gagne les indulgences octroyées par Pie VII, en les montant dévotement et à genoux. La reproduction du monument conservé à Rome doit donc être fidèle et identique, au moins dans la forme générale, de même que toutes les conditions exigées dans la Ville Éternelle pour l'obtention des indulgences doivent être scrupuleusement remplies. Sans doute, il est loisible à quiconque le désire d'ériger une *Scala santa* où bon lui semble, en quelque lieu et de quelque manière que ce soit; mais, comme il s'agit d'un endroit spécialement affecté au culte, l'autorisation de l'Ordinaire est rigoureusement requise pour que rien ne s'y fasse qui ne soit décent, convenable et conforme à la piété. Ainsi, ce lieu devra être clos et nullement employé à quelqu'usage profane, afin qu'il soit considéré comme un lieu réellement saint et sanctifié par la prière, comme il convient à tous les édifices particulièrement destinés au culte catholique, tant public que privé. De plus, il appartient au pape seul d'accorder des indulgences *ad instar* pour la visite de cette imitation de la *Scala santa*. Pour cela, un rescrit est nécessaire et sa forme la plus ordinaire et la plus solennelle est le bref apostolique.

A Rome même, près de l'archi-hôpital du Saint-Esprit et de la basilique Vaticane, dans l'ancienne cité Léonine, que l'on nomme actuellement *il Borgo*, il existe une imitation de la *Scala santa*. Elle s'annonce à l'extérieur par une fresque, et une porte la clôt en dehors. L'escalier est droit et ne peuvent en faire usage, à certains jours déterminés, que les habitants du *Borgo*, empêchés par la distance de se rendre à l'extrémité de Rome, à l'escalier du Latran.

J'ai vu à Naples, près d'une église, un escalier semblable, au-dessus duquel sont écrits ces deux mots : *Scala santa*, qui appellent l'attention des passants.

Mgr Prinzivalli, dans sa collection officielle des décrets de la Sacrée Congrégation des Indulgences, a publié le « Sommaire des indulgences et privilèges accordés par les souverains pontifes à l'ordre de la Visitation Sainte-Marie », tel qu'il a été collationné sur les originaux et déclaré authentique par la même congrégation, le 29 janvier 1848. Or, à l'article spécial aux religieuses, *pro monialibus*, sous le n° 8, on lit que chaque monastère peut avoir dans la clôture une *Scala santa*, affectée à cette seule destination, qui ne se monte qu'à genoux, et à laquelle sont annexées les indulgences spéciales de la *Scala santa* de Rome. Cette indulgence ne peut être gagnée que quatre fois l'an, aux jours que les religieuses elles-mêmes jugent à propos de choisir.

« 8. Indulgentiæ Scalæ sanctæ de Urbe, quater in anno, diebus ad singularum arbitrium seligendis, si rite dispositæ, Scalam intra septa monasterii, orationi tantum destinatam, flexis genibus ascenderint. »

Parmi les imitations de la *Scala* de Rome, il en est une en France, célèbre entre toutes, c'est celle de Sainte-Anne d'Auray, qui a même conservé dans la désignation populaire les termes italiens de *Scala santa*. L'édifice ne paraît pas pouvoir remonter au delà du xviiᵉ siècle [1], et la copie de l'original n'est pas rigoureuse. En effet, l'escalier ne monte pas droit à la chapelle terminale, mais obliquement, et a pour pendant, de l'autre côté, l'escalier par lequel on descend.

En 1872, il a été publié à Vannes, à l'usage des pèlerins, un opuscule qui a pour titre : *Visite à l'Escalier saint ou Scala sancta au pèlerinage de sainte Anne, diocèse de Vannes*. Ce petit in-16 de 34 pages contient l'érection canonique de la *Scala*, une « manière de la monter avec fruit », les « litanies de sainte Anne », approuvées et indulgenciées par l'Ordinaire, et deux oraisons à cette sainte patronne. Je n'en citerai que quelques passages (pp. 4-7), relatifs à l'inauguration du monument et à la concession d'indulgences *ad instar* faite par Sa Sainteté Pie IX.

Or, pendant son séjour à Rome, à l'occasion du Concile, Monseigneur

---

1. Mgr de Kernaeret (*Echo de Rome*, 1874, n° du 26 septembre) dit que l'ancienne église était accompagnée d'un monument destiné à la célébration de la messe en présence des foules nombreuses.... Le tout a été transporté pierre par pierre et réédifié un peu plus loin sur la place du village. « Or, d'après le même écrivain, « la chapelle de Ste-Anne » fut bénite par l'official de Vannes, le 4 juillet 1628. »

Bécel profita d'une audience dont Pie IX daigna l'honorer, pour soumettre à l'approbation de Sa Sainteté la supplique que voici :

TRÈS SAINT PÈRE, il existe depuis des siècles, au pèlerinage de Sainte-Anne, près Auray, diocèse de Vannes, un monument dit *Scala sancta*. Je m'occupe, en ce moment, de le restaurer et de le transporter dans le lieu dit *le champ de l'épine*.

Humblement prosterné à vos pieds, que je baise avec amour et gratitude, j'ose supplier Votre Béatitude d'accorder aux nombreux pèlerins qui monteront cet escalier saint, *à genoux*, le cœur contrit, en priant et en méditant sur la passion de Notre Seigneur, les indulgences attachées à la *Scala santa* de Rome.

† JEAN-MARIE, Év. de Vannes.

Le Souverain Pontife, après avoir écouté avec bienveillance la lecture de cette pièce, répondit : *Oui, comme là-haut.* En parlant ainsi, le Pape indiqua de la main droite la direction de la *Scala santa*. Il prit ensuite la peine d'écrire au bas de la feuille qui lui était présentée :

Die 14 Maii 1870.

Pro gratia, servatis omnibus in casu servandis.

PIUS PP. IX.

Les circonstances ne permirent pas à Monseigneur l'évêque de Vannes de notifier aussi promptement qu'il le désirait les faveurs insignes qu'il avait obtenues pour le pèlerinage de Sainte-Anne. Sa Grandeur publia, dans ce but, le 22 février 1872, un mandement d'où nous extrayons ce qui suit :

ARTICLE PREMIER. Le rescrit, en date du 14 mai 1870, relatif au monument, dit *Scala sancta*, transporté au lieu appelé *le champ de l'épine*, à Sainte-Anne, près Auray, est publié officiellement dans notre diocèse.

ARTICLE II. L'inauguration de ce monument aura lieu le 7 mars prochain.

ARTICLE III. Les personnes qui graviront cet escalier saint, avec les dispositions requises, en priant ou en méditant sur la Passion de Notre-Seigneur Jésus-Christ, gagneront *neuf années d'indulgence pour chacune des marches.* — Ces indulgences sont applicables aux âmes du Purgatoire.

ARTICLE IV. Les pieux pèlerins devront gravir *à genoux* cet escalier (*côté nord du monument*). Ils descendront de l'autre côté (*au sud du monument*).

ARTICLE V. Au haut de l'escalier saint, se trouvera une colonne en marbre dans laquelle nous ferons incruster une parcelle de *la colonne de la Flagellation de Notre-Seigneur Jésus-Christ* [1]. Nous accordons une indul-

---

1. Cette colonne est conservée à Rome dans l'église de Ste-Praxède. Elle a été

gence de 40 jours aux pèlerins qui baiseront avec dévotion et contrition cette sainte relique.

8. Je ne puis mieux terminer cette étude que par une citation de Benoît XIV. L'autorité de ce savant pontife est telle dans l'Église, qu'il importe de connaître exactement son opinion, lors même qu'on serait en désaccord avec lui sur des questions purement historiques.

Il commence par réfuter l'erreur des protestants, qui prétendent à tort que la *Scala santa*, d'après la prophétie du Christ, a dû périr avec la ville même de Jérusalem, dont il ne devait pas rester pierre sur pierre, texte qu'il ne faut pas prendre trop au pied de la lettre.

Il admet la translation à Rome, non miraculeusement, mais par l'initiative de sainte Hélène.

Admettant l'autorité de l'abbé Mégiste, qui vivait au IXᵉ siècle, il en conclut à l'authenticité du texte d'Anastase relatif à Serge II et montre la *Scala* annexée d'abord à la basilique de Latran, puis transférée au patriarcat, sous Célestin III.

Il invoque la bulle de Pascal II, qu'il dit exister en forme authentique aux archives de Latran, et raconte la dernière translation de la *Scala santa* par Sixte-Quint en avant du Saint-des-Saints. Il fait voir les marches, mutilées et incomplètes, revêtant en 1723 une chemise de bois et montées, à différentes époques, par les papes, du VIIᵉ siècle au XIIIᵉ.

Inter pretiosas reliquias, quæ ad fidelium venerationem Romæ expositæ sunt, Scalæ sanctæ profecto referri debent, quæ Salvatoris nostri, dum morti appropinquaret, vestigiis pretioso ejus sanguine respersis calcatæ, et juxta antiquam Patrum traditionem, pietatis causa, ab Hierosolymis e prætorio, ubi Pilatus præfuerat, Romam advectæ apud venerabilem S. Joannis Lateranensem basilicam asservantur. Porro, licet nonnulli hanc scalarum translationem ausi sint traducere tamquam Evangelio repugnantem, eo potissimum quod Christus Dominus noster prædicens eversionem civitatis Hierosolymitanæ, quæ postmodum sub Tito duce contigit, dixerit lapidem super lapidem, qui non destruatur, non esse relinquendum; communis nihilominus sacrorum interpretum expositio docet verba prædicta non esse stricto et litterali sensu accipienda, sed prolata censeri debere ad patefaciendam futuram illam inclytæ civitatis summam vastationem, uti advertunt et explicarunt Nicolaus Lyranus, et Cornelius a Lapide, *in cap. 24 Matthæi*.

Ferunt itaque, scalas sanctas ad Urbem translatas fuisse opera gravée dans le bel ouvrage de M. Rohault de Fleury, qui a pour titre : *Mémoire sur les instruments de la Passion*.

S. Helenæ, matris Imperatoris Constantini, teste **Megisto**, abbate cœnobii S.Gregorii ad clivum Scauri, qui vivebat anno 844, cujus narratio asservatur in Vaticana bibliotheca, non ita autem ut transportatio scalarum miraculo sit adscribenda, humano quippe modo facto dici potest, et iisdem prorsus auxiliis, quibus ab Egypto pyramides Romam delatæ sunt, quemodmodum, impias Casauboni irrisiones redarguendo, bene animadvertit cardinalis Peronius in opere cui titulus : *Peroniana et Thouna*, p. 341.

Scalarum gradus sunt numero viginti et octo ; et teste citato Megisto, collocati fuerunt ab Imperatore Constantino in porticu palatii juxta scalam quæ ducebat ad patriarchium : cumque temporum injuria non essent amplius in scalarum formam dispositi, Sergius Papa II, anno 844, ædificio constructo, ante basilicam Constantinianam ipsos magnifice voluit collocari. Cum Megisto concordat Anastasius, seu quivis alius auctor in Sergii vita, pag. 343. Et quamvis ab aliquibus dubitatum fuerit, utrum verba Anastasii : « Et aliud quidem opus ante fores hujus venerandæ basilicæ « valde optimum peregit. Quia sacra pridem quæ latebant populis, limina « summo studio omnibus manifesto constituit, cum pulcre decoros ibidem « arcus a fundamentis construeret, quos etiam variis picturis nitide « decoravit », explicanda sint et intelligenda de porta sancta, an potius de scalis sanctis, uti videri potest apud cardinalem Baronium, ad an. 844, sub num. 13, cessare nihilominus dicenda est quælibet dubitatio, postquam Paschalis Papa II, in sua bulla edita an. 1099, quæque authentica forma servatur in archivo Lateranensi, clare et dilucide dixit, Sergium Papam II, suum antecessorem, constituisse sacra limina seu venerabiles gradus sanctarum scalarum ante ecclesiam Lateranensem : « Cum itaque sacra limina « seu venerabiles gradus quos Hierosolymis Jesus Christus Dominus « noster suis gressibus et sanguine consecravit, dudum Laterani latentes « in suis pontificatus primordiis ante fores ecclesiæ Lateranensis, sponsæ « nostræ, in scalam vulgo Pilati dictam adaptaverit, arcusque ibidem ab « eodem erectos devotis picturis exornaverit, etc. »

A Sergio II ad Cælestinum III nulla quoad locum scalarum sanctarum facta est mutatio. At hujus pontificis tempore facta est earum collocatio ante sacrum patriarchium juxta porticum Lateranensem, ut sextis potissimum feriis et hebdomada majori libere possent homines basilicam ingredi Constantinianam, in quam memoratis intrare non poterant diebus propter multitudinem ad scalas sanctas accedentium quæ (ubi dictum est) sitæ erant ante basilicam ; sicuti refert Nicolaus Processi, ecclesiæ Lateranensis beneficiarius circa annum 1362, in additione ad relationem abbatis Megisti : « Tantam legimus fuisse copiam virorum et mulierum ad « istos gradus scalæ Pilati venerationem genulantium fidelium, ut ingres« sus ad basilicam Lateranensem adeo difficilis esset, maxime feriis « sextis et hebdomada majori, ut Cœlestinus III, filius Petri Bubonis, de « domo Ursina, ante sacrum patriarchium Lateranense ipsam scalam « Pilati transferre, ibidem fusis etiam valvis æneis. »

Inter Cœlestinum III et Sixtum V, Summos Pontifices, Urbis excidia, direptiones et aliæ acciderunt calamitates, et ita quidem ut scalarum sanctarum status provida translatione et nova magnifica collocatione indigeret. Quapropter Sixtus nobile illud quod adhuc extat, construxit ædificium et sanctarum scalarum gradus disposuit ante capellam toto terrarum orbe celeberrimam, quæ dicitur *Sancta Sanctorum*, uti legitur in bulla 105 ejusdem Sixti in *Bullario Romano*.

Scalis ergo sanctis in loco, in quo nunc sunt, auctore Sixto pontifice, constitutis, simulque quatuor aliis constructis scalis, binis videlicet ad dexteram aliisque binis ad sinistram, tum ne quis per easdem scalas sanctas, nisi orandi tantum causa et genibus flexis, transiret, tum ne Christifideles ex omnibus mundi partibus concurrentes in ascensu et descensu sese invicem impedirent, et ante omnes memoratas scalas ædificato spectabili porticu ferreis cratibus septo, longævi temporis cursus et frequentissimi per scalas sanctas ascensus nedum effecerunt, ut sanctissimi Dominici cruoris vestigia, quæ tempore Sixti extabant, ut ex ejus bulla deprehenditur : « Non modo nudis sacrorum pedum plantis, sed eo ipso, « quem pro nobis effundebat inæstimabili sanguine aspersit, simulque « gloriosis beatorum pedum et cruoris ex sanctis vulneribus copiose « manantis vestigiis, quæ adhuc extant, impressas ac notatas reliquit », amplius non extent, sed etiam, ut octavus, una cum nono et decimo, ex scalarum gradibus sit omnino detritus et fere consumptus ; in aliis autem ex impressione genuum et calceamentorum contactu tales foveas apertæ sint, ut difficile admodum sit illis genua imponere.

Delata itaque præpositura scalarum sanctarum ad Marcum de Giliis, cum hic ad avertendam imminentem graduum ruinam Clementi XI supplicasset, pontifex mihi, tunc Fidei promotori, mandavit ut rem mature perpenderem et animi mei sensum scripto aperirem. Mandatis, uti debebam, parui : cumque, negotio adhuc non discusso, Clemens ex hac vita decessisset, tempore ejus successoris Innocentii XIII absolutum est in Sacra Congregatione Apostolicæ Visitationis anno 1723, in qua, utcunque nonnulli spe futuri miraculi ad servandas scalas ab imminenti interitu contenderent, rem in eo statu remanere debere in quo erat statutum est, quemadmodum ipse in meo suffragio insinuaveram, ut, remanentibus sicuti erant gradibus, singuli eorum ligneo clauderentur operculo, rimulis quibusdam perforata, ut ascendentes et videre et osculari sacra limina possent ; attamen ita composito et aptato, ut statis diebus, et ad libitum summi Pontificis auferri posset. Reque hoc modo confecta, servata est ab interitu Scala sancta, quam antiquiores pontifices tanta veneratione coluerunt, Sergius videlicet I, Stephanus III, Hadrianus I, Leo III, Sergius II, Leo IV, Cœlestinus III, Gregorius IX, Honorius III, ut nudis pedibus et lacrymabundi eam ascenderint, veluti habetur in citatis operibus Megisti abbatis et Nicolai Processi ; ut interea silentio prætereatur frequens ad eas

34

accessus virorum sanctitate illustrium, Ignatii videlicet Loyolæ, Francisci Xaverii, Philippi Nerii et Caroli Borromæi [1].

Quelle que soit l'opinion que l'on ait relativement aux textes concernant la tradition qui affirme que la *Scala* du Latran est bien l'escalier du prétoire de Jérusalem, il convient, après Sixte V et Benoît XIV, non seulement de ne pas nier l'authenticité de cette précieuse relique de la Passion du Sauveur, mais encore de la vénérer avec respect et de la monter avec dévotion, parce que le Saint-Siège s'est prononcé à son égard de manière à clôre toute discussion oiseuse et intempestive.

XX [2]

Le palais apostolique de Latran a été construit par Dominique Fontana, en 1586, sous le pontificat de Sixte V. Il a deux étages et une cour intérieure, entourée de portiques, dont les voûtes sont peintes à fresque.

Les deux musées qu'il renferme sont ouverts tous les jours, dimanches et fêtes exceptés, de neuf heures du matin à trois heures de l'après-midi.

MUSÉE PROFANE

Il occupe tout le rez-de-chaussée et n'a ni catalogue ni numéros d'ordre. Deux Allemands, Otto Benndorf et Richard Schone, en ont publié la description en un volume in-8° de 422 pages, avec planches, sous ce titre : *Die antiken Bildwerke des Lateranensischen Museums*, Leipsig, 1867. — On laisse en sortant une rétribution au gardien.

Première salle.—1. Au milieu, mosaïque représentant trois athlètes. Elle ut trouvée dans les Thermes de Caracalla et fait partie de la grande mosaïque qui est au premier étage* [3]. — 2. Statue mutilée d'homme [4]. —

1. Benedictus XIV, *De serv. Dei beatif. et Beat. canonisat.*, lib. II, pars II, cap. 26, num. 13-19.
2. Extr. des *Musées et galeries de Rome*, Rome, Spithover, 1870, p. 43-74.
3. Tous les objets marqués d'un astérisque méritent une attention particulière.
4. J'indique, une fois pour toutes, que les sculptures sont en marbre blanc, à part quelques exceptions.

3. Statue mutilée de femme sans tête. — 4. Statue de Mercure. — 5. Le triomphe de Diane, sarcophage. — 6. Adonis blessé, sarcophage. — 7. Néron, tête de porphyre appliquée sur un médaillon de marbre blanc. — 8. Torse d'homme. — 9. Statue mutilée d'homme. — 10. Diane et Endymion, sarcophage en marbre de Carrare.—11. Statuette mutilée d'enfant.— 12.— Tête d'homme. — 13. Tête de femme.— 14. Triomphe, bas-relief.— 15. Statuette couchée représentant un fleuve. — 16. Hermès de faune. — 17. Cippe de Grania. — 18. Courses de chars dans le cirque autour de la spina, bas-relief. — 19. Le sacrifice du taureau, bas-relief. — 20. Jeux du disque, bas-relief. — 21. Le génie de la mort, bas-relief. — 22. Scène de vendange, bas-relief. — 23. Leucothée donnant à boire à Bacchus, bas-relief. — 24. Tombeau de la famille Servilius.— 25. Tombeau de Salonus, avec lettres de bronze. — 26. La muse des combats, bas-relief. — 27. Procession de sénateurs et de licteurs, bas-relief en marbre de Carrare, provenant du Forum de Trajan. — 28. Deux bustes d'enfants. — 29. Centaure, bas-relief en médaillon. — 30. Deux statues de femme drapée. — 31. Buste de Marc-Aurèle. — 32. Statue de Saloninus. — 33. Un poëte récitant ses vers devant un auditoire attentif, bas-relief*. — 34. Tête de Pallas en bronze, sur fond de rouge antique. — 35. Deux lutteurs, bas-relief. — 36. Statuette de Némésis. — 37. Education de Bacchus, bas-relief. — 38. Adieux d'un guerrier à son épouse, bas-relief. — 39. Enlèvement d'Hélène, bas-relief. — 40. Statuette du dieu du Silence. — 41. Statue de femme drapée, sans tête. — 42. Marchand de miroirs, bas-relief. — 43. L'hiver, fragment de sarcophage. — 44. Buste de Pâris. — 45. Matrone romaine, bas-relief.

Deuxième salle. — 46. Fragments d'architecture provenant de la basilique Ulpienne, tels que frises, corniches et chapiteaux. Les morceaux les plus remarquables sont des génies dont le corps se termine en feuillage ou qui donnent à boire à un griffon, et une frise avec des rinceaux enroulés. — 47. Urne cinéraire de Volusius. — 48. Sarcophage strigillé de Minucia Sedata. — 49. Autel en pépérin, consacré à Hercule, surmonté d'un chapiteau de même et de deux poids, l'un en pierre de touche, l'autre, ovoïde, en néphrite. — 50. Deux colonnettes cannelées en spirale.

Troisième salle. — 51. Deux têtes de faunes riant. — 52. Esculape, statue en marbre grec. — 53. Antinoüs, statue en marbre de Carrare*. — 54. Sarcophage représentant une lutte d'athlètes ; au-dessous cippe de Valerius, prêtre d'Isis. — 55. Tête de Jupiter Ammon, avec les cornes de bélier. — 56. Tête de Jupiter. — 57. Hercule vaincu par l'Amour, bas-relief. — 58. Scène de vendange, bas-relief. — 59. Trois pieds de table, avec têtes de griffons.

Quatrième salle. — 60. Buste de Grégoire XVI, fondateur du musée qui porte son nom. — 61. Tête d'homme. — 62. Bacchante dansant, bas-relief appliqué sur un médaillon. — 63. Torse d'homme. — 64. Bas-relief représentant un sacrifice fait par des vestales ; au-dessous, cippe de Marcus Fortunatus, *nummulari de basilica Julia*. — 65. Huit bustes d'enfants, d'hommes et de femmes. — 66. Buste d'homme, sur le cippe de Volusius *capsario*. — 67. Sarcophage d'enfant, avec génies et masques scéniques.— 68. Germanicus, statue trouvée à Frascati *. — 69. Sarcophage d'Annia Faustina, avec scène de vendange. — 70. Buste d'homme posé sur le cippe de Volusius. — 71. Huit bustes d'enfants, d'hommes et de femmes. — 72. Statue de femme drapée, sur un cippe funèbre. — 73. Pilastre où est sculptée une enseigne militaire. — 74. Pilastre feuillagé. — 75. Huit bustes d'hommes et de femmes. — 76. Autel dédié par Clodius, *negociator penoris et vinorum*. — 77. Bacchanale, sarcophage. — 78. Ulysse et les sirènes, fragment de sarcophage chrétien provenant de la catacombe de S. Callixte. Le monogramme se lit : TVRANIO. — 79. Mars, statue trouvée à Frascati*. — 80. Sarcophage strigillé. — 81. Buste de femme, posé sur le cippe de Marcius. — 82. Huit bustes d'hommes et de femmes, dont un d'Isis. — 83. Deux pilastres sculptés. — 84. Torse de femme drapée. — 85. Huit bustes, dont un de Minerve. — 86. Tête d'homme, posée sur le cippe de Volusius. — 87. Cippes de Consus et de Volusius. — 88. Faune, statue copiée sur l'original de Praxitèle et trouvée à Frascati '. — 89. Cippes de Criton et de Volusius. — 90. Tête d'homme, posée sur le cippe de Volusius. — 91. Huit têtes d'hommes et de femmes, dont une de satyre. — 92. Cippe de Claudius Pamphilus. — 93. Fragment de sarcophage ; sacrifice, le défunt enterré dans le roc, combat de coqs. —94. Cippes de Fulvius, Asinia et Volusius. — 95. Fragment d'un buste de femme. — 96. Tête d'homme. — 97. Tête de femme. — 98. Deux cippes funèbres. — 99. Statuette de Priape tenant des fruits. — 100. Bacchanale, sculptée sur une urne cinéraire. — 101. Jambe d'une statue de guerrier, curieuse pour les brodequins dont il est chaussé. — 102. Tête de femme, posée sur une colonne de granit rouge. —103. Tête d'homme. — 104. Tête de femme. — 105. Buste d'enfant. — 106. Buste de faune. —107. Inscription grecque, gravée dans une couronne. — 108. Deux cippes funèbres. — 109. Tête d'homme. — 110. Au milieu de la salle, belle tasse d'africain noir '.

Cinquième salle. — 111. Cippes de Cecilius et de Publicius. — 112. Amour endormi sur les trophées d'Hercule. — 113. Tête d'homme, en *pavonazetto*. — 114. Buste d'homme, posé sur une urne cinéraire et une colonne de granit gris. — 115. Terme de Silène tenant Bacchus enfant, sur une demi-colonne de péperin. — 116. Statue d'Esculape. — 117. Silène assis sur un léopard, groupe en marbre grec. — 118. Cippes de Claudius et Dionysius, avec le lit funèbre. — 119. Néréide, montée sur un hippocampe. — 120. La muse Uranie, statue en marbre grec. — 121. Terme de Silène tenant Bacchus enfant, sur une demi-colonne de péperin. — 122. Cippe où est représenté le sacrifice du coq et urne cinéraire, posée sur une colonne de granit. — 123. Pied de table, avec tête et griffes de lion. — 124. Urne cinéraire de la famille Fannius. — 125. Tête d'homme. — 126. Tête de femme. — 127. Fragment de sarcophage avec têtes de lions ; au-dessous, cippe de Furius. — 128. Sarcophage strigillé, avec monstres marins sur le couvercle et deux sarcophages d'enfants, posés sur les cippes de Trébonia et de Carus. — 129. Sarcophage strigillé, avec les génies de la mort. — 129 (bis). Sarcophage strigillé, avec le triomphe de Bacchus et les génies de la chasse. — 130. Cippes de Cornelius et de Tiburtius. — 131. Amour dormant sur les trophées d'Hercule. — 132. Tête d'homme. — 133. Au milieu de la salle, cerf en basalte, trouvé à Rome près la porte Portèse*. — 134. Sacrifice mithriaque. — 135. Vache.

Sixième salle. — 136. Britannicus, statue avec cuirasse historiée, trouvée, ainsi que les sept qui suivent, en 1839, à Cervetri (État pontifical)*. — 137. César, statue avec la toge*. — 138. Tibère, statue colossale assise, avec une couronne civique sur la tête*. — 139. Agrippine en prêtresse, statue*. — 140. Claude, statue colossale, assise, avec la couronne civique*. — 141. Drusus, statue avec la toge*. — 142. Germanicus, statue en marbre grec, avec cuirasse historiée*. — 143. Livie, statue drapée, en marbre grec*. — 144. Inscription dédiée à la sœur d'Auguste, *Divæ Drusillæ.* — 145. Fragment d'autel, représentant les génies protecteurs des trois peuples : *Vetulonenses, Vulcentani* et *Tarquinienses.* — 146. Tête colossale de Caligula, posée sur un putéal. — 147. Au milieu de la salle, deux statues de Silènes, couchés sur des outres : ils ont servi à l'ornement d'une fontaine. — 148. Cippe de Manlius, avec bas-relief représentant un sacrifice ; au-dessus, buste d'enfant.

Septième salle. — 149. Cippes de Pupillus et de Rufus. — 150. Fragment de sarcophage. — 151. Tête d'homme. — 152. Femme drapée, statue en marbre grec*. — 153. Fragment de statue colossale d'homme. — 154. Torse d'Amour. — 155. Faune dansant, statue trouvée dans la région des Monts, à Rome*. — 156. Torse d'homme. — 157. Cérès, bas-relief. — 158. Tête de femme. — 159. Statuette de Bacchus. — 160. Divinités marines, fragment de sarcophage. — 161. Tête d'homme diadémé. — 162. Chasse au lion et deux philosophes, fragment de baignoire. — 163. Statue de Cérès. — 164. Torse posé sur le cippe de Ælius. — 165. Tête de Tibère dans un médaillon. — 166. Tête de Bacchus. — 167. Sophocle, drapé dans sa toge, statue trouvée à Terracine*. — 168. Torse de Diane chasseresse, posé sur le cippe de Flavius Hermès. — 169. Tête de Bacchus dans un médaillon. — 170. Buste d'homme. — 171. Partie inférieure d'une statue de satyre, en marbre de Carrare. — 172. Apollon, statue en marbre grec*. — 173. Cippe de Clodius. — 174. Repas funèbre, fragment de sarcophage. — 175. Buste d'homme.

Huitième salle. — 176. Inscription dédiée au musicien de Tibère. —

177. Cippes de Pacilius et Cluturius, surmontés d'un Amour endormi. — 178. Bacchanale, fragment de putéal. — 179. Tête d'homme. — 180. Chasse au sanglier, sarcophage. — 181. Deux victoires, sarcophage. — 182. Six têtes, dont une de nymphe endormie et trois d'enfants. — 183. Tête d'homme, haut-relief. — 184. Fragment de statuette d'Esculape. — 185. Tête d'homme. — 186. Cippes de Porcia et de Voltilius. — 187. Deux génies tenant une guirlande de fruits, fragment de sarcophage. — 188. Deux têtes d'homme. — 189. Cippes de Vultilia et de Postumius. — 190. Tête, fragment de haut-relief. — 191. Torse de statue de femme. — 192. Tête d'empereur. — 193. Méléagre, fragment de sarcophage. — 194. Deux bustes de femmes. — 195. Sept têtes, dont deux de femmes riant. — 196. Trophée militaire, bas-relief. — 197. Bacchanale, fragment de putéal. — 198. Tête d'homme. — 199. Trophées militaires et arbres, bas-relief. — 200. Nymphe blessée, bas-relief. — 201. Tête de femme. — 202. Statue d'Hercule*. — 203. Tête de Junon. — 204. Un marchand de masques scéniques et un acheteur, bas-relief. — 205. Cippes de Fuficia et Ovia, surmontés d'un Amour endormi. — 206. Neptune, statue trouvée à Porto (État pontifical)*.

Neuvième salle. — 207. De chaque côté de la porte, deux pilastres feuillagés, surmontés de bustes de femmes. — 208. Frise, sculptée de feuilles de vigne. — 209. Sarcophage, avec les quatre âges et des enfants supportant des guirlandes de fruits. — 210. Grande colonne, sculptée de rinceaux et surmontée d'une tête de déesse. — 211. Ornements d'architecture, palmettes et feuillages. — 212. Vénus marine, hippocampes et Néréides, sarcophage. — 213. Acrotères feuillagés. — 214. Cippe de Januaria, posé sur un chapiteau feuillagé, surmonté d'une tête de Junon. — 215. Hermès de Bacchus. — 216. Chapiteau, surmonté d'une tête d'Achille casqué. — 217. Deux pilastres cannelés, surmontés de bustes d'homme et de femme. — 218. Grand cippe sculpté. — 219. Tête de lion colossale, ayant servi d'ornement à une fontaine et console représentant une victoire. — 220. Tête de consul. — 221. Console feuillagée colossale. — 222. Cippe avec vendange : cippe de Tatianus. — 223. Fragment de frise, rinceaux enroulés. — 224. Urne cinéraire, sculptée de feuilles de lierre dont les oiseaux becquètent les baies : au-dessus, deux fragments de corniches. — 225. Frise à rinceaux enroulés. — 226. Grande colonne, sculptée de rinceaux et surmontée d'une tête. — 227. Frise avec feuilles de vigne. — 228. Deux chambranles de porte avec vigne contenant des nids d'oiseaux, des oiseaux, des écureuils et des escargots. — 229. Deux bustes de femmes. — 230. Colonnes à feuilles imbriquées : urne cinéraire d'Avilia. — 231. Urne cinéraire en forme de vase. — 232. Chapiteau d'ordre corinthien, surmonté d'une antéfixe. — 233. L'Automne et le Printemps, sarcophage. — 234. Urne cinéraire d'Octavius Restitutus. — 235. Buste d'homme. — 236. Au milieu de la salle, colonne sculptée de rinceaux.

Dixième salle. — **237.** L'Amour, monté sur un dauphin et jouant avec un canard*. — **238.** Fragments de frise, avec bucrânes et guirlandes d'olivier. — **239.** Marchand de fruits, bas-relief. — **240.** Tête de femme. — **241.** Temple, curieux mécanisme pour élever un obélisque, bas-relief. — **242.** Bustes de deux époux, dans une niche que supportent deux colonnettes. — **243.** Trois fragments de frise. — **244.** Pied de candélabre, orné de guirlandes de roses. — **245.** Colonne de lumachelle*. — **246.** Cippe de Vibius. — **247.** Femme, couchée sur un lit funèbre, entourée de pleureuses et de musiciennes. — **248.** Pilastre sculpté, représentant Bacchus et une bacchanale au milieu d'une vigne. — **249.** Couronne de fruits en terre cuite, soutenue par deux anges ; faïence coloriée de Luca della Robbia. Elle renfermait autrefois les armes d'Innocent VIII et provient de l'appartement de ce pape au Vatican. — **250.** Console feuillagée. — **251.** Chapiteau en rouge antique. — **252.** Urne cinéraire, avec têtes de taureaux, corbeilles de raisins, cygnes, canards et poissons. — **253.** Cippe d'Haterius. — **254.** Colonne de lumachelle*. — **255.** Pilastre où est sculptée une vendange. — **256.** Cippe de Claudia Prepusa. — **257.** Deux corniches. — **258.** Fragment d'inscription, relative à Haterius. — **259.** Apothéose du défunt sous l'invocation du Soleil, bas-relief. — **260.** Frise, avec bucrânes et branches d'olivier. — **261.** Statuettes mutilées de Pluton et de Proserpine. — **262.** Frise représentant quatre arcs de triomphe, dont un dédié à Isis et l'autre à Mars, *in sacra via summa*. — **263.** Quatre statues de divinités : Mercure, Cérès, Jupiter et Junon. — **264.** Pluton et Proserpine. — **265.** Tête de femme. — **266.** Cinq fragments d'ornements d'architecture. — **267.** Tête d'homme. — **268.** Pilastre, sur lequel est sculpté un candélabre. — **269.** Pied de table. — **270.** Fragment de fronton, posé sur une colonne de granit. — **271.** Mosaïque en marbre de couleur, représentant une biche qui broute. — **272.** Colonnette, sculptée de roses disposées horizontalement. — **273.** Fragments d'architecture. — **274.** Tête d'homme.

Onzième salle. — **275.** Au milieu de la salle, grand sarcophage représentant le triomphe de Bacchus à son retour des Indes, et une danse de faunes et de faunesses*. — **276.** Cippes de Græcinius et de Julia, surmontés d'une statuette d'Amour endormi, qui servit d'ornement à une fontaine. — **277.** Fragment de sarcophage en marbre grec. — **278.** Tête d'homme. — **279.** Le triomphe de Bacchus, sarcophage. — **280.** Hermès de Bacchus indien. — **281.** Hermès de femme. — **282.** Pieds de table, ornés de sphinx. — **283.** Masque scénique. — **284.** Cippes de Claudia et de Julia, surmontés d'une statuette d'Amour dormant. — **285.** Hermès priapé. — **286.** Les saisons, sarcophage. — **287.** Le pugilat, bas-relief. — **288.** Deux hermès. — **289.** Hermès priapé de Bacchus. — **290.** Deux cippes, surmontés d'une statuette d'Amour endormi. — **291.** Hippolyte et Phèdre, sarcophage. — **272.** Deux hermès. — **293.** Les travaux d'Hercule, bas-relief. — **294.** Néréide portée par un dauphin, groupe en marbre grec —

295. Trois guerriers, bas-relief. — 296. Jupiter Sérapis, tête en marbre grec. — 297. L'Amour et Psyché, fragment de groupe. — 298. Les travaux d'Hercule, bas-relief. — 299. Tête de Cybèle. — 300. Sacrifice après la victoire, sarcophage.—301. L'Amour et Psyché, sarcophage d'enfant. — 302. Hermès de Jupiter Sérapis *bifrons*. — 303. Hermès d'Ariane *bifrons*. — 304. Cippe de Sergia, surmonté d'une nymphe ayant servi à l'ornement d'une fontaine. — 305. Philosophe méditant, bas-relief. — 306. Tête de Junon.

Douzième salle. — 307. Statue de jeune héros*. — 308. Fragment de sarcophage, représentant la défunte. — 309. Tête d'homme. — 310. Oreste et les Furies, sarcophage. — 311. Enfant agenouillé. — 312. Torse de Silène. — 313. Torse d'homme avec la chlamyde. — 314. Statue d'enfant, avec la bulle au cou et le *volumen* à la main ; cippe de Justa*. — 315. Arbre. — 316. Sarcophage, avec tête de Méduse et génies supportant des guirlandes de fruits. — 317. Statue de Bacchus enfant. — 318. Tête de Britannicus. — 319. Torse d'homme. — 320. Terme de faune, avec le *pedum* et un chevreau. — 321. Statue de jeune Romain, avec la bulle et le *volumen* ; cippe de Volusius Antigone. — 322. Mort des enfants de Niobé, sarcophage. — 323. Matrone romaine assise, statuette en marbre de Carrare. — 324. Buste de femme. — 325. Buste de faune riant. — 326. L'Hiver et l'Automne, bas-relief. — 327. Terme de Silène, tenant Bacchus enfant. — 328. Deux muses, fragment de sarcophage en marbre de Carrare. — 329. Tête d'homme. — 330. Terme de faune, tenant un chevreau. — 331. Fragment de bas-relief. — 332. Buste d'enfant. — 333. Sarcophage d'enfant, avec deux masques scéniques ; cippe de Cassie. — 334. Hermès d'Hercule en marbre de Carrare. — 335. Autel, entouré de serpents. — 336. Statuette de Cupidon, avec la dépouille du lion de Némée. — 337. Centaures combattant, bas-relief. — 338. Tête de femme. — 339. Au milieu de la salle, urne cinéraire représentant une bacchanale : elle est posée sur un autel, dédié à la Piété et orné de lyres et de guirlandes de fruits.

Treizième salle. — 340. Torse d'Hercule. — 341. Adonis blessé, bas-relief. — 342. Tête de Junon. — 343. Statue, couchée et demi-nue, d'Ulpia Épigone, sarcophage trouvé sur la voie Appienne. — 344. Hercule combattant, bas-relief. — 345. Trois acrotères représentant Minerve. — 346. Statue du sénateur Dogmatius, posée sur un cippe dédié à Cælius Saturninus*. — 347. Sarcophage en travertin de la famille Erictes. — 348. Sarcophage avec vendange. — 349. Sarcophage de Clodius Anicetus. — 350. Acrotère représentant Minerve. — 351. Buste sans tête, de porphyre violet. Ce fut sous le règne de Claude, vers l'an 45, que Vitrasius Pollion fit venir à Rome les premières statues de porphyre. — 352. Demi-statue de porphyre rouge, posée sur le cippe de Cælia Secundilla. — 353. Cuirasse d'une statue sans tête, de porphyre rouge. — 354. Corps drapé d'une statue

mutilée en porphyre rouge, posée sur le cippe de Lepidius. — 355. Partie
inférieure de robe en porphyre violet, sur un couvercle de cippe. — 356.
Fragment de coupe en porphyre. — 357. Sarcophage de Gallia Primitiva,
avec les allégories des quatre saisons. — 358. Bas-relief : Deux Amours
conduisant une barque et arrivant au port indiqué par un phare. — 359.
Statue consulaire drapée, en marbre de Carrare, tenant un rouleau en
main, avec un écrin à ses pieds ; au-dessous, cippe de Julia Bassa.— 360.
Sarcophage de la famille Furia. — 361. Oreste et Pylade, bas-relief en
marbre grec. — 362. Acrotères, représentant Minerve et une tête d'enfant. — 363. Torse d'homme nu. — 364. Une muse, bas-relief. — 365.
Tête d'homme. — 366. Torse d'homme nu. — 367. Torse de pêcheur à la
ligne. — 368. Tête d'homme. — 369. Torse d'homme, posé sur un autel
dédié à Castor.— 370. Statue sans tête de femme drapée.— 371. Bacchus,
bas-relief.— 372. Tête de femme. — 373. Au milieu de la salle, sarcophage
de Cæcilius Vallianus, chevalier romain. Il est représenté sur un lit de
triclinium, et on fait de la musique pendant qu'on lui apporte à manger*.
— 374. Au-dessus, pied de candélabre.

Quatorzième salle. — 375. Rondelle de marbre blanc, détachée d'une
colonne et portant une inscription qui indique sa provenance. — 376.
Statuettes d'homme et de femme. — 377. Tête d'homme. — 378. Torse
d'homme, posé sur un autel dédié à Hercule. — 379. Grand conduit en
terre cuite pour les eaux. — 380. De chaque côté de la porte, statues en
plâtre de Sophocle et d'Aristide. Cette dernière a été moulée sur l'original, qui est au musée de Naples. — 381. Débris de vêtement, posés sur un
cippe à inscription grecque. — 382. Rondelle de marbre, avec inscription
de Lælius. — 383. Procession des dieux Lares, bas-relief. — 384. Tête de
Junon. — 385. Sarcophage inachevé d'Annius Octavius Valerianus. *Evasi,
effugi ; spes et fortuna, valete ; nil mihi vobiscum est, ludificate alios.* —
386. Statue inachevée de barbare captif; elle conserve encore les traces
de la mise au point. — 387. Rondelle de marbre, avec inscription. — 388.
Bacchanale, bas-relief. — 389. Tête de Cérès. — 390. Statue de porphyre
brûlé, représentant un guerrier cuirassé : cippe d'Ulpia. — 391. Grand
conduit en terre cuite pour les eaux. — 392. Rondelle de marbre, avec
inscription. — 393. Statue de femme.

Quinzième salle. — Elle forme le *Musée Pio-Ostiense*, composé exclusivement des monuments trouvés à Ostie sous le pontificat de Pie IX. —
394. Buste d'enfant. — 395. Urne cinéraire de Sextus Flavius. — 396.
Deux autels, dédiés par Cælius et surmontés d'une statuette de ministre
mithriaque. — 397. Jeune Romain, couché sur un tombeau.— 398. Sarcophage avec tête d'Océan, Néréides et hippocampes. — 399. Travaux
d'Hercule, bas-relief. — 400. Sarcophage de la famille Lollius Liberalis.—
401. Fragment de statue consulaire en marbre de Carrare. — 402. Néréides et hippocampes, fragments de bas-reliefs. — 403. Statue mutilée de

jeune Romain. — 404. Statue de femme sans tête, posée sur le cippe d'Æficius. — 405. Bas-relief de la famille Cornélius ; à l'extrémité, une femme nommée *Turellia pietas*. — 406. Statuette, dédiée à Bellicius Kapitolinus, posée sur les cippes d'Annius Mérops et de Æmilius Quintianus.— 407. Statue de femme drapée, en marbre grec. — 408. Sarcophage de Rubrius Thallus. — 409. Buste d'Antonin le Pieux, en marbre de Carrare. — 410. Cippe funèbre. — 411. Bonnet phrygien. — 412. Petit autel dédié à Silvain, *Silvano sanc. sac.*, et surmonté d'une tête d'Apollon. — 413. Pied colossal. — 414. Roi barbare prisonnier, soutenant un vase sur ses épaules, statuette en *pavonazetto*. — 415. Dame romaine, couchée sur un lit de *triclinium*, bas-relief. — 416. Fragment du sarcophage d'Arria.— 417. Frise en marbre de Carrare, où sont sculptées des bêtes fauves. — 418. Inscription de Quirina, gravée sur marbre gris ; enlèvement d'Europe. — 419. Impératrice en prêtresse, statue en marbre grec. — 420. Torse de jeune femme, posé sur les cippes d'Annius et de Lucullus. — 421. Fragment de statue de femme, posé sur le cippe de Tibère Claude.— 422. Statue d'enfant, avec la bulle au cou*. — 423. Deux bustes en bas-relief de la famille Caltilius. — 424. Fragment de statue cuirassée, posé sur le cippe de Livia Helpis. — 425. Char, chapiteau, fragments de bas-reliefs. — 426. Divinités marines, sarcophage en marbre grec. — 427. Tête de Mercure, posée sur le cippe de Cacus. — 428. Tête d'enfant. — 429. Tête de femme. — 430. Hermès de Priape. — 431. Tête de Nymphe, posée sur un cippe consacré aux dieux mânes de Cacia, *sacris, sanctis, castis, piis*.— 432. Triomphe de Flavius Verus, chevalier romain, bas-relief. Au-dessous, inscription qui lui fut dédiée par sa mère, Sabine, dans l'*édifice* avec *hypogée* où elle plaça son *hermès*. — 433. Urne cinéraire. — 434. Tête de Pâris. — 435. Tête de femme. — 436. Urne cinéraire d'Annius. — 437. Dalle percée d'*impluvium* pour l'écoulement des eaux pluviales. — 438. Torse d'homme, posé sur un putéal.—439. Palmier, sculpté en bas-relief.— 440. Cavalier, Neptune sur son char, fragments de bas-reliefs. — 441. Chapiteau, posé sur le cippe de Considia. — 442. Première vitrine contenant : *Terre cuite :* Antéfixes, lampes, masques, lacrymatoires, petits autels votifs, statuettes, moules de pierres gravées ; — 443. *Verre :* Coupes, fioles, lacrymatoires, grains de collier; — 444. *Bronze :* Chaînes, lampes, monnaies, clefs, balances, fibules, boutons, cloches, lettres, pinces épilatoires; — 445. *Ivoire :* Flûtes, styles, dés à jouer. — 446. Trois cippes funèbres. — 447. Enfants soutenant des guirlandes de fruits, ornements de frise en terre cuite*. — 448. Inscription de Flavia Cecilia en terre cuite. — 449. Autel domestique ou niche en mosaïque d'émail, dédiée à Sylvain, dieu des bois (IIIe siècle)*. — 450. Cippe de Græcinius. — 451. Cippe d'Arruntia. —452. Cippe de Cacius posé sur un chapiteau. — 453. Deuxième vitrine contenant des objets semblables à la première, et, en plus, des miroirs en bronze, un groupe d'ivoire ; l'Amour et Psyché s'embrassant ; deux grandes lampes, un coq, un bidon et une faisselle pour faire les fromages, le tout en terre cuite. — 454. Hercule, statue en terre cuite. — 455. Pieds de table. — 456. Cippe d'Antonia Læta, surmonté d'un buste d'homme sans tête. — 457. Urne cinéraire de Pælius. — 458. Tête d'Océan, fragment de bas-relief. — 459. Buste de femme.

Seizième salle. — 460. Sarcophage de Voltidia, sculpté en marbre de Carrare ; l'inscription est soutenue par deux génies. — 461. Conduits en plomb, contemporains d'Adrien. Il en est qui portent les noms de *Publius Secundus, Matidia, Trajan*, etc. L'un d'eux est signé : EX · OFF · AVR · VALERI. — 462. Cippe de Cacius. — 463. Cinq fresques : Le Temps et Rhéa, oiseau becquetant des fruits, histoire d'Orphée et d'Eurydice, repas, avec les noms des cinq convives ; Pluton enlevant Proserpine. — 464. Sarcophage strigillé et en marbre grec de Fonteia Severa. — 465. Conduits en plomb, aux noms de Trajan, d'Antonin, etc. L'un d'eux porte le nom de la colonie d'Ostie. — 466. Athys, statue élevée par Cartilius Euplus, *ex monitu deæ*. — 467. La vitrine contient des grains de verroteries pour colliers, une tête de Cybèle et des lampes en terre cuite, des lacrymatoires de verre et de terre cuite, des styles d'ivoire, des clous de bronze, des antéfixes, des chapiteaux et divers petits objets en terre cuite et en marbre.

MUSÉE CHRÉTIEN

Ce musée a son gardien spécial, auquel on laisse une rétribution en sortant. Il occupe une partie du rez-de-chaussée et tout le premier étage du palais. On n'y trouve ni catalogue, ni numéros d'ordre.

Vestibule. — 1. Sarcophage : Le Christ et six apôtres sous des arcades.— 2. Deux sarcophages strigillés. — 3. Ste Rufine, couronnée et tenant une lampe et une palme, statue du quinzième siècle trouvée à Porto (État Pontifical). — 4. Douze chapiteaux et inscriptions provenant d'Ostie. — 5. Linteau de porte avec inscription. — 6. Arcade de ciborium en marbre, avec une inscription au nom du pape S. Léon IV (neuvième siècle). — 7. Sarcophage strigillé, à l'effigie du défunt. — 8. Sarcophage, avec les génies des quatre saisons. — 9. Sarcophage : Deux époux dans une coquille et scène pastorale. — 10. Sarcophage : Histoire de Jonas. — 11. Sarcophage : La multiplication des pains et des poissons dans le désert, la défunte orante entre deux saints, l'eau changée en vin aux noces de Cana. — 12. Sarcophage avec dauphins. — 13. Jésus-Christ, grande statue moderne. — 14. Mosaïque, imitée en 1709 de celle qui ornait le tombeau de l'empereur Othon II à Saint-Pierre, et représentant Notre-Seigneur entre S. Pierre et S. Paul. — 15. Mosaïque de la chapelle de Jean VII, à St-Pierre : Notre-Seigneur bénissant et l'enfant Jésus lavé après sa naissance par Salomé (huitième siècle).

Escalier. — La voûte, peinte à fresque sous le pontificat de Sixte V,

représente ses armoiries, celles de l'État Pontifical et de la basilique de
Latran, des allégories et des paysages. Ces peintures ont été restaurées
sous Pie IX. Des deux côtés, le long des parois, sont disposés des sarcophages complets : les fragments sont encastrés dans les murs. Ces monuments de l'art chrétien primitif ne sont pas antérieurs aux quatrième
et cinquième siècles. Les sujets se lisent de gauche à droite. L'ordre adopté
pour la description est celui des travées, où l'on passe alternativement
de droite à gauche.

16. Statue du bon Pasteur*. — 17. Le Christ triomphant et tenant sa
croix entre S. Pierre et S. Paul, scène de la Passion. — 18. Portrait de la
défunte, scène pastorale ; Moïse frappant le rocher ; Jésus-Christ ressuscitant Lazare. — 19. Le bon Pasteur, entre les génies des quatres saisons.
— 20. En haut, création de l'homme et de la femme ; Adam et Ève
condamnés au travail, arbre de la tentation, les deux époux défunts, l'eau
changée en vin aux noces de Cana, multiplication des pains et des poissons dans le désert, résurrection de Lazare. En bas, adoration des mages,
guérison de l'aveugle-né, Daniel dans la fosse aux lions, prédiction du
reniement de S. Pierre, arrestation de S. Pierre ou de Moïse, suivant
quelques archéologues, Moïse frappant le rocher. Ce grand sarcophage
inachevé provient de la basilique de Saint-Paul-hors-les-Murs* [1]. — 21.
Statue du bon Pasteur. — 22. Résurrection de Lazare, arrestation de
S. Pierre, son reniement. — 23. Jonas jeté à la mer, Noé dans l'arche. —
24. Passage de la mer Rouge. — 25. Le bon Pasteur et scène pastorale. —
26. Agape, adoration des mages, tentation d'Adam et d'Ève, agape. — 27.
Résurrection de la fille de Jaïr, le Christ et les apôtres, la défunte en
orante, résurrection du fils de la veuve, arrestation de S. Pierre, sacrifice
d'Abraham. – 28. Résurrection du fils de la veuve, adoration des mages,
histoire de Jonas. — 29. Hippocampes. — 30. Résurrection de Lazare,
Moïse frappant le rocher, arrestation de S. Pierre, bergerie, histoire de
Jonas. — 31. Adoration des mages, Daniel dans la fosse aux lions. — 32.
Adoration des mages, le Christ triomphant. — 33. Orante avec le phénix,
Moïse frappant le rocher, miracle des noces de Cana. — 34. Moïse frappant le rocher, arrestation de S. Pierre, le paralytique emportant son gra-
bat, la défunte en orante, multiplication des pains et des poissons, résurrection de Lazare. — 35. Guérison de l'aveugle-né, de l'hémorroïsse, du
paralytique ; entrée de Jésus-Christ à Jérusalem. — 36. Noé dans l'arche,
les trois enfants dans la fournaise. — 37. Moïse frappant le rocher, Daniel
dans la fosse aux lions, sacrifice d'Abraham. — 38. La défunte, entre les
génies des quatre saisons et deux musiciens. — 39. Adoration des mages,
Moïse frappant le rocher, histoire de Jonas, sacrifice d'Abraham, arrestation de S. Pierre, Daniel dans la fosse aux lions. — 40. Daniel tuant le dragon, tentation d'Adam et d'Ève, le Christ entre S. Pierre et S. Paul, le

(1) Il est gravé dans les *Annales archéologiques*, t. XXIV, p. 265.

Christ enseignant. — 41. Les trois enfants dans la fournaise, tentation d'Adam et d'Ève, miracle des noces de Cana, guérison de l'aveugle-né, résurrection du fils de la veuve, prédiction du reniement de S. Pierre, guérison du paralytique, sacrifice d'Abraham, arrestation de S. Pierre, Moïse frappant le rocher, Daniel dans la fosse aux lions, Noé dans l'arche. — 42. Le bon Pasteur et l'orante. — 43. Scène pastorale. — 44. Le Christ et six apôtres sous des arcades; près de lui le phénix est perché sur un palmier. — 45. Résurrection du fils de la veuve, guérison de l'hémorroïsse, J.-C. enseignant. — 46. S. Pierre et S. Paul, vers lesquels se dirigent six agneaux tenant des couronnes dans leurs bouches, et adossés à des palmiers. — 47. Sacrifices d'Abel et de Caïn, tentation d'Adam et d'Ève, l'orante, guérison du paralytique, de l'aveugle-né, miracle des noces de Cana, résurrection de Lazare. — 48. Multiplication des pains et des poissons dans le désert. — 49. Résurrection de Lazare, multiplication des pains et des poissons dans le désert, miracle des noces de Cana, l'orante, guérison de l'hémorroïsse, arrestation de S. Pierre, Moïse frappant le rocher. — 50. Jonas jeté à la mer, Daniel dans la fosse aux lions, sacrifice d'Abraham, Jonas sous la courge, résurrection de Lazare, tentation d'Adam et d'Ève, multiplication des pains et des poissons, guérison de l'aveugle-né et du paralytique. — 51. Les trois enfants dans la fournaise. — 52. Sacrifice d'Abraham, guérison de l'aveugle-né et du paralytique, multiplication des pains et des poissons, guérison de l'hémorroïsse, tentation d'Adam et d'Ève, résurrection du fils de la veuve. — 53. Adoration des mages, naissance de J.-C., Daniel dans la fosse aux lions, la défunte CRISPINA, multiplication des pains et des poissons, arrestation de S. Pierre, Moïse frappant le rocher. — 54. Entrée de J.-C. à Jérusalem, travail imposé à Adam et Ève, Moïse recevant les tables de la loi, les deux époux défunts, sacrifice d'Abraham, résurrection du fils de la veuve, multiplication dans le désert des pains et des poissons, Moïse frappant le rocher, arrestation de S. Pierre, prédiction de son reniement, Daniel dans la fosse aux lions, guérison de l'aveugle-né, du paralytique, de l'hémorroïsse, et miracle des noces de Cana. — 55. Élie enlevé au ciel. — 56. J.-C. devant Caïphe, conduit au Calvaire, triomphant, conduit à Pilate, et Pilate se lavant les mains. — 57. Scène pastorale; à gauche, bon Pasteur; à droite, orante. Le marbre porte des traces de peinture et de dorure. Sur le couvercle, chasse au lièvre*. — 58. Monogramme du Christ entre l'alpha et l'oméga. — 59. Daniel dans la fosse aux lions, Moïse frappant le rocher. — 60. Travail imposé à Adam et Ève, guérison du paralytique, miracle des noces de Cana, entrée de J.-C. à Jérusalem, guérison de l'aveugle-né, résurrection de Lazare. — 61. Adoration des mages, crèche. — 62. Multiplication des pains et des poissons dans le désert, prédiction du reniement de S. Pierre, Moïse recevant les tables de la loi, les deux époux, sacrifice d'Abraham, guérison de l'aveugle-né, résurrection de Lazare, Suzanne entre les deux vieillards, arrestation de S. Pierre, les génies des saisons, Daniel dans la

fosse aux lions, miracle des noces de Cana, guérison du paralytique, Moïse
frappant le rocher. — 63. Scène pastorale, orante. — 64. Tentation d'Adam
et d'Ève, sacrifice d'Abraham, Moïse recevant les tables de la loi, guérison
de l'aveugle-né, prédiction du reniement de S. Pierre, guérison de l'hémorroïsse, multiplication des pains et des poissons, Moïse frappant le
rocher. Sur le couvercle, les trois enfants dans la fournaise et l'histoire
de Jonas. — 65. J.-C. conduit devant Pilate, adoration des bergers,
baptême de J.-C., résurrection de Lazare. — 66. Les trois enfants dans la
fournaise, Noé dans l'arche, la défunte. — 67. Scène pastorale, cueillette
des raisins, vendange. Aux deux extrémités, le bon Pasteur, et, aux coins,
les quatre saisons*. — 68. Multiplication des pains et des poissons dans le
désert, prédiction du reniement de S. Pierre, le Christ entre S. Pierre et
S. Paul, miracle des noces de Cana, guérison du paralytique. — 69. Prédiction du reniement de S. Pierre, sarcophage strigillé dont le couvercle
représente la tentation d'Adam et d'Ève, la défunte en orante et l'histoire
de Jonas. — 70. Moïse frappant le rocher, arrestation de S. Pierre, résurrection du fils de la veuve, l'orante, multiplication des pains et des poissons, entrée de J.-C. à Jérusalem. — 71. Miracle des noces de Cana, guérison de l'aveugle-né, résurrection de Lazare, orante, multiplication des
pains et des poissons dans le désert, guérison de l'hémorroïsse, Daniel et
le serpent. Les arcades sont formées par des arbres dont les branches se
rejoignent et s'arrondissent en cintre. — 72. Résurrection de Lazare, multiplication des pains et des poissons, les deux époux, sacrifice d'Abraham,
guérison de l'aveugle-né, prédiction du reniement de S. Pierre, travail
imposé à Adam et Ève, Moïse ôtant sa chaussure par ordre de Dieu, guérison de l'hémorroïsse, miracle des noces de Cana, Jonas jeté à la mer,
Daniel dans la fosse aux lions, arrestation de S. Pierre, Moïse frappant le
rocher. — 73. Moïse frappant le rocher, arrestation de S. Pierre, miracle
des noces de Cana, orante, guérison de l'aveugle-né, du paralytique et de
l'hémorroïsse. — 74. Tête radiée du soleil, guérison de l'hémorroïsse,
multiplication des pains et des poissons. — 75. Pêcheur à la ligne. — 76.
Histoire de Jonas. — 77. Pêcheur à la ligne, sacrifice d'Abraham, sarcophage strigillé. — 78. J.-C., bon pasteur, avec les douze apôtres et devant
chacun d'eux l'agneau qui est leur symbole. — 79. Tentation d'Adam et
d'Ève, Moïse recevant les tables de la loi, adoration des mages, Noé dans
l'arche, histoire de Jonas, Moïse frappant le rocher. — 80. Résurrection
de Lazare, prédiction du reniement de S. Pierre, guérison de l'aveugle-né,
Moïse recevant les tables de la loi, les deux époux, sacrifice d'Abraham,
guérison du fils de la veuve, J.-C. enseignant, Moïse frappant le rocher,
arrestation de S. Pierre, miracle des noces de Cana, guérison de l'hémorroïsse, Daniel dans la fosse aux lions, multiplication des pains et des poissons, guérison du paralytique. — 81. Bon pasteur, orante entre S. Pierre
et S. Paul. — 82. Entrée de J.-C. à Jérusalem, le Christ triomphant, Daniel dans la fosse aux lions, résurrection de Lazare. — 83. Sarcophage de

Sabinus : Moïse frappant le rocher, arrestation de S. Pierre, miracle de Cana, orante, guérison de l'aveugle-né, multiplication des pains et des poissons, résurrection de Lazare ; sur le couvercle, orante et chasse au sanglier. — 84. Ciborium soutenu par deux colonnes de *pavonazetto*, cannelées en spirale, provenant de l'oratoire de S. Venance ; avec la copie d'une fresque des catacombes et un marbre représentant deux paons posés sur un calice à anses. — 85. Prédiction du reniement de S. Pierre, sacrifice d'Abraham, le Christ triomphant entouré des apôtres, Pilate se lavant les mains, Moïse frappant le rocher, guérison de l'hémorroïsse. — 86. Guérison de l'aveugle-né, miracle des noces de Cana, multiplication des pains et des poissons, résurrection de Lazare. — 87. Agape. — 88. Abel offrant un agneau, arrestation de S. Pierre, soldats gardiens du Labarum, Pilate et sa femme. — 89. Moïse frappant le rocher, arrestation de S. Pierre, prédiction de son reniement, guérison du paralytique et de l'aveugle-né, miracle des noces de Cana, multiplication des pains et des poissons dans le désert. — 90. Agape. — 91. J.-C. portant sa croix, couronné d'épines, soldats gardiens du Labarum, J.-C. conduit devant Pilate, Pilate se lavant les mains[1]. — 92. Soldats gardiens du Labarum. — 93. Adoration des mages. — 94. Élie enlevé au ciel. — 95. Mosaïque en marbres de couleur et émaux, représentant un coq qui combat. — 96. Entrée de J.-C. à Jérusalem, multiplication des pains et des poissons, l'enfant défunt, passage de la mer Rouge, Moïse frappant le rocher, arrestation de S. Pierre, prédiction de son reniement, adoration des mages, Daniel dans la fosse aux lions, tentation d'Adam et d'Ève, sacrifice d'Abraham, Noé dans l'arche. — 97. Crèche. — 98. Les trois enfants hébreux dans la fournaise. — 99. Inscription peinte au minium sur marbre. — 100. S. Hippolyte, évêque de Porto au IIIe siècle, statue assise trouvée près S.-Laurent-hors-les-Murs ; sur le siège est gravé le cycle pascal en grec. — 101. Sacrifice d'Abraham, guérison de l'aveugle et du paralytique. — 102. Prédiction du reniement de S. Pierre. — 103. L'enfant défunt en orant, miracle de Cana, Moïse frappant le rocher. — 104. Moïse frappant le rocher, arrestation de S. Pierre. — 105. Le bon Pasteur, sarcophage d'enfant.

Loges. — Elles furent peintes à fresque sous le pontificat de Sixte V et restaurées sous Grégoire XVI. Elles représentent des allégories et des faits de l'Ancien et du Nouveau Testament, avec des paysages aux tympans.

Dans les murs sont encastrées des inscriptions des catacombes, divisées méthodiquement en vingt-cinq séries par le commandeur de Rossi[2]. — 106. Moulage du tombeau de Junius Bassus, qui est à S. Pierre, dans la crypte de la Confession. — 107. I et II. Monuments publics du culte chrétien. — 108. Plaque votive en plomb. — 109. Cou d'amphore avec l'inscription :

1. Ce sarcophage est gravé dans les *Annales archéologiques*, t. XXII, p. 251.
2. Voir dans le *Bulletin d'archéologie chrétienne*, 1875, p. 138-164 ; 1877, p. 5-46, l'article intitulé : *Le Musée Pie d'épigraphie chrétienne.*

Spes in Deo. — 110. Cippe païen, ayant servi d'autel dans l'église de Ste-Praxède : l'inscription est du ixᵉ siècle. — 111. Borne chrétienne, avec le monogramme du Christ. — 112. III. Éloges des martyrs, écrits en vers par S. Damase et gravés par Filocalus. — 113. IV. Épitaphes, avec dates consulaires de l'an 70 à l'an 359. — 114. V. Épitaphes, avec dates consulaires de l'an 360 à l'an 392. — 115. VI. Épitaphes avec dates consulaires de l'an 392 à l'an 409. — 116. VII. Épitaphes avec dates consulaires de l'an 425 à l'an 557. — 117. VIII et IX. Épitaphes contenant des dogmes de la religion chrétienne. — 118. X. Épitaphes de papes, prêtres, diacres et autres ministres de l'Église. — 119. XI. Épitaphes de vierges, veuves, fidèles, pèlerins, néophytes, catéchumènes. —120. XII. Épitaphes d'hommes et de femmes illustres, soldats, artisans; offices divers. — 121. XIII. Épitaphes de parenté, famille, nation, patrie. — 122. XIV et XV. Images et symboles des dogmes chrétiens. Au n° 42, types de S. Pierre et de S. Paul, tels que les a maintenus la tradition la plus authentique. — 123. XVI. Images et symboles des arts et fonctions civiles et domestiques. — 124. XVII. Épitaphes variées, qui se distinguent par une forme singulière. — 125. XVIII. Inscriptions de familles, peintes en rouge ou blanc sur brique, provenant du cimetière de Ste-Priscille sur la voie Salara Nova. — 126. XIX. Inscriptions de famille de la catacombe de S.-Prétextat sur la voie Appienne. — 127. XX. Inscriptions de famille de la catacombe de Ste-Agnès, sur la voie Nomentane. — 128. XXI. Inscriptions de famille des tombeaux d'Ostie. — 129. XXII. Inscriptions de famille des tombeaux de la catacombe du Vatican. — 130. XXIII. Inscriptions de famille des tombeaux de la catacombe de Ste-Cyriaque, à S.-Laurent-hors-les-Murs. — 131. XXIV. Inscriptions de famille des tombeaux de la catacombe de S.-Pancrace. — 132. XXV. Inscriptions des catacombes juives.

Première salle. — Cette salle et la suivante contiennent des copies des peintures des catacombes, réduites ou de la grandeur des originaux.

133. Voûte avec le bon Pasteur (catacombe de S.-Callixte). – 134. Bon Pasteur (catacombe des SS.-Thrason et Saturnin). — 135. J.-C. et quatre apôtres (catacombe de S. Callixte). — 136. Scènes de l'Ancien Testament *ibidem*). — 137. Multiplication des pains et des poissons. — 138. Moïse faisant jaillir l'eau du rocher. — 139. Bon Pasteur. — 140. Orante. —141. Moïse faisant jaillir l'eau du rocher, les trois enfants dans la fournaise. — 142. Voûte avec le bon Pasteur (catacombe de S.-Prétextat). — 143. Adoration des mages (catacombes de S.-Callixte, de Ste-Agnès, des SS.-Nérée et Achillée, et des SS.-Pierre et Marcellin). — 144. Suzanne et les deux vieillards. — 145. Suzanne, sous la forme d'un agneau, entre les deux vieillards représentés par deux renards (catacombe de S.-Prétextat).

Deuxième salle. — 146. Vierge (crypte de la basilique de S.-Clément). — 147. Moïse faisant jaillir l'eau du rocher, résurrection de Lazare. — 148. Orants, peinture d'un arcosolium. — 149. Agape. — 150. J.-C. en-

seignant les Apôtres. — 151. Le bon Pasteur. — 152. J.-C. et les Apôtres.
— 153. J.-C. entre S. Pierre et S. Paul ; au-dessous, l'agneau debout sur
une colline d'où coulent les quatre fleuves du paradis, entre S. Pierre et
S. Marcellin, S. Gorgon et S. Tiburce ; fresque du Ve siècle, gravée dans
les *Annales archéologiques*, t. XXIV, p. 164 (catacombe des SS. Pierre et
Marcellin). — 154. J.-C., S. Urbain, Ste Cécile (catacombe de S. Callixte).
— 155. Policamus, Sebastianus et Curinus (catacombe de S. Callixte). —
156. Histoire de Jonas.

Troisième salle. — 157. Fresques du quatorzième siècle provenant de la
basilique de Ste-Agnès-hors-les-Murs et transportées sur toile. Elles représentent S. Laurent, S. Onuphre et les vies des saintes Agnès, Cécile et
Catherine d'Alexandrie. — 158. Fresques du neuvième siècle, représentant
des prophètes et des oiseaux, provenant de la crypte de S.-Nicolas *in
carcere.*

Quatrième salle. — La voûte, peinte à fresque sous Sixte V, représente
les quatre saisons.

159. *Jules Romain :* Martyre de S. Étienne, carton dessiné au crayon. —
160. *Camuccini :* Incrédulité de S. Thomas, *idem.* — 161. *Daniel de Volterre :*
Descente de croix, *idem.* — 162. Au milieu de la salle, mosaïque en marbres de couleur, trouvée à Rome au palais Sora ; elle représente une tête
de femme, entourée d'arabesques, d'oiseaux : perroquet, perdrix, et de
fruits : figues, pommes et grenades. — 163. Bordure d'une mosaïque, en
marbres de couleur, divisée en vingt et un compartiments. Elle a été
trouvée près Saint-Paul-hors-les-Murs et figure sur un fond blanc, avec
des ombres projetées, les débris d'un festin, tels que écailles d'huître,
coquillages, limaçons, moules, cerises, os, pattes de homard, noix rongée
par une souris, pattes et carcasse de poulet, noisettes, os de côtelettes,
feuilles de salade, six masques scéniques avec une inscription grecque,
olives, branches d'olivier, arêtes de poissons, tranche de citron, patte
d'agneau. Le champ de la mosaïque, à fond noir, représente deux divinités
égyptiennes, un cygne, un canard, un crocodile, un oiseau aquatique,
un ibis à l'affût du poisson et un poisson.

Cinquième salle. — La porte d'entrée est encadrée de porte sainte. La
frise, peinte à fresque, sous Sixte V, représente la vie de J.-C. — 164.
Deux tables de granit gris. — 165. Les deux autres colonnes cannelées,
en *pavonazetto,* du ciborium décrit dans l'escalier. — 166. *Le chevalier
d'Arpin :* Annonciation. — 167. *Laurence :* Portrait de Georges IV, roi
d'Angleterre ; don de ce prince à Pie VII. — 168. *Le Guerchin :* Assomption de la Vierge ; don de l'empereur de Russie.

Sixième salle. — On y monte par un escalier pratiqué dans l'épaisseur
du mur. La frise, peinte à fresque sous Sixte V, représente des vertus et
quatre traits de la vie de Constantin : Vision de la croix et bataille contre

35

Maxence, il tient la bride du cheval de S. Sylvestre, est baptisé par ce pontife, donne à l'Église ses possessions.

169. Mosaïque en marbres de couleur, sur fond blanc, trouvée aux thermes de Caracalla. Elle est divisée par des entrelacs en sept compartiments, dans chacun desquels sont superposés des athlètes, figurés nus, en buste ou en pied, avec les différents instruments dont ils se servaient pour combattre. Deux tableaux à l'aquarelle montrent la mosaïque telle qu'elle fut trouvée et avant sa restauration. —170. Buste de Grégoire XVI, qui fit placer dans cette salle ce monument unique en son genre.

Septième salle. — Cette salle et les cinq suivantes contiennent des tableaux, presque tous sur bois, de la fin du Moyen âge et de la Renaissance.

171. *Marc Palmezzano :* La Vierge et l'enfant Jésus, S. Laurent, S. François d'Assise, S. Jean-Baptiste, ange jouant du violon, S. Pierre, S. Antoine, S. Thomas d'Aquin (1537).   •

Signé : Marchus Palmeranus pictor

foroliviensis faciebat

M CCCCC XXXVII

172. *École de Crivelli :* Retable d'autel (1481). Au milieu : La Vierge et l'enfant Jésus qui tient un chardonneret ; à droite, S. Sylvestre et S. Jérôme ; à gauche, S. Jean-Baptiste et un saint solitaire. — 173. *Fra Angelico de Fiesole :* Retable d'autel (quinzième siècle). Assomption de la Vierge, qui donne sa ceinture à S. Thomas. A la *predella*, naissance de la Vierge, son mariage avec S. Joseph, annonciation, naissance de J. C., sa présentation au temple et sa mort. Sur les pilastres sont peints des saints de l'ordre de S.-François. — 174. Fresque de la fin du seizième siècle, transportée sur toile : La Vierge et l'enfant Jésus sur un trône, entourée des SS. Jacques Majeur, André et Antoine, abbé ; au pied du trône, un franciscain à genoux.— 175. *Marc Palmezzano :* La Vierge sur un trône, tenant l'enfant Jésus, S. Jean-Baptiste et S. Jérôme aux pieds du trône, un ange jouant du violon. La signature est illisible.

La voûte, peinte à fresque sous Sixte V, représente des allégories.

Huitième salle. — 176. *Van Dyck :* Portrait d'homme. — 177. *Crivelli :* La Vierge et l'enfant Jésus avec le donateur agenouillé.

Signé : OPVS. CAROLI. CRIVELLI

VENETI. 1482

178. L'enfant Jésus allaité par la Vierge, entre Ste Madeleine myrrophore et S. Antoine de Padoue (fin du xvᵉ siècle.) — 179. *Sassoferrato :* Portrait du cardinal Montalto, qui devint pape sous le nom de Sixte V. — 180. Tapisseries, faites à Rome à l'hospice apostolique de Saint-Michel, sur les

originaux de Fra Bartolomeo qui sont au Quirinal. Elles représentent les apôtres S. Pierre et S. Paul. — 181. *Michel-Ange de Caravage* : J.-C. ordonnant de rendre à César ce qui est à César.

Neuvième salle. — 182. *Pierre Nocchi*, de Lucques (1840) : Baptême selon le rit grec. — 183. *Colas dell' Amatrice* : Assomption de la Vierge (1515).

Signé : COLA AMATRICIVS

FACIEBAT MDXV.

184. *César da Cesto* : La Vierge et l'enfant Jésus, S. Jean-Baptiste, Ste Elisabeth et des anges. — 185. *Ecole lombarde* : J. C. porté au tombeau.

Dixième salle. — 186. *César da Cesto* : Baptême de J. C. — 187. *Lucas Signorelli* : Ste Madeleine myrrophore et Ste Dorothée (?), vierge. — 188. *François Francia* : Annonciation. — 189. *Lucas Signorelli* : S. Laurent et S. Benoît. — 190. *Fra Philippe Lippi* : Le couronnement de la Vierge ; les donateurs sont assistés de leurs patrons. — 191. *Jean Santi*, d'Urbin, père de Raphaël : S. Jérôme, assis sur un trône et vêtu en cardinal.

Signé : IOHANNES. SANCTIS. DE. VRBINO. *Pinxit.*

192. Panneau de la fin du XVe siècle : S. Eustache, S. Louis de Toulouse, Ste Claire, S. Antoine de Padoue, S. Roch et S. Sébastien.

Onzième salle. — 193. *Antoine de Murano* : Retable d'autel : Le Christ souffrant, S. Pierre, S. Jérôme, S. Paul et S. Ambroise. En bas : S. Christophe, S. Sébastien, S. Antoine, S. Pontien et S. Roch.

Signé : 1464. ANTONIVS DE MVRANO. PINXIT.

194. *Michel-Ange de Caravage* : Sacrifice païen. — *Le même* : J.-C. et les disciples soupant à Emmaüs.

Douzième salle. — La frise, peinte à fresque sous Sixte V, représente les empereurs chrétiens, dont ce pape fit placer les monnaies au palais de Latran : Constantin, Théodose, Arcadius, Honorius, Théodose le Jeune, Valentinien, Marcien, Léon, Justin, Justinien, Tibère, Maurice, Phocas, Héraclius.

196. *Silvagni* (1835) : Copie du martyre de S. André, d'après la fresque du Dominiquin qui est à Saint-Grégoire sur le Cœlius.

Treizième salle. — On la nomme *Salle du concile*, à cause des cinq conciles tenus au même endroit dans le patriarcat de Latran. Le premier, sous Calixte II, en 1123, condamna les investitures. Le second, en 1139, sous Innocent II, fut dirigé contre Arnaud de Bresse. Le troisième, sous Alexandre III, en 1179, fulmina contre l'empereur Frédéric Barberousse et les Vaudois. Le quatrième, sous Innocent III, en 1215, attaqua les Albigeois et l'abbé Joachim, puis régla la discipline ecclésiastique. Le cinquième,

sous Jules II et Léon X, en 1512 et 1513, réunit les cardinaux qui s'étaien
séparés du Sacré-Collége et avaient formé un conciliabule à Pise et à
Milan. — 197. *Pettrich*, sculpteur de Dresde : Bustes et statues d'hommes
et de femmes ; bas-reliefs représentant une chasse aux buffles, une guerre,
des danses, et des négociations avec le Parlement des États-Unis. Ces
différents sujets, empruntés à la vie des Indiens, sont modelés en terre
cuite. — 198. Vitrine contenant des objets de la Nouvelle-Calédonie, tels
que armes, costumes, étoffes, colliers, flèches, peau de serpent boa. Don
de Mgr Pompallier à Pie IX.

Le plafond, en bois, à caissons peints et dorés, est sculpté aux armes
de Sixte V. La frise représente en fresques les papes et les décrets
doctrinaux qu'ils ont promulgués. Sur les murs, les principaux travaux
exécutés sous son pontificat pour l'embellissement de Rome.

Vestibule. — Il est divisé en sept compartiments contenant des inscriptions des catacombes.

199. I et V. Inscriptions de la catacombe de Ste Agnès. — 200. II et IV.
Inscriptions de la catacombe de Ste Cyriaque. — 201. III. Inscriptions de
la catacombe de S. Hermès. — 202. VI. Inscriptions suburbaines. — 203.
VII. Inscriptions de provenances incertaines.

Escalier. — A droite et à gauche sont encastrées dans les murs des inscriptions provenant des cimetières chrétiens des premiers siècles.

204. Croix à double croisillon, sculptée sur marbre blanc, avec inscriptions arméniennes. — 205. Inscriptions du moyen âge. — 206. Sarcophage
de marbre, qui a renfermé les corps de S. Jean Calybite et de plusieurs
autres saints. L'inscription est du IXe siècle [1].

```
   ☧ HIC REQVIESCVNT CORPORA ·
      SCOR͞ MARTYRV · YPPOLITI ·
     TAVRINI · HERCVLIANI · ATQ :
        IOHANNIS CALIBITIS :
          FORMOSVS EPS [2]
              CONDIDIT
```

1. Paciaudi la rapporte en fac-simile dans son ouvrage *De sacris christianorum
balneis*, Rome, 1758. Le sarcophage était alors chez le cardinal Passionei.
2. Le pape Formose siégea de 891 à 896.

ADDITIONS ET CORRECTIONS

Page 30, note 1, ajouter : Compte rendu par L. Cloquet, dans la *Revue de l'art chrétien,* 1888, p. 395.

Page 97, ajouter :

VI (¹)

Les testaments équivalent à des inventaires par le détail des articles qui y sont insérés. M. Bertolotti en a analysé un dans une brochure intitulée : *Un professore alla Sapienza di Roma nel secolo XVII,* Roma, 1886, in-4° de 12 pages. Ce professeur, à peu près inconnu, se nommait Jacques Ghibbs : son testament date de 1677. Notons-y « un orologio da muro, altro d'argento »; « la medaglia di poeta laureato cesareo, mandatagli con la catena da S. S. M., con la patente all'Università di Oxford »; « due portiere di corame grande in argento et oro, dipinte colle tre armi della virtuosissima Platilla »; « due cuscini di damascho, con fiocchi di seta e d'oro, per uso dei cardinali quando visitano la chiesa » (du collège anglais); pour une image de la Vierge, à la collégiale de Saint-Omer, « un prezioso diamante di circa undici grani, in un anello d'oro smaltato »; « una preziosa lama di spada, che compro in Spagna, autore Pedro di Belmonte »; « due gabbie con cardellino di canto mirabile, le quali gabbie egli stesso aveva costrutte. » Son épitaphe, au Panthéon, débute ainsi : *Anglus uterque parens, ego Gallus.* Ses parents étaient anglais, mais il naquit en France, près de Caen.

Page 224, n° 45, rectifier ainsi : Guillaume Pelé, archidiacre de la cathédrale de Tours. M. Palustre m'écrit : « Parmi les archidiacres dont Maan a dressé la liste, figure Guillaume Pelé, en 1463. »

Page 224, note 7, l'épitaphe se complète de la sorte, d'après Magalotti :

```
        FRANCISCAE DE CVPPIS TVRONENSI
        FOEMINAE RELIGIONE CARITATE
        ET PRVDENTIA SINGVLARI
        VIX . AN . XLV OBIIT MDXCIII
            XVII KAL . IVL .
        FRANCISCVS BARONVS S . D . N .
        CVRSOR MARITVS PETRVS BARO
        NVS FIL . HADRIANVS DE CVPPIS
            FRATER MOESTISS . POS .
```

M. Palustre pense que « *de Cuppis* doit se traduire *des Coupes,* une seigneurie de ce nom existant près Tours, dans la commune de Monnaie ».

Page 268, note 1, ajouter : Compte rendu par le ch. Bertolotti dans le *Bibliofilo* de Bologne, janvier 1889 : « Questo chiarissimo prelato volle rippubblicarlo, ... aggiungendo nuove note di erudizione specialmente liturgica, che rendono il lavoro sempre piu importante. »

(1) *Rev. de l'art chrét.,* 1888, p. 383-384.

Ajouter, page 416, nº 17 : On lit dans le *Messager des fidèles*, 1889, p. 153 :
« Amalaire ....., ainsi que l'Appendice de l'ordre romain de Mabillon, intercalent
ici (après le *Magnificat* des secondes vêpres) et pour le jour de Pâques seulement,
des troisièmes vêpres *ad sanctum Joannem ad vestem* .... On sait qu'au baptistère du Latran étaient adjoints deux oratoires construits par le pape Hilaire et
dédiés, l'un à S. Jean l'évangéliste, l'autre à S. Jean-Baptiste. Mabillon suppose que
ce dernier aura servi de refuge aux néophytes pour y déposer et reprendre leurs
habits, ce qui lui aurait fait donner le nom de *S. Joannes ad vestem*. On peut
trouver peut-être une autre explication probable de cette dénomination. S. Grégoire le Grand apprit d'un abbé de Sicile le passage d'un évêque ayant en sa possession une « tunique de S. Jean » (lib. III, p. 3; Migne, 77,605). Il exprima
aussitôt un vif désir de voir à Rome cette précieuse relique et son biographe nous
fait savoir qu'il vit ce désir satisfait (*Joann. Diac.*, lib. III, nº 57-60; Migne,
75,168). Grégoire plaça la sainte tunique au Latran et il est tout naturel qu'il l'ait
confiée de préférence à la chapelle des fonts, déjà consacrée sous le vocable de
S. Jean. Ainsi s'expliquerait la dénomination de S. Jean *ad vestem*, donnée à l'oratoire occidental, dédié au précurseur. Plus tard, on discuta si la tunique était
celle de S. Jean-Baptiste ou de l'évangéliste : on donna gain de cause à ce dernier,
et la relique fut déposée dans l'autel de la Basilique, lors des travaux exécutés à la
confession par Sergius II (Joann. Diac., *De Eccl. Lateranensi*, III, apud Mabillon,
Musæum Italicum, t. II, p. 564; *Lib. pontific.*, éd. Duchesne, t. II, p. 91). »

TABLE ALPHABÉTIQUE DES MATIÈRES

Doublure, 21, 25, 62, 76, 105, 107, 115. Voir *Disfoderatus, foderatus, fodretta, fourré.*

Doxale, 26, 27.

Doyen du Sacré Collége, 6.

Dragon, 378, 448, 456.

Drap, 66, 74, 76, 168, 196; d'autel, 154; de lit, 320; mortuaire, 115, 139, 148, 168, 173, 197, 367, 386, 371, 374 (voir *Croix, frange, paille*); de Lucques, 301; d'argent, 85; d'or, 61, 107, 117, 187, 289, 363, 367, 368, 374.

Drapeau de la bataille de Lépante, 395.

Drapelonus, 340.

Drappelet, 83.

Droit : canonique et civil, 389; de cité, 485, 486; de suffrage, 485.

Duc de Bourgogne, 24.

Durante, 187, 188, 192, 197, 264, 265.

Dyapre, 139.

Eau bénite, 39, 134, 393; forte, 90; de rose, 40; du côté de Notre-Seigneur, 407, 414, 416. Voir *Essai.*

Ebène, 45, 57, 61, 75, 136, 137; imitation, 184.

Ecaille. Voir *Damas.*

Ecarlate, 104, 189, 295.

Ecce homo, 510.

Echafaud, 168.

Echarpe, 113, 138, 185, 189, 315; du sous-diacre, 304, 306. Voir *Frange, galon, voile.*

Echelle, 173, 175, 446, 478.

Ecole, 102.

Ecosse, 15.

Echiquier, 309.

Ecrin, 537.

Ecriteau, 109.

Ecritoire, 45, 46, 47, 60, 176. Voir *Cassette.*

Ecrivain des archives, 231; apostolique, 221, 222; des brefs, 152, 227; de la Pénitencerie, 246; artiste, 84. Voir *Calligraphe.*

Ecru. Voir *Toile.*

Ecuelle, 79.

Ecureuil, 534.

Ecusson, 60, 325, 326, 344. Voir *Armoiries.*

Ecuyer apostolique, 236, 239. Voir *Scutifer.*

Eglise. Voir *Docteur.*

Eglise filiale, 487, 491; matrice, 487.

Eglises de Rome : Ste-Agnès-hors-les-murs, 90, 545; Ste-Anastasie, 220; S.-Augustin, 78, 90; S.-Barthélemy, 12; Ste-Bibiane, 393; S.-Claude-des-Bourguignons, 102; S.-Clément, 475; Ste-Croix de Jérusalem, 368, 435, 504; S.-Denis, 101; S.-Esprit *in Sas*-

sia, 143; S.-Eusèbe, 126; S.-Georges au Vélabre, 243; S.-Jean de Latran, 19, 100, 137, 149, 168, 183, 386; S.-Jean *in olio*, 411; S.-Laurent *in Damaso*, 90; S.-Marc, 89, 90; Ste-Marie Libératrice, 457; Ste-Marie-Majeure, 6, 20, 149, 243, 362, 386; Ste-Marie-du-Peuple, 214, 244; S.-Martin-des-Monts, 6; S.-Nicolas *in carcere*, 545; S.-Nicolas-des-Lorrains, 101; S.-Pierre-ès-liens, 143; S.-Pierre au Vatican, 19, 21, 138, 143, 232, 345, 349, 426; la Purification, 100; les Quatre-Couronnés, 457; S.-Sauveur *in ossibus*, 99; S.-Sauveur *in thermis*, 100, 228; S.-Vital, 364; S.-Yves-des-Bretons, 99, 208; Trinité-du-Mont, 101, 241.

Electi Dei, 257.

Electuaire, 294.

Eléphant, 79.

Elévation, 130, 134.

Elevatus, 379.

Elie, 541, 543.

Email, 21, 23, 24, 28, 32, 33, 42, 95, 110, 120, 135, 136, 169, 302, 310, 312, 314, 317, 318, 319, 334, 335, 336, 436, 439, 443; de Limoges, 385. Voir *Nielle, smaltum.*

Email, 549.

Emblèmes, 282.

Embrun, 148.

Emeraude, 41, 53, 309, 439. Voir *Plasme, poudre.*

Empereurs romains, 531, 533, 534, 536, 539, 547.

Encensement, 350.

Encensoir, 24, 80, 109, 119, 133, 310, 312, 344; du temple de Jérusalem, 408, 409, 412. Voir *Anneau, armoiries, turribulum.*

Enfant, 536, 537, 538, 543; Jésus, 546, 547; de chœur, 203, 390, 484. Voir *Bulle.*

Enfants hébreux (les trois), 540, 541, 542, 543, 544.

Enlèvement d'Hélène, 531.

Enseigne militaire, 532.

Enterrement du pape, 356.

Entrée du pape, 349; du Christ à Jérusalem, 540, 542.

Epée, 522; de Noël, 269, 310, 325.

Epée, 549.

Eperon, 352; ordre chevaleresque, 309.

Epi, 197, 475.

Epine (S^{te}), 416. Voir *Couronne.*

Epingle, 159; de mitre, 294; de pallium, 293.

Epistolier, 325, 388.

Epitaphes, 544. Voir *Inscriptions.*

Epître en grec, 327.

Pilastre, 194, 532, 534.

Pilate, 431, 432, 506, 513, 527, 541, 542. Voir *Prétoire*.

Pilosus, 373.

Pin, 106.

Pince épilatoire, 538.

Piscine baptismale, 427.

Piviale, 274, 275, 276, 277, 278, 279, 280, 281.

Place Navone, 7.

Plafond, 90, 468, 548.

Plaint-chant. Voir *Livre*.

Planches de la Crèche de N.-S., 383.

Planeta, 374.

Plasme d'émeraude, 46, 294.

Plat, 46, 47, 78, 79.

Plebanus, 487.

Pleureuse, 535.

Plissage du linge, 170, 370.

Plomb, 35, 425, 539, 543; sous le calice, 132.

Plume, 37, 60, 289, 290, 474; attribut de S. Luc, 28; de paon, 287, 301.

Pluvial, 24, 25, 32, 82, 83, 91, 96, 104, 139, 292, 315, 341, 350, 363, 364, 365, 374, 375; frangé, 292. Voir *Capuchon, piviale*.

Pochette, 321.

Podestat, 259.

Podium, 401.

Poêle, 312, 367.

Poète, 531, 549.

Poignalia, 139.

Poignets, 81. Voir *Poignalia*.

Poile, 150, 166.

Point : à l'aiguille, 162; coupé, 84; d'Espagne, 169; froncé, 265; mignon, 163; petit, 192.

Poire (en), 41, 43, 309.

Poirier, 40.

Poisson, 106, 535, 545. Voir *Colle, pêche, pêcheur*.

Poitiers, 209, 258, 486.

Polet, 150, 152, 153, 227, 232, 236, 237.

Pomme, 545; de calice, 95, 376, 377; chauffoir, 95; à mains, 377; à lit, 67; de pavillon, 23.

Pommeau, 53; du faldistoire, 138.

Pommette de calice, 132, 133.

Pontifical, 176, 199, 329, 335.

Pontificaux, 475. Voir *Anneau, croix, crosse, faldistoire, gants, mitre, pallium, sandales*.

Porcelaine, 49, 51, 53, 135.

Porphyre, 57, 400, 424, 431, 450, 453, 531, 536, 537.

Port, 537.

Porte *Angélique*, 346; de bronze, 467, 505, 528; dorée de Jérusalem, 414; Pie, 324; du prétoire, 509; sainte, 399, 406, 470. Voir *Croix*.

Porte sainte, marbre, 545.

Porte-mitre, 360.

Portement de croix, 301, 543.

Portière, 71, 72, 116, 549.

Portique, 397, 479.

Porto, 6.

Portrait, 9, 12, 258, 395.

Portugal, 274, 307, 418. Voir *Or*.

Possession (prise de), 338, 340, 341, 470.

Pot de chambre, 68, 70, 71. Voir *Urinoir*.

Potignon, 209.

Poudre d'émeraude, 294.

Poulet, 545.

Poupée de mitre, 317.

Pourpoint, 65, 76, 189.

Pourpre, 21, 26, 27, 315; de N.-S., 467, 251.

Poussin, 93.

Pouzzolane, 51.

Pradelle, 175, 267. Voir *Predella*.

Pré (du), 141.

Précepteur, 108.

Predella, 445.

Prédication, 196, 199; de carême, 168, 174, 175.

Préface, 329, 387.

Prélat, 346, 347, 348. Voir *Protonotaire*.

Premier jour de l'an, 323.

Prépuce (saint), 435, 436, 509.

Préséance entre souverains, 274.

Prétoire, 527. Voir *Colonne, Pilate, porte*.

Prêtresse, 533, 538. Voir *Vestale*.

Prévôt, 510.

Priape, 532.

Prie-Dieu, 72.

Primicier, 440.

Printemps, 534.

Privilèges, 488.

Procédé. Voir *Fresque, jalousie, labouré, lavoro, opus, point, punto*.

Procession, 390, 470, 508, 537 (voir *Croix*); de la Fête-Dieu, 297, 315, 447, 484.

Procureur de la Pénitencerie, 227.

Professeur, 549.

Prophète, 545. Voir *Jonas, Moïse, Zacharie*.

Protobasilique, 489.

Protonotaire apostolique, 234, 376.

Psaume, 523.

Psautier, 85, 199, 323, 388, 391, 392, 394.

Puerperium, 380, 413.

Pugilat, 535.

Puits de la Samaritaine, 433. Voir *Puléal*.

Punto, 319.

Pupitre, 78, 80, 172, 175, 198, 278; de missel, 156, 266. Voir *Couverture, légive*.

ARTICLES

DE MGR X. BARBIER DE MONTAULT

Dans les *Analecta juris pontificii* [1], Rome-Paris, revue périodique, in-f°.

---

1. Inscription commémorative de la définition dogmatique de l'Immaculée Conception, dans la basilique Vaticane ; 1857, t. II, col. 1948-1949.

2. Bref de béatification, messe et office de la B. Marguerite Marie-Alacoque ; 1864, t. VII, col. 934-940.

3. Documents relatifs au Chemin de la Croix ; 1864, t. VII, col. 944-947.

4. Des saintes reliques ; 1864, t. VII, col. 947-958.

5. La question des messes sous les papes Urbain VIII, Innocent XII et Clément XI ; 1864, t. VII, col. 958-1039.

6. Indulgences accordées pour la récitation d'une jaculatoire ; 1864, t. VII, col. 1117.

7. Décret de la S. Congrégation des Indulgences sur les autels privilégiés ; 1864, t. VII, col. 1117-1118.

8. Archiconfrérie de S. Joseph, décision récente de la S. C. des Indulgences ; 1864, t. VII, col. 1118-1119.

9. Bénédiction des rosaires et des chapelets de Notre-Dame des Sept Douleurs, formules qu'il faut employer ; 1864, t. VII, col. 1119-1120.

10. Aliénation des biens ecclésiastiques, constitution de Paul II non reçue, coutume ; 1864, t. VII, col. 1121-1123.

11. Bref autorisant la communication des indulgences de l'ordre de S. François aux Tertiaires franciscains de France ; 1864, t. VII, col. 1126-1127.

12. Circulaire adressée aux évêques par la Congrégation de l'Index au sujet des mauvais livres ; 1864, t. VII, col. 1127-1128.

13. Secret de la confession, abus des cas réservés dans les communautés religieuses ; 1864, t. VII, col. 1128-1129.

14. Bref portant communication des indulgences accordées au baisement du pied de la statue de S. Pierre, dans la basilique Vaticane ; 1864, t. VII, col. 1132.

15. Célébration de la messe à un autel papal en vertu d'une bulle spéciale ; 1864, t. VII, col. 1132-1133.

1. Ce Catalogue complète la *Table générale des Analecta*, qui n'a pas de rubrique spéciale pour ces trente-cinq articles, dont les n°ˢ 5, 19, 27 ont seuls été tirés à part.

16. Insignes canoniaux, croix pectorale, formule du bref pontifical; 1864, t. VII, col. 1133-1134.

17. Ordre pontifical de S. Sylvestre et de l'Éperon d'or; 1864, t. VII, col. 1134-1135.

18. Bref privilégiant l'autel souterrain de la confession de S. Pierre et permettant une messe votive; 1864, t. VII, col. 1135-1136.

19. Traité liturgique, canonique et symbolique des Agnus Dei; 1866, t. VIII, col. 1475-1523.

20. Traité de l'autel privilégié; 1866, t. VIII, col. 2040-2166.

21. Des protonotaires apostoliques; 1872, t. XI, col. 556-591.

22. La visite des sept autels, à S.-Pierre de Rome; 1873, t. XII, col. 63-76.

23. La visite des sept églises, à Rome; 1873, t. XII, col. 551-596.

24. Les indulgences de la basilique de S.-Pierre de Rome; 1873, t. XII, col. 724-738, 822-833.

25. Affiliation de la cathédrale de Nevers à la basilique patriarcale de Latran; 1873, t. XII, col. 923-936.

26. La mitre romaine; 1875, t. XIV, col. 173-182.

27. La visite pastorale; 1876, t. XV, col. 49-86, 257-323, 401-441, 1093-1121.

28. Une prison conventuelle; 1876, t. XV, col. 1019-1024, 1121-1125.

29. Le salut du S. Sacrement; 1877, t. XVI, col. 220-225.

30. Les manuscrits du trésor de Bari; 1877, t. XVI, col. 226-230.

31. L'hymnaire de Bari; 1877, t. XVI, col. 231-238.

32. Les gants pontificaux; 1877, t. XVI, col. 489-507.

33. L'Évangéliaire du trésor de l'abbaye de Ste-Croix de Poitiers; 1883, t. XXII, col. 966-980.

34. S.-Nicolas de Bari; 1884, t. XXIII, col. 1002-1007.

35. Nomination d'un chanoine honoraire, formule employée dans quelques diocèses d'Italie; 1885, t. XXIV, col. 631-632.

3329. —Poitiers, Imprimerie Blais, Roy et Cie, 7, rue Victor-Hugo, 7